명성황후가 꿈꾼 나라

"조선도 미국처럼 행복하며, 자유롭고, 힘이 있다면!"

박광민 朴光敏

도서출판 한글

역사 앞에 옷깃을 여미며

명성황후!

우리 근세사에서 가장 악의적惡意的으로 폄훼貶毀 당하신 어른!
이 책은 그런 명성황후를 다른 시각視角에서 바라보고 쓴 평전評傳이다.

조선말 격변의 시대에 명성황후는 고종의 유능한 정치적 동지요 동반자였다. 고종에게는 가장 충실한 조언자助言者이며 내조자內助者였지만 "암탉이 울면 집안이 망한다"는 관습에 젖어 있던 못난 사내들에게 자기들보다 유능하고 정치감각이 뛰어났던 왕비는 용납될 수 없었다. 한마디로 "여인네가 너무 설친다"는 질시疾視였다. 왕비의 친인척이 다수 등용된 것은 안동김씨나 풍양조씨, 여흥민씨가 모두 같았지만 그들은 유독 명성황후를 제거 대상으로 삼아 끊임없이 반란을 일으켰으며, 외세를 빌어 자기 국모國母를 죽음으로 몰아갔다. 나라 발전의 걸림돌로 여긴 왕비를 남의 손에 돌아가시게 하고 폐서인廢爲庶人까지 했으면 현사賢士를 자처했던 그들은 나라를 더 발전시켜 부강하게 만들어야 했지만 왕비의 죽음 후 영신佞臣들에게 맡겨진 5백년 왕조는 끝내 망국亡國에 이르고 말았다. 예로부터 "군욕신사君辱臣死"라고 하였지만 나라가 망하자 오히려 그들은 원수怨讐로부터 작위爵位와 은사금恩賜金까지 받아 챙기고, 참혹하게 죽음을 당해 변론조차 할 수 없는 왕비에게 나라 망한 책임을 몽땅 뒤집어 씌우고 비난하기 바빴다.

조선 조정의 척화斥和와 개혁 정쟁政爭은 어느 나라 어느 시대에나 있을 수 있는 지극히 정상적인 논쟁임에도 일본인들은 이를 구부간舅婦間 대립구도라는 거짓말 극본으로 만들어 참혹하게 남의 나라 왕비를 시해한 후 그 책임을 대원군에게 뒤집어 씌웠다. 아름답고 명민明敏했던 명성황후는 좋은 의미든 나쁜 의미든 조선인에게 기억되면 안 되는 기피忌避 인물이었기에 일본인들은 명성황후에 대한 모든 자료를 감추고 폐기하여 사진 한 장도 남아 있지 않게 하였다. 조선의 청맹과니들은 일본인들이 만들어내고 퍼뜨린 악의적惡意的 헛소문을 통속소설로 써내고 읽으며 억울하게 시해당하신 분을 또다시 잔인하게 짓밟았다.

이 책은 그런 무책임한 기록들에 대하여 반박 자료를 찾고 분석한 결과물이다. 많은 기록과 자료를 찾아 확인하고 논증論證하였다.

명성황후가 사치와 무당굿으로 나라를 망쳤다는 황탄荒誕한 소문과 달리 그 어른은 무척 검소하고 예지적叡智的인 분이었으며, '이화학당梨花學堂' 교명校名을 지어주실만큼 근대 여성교육에도 관심이 많은 분이셨다. 자식 교육에도 아들이 대견해 어쩔 줄 몰라했던 고종과 달리 자부엄모慈父嚴母의 무척 엄한 어머니셨으며, 순종純宗은 우리가 알고 있던 것보다 훨씬 명민明敏한 분이었다는 기록도 찾아 실었다. 인현왕후 당시의 감고당 명칭이 양정재養正齋였다는 것을 밝혔으며, 여러 자료를 찾고 분석하여 인현왕후와 명성황후의 눈물이 스미고 그리움이 배인 감고당의 변천사變遷史를 처음으로 상세히 정리하였다.

명성황후 어모御貌에 대해서도 관련 기록과 원본原本 사진, 진본眞本 초상화 등 가능한 모든 자료를 찾아서 논증論證하였다. 전문全文을 번역해 실은 〈임오유월일기壬午六月日記〉의 삶과 죽음을 넘나드는 기록은 명성황후를 모해謀害한 세간世間의 소문들이 얼마나 무지막지하게 조작된 거짓말이며 터무니없는 참방讒謗인지를 보여주는 생생한 증언이다. 명성황후 시해 가담 일본인은 떠돌이 건달 낭인浪人이 아니라 일본의 외교관과 경찰관, 고급 장교, 기자 등 공무원과 지식인 집단이며, 이는 일본이 저지른 국가 범죄임을 밝혔다. 시해弑害 당하신 곳은 곤녕합坤寧閣의 침전寢殿이며, 시해 장소로 잘못 알려진 침전 옆 서루書樓 명칭도 옥호루玉壺樓가 아니라 옥곤루玉壼樓라는 사실事實도 기록과 전고典故를 찾아 논증하였다.

역사에 대한 평가는 누구나 주관적일 수밖에 없다.

필자 또한 그런 주관에서 벗어날 수 없음을 알면서도 이 책을 집필하는 것은 가슴 깊은 곳의 울림에 눈뜬 소명召命 의식 때문이다. 필자의 소명 의식은 명성황후께서 일본인에게 억울하게 시해弑害 당하셨음에도 오늘날까지 동족에게 마저 머흐럽게 폄훼貶毁 당하시는 것을 누군가는 논증하여 바로잡아야 한다는 인식에서 비롯된 것이다.
　필자의 글이 명성황후의 명예회복에 얼마나 도움이 될까?
　백년도 훨씬 넘게 짓밟혀 온 그 어른에 대한 악평惡評은 쉽게 사그라지지 않을지도 모른다. 어쩌면 거대한 역사의 바다에 등대가 아닌 작은 촛불 하나를 켜는 것으로 그칠 수도 있겠지만, 이 책이 왜곡된 한 시대의 진실을 밝히는 단초端初가 될 수 있다면 이 글들은 비로소 역사의 숨결로 살아날 것이다. 아울러 여기 정리된 기록들을 통해 그 당시 시대상時代相을 들여다 봄으로써 오늘의 우리를 비춰보는 자성自省의 거울로 삼을 수 있다면 이 책의 집필 목적인 징전비후懲前毖後의 역할을 다하는 것이라고 생각한다.

2025. 10. 08.

경기도京畿道 광주廣州 낙송재洛誦齋에서

박광민朴光敏 근지謹識

목 차

역사 앞에 옷깃을 여미며 ··· 3
화보 ·· 9

I. 그리운 고향에 서린 자취 ·· 13
- 생가生家 초당草堂에서 만난 그리움 ··· 13
- 사찰 입구에서 마주친 역사 ·· 23
- 그리운 아버지, 무너진 하늘 ··· 37

II. 감고당에 배인 낭랑한 그리움 ·· 49
- 효도와 우애의 훈당訓堂 ··· 49
- 감고당의 기구한 유전流轉 ·· 64

III. 흥선군의 기계웅략奇計雄略 ·· 74
- 빈한貧寒한 왕족 흥선군興宣君의 눈물과 원지遠志 ······················· 74
- 고종의 친정親政과 경복궁 중건重建 ·· 84
- 왕비의 길 ··· 93

IV. 척화斥和와 개혁 사이에서 ·· 113
- 강화도를 침략한 서양인의 오만과 당당한 조선의 대응 ········ 113
- 감내堪耐할 수 없는 연이은 참척慘慽 ······································· 127
- 죽동궁 폭사爆死의 진실 ·· 153
- 고종과 명성황후의 개혁 의지 ·· 170

V. 삶과 죽음을 넘나들며 ·· 209
- 왕세자의 두창痘瘡(천연두)과 회복 ·· 209
- 완화군 죽음의 진실과 입방아꾼들 ·· 217
- 임오유월일기-삶과 죽음을 넘나들며 ······································· 224

Ⅵ. 명성황후의 얼굴을 찾아서 ·· 250
- 예지叡智로운 언행에 대한 기록들 ·· 250
- 명성황후의 어모御貌와 사진 논쟁 ·· 255
- 처음 공개되는 원본 명성황후 사진 ·· 263
- 명성황후어진초상화 작품 ·· 275
- 명성황후가 꿈꾼 나라 ·· 286

Ⅶ. 격변의 시대 비겁한 군상群像들 ·· 296
- 대일조사시찰단과 태극기 사용 날짜 ·· 296
- 김옥균의 재지才智와 기질氣質 ·· 304

Ⅷ. 냉혹한 국제질서와 시대의 격랑 ·· 312
- 지방관의 탐욕이 부른 동학의 불길 ·· 312
- 조선 독립을 빌미로 내세운 일본의 출병 ································· 329
- 와각지쟁蝸角之爭 속 몰려오는 먹구름 ······································ 337

Ⅸ. 곤녕합坤寧閤에 흩날린 붉은 꽃잎 ·· 346
- 이토 히로부미와 미우라 고로의 음모 ······································ 346
- 죽음의 순간에도 의연毅然했던 대조선大朝鮮의 왕후 ··············· 364
- 성공회聖公會 주교主教 서신과 윤치호 일기 ······························ 369
- 침전寢殿 옆 옥곤루玉壼樓 명칭의 유래 ··································· 381
- 죽음 후에도 신하에게 짓밟히신 왕후 ······································ 385
- 왕후王后에서 황후로 ·· 392
- 고영근高永根의 복수와 의거義擧 ·· 395
- 전쟁 없이 양여讓與 당한 오백년 왕조의 종언終焉 ················· 415

참고문헌 ·· 432

부록 ··· 435

일러두기

본문 표기에는 아래와 같은 기준을 적용하였다.

1. 한글을 앞에 표기하고 작은 글씨로 한자漢字를 표기하였다. 한글과 한자는 모두 한국어이며, 한자 사용을 통해 한국어 문장의 공시적共時的 변별력을 높이고, 과거↔현재↔미래를 잇는 통시적通時的 교감交感도 가능하다는 필자의 인식에서 비롯된 것이다.
2. 본문에서 다루기 어려운 번역문의 원문原文이나 고사故事 등은 각주脚註로 수록하였다. 한글 독음讀音 없이 한문漢文만 수록한 것도 있다.
3. 기록물에 관심 있는 분을 위해 여러 자료를 수록했지만 기록물에 관심 없는 독자는 건너뛰며 읽으셔도 좋을 것이다. 왕비나 세자빈世子嬪 간택 과정, 왕비의 출산 때 산실청産室廳 설치 과정, 김기수金綺秀 등이 일본에 가서 새로운 문물을 보고 일본 정부 관료들과 나눈 대화, 신문물에 관심이 많았던 고종과의 대화, 수호조규修好條規 등을 『승정원일기』 및 한국과 일본의 정부 문서 등에서 발췌 수록하였다.
4. 모든 사진은 소장자나 소장처의 사용 허락을 받고 출처를 밝혔으나 소장처를 확인할 수 없어 출처를 밝히지 못한 경우, 추후라도 확인이 되면 개정판에 반영하고자 한다.
5. 일부 필자가 짧게 구성해 넣은 픽션 형식의 글이 있으나 이 내용들도 정확한 자료가 확인된 사실史實과 사실事實에 근거한 것이다.
6. 일본 인명은 한자를 병기해도 일본어 독음讀音이 모두 달라서 정확히 읽기가 쉽지 않으므로 한글을 쓰고 한자漢字를 병기倂記한 후 가급적 히라가나도 첨기添記하였다.
7. 집필 과정에서 도움 주신 분들과 자료를 제공해 주신 여러 기관에 감사한다. 『명성황후전』의 저자 민명기閔明基 선생과 여흥민씨 삼방파三榜派의 민병설閔丙卨 이사장, 여흥민씨 대종회에서 도움 말씀을 주셨고, 대한성공회 모닝캄 아카이브 박명숙朴明淑 이사장께서는 흔쾌히 자료를 제공해 주셨다. 필자의 벗 김병헌金柄憲 선생도 주역에 관해 도움 말씀을 주셨고, 명성황후 원본 사진 구득求得 과정에서 도움을 주신 다지리 히로유키田尻浩幸 교수의 도움도 잊을 수 없다. 김동현金東弦 선생도 『윤치호 일기』 영문 번역과 해외 자료 구득購得에 도움을 주셨다. 하야시 다케이치林武一 선생의 1888년~1890년 당시 사진들은 『조선국진경朝鮮國眞景』(1892)에 수록된 것들이다. 자료 사용을 허락해 주신 서울역사아카이브, 국사편찬위원회, 여주시, 여주세종문화관광재단 명성황후기념관, 한국학중앙연구원 장서각, 서울대학교 규장각, 국립중앙도서관, 국립고궁박물관, 국립중앙박물관 등 여러 기관에도 감사의 말씀을 올린다.

청清 도준선陶濬宣 구장舊藏 명성황후 원본 사진(9.8cm×14.5cm) *본문 263쪽

x 화보

명성황후 어진御眞-한국근대사료DB(서울대 중앙도서관 소장 신문스크랩)

이 어진御眞은 동경조일신문東京朝日新聞 1934년 3월 14일 자에, "민비의 악정惡政으로 조선 전토全土에 소요가 일었다(閔妃の惡政から朝鮮全土騷擾)"는 악의적인 기사에 흥선대원군과 함께 수록된 것이다. 목에는 짙은색 스카프를 둘렀는데 목과 턱선이 잘 구분되지 않아서 얼굴이 더 커 보인다. 34세 때 찍은 도준선陶濬宣 구장본舊藏本보다는 나이가 많은 40대 얼굴이다. 인쇄 과정의 변형으로 보이는 왼쪽 눈과 오른쪽 눈썹은 원본을 훼손하지 않는 범위에서 수정하였다. 당시 서양여인들에게 유행했던 모자를 쓰고 옷도 서양옷을 입은 것으로보아 1890년 이후에 찍은 사진으로 보인다.(본문 262쪽)

화보 xi

명성황후어진초상화작품(1920년 전후 추정, 비단에 채색, 27cm 34.2cm) *본문 275쪽

왼쪽 페이지의 사진과 이 어진초상화는 상당히 닮아있다. 사진과 미술작품이라는 차이로 인해 복사한 것처럼 똑같을 수는 없지만 새로 발견한 사진들과 어진초상화작품을 비교할 수 있게 됨으로써 명성황후의 어모御貌를 더 확실하게 헤아려 볼 수 있게 되었다.

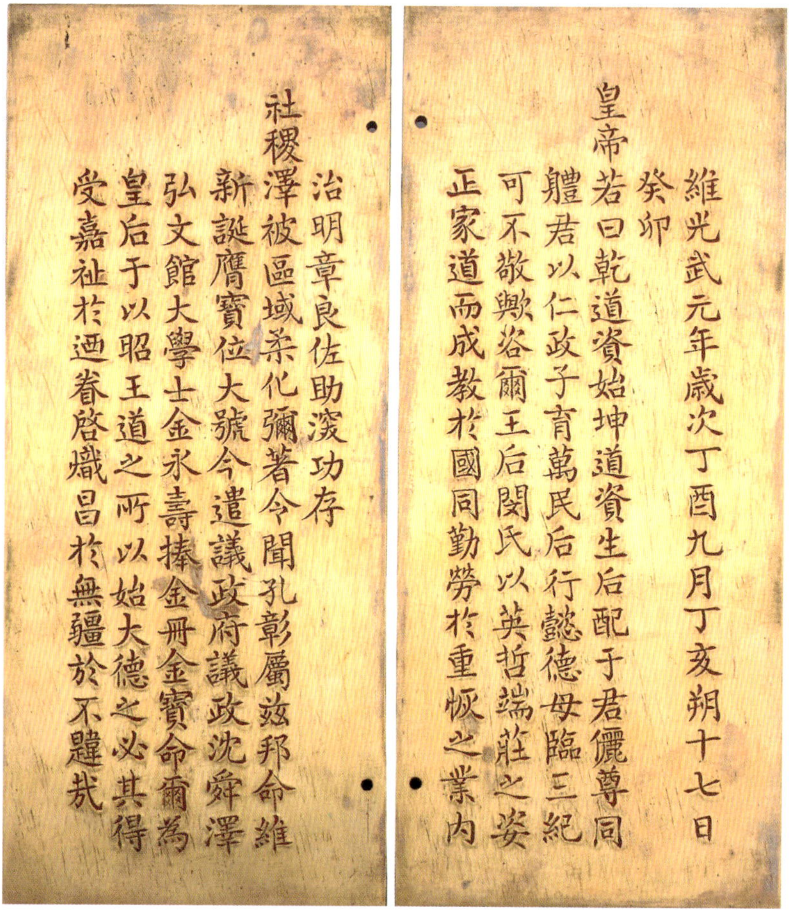

維光武元年歲次丁酉九月丁亥朔十七日
癸卯
皇帝若曰乾道資始坤道資生后配于君儷尊同
體君以仁政子育萬民后行懿德母臨三紀
可不欽歟咨爾王后閔氏以英哲端莊之姿
正家道而成教於國同勤勞於重恢之業內

治明章良佐助滋功存
社稷澤被區域柔化彌著令聞孔彰屬茲邦命維
新誕膺寶位大號今遣議政府議政沈舜澤
弘文館大學士金永壽捧金冊金寶命爾為
皇后于以昭王道之所以始大德之必其得
受嘉祉於逈眷啟熾昌於無疆於不韙哉

명성황후 '황후 책봉' 금책金冊 – 국립고궁박물관 藏藏

左좌: 명성황후 금보金寶 / 中중: 인면印面 / 右우: 새인璽印 皇后之寶 – 국고궁박물관 藏藏

I. 그리운 고향에 서린 자취

■ 생가生家 초당草堂에서 만난 그리움

2024년 9월 25일 오후 4시 39분!
　명성황후의 어릴 적 손때와 숨결이 배었을 생가는 나지막한 산에 둘러싸여 있다. 가을 햇살 비낀 생가는 관람객도 별로 없어 고즈넉하다. 어린 아기씨가 한양으로 떠나며 마지막으로 눈에 가득 담아 갔던 그리운 고향집과 주변 풍광이 이 모습이었을까. 생가는 원래 민유중閔維重 묘하墓下의 묘막墓幕으로 지은 것인데 언제부터인가 살림집 용도로도 사용하게 되어 명성황후가 여기서 태어난 것이다.

명성황후 생가 안채(上)와 사랑채(下), 아래 오른쪽은 행랑채

복원된 생가는 바깥에 머슴들의 생활공간인 행랑채가 있고, 행랑채 대문을 들어서면 약 6m 공간을 두고 사랑채가 있으며, 사랑채 대문을 들어서면 비로소 안방과 건넌방이 있는 안채가 나온다. 안채 건넌방에는 옻나무 한쪽을 평평하게 깎아내고 "乾隆二十九年甲申三月十二日辰時重修上樑首役黃雲瑞副木手車雲福"이라고 쓴 들보 하나가 눕혀져 있는데, 건륭 29년이면 1764년이다. 1996년에 안채를 중수重修했다는데, 안채를 떠받치던 대들보인지, 사랑채나 행랑채를 복원할 때 더미에서 나온 것인지 아무 설명이 없다. 부엌을 지나 서쪽 후원으로 나가보니 북쪽 담장 쪽에는 당시에 사용하던 우물이 있고 장독대가 있었을 공간은 채소밭처럼 되어 있다. 행랑채에서 안채를 들여다볼 수 없게 쌓은 담장의 끝에 붙어 있는 초가草家는 여자들이 사용하던 측간厠間일 것이다. 담장에는 쪽문이 하나 있는데, 행랑채로 통한다.

우물가에서 잠시 눈을 감고 과거로 거슬러 올라가 본다.

경술庚戌(1850년) 섣달 보름!

나지막한 산과 들이 펼쳐진 여주군驪州郡 근동면近東面 섬락리蟾樂里 일대는 온 산하가 눈에 덮여 설야雪夜는 대낮처럼 밝은데, 부엌 서쪽 장독대 우물 오른쪽에는 터줏가리가 있다. 터줏가리 앞에 놓인 소반 위에는 정안수가 담긴 설백雪白의 대접 하나가 있고, 정안수엔 보름달이 둥두렷이 잠겨 있다.

그 앞에 무릎 꿇고 두 손 비벼 발원하는 기품 있는 한 여인!

매서운 추위가 살을 파고드는 섣달인데 여인은 살을 파고드는 밤추위에도 손 비벼가며 칠성님을 향한 간절한 기도를 며칠째 멈추지 않는다. 맏이인 아들과 그 아래 두 딸 마저 연이어 잃는 참척慘慽[1]을 당한 어미 마음에 이까짓 추위가 무슨 대수인가.

"비나이다 비나이다 칠성님께 비나이다. 아들이고 딸이고 아무래도 좋으니 자식 하나 점지해 주오소서. 남편도 이젠 쉰이 넘은 노인이온데 낳은 자식마다 앞세운 저희 내외 더 늙어지면 누굴 의지해 살으리까. 그저 건강한 자식 하나 점지해 주시옵기를 바라고 또 바라옵니다."

---

1) 참척慘慽 : 자식이나 손자가 부모보다 먼저 죽는 슬픔.

I. 그리운 고향에 서린 자취 15

발원發願하는 여인은 민유중閔維重의 6세 종부宗婦 한산이씨韓山李氏다. 훗날 한창부부인韓昌府夫人이 된 한산이씨는 이규년李奎年의 따님인데, 목은牧隱 선생의 맏아드님인 이종덕李種德의 묘예苗裔다. 민치록閔致祿은 인현왕후仁顯王后의 부친인 민유중閔維重의 6세 종손으로 정조正祖 23년에 태어난 기미생(1799년)인데, 일찍이 한 살 위인 해주오씨海州吳氏 부인과 혼인하여 딸 하나를 낳았으나 어릴 때 죽었고, 1833년에 오씨부인마저 더는 후사後嗣를 낳지 못하고 죽었다. 한산이씨와 재혼해 1남2녀를 두었지만 이 자식들마저 모두 일찍 잃고 말았기에 한산이씨 부인의 자식을 얻고자 하는 마음은 너무도 간절했다.

미륵당彌勒堂 불공佛供과 정안수 치성 덕분인지 한산이씨부인은 곧 태기가 있어 이듬해인 신해년辛亥年(1851년) 음력 9월 25일(11월 17일) 여자아이를 출산했는데 이 아기가 바로 훗날의 명성황후다.2)

하늘에서 본 명성황후 생가-이미지 제공 여주시청

후원 장독대 우물을 바라보며 눈을 감고 한 여인의 기구발원祈求發願을 상상해 보던 필자의 입에서는 작은 탄식이 흘러 나왔다. "아! 민치록 부부와 그분들의 무남독녀無男獨女 황후의 삶마저 어찌 이리도 참혹하단 말인가" 필자는 다시 발걸음을 옮겨 황후의 생가 답사를 계속하면서도 발걸음은 무겁고 침울하다. 사랑채와 안채

---

2) 『列聖皇后王妃世譜』 閔致祿行狀 : 初配吳氏, 卽文元公諱熙常之女, 生以戊午十一月十一日, 卒以壬辰三月十五日. 合窆于驪州治南金橋里負甲原, 從先兆也. 生一女早址. 繼配李氏諱奎年之女, 蒼谷忠貞公諱英其八世祖也. 凡擧一男三女. 長次男女幷不育. 季卽我 中宮殿下.(1873년 閔升鎬撰) * 한산이씨부인은 牧隱의 맏아들 李種德의 후손.

사이 공간에 있는 작은 출입문을 통해 동쪽으로 나가면 초가로 된 아담한 별당別堂이 있는데, 이곳이 명성황후가 어릴적 공부하던 곳이다. 별도의 장章에서 상술詳述하겠지만 이 글에서는 명성황후의 어릴적 존명尊名을 '자영玆暎'으로 쓰고자 한다.

어린 자영은 이 초당草堂에서 책을 읽었다고 한다

어린 자영玆暎은 이 초당에서 책을 읽으며 공부했다고 한다. 작은 초당의 방에 놓인 서안書案 위에 책 한 권이 놓여 있다. 안내문에 의하면 원래의 별당이 있던 자리에는 1904년에 명성황후탄강구리비明成皇后誕降舊里碑와 비각碑閣을 세운 까닭에 지금의 별당은 조금 안쪽으로 들여서 이 자리에 복원했다고 한다. 저녁 햇살이 비친 초당의 기둥에 기대 잠시 눈을 감으면 이 방에서 초롱초롱한 눈으로 『이부인행록李夫人行錄(貞敬夫人行錄)』을 읽던 자영의 낭랑한 독송讀誦이 들리는 듯하다.

己巳에仁顯王后이遜于安國坊私第ᄒᆞ시고先君子는方繫獄ᄒᆞ야旣得釋盡室에往依于宗家ᄒᆞ야朝夕之供이러니極其艱乏은實有人이不堪이라其憂者而先妣는未嘗以有無聞之於先君子리趙恭人이知其然也라問曰何以此艱難之意를告之于外ᄒᆞ야或冀其別有周旋耶아先妣悽然曰顧今時勢는不知何日에有甚禍變이오不知幾日이能家食也라當此之時를何忍以貧乏之色으로示之家長ᄒᆞ야使家長知其難辦ᄒᆞ야而不安於下匙也리오恭人이大歎賞

曰不惟識見甚ᄒ고高仁德之盛이니如此上天이豈不鑑臨乎리오其將大亨福矣러니何憂乎貧乏乎이3) *53쪽에 번역문

어린 자영의 『이부인행록李夫人行錄』 낭송朗誦은 오로지 필자에게만 들릴 뿐이다. 『조선왕조실록』 광무원년 11월 22일 고종이 지은 〈태행황후지문어제행록〉에, "황후는 성품이 단정하면서도 장중莊重하고 치밀하였다. 총명하며 어질고 자애로워 어려서부터 그 언행에 떳떳함이 있었으며 한 번도 심한 말을 하거나 헤프게 웃지 않았다. 어린 여자아이들이 꽃을 꺾거나 벌레를 잡아 희롱하며 노는 것을 보고 이를 말리며 말하기를, '벌레들이 새끼를 먹이고 기르는 것은 너희 부모가 너희를 기르는 것과 같은 것이다'라고 하였으니, 어진 마음으로 만물을 아끼는 것이 일찍부터 보통 사람과 달랐다. 순간공에게서 글을 배웠는데 두세 번 읽으면 곧 외웠다. 뜻이 어려운 것도 깊이 헤아리고 잘 분별해서 조리 있게 대답하였다. 또 기억력이 비상하여 심상尋常(평범)한 사물이라도 한 번 듣고 본 것은 빠짐없이 기억하였다"고 하여 어려서부터 측은지심惻隱之心이 깊고 명민明敏했던 자영의 모습을 전하고 있다.

사람이나 짐승이나 측은지심惻隱之心을 더 많이 가지고 태어나는 이가 따로 있는 법이다. 자영의 5대 조모인 연안이씨부인延安李氏夫人에게는 서실庶室 소생의 시누이가 있었다. 시집가기 전에 그 어미가 죽었는데, 시집간 후 남편마저 악질惡疾에 걸렸고 그 병이 시누이에게도 옮아 연안이씨부인이 딱하게 여겨 보살펴 주었다. 시누이는 여러 곳으로 피해다녔으나 연안이씨부인이 그 간곳을 알아내 보살피며 지켜준지 몇달만에 죽었다. 연안이씨부인은 첫 아기를 임신한지 다섯달째였는데, 악질에 걸려 죽은 시누이의 머리를 빗어주고 목욕까지 시켜 곡을 하고 장사 지내 주었다. 잉태한 여인은 상가喪家에 드나드는 것조차 금기禁忌하는 법인데 악질에 걸려 죽은 시누이 주검을 몸소 씻기고 장사지내 주었으니 참으로 큰 도량度量이다. 자영의 측은지심은 하늘이 주신 성性과 어진 조상의 질質을 함께 물려받은 것이다.

---

3) 仁顯王后이 : 인용문에 "인현왕후가"라고 읽지 않고, "인현왕후이"라고 한 것은 격조사 '가'는 17세기 초부터 쓰였으며, 그 이전의 격조사는 'ㅣ(이)'를 썼기 때문이다. 한문漢文 원전을 감독할 때는 지금도 "關關雎鳩ㅣ 在河之洲ㅣ로다 『詩經-關雎』"와 같이 'ㅣ(이)'를 붙여 읽는다.

명성황후 탄강 구리비舊里碑 앞면과 뒷면

생가生家 담장 밖 오른쪽 비각碑閣에는 "명성황후탄강구리明成皇后誕降舊里"라고 새긴 비가 있고, 뒷면에는 "광무팔년갑진오월光武八年甲辰五月 일日 배수음체경서拜手飲涕敬書"라고 썼다. 눈물을 머금고 썼다고 했으니 1904년에 아드님인 태자太子 척坧이 쓴 것이다. 안내문에 의하면 이곳이 명성황후가 공부하던 별당 자리이며, 1904년에 세운 비각碑閣은 1970년에 보수하였다고 한다.

명성황후탄강구리비 오른쪽에는 민유중閔維重의 신도비가 있고, 그 뒤쪽에는 민유중의 묘로 올라가는 완만한 오르막 숲길이 있다.

I. 그리운 고향에 서린 자취 19

인현왕후의 친정아버지이자 명성황후의 6대조인 민유중閔維重의 묘소

어린 자영玆暎은 성묘하러 가는 아버지 손을 잡고 바로 집 뒤에 있는 묘소를 오가며 조상님 이야기나 5대조고모五代祖姑母인 인현왕후 할머니와 5대조 할머니인 연안이씨부인[貞敬夫人] 이야기를 듣고 어린 가슴에 막연한 동경憧憬을 그려보기도 했을 것이다.

민유중의 묘소는 명성황후 생가 바로 뒤 나지막한 산자락 끝에 있는데 남향으로 자리잡은 커다란 봉분은 사면四面을 네모시게 만든 직사각형이다. 봉분 앞면에는 폭 324cm, 두께 95cm, 높이 56cm나 되는 엄청난 크기의 바위 두 개를 'ㄴㅗ' 모양으로 덧대어 둘레석을 만들었는데 둘레석 밑에도 기석基石을 깔아 무너지지 않게 조성하였다. 둘레석 총길이는 가로 648cm 세로 735cm다. 묘표에는 "國舅驪陽府院君諡文貞閔公維重之墓 贈海豊府夫人李氏祔右 贈恩城府夫人宋氏祔左"라고 썼으며, '國' 오른쪽에 세필細筆로 "어필御筆"이라고 새긴 글자가 보이는데, 1695년에 '문정文貞'이라는 시호諡號를 내린 후 숙종이 손수 시호를 넣고 쓴 어필이다.4) 송씨부인은 송준길宋浚吉의 둘째 따님으로 진후鎭厚와 진원鎭遠 두 아들과 딸 셋을 낳았

---

4) 『조선왕조실록』 숙종 21년(1695) 음력 1월 14일 : 국구國舅 여양부원군 민유중의 연시연延諡宴(시호를 맞이하는 잔치)에 술과 음악을 내려줄 것을 명하였다.(命首醞賜樂于國舅驪陽府院君, 閔維重延諡之宴)

는데 인현왕후는 딸 중 차녀다. 사위인 민유중이 집의執義로 있던 1663~1665 사이에 송준길이 둘째 딸 송씨부인에게 보낸 한글 서간書簡에는 "거인 어믜"라고 하여 외손자 진후鎭厚를 "거인"이라고 한 내용이 있어 진후의 아명兒名이 "거인"이었음을 알 수 있다.5) 삼배부인三配夫人은 풍양조씨豊壤趙氏로 아들 진영鎭永과 딸 둘을 낳았는데 용인에 모셔 있다. 서실庶室에게서는 두 아들과 두 딸을 낳았다.

『명성황후전明成皇后傳』(閔明基 2019. 04. 18.)에 의하면, "여양부원군의 무덤을 금섬망월형金蟾望月形(금두꺼비가 달을 바라보는 모양)이라 하여 산 아래 늪을 파고 섬늪이라 했다"고 하는데, '섬락리蟾樂里'라는 지명도 이와 관련이 있을 것이다.

쟁쟁한 선조의 성망聲望에 비해서 민치록의 행로行路는 그렇게 드러난 것이 없다. 스승이면서 장인이 되는 오희상吳熙常이 민치록에게 보낸 간찰을 보면 민치록은 과거를 보긴 했으나 등과登科하지는 못한 것 같다. 민승호가 쓴 행장行狀에는 순조純祖 정해년丁亥年(1827)에 음서蔭敍로 장릉참봉章陵參奉이 되었으나 임지臨地에 이르기 전에 병이 나서 되돌아왔다. 그 후 상호도감上號都監 감조관監造官이 되었다가 제용감濟用監 주부主簿로 올랐고, 의금부義禁府 도사都事와 사복시司僕寺 주부가 되었다.

무자년(1828) 8월에 과천果川 현감으로 나가 계사년 5월까지 재임했는데 임진계사壬辰癸巳(1832~1833) 양년兩年에 걸쳐 큰 기근이 들자 넉넉지 않은 중에도 미리 자기 봉록俸祿을 덜어 몇백 곡斛[가매]을 마련해 고을 백성을 구휼救恤하였다. 나라에서는 백성 구휼의 공로로 경릉령敬陵令에 임명했다가 갑오년(1834) 5월에 임피臨陂 현령에 제수하였다. 정유년(1837) 1월까지 임피 현령을 지내고 집으로 돌아와 고령高齡으로 자리에 눕게 된 모친을 봉양했는데 무술년戊戌(1838) 음력 3월 9일 정내간丁內艱(모친상)을 당했다. 탈상 후 다시 조지서造紙署 별제別提가 되었다가 사용원司饔院 주부主簿, 효현왕후孝顯王后 빈전도감殯殿都監 낭청郎廳(1843), 장악원掌樂院 첨정僉正 등을 거쳐 덕천德川 군수로 나갔는데 윗사람에게 아첨할 줄 몰라 체차遞差당했다. 이 내용과 관련하여 『매천야록梅泉野錄』에 관련 내용이 있어 기록해 둔다.

---

5) 총 11통으로 장첩된 이 한글 서첩은 "거인의 어믜"와 "집의"에게 보낸 것이다. 여기에서 집의는 1663년부터 1665년까지 사헌부 집의를 지낸 둘째 사위 민유중을 가리키며 '거인'은 아마도 민유중의 큰아들 민진휘閔鎭厚(1659~1720)의 어릴 적 이름으로 생각된다.(『옛것에 혹하다』 金榮福 2025. 03. 25. p.326.)

"처음에 민치록이 덕천군수로 부임하였을 때 어사 조학년趙鶴年이 그를 파출罷黜(파면)하였다. 이때 중궁은 겨우 네 살이었는데 아버지를 따라와 덕천 관아官衙에 있었다. 민치록은 어사에게 쫓겨나 가솔家率을 데리고 처제 집으로 가다가 중궁을 안은 채 담에서 떨어져 중궁의 발을 다쳤는데 어른이 되어서도 흉터가 남아 있었다. 귀인이 된 후 항상 발을 어루만지고 욕하며 그를 죽이고자 했지만 이미 학년이 죽은 후였다."6)

『조선왕조실록』이나 『외안고』에 의하면 조학년은 1846년 8월부터 1848년 4월까지 평안도 관찰사를 지냈는데 이때 덕천군수 민치록의 파직을 조정에 건의했을 수는 있지만 명성황후는 태어나지도 않았을 때다. 『매천야록』에는 "명성후明成后"와 1898년에 창간된 "제국신문帝國新聞" 등이 보이므로 1898년 이후 저술임을 알 수 있는데, 여항閭巷의 황탄荒誕한 소문을 모아놓은 야사류野史類 기록이 의외로 많다.

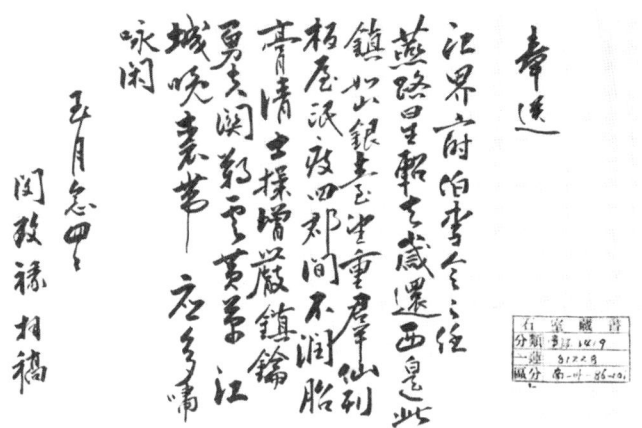

덕천군수 시절에 쓴 민치록閔致祿 시고詩稿
『여주의 옛문서』(여주군 향토사료관)

---

6) 『梅泉野錄-甲午以前 下』: ……初叚致祿爲德川郡守, 御史趙鶴年按龍黜之, 時中宮甫四歲, 隨父在衙. 致祿追于御史, 挈眷移外姆, 抱中宮墮丁垣, 傷足成瘢. 及貴, 常撫足痛罵, 欲甘心于鶴年, 然鶴年已死……

奉送
江界府伯李令之任 강계부사 이공 부임에 부쳐

燕路星軺去歲還　연행燕行 사신 가셨다가 지난해 돌아오니
西邊此鎭如山　서쪽 변경 이곳 원진遠鎭은 산과 같구려
銀臺望重群仙列　은대銀臺에서 바라보면 첩첩한 봉우리 늘어섰고[7]
板屋浪疲四郡間　초라한 너와집은 사군에 둘렀도다
不潤胎膏淸土操　척박한 이곳 수령은 청사淸士가 맡을만한 곳
增嚴鎭鑰勇夫關　더욱 엄중해진 자물 진鎭은 용부勇夫의 관문일레
朔雲黃葉江城晩　북방 구름 낙엽 짙은 강성江城의 늦가을
裘帶應多嘯詠閑　갓옷 입고 한가히 음영吟詠하면 보응報應도 많으시리[8]

　　　　　　　　至月念四日　시월 스무나흘
　　　　　　　　閔致祿 拜稿　민치록閔致祿이 올립니다

예시例示한 민치록閔致祿 시고詩稿는 1846년 음력 10월 24일(至月念四日)에, 강계부사江界府使 이경재李經在(1789~?)에게 보낸 글이다. 『외안고外案考』에 의하면 이경재는 1845년 12월부터 1847년 6월까지 강계도호부사江界都護府使를 지냈다. 민치록은 을사년(1845) 9월에 덕천군수로 부임하여 병오년(1846) 12월까지 재임하였으며, 몇 년 후인 을묘년乙卯年(1855)에 선혜청宣惠廳 낭청이 되었다. 『외안고』 영천永川 조에는, 정사년丁巳年(1857) 음력 11월에 영천 군수로 나갔다고 기록해 있는데, 행장에 의하면 전부터 병이 들었던 풍비風痺(중풍)가 심해져 이듬해인 무오년戊午年(1858) 가을에 집으로 돌아왔고, 9월 17일 고종考終하였다. 민치록 후임인 윤기일尹夔一은 무오년戊午年 음력 9월에 부임하였으므로, 민치록은 음력 8월 하순下旬이나 9월 초에 영천군수 자리를 내놓고 감고당으로 돌아와서 며칠 후 고종考終한 것이다.

행장行狀에서 보는 바와 같이 민치록은 젊어서부터 병약한 몸으로 벼슬길에서 그리 성공하지는 못하고 한직閑職을 떠돌다가 병들어 죽었음을 알 수 있다. 내직內職

---

7) 은대銀臺 : 고대 전설 속의 왕모王母(西王母)가 산다는 곳. 은대는 강계 관아, '군선群仙'은 뭇 봉우리를 말한 것.
8) 구대응다裘帶應多 : 진晉 나라 양호羊祜의 고사故事인데, 오지奧地에 부임한 이부사李府使를 위로한 것.

에 있을 때는 주로 감고당感古堂에 거주했고, 그 외에는 외방外方에 나가 있었으므로 여주에 머무는 날은 많지 않았다.

자영玆暎의 어린시절은 어머니와 외롭게 살며 어쩌다 여주에 들르는 아버지에 대한 그리움을 안고 살았다. 선대부터 내려오는 전장田莊이 많아 먹고 사는 것이야 어렵지 않았지만 어린 자영에게 아버지에 대한 그리움은 무엇으로도 채워질 수 없는 허전함이었다. 이런 명성황후를 이웃들은 무척 귀여워하며 아껴주었다.

"명성황후가 어렸을 때 이웃에 경주정씨 양경공파 후손이 살고 있었다. 그중에 연일정씨인 정경성鄭敬城 字 判成 1806~1866은 아들 4형제를 키우는데 막내가 명성황후 보다 너더댓 살 위라 명성황후를 딸처럼 생각하며 업어주고 안아주면서 귀여워했기에 황후도 한 가족처럼 따르고 살았다고 전한다."(『明成皇后傳』閔明基 2019. 04. 19. 도서출판 뿌리정보미디어), *명성황후의 조모가 연일정씨임.

여주에서 태어나 여덟 살에 감고당感古堂으로 옮겨올 때까지 자영은 아버지에게 『소학小學』이나 『이부인행록李夫人行錄-정경부인행록』을 배우고 어머니에게 『내훈內訓』, 『여범女範』 등을 배우며 반가班家 규수閨秀로서의 소양素養을 갖추며 자랐다. 『정경부인행록』은 『여흥민씨가승기략驪興閔氏家乘紀略』 제4권에 『이부인행록』이라는 제목으로 수록되어 있으며, 한국학중앙연구원 장서각藏書閣에 소장되어 있다.

■ 사찰 입구에서 마주친 역사

앞에서 둘러본 명성황후의 생가를 찾던 날, 생가를 찾기 전에 필자는 먼저 명성황후 삶의 행정行程 따라가기 첫걸음을 명성황후 탄생과 관련이 있다는 여주驪州 대법사大法寺에서 시작하였다.

2024년 9월 25일 14:40!
명성황후 생가에서 약 7.7km 정도 떨어져 있는 대법사로 향하던 중 대법사 정문에서 약 150m 앞에 서 있는 커다란 신도비를 먼저 만났다. 차를 세우고 바라보니 비면碑面 위쪽에 전서篆書로 "증영의정여성부원군시순간민공신도비贈領議政驪城府院君諡純簡閔公神道碑"라고 쓰여 있다. 순간공이면 명성황후의 친정아버지신데, 신도비가 이곳에 있으리라고는 생각지 못했다. '贈'의 위쪽에 작은 글씨로 "어필御筆"이라고 새겨 넣은 것으로 두전頭篆(맨 위에 전서로 쓴 가로 글씨) 글씨를 고종께서 쓰신 것을 알 수 있다. 비문碑文 첫 글자 오른쪽의 "예제睿製"는 신도비문神道碑文을 외손인 세자 척坧이 지었다는 뜻이다. 갑오년(1894년) 음력 12월에 세자世子(훗날의 순종)가 비문을 짓고, 글씨는 세자의 외사촌이자 고인故人의 손자 민영익閔泳翊이 쓴 것을 알 수 있다.

민승회閔升鎬가 1873년에 쓴 민치록閔致祿 행장行狀에 따르면, 민치록은 정조正祖 23년 기미己未(1799) 음력 12월 23일에 민유중閔維重의 5세손인 민기현閔耆顯과 정철鄭澈의 9세손인 연일정씨부인延日鄭氏夫人 사이에서 태어

민치록 신도비-여주시 가남읍 안금리

났다. 민기현은 종가의 종손으로서 치록이 태어나기 전까지는 대를 이어야 한다는 중압감重壓感이 컸을 것이다. 신도비문에는 "공이 겨우 일곱 살이 되었을 때 소모영召募營 명부名簿와 군아軍衙의 아전 명부를 한 번 보고 문득 외우는 데 한 글자도 틀린 것이 없어 탄복하지 않는 이가 없었다"는 내용이 보인다.

민승회閔升鎬가 지은 〈민치록행장閔致祿行狀〉에 따르면, 열세 살 때 돌아가신 부친의 유탁遺託으로 문원공文元公 오희상吳熙常 문하에 나아가 공부하였다. 오희상은 현종顯宗의 부마인 오태주吳泰周의 4세손으로 한성부주부漢城府主簿, 황해도도사黃海道都事, 사어司禦 등을 역임했다. 세손의 스승으로 부름을 받았으나 나가지 않고 광주廣州 징악산徵嶽山에 은거해 성리학을 깊이 연구하였는데, 이황李滉과 이이李珥의 양설

兩說 어느 쪽에도 치우치지 않았으나 주리설主理說과 주기설主氣說에 대해서는 주리설을 따랐다고 하니 퇴계에 조금 가까웠던 것이 아닌가 한다.

민치록은 16세(1814) 때 한 살 위인 오희상의 딸과 혼인하여 오씨부인과의 사이에 딸을 하나 낳았으나 어려서 죽었다. 이후 오씨부인은 후사後嗣를 더 낳지 못하고 36세 때인 계사년癸巳年(1833) 음력 3월 15일에 죽어, 음력 4월 25일 여주 금교리金橋里(今 安金里) 선영先塋에 장사지냈다. 오희상吳熙常이 지은 〈해녕부부인묘지명海寧府夫人墓誌銘〉도 『열성황후왕비세보列聖皇后王妃世譜』에 수록해 있는데, 시집간 딸이 후사조차 남기지 못하고 자기보다 먼저 죽어 그 묘지명을 짓던 친정아버지의 애통함이야 오죽했을까. 민치록은 오씨부인 사후 한산이씨부인韓山李氏夫人을 계배繼配로 맞이했는데, 순조 18년 무인생戊寅生(1818)인 이씨부인은 민치록과 혼인하여 1남 2녀를 낳았으나 모두 어려서 죽었다. 그 후 민치록이 고조부 민진휘閔鎭煇의 묘소를 관리하느라 금교리에 자주 오가다가 우연히 땅속에서 미륵불을 발견하고 그 자리에 법당을 세운 후 지성至誠으로 발원發願하여 신해년辛亥年(1851) 음력 9월 25일 딸을 낳았다고 하는데, 이분이 훗날의 명성황후다.

신도비 내용을 보면 1858년 음력 9월 17일 민치록이 죽은 후 처음에는 여주驪州 금교리金橋里에 오씨부인과 합폄合窆했는데, 『승정원일기承政院日記』에 명성황후 부모의 묘를 이장한 연대별 기록이 있어 그 전말顚末을 상찰詳察할 수 있다. 1874년 명성황후의 생모인 한창부부인韓昌府夫人이 민승호와 함께 폭사爆死 당한 후 한창부부인만 따로 광주廣州 쌍령리에 장사 지냈고, 민치록을 제천堤川으로 이장移葬하면서 세 분을 합폄하였다. 그 후 이천利川으로 이장移葬했다가 갑오년甲午年(1894년)에 보령군保寧郡 청연리靑淵里(周浦面 簡1里)로 이장移葬하였다. 이렇게 여러 번 부모님 묘를 이장移葬한 까닭은 명성황후가 겪은 끊임없는 불운이 원인이었을 것이다.

명성황후는 1870년에 첫아기를 유산流産했고, 1871년에 낳은 대군大君은 항문肛門이 막힌 채 태어나 불과 3일 만에 죽었으며, 1873년에 태어난 공주도 1년을 넘기지 못하고 죽었다. 1874년에 태어난 대군大君 척坧은 다음 해인 1875년에 세자로 책봉되었지만, 1875년에 태어난 대군은 그해에 죽었고, 1876년에는 다시 유산

流産하는 아픔을 겪었으며, 1878년에 태어난 대군도 1년을 넘기지 못하고 죽었다. 1874년 11월 28일에는 친정 어머니와 오라버니, 어린 조카가 함께 앉아 조반을 먹던 중 누군가가 보낸 상자를 열었다가 세 사람이 모두 폭사爆死 당했고, 1882년 음력 유월 9일에 일어난 임오군란壬午軍亂 때는 삶과 죽음을 넘나들며 온갖 고초를 겪었으며, 1884년에는 갑신정변甲申政變이 일어나 본인도 곤욕을 치르고, 친정 조카인 민영익閔泳翊은 부상을 입고 간신히 살아났으니 친정부모의 묘를 이장移葬 함으로써 계속되는 불행에서 벗어나고자 몸부림쳤던 것도 무리가 아니다.

아래는 민치록 묘의 천장遷葬(移葬)에 대한 전말顚末을 민치록 행장과 『승정원일기承政院日記』를 기초로 정리한 것이다.

○ 1833년 음력 3월 15일 해주오씨부인 졸卒. 음력 4월 25일 여주驪州 금교리金橋里에 초장初葬.
○ 1858년 음력 9월 17일 민치록 졸卒. 음력 11월에 여주驪州 금교리金橋里에 오씨부인과 합폄合窆.
○ 1874년 음력 11월 30일 한창부부인韓昌府夫人 졸卒(승정원일기). 음력 12월 23일 (임진) 한창부부인 안장女葬 때에 대전大殿에 종친, 의빈, 약방, 내각, 정원, 옥당, 조정 2품 이상, 육조 당상이 구전으로 문안하니, 알았다고 답하였다. ○ 고종 12년 을해(1875) 5월 21일(정사) 비 : 종친부가 아뢰기를, "『선원보략』을 수정하도록 분부하셨습니다. 중궁전의 세보世譜 가운데 한창부부인 묘소 지명을 기록해 넣어야 하니 지금 한꺼번에 수정하겠습니다. 감히 아룁니다."하니, 알았다고 전교하였다. *(한창부부인 초장지初葬地는 광주군廣州郡 쌍령리雙嶺里-여흥민씨족보)9).*
○ 1876년 음력 5월 27일(정사) 맑음 : 예조가 아뢰기를, "(여주 금교리의)여성부원군驪城府院君과 해녕부부인海寧府夫人을 이장할 때에 관을 꺼내는 것은 오는 윤5월 1일 진시로, (廣州의)한창부부인韓昌府夫人을 이장移葬할 때에 관을 꺼내는 것은 같

---

9) 여흥민씨 기축보己丑譜(1889)에는 명성황후의 고조부 민익수閔翼洙와 고조모高祖母 의령남씨의 초장지初葬地가 광주군 초월면 누무리樓霧里였다고 기록되어 있는데, 쌍령리에 있던 골짜기 지명으로 보인다. 명성황후는 고조부모 묘가 이곳에 있는 연고緣故로 쌍령리 선영에 선비先妣를 모셨을 것이다. 민병기閔丙基 선생의 『명성황후전明成皇后傳』에는, "처음에 여주의 금교리에 장사지냈다가 제천, 이천, 및 광주廣州 등에 이장하였으며 갑오(1894)년 3월 20일에 보령 청연리의 을좌 언덕에 이장하였다."고 하였다.

은 달 3일 오시로 하며, 여성부원군과 해녕부부인의 발인發翔은 같은 달 5일 묘시卯時로, 한창부부인의 발인은 같은 날 같은 시時로 하며, 한창부부인의 안장安葬은 같은 달 9일 축시丑時(오전 1시~3시)로, 여성부원군과 해녕부부인의 안장은 같은 날 미시未時(오후 1시~3시)로 가려 정하였다 합니다. 관을 꺼낼 때와 발인, 안장할 때에 중궁전은 마땅히 망곡례望哭禮가 있어야 하니, 망곡에 대한 의주儀註(망곡 절차를 적은 기록)를 곧바로 써서 중궁전에 들이겠습니다. 감히 아룁니다."하니, 알았다고 전교하였다.*(제천군堤川郡 백운면 도곡리 319번지로 천장遷葬하면서 금교리의 민치록과 해주오씨부인, 광주廣州의 한산이씨부인을 합폄合窆.)*

○ 1881년 음력 5월 1일(임술) 맑음 : 또 예조의 말로 아뢰기를, "여성부원군驪城府院君, 해녕부부인海寧府夫人, 한창부부인韓昌府夫人의 무덤을 옮길 때에 관을 꺼내는 것은 이번 5월 4일 묘시卯時에, 발인發翔은 같은 달 9일 묘시에, 안장安葬은 같은 달 10일 신시申時에 하기로 날짜를 가려서 정했다고 합니다. 관을 꺼낼 때와 발인할 때, 안장할 때는 중궁전에서 망곡望哭하는 예가 있어야 하므로 망곡의주望哭儀註10)를 바로 써서 중궁전에 들이겠습니다. 감히 아룁니다."하니, 알았다고 전교하였다.*(이천利川으로 천장遷葬)*

○ 1894년 음력 3월 4일(신사) 맑음 : 김상규가 예조의 말로 아뢰기를, "여성부원군, 해녕부부인, 한창부부인의 묘소를 옮길 때 관을 꺼내는 것은 3월 8일 미시未時로, 발인發翔은 동월 13일 묘시로, 안장安葬은 동월 20일 신시로 가려 정하였습니다. 출구出柩하고 발인하고 안장할 때에 중궁전은 망곡望哭의 예를 행해야 할 것이니, 망곡의주望哭儀註를 바로 써서 중궁전에 들이겠습니다. 감히 아룁니다."하니, 알았다고 전교하였다.*(보령군保寧郡 청연리青淵里로 천장遷葬)*

○ 2003년 문중 결의로 보령에서 여주시 가남읍 안금리(옛 金橋里)로 천장遷葬

민치록 신도비는 방부개석方趺蓋石11) 형식으로, 네모 형태의 방부기단方趺基壇은 이건移建 과정에서 훼손되어 다시 만든 것이며, 높이 70cm, 가로 폭 427.5cm, 앞뒤 폭 428.5cm이고 위에는 기와집 형태의 개석蓋石(덮개)을 씌운 모양이다. 비신碑

---

10) 망곡의주望哭儀註 : 먼 곳을 향해 곡하는 전례典禮를 기록한 책.
11) 방부개석方趺蓋石 : 방부方趺는 네모형 비석 받침. 개석蓋石은 비석 덮개.

身은 높이 268.5cm, 폭 105cm 두께 46.5cm인데 제2면 아래가 조금 깨져 있으나 글씨는 온전하다. 1894년 당시의 비신을 보령에서 옮겨온 것인데, 이 신도비를 옮겨왔다면 민치록閔致祿의 묘도 이곳으로 이장했을 것이다. 주변을 찾아보니 신도비에서 약 50m 떨어진 산록山麓에 그 어른의 묘가 있다.

민치록 묘역-여주시 가남읍 안금리

자료를 확인해보니 보령에 있던 묘를 2003년 문중 결의로 다시 원래의 민씨 세장지世葬地인 금교리(今 안금리)의 민진후閔鎭厚의 묘 아래 85m 남쪽으로 이장했다고 한다. 묘소는 잘 조성되어 상석床石이나 문관석文官石, 수호수護獸인 석양石羊, 묘상각墓上閣, 촛대석 등 석물도 보령에서 같이 옮겨온 것으로 보인다. 상석床石 앞 오른쪽에 있는 또 하나의 상석은 제례 후 초헌관初獻官이 음복례飮福禮를 행하는 석물로 보이는데 여흥민씨 후손들은 제례 준비할 때 상석床石에 올릴 음식을 임시로 올려놓던 용도로 사용해 왔다고 한다. 다른 문중의 묘제墓制에서는 볼 수 없는 석물이므로 장례문화 차원에서 연구해 볼 필요가 있다.

봉분 앞쪽의 우측에 방부개석方趺蓋石 양식의 묘비가 있는데, 앞면 우측 상단에 소전체小篆體로 '예필睿筆'이라고 새겨 넣은 것으로 앞면 글씨를 당시의 왕세자가 쓴 것을 알 수 있다. 앞면 오른쪽에는 "증영의정여성부원군시순간민공치록지묘贈領議政驪城府院君諡純簡閔公致祿之墓"라 썼고, 가운데에는 "증해녕부부인오씨부좌贈海寧府夫人吳

氏祔左"라 썼으며, 왼쪽에는 "한창부부인이씨부우韓昌府夫人李氏祔右"라고 썼는데, 민치록의 왼쪽에 해주오씨부인을 합폄했고, 오른쪽에 한산이씨부인을 합폄한 것을 알 수 있다. 또한 '증贈'의 여부에 따라 오씨부인은 죽은 후에 부부인府夫人에 추증追贈되었고, 한산이씨는 왕후의 생모로서 생전에 부부인府夫人에 봉해진 것을 알 수 있다.

개석蓋石을 포함한 묘비의 높이는 약 250.5cm인데 비신의 높이는 156.5cm, 폭 59cm, 두께 27.5cm다. 음기陰記는 의정부의정원임議政府議政原任 윤용선尹容善이 찬撰했으며, 사종손四從孫인 훈련육군부장훈일등訓鍊陸軍副將勳一等 민영환閔泳煥이 썼다. 마지막에는 "광무오년신축시월일립光武五年辛丑十月日立"이라 썼는데, 보령으로 이장한 지 7년이 지난 1901년에 세운 것을 알 수 있다. 민영환의 직임은 상당히 길게 써 있다. "四從孫正一品輔國崇祿大夫 元帥府會計局摠長○任表勳院摠裁禮式院長原任奎章閣提學知訓鍊陸軍副將勳一等泳煥謹書陰記" 중의 '○'은 긁어서 글자를 없앤 흔적이다. 지워진 글자는 '겸兼'字로 보이는데, 이 음기를 쓴 1901년 민영환은 원수부회계국총장과 표훈원 총재, 예식원장 등을 겸임하고 있었다. 글자를 지운 것은 후대後代에, '원임原任'을 '겸임兼任'으로 잘못 새긴 것이라 여긴 것인데 '兼任'은 잘못 새긴 것이 아니다. 잘못 새겼다면 새 돌을 구해 다시 새겼을 것이다. 잘못 새긴 것을 글자만 지우고 그대로 세웠다면 석수는 무사하지 못했을 것이다.

『승정원일기承政院日記』임인壬寅(1902) 음력 2월 4일자에, "겸임兼任을 개차改差해 달라"는 민영환의 상소와 "다른 직임職任은 사직하되 예식원장직은 그대로 수행하라"는 고종의 비답批答이 있다.

> 승정원일기 고종 39년 임인(1902) 2월 4일(을미, 양력 3월 13일)
> 원수부회계국총장 민영환이 상소하기를, "삼가 아룁니다. 신은 타고난 그릇이 둔연鈍劣하여 중요한 직임을 맡기에 부족합니다……. 신은 타고난 기운이 매우 약해…… 만약 하루라도 심신이 피로하면 금세 여러 날을 눕게 됩니다……. 맡고 있는 일이 모두 중요하니 이름만 걸어놓고 잠시라도 비워서는 안 됩니다……. 삼가 바라건대, 황상께서는 굽어살피사 신의 본직과 겸직을 속히 개차改差하시와 공사간에 편

케 하소서. 황공함을 금할 수 없습니다." / "상소를 모두 살펴 보았는데, 여러 직무를 어찌 모두 벗어 놓겠는가. 사직하려는 직임 중 예식원장직은 그대로 수행하라."

민치록 묘에 참배한 후 원래 목적지인 대법사에 이른 것이 오후 03시 09분! 대법사 입구 일주문柱門에는 "대포산대법사大匏山大法寺"라는 편액扁額이 걸려 있는데, 일주문 안으로 들어서니 범종각梵鐘閣에 커다란 법고法鼓가 걸려 있고, 그 맞은편에 대웅전이 자리하고 있다. 대웅전 옆에는 지장보살을 모신 지장전地藏殿이 있다. 대법사 안내문을 보면 1970년에 비구니 대원大元(俗名 邊南順) 스님이 중건重建하여 비구니 사찰이 되었는데, 1970년 당시에는 여섯 평 정도의 작은 법당과 스님 거처인 요사채寮舍寨만 있었고, 미륵불은 법당 안에 모셔져 있었다고 한다. 당시에는 이곳 사찰 터가 모두 여흥민씨 소유지였으며, 2004년에 여흥민씨 문중의 배려로 공시지가公示地價에 가까운 땅값으로 절터를 매입하여 법당을 넓히고 지장전 같은 건물도 새로 지은 것이라고 한다.

민치록이 모셨다는 미륵불

"대법사는 신라 진성여왕(887~897) 때 창건創建된 고찰古刹"이라는 안내문이 있지만 입증할 수 있는 기록이 없고, 새 건물 신축을 위한 터파기 공사 과정에서 주춧돌 같은 출토 유물도 나온 것이 없으며, 이 절터가 원래 여흥민씨 소유 토지였으므로 절 보다는 오래전부터 전해오는 서낭당이 있었을 것이다. 윤일潤一 스님 말씀에 의하면, "대법사 법당 오른쪽 계곡으로 올라가는 길가에 미륵불이 서 있었다는 동네 사람들의 사랑방 전언傳言도 있다"고 하는데, 계곡 오르막길에 쓰러져 흙에 덮여 있던 미륵불을 민치록이 발견하고 우로雨露만 피할 정도의 작은 법당을 지어 미륵불을 봉안奉安했고, 모부인의 청請으로 명성황후가 법당을 조금 넓혀 지은 후 원덕사願德寺로 불렀을 것이다.

아무도 없는 대웅전에 들어가 명성황후를 위한 백팔배를 올리는데, 등에 땀이 흐른다. 삼천배의 정성이 얼마나 귀한 것인지 알만 하다. 108배가 끝나고 나오니 대웅전 왼쪽에 작은 미륵당이 조성되어 있고 0.9m 크기의 미륵불이 모셔져 있다.

새 법당을 짓는 공사가 분주하여 조용히 떠나려는데, 사찰 출입문 바로 안쪽에 들어올 때는 보지 못한 작은 "국시당國師堂"이 눈에 띄었다. 마침 그곳에서 시주施主 한 분을 만나 국시당에 대하여 물으니 자세히 설명해 주신다. 그분은 인근 하거동下巨洞에 사는 분으로 전통식품 연구소인 지미당旨味堂을 운영하고 있는 이대우李大雨 선생이다. 선생의 안내로 문을 열고 들여다보니 독성탱獨聖幀 그림 한 점과 갓 쓴 사람을 태우고 있는 국시말 그림 한 점을 봉안奉安해 놓았다. 많은 절에 가본 것은 아니지만 절에서 본 국시당은 대법사에서 처음 본 것인데, 잠시 국시말에 대하여 살펴보는 것도 의미가 있을 것이다.

국시당은 신라 때부터 마을 수호신인 국시말을 모시는 서낭당이다. 한자로는 "國師堂"이라 쓰지만 읽기는 "국시당"으로 읽는다. 'ㅣ〉ㅏ'의 음변音變을 길게 설명할 수는 없지만, '三'을 새김으로 읽으면 '세'가 되는데 전라도 지방에서는 '셋'을 '싯'이라 하고, 경상도 지방에서도 '세숫대야'를 '싯대야'라고 하는 방언이 있다. 고구려어 '실직悉直'이 후기신라 때에 '삼척三陟'으로 전음轉音된 것, 경기도 고양시 사포면仁浦面의 '삼산리三山里' 원 지명이 '시뫼'인 점12), 음성군 음성면의 '삼산평三山坪' 원 지명이 '시뫼들'13)이라는 점도 고대국어의 'ㅣ'가 후대에 'ㅏ'로 전음된 흔적이다. 이것이 '국사당國師堂'을 '국시당'으로 읽어야 하는 이유다. 국립고궁박물관에는 어느 서낭당터에서 발굴된 국시말 한 점이 전시되어 있다. 영문으로 된 표기는 'Guksimal, Holy Horse in a Village Shrine'인데, 직역하면 "마을의 신당神堂에 있는 성스러운 국시말"이라는 뜻이다.

대법사 국시당國師堂

보통 국수봉이나 수리봉이라 불리는 국시봉과 산곡 길목에는 고대부터 제천의식祭天儀式을 행하던 서낭당이 있었다. 음력 정초가 되면 길일吉日을 잡은 후 마을 원로

---
12) 『고지도를 통해 본 경기지명연구』(2011.11.30. 국립중앙도서관) p.101.
13) 『조선지지자료-충청북도』(1911년. 국립중앙도서관) p.159.

들은 부정이 없는 청·장년 중에서 헌관獻官 세 분과 집사執事 네 분을 선발한다. 집사 중에서 언행이 신실信實하고, 제례 기간 중 내실內室(부인)이 경수經水를 하지 않는 이 중에서 두 사람의 '복덕'을 선발하여 그 자리에서 목욕재계하고 술을 담가 땅에 묻고 그 위에 밤새도록 장작불을 지펴 술을 익혀 정월대보름날 산제사를 올렸다. 국수봉·국사봉·국시봉은 전국 곳곳에 그 명칭이 전해온다. 신당神堂은 충북 단양군 대강면大崗面 성금리城金里 서낭당을 비롯하여 전국 몇 곳에 남아 있다. 국시말이 발굴된 곳에는 반드시 국시말을 봉안했던 서낭당[城隍堂]이 있었으므로 대법사에 국시당을 지어 그림으로나마

국시말國師馬-국립고궁박물관
길이 9.5cm, 높이 8.5cm

국시말을 봉안한 것은 이곳에 국시말을 봉안했던 서낭당이 고대부터 존재했을 가능성을 보여준다. 우리 민속신앙의 한 모습을 대법사에서 보게 된 것은 명성황후의 흔적을 찾아나서며 만난 뜻밖의 소득이다.

■ 명성황후 어린 시절의 존명尊名

명성황후의 어릴적 존명尊名은 자영玆暎이라는 설과 호적의 항렬자를 따라 정호貞鎬로 불렀다는 설이 있고, 아영이라는 설도 있다. 정비석鄭飛石 소설『민비閔妃』초판본(1988.03.15.)에는 아무런 근거를 밝히지 않은 채 '자영紫英'이라 썼다. '紫-자색 자'를 쓴 것은, "명성황후가 태어날 때 자색 서기가 서렸다"는 소설의 설정에 맞추기 위한 것이고, '英-꽃부리 영'은 여자 이름에 많이 쓰이는 한자여서 그렇게 쓴 것으로 보인다. 명성황후추모사업회 이영숙李英淑 회장은『명성황후 시해사건 러시아비밀문서』에 '민정호閔貞鎬'라는 기록을 남겼고, 한영우韓永愚 교수는 이영래 선생의『조선왕세보朝鮮王世譜』를 인용해 '민자영閔玆暎'이라고 하였다.

"그 후 저는 국사편찬위원회 이원순 박사님의 소개로 일본을 방문하고 일본인 여류 작가인 쓰노다 후사코(『민비』 저자) 여사를 만났습니다.14) 마침 그때 러시아에서 김려춘 박사님도 초청하여 두 분과 함께 만났습니다. 저는 명성황후님의 함자를 민정호(閔貞鎬)로 알고 있었는데 후사코의 출판물에는 민자영으로 기술돼 있었음으로 이를 확인하고 정정하기 위한 목적이었습니다. 당시 러시아의 김려춘 박사님도 연구자료 수집차 동경에 체류중이었기 때문에 두 분을 데이꼬꾸(帝國-필자 注) 호텔로 초대한 후 함께한 자리에서 명성황후님의 함자에 대한 저의 의견을 말했더니 즉석에서 후사코 여사는 죄송하게 됐다는 뜻과 아울러 친필로 함자를 써 주어 지금까지 보관하고 있습니다."(『명성황후 시해사건 러시아비밀문서』 p.16. 2005.10.27. 서림재)

"황후는 1851년(철종2) 9월 25일 치록의 재취부인 한산 이씨를 어머니로 하여 경기도 여주군 근동면(近東面) 섬락리(蟾樂里)에서 태어났다. 현재 지명은 여주시 여주읍 능현리. 이곳에는 6대조 민유중의 무덤이 있는데, 그 무덤을 지키기 위해 지은 집이었다. 황후의 어릴 때 이름은 자영(玆暎)이다."(『명성황후와 대한제국』 p.20.(2001.10.10. 효형출판)

이영숙 회장은 "민정호(閔貞鎬)"라는 기록이 어디에 근거한 것인지를 밝히지 않은 채, 쓰노다 후사코 여사(角田房子)가 자신의 오류를 인정하고, "민정호(閔貞鎬)"라는 이름을 인정하는 휘호를 써 주었다고만 하여 큰 아쉬움을 남겼다. 어디에 근거한 것인지 밝혀 놓았더라면 소중한 자료로 활용될 수 있었을 것이다. '鎬'가 여흥민씨(驪興閔氏)의 항렬자이므로 항렬자를 따라 '정호(貞鎬)'라고 불렀을 가능성도 배제할 수는 없다. 여자 이름에는 항렬자를 쓰지 않았다는 일부 의견이 있지만 반가(班家)에서는 딸에게도 항렬자를 써서 이름을 지은 예는 많다.

쓰노다 후사코(角田房子) 여사는 1985년 서울에 체류하던 중 정비석을 만나 『민비』에 '자영(紫英)'이라고 쓴 것에 대하여 정비석 씨 이야기를 직접 들은 후 『민비암살(閔妃暗殺)』(1988.03.25. 新潮社)에 아래와 같은 기록을 남겼다.

---

14) 쓰노다 후사코(角田房子) : 『민비암살(閔妃暗殺)』의 저자.

서울 체재 중 나는 작가 정비석의 장편소설 『閔妃민비』에, 그 왕비의 이름을 '자영紫英'으로 썼다고 들었다. 한글로만 쓰여진 소설이어서 나는 전혀 읽을 수 없었고, 그 이름은 저자의 창작일 것이라고 생각하였다. 그렇지만 정비석은, "아닙니다. 내가 마음대로 만들어 쓴 이름이 아닙니다. 이제는 고인故人이 된 역사연구가가 이것이 그분의 이름이다'라고 알려준 것이 머릿속에 남아 있었는데, 소설을 쓰면서 그대로 사용했습니다. 근거는 알지 못하나 나는 이것을 본명本名이라고 믿고 있습니다."라고 말했다.(『민비암살閔妃暗殺』 p.49. 1988.03.25. 新潮社)15)

후사코 여사는 정비석의 소설이 한글로 쓰여진 소설이라고 했는데, 명성황후의 존명에 대하여는 '자영(紫英)'처럼 한자를 괄호 안에 넣어 표기했고, 드문드문 한자를 괄호 안에 병기하였다. 한영우 교수가 이영래 선생의 『조선왕세보朝鮮王世譜』를 보고 '자영玆暎'이라고 썼다는데, 정비석은 한자를 '紫英'이라고 써서 『조선왕세보』의 '玆暎'과는 다르고, 1985년에 쓰노다 후사코 여사를 만난 정비석이 "이미 고인故人이 된 역사연구가에게 '자영紫英'이라는 이름을 들었다"고 하였으므로 정비석이 말한 역사연구가는 1997년에 『조선왕세보』를 직접 엮어낸 이영래는 아니다.

명성황후께서 여주에서 태어난 사실史實은 널리 알려진 사실事實이고, 1904년에 생가 별당 터에 세운 "명성황후탄강구리비明成皇后誕降舊里碑"만으로도 확인할 수 있는데, 소설 『민비』에서, "명성황후가 서울 감고당에서 태어났다"고 쓴 것은 기본적 사실事實 확인조차 하지 않은 것이다. 따라서 정비석의 글은 역사적 진실이나 사실史實을 파고들면서 약간의 소설적 재미를 가미한 실전소설實傳小說도 아니며, 기쿠치 겐조가 날조한 참방譏謗을 끌어다 붙이고, 여항閭巷의 확인되지 않은 소문들을 정리하며 자기 생각을 덧붙인 통속소설이다.

한영우 교수는 『조선왕세보』 412쪽을 참고해 '자영玆暎'으로 썼다고 하는데, 『조

---

15) ソウル滯在中の私は, 作家鄭飛石の長篇小說『閔妃』に, この王妃の名前を"紫英"と書いてある―と敎えられた. ハングル文字だけで書かれた小說なので私には全く讀めないが, この名前は著者の創作であろうと思っていた. だが, "いや, 私が勝手につけた名前ではありません"と鄭飛石は語った. "今は故人となった歷史硏究家が""これが閔妃の名前だ"と敎えてくれたのが頭に殘っていて, 小說を書くときそのまま使ったのです. さあ, 根據は知りませんが, 私はこれを本名と信じております."

선왕세보』는 출판사를 통해 정식 간행된 것은 아니고 경기도 광주군廣州郡 퇴촌면退村面 도수리陶水里에 사는 이영래李永來라는 분이 비매품으로 간행한 한적韓籍 겹장본 형식의 개인 간행물이어서 국립중앙도서관에도 소장되어 있지 않다.

『조선왕세보』 제412페이지에 "민승호의제아명자영閔升鎬의娣兒名玆暎"이라고 명기明記해 있는데 출처를 밝혀 있지는 않다. 그 아래쪽에 적은 명성황후의 출산 기록에는 태어난 왕자와 공주의 구체적인 생몰生歿 날짜까지 기록하고 있어서 이영래 선생에게 무언가 구체적인 자료가 있었을 것 같기는 하다. 이영래李永來 선생은 『조선왕세보朝鮮王世譜』 서문에 아래와 같이 밝혔다.

> "나는 평소에 휴일이면 사찰이나 능소陵所를 찾는 것이 더없는 취미였다. 그곳을 찾을 때마다 낯선 방문객들과 대화를 많이 나누기도 하였는데 사찰을 찾는 사람들이 대개 그 사찰에 대한 내력來歷을 조금은 알고 오는 참배객들이지만 능소를 찾는 관람객들 중 십중팔구十中八九는 능陵이름만을 알뿐이지 몇 대代 왕릉王陵이라는 것조차 모르는 예例가 허다許多했다. 이를 보고 느낀 바가 컸던 나는 우리의 정통문화正統文化와 정확한 사실史實을 후손들에게 알려야겠다는 나름의 사명의식使命意識의 발아發芽가 이 책을 쓰게된 계기契機가 되었다……. 팔십육치八十六峙 고개마루 두치 서푼 남은 인생 무엇이 두려우랴"(『조선왕세보』 p.1~2.)

이영래 선생이 서문에, 1997년 10월 당시 "팔십육치 고개마루 두치 서푼 남은 인생"이라고 했는데 두 달 며칠이면 86세가 된다는 뜻이니 이영래 선생은 1913년생이었을 것이다. 사찰을 찾는 사람들과 많은 대화를 나누었고, 능소陵所를 많이 다녔다고 하였으니 명성황후 존명尊名이 "자영玆暎"이라는 것도 이런 과정에서 누군가에게 듣고 확인했을 것으로 생각한다. 서문에 밝혀 있듯 사실史實과 사실事實에 근거한 역사를 후세대에게 전하고자 이 책을 쓰게 되었음을 누누累累히 밝히고 있으므로 "玆暎"이라는 이름도 진실이라고 믿을만한 근거 자료가 있거나 그 이름을 전한 분에 대한 신뢰가 있었기에 '玆暎'이라는 이름을 밝힌 것으로 생각한다.

이영래李永來 『조선왕세보朝鮮王世譜』(1997. 10. 비매품)

    필자는 퇴촌면 도수 2리 경로회장 안재희安在熙 선생을 통해 이영래李永來 선생이 성북구 길음동에 살다가 광주시廣州市 퇴촌면退村面 도수陶水 1리에 이사 와서 40년 여를 살았으며, 한문漢文을 깊이 있게 공부한 분이라는 것 정도를 확인하였다. 이미 고인故人이 되셔서 어떤 경로로 명성황후의 존명尊名이 '자영玆暎'이라는 것을 알게 되셨는지는 확인할 길이 없으나, 그분이 저술한 『조선왕세보』에 역사 기록이나 구전口傳이 뒤섞여 있기는 해도 나름대로 각 기록의 신뢰성을 확인하고자 한 흔적이 보이고, 『조선왕세보』 편찬도 체계적이어서 신뢰할 만하다고 여겨 명성황후의 어릴 때 존명이 '자영玆暎'이었다는 이영래 설을 따른다.

■ 그리운 아버지, 무너진 하늘

누런 벼가 익어가는 무오년 음력 팔월 초, 여주에서 딸과 함께 남편을 기다리며 살고 있던 이씨부인에게 급히 한양으로 오라는 전갈이 왔다. 무슨 일인지 미리 짐작한 이씨부인은 이제 여덟 살 소녀가 된 자영滋暎을 데리고 바로 집 뒤에 있는 5대 시조부姒祖父 민유중閔維重의 묘소를 찾아 성묘부터 하였다.

자영滋暎이 아버지 손을 잡고 오가던 6대조 묘소에 가는 숲길을 오늘은 어머니 손을 잡고 오른다. 자영이 숲길을 걸을 때면 까마귀 한쌍이 늘 '까악 까악' 울며 반기곤 했는데 오늘도 까마귀들이 자영을 보며 반갑다고 인사를 한다. 언젠가 자영은 아버지와 까마귀에 대하여 이야기를 나눈 적이 있다.

"아버지 저 까마귀가 왜 우리만 보면 저렇게 울까요? 사람들은 까마귀를 보면 기분이 나쁘다고 해요."

"아가! 그것은 생각하기 나름이란다. 짐승 중에 부모에게 효도를 하는 짐승은 까마귀 밖에 없단다."

"까마귀가 효도를 한다고요?"

"그렇구말구. 까마귀가 효도하는 것을 '반포지효反哺之孝'라고 하는데, '까마귀 안案 받는다'고도 한단. 어미가 새끼에게 먹이를 물어다 주어 정성껏 키우면 새끼 까마귀는 어미 둥지를 떠나기 전에 며칠 간 먹이를 물어다가 어미를 봉양하고 둥지를 떠난단다. 까마귀가 와서 울어주면 '오늘 나쁜 일이 있을지도 모르니 조심하셔요'라고 미리 알려주는 것이니 까마귀가 와서 울어주면 오히려 고마워해야지."

"까마귀가 새끼에게 먹이 받아먹는 것을 '안 받는다'고 하는군요. 아하! 그럼 사람이 환갑상 받는 것과 같은 건가봐요."

"네 말을 듣고 보니 그렇기도 하구나. 까마귀 환갑상이라고? 허허허!"

그후 어린 자영滋暎은 까마귀를 보며 관찰하기도 했는데, 해마다 새로 태어난 새끼 까마귀는 둥지를 떠날 때면 이레 남짓 먹이를 물어다 어미에게 먹이는 '안 받는' 의식을 치른 후 둥지를 떠나는 것이었다. 자영은 까마귀 울음소리에 아버지 손을 잡고 숲길을 오가며 아버지와 주고받은 말들을 떠올리곤 갑자기 눈물이 쏟아지고 가슴이 미어지는 큰 슬픔을 느꼈다. 성묘를 다녀온 한산이씨부인은 서둘러 짐과 행자行資를 챙기면서 행랑아범과 찬모饌母를 불러 간곡히 당부한다.

"내 이번에 가면 당분간 오지 못할 것 같네. 뒷일을 잘 부탁하네."

"이곳 일은 저희들이 잘 처리하겠습니다. 염려 말고 다녀오십시오."

떠나는 길은 무겁고 부산하다.

자영은 어리지만 왜 한양에 가는지는 알고 있다.

"다시 올 수 있을까?"

어린 자영은 정든 고향집을 다시 돌아본다. 아버지 손을 잡고 오가던 숲길이며, 벼가 익어가는 집 앞 논이며, 옹기종기 모여 있는 이웃집 초가들……

행랑아범과 찬모가 나와서 자영을 배웅하며 눈물을 짓는다.

"아씨, 건강하게 잘 다녀오셔요."

"아저씨 아주머니 안녕히 계셔요. 한양에 가면 소식 보낼께요."

자영은 가마 발을 들춰 자주 밖을 내다보며 정겨운 고향 풍경을 마음속에 담아 두었다.

쓰노다 후사코는 1985년 5월 생가를 방문하고 아래와 같은 기록을 남겼다.

1985년 5월 나는 민비의 생가를 방문하였다. 서울에서 동남쪽으로 차로 1시간여 거리에 있는 조용한 농촌지대인데 현재의 지명은 여주읍 능현리陵峴里다. 지붕이 덮인 오래된 목조의 문을 들어서서 황폐한 뜰을 지나면 문과 같은 시대의 오래돼 보이는 한 건물이 있다. 검게 빛나는 굵은 기둥이 있는 마루 끝에서 손녀를 보고 있는 허리 굽은 노파가 있었다. 이곳이 민비시대부터 여러대를 지나 삼대째 민씨 집이라고 그녀가 대답했다. "내가 시집왔을 무렵에는 더욱 큰집이었다"고 말하면서, 노인은 집 밖으로 안내해 주었다. 문을 나와 왼쪽 담장이 끝난 곳부터 넓은 공지가 있고 공지 앞에는 한국의 독특하고 고운 색채의 비각碑閣이 있었다. 옛날에는 여기까지가 민씨 집안 저택이었다고 한다. 노파는 비각을 가리키며 "여기가 민비가 공부하던 방이 있던 곳"이라고 말했다……. 비각을 등지고 서면, 앞에는 너른 논이 보이고, 부드럽게 녹색이 펼쳐진 가운데 가끔 흰 선이 달리는 것이 눈에 들어온다. 백로다. 앞쪽뿐만 아니라 좌우까지도 완만하고 낮은 산들이 멀리 희미하게 보인다. 어린 날 민비가 보았던 풍경 그대로일 것이다."(『閔妃暗殺』 新潮社 p.53.)

이 기록은 1996년에 사랑채와 행랑채를 복원하기 전에 후사코 여사가 본 모습으로, 안채에서 밖으로 나가면 바로 논이 있었다는 것인데 지금 명성황후기념관과 주차장도 그때는 모두 논이었다. 나지막한 산만 드문드문 있는 여주 특유의 너른 들판에 벼포기가 푸르게 자라고 백로가 날아와 먹이를 잡아먹는 풍광이 펼쳐져 있었는데 백로를 황새라고도 불렀다. 그때는 뜸부기도 많았고, 뻐꾸기 울음도 여름내 들렸다.

"다시 올 수 있을까?"

자영은 어릴 때부터 마음에 새겨진 이 정든 고향 풍경을 보며 슬픔이 가슴 가득 차올랐다. 이제는 배웅하던 행랑아범도 찬모도 보이지 않는다. 자영은 가만히 한숨을 내쉬고 가슴을 진정시키며 손수건으로 이마에 흘러내리는 땀을 닦았다.

복원 전인 1996년의 명성황후 생가-여주시청

아버지가 계신 한양에 가는 길은 멀고도 멀었다. 이포 나루를 건너 이천利川과 광주廣州를 지나고 송파 나루를 건너 한양 감고당에 이른 것은 여주를 떠난지 3일이나 지난 후였다. 감고당은 여주 생가보다 넓고 컸지만 수리하지 않아서 낡은 곳이 많았다. 아버지는 안방에 누워 계시다가 자영을 보고 놀라서 일어나 앉았다.

"우리 자영이가 왔구나. 그래 오는데 얼마나 힘들었느냐."
"아버님 환후患候는 어떠신지요?"
"풍비風痺 때문에 예전 같지는 않다만 견딜만하다."
"여주는 어떠하냐?"
"예 어머니께서 대강 정리하고 떠나왔습니다."
"네 공부는 어디까지 배웠느냐?"
"네. 어머니께 『내훈內訓』과 『여범女範』을 배웠습니다."
"『정경부인행록貞敬夫人行錄』16)도 읽었더냐?"
"네. 아버지께서 가르쳐 주신 것을 기억하며 틈틈이 읽었습니다."

모처럼 아버지를 뵈었지만 감고당에는 무겁고 침울한 분위기가 감돌아서 자영 또한 마음이 무언가 무거운 것에 짓눌린 듯 답답하고 음울陰鬱했다. 자영 모녀가 한양에 도착한 지 며칠 지나지 않아 감고당에는 여흥민씨 원로와 몇 사람의 종친 어른들이 모였다. 맏어른인 민치록의 10촌 형 민치구閔致久(1795~1874, 鎭永之後)가 무겁게 입을 열었다.

"불행하게도 우리 종손 아우의 병이 깊어 이렇게 모이라고 했다. 내 맏형님도 이미 돌아가시고 내 아우도 일찍 죽어서 지금 우리 삼방파三房派에서는 내가 제일 연장자年長者라 나서게 되었다. 종손과 미리 이야기를 했다만 종손에게 아들이 없으니 양자를 들여서 종가宗家의 대를 잇게 하려는데 의견이 있으면 누구든 말해 보거라."

민치대閔致大(1791~1829)의 맏아들 경호璟鎬(1823~1888)가 말했다.
"종손 숙부님 병세가 완쾌 되셔야 할텐데 걱정입니다. 숙부님께서 혹 생각해 둔 사람이 있으시면 저희는 따르겠습니다."

---

16) 『정경부인행록貞敬夫人行錄』의 원본 명칭은 『이부인행록李夫人行錄』으로 되어 있다. 연안이씨부인의 아드님인 민익수閔翼洙가 기록한 『이씨부인행록』을 집안 사람들이 『정경부인행록』으로 칭한 것이다.

민치삼閔致三의 양자 태호台鎬(1834~1884, 鎭遠之裔)가 말했다.
"형님 말씀처럼 백부님께서 생각해 둔 사람이 있으면 저희도 따르겠습니다."
"내 생각에는 나의 둘째 승호升鎬(1830~1874)가 종가宗家를 이끌어 갈만하다고 생각되는구나. 너희 생각은 어떠냐."
"승호 형님 인품이야 4촌인 우리도 잘 아는 터이고, 어른들께서 이미 말씀을 나누셨다니 저희는 따르겠습니다."
민치록이 힘들게 말했다.
"제 병이 깊어 예사롭지 않습니다. 집안 젊은이들도 이견異見이 없는 듯하니 형님께서 주관하셔서 속히 결행해 주시지요."
"알았네. 그러면 속히 날을 잡아서 승호와 함께 사당에 고유례告由禮를 올리고 이 문제를 매듭짓겠네."

민승호는 서둘러 고유례를 올리고 정식으로 민치록의 아들이 되었다. 민승호의 5대조 민진영閔鎭永은 민치록의 고조부인 민진후閔鎭厚의 이복異腹 셋째 동생으로 민치록에게는 종고조부從高祖父가 된다. 촌수로는 민승호가 사종형제四從兄弟인 10촌 형 민치구閔致久의 둘째 아들이므로 사종질四從姪인 11촌 조카다. 명성황후에게는 민승호가 12촌 오빠가 되며, 민승호의 친누님인 부대부인府大夫人과도 12촌 자매 사이다. 촌수로는 명성황후가 고종의 이모이기도 하다.

1873년에 민승호가 직접 쓴 민치록 행장에, "부군府君 만년晩年에 불초 승호를 사자嗣子로 삼았다(府君晩年取不肖升鎬爲嗣)"고 하였으므로 민승호는 민치록이 죽던 해에 양자가 된 것이다. 양자로 들어가는 것은 정식으로 조상의 사당에 고유告由를 하고 호적에도 올라가므로 양부모에 대하여 나를 낳아주신 생부모를 모시는 효孝와 정리情理로 받들었다. 지금은 각자 생업生業에 따라 흩어져 살기 때문에 육촌六寸 형제조차 서로 얼굴도 잘 모르고 지내는 경우도 있지만 1960년대까지만 해도 집성촌에 모여 사는 농경사회農耕社會여서 10촌이 넘어가도 형제의 정으로 오고 갔다. 고조부高祖父가 같은 분이면 8촌 형제인데, 8촌은 한 울타리 안에서 태어난다고 하여 팔촌 형제를 '당내간堂內間'이라 하므로 지금의 메마른 세태에서 보는 친족親族 개념과는 전혀 다르다.

　민광훈閔光勳은 세 아들을 두었는데, 민시중閔蓍重 민정중閔鼎重 민유중閔維重이다. 삼형제가 모두 영달榮達하였는데 특히 민유중은 귀하게 된 후에도 분가하지 않고 백씨伯氏인 시중과 중씨仲氏인 정중, 계씨季氏인 유중 삼형제가 한집에서 살았고, 식구가 많아져서 한집에 살 수 없게 된 연후에 분가하였다. 인현왕후가 서소문 밖 종가宗家에서 태어나고 자란 것은 이런 연유가 있었다. 민승호閔升鎬는 민유중의 셋째 아들인 진영鎭永의 6세 직손直孫인데, 종가宗家의 양자養子가 되어 진영의 맏형인 진후鎭厚의 6세 종손宗孫으로서 대代를 잇게 된 것이다.

민유중閔維重 신도비

I. 그리운 고향에 서린 자취 43

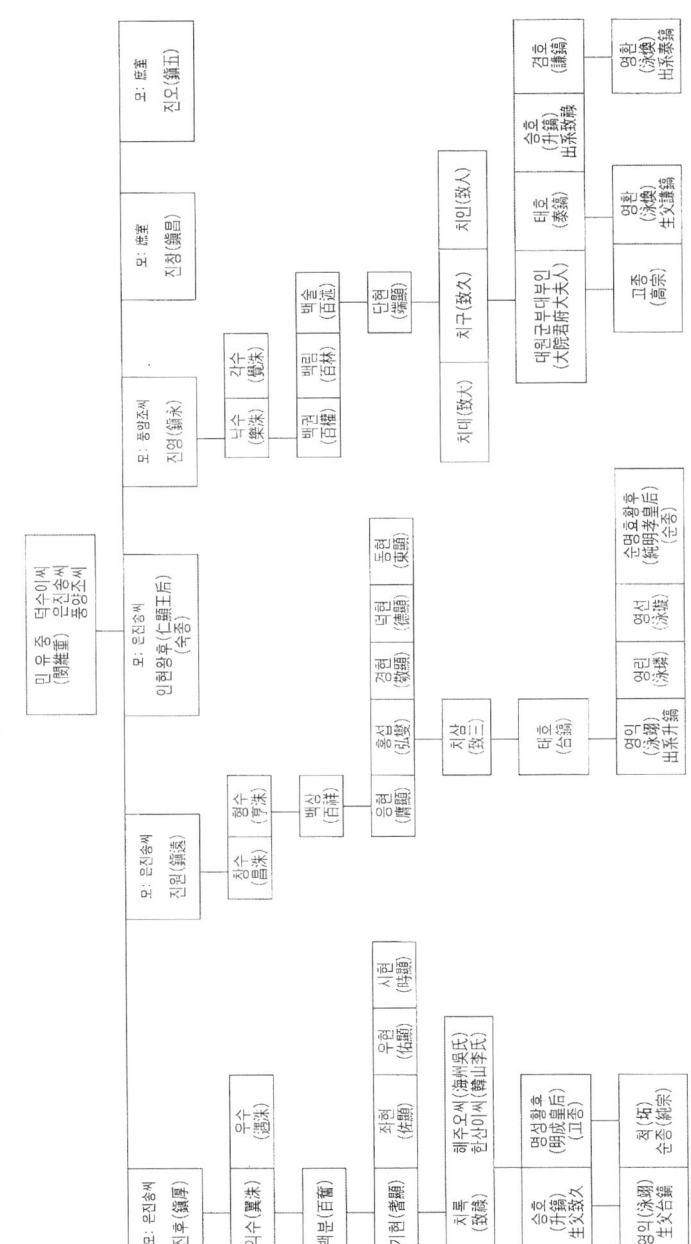

무오년戊午年(1858) 음력 9월 17일 민치록은 승호에게 자영滋暎을 잘 보살펴 달라는 말을 남기고 감고당에서 눈을 감았다.

여주 생가 옆에 복원된 감고당感古堂

여주 생가 옆에 복원된 온고당溫古堂

민치록이 감고당에서 죽은 것으로 보는 까닭은 이곳이 대대로 민유중 후손의 본가이기 때문이다. 민치록 신도비문에 의하면 민치록의 5대조 민유중도 이 집에서 고종考終하였고, 민진후閔鎭厚의 생질甥姪 이재李縡가 쓴〈백구좌참찬지재민공신도비伯舅左參贊趾齋閔公神道碑(文)〉에, "(큰외숙 민진후가)경자년庚子年(1720) 5월 13일에 안국방 사제賜第17)에서 졸했다(庚子五月十三日。卒於安國坊賜第)"고 하였으므로 후손들이 대대로 이 집에 살아온 것을 알 수 있다. 민유중의 맏딸에서 태어난 외손 이재도 외가인 감고당에서 태어났다.

종손의 상을 당한 감고당感古堂은 안팎으로 부산해졌다. 때마다 상식上食을 올리고 문상객을 맞이하느라 분주하였다. 집안 남녀가 함께 곡을 하는데, 겨우 여덟 살 된 어린 자영紫暎의 애곡哀哭은 예법을 벗어나지 않으면서도 가슴 깊은 곳에서 배어 나오는 슬픔이 담긴 채 감고당 안팎에 울려 듣는 사람을 감응시켰다.

어린 자영의 얼굴은 수척하고 파리해졌지만 자영은 상주로서의 역할에 조금도 소홀함이 없었다. 아버지 돌아가신 다음 날 습襲을 하게 되었다. 방안에는 수의襚衣와 솜, 반함飯含에 쓸 버드나무 수저, 쌀, 엽전 등이 가지런하게 준비되어 있었다. 어른들은 어린 자영을 걱정하여 방에서 나가게 하려고 했지만 자영은 의젓하게 말했다.

"어찌 사람으로서 가진 지극한 정리情理를 빼앗으려 하십니까.18) 아버님의 마지막 모습을 제가 지켜드리길 아버님도 바라실 겁니다."

자영의 사리事理 당당한 말에 어른들도 어쩌지 못하고 습襲하는 자리에 자영을 참예參預하게 하였다. 자영은 복받쳐 오르는 슬픔을 참고 아버지의 염습 과정을 지켜보았다. 집안 어른들은 아버지의 몸을 시대屍臺에 올려 깨끗이 닦은 후, 몸의 일곱 규竅를 막은 후 흰 남색 비단의 수의襚衣를 순서대로 입혀 드렸다. 수의를 입혀 드린 후 아들 승호가 버드나무 수저로 반함飯含19)을 하며 외쳤다.

"일천석이요, 이천석이요, 삼천석이요"

"일천냥이요, 이천냥이요, 삼천냥이요"

새로 장만한 남색 수의襚衣를 입은 아버지는 살아 있는 듯 했지만 아무말이 없으시다. 이튿째 되는 날 소렴小殮을 할 때도 자영紫暎은 아버지 곁을 지켰다. 소렴을 맡은 집안 사람들은 아버지의 주검을 발 머리 왼쪽 오른쪽 순서로 좌임左衽(왼쪽여밈) 방식으로 하여 옷섶을 여미고 염포殮布로 싼 후 얼굴에 명목瞑目20)을 덮어드리는

---

17) 사제賜第 : 임금이 신하에게 내려준 집.
18) 『고종실록高宗實錄』태행황후지문어제행록大行皇后誌文御製行錄
19) 반함飯含 : 죽은 이의 입에 오른쪽 왼쪽 가운데에 각기 쌀을 한 수저씩 퍼 넣어 준 후 엽전 세닢을 입에 물려주는 절차.
20) 명목 : 주검의 얼굴을 가리는 천. *瞑目一, 用靑羅, 裏纁絹, 方尺二寸, 四角女紫綃帶, 於後結之.(國朝五禮儀)

절차가 남았다. 자영이 차분하면서도 결연決然한 목소리로 말했다.

"아버님 얼굴 명목은 제가 덮어 드리겠습니다."

결연한 자영의 목소리에 누구도 다른 말을 할 수 없었다. 아버지 얼굴에 명목을 덮는 자영의 손이 가늘게 떨렸다. 아버지는 마치 살아서 주무시는 것 같았다. 눈물이 쏟아질 듯 했지만 자영은 마음을 다잡고 아버지 얼굴에 가만히 푸른색 명목瞑目을 덮어 드렸다. 사흘째 되는 날 대렴大殮을 하였다. 어른들은 아버지 주검을 싼 염포殮布의 세로매와 가로매를 야무지게 묶어 널 안에 모신 후 널 뚜껑을 덮는 것으로 모든 염습 절차가 마무리 되었다. 사람들은 아버지 염습 과정에 참예參預한 여덟 살 자영의 흔들리지 않는 모습에 "어른보다 의젓하다"며 모두 놀라워하였다.

염습을 하는 동안 어른들은 여러 곳에 부고訃告를 보내고 여자들은 음식을 장만하는 등 분주하게 움직였다. 비록 청요직淸要職에 있지 못하고 한직閑職으로 떠돌기는 했지만 인현왕후의 종가라는 명문벌열名門閥閱의 상가여서 많은 문상객이 찾아왔다. 손님맞이는 아들인 승호의 몫이지만 어린 자영 또한 분주하게 손님을 맞이하며 상주 노릇을 하였다. 그러나 어린 몸에 상주 노릇은 힘에 겨웠다. 마음으로는 슬픔을 다하고 정성을 다하고 있었지만 몸이 약한 자영은 먹는 것조차 잊을 만큼 슬픔이 커서 혼절하기도 했다.

"아가 이게 웬일이냐. 안된다 아가! 어여 일어나거라."

어린 딸의 혼절에 어머니는 남편 잃은 슬픔보다 몸 약한 어린 딸의 안위를 걱정해야 했다. 민승호가 어린 동생을 타이르며 말했다.

"자영아 상주 노릇도 먹고 몸을 지탱하며 해야 한다. 『예기禮記-곡례曲禮』에도, '거상居喪하는 예법은 몸이 수척해져서 뼈가 드러날 정도가 되어서는 안 되며, 보는 것과 듣는 것이 약해져서도 안 된다'[21]고 하였다. 네 슬픔이 깊은 것이야 당연한 것이겠다만 이러다가 네가 잘못되기라도 한다면 어찌 돌아가신 아버님에 대한 효孝라 할 수 있겠으며, 어머니는 또 어쩌시란 말이냐. 우리 남매가 함께 기운 내서 함께 아버님 장례를 치르자꾸나."

---

[21] 『예기-곡례』 : 거상지례居喪之禮, 훼척불형毀瘠不形, 시청불쇠視聽不衰.

"네 오라버니 그런데 자꾸 울음이 솟아올라 먹는 것이 목에 넘어가지 않아요."
"그래 그래 안다. 나도 이런데 너도 오죽하겠느냐. 그래도 어머님을 생각하여 힘을 내야 한다."
"네 오라버니. 오라버니가 계셔서 큰 힘이 되어요."

아버지의 장례를 치르는 동안 오누이의 정은 누구보다 깊었다. 민승호는 어느새 자영에게 든든한 버팀목이 되어 주고 있는 것이다. 자영은 조금씩 기운을 차리기 시작했다. 남매는 아침저녁으로 상식上食을 올리며 상주 노릇을 했다. 이 때 민승호 나이는 스물아홉이었고, 초배初配인 경인생庚寅生 동갑내기 광산김씨光山金氏(1830~1859)와 혼인한 상태였다. 승호 부부와 자영은 홀로된 한산이씨부인을 지성으로 보살피며 효도를 다했다.

민치록은 고종考終한지 두 달 만에 여주군驪州郡 남면南面 금교리金橋里 갑좌원록甲坐原麓에 먼저 죽은 해주오씨와 합폄合窆해 장사지냈다. 지금 지명은 여주시 가남면加南面 안금리安今里인데 고조부인 민진후閔鎭厚의 묘와 후손들 묘소가 같은 산록에 있다.22) 민승호와 자영은 여주 생가에서 3년간 여묘廬墓살이를 하였다. 섬락리蟾樂里 재실齋室(명성황후 생가)에서 매일 상식上食을 올리며 곡을 하고, 초하루와 보름이면 약 20리 떨어진 금교리金橋里까지 오가며 성묘를 하였다. 승호와 자영은 경신년庚申年(1860) 음력 9월 열이렛날 대상大祥을 마치고 한양으로 올라왔다.

민승호는 신유년辛酉年(1961) 5월에 음서로 명릉참봉明陵參奉(현종 비의 릉)에 제수되었고, 9월에 승륙陞六23) 되었다. 갑자년(1864)에 증광문과增廣文科에 합격하여 성균관전적成均館典籍이 되었다가 사간원정언司諫院正言, 홍문관교리弘文館校理, 병조정랑, 사복시정司僕寺正, 문신겸선전관文臣兼宣傳官, 실록청낭청부수찬응교實錄廳郎廳副修撰應敎 등의 청요직淸要職을 거쳤다. 을축년(1865)에는 사헌부집의, 사간원헌납司諫院獻納, 어영청종사관御營廳從事官, 홍문관전한弘文館典翰, 통례원좌통례通禮院左通禮 등에 올랐다. 이 기록으로 보더라도 민승호는 동생인 자영玆暎이 왕비가 되기 전에 이미 문과에

---
22) 민치록을 장사 지낸 날짜는 기록이 없으나 조선시대 신도비 기록을 보면 당시 사대부는 통상 죽은 지 두 달 정도 지난 후에 장사를 지냈다. 민치록의 5대조 민유중도 졸한지 석달만에 장사지냈다.
23) 7품 이하에서 종6품 이상으로 오르는 것.

합격하여 여러 청요직을 겸직하거나 승급을 거듭했다. 민승호는 자신의 학문과 능력으로 벼슬길에 나아가 명망名望을 얻은 것이지 동생인 명성황후의 뒷배로 고위직에 올랐다는 수군거림은 사실이 아니다.

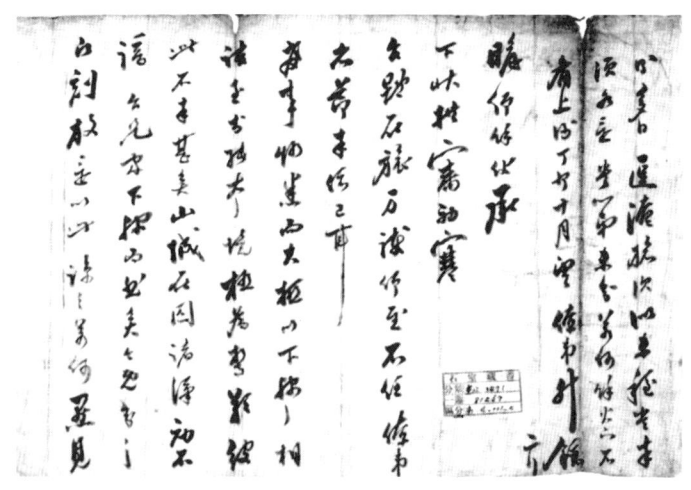

민승호 간찰-『여주의 옛문서』(여주군 향토사료관)

Ⅱ. 감고당에 배인 낭랑한 그리움

■ 효도와 우애의 훈당訓堂

 감고당感古堂은 여흥민씨 여양부원군驪陽府院君 민유중閔維重의 본가이며 원래는 양정재養正齋로 불렸다. 인현왕후 당시에는 감고당이 아니고 양정재였지만 양정재를 왜 감고당으로 부르게 되었는지도 상세히 알려진 바가 없기에 『승정원일기承政院日記』의 해당 부분을 먼저 살펴보기로 한다.

 신사년辛巳年(1761년) 6월 13일 미시未時에 임금께서 안국동 인현왕후 사저私邸에 납실 때 도승지 홍인한洪麟漢, 좌승지 윤동섬尹東暹, 우승지 조영진趙榮進, 좌부승지 송형중宋瑩中, 기사관記事官 김이희金履禧, 가주서假注書 유언수兪彦脩, 기사관 한선韓選, 기사관 강지환姜趾煥 등이 차사대로 입시入侍하여 모셨다……. 임금께서 건명문建明門을 나가시며 홍인한에게 양정재養正齋 어제御製를 읽으라 명하셨다. 조영진이 말했다. "잠깐 성후聖后께서 사시던 방을 보니 실로 요연瞭然합니다." 임금께서 말씀 하셨다. "이른바 분명하다는 것인가? 무슨 일인가?" 조영진이 말했다. "신이 어렸을 적 여러 신모神母들에게 들을 것과 지금 보고 있는 방의 모양이 예전에 들은 바와 같습니다." 임금께서 말씀하셨다. "기사년己巳年(1689)부터 갑술년甲戌年(1694)까지는 6년의 긴 세월인데, 마치 황제皇帝(唐 中宗-필자 주)가 방주房州에 귀양 간 것과 같구나." 임금께서 안국동 본방本房 문밖에 이르셨는데 이미 이란李灡, 이한李澣, 조창규趙昌逵 및 민씨들이 문밖에서 맞이하였다. <u>임금께서 연輦이 멈춘 후 지나가면서 물으시고 바로 성후께서 사시던 침실로 들어가셨는데 반간半間 밖에 안될 만큼 좁고, 위에 벽장이 있는데 일어설 수조차 없었다. 임금께서 방에 앉아 말씀하셨다. "일어설 수조차 없는 곳에서 어찌 6년이나 오래 견디셨을꼬?"</u> 조영진이 말했다. "성후께서 살아계실 때 천둥벼락칠 때면 섬돌에 내려와 하늘에 스스로의 허물을 탓하며 빌으셨는데, 임신년壬申年에 이르러서는 도깨비(망량魍魎)의 재앙이 있고, 개가 드나드는 변고가 있었다고 합니다." 임금이 말했다. "이는 필시 갑술년의 서조瑞兆를 먼저 보이신 것이니 내가 작년에 성후聖后의 수필手筆을 받들어 보고 다시 6년 동안이나 사셨던 침실을 보았으니 유감遺憾이 없다. 오늘 수레가 움직일 때 음산하여 비가 올 것 같더니 이곳 문에 이르렀을 때부터 햇빛이 비치니 마치 성후聖后께서 복위하시던 광경을 보는 것 같구나." 임금께서 집 안팎과 방을 둘러보시고 침실 밖의 대청에 이르러 입시한 사람들을 불러 각기 이름을 물으셨다. 임금께서 말씀 하셨다. "집안 사람들의 예법은 조학천의 집에서 보았는데 지금 두 집의 차서가 같구나." 조영진이 말했다. "민백준閔百準은 곧 옛 현령 민진영閔鎭永의 후손으로 성후의 동기同氣이며 민진영의 처가 지금 살아 있어 낙향落鄕하여 곡좌曲坐(겸손하게)해 사는데 빈한貧寒하기가 무척 심하여 진실로 불쌍하다 하겠습니다." 임금이 민항렬閔恒烈을 돌아보며 말씀하셨다. "통수通洙라는 성실한 손자가 있지." 홍인한이 말했다. "통수의 아들이 백선百善인데 문사文詞가 좋고 위인이 극히 잘 생겼으나 일찍 죽었습니다." 임금께서 말씀하셨다. "이 무리들이 옛 우상右相(민진원-필자 주)을 떠올리게 하니 마음이 더욱 창연하여 마치 우상이 곁에 있는 것 같아 마땅히 이곳 앞자리에 앉혀야겠다. 내가 이미 조학천가에서 보았는데 지금 이곳에서 또 보니 아뢸 것은 없고 후에 마땅히 돌아가서 아뢰도록 하라." 민씨들로 하여금 읽은 바를 차례로 외게 하시고 또 홍락인洪樂仁의 아들 수대秀大로 하여금 배운 초학자初學字를 외게 하셨다. *임금께서 말씀 하셨다. "양정재養正齋 이름은 누가 지은 것인가?" 윤동섬이 말했다. "제액題額은 선대의 신하 동춘同春(송준길-필자 註)의 글씨인데 재호齋號는 누가 이름지은 것인지 알지 못합니다."*24) 임금께서 말씀하셨다. "조명정趙明鼎이 지금 일행 중에 있는가? 그는 알 것 같구나." 조영진이 말했다. "군직軍職이어서 아직 부르지 못한 까닭에 참반參班하지 못했는데 백준百準이 조명정의 생질이니 혹 비슷하게 알 것도 같습니다." 임금이 말씀하셨다. "백준은 아는가?" 민백준이 말했다. "아직 상세히 알지 못합니다." 임금께서 말씀하셨다. "필야정명必也正名이니 이 감고당感古堂으로 이름을 삼으라. 어제御製를 내려줄 것이다." 하시면서 손수 '感古堂' 석자를 써서 친히 영진에게 주면서 말씀하셨다. "이로써 글씨를 새겨 이 방에 걸으라." 또 어제감고당기御製感古堂記 편액을 쓰라고 명하셨다.25)

---

24) 양정재養正齋는 1670년에 송준길宋浚吉이 친구이자 사돈인 조운로趙雲老 집에 머물다가 집의 북원北苑에 지은 정사精舍를 위해 지은 이름인데 『동춘당집同春堂集』 권지십륙 「기記」에 〈양정재소기養正齋小記〉가 실려있다. 동춘당의 손자 병익炳翼이 조운로의 사위다. 인현왕후의 아버지 민유중閔維重은 송준길의 사위이므로 '養正齋'라는 글씨를 다시 쓰고 편액을 만들어 사위 집에 걸어준 것으로 보인다.

"임금이 한천동寒泉洞에 비석을 세우라고 명하고 비액碑額을 썼는데, '인현성후탄강구기仁顯聖后誕降舊基'라 썼고 '영모비永慕碑'라 하였다. 다음날 국구國舅의 집에서 지난 기유년己酉年(1669)의 장적帳籍을 상고詳考하여 알려왔는데 거동車洞(수렛골)에 살았다고 하였다……. 곧 거동에 비석을 세운 후 비각을 지어서 유지遺址를 표시하도록 명하고, 이어서 예조판서 이익정李益炡과 호조판서 윤동도尹東度에게 명하여 그곳을 살펴본 후 형지形止를 그려서 올리게 하였다."26)

『인현성모행록仁顯聖母行錄』에는, "큰 오라버니인 민진후閔鎭厚의 장녀와 궁녀들만 곁에 있게 한 후 정당正堂(안채)을 폐하고 하당下堂(별채)에 머물렀는데 궁중에서 의식衣食을 대주지 않아서 본가本家에서 대주는 조석朝夕 수라를 받아잡수셨다"는 내용이 있다. 인현왕후의 맏오라비인 민진후閔鎭厚 신도비문에, "공은 폐비가 되신 중궁을 받들어 봉양하였다. 성 밖에 살았는데 극심한 화禍가 번갈아가며 미치는데도 평상시와 같았다. 갑술년(1694)에 중곤中壼(왕후)께서 복위되셨다.(公爲廢宮供奉, 僦居城外, 禍機交極而處之若平常. 甲戌中壼復正)"고 하여 민진후는 성 밖에 살면서 폐비가 되어 양정재養正齋에 살고 있는 누이동생에게 의식을 대주며 보살핀 것이 기록되어 있다.

---

25) 『승정원일기』 영조 37년(1761) 6월 13일 : 辛巳六月十三日未時, 上詣女峴洞, 仁顯王后私邸入侍時, 行都承旨洪麟漢, 左承旨尹東暹, 右承旨趙榮進, 左副承旨木瑩中, 記事官金龍醐, 假注書兪彦鉻, 記事官韓㴋, 記事官姜趾煥, 以次陪入……. 上出建明門, 命洪麟漢賫養正齋開鑐. 榮進曰, 俄者見聖后御之室, 果燎然矣. 上曰, 所謂分明者, 何事乎? 榮進曰, 臣兒時瞻視臣母, 而今見其室, 一如向日所覩矣. 上曰, 己巳之於中戌, 爲六年之久, 而有肅帝在房州矣. 上至女峴洞本房門外, 李瀰·瀚·趙昇達及閔氏諸人, 祗迎門外, 上駐輦憇焉, 直入聖后御寢室, 乃半間夾室, 而上有壁藏, 不能起立. 上仍坐其室中, 起不能立. 何以堪過於六年之久乎? 榮進曰, 聖后御池時, 若遇雷電, 則降階祝天, 而引咎自頌. 至於壬申年間, 有魑魅之災, 狗入之變云矣. 上曰, 此必先示甲戌之兆也, 予於昨年, 奉覽手筆, 復見六年寢室, 庶無餘憾矣. 今日動駕時, 陰陰欲雨, 及門而始見日光. 若聖后甲戌之光景矣. 上周覽內外堂宇, 御于寢室外大廳, 命召入侍諸人, 各問其名. 上曰, 如家人禮者, 自建學天家, 今爲兩次矣. 榮進曰, 閔百準, 卽故縣令鎭永之孫, 而聖后祠氣, 惟鎭永是存, 尙今在世, 而流落雞曲, 貧寒特甚, 誠甚可矜矣. 上顧謂豊恒烈曰, 通朱誠有孫矣. 麟漢曰, 通朱之子百善, 善文詞, 爲人極佳. 而早夭矣. 上曰, 見此聖祖思故合相, 心尤愴然. 右堆若在, 當爲行首於此座矣. 予旣見趙學天家, 今又見此, 而無可奏之所, 後當歸奏矣. 飮閔氏諸人, 以次誦其所讀之文, 又使洪樂仁之子大人, 誦其所讀初學子. 上曰, 養正齋號, 誰所作乎? 尹東道曰, 題額則先旺己卯春之筆, 而齋號則不知誰名矣. 上曰, 趙明鼎在班行乎? 想知之矣. 榮進曰, 木付軍職, 故不得參班. 而百準乃明鼎之妹弟, 似感知之矣. 上曰, 百準知之乎? 百準曰, 木能詳知矣. 上曰, 必也正名, 以感古堂易號, 將有銜閥, 仍手書感古堂三字. 親授榮進曰, 以此額揚於此室, 可也. 又命書感古堂記銜閥.

26) 『조선왕조실록』 영조 37년(1761) 7월 30일 : 上命立碑於寒泉洞, 手書碑額曰, 仁顯王后誕降舊基, 名曰永慕碑. 翌日考士國舅家二去己酉帳籍, 乃居車洞也……. 乃命立碑建閣于車洞, 以識遺址, 仍命禮曹判書李益炡, 戶曹判書尹東度, 看瞻圖形以進.

『여흥민씨가승기략驪興閔氏家乘紀略』제4권의『이부인행록李夫人行錄-貞敬夫人行錄』에도, "나의 둘째 할아버님이신 문충공文忠公의 맏아들 문효공文孝公의 우의정 제수와 우리 아버님의 병인문과丙寅文科 장원을 발표하는 창제일唱第日에 문충공과 문정공이 두 사람을 거느리고 서소문 밖에 있는 종가로 가서 고묘례告廟禮를 행하고자 할 때"라고 하여 서소문 밖에 종가가 따로 있었음을 밝혀 있고, 같은 책에, "기사년에 안국방安國坊 사제私第로 내쳐진 인현왕후를 이부인이 지극 정성으로 봉양했다"는 내용도 있다. 『이부인행록』의 일부 내용을 수록해 민진후의 재취부인이신 연안이씨 부인(1664~1733)이 어떤 분인지 그 일단一端을 소개한다. 원문의 '선군자先君子'와 '선비先妣'라는 표현으로써 『이부인행록』을 맏아드님인 문충공文忠公 민익수閔翼洙 공이 1733년~1742년 사이에 쓴 것을 알 수 있다.

"나의 둘째 할아버님이신 노봉老峯 문충공文忠公의 맏아드님이신 진장공鎭長公우의정에 올랐으며 시호가 문효文孝다-필자 주)과 나의 아버님이신 진후공鎭厚公이 나란히 병인년丙寅年 별시문과別試文科에 장원 급제한 창제일唱第日(발표일)을 맞아27) 문충공과 문정공文貞公께서 두 사람을 거느리고 서소문 밖 종가宗家에 가서 고묘례告廟禮를 행하고자 할 때28), 먼저 들어와 자리에 앉은 두 분을 가족들이 동서로 옹기종기 둘러앉아 모시고 있는데 갑자기 중궁전中宮殿 별감別監이 어찰御札을 받들고 와서 조만간 집(양정재)에 돌아갈 것인지 물었다. 문정공(민유중-필자 주)께서 선비先妣(돌아가신 어머니)에게 붓과 벼루를 가지고 앞으로 오라 하여 입으로 대답을 불러주시니 선비는 대서代書를 마치고 일어나 자리로 돌아갔다. 모든 부녀자들이 서로 돌아보고 감탄하며 말했다. 붓 놀리는 것이 보통 사람과 같지 않다. 또 어찌 이와 같단 말인가라며 놀라워 했지만, 선비先妣는 그 자리에서 붓을 빠는 것이 평상시와 같았다."29)

---

27) 서기 1686년에 치러진 별시문과別試文科에서 여흥민씨 사촌 형제가 나란히 급제하였는데, 열 살 위인 민정중閔鼎重의 아들 민진장閔鎭長은 장원으로, 종손인 민진후閔鎭厚는 병과로 급제하였다. 민진장은 후에 우의정에 올랐고, 명성황후의 5대조인 민진후는 예조판서 공조판서 등을 지내고 1719년에 의정부 우참찬에 올랐으나 병으로 사양하고, 개성부유수를 지내던 중 1720년에 생을 마쳤다. 민진후는 인품이 무척 훌륭했다고 한다.
28) 고묘례告廟禮: 집안에 경사가 있을 때 사당의 조상께 축문을 지어서 아뢰는 것. 고유례라고도 한다.
29)『驪興閔氏家乘紀略』卷之四「李夫人行錄」我仲從祖老峯文忠公之胤, 右議政文孝公, 曁丙寅及第壯元, 先君子同登, 其榜唱第日, 文忠公文貞公率被新恩, 往西小門外宗家, 將行告廟之禮, 先入坐于正寢, 族黨內外分東西族々環侍, 俄而中宮殿別監奉 御札, 問還第早晩. 文貞公呼先妣, 持筆硯于前, 口授以對, 先妣代書, 畢起復位, 諸婦女相顧嘆歎曰,

II. 감고당에 배인 낭랑한 그리움

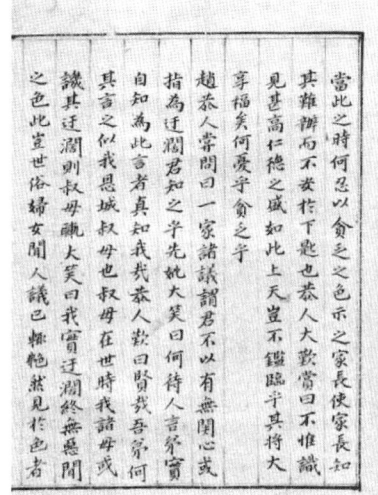

명성황후의 5대 조모 연안이씨부인의 『이부인행록李夫人行錄』
이미지 제공-한국학중앙연구원 장서각

기사년己巳年에 인현왕후께서 안국방安國坊 사제私第로 내쳐지셨을 때 아버님은 감옥에 계셨는데 왕후께서는 질곡桎梏이 풀릴 때까지 종가宗家에 의지해 조석朝夕을 받아 잡수셨으니 그 간핍艱乏함은 실로 사람이 견디기 어려운 것이었다. 그 근심을 선비先妣(돌아가신 어머니)께서는 일찍이 한 번도 아버님께 들리지 않게 하셨다. 조趙 공인恭人30)이 그런 사정을 알고 물으시기를, "어찌 이렇게 어려운 사정을 바깥양반께 알려 혹 따로 주선周旋해 주기를 바라지 않으시는가" 하니 선비께서 처연悽然히 말씀하시기를, "지금 시세時勢를 돌아보면 어느날 화변禍變이 더 심해질지 알 수 없고, 며칠이나 먹고 살 수 있는지도 알 수 없거늘 지금 같은 때에 어찌 차마 빈핍貧乏한 기색을 가장에게 보여 가장으로 하여금 어려운 사정을 알게 하며, 그 어려움을 해결하느라 불안하여 진지조차 드시지 못하게 하겠습니까"라고 하니 공인께서 크게 탄식

如使筆翰不如是, 亦安能妨於如此, 會中亦酸如平常乎.
30) 조공인趙恭人 : 종손 민진하閔鎭夏(南殿 參奉)의 부인이며, 민시중閔蓍重의 며느리다. 이부인과는 손위 사촌 동서지간. 민광훈閔光勳은 민시중閔蓍重, 민정중閔鼎重, 민유중閔維重 삼형제를 두었다.

하며 상찬賞讚하기를, "오로지 식견識見이 깊을 뿐 아니라 인덕仁德이 이와 같이 높으니 하늘이 어찌 살피지 않으시리오. 장차 큰 복을 누릴 것이니 어찌 빈핍함을 근심하리오"라고 하셨다.31)

인용문 중 "서소문 밖에 있는 종가"라고 한 것은 인현왕후가 낳고 자란 반송방盤松坊 집을 말한 것이다. 권상하權尙夏가 짓고 맏아들 진후鎭厚가 글씨를 쓴 민유중閔維重 신도비문에, "공은 귀하게 된 뒤에도 백씨伯氏(맏형)・중씨仲氏(둘째형)와 한 집에서 살다가 식구가 너무 많아 한 집에 수용할 수 없게 된 다음에야 분가分家하였다"고 하였다. 『감고당 이전에 따른 학술연구 및 실측조사보고서』에는 지금의 서대문구 순화동 4-3번지가 종가터로 추정된다고 하였다. 『서울육백년사』에 의하면 반송방은 서울 5부 중 서부 11개방에 속했으며, 지금의 서대문구 천연동天然洞에 반송정盤松亭이 있어 '반송방盤松坊'이라는 지명이 생긴 것이라고 한다.

명성황후는 어려서부터 가슴으로 전해오는 선대先代 어른들의 이같은 가르침을 받으며 자랐으니 남편인 고종을 대하는 태도 또한 이부인이 남편을 대한 모습에서 크게 벗어나지 않았을 것이다.

명성황후가 감고당에 들어와 살게 된 시기에 대해서는 정확한 자료가 없다. 일반적으로 알려진 바와 같이 여덟 살 때까지 여주 생가에 살았다면 아버지가 돌아가시던 1858년에 감고당에 들어온 것인데, 『승정원일기』 고종 1년 3월 5일의 심의면沈宜冕과 심이택沈履澤 부자에 대한 치죄治罪 기사를 예로 들어 1864년 설을 주장하는 분도 있다. 그러나 『승정원일기』 고종 1년(1864) 3월 7일 기사에, "(심의면과 심이택 부자의 죄는)연전年前에 있었던 감고당感古堂의 한 가지 일에서 극에 달하였습니다. 이 집은 옛날에 인현왕후仁顯王后께서 사셨던 집으로 영세토록 추모하는 뜻이 깃들어 있기에 감고당이라는 편액을 걸어 놓고 수백 년이나 사람들이 감히 함부

---

31) 『驪興閔氏家乘紀略』 卷之四 「李夫人行錄」 己巳 仁顯王后遜于安國坊私第先君子方繫貧甚得釋盡室往依于宗家朝夕之供極其觀乏實有人不堪其憂者而先妣未嘗以有無聞之於先君子趙恭人知然也問日何以此遭難之意告之于外或翼其別有周旋耶先妣悽然一晒今時勢不知何日有甚禍變不知幾日能家食也當此之時何忍以貧乏之色示之家長使家長知其難辨而不安於下匙也恭人大歎賞曰不惟識見甚高仁德之盛如此上天豈不鑑臨乎其將大亨福矣何憂乎貧乏乎

로 더럽히지 못하게 하여 빗장을 굳게 걸어 잠그고 신령을 모신 곳처럼 받들고 있는 곳이어늘 그가 감히 멋대로 고쳐 옛 모습을 없애고 잡배雜輩들이 더럽히는 곳으로 만들었으니 이것이 어찌 신하된 자로서 감히 할 짓이겠습니까. 사리와 체면을 돌아보지 않고 분수를 생각하지 않은 채 차마 행해서는 안 될 짓을 행한 것이니 한漢나라 법의 불경죄와 춘추春秋의 무장無將32)도 이보다 더 심할 수가 없습니다."라고 하여 원문에 '年前'이라는 표현이 있어 1864년이 아니라 1864년보다 몇 해 전일임을 말해준다. 『승정원일기』 내용대로면 심의면이 오위도총부 도총관과 형조판서를 할 때인 1860년 전후 감고당 주변 토지를 매입해 소유했던 그가 빈집을 무단으로 사용하며 머슴들 거처로 삼게했던 것이 아닐까 한다.

'年前'은 통상 "몇 년 전"을 말하는데, 『표준국어대사전』 표제어에는 "연전(年前) : 몇 해 전."으로 표기되어 있고, 『동아한한대사전東亞漢韓大辭典』에는 "年前연전 : 두서너 해 전, 몇 해 전."으로 표기해 있다. 따라서 모부인母夫人과 어린 자영이 감고당에 들어온 연도를 정확히 특정할 수는 없지만 1860년에 아버지 여묘살이가 끝나고 1861년 초에 다시 감고당으로 돌아온 것으로 보아야 하지 않을까 한다. 민승호가 음서蔭敍로 명릉참봉이 된 것도 여묘살이를 끝낸 직후인 1861년이다. 민승호도 여양부원군 민유중의 종손이 대대로 받아오던 능참봉 벼슬로 관직을 시작하였다.

오라버니 승호가 벼슬길에 나아가 바쁜 동안 자영玆暎은 집에서 학문에 정진精進하였다. 보통의 여인네들은 『내훈內訓』이나 『여범女範』 같은 책을 읽는 것에 그쳤지만 여주 생가에서 자라며 5대조모인 연안이씨가 지은 『이부인행록李夫人行錄(정경부인행록)』, 『인현성모행록』 등을 비롯해 자영은 『시경詩經』, 『서경書經』, 『논어論語』 등은 물론이고, 『춘추좌전春秋左傳』이나 『사기史記』, 『당송팔대가문초唐宋八大家文鈔』 등을 공부하며 경세經世의 지식과 안목을 쌓고 있었다. 오라버니 승호도 틈틈이 자영의 공부를 도와 주었고, 명민明敏한 자영은 읽은 서책의 내용을 깊이 헤아려 잘 이해하였을 뿐아니라, 한번 보고 들은 것은 모두 기억하였다. 자영이 읽은 책에 대하여는 훗날 고종이 지은 「태행황후지문어제행록大行皇后誌文御製行錄」, 박은식朴殷植의

---

32) 무장無將: 역란죄逆亂罪. 『춘추공양전春秋公羊傳-장공 32년』 "君親無將 將而誅焉".

『한국통사韓國痛史』, 『매천야록梅泉野錄』 등 여러 자료에 기록되어 있다.

어느 봄날 안국방 감고당 별당에서 책을 읽던 자영은 문득 까닭 없는 설레임에 뜨락을 내려와 초목이 우거진 마당을 거닐었다. 마당에는 초목이 어우러져 작은 숲을 이루고 있었다. 자영은 마당 그윽한 곳에 있는 못가에 이르러 작은 바위에 앉았다. 봄풀은 서로 키재기를 하며 자라는데, 민들레는 어느새 꽃을 피우고 벌과 나비가 날며 꿀을 빨고 있었다. 청명일淸明日에 아버지 손을 잡고 6대조 할아버지 산소에 성묘를 갈 때도 생가 뒷편 숲에는 꽃이 피고 나비가 날아다녔다.

자영은 저도 모르게 한숨을 쉬었다.

"왜 한숨을 쉬느냐."

돌아보니 어떤 귀품貴稟스런 여인이 따뜻한 눈길로 자영을 보라보고 있었다. 자영은 가만히 일어나 공손히 인사를 드렸다.

"공부가 지루하더냐?"

"아니요. 공부는 재미있는데, 왠지 마음이 설레요. 그런데 누구셔요?"

"나는 늘 너를 지켜봐 온 이집 주인이란다."

"이 집은 저희집이고, 저는 부인을 처음 뵙는걸요."

"너는 나를 처음 보았겠지만 나는 네가 태어나기 전부터 너를 보고 있었단다. 나는 오래전부터 이 집에 살고 있는 이집 주인이야."

"아! 그럼 혹시 인현왕후 할머니세요?"

"그래, 맞아. 내가 바로 인현왕후야. 입암立巖(閔齊仁-명성황후의 11대조) 할아버지께서 공술共述하신 『동몽선습童蒙先習』은 읽어 보았느냐?"

"네. 그 책은 어려서 여주에 있을 때 아버지께서 가르쳐 주셔서 지금도 또렷이 기억해요. 그런데 그 책을 입암 할아버지께서 지으셨다고요?"

"그래 그 책은 우리 입암立巖 할아버지와 박세무朴世茂 어른이 같이 저술하셨단다."

"그렇군요. 그런데 오래전에 돌아가신 할머니께서 지금 어떻게 여기 계셔요?"

"옛일이 생각날 때면 가만히 이곳에 내려와 옛날 속을 거닐기도 한단다."

"그러면 할머니는 귀신이세요?"

인현왕후는 재미있다는 듯 깔깔 웃으며 말했다.

"귀신? 아 그렇구나. 맞아 나 귀신이지? 그런데 '귀신'이라는 표현은 조금 머흐럽고33) 무섭지 않니? 편하게 할머니라고만 불러주렴."

"네. 할머니는 늘 이곳에 계셔요?"

"말했지않니? 옛일이 생각날 때면 이곳에 내려온다고."

"그러면 할머니는 우리 아버지도 보셨나요?"

"그래. 네 아비는 나를 보지 못했지만 나는 늘 네 아비를 보았지. 네 아비도 참 힘겹게 세상을 살았단다."

"좀 도와주실 수는 없었나요?"

"안타깝지만 유계幽界의 영령英靈은 인간세에 관여할 수 없단다"

"저의 아버지는 왜 그렇게 힘들게 사셔야 했을까요?"

"네 아비도 힘들게 살기는 했지만 밥 굶는 걱정은 하지 않았으니 달리 보면 태어나길 복되게 태어난 것이란다. 이 세상에는 먹을 것이 없어 굶어 죽는 사람이 부지기수不知其數로 많단다."

"왜 그래야 할까요?"

"사람만 그런 것이 아니고 이 세상 모든 살아 있는 것이 그렇게 살아간단다. 사람이나 짐승이나, 심지어 초목草木까지도 그런 삶에서 벗어날 수 없단다. 그나마 사람으로 태어났으니 다른 생명체보다 조금 나을 뿐이지."

"그걸 벗어날 수는 없나요?"

"사람에게는 주어진 명운命運이라는 것이 있고, 각자 해야 할 역할이 있단다. 우연이든 노력해서든 자기 명운을 좇아 사는 길을 찾은 사람, 자기 재능을 찾아 이 세상에서 해야 할 역할을 제대로 찾아 사는 사람의 인생은 순탄順坦한 것이란다."

"각자 제 역할이 있다고요? 책에서 읽었어요. 진승陳勝이란 사람이 '왕후王侯와 장상將相이 어찌 씨가 따로 있겠느냐(王侯將相寧有種乎)'고 했는데, 할머니 말씀대로라

---

33) 머흐럽다 : 험險하다의 고유어.

면 그 말이 맞는 걸까요?"

"일부는 맞고 일부는 틀렸단다. 왕후장상의 씨가 따로 있는 것이 아니라는 말은 맞지만 자기 명운에 들어맞는 삶을 찾는 것과 자기가 타고난 재주에 알맞는 역할을 찾는 것은 무척 어렵단다. 자기 명운과 재주를 찾아 그에 맞추어 사는 사람의 삶은 순탄하지만 그것을 찾지 못하거나 자기 것에 맞지 않게 욕심을 내는 사람은 어려울 수밖에 없단다. 사람은 누구나 빈손으로 태어나고 빈손으로 이 세상을 떠나니 차별이 없는 것은 맞지만 누구 자식으로 태어나느냐에 따라 태어날 때부터 부자인 사람과 가난한 사람의 차별이 생겨나기도 하니, 사람은 평등하면서도 평등한 존재가 아니기도 하단다. 사람뿐만 아니라 모든 생명체는 평등하면서도 평등하지 않은 존재란다. 이 마당의 초목도 어떤 것은 소담하고 탐스러운 꽃을 피우고 열매를 맺지만 어떤 것은 간신히 작은 꽃을 피우고 열매도 부실한 것이 있지 않더냐? 어찌 보면 이 세상에 평등한 것은 하나도 없단다."

"할머니 말씀이 너무 어려워요."

"너는 명민明敏하게 타고 났으니 어렵지 않을게다."

"사람이 평등하게 살 수는 없나요?"

"그런 세상은 없단다. 조금 전에 말했듯 어떤 초목은 물기가 풍부한 좋은 땅에 뿌리를 내리고 풍성하게 열매를 맺지만 어떤 초목은 메마른 땅에 간신히 뿌리를 박고 힘겹게 살아가지 않니? 짐승들도 힘 있는 놈은 배불리 먹고 그렇지 못한 놈은 배를 곯으며 살아가지 않? 또 어떤 사람은 훌륭한 부모님 자식으로 태어나 좋은 교육을 받고 평탄하게 살아가지만 어떤 사람은 폭압적暴壓的인 부모 자식으로 태어나 두들겨 맞으며 자라는 사람도 있듯이 삶 자체는 평등한 것이 아니란다. 어떤 부모에게서 태어났든 자식은 부모를 원망할 수 없단다. 삶에서 겪게 되는 행복이나 고통조차 부모님이 낳아주셨기에 누릴 수 있는 것이니 부모를 원망해서는 안 된단다. 이 세상에 부모 탓하는 사람처럼 어리석은 이는 없지. 사람으로 태어났으니 훌륭한 선인先人의 언행을 배우고 마음을 수양해 삶을 이해하고 남을 도울 줄 아는 사람이 되는 것이 현명한 사람의 삶이란다."

"정말 모든 사람이 평등하게 살 수는 없는 걸까요?"

"그나마 사람으로 태어났으니 제도를 만들어 약한 사람을 돕고 나누고자 할 뿐이란다. 평등하고자 노력하는 것, 남을 돕고자 노력하는 것, 어진 마음을 갖추고자 수양修養하고 덕을 쌓아 남 돕기를 실천하는 것, 거기까지가 사람이 할 수 있는 한계란다."

"할머니 말씀을 들으니 슬퍼요."

"이 세상에 힘들게 사는 백성이 그렇게 많은 줄을 궁중에 살 때는 나도 미처 몰랐단다. 내가 궁에서 쫓겨나 이곳에 머물러 살 때 이웃 백성들과 오가며 비로소 힘들게 사는 백성이 생각보다 많다는 것을 알게 되었지. 이곳에서 지내며 작은 것의 소중함도 깨닫게 되었단다."

"그게 뭔가요?"

"여기 돌틈에 뿌리를 내리고 돋아난 민들레 꽃을 보렴. 여린 싹이 돌덩이를 밀치고 올라와 잎을 틔우고 꽃을 피우지 않았니? 큰 꽃만 아름다운 것이 아니라 이렇게 작은 존재에 담긴 생명의 위대함도 볼 줄 알아야 세상을 제대로 아는 것이란다."

"식물들도 생각을 할까요?"

"사람이나 동물이나 식물이나 살아가는 모습은 다르지 않단다. 사람은 말을 통해 대화를 나누지만 동물은 동물대로, 식물은 식물대로 소통하는 방법이 있는 법이란다."

"네 저도 어렸을 때 다른 여자아이들이 매미나 방아깨비를 잡아서 가지고 노는 것을 보고 놓아주라고 말린 적은 있지만 동물이나 식물이 서로 소통한다는 것은 생각하지 못했는데 신기해요."

"사람에게는 손이 있고, 말을 할 수 있어서 문명도 발달하고 문화도 꽃피울 수 있는 것이란다. 동물과 식물도 손을 쓰지 못하고 말을 하지 못할 뿐이지 마음은 사람과 다르지 않은 것이란다. 이 세상은 크든 작든 이렇게 모든 존재가 제 역할을 하며 균형을 이루기 때문에 유지될 수 있는 것이란다."

"모든 생명체는 이 세상 질서를 이루는 존재라는 말씀인가요?"

"생명을 가진 존재 뿐 아니라 돌멩이 하나라도 그냥 생겨난 것은 없으니, 작은 것이라고 소홀히 하지 않는 마음이 중요하단다. 아무리 작은 존재라도 생명의 무게는 우리와 다르지 않단다."

"그럼 왜 남자는 귀하다 하고 여자는 남자보다 덜 귀하다 하나요?"

"남자와 여자는 귀하고 천한 것이 아니라 하늘로부터 받은 역할이 다를 뿐이란다. 여자가 없으면 자식도 낳을 수 없고 세상이 이어질 수 없으니 여자의 역할이 얼마나 귀한 것이더냐?"

"할머니는 왜 자식을 두지 못하셨어요?"

인현왕후는 가만히 한숨을 쉬며 대답했다.

"그것은 내 의지만으로 되는 것이 아니란다. 아까 말하지 않았니? 사람에게는 누구나 타고난 명운命運이 있는 것이라고."

"할머니의 삶도 힘드셨을 것 같아요."

"꼭 그렇지만은 않았어. 내 자식은 없어도 금衿이가 나를 친어머니처럼 따르고 나도 그 아이를 내가 낳은 자식으로 여겨 가엾은 그 아이를 돌보아주는 것을 낙으로 삼았으니 아주 외롭지는 않았단다. 금이도 저를 귀여워하며 보살펴 주는 내가 고마웠는지 다섯 살 때는 온갖 꽃을 따서 술을 담가 내게 가져온 일도 있었단다.34) 겨우 다섯 살 아이가 꽃을 따서 술을 담글 생각을 하다니 영특하지 않니?"

"네 영특하신 분 같아요. 그런데 금이는 누구인가요?"

"금이는 숙묘肅廟35)의 둘째 아들 영묘英廟란다. 훗날 형인 경묘景廟의 뒤를 이어 임금이 되었지. 임금이 되기는 했지만 그 아이가 임금의 되기까지의 삶도 몇 번이나 죽을 고비를 넘겼는지 모른단다. 그 아이는 임금이 된 후에도 어렸을 적에 내가 귀여워하며 보살펴 준 것을 잊지 않고 이집에 들렸다가 '양정재養正齋'로 불리던 이집에 '감고당感古堂'이라는 옥호屋號를 지어주고 편액扁額까지 써 주어 걸게 했단다."

"감고당 옥호를 영묘英廟께서 내려 주셨다고요? 처음 듣는 말이예요."

---

34) 영조英祖가 다섯살 때 꽃을 따서 술을 담가 인현왕후께 바침 : 『승정원일기承政院日記』 고종 26년 기축(1889) 음력 11월 27일.
35) '묘호廟號'는 왕이 죽어 종묘에 위패位牌를 모신 후 부르는 미칭.

"내가 이 집에 머물러 살 때는 이 집의 옥호屋號가 양정재養正齋였단다. 그런데 임금이 된 금이[영조]가 어느날 이곳에 들렸다가(1761년 음력 6월 13일-승정원일기) 나를 감모感慕하는 마음에 '감고당感古堂'이라는 이름을 지어주고 편액을 직접 써서 나무에 새기게 하여 걸게 하였지. 감고당 옥호를 내린 다음달에는 내가 태어난 거동車洞에 '인현성모탄강구기비仁顯聖母誕降舊基碑'까지 세우고 마을 이름까지 추모동追慕洞36)이라 부르게 했으니 비록 내가 죽어 이 세상 사람이 아니라도 금이의 마음 써 주는 것이 부모자식간의 정리情理로도 더없이 깊고 고맙구나."

"영묘英廟께서는 할머니께서 보살펴 주신 은혜를 오랜 시간이 지나도 잊지 않고 글씨까지 써서 내려주셨군요."

"그래. 고맙지. 그 아이 덕분에 내가 궁중 생활의 외로움과 서러움을 조금이나마 잊을 수 있었으니 오히려 내가 그 아이에게 고마운데, 그 아이도 나를 그리 기억해 주니 무척 고맙지."

"처음에는 왜 양정재養正齋라고 하셨나요?"

"양정재養正齋는 내 외조부이신 동춘당同春堂 어른께서 '養正齋'라고 글씨를 써서 이곳에 걸어주셨어. 이곳은 내 남편이신 숙종께서 주신 사제賜第(임금이 내려주신 집)인데 그 후부터 우리 여흥민씨가 대대로 이어온 종가란다."

"우리 여흥민씨의 혼이 깃든 곳이군요."

"그래 맞아. 이렇게 오랫동안 조상을 기억하고 추모하는 것은 쉬운 일이 아니지만 우리 여흥민씨는 조상을 공경하고 그 뜻을 이어오며 훌륭한 인물을 많이 배출했단다. 너도 여흥민씨의 후손이니 올바른 마음을 길러야 한다. 시집가서는 명민한 자손을 낳고 잘 가르쳐서 훌륭한 사람이 되게 해야 한다."

"명심하겠습니다. 할머니는 제가 어떤 삶을 살게 될지도 보이시나요?"

"그건 인간세나 유계幽界의 영령 누구라도 알 수 없단다. 앞날을 모르기에, 마음 비우고 노력하는 사람의 삶이 더 가치가 있지 않겠니?"

"할머니는 제가 어떤 사람이 되기를 바라셔요?"

---

36) 지금의 순화동巡和洞.

"어느 곳에서나 반짝이는, 귀품貴稟스런 여인이 되었으면 좋겠구나."
"할머니 말씀을 들으니 참 신기해요. 또 하나의 세상이 열린 것 같아요."
"나도 너를 만나 이야기를 나누니 행복하구나. 우리 더 걷자꾸나."
자영은 인현왕후를 따라 못가를 거니는데, '푸드등' 하며 날아오른 물오리 날개짓 소리에 놀라 잠깐 한눈을 판 사이 인현왕후의 모습은 보이지 않았다.
"할머니 어디 계셔요. 같이 가요."
"아가씨 그만 일어나세요."
시녀侍女 막금莫今이가 깨우는 바람에 자영은 꿈에서 깨었다.
서안書案에는 자영이 읽던 『시경詩經』「생민지십生民之什」이 펼쳐 있었다.

인현왕후와의 만남은 필자의 설정設定이지만 사실史實에 근거한 것이다. 대화 속에서 자영이, "다른 여자아이들이 매미나 방아깨비를 잡아서 가지고 노는 것을 보고 놓아주라고 말린 적이 있다"는 내용은 훗날 고종이 지은 〈태행황후지문어제행록大行皇后誌文御製行錄〉 기록인데, 이로써 보면 명성황후는 다른 사람보다 '측은지심惻隱之心'을 더 많이 지니고 태어난 분임을 알 수 있다.
감고당에서 멀지 않은 곳에 사는 흥선군興宣君 댁 안주인 민씨부인閔氏夫人은 친정 종부宗婦와 종손댁의 양자가 된 친정 동생이 여묘살이를 마치고 감고당으로 옮겨왔다는 소식을 듣고 어느날 둘째 아들 명복命福을 데리고 감고당을 찾았다. 서로 맞절하며 인사가 끝나고 자리에 앉자 민부인이 명복에게 말했다.
"인사드리거라. 네 외가의 종부宗婦이시고, 나에게는 사종숙모四從叔母가 되시는 종가댁 숙모님이시다. 그리고 외가댁 종가宗家의 양자養子가 된 너의 둘째 외숙은 알고 있지? 네 둘째 외숙은 인현왕후 할머니의 친정 아버님이신 민유중閔維重 할아버님의 7세 종손이란다."
명복은 일어나서 공손히 큰절을 하여 두 사람에게 인사를 드렸다.
"공자公子는 어쩜 이렇게 귀품貴稟스럽게 생기셨을꼬."
민승호閔升鎬가 명복의 인사를 받으며 물었다.

"그래. 몇 년 못 본 사이 조카도 많이 컸구먼. 요즘은 무슨 공부를 하고 있는가?"
 "천자문과 『소학小學』을 마치고 『자치통감資治通鑑』을 공부하고 있습니다."
 "『자치통감』이 어떤 책인지는 알고 있는가?"
 "예, 제왕학帝王學이라고 하는 어른들 말씀을 들었습니다."
 "그래. 지금은 학문에 정진精進할 나이니 공부에만 집중하게."
 "예, 외숙부님 말씀 명심하겠습니다."
 한산이씨부인은 별당에서 책을 읽던 자영玆暎을 불러오게 했다.
 "이 아이가 자영이군요. 어쩜 이렇게 총명하고 자숙慈淑한 모습일꼬."
 "자영아 인사 올리거라. 너에게는 12촌 언니가 되시는 흥선군興宣君 댁 안주인이시다. 흥선군은 영조英祖의 현손玄孫으로 종실 어른이신데, 네 아버지 장례 때 뵙기는 했지만 경황驚惶 중이어서 그땐 인사도 변변히 드리지 못했구나."
 "인사 올립니다. 절 받으소서"
 "그래. 반갑구나. 네 모습을 보니 왜 그런지 인현왕후 할머니가 떠오르는구나. 뵌 적은 없어도 그 어른도 우리 민씨가문의 인후仁厚한 조상이 아니시더냐."
 "예. 『인현성모덕행록仁顯聖母德行錄』을 읽어 보았습니다. 며칠 전에는 꿈에서 인현성모 할머님을 뵙기도 했습니다."
 "오 그랬더냐? 그래 인현성모 할머니께서 무슨 말씀을 해 주시더냐?"
 "사람이 살아가는 이런저런 말씀을 들려주셨고, 사람 뿐 아니라 모든 생명이 귀하다는 말씀도 해 주셨습니다."
 "귀한 인연을 만났구나. 그래 『정경부인행록貞敬夫人行錄』도 읽었더냐."
 "예. 여주에 살 때 아버지께서 가르쳐 주셔서 읽어 보았습니다."
 "들어오면서 보니 마당 한켠에 목화를 심었던데, 집 안에 목화를 심은 것이 특이해서 어머니께 여쭈었더니 네가 심은 것이라 하시더구나. 무슨 까닭이라도 있는 것이냐?"
 "목화는 뭇 백성들이 실을 자아서 무명옷을 만들어 입고 추위를 피할 수 있게 해 주니 꽃 중에서도 가장 귀한 꽃이라 여겨 몇 포기를 심어 가꾸고, 실을 자아서 실패에 감아두고 바느질 할 때 쓰고 있습니다."37)

"오호라! 마음 쓰는 것이 참 기특한지고. 그래. 너도 우리 여흥민문驪興閔門 후예임을 잊지 말고 정진精進하거라."

"예. 명심하겠습니다."

이후 민씨부인은 가끔 감고당感古堂으로 친정 나들이를 했고, 명복은 어쩌다 자영을 마주치면 이모라고 불렀다. 이렇게 두 사람은 일찍부터 서로를 아는 사이가 되었다. 두 사람이 혼인한 후 고종이 때때로 장난스럽게 '안국동 아줌마'로 불렀다는데, 이런 배경에서 '안국동 아줌마'라는 호칭이 나온 것이다.

■ 감고당의 기구한 유전流轉

자영이 열여섯 살까지 살았던 감고당은 명성황후의 친정 오라버니인 민승호閔升鎬의 소유가 되었다가 1874년에 민영익閔泳翊에게 상속되었고, 1914년에 민영익이 죽은 후에는 상해에서 태어난 민영익의 아들 민정식閔庭植에게 상속되었다. 감고당은 명성황후 때도 수리를 하였지만 1906년 10월 18일자 대한매일신보 기사에 감고당을 수리했다는 기사가 있다.

"感古堂修理 皇太子妃三揀擇後에는 安洞嘉禮宮으로處所를定ᄒ고本家에게는 別宮後感古堂으로移接ᄒ야該宮內와通涉흘터인故로感古堂을 新修理ᄒ얏다더라-감고당 수리 : 황태자 3간택 후에는 안동 가례궁으로 처소를 정하고 본가는 별궁 뒤 감고당에 잠시 자리잡게하여 해당 궁과 오고갈 터인 까닭에 감고당을 새로 수리하였다더라"

이 기사로 순종純宗의 계비繼妃가 된 순정효황후(1894~1966)가 황태자비로 간택

---

37) 1985년 시월 10일 경향신문에 실린 최영희崔永禧 교수의 여주 생가 방문기에, 대원군이 왕비 간택 때 "꽃 중에 가장 좋은 꽃이 무엇이냐"고 물으니 "목화가 가장 아름답습니다"라고 했고, 그 까닭을 물으니 "꽃도 좋지만 열매를 맺으면 솜으로 여러 용도에 쓰입니다"라고 대답했다 한다. 그러나 왕비나 세자빈 간택은 대비와 중전 등 내당內堂의 일이니 신정왕후나 대원군부부인이 물었을 것이다.

된 후 가례를 치르기 전 잠시 감고당에 살았다는 것과, 이때 수리도 했다는 것을 알 수 있다. 순정효황후는 윤택영尹澤榮의 맏따님으로 아명兒名은 '증순會順'이다. 순정효황후의 동생인 윤희섭尹喜燮은 유길준의 아들 유억겸兪億兼에게 출가出嫁했는데 엘리자베스 키스가 그린 윤희섭의 초상을 명성황후로 오인誤認해 세간世間에 알려지기도 했다.

1917년에 작성된 『경성부관내지적목록京城府管內地籍目錄』에, 안국동 26번지에 넓이는 1,343평으로 관훈동에 사는 민정식閔庭植(1897~1952) 소유로 등재되어 있다. 이로부터 10년 후인 1927년판 『경성부관내지적목록』에는 "지번地番 26-1 대垈 1,339.5평 소유자 창덕궁昌德宮, 26-2 대垈 3.5평 소유자 경성부京城府"로 등재 되어 있다. 창덕궁 소유 토지와 경성부 소유 토지를 합치면 1,343평이다. 민정식의 주소지인 관훈동은 죽동궁을 말한 것인데, 순조純祖의 따님인 명온공주明溫公主와 부마 동녕위東寧尉 김현근金賢根이 살던 곳이다. 명온공주가 일찍 죽고, 김현근도 1868년에 죽은 후 그 아들 김덕규金德圭가 살다가 죽자 다시 왕실 소유가 되었다. 이후 민승호에게 하사하였는데, 1874년에 민승호가 폭사 당한 후 죽동궁도 민영익을 거쳐 민정식에게 상속된 후 이러저리 나뉘어 남의 손에 넘어갔다. 인사동 경인미술관이 죽동궁터지만 옛터의 절반도 안 된다.

감고당과 관련하여 1925년 양력 1월 13일자 조선일보에, "齊藤總督이閔庭植과 會見 속히귀국을권고 / 십일밤하관(下關)에 도착한 문예의인물 민영식(閔庭植) 씨와 회견한 결과예녕의 출발시간을 연기하야 산양(山陽) 호텔에서 하루밤을잔후 십일일 아츰에 동경의경과를 자세히말하며 조선으로 도라가기는하겟스나 당분간일본에잇서서정양하고자한다하엿스며 민씨의재산을 리왕직(李王職)에서 관리함에대하야는 불만을 가친듯한 것은업다고하더라"는 기사가 실렸다. 이로써 1925년부터 감고당感古堂과 죽동궁竹洞宮 등 민정식의 전재산을 이왕직에서 관리한 것을 알 수 있고, 1927년판 『경성부관내지적목록』에 감고당 소유자가 창덕궁으로 바뀐 이유도 확인된다. 1927년 양력 1월 4일자 조선일보에 감고당 매각 기사가 실렸는데, 매입한 사람은 나카야마 슈이치中山秀一라는 일본 사람이며, "남대문 194번지"라는 주소를 보면 상인으로 보인다. 먼저 조선일보 기사부터 살펴보자. 가독성可讀性을 위해 윤문潤文하여 인용한다.

> 시내 안동安洞에 있는 감고당感古堂은 민정식閔庭植씨 소유로서 민씨가 상해로 가고 신용이 떨어진 후로 이왕직李王職에서 관리하게 되어 한창 당년當年에 드날리다가 상전桑田이 벽해碧海된 후로 살집까지 없어지게 된 민씨들이 모조리 그리로 모여 등살을 대던 중에 요즈음 날려(먹고) 넘어갔다는데 민씨들이 졸지에 살곳조차 없어진 것도 한 문제이지마는 이집이야말로 눈물겨운 역사가 거듭거듭 쌓인 집인바 숙종대왕肅宗大王께서 여양부원군驪陽府院君 민유중閔維重씨에게 하사하옵신 이후로 인하야 민씨의 청전고물靑氈故物(집안의 家寶-필자 注)이 되었는데 인형왕후께옵서 일시 폐출廢黜을 당하시와 육년동안 사저私邸에서 쓸쓸히도 눈물겨운 세월을 보내시든 곳도 이집이요 숙종 갑술甲戌에 시국時局이 바뀌어 인현왕후께옵서 다시 위位를 회복하시든 곳도 이집이오 영종대왕英宗大王께서 옛일을 추모하사 대가大駕가 납시와 감고당感古堂이라고 어필로 현판을 써주신 집도 이집이요 명성황후明成皇后께서 친정댁 일을 위하야 불소不少(적지않은)한 돈을 들여 중수重修하시던 집도 이집이다. 중수重修한 흙덩이가 아직 떨어지지 않고 영종대왕의 어필이 아직도 남아있는 이때에 그집은 민씨의 손을 떠나 다른 사람의 물건이 되기는 실로 누구나 감개무량을 금치 못하겠다는데 얼른 보면 사사私事집이지마는 내용을 들여다보면 이조李朝의 흥쇠興衰와 국운의 비태否泰(막히거나 터진 운세)를 따라 운명이 같이 되는 그집이 산하의 주인이 바뀐 오늘날에 여양부원군 종손조차 차차 영성零星(보잘 것 없음)하게 되어 민장관도업름에 팔리게 되었다. 이왕직李王職에서 팔았는지 그 팔리는 것을 몰랐는지 민정식씨의 단독행동인지는 몰라도 일반은 여간 비난치 않는다더라.

감고당은 당시에도 그 상징성으로 인해 세간의 관심이 쏠렸지만 민영익閔泳翊이 상해로 떠돌고, 민영익이 죽은 후 상속 받은 민정식閔庭植도 영락零落하여 이리저리 떠돌자 갈데없는 여흥민씨들이 몰려들어 한 방씩 차지하고 살았다고 한다. 어떤 이는 감고당을 자기 명의로 등기해 소유권 소송이 벌어지기도 했다.

II. 감고당에 배인 낭랑한 그리움 67

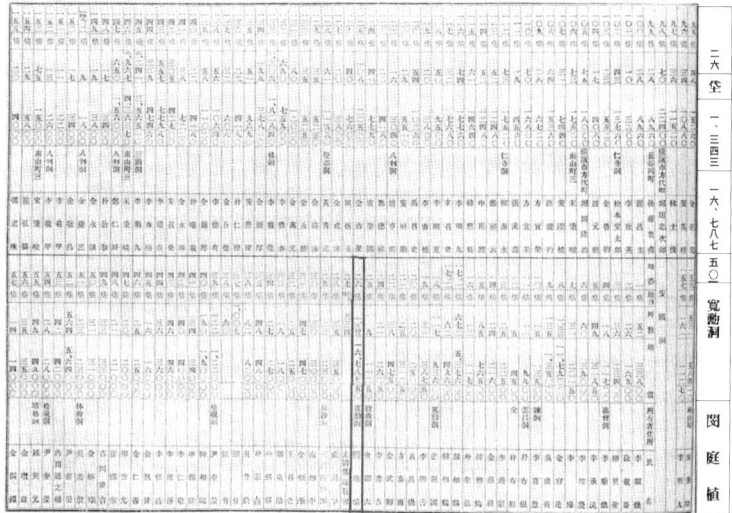

『경성부관내지적목록』 제1권 안국동 26번지-자료 국립중앙도서관

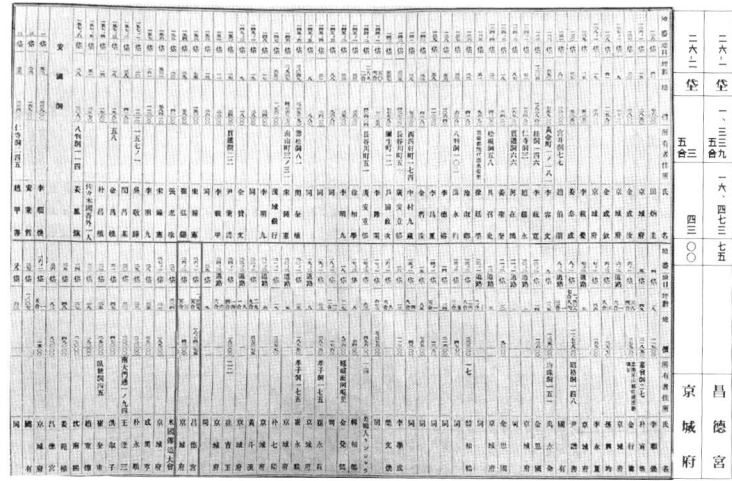

『경성부관내지적목록』 제2권 안국동 26-1, 26-2. 국립중앙도서관

1932년~1934년경의 감고당 사진에는 왼쪽에 ㄱ형의 감고당感古堂이 있고, 감고당 오른쪽에 이어진 ㄷ형의 온고당이 있어 전체적으로 ㅁ형 건물인데, 여주에는 감고당과 온고당을 따로 떨어지게 복원해 놓았다.

1934년경의 감고당(왼쪽 ㄱ형 건물)과 온고당(오른쪽 ㄲ형 건물)
『사진으로 보는 서울 백년 1』 및 서울역사아카이브

감고당이 있던 2003년의 덕성여고 운동장. 배경의 인왕산이 똑같다.
『감고당 이전에 따른 학술연구 및 실측조사 보고서』(2003년 한국건축역사학회)

 『승정원일기』에는 인현왕후께서는 정당正堂(안채)에 머물지 않고 하당下堂(별채)에 거처하셨다고 했으므로 우리가 사진으로 보는 감고당 정당은 인현왕후께서 머무시던 건물은 아니다. 정당正堂 외에 사랑채, 문지기, 머슴들 거처인 행랑채, 인현왕후께서 머무시던 별채 등이 따로 있었을 것이다.
 예시例示한 ㄲ형 감고당 사진 오른쪽에 지금의 덕성여고인 현대식 고층건물 일부가 보이므로 이 사진은 1932년에 경상도 갑부 김기태 씨가 매입하여 수리하고, 차미리사가 안국동에 덕성학원 전신前身인 근화학원槿花學園을 설립한 1934년 2월 이후 찍은 사진일 것이다. 감고당은 1927년 1월 15일 나카야마 슈이치라는 일본인이 매입했다가 1932년 3월 20일 경상남도 진주시 내동면奈洞面 독산리篤山里 598번지에 사는 김기태金琪郃 씨에게 넘어갔다. 중앙일보 1932년 12월 13일자 기사에서 확인되는 데, '金琪郃'를 '金基郃'로 썼다.

대경성중의건물大京城中의建物로맨-쓰【三】
인현왕후仁顯王后계옵신터 / 이금爾今(이즘)엔김부호가金富豪家
민영휘씨의 세도도 이집에서 / 나종엔 가난한 민씨 회청會廳으로
안국동安國洞에 잇는감고당유래感古堂由來

안동네거리에서 대안동大安洞38)으로 올라가면 크나큰 남향소실대문이 잇다 지금 그집주인공은 경상도 갑부김기태(金基郃)씨이지마는 려흥민씨(閔)가 二백여년간 살아오든터이다. 숙종대왕(肅宗大王)의 장인인 려양부원군(驪陽府院君)민유중(閔維重)씨가 쳐음그집을 차지하야 부원군의 부귀영화를 누리든곳이다 당시에는 송우암송동춘(宋尤菴宋同春)을 위시하야 서인(西人) 거두들이 일상모이든 장소로 긔사(己巳)에 남인(南人)이권리를잡고 서인이실세失勢하자왕은 희빈장씨(嬉嬪張氏)를정궁으로 드려세우고 인현왕후(仁顯王后)민씨를 쏘쳐냇스니 후가슷겨나 六년동안죄인으로 자처하야 가시성속에 잇서하늘을 보지안흔 터는 지금 그집 山亭사랑터이오 감고당(感古堂)이란이름도 그때부터 생긴것이다. 五백년당쟁사(黨爭史)에 쌔노치못할 중요한 인물의 민진후(閔鎭厚) 민진원(閔鎭遠)형제도 그집에서 낫코근세학자로유명한도암리재(陶菴李縡)도 거거서낫스니 도암도 민유중씨의 외손이되는까닭이다. 그후민씨가 대대로직혀오다가 명성황후(明成皇后)가중전(中殿)으로되신후민씨가세도를독차지하야 조선천지로썽썽울릴쩍에 그집을다시지어민승호가 동녕위궁(東寧尉宮)인 죽동궁을 차지한 후에는 새로되는 민씨들이 려양자손만되면 돌려가며 살았고또는 종회(宗會)하는곳으로써섯다. 조선갑부민영휘(閔泳徽)씨가한참세도를하야 천지를 뒤집다가 갑오년란리에 혼줄이쌔지게 도망하든 집도이집이다. 민영휘씨가 지금교동집으로 옴간후에는 이민가저민가가 들락날락하며 호강을하다가 시국이 이러틋들

---

38) 탑동과 팔판동 사이에 있던 洞名. "대안동(大安洞)=팔판동(八判洞). 대안동(大安洞)=탑공원(塔公園)"

리고 민씨도뒤쑬이 써러지니 그집에는가난한민가의도회청으로되어민경호(閔京鎬) 이하세민가가수+호식 이방저방에서살앗섯다 소유자민정식(閔廷植)이가결단나자 그 집도수백년주인을 작별하고 일본인의손으로 넘어갓다가 다시지금주인김씨를맛나 퇴락하고 충충하든모양이 새로선명하게되어 제법대가의 모양을 자랑한다. 감고당 쓸압헤 서 잇는 향나무가 민씨의성쇠를 잘알것이다(국립중앙도서관 신문아카이브 중앙일보 1932.12.13.)

경상도 갑부 김기태金琪邰가 살던 감고당感古堂은 1934년 서린동瑞麟洞 113번지에 사는 임호상林昊相이라는 거상巨商에게 넘어갔다. 1933년 1월 1일에 간행된 『삼천리三千里』 제5권 제2호 별책부록 『반도재산가총람半島財産家總覽』〈경성편-백만원이상百萬圓以上〉에, "관훈동寬勳洞 130번지 임호상林昊相"이라 기록해 있고, 조선일보 1934년 11월 20일 자에, "시내안동(安國洞)이십육번지 농업 림호상(林昊相)씨는 오는 이십삼일이 환갑일(還甲日)인데 쓸데업는 헷의식으로비용을 내일것업시 그것을 사회사업에 유용하게 쓰는것이 조타고하야 비용을 절약하고 금만원을경성부사회과에 긔부하고 유용하게 써달나고하였다"는 기사가 확인된다. 그러나 덕성학원이 감고당을 매입하는 과정에서 드러난 임호상 씨 모습은 고택古宅에 대한 문화적 의미보다는 그저 재산으로서의 가치에 더 마음이 있었던 것으로 보인다.

감고당은 1945년에 덕성학원德成學園에 매각되었는데, 토지대장에는 "西紀一九四六年十一月五日分割되었기에本番에의三을付하야攄記"라고 하여 임호상 씨와 덕성학원의 분쟁 과정에서 분할하여 덕성학원에 매각한 것을 알 수 있다. 『덕성육십년사德成六十年史』에는 다음과 같이 기록해 있다.

"본래 황족皇族의 저택인 감고당感古堂을 마포의 상업인商業人인 임호상林昊相씨가 사서 살고 있었으나, 1945년 봄에 여기저기서 지방으로 소개疎開하게 되자, 임씨는 총독부의 말대로 시가전이 벌어져 건물이 폭격당하기 전에 팔겠다는 심산으로 팔겠다고 하였다. 학교측에서는 주위를 넓히게 되는 것이 고마워서 임씨가 요구하는대로 1,700평39)에 50만원을 부르는 대로 매매계약을 맺고 25만원의 계약금을 지불하였다. 그런데 임씨는 폭격을 받아 건물이 소멸될 줄 알았다가 해방을 맞이하게 되어 피난지에서 돌아와보니 새로운 욕심이 생겨서 앞에 매매계약한 것을 거부하고 나섰다. 그 처사가 못마땅했지만 송금선宋今璇 교장은 온화하게 해결하기 위해서 여러 가지로 절충안을 내어놓았다. 그러나 듣지 아니하므로 할 수 없이 법정에 제소提訴하였다. 그것이 해방 후 서울지방법원이 최초로 취급한 민사民事 제1호가 되었다. 송선생은 정의는 승리한다는 신념으로 변호사도 없이 법원에 출입하였다. '소유권 이전등기 및 명도 기타 손해배상소송'에서 급기야 임씨는 불리함을 깨닫고 화해하였다. 화해조건은 덕성에 가까운 쪽으로 500평을 덕성에 손해배상조로 내어주고 25만원을 반환한다는 것이었다. 그리고 나머지 대지도 매각할 때에는 덕성여고에 판다는 조건부였다. 후일 나머지 800평도 사들일 수 있었다."

원래 덕성학원은 여성독립운동가인 차미리사車美理士(1880~1955)가 설립했으나 1940년대 "차미리사 교장이 칙어봉독勅語奉讀(皇國臣民誓詞를 읽는 것)을 하지 않는다"는 이유로 일제日帝가 사퇴 압력을 가하자 차미리사는 이화여전 교수인 송금선宋今璇을 교장으로 영입하고 자신은 이사장으로 물러났다. 감고당 부지 매입에 대한 교섭 실무는 송금선 교장이 맡아서 진행했겠지만 이사장인 차미리사의 결단으로 보는 것이 정확할 것이다.

감고당은 1966년에 쌍문동으로 이건移建되어 덕성학원 이사장 공관으로 사용되다가 철거 위기에 처했는데, 국사편찬위원회 민덕식 선생 주선으로 여주군에서 매입하여 2006년에 명성황후 생가 옆으로 이건移建하였다.

2025년 5월 14일 필자가 종로구청에서 안국동安國洞 26번지 토지대장을 발급받아 확인한 연대별 매도매수賣渡買受 날짜 및 소유자는 다음과 같다.

---

39) 1,700평: 1,300평의 잘못인 듯. 1917년의 『경성부관내지적목록』에는 1,343평으로 기록해 있고, 『덕성60년사』에도 500평을 먼저 매입하고 후에 800평까지 모두 매입했다고 기록해 있다.

72 명성황후가 꿈꾼 나라

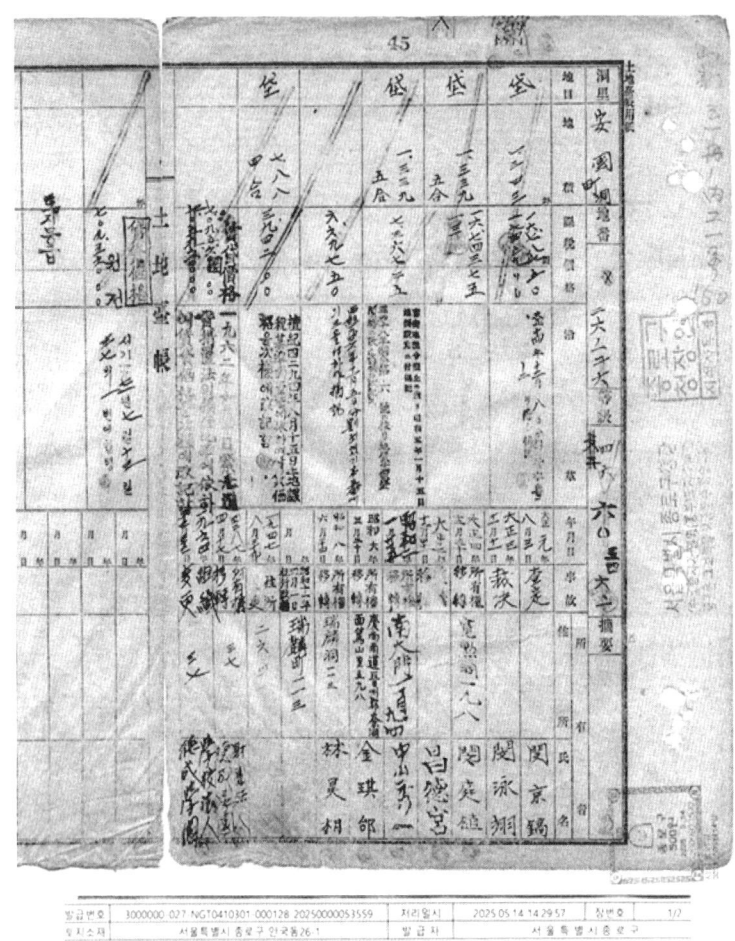

2025. 05. 14. 종로구청에서 발급받은 감고당 토지대장

- 대정원년大正元年(1912) 08월 03일 사정査定 민경호閔京鎬
- 대정삼년大正三年(1914) 11월 11일 재결裁決 민영익閔泳翊
- 대정사년大正四年(1914) 12월 30일 소유권이전 민정식閔庭植
- 대정십이년大正十二年(1923) 12월 21일 소유권이전 창덕궁昌德宮
- 소화이년昭和二年(1927) 01월 15일

소유권이전 나카야마 슈이치中山秀一
- 소화육년昭和六年(1932) 03월 20일 소유권이전 김기태金琪邰
- 소화팔년昭和八年(1934) 06월 24일 소유권이전 임호상林昊相
- 1947년 08월 29일 안국동 26번지를 안국동 26-1번지로 변경
- 4287년(1954) 04월 17일 안국동 37번지로 변경
　　　소유권이전 재단법인財團法人 덕성학원德成學園
- 1964년 12월 22일 안국동 조직변경
　　　학교법인學校法人 덕성학원德成學園
- 1971년 07월 13일 안국동 37의 1번지에 합병
- 1966년~2003년 쌍문동으로 이건移建
　　　덕성학원 이사장 공관으로 사용
- 2006년 여주 명성황후 생가 옆으로 이건移建

　1912년에 1343평이던 토지가 1915년에 1339.5평으로 줄어들었고, 줄어든 3.5평은 소유주가 경성부京城府로 되어 있는데, 도로에 편입된 것으로 보인다. 1912년에 '사정査定'이라 표기하고 소유주를 민경호閔京鎬로 써 넣은 것은 민영익이 상해上海에 나가 있는 동안 민경호가 자기 명의名義로 소유권 등기를 하여 차지한 것으로 보이고, 1914년에 '재결裁決'이라 하고 소유주를 민영익으로 바꾼 것은 민영익이 민경호를 상대로 소유권 반환 소송을 하여 소유권을 되찾은 결과일 것이다.

밖에서 본 감고당과 온고당 전경(2024. 09. 25. 여주-박광민 촬영)

III. 흥선군의 기계웅략奇計雄略

■ 빈한貧寒한 왕족 흥선군興宣君의 눈물과 원지遠志

고종의 생부生父인 흥선군興宣君 이하응李昰應(1820~1898)은 순조 21년인 신사년辛巳年(1821년)에 지금의 안국동安國洞인 안동궁安東宮에서, 인조仁祖 3남 인평대군麟坪大君의 7대손으로 태어나 정조正祖의 이복 동생인 은신군恩信君의 양자가 된 아버지 이구李球(南延君)와 어머니 여흥군부인驪興郡夫人(閔景爀의 딸) 사이의 넷째이자 막내아들로 태어났다. 여흥군부인은 명성황후의 6대조인 민유중의 둘째 형 민정중閔鼎重의 직계 후손이다.

흥선군이 여덟 살 때 맏형 창응昌應이 죽고, 열두 살에 모친을 여의였다. 열일곱 살 때 아버지 남연군南延君이 돌아가셨는데, 처음에는 경기도 연천군漣川郡에 묘를 썼다. 일설에는, 화계사華溪寺의 만인萬印이라는 스님이 "충청도 덕산德山 가야사伽倻寺의 금탑 자리가 제왕지지帝王之地이니, 남연군 묘소를 그곳으로 이장하면 제왕이 될 귀한 자손을 얻을 것이다"라고 조언하여 가야사를 찾아가 돈을 써서 금탑을 허물고 그 자리에 남연군의 묘를 이장했다고 하는데 호사가들이 지어낸 이야기다. 흥선군에게는 정응最應과 최응最應 두 형이 있는데 아버지 묘소 천장遷葬을 흥선군 혼자 마음대로 결정할 수는 없다. 어쨌든 연천에서 500리나 먼 곳으로 아버지 묘를 옮긴 것인데, 묘를 이장한 지 7년 후인 1852년에 둘째 아들 재황을 낳았다.

아버지가 살아계시던 열세 살 때 두 살 위인 민치구閔致久의 딸과 혼인하여 이재면李載冕 이재황李載晃(고종) 형제와 두 딸을 낳았고, 계성월桂星月과의 사이에 서장자庶長子 이재선李載先(1881년 역모로 賜死됨)과 딸 하나를 낳았다. 흥선군부인興宣郡夫人(1818~1898)은 명성황후의 5대조인 민진후閔鎭厚의 셋째 아우 민진영閔鎭永의 직손으로 명성황후와는 12촌 자매지간이다. 흥선군은 1834년 종3품 흥선부정興宣副正이 되었고, 1841년에 정3품인 창의대부彰義大夫 흥선정興宣正이 되었으며, 1846년에 정1품인 현록대부顯祿大夫가 되었으나 몰락한 종친의 집안은 늘 빈한貧寒하였다.

이때 왕실에는 철종의 후사後嗣가 없어 누구를 다음 임금으로 세울지 치열한 물 밑 작업이 이루어지고 있었다. 철종은 마음이 어질고 공근恭謹하여 나라는 비교적 평안하여 여항閭巷의 어떤 시인은 "금수강산에 봄은 바다와 같고, 꾀꼬리 울고 꽃피는 거리엔 해가 높이 떴구나(錦繡江山春似海하고 鶯花街陌日中天)"라고 노래하기도 하였지만 철종 역시 호색好色에서는 벗어나지 못해 자주 앓아누웠다.40) 이때 국정을 전단專斷하고 있던 사람은 안동김씨 김좌근金左根(1797~1869)인데 그는 순원왕후純元王后의 친정 동생으로 순조純祖의 처남이다. 효명세자가 일찍 죽고 헌종憲宗이 즉위하자 이때부터 순원왕후가 헌종과 철종 연간에 수렴청정垂簾聽政을 하였는데 이때 김좌근이 국정을 맡아 그의 권세는 조선 제일이었다. 그의 곁에는 아들인 김병기金炳冀, 철종의 장인인 김문근金汶根을 비롯해 김수근金洙根의 아들 김병국金炳國 등이 김좌근을 돕고 있었다.

집안이 빈한하여 파락호처럼 생활하던 흥선군興宣君은 남몰래 종실 어른인 신정왕후神貞王后께 자주 문안問安을 여쭈며 신임을 얻는 등 앞날을 준비하는 치밀함을 숨긴 채, 이곳저곳을 기웃거리며 세간의 웃음거리를 자처했다. 김병기와 남병철南秉哲에게 큰아들 재면載冕의 등과登科 합격을 청탁하다가 비웃음을 사기도 하고, 석파란石坡蘭을 들고 권세가들을 찾아다니며 팔아주기를 청하기도 했는데 김좌근은 귀찮아하면서도 비싼 값에 그림을 사 주거나 넉넉한 노자를 주기도 하였다. 다른 사대부들이 이하응을 비웃고 손가락질할 때도 김좌근은 이하응을 그런대로 챙겨 주었다.

김좌근의 아들 김병기金炳冀(1818~1875)는 김창집金昌集의 6세손인 김영근金永根의 아들로 태어났는데, 삼종숙三從叔(9촌)인 김좌근의 양자가 되었다. 그는 아버지 김좌근과 달리 이하응을 멸시하는 마음이 가득했다. 훗날 그의 집에서 잔치가 열렸는데, 대원군이 된 이하응이 음식을 먹고 갑자기 토하며 쓸어지자 김병기는 얼른 이하응이 토해놓은 토사물吐瀉物을 한움큼 삼켜버렸다. 이하응은 속으로 "독종이로고" 하며 그냥 넘어갈 수밖에 없었다고 하는데, 이 이야기는 여러 형태로 전해온다. 이

---

40) 『風雲韓末秘錄』(尹孝定 昭和十二年九月十五日)

하응이 대원군大院君이 된 후 김병기는 광주유수廣州留守로 좌천되었지만 후에 다시 요직에 오른 것은 이하응을 존중하며 예우禮遇한 아버지 김좌근의 관후寬厚한 성품과 앞날을 보는 예리한 안목 덕분이었을 것이다.

김병국金炳國 역시 일찍부터 흥선군興宣君이 품은 속뜻을 예지叡智롭게 헤아리고 때마다 후한 전문錢文(돈)을 보내 이하응을 후대하며 만약의 앞날에 대비하였다.

신유년(1860)부터 자주 앓아눕던 임금은 계해년癸亥年(1863) 음력 12월 들어 환후患候가 급속히 나빠졌고 정국은 급속하게 돌아가기 시작했는데, 당대 권세가인 안동김씨의 김병국金炳國 김병학金炳學 김병기金炳冀 등은 후사로 누굴 세울지 자주 모여서 모의하였다. 남몰래 웅지雄志를 품고 있던 흥선군興宣君 이하응李昰應도 은밀하게 움직이기 시작하였다. 이때의 긴박한 상황을 윤효정尹孝定의 『풍운한말비록風雲韓末祕錄』과 여러 자료를 통해 살펴보기로 한다.

계해년癸亥年(1863)부터 흥선군興宣君에게는 천운天運이 열리기 시작하고 흉중胸中에 품은 모계謀計도 바야흐로 무르익어갔다. 그럴수록 흥선군은 더 몸을 낮추고 남의 손가락질을 받는 언행을 멈추지 않았다. 권세가를 찾아가 난蘭 그림을 팔아 생활하며 뻔뻔하게 손을 벌리는 흥선군의 언행을 권세가 하늘을 찌르는 안동김씨들은 상가집 개처럼 여겨 업신여기곤 했다. 그런 가운데서도 안동김씨 몇 사람은 흥선군의 속내를 헤아려 흥선군을 예우하며 석파란石坡蘭 값을 후하게 쳐줄 뿐 아니라 은밀하게 전문錢文(돈)을 보내 뒤를 도와주곤 하였는데, 김병학 김병국 형제도 그들 중 하나였다.

특히 김수근金洙根의 아들 김병국金炳國(1825~1905)은 시시때때로 돈을 보내 흥선군의 가난한 살림을 도와주었다. 임술년(1862) 음력 12월 25일 흥선군은 아침 일찍 김병국의 집에 찾아가 문객들 틈에 앉아 있었는데, 조반朝飯을 먹으라는 통지에 문객들이 흩어져 나갔으나 흥선군은 하릴없이 앉아 담뱃불만 붙이고 있었다. 이에 김병국이 웃으며 물었다. "말씀하실 것이 있습니까?" "설은 다가오는데 가진 것은 없고 차가운 부엌엔 준비된 세수歲需도 없으니 딱한 사정이나 고告해보고자 왔는데 진실로 참괴慚愧스럽구려." "그런 말씀 마십시오. 흥선군께 곤란한 일이 있으면 제게 말씀하시지 않고 늦게 말씀 하시리오."하고는 재겸財槏(재물관리인) 박도원朴道源을 불러 물었다. "약채전藥價錢(고을 수령들이 보내온 뇌물)은 얼마나 있는가" "수만냥數萬兩은 됩니다." "너의 어음으로 즉시 일만냥을 써 오라"하여 관리인이 물러간 후 일만냥을 주며 말했다. "이것이면 병탕지자餠湯之資(제사의 떡을 준비하고 탕국을 끓일 돈)는 되겠습니까?" 흥선군은 "고맙다"는 말조차 하지 못하고 멍하니 먼곳을 바라보며 김병국과 헤어져 집에 돌아와 민부인閔夫人과 손을 마주 잡고 눈물을 흘릴 뿐이었다. 김병국은 일찍이 흥선군의 둘째 아들 명복命福을 눈여겨보며 연날리기를 좋아하는 명복의 연鳶 줄 비용으로 50냥이나 보내주기도 했다. 명복도 김병국을 친숙부 같이 따랐고, 김병국도 명복을 친조카처럼 살갑게 보살펴 주었다.

김병학 김병국 형제는 철인왕후哲仁王后(철종 妃)와 사촌 남매지간으로 국구國舅 김문근金汶根의 조카였다. 계해년 시월 김병국은 흥선군의 둘째 아들 명복을 형인 김병학의 사윗감으로 점찍어 흥선군에게 은밀하게 제안하였다.

"흥선군 대감! 명복도 이젠 혼처를 정할 때가 되지 않았습니까? 우리 형님의 여아女兒가 제법 인후仁厚하고 부덕婦德이 있으니 대감의 며느리감으로 어떻겠습니까?"

"허허 영초穎樵 대감 여식이야 나도 본 적이 있소. 그만하면 상相도 좋고 마음씨도 후덕厚德하니 영초 대감만 좋다면야 나 같이 한미寒微한 종친이 마다할 이유가 있겠소. 공판工判께서 나서주신다면야 불감청이고소원야不敢請固所願也외다."

이때 김병국은 여러 청요직을 거쳐 공조판서를 맡고 있었는데, 흉중胸中에 대지大志를 품고 있던 흥선군으로서는 천하 권세가 안동김문安東金門의 혼약婚約 제의를 마다할 이유가 없었다. 이렇게 하여 흥선군의 아들 명복과 김병학의 여식女息은 은밀하게 혼약을 맺은 사이가 되었다. 흥선군과 김병학가金炳學家의 혼약과 관련하여『풍운한말비록』에는, "대원군이 일찍이 같은 안동김문安東金門 김병문金炳聞의 여식과 혼약을 맺었다가 파기破棄하였다"고 하였는데, 『승정원일기』병인丙寅 2월 23일 조에는, "김병문金炳聞의 딸은 병으로 인해 초간택初揀擇에 진참進參하지 못한다"고 하여 초간택 참여자로 그 이름이 오르내리고 있다.

계해년 동짓달 하순下旬, 하루는 흥선군이 종부시宗簿寺 전첨수典籤守를 지내고 있는 이호준李鎬俊을 몰래 불러서 은밀히 말했다.

"지금 성상聖上의 환후가 갈수록 침중沈重해 지시는데 아직 국본國本이 정해지지 않았으니 이는 백성이 모두 근심하는 바가 아니겠소. 그대의 사위가 조성하趙成夏 아니오. 이 기회에 대비마마를 배알하고 '흥선군의 둘째 아들이 명민明敏하니 이로써 익종翼宗의 대통을 잇게 하면 대비께서는 수십년 억울한 심사를 푸실 수 있다'고 여쭈어 일이 성사되면 나는 그대와 부귀를 함께 할 것이니 도와주시오."

"이는 실로 제가 바라던 바입니다. 저는 흥선군興宣君 대감의 웅지雄志를 진즉부터 짐작하고 있었습니다. 어찌 대감의 큰 뜻을 돕지 않으리오. 말씀하신 대로 소생이 힘껏 돕겠습니다."

흥선군은 경진생庚辰生(1820, 양력으론 1821.01.21.)이고 이호준은 신사생辛巳生(1821)으로 금세 의기투합하여 평생 친구가 되었다. 흥선군은 밀봉密封 하나를 내주면서 조성하로 하여금 대비전에 올리게 하였다. 조성하는 즉시 대비전에 들어가 봉서封書를 올렸는데, 아래와 같은 내용이 적혀 있었다.

"종하宗下 흥선군興宣君은 엎드려 삼가 대비전에 아룁니다. 성상의 환후에 심려心慮 깊으신 줄 아오매 망극함을 금할 수 없습니다. 종실宗室 어른의 남모르는 근심을 조금이나마 덜어드리고자 한 말씀 올리나이다. 소신小臣의 둘째 명복命福이 어리지만 제법 사려 깊고 명민明敏하오니 국본國本으로 삼아 익종翼宗의 대통을 잇게 하시면 나라를 안정시킬 뿐 아니라 대비마마의 수십년 울울鬱鬱하신 한恨도 조금은 풀리실 것입니다. 소신의 누견陋見을 가납嘉納하신다면 앞으로 모든 기별은 조성하趙成夏를 시켜 하교下敎하소서. 소신은 오로지 나라의 안녕과 대비마마의 강녕康寧과 강복康福을 간구懇求할 뿐이오니 깊이 헤아리소서."

봉서를 다 읽으신 대비 얼굴에 희색喜色이 가득하니 조성하가 여쭈었다.

"고모님 무슨 내용이오니까?"

"이는 아직 네가 알 배 아니니라."

이후 조성하趙成夏는 대비전과 흥선군의 전찰傳札이 되어 급박한 정국에서 중요한 역할을 하였다. 신정왕후는 풍양후인豊壤後人 조만영趙萬永의 따님인데, 조성하趙成夏

는 대비의 친정 맏오라비 조병구趙秉龜의 아들로 대비에게는 친정 조카다. 대비에게도 믿을만한 피붙이였고, 조성하의 아버지 조병구는 명성황후의 친정 아버지 민치록閔致祿과 사촌 동서지간同婿之間이기도 하다.

흥선군興宣君이 이호준李鎬俊의 사위 조성하趙成夏를 통해 대비전에 봉서를 전한 것은 신정왕후와 조성하, 이호준 등의 인맥을 활용한 것인데, 이호준의 관운행로官運行路를 통해 대원군과 명성황후를 대립적對立的 구부舅婦(시아버지와 며느리) 관계로만 설정해 만들어진 악의적 소문들은 과장된 억설臆說이다. 이호준은 처음에 대원군과 손을 잡고 고종의 이제莅帝(임금 자리에 오름)에 큰 역할을 하였고 이후에도 대원군 세력으로 요직을 거치며 승승장구하였다. 그러나 대원군이 집정執政에서 물러난 후에도 이호준의 관운官運은 연이어 청요직淸要職을 맡으며 흔들리지 않았다. 명성황후와 대원군이 견원지간犬猿之間처럼 대립하는 사이였다면 대원군이 물러난 후 이호준이 그렇게 순탄대로順坦大路를 걸을 수는 없었을 것이다.

계해년 12월 초6일, 임금의 환후患候가 위독해지자 김병학과 김병국, 김병기 등 안동김씨들도 긴박하게 움직였다. 그들은 임금을 문병하고 고명顧命을 받기 위해 대궐에 들었으나 임금 곁에는 이미 여관女官에게 옥새玉璽를 들린 대비가 곁을 지키며 한시도 자리를 비우지 않아 임금을 뵈올 수 없었다. 12월 초8일 임금이 승하昇遐하시자 대비는 즉시 "흥선군興宣君의 제이자第二子 이명복李命福으로 익종대왕翼宗大王의 대통大統을 잇게 한다"는 전지傳旨를 내려 이명복을 입궐入闕케 하였다. 계해癸亥 음력 12월 초8일 이명복李命福을 이형李㷗으로 개명改名하고 익종翼宗의 입양사자入養嗣子로 삼아 이제莅帝하게 하니 이분이 조선 제26대 임금인 고종이시다.[41]

이때의 긴박함을 이영래李永來의 『조선왕세보朝鮮王世譜』 기록으로 살펴보자. 원문은 현대문이면서도 한문투 문장으로 되어 있어서 원문의 뜻을 살린 문장으로 윤문潤文하여 수록한다.

---

41) 고종의 휘諱 : 개명한 고종의 휘는 '㷗(형)'이다. 개명한 고종의 휘를 '熙(희)'라고 하는 것은 '㷗(형)'자가 『자전字典』에 없는 글자이고, 아래 획 '犬'를 '火'와 통용해 쓰기도 했기 때문이다. 자전에 없는 벽자僻字를 따로 만들어 쓰는 이유는 백성들이 임금의 이름을 피휘避諱하느라 겪는 불편을 덜어주기 위한 것이다. 따라서 개명한 고종의 이름은 '이형(李㷗)'이고, '이희李熙'라 하는 것은 잘못이다.

1863년(철종 14년) 계해 12월 철종이 후사後嗣 없이 세상을 떠나니 삼조三朝(헌종 철종 고종)의 호랑이 대비大妃로 유명했던 신정왕후神貞王后 조대비趙大妃(文祖의 妃·孝明世子 妃는 급히 여러 신하와 논의하여 계승繼承의 인선人選을 하고자하니 철종의 외척外戚 (妻族의 誤-필자 주) 안동김씨安東金氏 가문家門에 중요 인물은 김병기金炳冀·김병학金炳 學·김상국金相國(金炳國의 잘못-필자 주) 등이며 철종조의 마지막 집권자는 김병기金炳冀이 니 이 왕위계승회의王位繼承會議에서도 결정권은 김병기가 가지고 있었다. 이 왕위계 승문제회의에서 김병기는 널리 밝혀 말하기를, "종실宗室의 공자公子 중 어질고 덕 있는 자를 택하여 대통大統을 이을 뿐 그 어떠한 사람을 정해도 된다"고 하며 왕실王 室의 가장家長되시는 대왕대비(趙大妃 지칭)의 발언을 따르지 않아도 괜찮다는 불공막 심不恭莫甚한 발언을 서슴지 않았다. 이때에 김병기의 발언이 전파되었을 때, 안동김 씨安東金氏 종친 중에서 젊은 공자公子가 적지 않았는데 왕위를 먼저 하겠다는 희망자 가 앞을 다투더라. 그러나 김씨 종친들이 경쟁을 하는 중에서도 방랑放浪하며 시정市 井에 몸을 던진 흥선군興宣君과 조대비趙大妃 사이에 처음부터 친선親善한 교분이 있었 던 것을 김씨족들이 상상조차 못한 때였다.

  흥선군은 영조英祖의 현손玄孫이며 일의 형편에 따라 처리하는 능력이나 담력, 지 략(權變謀略)을 자못 갖추었고, 소년시절부터 대담하여 시정市井에 무뢰한無賴漢들과 서 로 교유交遊하여 자못 세사世事에 밝게 통했으나 가세빈한家勢貧寒하여 의식衣食이 어려 워 난蘭을 쳐서 시정에 팔아 어렵게 먹고 살았다. 어느날 머리를 감고 빗질한 후 김 병기金炳冀를 방문하여 자기 장남 이재면李載冕의 등과登科를 청하니 이때 김병기는 묵 묵부답黙黙不答으로 비꼬아 웃기만 하니 흥선군은 밖으로 나와 하늘을 보며 크게 탄 식하고 무거운 발길을 되돌리니 흥선의 앞날을 아는 자 한 사람도 없었다.

  이때에 조대비趙大妃의 친질親姪 조성하趙成夏가 흥선군興宣君의 둘째 아들을 추거推擧 하여 안동김씨족安東金氏族과 서로 대립시키기를 꾀하고 흥선군의 둘째 아들을 자기 숙모叔母(姑母의 잘못-필자 주)인 조대비의 명命에 의하여 발표토록 하였다. 그러나 이때 에 영부사領府事 김좌근金佐根(金炳冀의 父)과 영돈녕領敦寧 김흥근金興根이 이를 기뻐하지 않으면서 말하기를, "우리나라는 옛날부터 생존시에 대원군大院君이 된 적이 없는 바 이어늘 만약에 흥선군興宣君이 대통大統으로 높은 자리에 올라 조정朝廷(庭)을 변경한다 면 국가의 앞길이 극히 불안하게 되리라"하여 왕위 계승의 의논議論이 쉽지 않더라.

III. 흥선군의 기계웅략_{奇計雄略}

그러나 김씨족_{金氏族}이 또다시 집권하면 종사_{宗社}가 위태롭고 안동김씨_{安東金氏}를 저주_{詛呪}하던 만백성이 봉기_{蜂起}할 것을 생각_{生覺}한 호랑 대비 조씨는 수렴청정_{垂簾聽政} 정명_{定命}에 의하여 "왕위계승자는 흥선군_{興宣君}의 둘째 아들 흥복_{興福}이다"라는 교지_{敎旨}를 발표하니 이 교지에 대하여는 격심_{激甚}한 반항과 분쟁은 없었다.

이것은 대왕대비와 그분의 친질_{親姪}인 조성하의 옹호_{擁護}가 지대_{至大}한 것으로 흥선군_{興宣君}의 둘째 아들 흥복_{興福}이 왕통_{王統}을 이어갈 것은 이미 정해졌던 것이다. 이때 원상_{院相}으로서 배명_{拜命}을 받은 원로대신 정원용_{鄭元容}(1783~1873) 등이 의위_{儀衛}를 갖추고 흥복_{興福}을 맞이하려 사저_{私邸}에 이르니 저택은 황폐_{荒廢}하여 잡초가 마당에 가득하고 흥복은 그 형 재면_{載冕}과 뜰 앞에서 서로 놀며 방금 연_鳶을 하늘에 날리고 있었다.

원상_{院相} 정원용_{鄭元容}은 80세의 백발에 긴 수염을 날리는 노인이었다. 이 노인이 급하게 다가오는 것을 본 흥복군은 놀라서 도망하려다가 어머니를 껴안고 울었다. 정원용도 눈물을 흘리며 그 모친 민부인_{閔夫人}께 다가서며 그 뜻을 아뢰기를, "노신_{老臣}이 불행히도 사조_{四朝}(_{正祖・純祖・憲宗・哲宗})의 역사_{歷事}를 밟았사온데(흐느끼며) 오늘 다행히 새 임금을 모시게 되었사옵니다."라고 하니 민부인은 열 두 살 된 아들을 쓰다듬고 껴안으며, 기뻐하고 울며 말했다. "네가 어머니라고 부르는 것은 오늘로서 끝이니라"

홍안_{紅顔}의 소년 흥복_{興福}은 백발노인_{白髮老人}을 따라 자기 집을 나와 왕궁인 창덕궁_{昌德宮}을 향하여 갈 때 길가에서 바라보는 사람, 기이_{奇異}하여 놀라는 사람이 엄청 많았다.

풍골풍모_{風骨風貌}가 가득한 백발장염_{白髮長髯}의 정원용_{鄭元容}이 흥복_{興福}의 손을 잡고 궁문_{宮門}(_{돈화문})을 들어서려 하는데 소년 흥복이 정원용을 보고 말하되, "왜 이 궁 안엘 들어가려 하는겁니까?"라고 하니 정원용이 삼가 답하기를, "전하_{殿下}! 지금부터 천하의 원수_{元首}가 되시는 것입니다"라고 하였다. 정원용의 말을 이해하지 못한 흥복이 정원용의 옷자락을 잡고 울려 하거늘 이때에 모였던 백성들이 감극_{感極}하여 환호하니 정원용은 간신히 흥복을 달래고 입궐하여 조대비_{趙大妃}께 배알_{拜謁}하고 즉시 선왕_{先王} 빈소_{殯所}에 거애졸곡_{擧哀卒哭}하게 한 후 익성군_{翼成君}에 봉하고 이어서 왕위책립_{王位冊立}의 책례_{冊禮}를 올리니 이분이 바로 제26대 고종황제_{高宗皇帝}시다. 때는 1863

년 계해 12월 초8일이다.

　이에 흥복興福이 즉위는 하였으나 김씨족金氏族을 제거除去치 아니하면 자기가 정권政權을 가까이 하기 불가능하다는 것을 아는 흥선군興宣君은 영의정領議政 조두순趙斗淳과 결탁하고 궁중에 출입하며 조대비趙大妃와 환담하니 이를 두고 인지위덕忍之爲德이요 불비지은不費之恩(참는 것이 덕이요, 내게 해 될 것 없이 남에게 베푸는 은혜)이라 하더라. 계해 12월 초9일 흥선군을 대원군에 봉하고 부인민씨夫人閔氏는 부부인府夫人으로 높여 부르고 흥선군 집을 운현궁雲峴宮이라 불렀다. 흥선대원군이 썼던 금관金冠은 이화여대梨花女大 박물관에 소장되어 있다.

　지금까지 고종의 아명兒名은 '명복命福'으로 알려져 왔는데『조선왕세보朝鮮王世譜』에는 '흥복興福'으로 기록한 것이 특이하다.『조선왕세보』중, "안동김씨 종친 중에서 젊은 공자公子가 적지 않았는데 왕위를 먼저 하겠다는 희망자가 앞을 다투더라"는 내용은 역성혁명易姓革命에 해당하는 내용인데, 당시 안동김씨 권세가 아무리 하늘을 찔렀다지만 역성혁명을 시도했다는 내용은 금시초문이다. 그러나『풍운한말비록風雲韓末祕錄』의 조대비趙大妃 명령 중, "감히 (왕실의)계통을 바꿔 옮기려 하여-乃敢易移繼統"라는 내용과 대비對比해 보면 이영래의『조선왕세보』기록이 전혀 황탄荒誕한 내용은 아닐 것이다. 안동김씨 젊은이를 전주이씨 왕실의 양자로 들여 왕의 자리를 잇게 하여 피흘리지 않고 역성혁명을 하려던 것이 아닌가 한다. 역모가 아니고는 유력 가문의 살아있는 주요 인물을 모조리 죽이고 죽은 부원군府院君 김문근金汶根까지 부관참시剖棺斬屍 하라고 하지는 않았을 것이다.『풍운한말비록』해당 부분을 대비對比해보자.

　　새 왕이 입궐入闕하시기 전에 조대비趙大妃 세력이 옥새玉璽 한 개로 완벽히 권력을 장악하고 제일 먼저 한 일은 원상院相 정원용鄭元容에게 下敎하기를, "왕실 계통繼統을 얼마나 엄중히 여기지 않았기에 김수근金洙根 김좌근金左根 무리가 감히 계통을 바꾸고 옮기려 하여 헌종대왕의 후사를 끊으려 했으니 이것이 어찌 인신人臣이 할 수 있는 일인가. 또 여름의 전옥사銓獄事(?) 때는 '이른바, 대비가 포청에 나와 옥사獄事를 불렀다' 했으니 세상이 어찌 이런 변괴變怪를 용납하리오. 말과 생각이 이에 미치니 나도 모르게 가슴이 떨리고 간담이 서늘해진다. 이 무리는 편한 곳에 살게 할 수 없다. 김좌근金佐根은 선대마마先代媽媽(純元王后金氏)의 동기라 쉽게 혜량할 수 없으니 그냥 두되, 이미 죽은 혜당惠堂 김수근金洙根은 부관참시剖棺斬屍할 것이며, 김병학金炳學과 김병국金炳國 등은 절도絶島에 위리안치圍籬安置한 후 사약을 내려 죽이라"고 하셨다.

이에 흥선대원군興宣大院君이 아뢰기를, "국상國喪이 끝나기 전에는 장사葬事에 관계되지 않은 일을 미루는 것이 국휼國恤입니다"라고 하니 대비께서 가납하셨다. 안동 김씨의 눈앞에 닥친 큰 화를 잠깐 미루게 한 흥선군은 집에 돌아와 김병국金炳國을 부르니 김병국은 두려움에 떨며 어찌할 바를 모르는데 흥선군이 말하기를, "그대에게 백만냥이 있는가"하니 대답하기를, "만일 한 목숨 보전할 수 있다면 비록 집안이 파산하더라도 변제辨濟하겠습니다"라고 하였다. 며칠 후 대원군이 백만냥을 대비전에 바치니 대비가 물었다. "이 돈이 어디서 난 것이오?"하니 대답하기를, "김병국이 수탈收奪했던 돈을 거두어 온 것이니 용동궁龍洞宮(대비의 私庫)에 받아두소서"라고 하였다. 대비는 크게 기뻐하며 받으셨다. 김병국의 큰 화禍는 이를 따라 사그러졌으니 이는 임술년에 김병국이 일만냥으로 흥선군을 도와준 것이 그림자처럼 따라온 형국이었다.

대원군은 또 김병학金炳學 김병기金炳冀를 초청招請하여 말했다. "그대들은 앞으로 다가올 일을 어떻게 대처對處코자 하나뇨?" "죽음이 있을 뿐이나 다만 대감의 은택을 바랄뿐이오이다." "천석의 볍씨를 뿌릴 토지를 낼 수 있는가" "힘을 다하면 변제辨濟할 수 있으리이다." 며칠 후 대원합하大院閤下는 천석락千石落으로 대비전大妃殿에 바치면서 말했다. "이 토지는 본래 권력의 공기 중에서 흡탈吸奪했던 것을 권력이 다시 흡수해 온 것이오니 조趙(나라)를 위한 것이요, 초楚(나라)를 위한 것이 아니오니 용동궁에 부치소서." 대비는 기꺼워하며 토지를 거두셨다.

철종의 국휼國恤이 끝난 후 대비전에서 안동김씨들의 처형을 독촉하시니 대원군 합하는 관대하게 용서해 주시기를 청하나 허락지 않으시는지라 다시 아뢰었다. "마마께서는 安東金門을 모두 멸족滅族코자 하시나니까 다만 모모某某를 처형코자 하시나니까?" "무죄한 김씨 족속이야 어찌 벌 주리까?" "만약 아무개를 죽이실진댄 안동김씨를 모두 멸족하시고 그렇지 않으면 모두 용서하소서. 수십년간 안동김씨가 국권國權을 잡아 조정에 가득한 신료가 모두 그들의 복심腹心입니다. 마마 생전에는 저들이 감히 복수의 마음을 먹지 못할 것이나 만일 조씨趙氏를 위하여 후일의 일을 생각하신다면 그 회환禍患을 헤아리기 어렵사올지니 깊이 통촉하심을 바라나이다. 이는 조씨趙氏를 위함이오 김씨金氏를 위함이 아니오니이다" 이에 조대비趙大妃도 크게 깨우친 바 있어 모든 안동김씨에게 닥쳤던 화禍는 구름처럼 흩어지고 얼음 녹듯 풀렸더니라.

『풍운한말비록』내용 중에 "백만냥"이라는 돈은 무척 많다는 뜻의 형용사로 보아야 한다. 『일성록日省錄』기록에 의하면 고종 17년(1880) 음력 4월 15일~고종 18년(1881년) 음력 1월 15일의 1년간 회계부 합산 현금 시재時在는 67만9천72냥에 불과하다. 그런데 약 17년 전인 1863년에 아무리 권세가라도 한 개인이 백만냥의 돈을 가지고 있다는 것은 과장된 것이다. "천석락千石落 토지"라는 표현은 1천석이나 되는 볍씨를 뿌려 벼농사를 짓는 농지다. 지금 기준으로 2백평 한 마지기를 일두락一斗落이라 하는데, 천석락이면 4백만 평이나 되는 논이니 이 또한 과장된 것이다.

■ 고종의 친정親政과 경복궁 중건重建

고종이 즉위하고도 어느덧 3년이 지났다.
열세 살이던 고종의 나이도 열다섯 살이 되었다.
조대비는 수렴청정을 하면서 대원군을 앞세워 안동김씨가 쥐고 흔들던 나라를 안정시키고 고종도 임금의 역할을 명민明敏하게 익혀서 점차 임금의 위엄과 국가 경영에 대한 감각을 익혔다. 하늘을 찌르던 세도가勢道家 안동김씨들도 조대비와 임금 앞에 몸을 숙이고 자기 역할에 충실하니 나라는 점차 안정되었다.
고종 3년 병인丙寅 음력 2월 13일 조회가 열리자 조대비趙大妃는 수렴청정垂簾聽政을 거두겠다고 발표했다. 일반적으로 1873년부터 고종의 친정親政이 시작되었다고 하지만 고종의 친정은 이미 1866년에 시작된 것이다. 대원군은 고종의 국정을 간접적으로 도운 것이지 본인이 모든 국정을 전단專斷하며 좌지우지한 것이 아니다.

수렴청정을 거두겠다는 조대비의 말씀을 『승정원일기』 기록으로 살펴보자. 이 기록을 통해 조선시대 조정의 조회 모습도 그려볼 수 있다.

> 승정원일기 고종 3년 병인丙寅 2월 13일 계묘癸卯 청晴
> 희정당熙政堂에서 대왕대비전이 수렴하여 시원임대신時原任大臣을 불러 만날 때 우승지 송희정宋熙正 등이 입시入侍하였다.
> 신시申時에 주상主上께서 희정당에 나가셨다. 대왕대비전이 수렴垂簾하셨다. 시원임대신時原任大臣이 입시入侍하였다. 이때 우승지 송희정宋熙正, 가주서假注書 방효린方孝隣, 기주관記注官 김진모金鎭模, 별겸춘추別兼春秋 조강하趙康夏, 영중추부사 정원용鄭元容, 영돈녕부사 김좌근金左根, 영의정 조두순趙斗淳, 판돈녕부사 이경재李景在, 좌의정 김병학金炳學, 우의정 유후조柳厚祚가 차례로 나와 엎드렸다.
> 주상主上께서 말씀하셨다.
> "사관史官은 좌우로 나누어 앉으시오."
> 정원용이 앞에 나와 아뢰었다.
> "쌀쌀한 봄기운이 요사이 심하다가 며칠 사이에 비로소 따뜻해졌는데, 이러한 때에 성상의 체후體候는 어떠하십니까?"
> 주상主上께서 "한결같소"라고 하니 정원용이 아뢰었다.
> "대왕대비전의 기후는 어떠하십니까?"
> 주상主上께서 "한결같소"라고 하니 정원용이 아뢰었다.
> "왕대비전의 기후는 어떠하십니까?"
> 주상主上께서 "한결같소"라고 하니 정원용이 아뢰었다.
> "대비전의 기후는 어떠하십니까?"
> 주상主上께서 "한결같소"라고 하니 정원용이 아뢰었다.
> "신들은 삼가 동조東朝(大妃殿)의 하교를 받들어 등대登對하였습니다."
> 대왕대비께서 말씀하셨다.

"내가 오늘을 기다린 지 오래되었소. 오늘 경들을 부른 것은 다른 일이 아니라 오늘부터 주렴을 걷고자 하오. 이런 일은 경들에게 유시諭示를 펴지 않을 수 없으므로 부른 것이오. 후비后妃가 수렴청정垂簾聽政하는 것은 국가의 큰 불행이며, 부득이해서 행하는 것이오. 다행히 황천에 계신 조종祖宗의 돌보아 주심에 힘입어 주상의 나이가 지금 이미 한창이어서 여러 국사를 총괄할 수 있으니 어찌 이처럼 경사스런 일이 있겠소. 주렴을 내리고 유시諭示하는 것을 오늘로 그칠 것이니 여러 대신은 모름지기 우리 주상을 잘 보필해 주시오."

정원용鄭元容이 아뢰었다.

"자전慈殿의 교시를 받들어 듣자니 삼가 우러러 지극히 경축한 심정 이루 다할 수 없습니다. 계해년癸亥年(1863) 겨울, 국가의 형세가 위태로워 안위가 마지막 호흡에 닥쳐 신하들이 떨리고 두려워 몸 둘 곳이 없던 중에 자성慈聖 전하께서 수렴청정에 임하시어 신들을 불러 대책을 결정하고 성성聖上을 받들고 맞이하여 나라의 형세를 다시 안정시키시고 깨우쳐 도우시며, 가르쳐 세우시니 성상의 덕이 일취월장日就月將하여 여러 국사國事를 밝게 익히사 이제 모든 업무를 친히 관장管掌하시게 되었으니, 신민臣民의 송축頌祝함이 얼마나 기쁘겠습니까. 지금 우리 자성慈聖 전하께서는 종묘사직에 공로가 있으시며 백성에게 은택을 입히시어 역대 여러 후비后妃를 살펴보아도 견줄만한 분이 없습니다. 우리 순원왕후純元王后의 지극한 덕과 많은 공로는 여자 중의 요순堯舜이신데 지금 자성 전하께서 전날의 아름다움을 이으셨으니, 주周나라 태임씨太妊氏와 태사씨太姒氏가 아름다운 덕음德音을 서로 이은 것과 같아서 우리나라의 억만년 무강無疆한 큰 복을 여셨으니 누군들 흠송欽誦하고 찬미하지 않겠습니까. 지금 이런 교지를 받들어 찬송讚頌하는 가운데에 연성戀誠을 이길 수 없습니다."

김좌근金左根이 아뢰었다.

"자성 전하께서 우리 성상을 도우사 나라 형세를 편하게 하여 몇 년 만에 위태로움을 안정시키셨고 막힌 것을 돌려 태평케 하셨으니, 비록 태임씨太妊氏나 태사씨太姒氏 같은 성인이라도 더 나을 수 없을 것입니다. 지금 우리 성상의 춘추는 혈기 왕성하시어 학문이 한 몸에 밝게 쌓이고 온갖 국사國事를 재단裁斷하시어 광명정대光明正大하게 처리하시니, 신들은 그 공덕을 우러르며 오로지 기뻐할 뿐입니다."

조두순趙斗淳이 아뢰었다.

"지금 자성慈聖 전하의 하교下敎를 받들고 보니, 광명정대하심이 옛날 누구보다 탁월하십니다. 돌이켜 보건대 몇 해 전 나라 형세는 위급함이 그치지 않았는데 우리 자성慈聖 전하께서 성상을 돕고 신민을 어루만져 위태로운 형세를 돌려 놓으신 반태지공盤泰之功은 천지의 높고 두터운 윤덕潤德과 같습니다. 지금 우리 성상의 성덕聖德은 날로 높아지시고 성학聖學도 날마다 깊어지사 온갖 국사國事를 밝게 익히시니 우리 자성께서는 정무政務를 맡기신 후 목청전穆淸殿에서 마음을 편히 하사 만수萬壽를 누리소서. 신들의 흠송欽誦하는 정성을 어찌 다 표현할 수 있겠습니까."

이경재李景在가 아뢰었다.

"우리 자성 전하의 4년간 수렴청정 교화가 천하에 두루 미치고도 남는데, 이제 하교下敎를 받들자니 삼가 서운함을 견디지 못하겠습니다. 우리 전하의 춘추가 정성鼎盛(혈기왕성)하사 만기친람萬機親覽하심에 맡기신 온갖 국사國事를 광명하게 처리하여 종묘사직을 길이 굳건히 하시니, 더욱 기쁨을 이길 수 없습니다."

김병학金炳學이 아뢰었다.

"우리 성상의 춘추가 혈기 왕성하시고 성학도 날로 성취하는데 이제 삼가 자성 전하의 하교를 받드니, 경축하고 또 경축할 일입니다. 지난번 자성 전하께서 뭇 신하를 찾아오셔서 들으신 것은 종묘사직의 큰 계책이요, 오늘 자교慈敎를 내리시어 뭇 신하들을 가르치심은 천지의 떳떳한 법입니다. 삼가 우러러 찬미하고 칭송함에 달리 아뢸 말씀이 없습니다. 자성 전하의 공덕이 천고에 탁월하시어 온 나라 신민을 덮어주시는 은택을 입게 하시와 천신賤臣에까지 이르렀으니 세상에 없는 망극한 은혜를 입었습니다. 가까이 모시면서 자주 하교를 받들었는데, 오늘 이후에는 연석筵席에서 옥음玉音을 받들 길이 없으니 베풀어 내려주신 정리情理에 슬픔을 이길 수 없습니다."

유후조柳厚祚가 아뢰었다.

"우리 성상의 춘추가 정성鼎盛하신데 이제 삼가 자성 전하의 하교를 받들고 보니 신은 다시 아뢸 것이 없습니다. 자성 전하의 공덕이 온 천지에 넘쳐나는데, 광명정대光明正大를 부탁하시매 종묘 사직이 길이 힘입게 되었으니, 신은 지극히 경축하는 마음 금할 수 없습니다."

주상主上께서 주렴 앞에 나와 아뢰었다.

"안에서도 연일 자주 우러러 아뢰었는데, 신은 아직도 나이 어리고 지혜가 얕고 짧으니 어찌 나라의 온갖 만기萬機를 살피겠습니까. 지금 이 하교下敎를 감히 받들 수 없사오니 바라건대 거두어 주소서."

대왕대비전께서 말씀하셨다.

"이 말은 단지 오늘만 한 것이 아닙니다. 안에서도 여러번 진정眞情을 말한 것이 있으니 다시 사양치 말고 부지런하고 검소하여 요순堯舜 같은 임금이 되시는 것, 이것이 효의 대본大本입니다. 또 주상의 춘추 한창이시어 범절凡節이 탁월하시니 만기萬機를 친히 살피시기에 충분하고 대신들과 서로 면려勉勵하신다면 내 마음이 기쁠 뿐 아니라 황천皇天에 계신 조종祖宗의 영령들도 반드시 기뻐하실 것입니다. 곧 여러 신하에게 유시諭示하겠지만, 나의 바람은 오직 주상主上이 성군이 되시고 여러 대신이 반드시 충忠과 성誠을 다해 잘 보도補導하는 것입니다."

이어서 하교하셨다.

"주상은 자리로 돌아가시오."

주상主上께서 자리로 돌아가셨다. 대왕대비전께서 말씀하셨다.

"말로는 뜻을 다할 수 없으니 지금 언문으로 내린 교지를 승지가 낭독하라."

송희정이 읽기를 마치자, 곧 하교하셨다.

"이 언문 교지를 물러가서 베껴서 반포하라."

송희정이 아뢰었다.

"언문 교지를 환납還納하고 나갔다가 후에 다시 내주기를 청하여 베껴서 반포하겠습니다."

대왕대비가 그렇게 하라고 말씀하셨다. 정원용이 아뢰었다.

"자성慈聖 전하께서 전교하신 여섯 가지 조목의 아름다운 가르침은 바로 순임금이 우임금에게 전수하신 정일심법精一心法입니다. 전하께서 일념으로 몸소 행하신다면 만세의 태평함도 오늘에 기반할 것입니다."

조두순이 아뢰었다.

"자성慈聖 전하의 덕을 천하에 알리고, 자성 전하의 교화 펼치는 것을 신들이 우러러 청하려고 합니다. 위에 고告하고 아래에 반포하는 것과 각전各殿에 진하陳賀하는 일을 해당 조아曹衙로 하여금 길일을 택해 거행케 하는 것이 어떻겠습니까?"

주상主上께서 말씀하셨다.
"아뢴 대로 하시오. 종묘에 고하고 신민에 반포하며 각전에 반포하는 일을 해조該曹로 하여금 길일을 택하여 거행하도록 하시오."
의정議政을 부르셨다. 이어서 쓰하 명하고 전교하셨다.
"내일모레 차대次對에 대하여는 하교下敎를 기다리시오."
의정議政을 부르셨다. 김병학金炳學이 아뢰었다.
"전날이 어찌 오늘과 다르리오만 오늘은 전하의 짐이 더욱 무거워졌습니다. 하늘을 공경하고 조상을 본받아 학문에 힘쓰고 백성을 사랑하는 것이 곧 우리 열성조列聖朝의 가법家法이요, 또 우리 자성 전하께서 전수해 주신 심법心法입니다. 전하께서는 언제나 여기에 눈을 붙이고 마음에 두신다면 요堯 임금과 순舜 임금의 도는 이에서 벗어나지 않을 것이니 힘쓰고 힘쓰소서."
유후조柳厚祚가 아뢰었다.
"신이 염치없게 잠깐 응한 것은 이 일의 부득이함 때문이었는데, 지금 제 마음을 털어놓아 성상 앞에서 지극히 간절한 심정을 아뢰었으니 천지가 곡진히 베푸는 것과 같이 허락해 주시기를 바랍니다. 신은 일찍이 그 세상을 논하는 자는 반드시 재상이 어떠한가를 보아야 한다고 들었습니다. 옛날의 융성했던 때와 우리 조종祖宗의 고사故事를 보건대, 어찌 일찍이 신처럼 비루하고 어리석은 이가 모두 우러러보는 반열에 끼인 적이 있었습니까. 돌아보건대, 지금 성덕이 날로 새로워지고 자성慈聖 전하의 교화가 날로 융성하여 지위에 있는 백관들이 직분에 걸맞지 않은 이가 없습니다. 그런데 조금도 비슷한 점이 없는 미천한 저를 특지特旨로 선발해 주셨습니다. 선조를 생각하는 연고로 후손을 총애하는 것이라 하신다면 신은 집안의 일개 불초한 후손이요, 현인賢人을 세우는 데에 천하에 공명정대한 뜻을 보이려고 하신 것이라면 신은 지방의 일개 용렬한 사람일 뿐입니다. 그 사람의 현우賢愚를 묻지 않으시고 정사의 근본인 중요한 직무를 제수하시는 것은 이를 수 없을만큼 잘못된 일입니다. 신이 이미 현임으로 자처할 수 없으니 재주가 감당할 수 있을지 없을지와 직무를 다스릴 수 있을지 없을지는 번거롭게 반복하여 아뢸 겨를이 없습니다. 바라건대 속히 신을 삭직削職하시어 다시 현명하고 덕 있는 이를 뽑으시면 공사간에 다행스럽게 하오시기를 간절히 바랍니다."

주상主上께서 말씀하셨다.

"삼정승三政丞을 모두 갖추는 것은 조정의 일이오. 경을 재상에 뽑은 이후 내 마음이 꽉찬 듯하니 다시 사면辭免하지 마시구려."

거조擧條(임금께 아뢰는 조항)를 내보내고, 임금이 말씀하셨다.

"사관史官은 자리로 돌아가라."

이어 대신들에게 먼저 물러가라고 명하셨다. 또 승지와 사관에게도 물러가라고 명하니, 차례로 물러 나왔다.

이 친정親政 유시諭示 조회朝會는 신시申時(14:00)에 시작하였다고 기록해 있다. 『승정원일기承政院日記』의 내용을 보면 조회朝會 장면이 선연鮮然하게 눈앞에 그려진다. 원임대신들이 입시入侍한 후 먼저 임금이 들어오시고, 대왕대비가 친림親臨하여 내려진 발[垂簾] 안에 좌정坐定하신다. 대왕대비께서 수렴청정垂簾聽政을 거두고 임금으로 하여금 친정親政을 하게 하는 절차를 보면, 원임대신 중의 원로인 정원용鄭元容이 먼저 나서서 임금의 안부를 여쭙고, 이어서 임금께 대왕대비, 왕대비, 대비의 순서대로 안부를 물은 후 대왕대비가 "수렴청정을 거두고 임금으로 하여금 친정을 하도록 하겠다"는 유시諭示를 발표하고, 임금이 대왕대비 앞에 나아가 "친정親政을 미뤄달라"는 사양의 말씀을 올린다. 대왕대비는 임금의 사양하는 말씀을 거절하고 신하들이 임금을 잘 보도輔導해 달라고 부탁한 후 원임대신原任大臣 중 가장 원로인 정원용이 나서서 그간의 대왕대비 공로를 찬양하고, 원임대신들이 차서次序대로 나서서 대왕대비의 공로를 찬양한다. 그 후 임금의 친정을 대내외對內外에 반포하는 절차를 논의하고 조회朝會를 폐한다.

우리는 일반적으로 1873년에 고종의 친정親政이 시작된 것으로 알고 있지만 이 기록에서 보듯이 고종의 친정은 병인년丙寅年1866 음력 2월 13일에 시작된 것이다. 한 가지 더 중요한 것은 대왕대비의 친정 유시諭示 발표 자리에 대원군의 자리가 없다는 것이다. 조정朝廷의 모든 공식 조회朝會에 대원군의 자리는 없었다. 물론 사전事前에 대왕대비와 논의할 수는 있지만 대원군은 조정의 공식 직함이 아닌, 임금의 아버지로서의 직함일 뿐이라는 것을 전제해야 한다. 따라서 대원군이 실권實

權을 잡고 모든 것을 좌지우지한 것으로 보는 것은 잘못된 시각視角이라는 것이다. 대원군은 국사國事 논의 과정에 비공식적으로 의견을 제시할 수 있고, 또 그렇게 했겠지만 수렴청정 기간의 국정國政 최종 결정권자는 대왕대비였고, 친정 이후 국정의 최고 책임자는 고종이었다.

이는 곧 대원군의 국정 참여는 우리가 생각하는 것보다 훨씬 제한적일 수밖에 없었음을 말해준다. 대원군이 국정에 자기 의지를 반영反映하기 위해서는 조정朝廷의 신료들을 통해야 하고, 대왕대비의 재가裁可를 받아야 했다. 조정 신료가 대원군과 의견이 대립되어 자신의 직職을 걸고 끝내 대원군의 말을 따르지 않더라도 대원군은 공식적으로 조정 신료를 어찌할 수가 없는 것이다.

대원군大院君이 경복궁景福宮 중건重建에 의견을 낼 수 있고, 수렴청정을 하는 신정왕후神貞王后도 대원군 의견을 존중했겠지만 경복궁 중건은 대왕대비와 임금의 재가裁可를 받아 조정朝廷에서 주관한 국가사업이다. 경복궁 중건의 공식 책임자는 경복궁 중건의 총감독인 영건도감제조營建都監提調를 맡은 김병국金炳國이었고, 대원군은 현장 감독일 뿐이었다. 김병국은 대원군이 흥선군興宣君일 때부터 흥선군을 적극 돌봐준 최측근이므로 경복궁 중건을 논의하고 재건하는 데 대원군의 의견을 존중하고 일부 반영反映한 것은 사실일 것이다.

『승정원일기』 기록에 따르면 경복궁景福宮 중건重建에 대한 조정 논의는 고종 2년 을축년乙丑年 4월 2일 병인일丙寅日에 대왕대비 교시敎示로 처음 논의가 시작되어 다음날인 4월 3일 정묘일丁卯日 조회朝會에서 구체적으로 논의한 후 대왕대비가, "도제조都提調는 영의정 조두순趙斗淳과 좌의정 김병학金炳學으로 하라. 제조는 흥인군 이최응李最應, 좌찬성 김병기金炳冀, 판중추부사 김병국金炳國, 겸 호조판서 이동영李敦榮, 대호군 박규수朴珪壽, 종정경 이재원李載元을 차하差下(임명)하라. 대사성 이재면李載冕, 부호군 조영하趙寧夏·조성하趙成夏를 아울러 부제조에 차임差任(임명)하라"는 교명敎命을 내림으로써 경복궁 중건이 시작되었다.

1865년 4월 10일 경복궁 중건 고유제告由祭를 올린 후부터 전국에서 공장工匠을 모으고 목재 등 재료를 구매하거나 터를 닦는 등 공사가 시작되었다. 이후 경복궁

재건을 위해 당백전當百錢을 발행함으로써 물가를 폭등시키고, 경복궁 중건을 위해 구득購得해 놓았던 목재가 화재로 타버리기도 했으며, 공사를 맡은 공장工匠들의 부정행위와 원납전願納錢 착복 등의 여러 부정적 문제가 없는 것은 아니었지만 중건 책임을 맡은 대신들과 일꾼들은 합심해서 경복궁 중건이라는 대역사大役事를 완공했다.

영의정 김병학金炳學과 호조판서 김병국金炳國은 자원 일꾼 425명의 비용을 모두 부담했으며, 수원의 유학幼學 조손항은 25명이 29일간 일할 수 있는 비용을 댔고, 서강西江에 사는 김형섭은 150명이 3일간 일하는 비용을 부담하였다. 현석리玄石里에 사는 김인성은 일꾼들을 먹이기 위해 쇠고기 3백근, 절병 2천4백개, 탕 세 항아리, 청주淸酒 30동이를 제공하였다. 이 밖에도 수많은 관리와 백성이 경복궁 중건 비용을 부담하고 일꾼으로 참여해 궁궐 중건이라는 엄청난 공사를 성공적으로 이루어낸 것이다. 아마도 김병학 김병국 형제가 비용 부담한 것을 두고 윤효정尹孝定이 두 사람을 대원군과 연결하여 엄청난 재산을 대원군에게 바쳤다는 과장된 소문을 만들어낸 것이다.

경복궁 중건에 대하여는 1866년 7월부터 1868년 윤4월 중순까지 경복궁景福宮 영건도감營建都監에서 낭청郎廳으로 일한 원세철元世澈(1817~?)이 자세한 기록을 남겼는데, 모두 9책으로 된 이 귀중한 자료는 우리가 간수하지 못하고 일본 와세다 대학 도서관에 『景福宮 營建日記』라는 제목으로 보관되어 있었고, 2019년 서울역사편찬원이 번역하여 『경복궁 중건 천일의 기록』이라는 제목으로 간행하여 널리 알려지게 되었다. 왜 우리는 이런 자료가 있는지도 모른 채 이 귀중한 자료가 남의 나라에 가 있는지, 총독부에 보관되었다면 국내 도서관에 남아 있었겠지만 개인이 구득購得했기에 와세다 대학 도서관에 수장收藏되었을 것인데, 이를 두고 약탈 당했다고 화를 낼 것이 아니라 우리 것을 지키지 못한 것에 대한 자성自省이 먼저일 것이다. 원세철에 대해서는 『승정원일기』에 몇 줄 기록이 있는데, 고종 16년 기묘(1879) 2월 9일 "예천군醴泉郡에 류삼천리流三千里 정배定配한 죄인 원세철元世澈"이라는 기사와 고종 19년 임오(1882) 7월 3일 조條에 "병조兵曹가 구전정사口傳政事로

부사과副司果 원세철元世澈·서완순徐完淳을 단부單付(관원을 골라 정하는 것)하였다"는 기사가 보인다.

1867년 11월 16일 고종이 대왕대비, 왕대비, 대비, 중전 등과 함께 새로 지은 경복궁에 거동하여 근정전勤政殿 낙성 진하進賀를 받음으로써 경복궁 중건重建은 마무리 되었다. 이후 대왕대비를 비롯한 고종과 명성황후는 1868년 음력 7월 2일에 경복궁으로 이어移御(임금이 옮겨감)하였다. 경복궁 중건은 어디까지나 국가 사업으로 진행된 것이지 대원군 개인 의지로 완성된 것이 아니다.

■ 왕비의 길

다시 감고당 자영의 일상日常으로 돌아가 보자.

감고당에서 지내며 학문의 재미에 빠져 지내는 자영玆暎도 이젠 열여섯의 곱디고운 처녀가 되었다. 자영이 요즘 즐겨 읽는 책은 『시경詩經』「생민지십生民之什」인데 자주 반복해 읽어도 재미있고 가슴에 와 닿았다. 자영은 「생민生民」을 읽으며 자식을 낳는 것이 무엇인지를 깊이 헤아려 마음에 새기게 되었고, 여자가 시집가서 자식을 낳는 것이 얼마나 위대한 일인지도 알게 되었다.

궐초생민厥初生民 처음에 우리 조상 낳으신 분은
시유강원時維姜嫄 바로 강원姜嫄이시니
생민여하生民如何 우리 조상 낳으실 때 어떠하셨나
극인극사克禋克祀 하늘과 조상께 제사를 지내
이불무자以弗無子 무자無子가 아니기를 빌으셨다네
이제무민履帝武敏 천제天帝의 발자국에 발을 맞추니
흠유개유지歆攸介攸止 천제께서 감응하사
재진재숙載震載夙 태기胎氣 느껴 열 달을 삼가시고
재생재육載生載育 아들을 낳아 기르셨으니

시유후직時維后稷 이분이 우리 조상 후직后稷이시라

주周 나라는 지금의 섬서성陝西省 기주岐周에서 발흥한 한족漢族의 나라인데 주 나라 조상이 바로 후직后稷이다. 강원씨姜嫄氏가 후직을 낳은 고사故事가『오월춘추吳越春秋』「무여외전無余外傳」에 자세히 기록해 있는데, 강원씨가 자식을 낳은 후 버린 내용이어서『시경詩經』「생민지십生民之什」의 찬양 내용과는 다르다.

> 후직의 어머니는 태씨台氏의 딸 강원姜嫄이다.
> 강원은 제곡帝嚳의 원비元妃가 되었으나 나이가 어려서 아직 잉태하지 못했는데 어느 날 들녘에 놀러 나갔다가 대인大人의 발자국을 보게 되었다. 그 형상을 보자 마음 한 가운데 알 수 없는 희열喜悅의 감흥感興이 일어나 그 발자국을 밟았다. 강원이 그 큰 발자국에 자신의 발자국을 맞추자 몸이 떨리면서 마음에 사람을 대한 것 같은 감흥을 받았는데 그 후 강원은 아기를 배었다. 강원은, 음질淫失의 화禍를 입을까 두려워 상제上帝께 제사를 지내 자식을 낳지 않게 해 달라고 빌면서 다시 상제의 발자국을 밟았다. 그러나 하늘은 오히려 강원씨로 하여금 아기를 낳게 하였는데 강원은 이를 괴이하게 여겨 짐승이 들끓는 험한 거리에다 아기를 버렸다.
> 그런데 지나다니는 소와 말들이 오던 길을 돌아가거나 길을 바꿔 아기를 밟지 않고 피해 다녔다. 다시 데려다 숲속에 버렸는데 나무꾼이 데려다 보호했다. 다시 데려다 연못의 얼음 위에 버리니 새들이 모여들어 날개깃으로 덮어 주었다. 후직이 마침내 죽지 않으니 그 어머니 강원은 이를 신령神靈하게 여겨 다시 데려다 길렀는데 후직이 자라나자 후직을 버렸던 연유緣由로 이름을 기棄라고 했다.
> 기棄는 어려서부터 여러 가지 씨앗 심기를 좋아해서 벼와 기장, 뽕, 마 등을 심었는데 오곡五穀이 모두 오토五土의 토질에 알맞았다. 청靑, 적赤, 황黃, 흑黑 등 각기 다른 땅과, 언덕이나 물가의 높고 낮음 등 땅의 생김생김에 따라 찰기장[秫], 피[稷], 기장[黍], 토란[蕷], 보리[麥], 콩[豆], 벼[稻] 등 여러 곡식을 심었는데 땅의 특성에 맞춰 각기 이치에 알맞게 농사를 지을 줄 알았다.
> 요堯임금 때 큰 홍수를 만나 온 나라 안에 홍수가 범람하여 백성들은 높은 곳을 찾아 올라가 살았다. 요임금은 기를 초빙招聘하여 홍수를 피해 살고 있는 백성들을

가르치게 했다. 기는 땅의 생김생김에 따라 구역區域을 나누고 토질에 맞게 농사짓는 법을 연구하며 가르치기 3년여 만에, 백성 중에는 가난하여 굶주리는 사람의 기색을 볼 수 없게 되었다. 이에 요임금은 기를 농사農師에 임명했다. 순舜임금은 기를 태台 땅의 제후로 봉封하고 호를 후직后稷이라 했으며, 희姬를 성姓으로 내려 주었다.

후직이 태국의 제후가 되어 나라를 다스리다 죽으니 그 아들 부줄不窋이 뒤를 이었다. 후직의 후손들은 하夏나라 세상을 만나 운이 쇠미衰微해지면서 관직을 잃게 되자 적인狄人의 땅으로 도망하여 그 후손인 공유公劉에 이르렀다. 공유는 심성이 어질고 자애로워 걸음을 걸을 때도 살아 있는 풀을 밟지 않았으며, 수레를 몰 때에도 살아있는 갈대를 피해 다녔다. 공유는 하夏나라 걸왕桀王의 폭정暴政을 피해 융적의 땅으로 가서 풍속을 바꾸고, 백성들을 교화敎化하는데 힘썼다.

공유가 죽자 그 아들 경절慶節이 대를 잇고 그 후 8世에 이르러 고공단보古公亶甫가 태어났다. 고공단보는 후직과 공유의 업적을 공경하며 융적의 땅에서 덕 쌓기를 힘쓰고 의를 행하여 적인狄人들의 흠모欽慕하는 바 되었다. 이 때 훈육薰鬻과 흉노匈奴의 침벌侵伐을 받게 되었다. 고공단보는 개와 말, 소, 양 등 여러 가축을 바쳐 흉노를 섬겼으나 흉노의 침입은 끊이지 않았다. 고공단보는 다시 좋은 가죽과 비단, 금과 옥 등의 보물을 바쳐 흉노를 섬겼으나 그래도 흉노의 침입은 그치지 않았다. 고공단보는 흉노의 왕에게 물었다.

"가축을 바쳐도 싫다 하고 금과 옥, 좋은 가죽, 비단을 바쳐도 싫다 하니 그대가 바라는 것은 무엇인가?"

흉노의 왕이 대답했다.

"우리가 바라는 것은 너의 토지다."

고공단보가 말했다.

"군자는 기르는 배[백성]를 해쳐가면서까지 해되는 것[토지]을 기르지 않는 것이다. 기르는 바를 해치는 것은 나라가 망하는 까닭이다. 토지를 위해 백성을 해치는 곳이라면 내가 살 곳이 아니다."

하고는 말채찍을 들어 공유 때부터 살아온 빈邠 땅을 떠나 양산梁山을 넘어 기주岐周에 와서 살게 되었다. 고공단보는 빈을 떠나면서 백성들에게 말했다.

"흉노의 왕과 내가 무엇이 다르겠는가? 그러니 흉노의 왕을 잘 섬기라."

그러나 빈의 백성들은 부자父子와 형제가 서로 거느리고 따르며, 노인은 업고 어린아이는 손을 잡아끌며, 솥은 머리에 이고 시루를 손에 든 채 고공단보가 사는 곳으로 따라오니 기주에 와서 산지 석 달 만에 성곽城郭을 완성하고 1년만에 읍을 이루었으며 2년만에 도읍을 이루어 처음 기주岐周에 왔을 때보다 백성이 다섯 배나 늘어났다.(『오월춘추吳越春秋』 박광민 역. 2004. 03. 25. 경인문화)

이후 고공단보의 막내아들 계력季歷에게서 창昌이 태어났는데 이 사람이 주周나라 서백西伯이며, 후에 문왕文王으로 추존되었다.

고공단보에게는 세 명의 아들이 있었는데 첫째가 태백太伯이고 둘째가 중옹仲雍이며 막내가 계력季歷이다. 막내 아들인 계력에게서 손자 창昌이 태어났는데, 창에게 성덕聖德이 있어 고공단보의 사랑을 독차지 하다시피 했다. 맏아들 태백은 아버지 마음이 조카인 창에게 기울어 있는 것을 보고 자신이 아버지 뒤를 잇기 어렵다는 것을 알았다.

아버지가 병들자 태백은 "아버지를 위해 약초를 캐러 간다"는 핑계로 멀고 먼 오吳 땅으로 도망쳤다. 둘째인 중옹은 형이 떠나자 잠시 자신이 아버지 뒤를 이을 수 있다고 좋아했지만 형이 떠난 이유를 알고는 "나도 형을 따라가 아버지 약초를 구해 오겠다"며 형만荊蠻으로 도망쳤다. 고공단보가 죽자 자연스럽게 계력이 뒤를 잇게 되었다. 아버지가 돌아가셨다는 소식을 들은 태백과 중옹도 돌아와서 아버지 장례를 치렀는데 이때는 이미 모든 후계後繼 구도가 계력을 중심으로 짜여져 있었다. 계력은 맏형인 태백에게 "맏형께서 부왕의 뒤를 이으시라"고 세 번을 권했지만 태백은 세 번 다 사양하며 받지 않았다. 아버지의 장례가 끝나고 태백과 중옹이 자기들이 살던 형만의 땅으로 돌아가니 계력이 제후의 자리를 잇게 되었고, 고공단보의 뜻대로 창昌이 자연스럽게 뒤를 잇게 된 것이다.

태백이 계력에게 세 번이나 왕위를 양보한 것을 두고 『논어論語-太伯』에, "태백은 지극한 덕이 있고녀. 세 번이나 천하를 양보하였으되 백성들은 이를 칭송함이 없었다"고 하였는데, 『오월춘추』 고사故事는 조선 초기 양녕대군讓寧大君과 효녕대군孝寧大君 충녕대군忠寧大君에 의해 고스란히 재현再現되었다. 자고自古로 임금의 아들로서 임금이 되지 못할 경우 죽음을 당하는 경우는 무수히 많다. 태백도 아버지 뜻이 조카에게 있는 것을 알고 달아났으며, 양녕대군도 아버지 뜻이 충녕대군에게 있는 것을 알고 스스로 폐세자廢世子의 길을 택한 것이다. 세종의 위대함은 훈민정음訓民正音을 창제創制(創製로 쓰는 것은 잘못임)하고, 물시계나 측우기 같은 과학 발명품을 만든 것 뿐 아니라, "양녕대군을 죽여야 한다"는 밀간密諫을 물리치고 끝까지 형을 보호한 효제孝悌에 있다.

서백은 어진 정치를 하며 강여상姜呂尙(강태공), 굉요閎夭, 산의생散宜生, 남궁괄南宮适 같은 현신賢臣을 등용하여 주 나라의 기틀을 세웠다. 은殷 나라 주왕紂王은 서백을 경계하여 유리羑里라는 곳에 있는 감옥에 가두었고, 서백은 이곳에서 주역周易을 저술했다고 한다. 그러나 서백西伯은 천자天子가 되지 못한 채 죽었고, 그의 아들 발發이 은殷 나라를 멸하고 천자가 되었는데 이 사람이 주 나라 무왕武王이다.

계력季歷의 부인이자 창昌의 어머니 태임太妊과 문왕의 부인 태사太姒는 모두 『열녀전列女傳』에 그 행실이 전해져 자영도 본받는 바 되었다. 문왕을 낳은 태임씨 고사故事는 태교胎敎의 중요성을 일깨워 준다.

　　태임씨太妊氏는 문왕의 어머니다. 지임씨摯任氏의 둘째딸인데, 계력季歷이 태임씨에게 장가들어 왕비로 삼았다. 태임씨는 성품이 단아하며 성실하고 장중莊重하여 덕행德行이 있었다. 임신한 후에는 눈으로 나쁜 것을 보지 않고, 귀로는 음란한 소리를 듣지 않으며, 입으로는 교오驕傲한 말을 하지 않았다. 태교를 잘하더니 측간에서 문왕을 낳았는데도 아들에게 병을 더하지 않았다.42) 문왕은 나면서부터 밝고 성스러워 태임이 하나를 가르치면 백을 알더니 마침내 주周 나라의 조종祖宗이 되었다. 군자는 태임太妊을 가리켜 태교를 잘했다고 하였다. 옛날에 여인네가 임신했을 때는 잘 때에 옆으로 눕지 않으며, 앉을 때는 가장자리에 앉지 않으며, 서 있을 때는 한 발로 서지 않으며, 이상한 것을 맛보지 않으며, 바르게 썰지 않은 것은 먹지 않으며, 바른 자리가 아니면 앉지 않으며, 눈으로는 사특邪慝한 것을 보지 않으며, 귀로는 음란한 소리를 듣지 않으며, 밤이면 악사로 하여금 시詩를 낭송하게 하며, 바른

---

42) 『國語-晉語』臣聞昔者大任(태임), 娠文王不變, 少溲于豕牢, 而得文王不加疾焉. *大任仝太妊

일을 말하게 하였다. (태교를)이와 같이하면 낳은 자식의 형용이 단정하며, 재주와 덕망이 반드시 남보다 뛰어나니라. 이런 까닭에 자식을 임신했을 때는 반드시 삼가서 느낄 것이니 좋은 것에 감응하면 자식에게 좋을 것이고, 나쁜 것에 감응하면 자식에게 나쁠 것이다. 인생의 만물이 닮는 것은 모두가 그 어미가 사물에 감응한 것이다. 그런 까닭에 형음形音을 닮는 것이다. 문왕의 어머니는 만물에 감화하여 닮는 것을 알았다고 할 수 있느니라.(『열녀전列女傳-周室三母』)

자영이 감고당에서 학문에 몰두해 있는 동안 왕실에서는 혼기婚期 찬 왕을 위해 왕비 간택 문제가 논의되고 있었다. 왕비 간택은 전통적으로 왕실의 안주인인 대왕대비나 대비의 의견이 중요하다. 『승정원일기』의 내용을 살펴보면 당시 어느댁 규수가 간택에 참여했는지, 왕비 간택 과정은 어떻게 진행되는지 그 일단을 살펴볼 수 있다.

『승정원일기』 병인년丙寅年 1월 1일부터 3월 22일까지의 날짜별 기록은 자영姿暎이 왕비로 간택되고 고종과 혼인하는 과정까지 상세히 기록하고 있어 왕실의 혼인이 어떻게 이루어지는 지를 구체적으로 보여준다. 일설에 간택揀擇에 참여했던 처자는 평생 혼인하지 못하고 혼자 살아야 했다는 설도 『승정원일기』의, "간택되지 못한 처자는 혼인을 허용하라"는 기록을 통해 사실이 아닌 것을 알 수 있으며, 간택 절차를 마친 후에는 다른 가문과 혼인할 수 있었다는 것도 확인할 수 있다.

○ 고종 3년 병인丙寅(1866) 1월 1일 신유辛酉 맑음
예조가 아뢰기를,
"12세부터 17세 된 처자處子들의 혼인을 금할 것이라는 대왕대비전의 전교를 받들었습니다. 전교하신, 국혼國婚에서 금하는 한계 외에 혼인이 허락되는 여러 조항을 별단別單으로 받은 후 서울이며 지방에 알렸습니다. 대왕대비전께서는, 동성친同姓親은 7촌으로 한정하고 이성친異姓親은 6촌으로 한정하는 것을 전례前例에서 찾아 거행할 수 있겠으나, 왕대비전과 대비전의 경우 동성친과 이성친의 한계를 정해 구별하는 것을 본조에서 감히 마음대로 어찌하지 못하여 감히 품계稟啓합니다"라고 하

니 전교(傳敎)하시기를, "왕대비전과 대비전의 동성친은 5촌으로 한정하고 이성친은 4촌으로 한정하며 그 이외의 혼인을 금하라"고 하셨다.

예조에서 아뢰기를,

"12세부터 17세 된 처자까지의 혼인을 금하도록 명을 내리셨습니다. 전례에 따라 혼인을 금하도록 서울과 지방에 분부하셨으므로 마땅히 단자들을 받들어 올려야 할 것이니 서울은 이번 정월 11일까지, 서울 근교는 같은 달 15일까지, 어름 도(道)는 같은 달 20일까지, 먼 도는 같은 달 25일까지로 기한을 정해 단자를 받들어 올리라고 파발마를 보내 알려 단자를 모으겠습니다. 국혼(國婚)에서 금하는 것 외에는 혼인을 허락하는 여러 조항을 별단(別單)으로 써서 들여 감히 아룁니다"라고 하니, "알았다"고 전교하셨다.

○ 고종 3년 병인 1월 15일 을해(乙亥) 맑음

대왕대비전에서 전교(傳敎)하시기를,

"서울의 단자(單子)들은 이미 받들어 올렸으니, 지방의 단자들도 이르는 대로 아뢰도록 하라. 초간택(初揀擇), 재간택(再揀擇), 삼간택(三揀擇) 날짜는 다음달 초순부터 그믐까지 가려서 들이라. *처자(處子)들이 들어올 때 의복은 감히 명주나 모시로 만든 것을 넘지 않도록 하라고 (간택에 대하여)일체를 분부할 것*이리고 하셨다.

대왕대비전에서 사알(司謁)을 시켜 하교(下敎)하시기를.

"*초간택 때 처자들은 분(粉)만 바르고 연지(臙脂)는 찍지 말라*"고 한성부판윤에게 분부하셨다.

예조에서 아뢰기를,

"서울의 단자(單子)들은 이미 받들어 올렸으니, 지방의 단자들도 이르는 대로 아뢰도록 하라. 초간택(初揀擇), 재간택(再揀擇), 삼간택(三揀擇) 날짜는 다음달 초순부터 그믐까지 가려서 들이라. 처자(處子)들이 들어올 때 의복은 감히 명주나 모시로 만든 것을 넘지 않도록 하라고 일체를 분부할 것"이라고 명을 내리셨습니다. 일관(日官) 이병홍(李秉洪)으로 하여금 (날짜를)가리도록 하였는데, 초간택은 오는 2월 13일, 재간택은 같은 달 2월 25일, 삼간택은 2월 중에는 길일(吉日)이 없고 오는 3월 초2일이 길하다고 합니다. 이날로 정하여 진행할까 하여 감히 품계(稟啓)합니다"하니 대왕대비전에서 전교하시기를, "이 날짜들로 정하여 행하라"고 하셨다.

○ 고종 3년 병인 1월 20일 경진庚辰 맑음

대왕대비전께서 전교하시기를,

"초간택 날짜는 2월 20일로 하고 재간택과 삼간택 날짜는 다시 가려서 들이라"43)고 하셨다.

예조에서 아뢰기를,

"대왕대비전께서 전교하시기를, 초간택 날짜는 2월 25일로 하고 재간택과 삼간택 날짜는 다시 가리서 올리라 하셨습니다. 일관日官 이병홍李秉弘으로 하여금 다시 가려게 하니 재간택은 오는 3월 초2일, 삼간택은 같은 달 12일이 모두 길하다고 합니다. 이날로 정해 거행해도 되겠는지 감히 여쭙니다"라고 하니, "이날짜로 정해서 거행하라"고 하셨다.

○ 고종 3년 병인 2월 14일 갑진甲辰 맑음

또 예조에서 말씀 올려 아뢰기를,

"이번 2월 25일 초간택 때 처소와, 처자가 대궐에 들어올 때 문로門路를 어느 곳으로 거행해야 하는지 감히 여쭙니다"라고 하니 전교하시기를, "처소는 중희당重熙堂으로 하고, 문로는 요금문曜金門으로 하라"고 하셨다.

○ 고종 3년 병인 2월 25일 을묘乙卯 맑음

대왕대비전에서 송희정宋熙正에게 전교하시기를,

"첨정僉正 민치록閔致祿의 딸, 유학 김우근金遇根의 딸, 현령 조면호趙冕鎬의 딸, 창릉령昌陵令 서상조徐相租의 딸, 용강현령龍岡縣令 유초환兪初煥의 딸을 재간택에 넣고, *그 나머지는 모두 허혼許婚하라*"고 하셨다.

대왕대비전에서 송희정宋熙正에게 전교하시기를,

"삼간택三揀擇은 3월 2일로 잡고 재간택은 이달 29일로 잡으라"고 하셨다.

○ 고종 3년 병인 2월 29일 기미己未 맑음

대왕대비전에서 송희정에게 전교하시기를,

"*첨정 민치록閔致祿의 딸을 삼간택에 들이고, 그 나머지는 모두 허혼許婚하라*"고 하셨다.

---

43) 바로 아래, 같은 날인 1월 20일 예조 품계稟啓에, '2월 25일'이라고 하였으므로, 원문에 '2월 20일'이라 쓴 것은 기사관記事官의 오기誤記가 아닌가 한다.

○ 고종 3년 병인 2월 29일 기미 맑음

대왕대비전에서 송희정에게 하교하시기를,

"삼간택 날짜는 3월 6일로 하라"고 하셨다.

호조에서 말씀을 올려 아뢰기를,

"이번 삼간택 당일에 별궁別宮에 나아가신 뒤 바칠 절목 등의 일을 호조 및 각 해사該司가 규례를 살펴 거행하라 하신 일에 대해서 예조로부터 올라온 절목節目을 재가하셨습니다. 중궁전中宮殿에 바치는 물종物種 및 소속 나인內人 등의 식사·옷과 같은 각종 물품을 규례대로 마련하여 별도의 단자에 써서 들이오니, 삼간택 날로부터 시작하고, 이에 의거해서 거행하도록 각 해사該司(해당 관서)에 분부하는 것이 어떻겠습니까"라고 하니, "윤허한다"고 전교하셨다. 또 가례도감 도제조가 뜻을 아뢰어, "이전 가례嘉禮 때에는 연여輦輿의 꼭지曲之와 용봉두龍鳳頭는 모두 도금하고, 의장儀仗은 법가法駕로 마련하였습니다. 그런데 임술년 이후로는 특교特敎를 따르든지 품지稟旨를 따르든지 간에 연여의 꼭지와 용봉두는 모두 삼보三甫로 거행하였고, 의장은 소가小駕로 마련하였습니다. 친영親迎할 때에 쓰는 등롱燈籠은 각기 다섯 쌍으로, 안에서 내려주거나 도감에서 마련하였는데, 이번에는 어떻게 할지 감히 여쭙니다"라고 하니 전교하시기를, "임술년 전례대로 마련하라. 등롱燈籠은 마땅히 안에서 내려 주겠다"고 하셨다.

○ 고종 3년 병인 3월 1일 경신庚申 맑음

정기회鄭基會가 병조의 말씀으로 아뢰기를,

"삼간택 후 별궁으로 갈 때에 시위侍衛할 군병을 마련해야 하겠습니다. 삼가 등록을 조사해보니, 금군禁軍은 20명으로 마련하고, 전후의 사대斜隊는 훈련도감 군병 2백 명으로 거행한 것으로 되어 있습니다. 이번에도 이대로 마련하는 것이 어떻겠습니까"라고 하니, "윤허한다"고 전교하셨다.

또 병조에서 말씀을 올려 아뢰기를,

"삼간택 후 별궁으로 갈 때에 길 좌우에 둘러서서 구경하는 잡인雜人들을, 금위영禁衛營과 어영청御營廳 두 군영軍營으로 하여금 전례대로 파수하는 장졸將卒을 정해 보내서 엄히 금하게 하는 것이 어떻겠습니까"라고 하니, 윤허한다고 전교하였다.

○ 고종 3년 병인 3월 3일 임술壬戌 맑음

사알司謁을 통해 전해 하교下敎하시기를,

"삼간택三揀擇을 하고 나서 별궁別宮에 갈 때에 경유經由할 문은, 내문內門은 협양문協陽門으로, 외문外門은 돈화문敦化門 동쪽 협문挾門으로 하라"고 하셨다.

○ 고종 3년 병인 3월 6일 을축乙丑 맑음

송희정宋熙正에게 전교하시기를,

"삼간택三揀擇 후 별궁別宮으로 갈 때에 흥인군興仁君, 공조판서 이재원李載元, 도승지 이재면李載冕, 검교직각檢校直閣 민승호閔升鎬가 별도로 배종陪從하도록 하라"고 하셨다.

송희정이 예조의 말씀으로 아뢰기를,

"삼간택이 이미 지나갔습니다. 친영親迎할 길일을 언제쯤으로 택해야 하는지 감히 품계稟啓합니다"라고 하니 전교하시기를, "이달 20일 무렵으로 택해 들이라"고 하셨다.

○ 고종 3년 병인 3월 8일 정묘丁卯 맑음

남종순南鍾順이 가례도감제조嘉禮都監都提調의 뜻으로 아뢰기를,

"별궁의 예물 별단을 써 들입니다. 전례대로 삼간택 후 사흘째 되는 날 도감낭청都監郞廳으로 하여금 가서 들여놓게 하겠습니다. 감히 아룁니다"라고 하니 "알았다"고 전교하셨다.

○ 고종 3년 병인 3월 20일 기묘己卯 맑음

하루 전에 전설사典設司가 사자使者의 막차幕次 44)및 포막布幕을 설치하되 처음과 같이 하고, 상궁 이하의 막차는 내문內門 밖 동쪽에, 서쪽을 향하게 설치해 두었다.

그날 인의引儀가, 사자의 자리를 대문 밖 동쪽에 서쪽으로 향하게 설치하되 북쪽을 상위上位로 하고, 교명안敎命案과 책보안冊寶案을 든 자는 남쪽에서 약간 물러나 서쪽을 향하게 하며, 주인의 위는 대문 밖의 서쪽에 설치하되 동쪽으로 향하게 하였다. 또 배위拜位를 문 남쪽에 설치하되 북쪽으로 향하게 하고, 사자 이하 및 주인의 위를 중문中門 밖에 설치하되 마찬가지로 하였는데, 배위만 설치한 것은 아니다. 상전尙傳의 위를 중문 밖 주인의 남쪽에 설치하고, 교명함과 책보함을 든 자와 의장儀仗을 봉입하는 자와 내시內侍는 남쪽에서 약간 물러나 모두 동쪽으로 향하게 하였다. 내시가 먼저 안案 세 개를 내문 밖의 문지방 가까운 곳에 두었으며, 주인은 왕비가

---

44) 막차幕次 : 임금께서 타시는 연輦을 주련駐輦하는 차일遮日.

책보를 받을 자리를 뜰 중앙에 북쪽으로 향하게 설치하였다. 사자가 왕비 집대문 밖에 이르자 막차를 관장하는 자가 맞이하여 들였다. 빈주賓主와 일을 행하는 자들은 모두 조복朝服을 입었고, 내시는 상복常服을 입었다. 상궁 이하가 먼저 가서 자리로 들어가 교명과 책보를 막차 안에 벌여 놓았다. 명복命服은 사자가 상전尙傳에게 주어 먼저 물러가게 하였다 사복시司僕寺 부정副正이 연輦을 막幕의 남쪽으로 가져오고, 병조 정랑이 왕비의 의장을 연 앞에 벌여 놓았다. 좌우 상궁 이하는 내문內門으로 들어가 북쪽으로 향하여 동쪽을 상위로 하여 서 있었다. 알자謁者가 사자 이하를 인도하여 막차를 나와 자리로 가도록 하고, 주인이 나와 대문 안 서쪽에 동쪽으로 향해 섰다.

빈자賓者가 나아가 명을 받고 문을 나와 서쪽에서 동쪽으로 향해 말하기를, "감히 일을 청합니다"45)라고 하니, 정사正使가 말하기를, "모某는 교명을 받들어 왕비에게 비물備物과 전책典冊을 드리는 바입니다"라고 하였다. 빈자가 들어와 고하고 마침내 주인을 인도해 나가서 대문 밖의 서쪽에서 동쪽으로 향해 맞이하였다. 잠시 후 배위拜位로 나아가 사배四拜하였고, 사자는 답배하지 않았다. 알자謁者가 사자를 인도하여 문으로 들어와 오른쪽으로 가도록 하자 교명안과 책보안을 든 자가 따랐고, 주인은 문으로 들어와 왼쪽으로 갔으며, 중문 밖에 이르러 각자의 자리로 갔다. 교명안과 책보안을 든 자가 차례로 부사副使 앞으로 가자, 부사가 교명함과 책보함과 보수寶綬를 들어(안案을 든 자들은 모두 물러갔다) 정사에게로 나아가 주고는 물러나 자리로 돌아갔다. 상전尙傳이 정사의 앞으로 나아가 동쪽으로 정사를 향해 꿇어 앉자 정사가 꿇어앉아 교명, 책함, 보수를 상전尙傳에게 주었다. 상전이 받들고 내문 밖으로 가서(드는 것을 내시가 도왔다) 꿇어앉아 탁상에 놓고 부복俯伏하였다가 몸을 일으켜 물러났다. 또 내시가 의장儀仗을 받들고 내문 밖으로 가서 북쪽을 향해 섰다.

적의翟衣(꿩을 수놓은 왕비의 정복)를 갖추고 머리를 장식한 왕비를 상전과 부무傅姆(시중 드는 여인)가 모시고 나왔다. 상궁이 왕비를 인도하여 서쪽 계단으로 내려가 책위冊位로 갔다. 상궁이 꿇어앉아 교명과 책함을 들자(드는 것을 여관女官이 도왔다) 상복尙服이 꿇어앉아 보수寶綬를 들고 함께 일어나 왕비의 오른쪽으로 가서 서쪽을 향해 섰

---

45) 관官이 주도하는 공제公祭 때는 알자가 초헌관 앞에 나아가 "근구謹具 청청請 행사行事"라고 이른다.

다. 상침尙寢이 무리들을 이끌고 의장을 받들어 교명과 책보의 뒤에 벌여 놓고 모두 올라갔다. 시위侍衛들은 법식대로 모시고 지켰다. 상궁이 부복하고 꿇어앉아 사배를 계청하자 왕비가 사배하였다. 상궁이 "교명이 있습니다."라고 말하였다. 상궁이 부복하고 꿇어앉아 꿇어앉기를 계청하자 왕비가 꿇어앉았다. 상궁이 함을 열고 선포하기를 - 때가 되었을 때 안을 설치하였다 - 마치고 책문冊文을 함에 다시 넣었다. 상궁이 부복하고 꿇어앉아 "부복 흥 사배" 하고 계청하자 왕비가 부복하고 몸을 일으키고 사배하였다. 상궁이 교명 및 책함을 받들어 서쪽을 향해 꿇어앉아 차례로 왕비에게 주었다. 상궁이 꿇어앉아 (왕비께서)꿇어앉을 것을 청하였다. 왕비가 꿇어앉아 교명과 책함을 받아 전언典言에게 주자 전언이 꿇어앉아 받았다.(드는 것을 여관이 도왔다) 상복尙服이 보수寶綬를 받들어 서쪽을 향해 꿇어앉아 왕비에게 주었다. 왕비가 받아서 상기尙記에게 주자 상기가 꿇어앉아 받았다. 상궁이 부복하고 꿇어앉아 "부복俯伏 흥興 사배四拜" 하고 계청啓請하니 왕비가 부복하고 몸을 일으키기를 반복하며 사배四拜하였다. 상침尙寢이 속하屬下를 거느리고 집 위 북쪽 벽에 남쪽을 향하여 왕비의 자리를 설치하고, 왕비의 자리 앞 동쪽 가까운 곳에 북쪽을 상좌로 하여 교명안敎命案과 책보안冊寶案 놓을 자리를 설치하였다. 상궁이 부복하고 꿇어앉아 자리에 오르기를 계청하였다. 상궁이 왕비를 인도하여 중앙 계단으로 올라가 자리에 올랐다. 산선繖扇(우산을 든 사람)과 시위는 평상시의 의식대로 하였다.(여관이 받들었다)

전언典言과 상기尙記가 교명과 책보를 책상에 놓고, 내시가 의장을 뜰의 동서로 벌여 놓았다. 전찬典贊이 동쪽 계단 아래로 가서 서쪽을 향해 섰다. 상궁 이하가 모두 뜰 중앙으로 내려와 북쪽을 향하되 동쪽을 상위로 하여 섰다. 전찬이 '사배' 하고 외치자 상궁 이하가 사배하였다. 시위해야 할 자들이 모두 시위하는 자리로 돌아갔다. 상궁이 나와 왕비의 자리 앞으로 가서 부복하고 꿇어앉아 "예필禮畢"을 아뢴 후 부복하고 일어나 물러났다. 왕비가 자리에서 내려오자 상궁이 앞에서 인도하여 안으로 들어갔다. 병조兵曹가 뜻을 여쭈어 의장儀仗을 풀었다. 빈사자儐使者 및 사자가 복명復命하기를 고기례告期禮(신부 측에서 혼인날을 정하여 신랑 측에 알리는 예) 의식과 같이 하였다.(복명復命한다는 것은, '교명을 받들어 왕비에게 비물과 전책典冊 바치는 예를 마치는 것을 말한다.)

○고종 3년 병인 3월 22일 신사辛巳 맑음
　중외中外의 대소 신료, 기로耆老, 군민軍民, 한량인閑良人 등에게 교서敎書를 내렸다.
왕께서 이르시기를,
　"왕후가 집안을 다스림에 집안의 법도가 바르게 되고 천하가 안정되니, 배필을 중히 여기는 예禮는 생민生民의46) 시초이자 만복의 근원이다. 왕비 책봉의 성대한 의식을 거행하였으니, 반태盤泰의 큰 터전이 오래도록 굳게 다져지기를 바라며, 온 나라의 기축新祝(祈祝과 쇼)에 답하여, 강한江漢의 노래가 일어나기를 기다리노라. 대개 왕정王政은 수신제가치국평천하修身齊家治國平天下이며, 성철聖哲한 왕과 현숙賢淑한 왕비가 서로 도와서 천지와 종묘사직의 주인이 되는 것이니, 친영親迎이 중요하지 않겠는가. 규문閨門으로부터 향당鄕黨과 국가에 이르기까지 교화가 이로 말미암아 행해지는 것이다. 태임太任이 정성스럽고 엄정하게 덕을 행하였기에 (주周 나라)왕조가 8백 년 동안 연면히 이어졌고, 유신씨有莘氏가 차서를 밝히는 공을 세웠기에 6, 7명이나 되는 성왕聖王이 나왔던 것이다.47) 몸소 길쌈하는 것은 백성들에게 부지런함을 보여주는 것이며, 제사를 받드는 데 왕을 도와 제사를 올리는 것은 선대를 받들어 효도하는 것이다.
　돌아보건대 내가 어린 나이에 들어와 대통大統을 이은 4년 동안 동조東朝(대왕대비전)를 의지해왔으니, 우리 집안 순원왕후純元王后의 광휘光輝로 나라를 부지하고 안정되게 하신 큰 공렬을 이었으니, 익종대왕翼宗大王의 뜻으로서 나를 돕고 가르치시는 큰 덕을 베푸셨다. 중월지제仲月之制에48) 맞춰 왕비 선발의 명을 내리시니, 삼전三殿(대왕대비전 왕대비전 대비전)께서는 혼례를 올릴 것을 생각하여 훌륭한 왕비를 두루 묻고 찾으시매 내궁의 교령敎令은 하주河州에까지 알려졌다. 왕비 민씨는 대대로 이름을 날린 충정忠貞의 가문에서 태어났는데, 가까이는 인현왕후의 의친懿親이 되니 천성적으로 덕성을 갖춘 사람이라 하겠다. 『시경詩經』과 『예기禮記』를 가르침 받아 어릴 때부터 날마다 법도를 익혔고, 책의 힘을 빌리지 않고도 타고난 의지懿姿는 일찍부터 드러났다. 어려서부터 부드럽고 아리따워 태사씨太姒氏가 위사渭涘에 있던 것과 같아서,

---
46) 『시경詩經-생민지십生民之什』을 인용한 것.
47) 유신씨有莘氏 : 상商(殷) 나라 탕왕 임금의 왕비. 유신씨有莘氏의 딸이 탕임금의 왕비가 되어 구빈九嬪을 통솔하니, 후궁에도 차례가 있어서 투기하거나 도리를 어기는 사람이 아무도 없었다.
48) 중월지제仲月之制 : 철종哲宗의 탈상脫喪을 말한 것. 참고 '역월지제易月之制'

상서로운 꿈은 반드시 여러 차례 쌓인 데서 말미암는 것이니, 하우씨夏禹氏가 도산塗山에서 장가들어 신임계갑辛壬癸甲 등 나흘간 여교女嬌와 지낸 것과 같다.49)

점괘에 묻고 경사卿士가 모두 따라서 왕비 책봉을 선포하고 전안지례奠雁之禮를 행하여 왕좌曰座를 함께 지키게 되었다. 이미 올 3월 20일 기묘에 책보례冊寶禮를 행하여 中宮의 정위正位를 받고 21일 경진일庚辰日에 대혼례大婚禮를 마쳐, 왕비로서 내궁內宮에 자리하였다. 비단에 금분전서金粉篆書를 쓴 휘장으로 왕비의 거처를 꾸미게 되었다. 내궁의 의장儀仗은 왕비의 황색 복장과 머리 장식에도 잘 어우러지니 이 아름답고 장중莊重한 위의威儀는 장차 자손이 번창하게 될 조짐이다. 삼빈三嬪과 구어九御(九宮-後宮)를 통솔하는 데에 드러나지 않게 교화를 선포하여 여녀자의 직분이 제각기 닦여지게 하고, 네 가지 덕과 온갖 행실이 다 갖추어져 은혜를 베풀어 백성의 풍속이 다 아름답게 될 것이다. 명주로 만든 의복은 검소함을 몸소 실천하는 법규이고, 비녀와 귀걸이의 경계는 서로 경계하여 완성시켜 주는 도리이다. 오복五福을 거두어 펴니 국가가 모두 편안하게 되고, 만물을 길러 생성시킴에 부모처럼 가깝게 될 것이다. 온 나라 안이 크게 빛나니 해와 달처럼 아름답게 임할 것이며, 은혜의 바다가 크게 흘러 뇌우雷雨도 풀릴 것이다.

이달 22일 새벽 이전부터 모반대역謀反大逆을 저지르거나 모반을 한 자, 자손으로서 계획적으로 조부모나 부모를 시해하고 구박한 자, 처첩으로서 지아비를 모살謀殺한 자, 노비로서 주인을 모살한 자, 저주呪詛하거나 독을 써서 남을 죽인자, 몰래 남을 모략하고 해를 끼쳐 국가의 강상綱常을 더럽힌 자, 강도, 절도에 관계 되는 자 외에 잡범이나 죽을죄 이하로서 유배, 부처付處, 안치安置, 충군充軍된 자는 이미 배소配所에 도착했건 도착하지 않았건, 발각되었건 발각되지 않았건, 이미 처결하였건 아직 처결하지 않았건 따지지 말고 전부 용서해 주도록 하라. 감히 사면령을 내리기 전의 일로 서로 고하는 자가 있으면 그 죄로 처벌할 것이다.

관직에 있는 자는 한 자급資級씩 올려 주되 자궁資窮(정3품 통훈대부)인 자는 대가代加하라.50) 아, 용의 덕이 곤상坤象과 잘 어우러져 인지麟趾가 반드시 관저關雎에 응하게

---

49) 『승정원일기』 원문原文의 "宜辛壬之娶嬌山"은 우禹가 도산塗山에서 여교女嬌에게 장가들어 나흘(辛日 壬日 癸日 甲日) 동안 신부와 신혼을 보낸 것을 말한다. 『오월춘추吳越春秋-無余外傳』에, "禹因娶塗山, 謂之女嬌. 娶辛壬癸甲."이라 하였다. 우는 나흘 동안만 신부와 보낸 후 집을 떠나 7년간이나 집에 돌아가지 못하고 치수에만 전념하였다.

될 것인바51), 봉력鳳曆의 복록이 널리 퍼져 선록瑢籙이 삼대三代(夏殷周-아주 오랫동안)의 오랜 송영頌詠에 부합하고, 왕비와 배필이 잘 맞아 백세토록 자손이 뻗어가는 것을 사관史官이 기록하게 될 것이다. 이에 교서敎書를 반포하노니, 모두 잘 알리라 여기노라."

<small>예문관 제학 정기세鄭基世가 짓고, 자헌대부 평양부윤 박규수朴珪壽가 썼다.</small>

항간巷間에는 대원군이 외척外戚의 발호跋扈를 예방하기 위하여 한미寒微한 집안의 고아孤兒인 자영을 왕비로 들였다고 하는 데 이는 전혀 사실이 아니다. 자기 부인의 12촌 동생이고 비록 촌수寸數는 가깝지 않아도 처 종가宗家의 무남독녀無男獨女 처제인 자영을 대원군이 모를 수 없다. 이는 근거 없이 악의적惡意的 소문을 만들어내 명성황후를 깎아내리고자 했던 세력의 비겁한 음모다.

풍양조씨豊壤趙氏나 안동김씨安東金氏의 세도 정치를 겪은 대원군이 며느리의 친정 붙이들이 세력화되는 것을 꺼렸을 가능성도 있지만 대원군의 부친 남연군南延君도 민유중의 둘째 형인 민정중閔鼎重의 6세손인 여흥민씨를 부인으로 맞았으므로 대원군의 외가도 여흥민씨다. 자영에게 남연군 부인은 시조모媤祖母이면서도 친정쪽으로 13촌 당고모뻘이 되므로 대원군은 외가와 처가에 대하여 상세히 알고 있었다.

왕실의 복잡한 계보系譜를 고구考究해 본 적도 없으면서, 일반인은 올려다보기도 힘든 대대명문代代名門 명벌가名閥家인 처가妻家 내력이나, 자영이 민유중의 7세손이라는 것도 모른 채, 흥선대원군이 한미한 집안의 고아를 골라 며느리로 들였다는 억설臆說은 악의적이고 무책임한 거짓말이다.

왕비 간택은 어디까지나 왕실 어른인 대왕대비나 왕대비, 대비 등의 몫이고, 고종이 대왕대비의 아들로 입적入籍된 이상 고종의 호적상 어머니는 대왕대비이므로 자영은 대왕대비의 며느리로 간택된 것이다. 흥선대원군 부부의 의견도 중요하지만, 대원군 부부에게는 공식적인 왕비 간택권이 없다. 다만 대원군부대부인大院君府

<small>50) 대가代加 : 자신에게 별가別加된 산계散階를 대신 아들·사위·아우·조카 등 친족 가운데 한 사람에게 더해주는 제도.</small>
<small>51) 인지麟趾 : 『시경詩經』「인지지麟之趾」나오는 말. 살아 있는 풀이나 곤충도 밟지 않는 기린을 말하는데, 주 나라 문왕文王과 후비后妃의 인후仁厚한 성덕에 의해 많은 자손 또한 모두 인후한 것을 기린에 비유한 것</small>

大夫人 여흥민씨를 통해 자영이 민치록의 외동딸이라는 것은 사전에 대왕대비에게 알려져 있었고, 신정왕후도 친정인 풍양조씨가 여흥민씨나 해주오씨와 맺은 혼맥의 대강大綱을 알고 있을 것이며, 공식적으로는 간택揀擇 단자單子에 민자영의 선대에 대한 모든 보계譜系도 정리되어 대왕대비에게 올라갔을 것이다.

자영의 아버지 민치록閔致祿의 초취부인初娶夫人 해주오씨海州吳氏는 대왕대비의 친정 올케인 연안이씨와 내외종內外從 사촌 자매간姉妹間이니 민치록과 신정왕후의 맏오라비는 사촌 동서지간이다. 민치록의 손아래 친처제 해주오씨는 신정왕후의 며느리인 헌종비憲宗妃 효현왕후孝顯王后의 숙부 김보근金輔根의 부인이다. 자영의 증조고모曾祖姑母의 손녀가 신정왕후의 친정 아버지 조만영趙萬永의 바로 아래 동생 조원영趙元永에게 시집가서 신정왕후의 숙모가 되기도 하는 등 여흥민씨와 해주오씨, 풍양조씨, 청주한씨는 혼맥으로 복잡하게 얽혀 있는 것이다.

여양부원군驪陽府院君 민유중閔維重의 종손이 대대로 등과登科 전에 음서蔭敍로 능참봉에 서임敍任된 것은 왕실에서 민유중의 종손을 사대부로 예우禮遇했음을 보여준다. 자영의 5대 조고모祖姑母인 인현왕후 뿐 아니라 태종의 왕비인 원경왕후元敬王后의 증조부 문순공文順公 적頔은 자영의 18대조다.52) 민유중의 무남독녀無男獨女 7세손인 자영은 결코 한미寒微한 집한 출신이 아니라 일반인은 감히 쳐다보기도 어려운 대대 명벌가名閥家 규수였다. 따라서 대왕대비인 신정왕후도 자기 며느리가 될 민치록의 외동딸 자영玆暎에 대하여 이미 잘 알고 있었을 것이고, 간택揀擇 과정에서 직접 만나본 자영의 아름다움과 명민明敏함에 흡족하여 왕비로 간택하는 데 망설임이 없었을 것이다.

---

52) 『열성황후왕비세보外聖皇后王妃世譜』 "元敬王后之曾祖文順公頔 卽皇后之十八代祖也"

Ⅲ. 흥선군의 기계옹략奇計雄略 109

흥선대원군-국사편찬위원회 한국근대사료DB
"高麗國大院君昰光緖八年秋八月望於津城營務處 梁時泰照像館-고려국 대원군 사진이다. 때는 광서 8년(1882) 가을, 8월 보름날 청진의 영무처에 양시태(梁時泰) 사진관 사람이 와서 찍었다"는 부기(附記)가 있다.

* 이 사진은 1882년 음력 7월 10일에 청진淸津으로 끌려간 직후에 찍은 흥선대원군 사진이다. 김윤식金允植의 일기『속음청사續陰晴史』에 의하면 흥선대원군은 국제정세에서 자국自國 입지立地를 세우고자 한 청 나라의 독자적 판단에 의해 끌려간 것이다. 흥선대원군은 1885년 8월 26일에 돌아왔다.

110 명성황후가 꿈꾼 나라

신정왕후와 명성황후 가문의 혼맥婚脈

가례嘉禮가 끝나고 꿈결 같은 신혼 첫날밤을 맞은 고종과 명성황후는 처음으로 촛불 아래 마주 앉았다. 감고당에서 몇 번 보기는 했지만 여느 신혼부부처럼 두 사람도 어색한 마음으로 마주 앉았다.

고종이 먼저 말을 꺼냈다.

"어떻게 불러야 할지 모르겠구려. 이모! 우리 술이라도 한 잔 할까요?"

"……"

"자 술이라도 한 잔 하면 조금 나아질거예요."

두 사람은 같이 술을 마시면서 긴장감이 조금 풀어지긴 했지만 술을 마셔본 적 없는 자영은 금세 얼굴이 달아오르고 숨도 가빠졌다. 자영이 말했다.

"제가 한 잔 따라드리지요."

고종은 자영이 따라주는 술을 받아 마셨다.

"그날 감고당에서 만났을 때, 이모 모습이 참 고왔소. 그런데 이모가 내 중전이 될 줄을 그때는 꿈에도 몰랐다오."

"전하의 모습은 영락없는 개구쟁이 소년이었습니다."

"그러게요. 그로부터도 벌써 몇 년이나 흘렀구려. 지금은 마음대로 뛰고 놀던 그때가 그립소."

"이제 전하는 철없는 소년이 아니라 만백성의 어버이십니다."

"그렇구려. 이젠 이모도 내 중전이고 만백성의 어미가 되셨소."

"저는 전하의 지어미로 족합니다."

"우리는 한 지아비, 한 지어미로서만 머물 수 없는 사람들이오. 한 아낙의 지아비로, 한 남편의 지어미로만 오순도순 살 수 있으면 더 좋으련만 우리는 그럴 수 없는 부부로구려."

"우리 맺어짐이 선대先代부터 준비되었던 인연일까요? 하늘이 맺어 주셨으니 전하를 지성至誠으로 뫼실 뿐입니다."

"우리 인연이야말로 하늘이 맺어준 것 아니겠소?"

"태임씨太妊氏나 태사씨太姒氏처럼 전하를 지성으로 모시며 지어미 역할을 다하겠습니다."

"고맙소. 이제 내궁內宮의 모든 일은 그대가 맡게 되었구려. 우리 합심하여 이 나라를 좋은 나라로 만듭시다. 술을 몇 잔 마시니 고단하구려. 그만 잠자리에 듭시다."

그렇게 침전寢殿의 밤은 깊어갔다.

고종과 꿈같은 첫날 밤을 보내고 난 아침, 고종과 명성황후는 대왕대비전과 왕대비전, 대비전을 찾아 문안 인사를 드렸다.

"평안히 주무셨습니까."

"그래 주상主上과 중전中殿도 간밤 좋은 꿈 꾸셨는가. 앞으로 좋은 금실로 이 나라를 잘 다스려 주오. 특히 중전은 내명부內命婦를 잘 다스려서 바른 규율과 화목함이 살아있는 내궁內宮이 되도록 이끌어 주시오."

"명심銘心하여 가슴 깊이 새기겠습니다."

『승정원일기』 고종 3년 병인丙寅 음력 3월 22일 신사일辛巳日에는, "중궁전이 대왕대비전에 조현례朝見禮를 한 뒤에 대전, 대왕대비전, 왕대비전, 대비전, 중궁전에 종친, 의빈, 약방, 내각, 정원, 옥당, 조정의 2품 이상, 육조 당상, 대사간, 봉조하가 구전으로 문안하니, 알았다고 답하였다"고 기록했다. 이후 임금과 중전은 매일 아침마다 왕실 윗전께 문안 인사를 드리는 것으로 일과를 시작했을 것이다.

일설에는 고종이 이李 귀인貴人에게 빠져 중전을 소홀히 대했다고 하지만 입방아꾼들이 이 귀인이 낳은 완화군完和君을 중전이 죽였다고 뒤집어 씌운 거짓을 합리화하기 위한 시기심 가득한 모함에 불과하다. 가례를 올리기 전 고종이 가까이한 여인이야 있었겠지만 고종과 중전은 이미 서로를 알고 있던 사이고, 고종이 중전을 둘이 있을 때 사적私的으로 '안국동 아줌마'라고 불렀다는 소문은 고종도 중전을 애틋하게 여겼음을 보여주는 것이다.

중전이 명성황후로 정식 책봉된 것은 1897년 음력 10월 11일이지만 용어의 통일을 위하여 Ⅳ장 이하부터는 중전을 명성황후로 통일하여 지칭키로 한다.

Ⅳ. 척화斥和와 개혁 사이에서

■ 강화도를 침략한 서양인의 오만과 당당한 조선의 대응

명성황후가 매일의 반복되는 궁중 생활에 익숙해 질 무렵 나라에는 서양의 천주학天主學으로 인한 소동이 일었고, 끝내 병인박해丙寅迫害와 병인양요丙寅洋擾로 이어지며 많은 사람이 죽음을 당하고 강화도가 침탈侵奪 당해 외규장각外奎章閣 도서를 빼앗기는 등 국가적 손실도 가져왔다.

천주학은 벌써 오래 전에 조선에 소개되어 은밀하게 전파되었는데 성호학파星湖學派의 이익李瀷(1681~1763)이나 안정복安鼎福(1712~1791) 등은 동학들에게 천주학의 문제점을 지적하며 서학西學에 빠지지 말라고 설득하기도 하였다. 그러나 민간에서 은밀하게 퍼지는 천주학을 막을 수는 없었는데, 결국 일이 터지고 말았다.

일반적으로는 대원군이 천주교를 박해한 것으로 알려져 있지만 천주교 박해는 조선 정부의 잘못이 아니라 제국주의 관점으로 조선을 깔보며 군대를 동원한 프랑스 함대의 강화도 침략에 대한 반작용反作用으로 보는 것이 옳을 것이다. 1858년 프랑스의 베트남 침공 과정을 조선 조정이 얼마나 상세히 인식하고 있었는지는 알 수 없으나 프랑스의 베트남 침공이야 말로 제국주의와 종교의 야합을 상징적으로 보여준다.

나무위키에 따르면, 1858년 프랑스가 베트남을 침공했을 때, 프랑스 선교사들은 프랑스군을 천병天兵이라 치켜올리며 베트남의 천주교도들로 하여금 프랑스에 헌신하라는 지침을 내렸다. 이에 많은 베트남 천주교도가 프랑스의 편을 들어 베트남을 침공한 프랑스군을 도왔고 응우옌 왕조는 청의 개입을 요청하였다. 이로 인해 프랑스와 청 나라는 1885년까지 약 30년간 전쟁에 휘말리게 되었다. 이 결과로 베트남은 프랑스의 식민지로 전락하고 베트남의 천주교인은 프랑스에 협력 대가로 특수계층이 되어 동족을 착취하는데 협조하였다. 이에 따라 프랑스 선교사와 천주교도들에 대해 청나라와 조선은 강한 경계감을 가지게 되었다.

프랑스 함대의 로즈 제독은 강화해협 봉쇄령(The Blockade of the Salée

River)을 중국 정부 및 각국 공사관에 발송하고, 군함 7척과 총 1,525명의 병력으로 조선을 침공했다. 이 밖에 중국에서 영업하던 민간 증기선들을 보급선으로 고용했다. 9월 7일 영종진永宗鎭이 프랑스군의 1시간에 걸친 포격으로 4시간 만에 맥없이 무너져 내렸고, 9월 8일 강화산성도 함포 사격에 허물어졌는데, 조선 조정에서는 훈련대장 이경하李景夏(1811~1891)를 순무사巡撫使로 삼고 이용희李容熙(1811~?)를 선봉장으로 보내 응전하게 했으나 성과가 없었다. 이런 전황 속에서 9월 11일 이경하와 로즈 제독은 격렬한 편지를 주고 받았다.

프랑스 황제의 명을 받드는 전권대신全權大臣이 각초各哨의 용맹한 군사들을 거느리고 준절히 효유曉諭한다. 당신들 순무사巡撫使는 다 잘 알라. 나는 본 조정 황제의 명을 받고 우리나라 군사들과 백성들을 보호하려고 이곳에 있는 것이다. 올해에 이 나라에서 무고無辜하게 죽음을 당한 사람은 우리나라의 전교사傳敎士로 추중推重(높이 받들어 존중 받음)되던 사람이다. 너희는 어질지 못하게 불의不義로 그를 죽였으니 공벌攻伐하는 것이 마땅하다. 그리고 전교사는 매우 어질고 의로운 사람이라 털끝만치도 범죄를 저지르지 않았을 텐데 그를 죽였으니 천리를 어긴 것이다. 그러니 죄악은 세상 법에서 온전히 용서할 수 없는 것이다. 이번 프랑스 전권 대신은 불인불의不仁不義한 나라인 조선을 징벌하기로 정했으니 만약 귀를 기울여 명을 따르지 않으면 전혀 용서받지 못할 것이다.

   1. 세 사람의 일로 관청이 개입해 우리 나라 전교사傳敎師를 시해한 것에 대해 엄정히 분별할 것이다.

   1. 너희 관청에서는 조속히 전권全權을 지닌 관원이 조속히 이곳에 와서 직접 면대面對하여 영구적인 장정章程(외교규정)을 확정하라.

재해災害와 흉환凶患이 지금 가까이 닥쳤으니 너희가 재난을 피하려고 한다면 조속히 회답하고 명령을 받드는 것이 마땅하다. 만약 명령을 받들지 않으면 본 대신이 기일을 앞당겨 너희들에게 환난患難을 줄 것이니, 너희 백성들이 재난을 당하는 근원이 될 것이다. 그 때 가서 미리 말하지 않았다고 말하지는 말라.(1866년 양력 10월 18일)

참으로 무례하기 짝이 없는 문서다. 조선의 입장에서는 자기들 멋대로 들어와 남의 조상을 부정_{不正}하게 하고 제사를 없애게 하여 남의 풍속을 해치며, 나라 해협을 봉쇄하고 포격으로 내 나라 백성을 해친 외국 군대를 용납할 수 없었을 것이다. 프랑스 제독의 무례한 서신에 순무사 이경하_{李景夏}는 단호하고 논리적인 서신으로 답했다.

하늘의 이치를 거스르면 반드시 망하고, 국법_{國法}을 어기면 반드시 죽음을 당한다. 하늘이 백성들을 세상에 내려보냄에 이치로써 따르게 하고, 나라의 봉강_{封疆}을 나눔에 다스리어 지키게 하는 것이다. 따른다는 것은 무엇인가? 어질면서 해롭게 하지 않는 것이다. 지킨다는 것은 무엇인가? 침범하는 자는 용서하지 않는 것이다. 이것이 거스르면 반드시 망하고 어기면 반드시 죽음을 당하는 까닭이다. 그러나 이웃나라와 사이좋게 지내며 멀리 떨어져 있는 나라에 너그럽게 대해주는 것은 예로부터 있었던 도_道이다. 우리나라에서는 더욱 너그럽게 대하여 이름도 알 수 없고, 도리_{道理}도 알 수 없는 나라 사람들이 매번 우리나라 경내에 표류해오면, 수토지신_{守土之臣}에게 명하여 영접하고 사정을 물어보면서 마치 오랜 우호 관계를 수행하듯이 했다. 굶주렸다고 하면 먹을것을 주고, 춥다고 하면 옷을 주었고, 병들었다고 말하면 약을 지어서 치료해 주기도 했으며, 돌아가겠다고 하면 식량까지 싸서 보내 주었다. 이것은 우리나라가 대대로 지켜오는 법으로 지금까지 행해지고 있기 때문에, 온 천하가 우리를 일컬어 '예의지국_{禮儀之國}'이라 부르고 있다.

만약 우리 사람들과 인연_{夤緣(남모르게 인연을 맺음)}하여 몰래 우리나라에 들어와서 우리의 옷으로 바꿔입고 우리 말을 배워서 우리 백성과 나라를 속인다든지 우리의 예의와 풍속을 어지럽힌다면, 나라에 상법_{常法}이 있는 만큼 발각되는 대로 반드시 죽인다. 이는 세상 모든 나라들의 한결같은 법인데 우리가 상법_{常法}을 실행하는 것에 대해서 너희들이 무엇 때문에 성을 내는가? 처지를 바꾸어 생각하면 우리가 묻지도 않았는데도 지금 너희들이 이것을 트집 잡아 말하는 것은 이미 도리에 몹시 어긋나는 것이다.

일전에 너희 배가 우리 경강_{京江}에 들어왔을 때는 배는 불과 2척이었고 사람도 1

천명이 못되었으니 만약 도륙屠戮하고자 했다면 어찌 방법이 없었겠는가?53) 하지만 몰래 침입한 자들과는 구별되었으므로 멀리 떨어져 있는 나라 사람들을 대해주는 의리에서 차마 병력을 가하여 피해를 줄 수는 없었다. 그러므로 경내를 지나며 소나 닭 같은 것을 요구하면 그때마다 주었다. 작은 배가 왕래할 때에 말로써 물으면 먹을 것은 받으면서 돌아가라는 말은 따르지 않았으니 너희들이 우리를 배반한 것이지 우리가 어찌 너희를 배반한 것인가? 아직도 만족하지 못하고 갈수록 행패를 부려서 지금 우리 성부城府를 침범하고, 우리 백성들을 시해하고 재물과 가축을 약탈하는 행위가 한이 없으니 실로 하늘의 이치를 거스르고 나라 법을 어기는 자들로서 이보다 더 심한 자들은 없었다. 그러니 하늘이 이미 그들을 미워하고 사람들도 그들을 죽이려 했다.

너희들이 우리 나라에 전교傳敎를 행하려고 한다는데 이는 더욱 안 될 일이다. 수레와 서책이 같지 않으며 각기 숭상하는 것이 있으니 정사곡직正邪曲直에 대해서는 아예 거론할 필요가 없다. 우리는 우리의 학문을 숭상하고 너희는 너희의 학문을 행하는 것은 사람 마다 각기 자기 조상을 조상으로 섬기는 것과 같다. 그런데 어떻게 감히 남에게 자기 조상을 버리고 남의 조상을 조상으로 섬기라고 가르칠 수 있겠는가? 이것은 만약 죽음을 면할 수 있다면 하늘도 없다고 말할 수 있는 것과 같다.

우리는 너희를 은殷 나라 탕湯 임금이 갈백葛伯에게 하듯이 대해 주었는데, 너희는 우리를 험윤玁狁54)이 주周 나라 선왕宣王을 배반하듯이 포악하게 대하고 있다. 그러니 우리가 지인지덕至仁至德하더라도 제멋대로 난동을 부리게 내버려둘 수는 없다. 그러므로 천만千萬의 대병大兵을 거느리고 지금 바닷가에 나와 하늘의 이치를 받들어 토벌의 뜻을 펴려고 한다. 우선 내일 이른 아침에 서로 대면하자는 약속을 급히 보내니 군사의 곡직曲直과 승패勝敗가 결정되리라. 너희들은 퇴각하여 달아나지 말고 머리를 숙이고 우리의 명령을 들어라.

병인년(1866) 10월 19일 술시戌時 조선국 순무영巡撫營

---

53) 한강 수로 탐색을 위해 파견된 프랑스 극동 함대 별동대가 한강 상류로 항진하다 타르디프함이 좌초되어 철수한 사건
54) 험윤玁狁 : 북방의 소수민족. 북적北狄.『시경詩經』소아小雅 채미采薇에, "아내와 집을 떠나 국경으로 떠남은 / 험윤玁狁(오랑캐)이 있는 까닭일세(靡室靡家 獫狁之故)"라고 하였다.

이경하李景夏의 답신은 당당하고 논리적이다. 서양인들이 세계 곳곳의 약소국을 침략하여 토착민土着民을 잔혹하게 멸살滅殺하며 노예로 삼은 예例들을 살펴보면 지금의 관점으로 바라보아도, 조선 정부의 대응은 타당하다. 비록 위정척사파衛正斥邪派가 대원군을 자기편으로 삼아 기득권을 지키려 한 측면이 있기는 했으나 대원군은 전적으로 위정척사파의 편에 설만큼 앞뒤가 꽉 막힌 분도 아니었으니 우리 조상들의 당당한 대응을 쇄국정책鎖國政策이라고 폄훼貶毀만 할 일은 아니다.

당시 강화도를 침략한 프랑스군은 조선을 미개국이라 깔보며 자신들이 선진국이라는 오만傲慢에 빠져 외규장각 장서들을 마구잡이로 약탈해 갔는데, 과거 제국주의 국가들은 정말 선진국인가. 동서양의 문명과 문화는 항상 비슷한 시기에 비슷한 수준의 발전 단계를 밟아 왔다. 이런 전제에서 보면 프랑스 제독이 조선 조정에 보낸 서신은 무례하기 짝이 없는 것이다.

프랑스의 베르사이유 궁전에는 측간이 없어 방문자들은 정원이나 구석진 곳에서 볼일을 보아야 했다. 길거리에 내버린 분뇨를 피하기 위해 하이힐을 신었다는 독일 사학자 에두아르트 푹스의 말이 과장된 것이라고 하지만 중세 유럽에서는 실제로 똥을 피하기 위해 고안된 '패턴'이라는 나막신 모양의 신발이 있었다고 한다. 이에 비해 우리는 인분을 길에 버리는 것이 아니라 거름으로 사용했으며, 논밭에 항아리를 묻어 놓고 급한 볼일을 보더라도 반드시 가마니라도 둘러쳐서 만든 간이 측간을 사용하였다. 측간 문제만으로 문화적 우열을 논할 수는 없지만 서양인이 문화적·문명적이고 동양인은 계도啓導 대상이라는 전제는 백인우월주의에서 나온 편견일 뿐이다.

프랑스가 1858년에 침략한 월남에 대한 식민지배는 1954년에야 호치민胡志明에게 패배하면서 끝났다. 프랑스군은 1945년 알제리의 세티프Sétif와 구엘마Guelma에서 학살을 저질렀는데 인구 4천 명의 마을에 항공 폭격과 함포를 사격해 주민을 멸살滅殺했다. 프랑스 측 집계로 6천 명~8천 명, 알제리 집계로는 4만5천 명이 학살당했다고 한다. 미국의 제7대 대통령 앤드류 잭슨Andrew Jackson은 대통령이 되기 전 쇼니족 인디언 테쿰세로 하여금 교묘하게 일부 크리크족 전사들을 부추기게 하여 약 4백 명의 레드스틱 백인 혼혈을 죽이게 함으로써 미군의 개입 명분을 만들어 8백 명의 레드스틱 크리크 원주민을 어린아이들(특히 종족을 낳을 여자아이들)까지 멸살滅殺하고 81,000㎢(서울시 총면적은 605.2㎢)의 토지를 빼앗았으며, 벨기에 레오폴드 2세의 잔혹한 콩고 만행은 끔찍한 악귀惡鬼의 모습이다. 카리브해 사탕수수 농장에서의 착취, 스페인 군대의 남미 원주민 학살이나 마야와 잉카 문명 파괴 등은 힘을 가진 문명이 힘을 갖지 못한 다른 문명에 얼마나 야만적으로 변할 수 있는지를 잘 보여주는 것이며, 이것이 선진국임을 자랑하며 우리에게 개항을 요구했던 서유럽 제국주의 국가와 모든 패권국의 공통적인 민낯이다.

　우리는 고구리高句麗 시기 외에는 패권국이 된 적이 없지만 고대부터 격조 높은 문화를 발전시켜 왔다. 우리가 발명한 놀랍고 자랑스런 과학기기들을 현대문명 기기器機로 지속해 발전시키지는 못했지만 세계적인 우리 발명품 몇 가지만 살펴보기로 한다.

　그 첫째가 지게다. 지게는 간단해 보이지만 짐의 무게가 인체에 효율적으로 분산되게 하여 인체 부담을 최소화하면서 무거운 짐을 나를 수 있게 만든 최고의 운반 기구機具다. 국립중앙과학관 정동찬鄭東贊 연구원研究員이 짐을 나르는 방식에 따른 인체의 에너지소비량을 조사한 결과에 의하면, "지게에 비해 머리에 이는 것은 3%, 이마에 끈을 걸어 등에 메는 것은 14%, 한쪽 어깨로 메면 23%, 목도(扛抬 : 장대에 짐을 걸고 양쪽에서 어깨에 메는 것)는 29%, 양손으로 드는 것은 44%나 더 에너지 소비가 많다"고 하였다. 조선말 한 영국인이 제물포에서 목격한 바에 따르면 한 짐꾼이 5백파운드(약 227.8kg)의 짐을 지고 수백 미터를 가는 것을 보고 기절할 만큼 놀랐다고 하는데, 호머 헐버트의 『대한제국멸망사』에는, "지게로 운반하는 한국인은 250파운드[113.4kg]의 무게라면 거뜬히 일어날 수가 있지만 300파운드[136kg] 이상이면 다른 사람의 도움을 받아야 한다. 한국의 어느 노동자는 400파운드[181.4kg]의 무게를 진채 쉬지 않고 수백 야드를 가는 것을 본 적이 있다……. 한국인이 하루 30마일[48.2㎞]을 나를 수 있는 무게는 약 100파운드[45.3kg] 정도다……. 대나무 몽둥이로 짐을 나르는 중국인이 그만한 무게를 나르다가는 틀림없이 장대가 부러지거나 아니면 어깨가 으스러질 것이다"라고 하였다.

　활도 우리 한민족의 위대한 발명품이며, 요순堯舜 시대에 이미 조선의 대표적인 교역 물품이었다. 『죽서기년竹書紀年』 순舜 임금 25년 조에, "식신씨息愼氏가 내조來朝하여 궁시弓矢를 바쳤다"55)고 하여 우리 '맥궁貊弓'이 고대부터 중요한 교역 물품이었음을 말해준다. 『사기史記』 「공자세가孔子世家」에도, "진陳 나라 조정에 날아와 죽은 새매에 호시楛矢의 돌살촉이 꽂혀 있었는데 화살의 길이는 한 자가 조금 넘었다. 진 나라 민공湣公은 사자로 하여금 중니仲尼(공자)에게 묻게 했다. 중니가 말했다. '새매는 멀리서 날아왔고, 이것은 숙신肅愼의 화살입니다. 옛날 무왕武王께서 상商 나라를 정벌하고 구이九夷 및 백만白蠻과도 통했는데 각기 그 지방의 산물産物을 바치게 하고 그 직분과 업을 잃지 않게 했습니다. 이에 숙신에서는 돌살촉을 끼어 만든 호시楛矢를 보냈는데 한 자가 조금 넘습니다. 선왕께서는 숙신의 화살을 맏공주에게 나눠주어 우虞 나라 호공胡公에게 시집보내고 진陳에 봉하셨습니다……. 이에 시험 삼아 부고府庫를 찾아보니 과연 화살을 찾을 수 있었다."고 하였다. 길이가 한 자 조금 넘는 화살이라면 편전片箭이다. 편전은 조선의 맥궁으로만 쏠 수 있는 아기살(짧은 화살)인데, 조선 태조는 편전으로 5백보 밖의 과녁을 맞췄다고 한다. 진陳 나라는 순舜 임금의 후손으로 규성嬀姓이며, 산동성으로 흐르는 제수濟水 바로 아래, 순 임금이 질그릇을 굽던 도구陶丘에서 멀지 않은 남쪽에 있던 나라이다. 따라서 진陳과 숙신肅愼은 화살에 맞아 부상당한 새매가 날아와 떨어질 만큼 가까이 있던 나라였다. 필자가 2024년 『온지논총溫知論叢』 제78집에 발표한 논문 「조선 제국(諸國)의 고강(故疆) 및 진한 신라의 상관성 고찰」에서 『25사』와 『자치통감資治通鑑』 등 중국 정사正史 기록을 상찰詳察하여 밝힌 내용에 따르면 고대 조선 고강故疆과 요동은 지금의 발해군渤海郡 일대까지였다.

지게와 활 뿐 아니라 세계최초의 금속활자는 우리가 아는 바와 같고, 세계의 문자 중 유일하게 창제일創制日이 밝혀진 『훈민정음訓民正音』은 새삼 말할 것도 없으며, 고리지高麗紙는 송宋 나라에서도 중국 종이보다 으뜸으로 인정받는 교역물품이었다. 참고로 '고구려'나 '고려' 국명은 1910년대까지 '고구리' '고리'였다. 『삼국지三國志-魏書』에도 『위략魏略』을 인용해, "옛날부터 북방에 '고리高離'라는 나라가 있다"고

---

55) 『죽서기년』: 二十五年, 息愼氏來朝, 貢弓矢 *息愼, 肅愼, 稷愼, 州愼, 珠申 등은 모두 조선의 音借다.

하였다.56) 우리는 고대부터 진정한 선진 문물을 꽃피워온 나라였지만 국력이 약했던 조선은 갑자기 밀려드는 외세 앞에서 속수무책으로 당할 수밖에 없었다.

강화도를 침략한 프랑스군은 약탈과 부녀자 겁탈 등의 범죄를 저지르며 횡행했고, 일부 조선인은 약탈자인 프랑스군에 빌붙어 같이 노략질을 했다. 이때의 참상을 기록한 민치승閔致升(1820~1887)의 부인 임씨부인林氏夫人(1818~1879)의 『병인양란록丙寅洋亂錄』 기록이 생생하다. 여흥민씨 족보에 의하면 임씨부인은 학식이 풍부하여 『병인양란록』 외에도 내용의서內用醫書 두 편을 더 지었다고 한다.

그러다가 마침내 양선洋船 여섯 척이 도로 그리로 올라와, 터진개 앞을 덮으며 올라왔는데, 강도江都의 군사와 삼영三營에서 아무것도 할 줄을 몰랐더라. 이윽고 서양인들이 갑곶에 가서 땅에 내린 뒤에 한 곳에 진을 치고 모이니, 위풍이 늠름하였더라. 그리고 강화 관아와 삼영을 침노하니, 유수 이인교57)가 당하지 못할 줄 알고, 평복으로 갈아입고 백성들과 같이 섞이어 동정을 살피다가, 하릴없이 도장을 들고 나와 통곡하며 빠져 도망하였더라. 삼관이 모두 그리되니 서양인이 더욱 거리낌이 없게 된 것이라. 양인들이 강화 본읍을 아주 차지하고 제멋대로 다니면서 중영中營만 남기고, 상교청과 관사며 대궐과 창고며 모두 불 지르니, 불꽃이 하늘을 찔렀더라. 이때 교관 황호덕黃浩悳이 급함을 보고 공자의 위패를 모시고 도망가더라. 읍 안에서 수만금을 가진 부자들을 골라 재물을 빼앗았고, 집까지 불을 놓으니, 도망한 자 그 수를 알 수 없었더라.

남동 이 참판의 손자 이철주도 거기에서 살았는데, 비록 가난했지만 좋은집에서 세간을 치장하는 것이 찬란하더니, 급한 지경이 되니 다 버리고 부인네들이 총각인 체하고 손목을 맞잡고 도망하였더라. 그 집도 불을 놓고 세간을 다 부수고, 마을마다 떼 지어 다니며 여인을 욕보이고, 세간 물건을 탈취하였는데, 남자들 옷과 쇠붙

---

56) 1796년경 간행된 『全韻玉篇』에, "麗: 리附著東國高─陣名魚麗(?)려未也華也附也施也偶數高樓─謙?)"라 하였고, 1856년에 간행된 『字類註釋』에도, "麗: 고을려未也又리附着高─國号太祖王氏建"이라 하여 왕건의 '高麗' 또한 '고리'라 하였으며, 1915년에 초판이 간행된 『新字典』에도 "麗-리; 高─東國名고리나래魏起高句─在遼東之東"이라 하였다. 『三國志-魏書』에도, "魏略曰舊志又言昔北方有高離之國者"라고 하여 '고구려'를 '고리'라고 하였다.

57) 이인교: 이인기李寅夔의 오기誤記. 당시 강화유수는 이인기李寅夔였다.

이와 돈이며 양식을 빼앗아 갔더라. 소 잡기와 닭을 더 좋아했으니, 집 문을 잠그고 도망친 집은 다 부수었고, 혹 불도 질렀더라. 주인이 집에 있어 대접하고 닭까지 잡아주는 자가 있으면 주인을 칭찬하며, 그리하면 그 집 물건은 가져가는 것이 없더라. 제각기 살기를 구하여 겁을 내어 두려워했으니, 어느 누구라 충성을 다해 나라에 보답할 자 있었으리오. 슬프다. 윤리와 기강이 모두 상하였고, 마음이 음흉한 백성들도 노략질을 하며 양인洋人과 같이 다니더라. 양인들은 노략질한 짐을 닥치는 대로 붙잡아 지게 하여, 잘 져다 주면 삯전을 후하게 주고, 상을 차려 주어 포식을 시켜 보내니, 삯짐 지기 자원하는 자 무수하였더라. 양인들이 여인을 보는 족족 욕을 뵈니, 상민 계집은 얼마나 당했는지 수를 모르나, 사대부가 황이천 집 부인과 동리 양반 심沈 선달 부인 둘이 욕을 보았다 하였으니, 죽고 사는 일이 시각에 달렸더라……

양인이 과연 전등사 노리는 차로(까닭으로) 많이 떼 지어 갈 때, 우리 살던 집 앞길로 지나더라. 복색은 검은 털두루마기 입고 무수히 떼 지어 가더라. 우리 빈 집에 들어와 다 둘러보며 갈 때 조사하고 탐지하려는 뜻을 두고 들쑤시니, 중들도 거기 들렀다가 숨었더라. 이때 전등사로 행하여 가니 전등은 높은 산성이라. 매복하였다가 일시에 북과 나팔을 크게 울리며 좌우에서 총에 화약을 재어 넣은 뒤에 총알을 놓으니, 양인 장수가 죽고, 말 아래에 떨어지며, 양인 십여 명이 죽으니 양인이 대패하여 나누어 오는지라. 총을 간간이 쏘며 쫓아가니, 양인들이 제 동무의 시신을 옆에 끼고 급히 본진으로 도망할 때, 우리 살던 집에 달려들어 가마를 떼어 시신을 담아 마주 메고 도망하더라. 벼 베던 일꾼 하나가 거기 있어 미처 피하지 못하고 있었기에, 보고 두 팔을 휘저으며 어서 도망하라 일러주었더라. 양인들이 제 진으로 어지러이 물러가, 시신을 화장하여 궤에 각각 담고 성명을 적어 제가끔 각각 써 붙여가지고, 십이 진의 군기와 도감 군기, 호랑이 가죽으로 짠 자리 하며 강도江都 재물을 모두 탈취 하여 다 져다 쌓았다가, 시월 초오일 제 배에 싣고 다 도망하여 나가다 전쟁을 끝내자 하더라. 양헌수梁憲洙(1816~1888)가 양인 장수와 십여 명 양인을 죽이고, 내친김에 적진까지 쫓아가 찢어 버리려 하다가 화약이 없는지라. 분함을 견디지 못하여 본진에 기별할 때, 미처 적어 줄 새도 없이 말로 통지하니, 도원수 종시 딴 의심만 하고, 나라에부터 먼저 아뢰어 화약을 들여보내라 주문하였더라.

양헌수는 기다리다 지쳐 다시 군대를 일으키지 못하게 되자 분함을 견디지 못하더라. 양헌수 공로로 강화 중군을 제수 받으셨더라.(현대문은 국어교사 신영산 선생이 정리했으며, 주註와 한자漢字는 필자가 삽입함)

강화도에 들어와 용진진龍津鎭, 갑곶진甲串鎭, 초지진草芝鎭, 덕진진德津鎭, 광성보廣城堡, 철곶보鐵串堡, 월곶진月串鎭을 비롯한 성곽과 요새, 돈대墩臺, 관청, 창고, 장대將臺, 강화행궁江華行宮까지 불사르며 외규장각 약탈을 자행하던 프랑스군은 10월 3일 해군 병사 60명을 보내 정족산성鼎足山城을 정찰한 다음 점거하라고 보냈는데, 양헌수梁憲洙(1816~1888)가 매복했다가 기습을 가해 동문에서 2명, 남문에서 4명을 사살했다고 기록했고, 조선군 전사자는 1명이었지만 촌민들은 프랑스군 전사자를 40명 남짓 목격했다고 주장했다. 『병인양란록』에는 양헌수가 "프랑스군 장교 한 명과 병사 열 명을 죽였다"고 하여 차이가 있다. 양헌수가 쓴 병인일기에 따르면 진시辰時(8시)에서 미시未時(14시)까지 계속된 전투에 조선군의 탄약이 바닥났을 무렵 때마침 프랑스 해군이 물러났다고 한다. 프랑스 군대는 이 전투에서 패배한 뒤 조선이 협상할 의사가 없음을 확인하고 10월 9일부터 축차적으로 퇴각했다. 10월 13일에 완전히 조선에서 철수하면서 조선과 프랑스의 전쟁은 예상을 벗어나 조선의 승리로 끝이 났다.

프랑스군의 강화도 침략 훨씬 이전부터 프랑스 선교사들은 조선에 몰래 들어와서 선교 활동을 했고, 이는 조선의 국기國紀와 전통 윤강倫綱을 무너뜨리는 행위로 인식되었다. 정조와 순조 때에도 천주학도들을 체포하고 경고한 내용이 『조선왕조실록』과 『승정원일기』에 기록되어 있다.

『조선왕조실록』 순조 1년 신유辛酉(1801) 1월 10일 정해일丁亥日
대왕 대비가 하교하시기를, "선왕先王께서는 매번 정학正學이 밝아지면 사학邪學은 저절로 종식될 것이라고 하셨다. 지금 듣건대, 이른바 사학이 옛날과 다름이 없어서 서울에서부터 기호畿湖에 이르기까지 날로 더욱 치성熾盛해지고 있다고 한다. 사람이 사람 구실을 하는 것은 인륜이 있기 때문이며, 나라가 나라 꼴이 되는 것은 교화가 있기 때문이다. 그런데 지금 이른바 사학은 어버이도 없고 임금도 없어서 인륜을 무너뜨리고 교화에 배치되어 저절로 이적夷狄과 금수禽獸의 지경에 돌아가고 있는데, 저 어리석은 백성들이 점점 물들고 어그러져서 마치 어린 아기가 우물에 빠져들어가는 것 같으니, 이 어찌 측은하게 여겨 상심하지 않을 수 있겠는가? 감사와 수령은 자세히 효유曉諭하여 사학을 하는 자들로 하여금 번연히 깨우쳐 마음을 돌이켜 개혁하게 하고, 사학을 하지 않는 자들로 하여금 두려워하며 징계하여 우리 선왕께서 위육位育하신 풍성한 공렬功烈을 저버리는 일이 없도록 하라. 이와 같이 엄금한 후에도 개전하지 않는 무리가 있으면, 마땅히 역률逆律에 따라 처리할 것이다. 수령은 각기 그 지경 안에서 오가작통법五家作統法을 닦아 밝히고, 그 통내統內에서 만일 사학을 하는 무리가 있으면 통수統首가 관가에 고하여 징계하여 다스리되, 마땅히 의벌劓罰을 시행하여 진멸함으로써 유종遺種이 없도록 하라. 그리고 이 하교를 가지고 묘당廟堂에서는 거듭 밝혀서 경외京外에 지위知委토록 하라"고 하셨다. 이보다 앞서 서양국西洋國에서는 이른바 야소耶蘇의 천주학天主學이 있었는데, 대개 천당天堂과 지옥地獄의 이야기로 현혹시켜, 부모를 존경하지 않고 윤리倫理를 업신여기며 강상綱常을 어지럽혔으니, 이교異敎 가운데 가장 윤기倫紀가 없는 것이었다. 그 책이 중국에서 우리나라에 유전流傳되었는데, 더러 빠져들어 어그러지는 자가 있었으므로, 정조조에서 법으로 엄금하였었다. 그러나 아직도 법망에서 빠져 나간 여얼餘孼(잔당)이 사람들을 불러 모아 강습하여 점차 서로 오염시켜서 포청捕廳에 붙잡히는 자들이 많이 있었으므로, 이러한 하교下敎가 있었던 것이다.

『조선왕조실록』 헌종 5년 기해己亥(1839) 10월 18일 경진일庚辰日
척사윤음斥邪綸音을 경외京外에 내리기를, "아! 『중용中庸』에 이르기를, '하늘이 명한 것을 성性이라 한다.' 하였고, 『상서尙書』에 이르기를, '거룩하신 상제上帝께서 온 세상 백성에게 선善함을 내려 주셔서 고유固有의 성품性品을 순하게 하셨다.' 하였다. …… 더구나 우리 정종대왕正宗大王께서58)는 하늘이 내신 빼어난 성덕聖德으로 백왕百王의 대통大統을 이어 성명聲明과 문물文物을 찬연히 구비하게 되었는데, 불행하게도

---

58) 정종대왕 : 영종英宗과 정종正宗, 순종純宗의 '宗'을 높여서 '祖'로 바꿔 英祖 正祖 純祖라 한 것은 고종 때이므로 당시에 작성된 『조선왕조실록』에 '宗'으로 쓴 것이다.

흉적凶賊 이승훈李承薰이라는 자가 서양西洋의 책을 사가지고 와서 천주학天主學이라고 일컫고는 선왕先王의 법언法言이 아닌데도 몰래 서로 속여 유인誘引하자, 성인聖人의 정도正道가 아닌데도 자연히 탐혹耽惑되어 점차 이적夷狄·금수禽獸의 지역으로 빠져들게 되었다. 이에 정종대왕께서 오랠수록 더욱 치성熾盛해질 것을 근심하셔서 그 괴수를 다스리고 나머지는 용서하시었다. 이는 그 살고 싶어하는 마음을 미루어 스스로 새로운 길을 열어 주신 것이니, 더할 수 없는 후은厚恩이요 성덕盛德이다. 비록 어리석기가 돼지와 물고기 같고 흉악하기가 효경梟獍(어미를 잡아 먹었다는 새) 같다 하더라도 마땅히 느끼고 깨닫는 바가 있어야 할 것인데, 이미 본성本性을 상실하여 구습舊習을 고치지 않으니, 신유년 사학邪學을 토죄討罪한 옥사獄事에 이르러 극도에 달하였던 것이니, 얕은 재예才藝를 가진 자가 그 새로운 것을 선망하여 창도唱導하면, 몽매하여 지각知覺이 없는 자가 그 탄망誕妄(황탄하고 망녕됨)함을 좋아하여 따르니, 경재卿宰의 지위에 있는 몸으로 스스로 소굴을 만들어서 가정에 전해 오던 전통적인 교훈敎訓이나 예법까지 오염汚染된 바가 있었다. 주문모周文謨는 깎은 머리 모양을 바꾸어서 감히 도시에 활보하였고, 황사영黃嗣永은 백서帛書를 마련하여 해양의 선박을 불러들이려고 하였으니, 그들의 흉도凶圖와 역절逆節이 이에 이르러 다급해졌던 것이다. 진실로 우리 순종대왕純宗大王과 우리 정순대비貞純大妃께서 이 도깨비 같은 무리의 간교함을 죄다 통촉洞燭하셔서 크게 부월斧鉞의 위엄을 떨치시어 시원하고 통렬하게 제거하지 않으셨더라면, 나라가 나라답고 사람이 사람다운 도리를 지켜왔을는지 알 수 없는 상황이었다.

아! 이제 신유년으로부터 40년이 되어 금망禁網이 점차 해이解弛해지자, 사교邪敎가 다시 치성熾盛해지면서 독한 물여우 같은 무리는 모습을 감추고 허다한 가라지 같은 종자를 바꾸어서 역수逆豎는 성姓을 바꾸어 출몰出沒하고 요망妖妄한 역관譯官은 재물을 싣고 가서 교통하여 몰래 양인洋人을 불러들인 것이 두세 번에 이르니, 성기聲氣가 이역異域까지 접속되고 맥락脈絡이 동당同黨에 두루 통한 바가 신유년에 견주어 거의 더함이 있다. 이에 나 소자小子는 삼가 황조皇祖의 모유謨猷를 준수하고 공경히 자성慈聖의 명命을 받들어 감히 천벌天罰을 시행하지 않을 수가 없는 것이다……. 저 야소耶蘇라고 이르는 자는 사람인지 귀신인지 진실인지 거짓인지 알지 못하겠는데, 저 무리가 말하기를, '처음에 천주天主로 내려오셨다가, 죽어서 다시 올라가 천주가 되어 만물萬物과 민생民生의 큰부모大父母가 되셨다.' 한다…….

아! 아비 없이 어떻게 태어나고 어미 없이 어떻게 양육養育될 수 있겠는가? 그 은덕恩德을 갚으려면 높은 하늘같이 그지없어서 사람이 생겨난 이래로 소멸될 수 없는 대본大本인 것이다. 그런데 저들은 곧 나를 낳은 이는 육신肉身의 부모가 되고 천주天主는 영혼靈魂의 부모가 된다고 하여, 친애親愛하여 숭봉崇奉함이 저 천주에 있고 이 부모에게 있지 않아서 스스로 그 부모를 절연絶緣하고 있으니, 과연 혈기血氣의 천륜天倫으로 차마 할 수 있는 일이겠는가? 제사祭祀의 예禮는 조상祖上을 추모하며 근본에 보답하는 것이니, 효자孝子가 그 어버이를 차마 죽었다고 생각할 수 없음은 신리神理 · 인정人情이 그렇게 하지 않을 수 없는 것이다. 그런데 저들은 곧 신주神主를 부수고 제사를 폐지하고는 죽은 자는 알지 못한다고 말하고 있다. 진실로 이와 같다면 저들이 말하는 영혼은 또 무엇에 의거한다는 말인가? 앞뒤를 제멋대로 결단을 내려 조리가 맞지 않는 말이다. 범과 이리는 포악한 짐승이지만 오히려 부자父子의 정情이 있고, 승냥이와 수달은 미물微物이지만 오히려 제사를 지내는 의리가 있는데, 저들이 비록 둥근 꼭두머리와 모난 발꿈치를 가진 사람이라 하더라도 일찍이 범 · 이리 · 승냥이 · 수달만도 못하여 사람으로서 양심良心 없음이 어찌 이처럼 극도에 이르렀단 말인가?

『승정원일기』 고종 3년 병인(1866) 8월 3일(기축) 맑음

중외中外의 대소 신민에게 교서教書를 내렸다. 왕께서 이르기를, "너희 중외의 대소 신민은 모두 나의 말을 듣도록 하라. 생각건대, 우리나라는 훌륭한 임금들이 대대로 계승하여 유교를 숭상하고 도를 중하게 여기어 예의와 풍속이 찬연히 빛났다……. 그런데 불행하게도 70, 80년 사이 이른바 서양학西洋學이라는 것이 있어, 신해년에 들어오기 시작하더니 신유년에 이르러서는 온 나라에 널리 퍼져 버려 많은 백성들이 그에 젖어들게 되어 더이상 바로잡을 수가 없게 되었다.

그러나 우리 정조와 순조 두 임금이 세상에 나시어 결연히 용단을 내려 크게 처단하시니 오래 전부터 더러워졌던 풍속이 또한 새롭게 되었다. 그런데 음흉하고 지독한 잔당들이 여기저기 씨를 퍼뜨려 놓았으니, 기해년의 옥사는 대개 신유년의 잔당들에 기인하였고 올 봄의 변고는 기해년의 흉악한 무리보다 더욱 참혹하였다

……. 아, 몹시 슬픈 일이다. 우리 유교에서 이른바 하늘과 상제가 어찌 저들이 말하는 하늘을 만들어낸 상제일 수 있겠는가……. 더구나 저들의 이른바 천주교는 본래 하늘과 상제의 명칭과 위상의 의미도 모르면서 그저 둘로 나누어서 겉으로는 하늘을 높이고 하늘을 공경한다고 칭탁稱託하면서 속으로는 하늘을 무시하고 하늘을 더럽히는 행동을 하니, 의리와 도덕을 무너뜨린다는 것은 지혜로운 사람이 아니라 해도 능히 알 수 있다. 그런데도 왕왕 그 교리를 깊이 믿으면서 전혀 마음을 돌이킬 줄 모르는 사람이 있으니, 이 어찌 총명한 자의 잘못이 아니겠는가…….

부모의 사랑에 대해서는 어린아이들도 잘 아는 것인데 살아 계실 때도 봉양하지 않고 돌아가신 다음에도 제사를 지내지 않으니, 이는 까마귀나 승냥이보다도 못한 짓이다. 남녀간의 구별은 부부간을 이루는 첫 시초인데 한 욕조에서 같이 목욕하거나 한방에서 같이 잔다면 이는 짐승이나 다름없는 것이니, 이 또한 어찌 사람의 마음이라고 하겠는가……..(홍문관 제학 신석희申錫禧가 지어 올렸다.)

조상의 신주神主를 모시고, 제사를 지내는 것은 당시 우리 조상들에게는 목숨보다 더 중하게 지켜야 할 가치관이었는데, 신주를 불태우고 제사를 지내지 못하게 하는 것은 용서받을 수 없는 패악悖惡으로 인식 되었던 것이다.『병인양란록』에, 프랑스군이 쳐들어와 대포를 쏘아대서 목숨이 경각頃刻에 달렸는데도, "황호덕이 급함을 보고 공자孔子의 위패를 모시고 도망가더라"는 기록은 당시 우리 조상들의 인식 세계를 잘 보여준다.

『조선왕조실록』이나『승정원일기』내용을 살펴보면 알 수 있듯 천주학 박해는 정조正祖 때부터 시작되어 순조와 헌종 때로 이어졌고, 고종高宗 때의 병인박해는 천주학에 대한 선대先代 왕실의 오랜 인식이 이어져 오다가 고종대에 이르러 끝내 터지고 만 것이다. 대원군이 천주학 탄압에 주도적 역할을 했다는 설도 과장되었다. 오히려 선대 왕실의 천주학 박해를 지켜본 신정왕후와 조정 제신諸臣의 인식이 더 크게 작용한 것으로 보아야 할 것이다.

대원군부대부인大院君府大夫人이 천주학을 믿었다는 설도 있지만 이는 1865년에 러시아의 남진南進을 막고자 할 때 민씨부인이 고종의 유모인 박 마르타를 통해 베르뇌 주교를 접촉하면서 천주교도인 도승지 남종삼南鍾三을 설득해 프랑스 정부와 우호 관계를 맺으려 한 것이 와전된 것이다. 나무위키에 따르면, 1865년 12월 하순 남종삼은, "한불조약韓佛條約을 체결해 프랑스 나폴레옹 3세 황제의 힘을 이용하면 러시아의 남진 정책을 막을 수 있고, 그러기 위해 한국에 체류하고 있는 프랑스 선교사의 힘을 빌리는 것이 상책입니다"라는 요지의 청원서를 작성해 직접 대원군에게 올렸다. 이것을 보고 대원군도 만족해 베르뇌 주교와의 만남을 추진하였으나 이후 국제 역학관계가 변하면서 만남이 성사되지는 않았다고 한다. 이로써 보면 대원군 부부가 천주학에 대하여 극단적 적대감을 가진 것은 아니었으며, 극단적 쇄국주의자鎖國主義者도 아니었다는 것을 확인할 수 있다. 오히려 쇄국은 위정척사파衛正斥邪派로 불리는 완고한 유학자들이 대원군을 앞세워 기득권을 지키고자 한 것으로 보아야 할 것이다.

천주학 박해는 1871년까지 이어졌고, 1886년에 한불수교가 이루어지면서 공식적으로 종료되었다.

■ 감내堪耐할 수 없는 연이은 참척慘慽

1868년 윤4월 10일 고종의 후궁 귀인貴人 이씨李氏가 먼저 아들을 낳았는데, 항간巷間에는 명성황후가 완화군을 죽이자 귀인이씨도 미쳐서 자살해 죽었다고 하는 설이 있지만 이는 명성황후를 음해陰害하기 위해 만들어진 악랄惡辣한 거짓말이다. 귀인 이씨는 경주이씨인 통덕랑 이원태李元泰의 따님이며, 1843년 2월 14일생으로 고종보다 아홉 살 위인데, 고종의 아들을 낳은 후 영보당永保堂이라는 당호를 받았으며, 1928년 음력 9월 24일(양력 11월 6일)에 졸卒했다.(『朝鮮王世譜』) 영보당은 1928년, 여든여섯 살까지 건강하게 살다가 죽은 것이다. 고종의 후궁과 그들이 낳은 자식들을 정리해 보자.

- 귀인 영보당永保堂 경주이씨 1843년 2월 14일~1928년 9월 24일
  1868년 영보당永保堂이라는 당호堂號를 받음
  ◦ 완화군完和君 : 1868년 윤4월 10일
   1876년 4월 10일 완화군에 봉해짐
   1880년 1월 12일 천연두로 요절夭折

- 황귀비皇貴妃 영월엄씨寧越嚴氏 증贈 찬성贊成 엄진삼嚴鎭三의 녀女
  1854년 음력 11월 19일~1911년 음력 6월 25일
  1861년 입궁入宮. 후에 명성황후의 시위상궁侍衛尙宮이 됨
  1885년 고종의 승은承恩을 입었으나 궁에서 쫓겨남
  1895년 음력 8월 25일 고종의 부름으로 다시 입궁
  1897년 음력 10월 23일 귀비貴妃로 책봉됨
  1901년 음력 9월 순비淳妃로 책봉됨
  1903년 음력 11월 황귀비皇貴妃로 책봉됨
  ◦ 영친왕英親王 이은李垠 1897년 음력 9월 25일~
   　　　　　　　　　　1970년 음력 3월 26일
   1907년 음력 6월 24일 황태제皇太弟로 책봉
   1907년 12월 5일 11세 일본에 볼모로 끌려감
   1911년 7월 23일 모후母后 서거逝去로 일시 귀국
   1911년 8월 다시 일본으로 출국
   1919년 1월 24일 고종 서거로 일시 귀국
   1919년 3월 10일 출국
   1920년 4월 28일 이방자李芳子와 결혼
   1963년 11월 22일 환국還國
   1970년 음력 3월 26일 서거
- 귀인 단양장씨丹陽張氏 1900년 8월 궁녀에서 숙원淑媛에 봉해짐
  1906년 음력 윤4월 5일 귀인貴人에 봉해짐
  ◦ 의화군義和君 : 이강李堈(兒名 의鑢) *의친왕義親王

1877년 음력 2월 16일~1955년 음력 6월 29일

- 귀인 광화당光華堂 이씨 1906년 음력 윤4월 5일 귀인에 봉해짐
  1914년 윤5월 10일 광화당 당호 받음
  1967년 9월 6일 졸卒
  ○ 군호君號 없음 : 1914년 윤5월 10일~1915년 12월 18일 졸卒
  ○ 옹   주翁主 : 1914년 7월 28일 졸卒
  ○ 옹   주翁主 : 조졸早卒

- 복녕당福寧堂 충주양씨忠州楊氏
  가선대부嘉善大夫 양언환楊彦煥의 녀女
  1882년 음력 9월 27일~1929년 음력 3월 13일 졸卒
  1893년 궁인宮人으로 입궐入闕
  1919년 음력 4월 9일 복녕당 당호를 받음
  ○ 덕혜옹주德惠翁主 1912년 5월 25일~1989년 4월 21일
- 삼축당三祝堂 김씨金氏 1890년~1972년 * 1908년 고종을 시침侍寢

고종은 후궁에게서 여러 왕자와 공주를 낳았지만 순종과 의친왕 이강李堈, 영친왕, 덕혜옹주 외에는 일찍 죽었고, 의친왕 이외에는 후손을 낳지 못했다. 지금 고종의 후손은 모두 의친왕계다.

왕비로 책봉 된 명성황후도 간절히 아들을 원했지만 자식 일은 마음대로 되는 것이 아니었다. 완화군을 낳은 귀인이씨에 대해서는 명성황후가 왕비로 책봉 되기 전부터 고종의 후궁 역할을 했다고 하는 설이 있는데 1868년에 완화군을 낳은 후 귀인으로 봉해진 것 외에는 이렇다할 기록이 없다. 궁인으로 들어와서 일을 하다가 우연히 고종과 마주쳐 1867년 무렵 승은을 입어 자식을 낳은 것으로 보인다.

명성황후는 후궁이 먼저 아들을 낳았다고 하여 싫은 내색을 할 수도 없고, 여러 책을 읽고 태임씨나 태사씨 고사故事를 잘 알고 있는 왕비로서 왕실 자손이 태어나

는 것을 싫어할 분도 아니었다. 명성황후는 이씨에게 비단을 보내 아들 낳은 것을 축하하고 산모産母를 잘 보살펴 주라는 지시도 잊지 않았다.

손자를 보게 된 대왕대비 신정왕후神貞王后도 기뻐하며 선물을 보내 산모를 격려했다. 명성황후가 문안을 드리러 오자 대왕대비는 따뜻한 위로의 말씀을 내리셨다.

"중전도 어서 후사後嗣를 낳아야지요. 중전께도 곧 좋은 소식이 있을 겝니다."

"하늘이 하시는 일이니 억지로 될 수 있는 일은 아니지요. 이 귀인이 아들을 낳았으니 저의 아들이나 같습니다."

"맞아요. 후궁이 낳는 자식은 모두 중전의 자식이지요. 구빈九嬪(내궁)을 잘 이끌어 주세요"

어느날 명성황후는 고종에게 말했다.

"이 귀인 처소에 자주 들려서 왕자도 보시고, 이 귀인도 위로해 주셔야 합니다."

"나는 중전과 있으면서 학문에 관한 이야기를 하며 보내는 시간이 제일 즐겁소"

"그래도 전하의 첫 자식인데 자주 들르셔야지요. 전하께서 이 귀인 처소를 자주 찾는 것이 아기씨에게도 좋습니다."

"아줌마는 질투심도 없소?"

"저도 전하를 독차지 할 수 있으면야 좋지요. 그러나 그것은 여염閻閻의 여인네들이나 바랄 일입니다. 왕실에는 자손이 많이 태어나야 합니다. 그래서 후궁을 들이는 것이고, 왕비의 자리는 그런 것들도 감내堪耐 해야 하는 자리입니다."

"이래서 아줌마를 좋아하지 않을 수가 없구려. 마음에 새겨 두겠소"

이후 고종은 이 귀인의 처소에 자주 들렸으나 그곳에서 밤을 보내는 일은 드물었다. 이를 두고 세상 사람들은 고종이 이 귀인에게 빠져서 중전을 가까이 하지 않는다고 입방아를 찧기도 했다. 그러나 첫아들을 낳은 후 이 귀인에게서는 자식이 더 생기지 않았다. 한창 회임懷妊할 나이인 이 귀인이 더 자식을 낳지 못한 것은 고종이 이 귀인에게 빠져서 명성황후를 가까이 하지 않았다는 소문이 엉터리였음을 보여준다.

완화군 탄생과 관련하여 일설에는 대원군이 앞장서서 완화군을 원손으로 책봉하

IV. 척화斥和와 개혁 사이에서   131

고자 했다고 알려져 있으나 『매천야록梅泉野錄』에는 전혀 다른 이야기가 전한다.

"궁인이씨宮人李氏가 완화군을 낳았는데 '계季'를 성姓으로 내리셨다. 이때 임금의 나이 열일곱이었는데 무척 기뻐하며 원자元子로 책봉하고자 하셨다. 대원군大院君이, '중궁中宮에 경사慶事(원자를 낳으면)가 생기면 장차 어찌 처리 하시렵니까. 급하게 결정 하지 마십시오.'라고 하셨다. 임금은 일찍이 박유붕朴有鵬을 불러 물었는데 유붕이 깊이 생각하고 대답하기를 '조금 기다리시십오'하니 임금이 심하게 화를 내셨는데, 운현雲峴(대원군)으로부터 부추김을 받은 것으로 여기신 것이다. 얼마지나지 않아 유붕이 죽었다. 구례인求禮人 유제관柳濟寬은 무과에 급제한 사람인데 집이 서울에 있어 유붕과 서로 왕래하였다. 하루는 유붕의 집에 가서 들여다보니 유붕은 사방으로 뒹굴며 죽기를 바라면서 구규九竅(사람의 몸에 있는 아홉 구멍)에서 피를 쏟았다. 놀라서 두드리니 팔을 휘저으며 반응이 없었는데 잠시 후 숨이 끊어졌다. 혹 '사약賜藥으로 죽었다는 말이 나돌기도 하였다.' 이 말을 나는(黃玹은) 유제관柳濟寬에게 들었다."(『매천야록梅泉野錄』 p.1 완화군)

『매천야록』 활자본의 "계季를 성姓으로 내리셨다"는 것은 아마도 자字를 내린 것으로 보이기는 하지만 완화군에게 자를 내렸다는 기록도 다른 곳에서는 찾을 수 없다. 이미 전주이씨라는 성을 가지고 태어난 왕자에게 '사성賜姓' 한다는 것은 말이 안 된다. 활자본에는 "宮人李氏, 生完和君, 賜姓季, 時上年十七, 喜甚, 欲冊以元子."라고 해 있는데, 필사본인 1차 사료에는 "宮人李氏生完和君賜姓季時 上年十七喜甚 欲冊以元子"라고 써 있다. 1차 사료에 띄어쓰기를 한 것은 임금이나 왕비, 왕자를 지칭할 경우 띄어쓰기를 하거나 행을 바꿔쓰는 서사법書寫法 때문에 그렇게 쓴 것인데, 원문에 표점을 다시 찍어 "宮人李氏生完和君, 賜姓季時, 上年十七, 喜甚, 欲冊以元子."라 하면 "궁인이씨宮人李氏가 완화군을 낳았는데 '계시季時'를 자字로 내리셨다. 임금의 나이 열일곱인데 무척 기뻐하며 완화군으로서 원자元子로 책봉하고자 하셨다"고 볼 수 있다. 사자賜字를 '사성賜姓'으로 쓴 것은 저자著者의 실수나 착오일 것이다. 고종이 완화군을 원자로 책봉하고자 했지만 대원군이 이를 말렸다는 것인데,

그동안 대원군이 완화군을 세자로 책봉하고자 명성황후가 낳은 원자에게 동삼童參 달인 물을 먹여 죽게 했다는 것이야말로 남 모함하고 말 만들어내기 좋아하는 사람들의 무책임한 모함에서 나온 억설이다.

이런저런 일을 겪으며 궁중에서의 시간도 흘러 명성황후도 어느덧 스무 살 무르익은 나이가 되었고, 고종 7년 2월, 기다리고 기다리던 태기胎氣가 느껴졌다. 스스로의 몸을 헤아리기도 하고 진맥을 하여 잉태를 확인한 명성황후는 기쁘기 한량 없으면서도 약한 몸은 더 수척해지고, 입덧으로 수라를 들지 못하는 날도 많았다. 그러면서도 태교를 힘쓰며 스스로 『시경詩經』을 읊조리거나 책 읽기를 힘썼다.

대왕대비를 비롯한 윗전들의 기쁨도 크셔서 문안인사를 드릴 때면 얼굴 가득히 웃음을 머금고 묻기도 하셨다.

"중전께서 회임懷妊하셨다니 이런 경사慶事가 없구려. 입덧을 심하게 하신다던데 무리하지 말고 몸을 보중保重하는데 힘쓰시오."

"예, 명심하여 조심하겠습니다."

명성황후는 걸을 때도 조심조심 걸으며 살아 있는 것들을 밟지 않으려 해쓰고, 『열녀전』에 전해오는 대로 바른 태교를 실천하며 하루하루를 보냈다.

이해 시월이 되자 조정에서는 산실청産室廳을 만드는 등 명성황후의 해산解産 준비에 분주해졌다. 『승정원일기』 경오년庚午年(1870) 윤시월閏十月 10일 약방藥房 도제조都提調 이유원李裕元이 산실청 설치를 건의하여 군신간君臣間에 아래와 같은 말씀이 오갔다.

이유원이 아뢰었다.

삼가 대원군大院君의 말씀을 듣자오니, 중궁전의 태후胎候가 이미 일곱 달이나 되었다고 합니다. 이는 우리나라 억만생령億萬生靈이 밤낮으로 마음을 다해 축하해야 할 경사입니다. 종묘사직이 도움을 드리우신 것과 천인天人이 길상吉祥으로 화답하신 것은 실로 오늘의 기틀을 위한 것이라 하겠습니다. 한없이 기쁘고 반가운 마음을 무엇으로 형용하고 우러러 아뢸 수 있겠습니까. 이때 의관의 진찰을 조금도 늦춰서는 안 되고, 산실청을 설치하는 일을 기한에 앞서 품지稟旨(품의)하는 것은 전례前例에 그러하오니, 모두 택일하여 거행함으로써, 여러 가지 일들을 미리 준비하게 하는 것이 어떻겠습니까?"

임금께서 말씀하셨다.

"입진入診하는 일은 택일하여 거행하고 산실청의 설치는 하교下敎를 기다리라."

김병학이 아뢰었다.

"중궁전이 해산을 하실 때가 점점 가까워지고 있으니, 종묘사직의 막대한 경사이자, 신민의 무궁한 축복입니다. 백세토록 근본과 가지가 무성하고 만년반태萬年盤泰59)의 평안은 오늘을 위한 터전이라 하겠습니다. 반갑고 기쁜 마음을 어찌 이루 다 형언할 수 있겠습니까."

홍순목이 아뢰었다.

"내의원 신하들이 산실청을 설치하자고 앙품仰稟하였습니다. 생각건대, 하늘과 조종祖宗이 남모르게 도와주어 장차 국가의 큰 경사가 있게 되었습니다. 안팎의 신하와 백성이 기뻐하고 기원하는 정성을 어찌 이루 다 말씀드릴 수 있겠습니까?"

임금이 말씀하셨다.

"자전慈殿을 기쁘게 해드린 것이 흐뭇하다."

이유원이 아뢰었다.

"태중胎中의 보색保嗇(몸을 아끼고 보호함)을 더욱 조심해야 합니다. 무릇 한가하게 지내는 즈음에 부디 마땅함을 잃지 마시고 조보調補하는 탕제湯劑를 자주 드시게 하옵소서. 가까이서 모시는 사람을 각별히 신칙하여 조심해서 보호하도록 하옵소서."

『승정원일기』 경오년庚午年(1870) 윤시월閏十月 22일에도 군신간에 명성황후의 회임懷妊에 관한 의견이 오고갔다.

    약방 도제조 이유원李裕元이 아뢰었다.

"오늘은 바로 중궁전을 진후診候한 길일吉日입니다. 신들의 반갑고 기쁜 마음이 어찌 끝이 있겠습니까. 삼가 입진入診한 의관이 전하는 바를 듣건대, 맥도脈度가 화평하

---

59) 반태盤泰 : 반석과 태산처럼 영원함.

고 제절諸節이 모두 안정되어, 조보助補하는 탕제湯劑도 의정議定할 필요가 없다고 합니다. 종묘사직의 억만년 무강한 경사가 이로부터 시작되었다고 하겠습니다. 신이 지난번에 보호하는 절도節度를 대략 앙달仰達하였는데, 임신을 한 초기에 음식을 절도있게 먹고 기거를 조심하면서 어디서건 항상 경건하게 처하고 무슨 일이든 항상 올바르게 하는 것이 옛날 성인聖人의 태교胎敎였습니다. 감히 이것으로써 앙축仰祝하나이다."

김병학金炳學이 아뢰었다.

"팔역八域(온 나라)의 신민臣民이 다들 축원하던 끝에 삼가 입진한 의관이 전하는 말을 들으니, 중궁전의 맥후脈候가 조화調和·평순平順하다고 합니다. 억만년 무강한 경사에 기쁘고 반가운 마음을 금할 길이 없습니다. 침어寢御와 기거할 때 보호하는 일을 한껏 극진히 하고 계시리라고 생각하오나, 전에 주周 나라 태임太姙이 문왕文王을 독생篤生(높은 덕을 갖추게 하여 낳음)하였는데, 문왕이 태어날 때부터 성덕聖德을 가지게 된 것은 실로 태교가 있었기에 그러하였던 것입니다. 신은 감히 이것으로써 앙축을 하나이다."

홍순목洪淳穆이 아뢰었다.

"종묘 사직의 무강한 경사가 실로 오늘에 터를 잡았습니다. 신민의 반기고 축하하는 마음이 어찌 끝이 있겠습니까. 기거와 동정에 여러 가지 보호하는 일을 더욱 살피고 삼가야 합니다. 신은 이것으로써 앙면仰勉(우러러 권함)하나이다."

임금이 말씀하셨다.

"자성慈聖께서 반가워하시는 것이 기쁘다."

이유원께서 아뢰었다.

"각 전궁殿宮의 의녀醫女가 문안하는 일을 초하루와 보름마다 하고 있는데, 산실청産室廳을 설치하면 날마다 문안하는 법입니다. 오늘 이미 입진을 하였으니, 산실청을 설치하기 전까지는 매 5일마다 문안을 올릴 때 그들로 하여금 거행하게 하는 것이 어떻겠습니까?"

임금께서 말씀하셨다.

"그대로 거행 하라."

그러나 조정 안팎의 간절한 바람에도 명성황후에게는 끝내 불행이 닥치고 말았다. 경오년庚午年(1870) 음력 12월 17일 『승정원일기』에는 반산半産이라는 슬픈 내용이 기록되어 있다.

경오년庚午年(1870) 음력 12월 17일
약방藥房이 구전口傳으로 아뢰었다.
"신이 지금 승후관承候官이 전한 중궁전의 반산半産(流産) 증후症候를 듣자옵고 아랫사람으로서 마음이 참으로 놀랍고 두려워 견디지 못하겠습니다. 바라건대, 신들이 속히 의관醫官을 거느리고 입시하여 증후를 자세히 살피고 탕제를 의논해 정하도록 하시고 이어서 본원에서 직숙直宿하도록 명하시기를 천만 우러러 빕니다."
임금께서 말씀하셨다.
"알았으니 직숙直宿은 그만두라."
임금께서 다시 전교하셨다.
"행 호군 민승호閔升鎬는 중궁전에 별입직別入直하라."

경오년庚午年(1870) 음력 12월 18일
약방 도제조 이유원李裕元, 제조 조성교趙性敎, 부제조 홍훈洪玩 등이 아뢰었다.
"밤사이 성상의 체후體候는 어떠하시며 침수와 수라는 어떠하십니까? 중궁전의 조섭하시는 기후는 편안하게 회복되어 가십니까? 신들이 어의御醫를 거느리고 서둘러 입진入診하여 증후를 자세히 살피고 드실 탕제를 의정하는 것이 마땅하겠습니다. 신들이 구구한 염려를 이기지 못하여 감히 와서 문안드리며 아울러 이렇게 우러러 여쭙니다."
임금께서 대답하셨다.
"알았다. 별 증후는 없으니, 경들은 입시할 필요 없다. 날마다 문안하는 것을 그만두라."

경오년庚午年(1870) 음력 12월 19일
임금께서 전교傳敎하셨다.

"중궁전의 환후는 이제 평상으로 회복되었으니, 별입직別入直은 물러가라."

윤시월 10일에 임신 7개월이라 했으니 12월이면 9개월로 산월産月이 다 차서 산실청까지 설치한 것을 보면 명성황후가 사산死産한 것을 알 수 있다. 그런데 명성황후가 경오년 음력 12월 17일에 반산半産(유산)하기 열흘 전인 음력 12월 7일부터 인삼 2돈쭝을 넣은 좁쌀미음을 한 첩씩, 두 첩에 한해 매일 중궁전에 달여 올리라 했다'60)는 기록이 『승정원일기』에 보인다. 한방韓方에서는 산부産婦의 인삼 복용을 금기禁忌로 여기는데 해산을 며칠 앞둔 산부에게 왜 인삼을 달여 먹이게 했는지 의문이다. 이 소문이 훗날 대원군이 손자에게 산삼을 달여 먹여 죽게 했다는 소문으로 확대 재생산된 것이다.

고대苦待하던 자식을 잃은 명성황후의 슬픔은 헤아릴 수 없을만큼 깊고 컸다. 고종은 따뜻이 위로하며 달랬지만 그것으로 자식 잃은 어미의 슬픔이 덜어질 수는 없고, 세월이 지나야 마음을 회복할 수 있는 것이다. 여기서 명성황후의 출산出産과 반산半産(流産)을 살펴 보기로 한다. 반산半産 기록은 『승정원일기』에서 확인할 것이며, 대군大君과 공주公主 출산일 및 죽은 날짜는 이영래李永來의 『조선왕세보朝鮮王世譜』 기록을 참고하였다.

- 1870년 음력 12월 17일 반산半産 『승정원일기』
- 1871년 음력 11월 초4일 대군大君 출산出産~11월 초8일 졸卒 *항문폐색肛門閉塞
- 1873년 음력 02월 13일 공주公主 출산出産~09월 28일 졸卒
- 1874년 음력 02월 초8일 순종純宗~1926년 음력 03월 14일(양력 4월 25일)
- 1875년 음력 04월 초5일 대군大君 출산出産~1875년 음력 04월 18일 졸卒
- 1876년 음력 01월 26일 반산半産 『승정원일기』
- 1878년 음력 02월 18일 대군大君 출산出産~1875년 음력 06월 초5일 졸卒

---

60) 『承政院日記』 庚午年十二月七日(戊辰) : 中宮殿進御二錢重人參粟米飮, 自今日一貼式, 限二貼煎入事, 榻前下敎.

Ⅳ. 척화斥和와 개혁 사이에서

명성황후는 모두 7명의 자식을 가졌으나 두 자식은 반산半産으로 잃었고, 네 자식은 태어나기는 했으나 모두 1년을 넘기지 못한 채 잃었으며, 유일하게 성장한 자식이 순종純宗 한 분이지만 생손生孫하지는 못하였다. 누구라도 견디기 힘들만큼 처참한 삶이었던 것이다.

고종은 날이 갈수록 명성황후를 많이 의지하고 사랑하였다.
명성황후가 불과 1,2년 사이를 두고 계속 포태胞胎한 것이 이를 증명한다. 첫 자식을 반산半産으로 잃은 후 두 사람은 서로에게 더 의지하게 되었고, 점차 정치적 동반자로서의 관계도 형성되기 시작하였다. 명성황후는 고종보다도 역사와 문화에 더 해박하였고, 고종에게는 언제나 훌륭한 동지요 조언자助言者였다.
몇 달이 흘러 슬픔이 조금씩 가라앉을 즈음, 1871년 초에 명성황후는 다시 포태胞胎하였다. 고종은 물론 대왕대비전과 왕대비전, 대비전 모두 기쁨을 감추지 못했다. 명성황후도 태교에 더욱 정성을 다하고 보색保嗇(태아의 몸을 보중하는 것)을 위해 온 마음을 기울였다.
고종 8년 신미년辛未年(1871) 산실청을 설치하라고 전교傳敎하셨다.

> 승정원일기 고종 8년 신미년辛未年(1871) 9월 10일(정유) 맑음
> 임금께서 전교하셨다.
> "산실청産室廳을 설치할 날을 다음 달 10일 이전으로 택해 들이라."
> 내의원內醫院에서 아뢰었다.
> "중궁전의 산실청을 설치할 날을 다음 달 10일 이전으로 택해 들이라고 명하셨습니다. 일관日官 임긍연林兢淵에게 날을 택하게 했더니 10월 7일 손시巽時(08:30~09:30)가 길하다고 하였습니다. 이날 이 시각에 거행하겠습니다. 감히 아룁니다."
> 임금께서 전교하셨다.
> "그대로 거행하라."

> 승정원일기 고종 8년 신미년辛未年(1871) 9월 20일(정미) 맑음

형조가 아뢰었다.

"산실청產室廳을 설치한 후에 그달에 한해서 형신形訊(벌 주는 것)을 정지하되 좌아坐衙(관리가 출근하는 것)와 도살은 구애받지 말 것은 이미 교명敎命을 받들어 규정으로 정한 바 있습니다 이번 산실청의 설치가 다음 달 7일에 있을 것이지만, 1일부터 규례대로 형신을 정지하도록 팔도와 사도四都(유수가 다스리는 네 고을)에 분부하였습니다. 감히 아룁니다."

임금께서는 "알았다"고 전교하였다.

승정원일기 고종 8년 신미년辛未年(1871) 10월 7일(갑자) 맑음

오시午時에 임금께서 자미당에 나아갔다.

각 전殿에 대한 문후問候가 끝난 후 정원용鄭元容이 아뢰었다.

"하늘과 조종祖宗이 묵묵히 도와주신 덕분에 중궁전의 해산달이 다가왔습니다. 일진이 좋은 때에 산실청을 설치하게 되어 위로는 자전께서 기뻐하시고 아래로는 신민들이 기뻐 축원 드리니, 억만년 동안 이어질 종묘사직의 경사가 실로 오늘을 토대로 하게 될 것입니다. 그러니 기뻐 손뼉치고 두 손 모아 송축하는 정성을 어찌 다 형용하겠습니까."

이유원李裕元이 앞으로 나가 아뢰었다.

"이달은 바로 중궁전께서 해산하실 달입니다. 기뻐 손뼉치고 축원 드리는 정성이 하루하루 더 깊어만 가는데, 일진이 좋은 때에 산실청을 이미 설치하였으니, 구구한 마음에 크나큰 기쁨을 더욱 가누지 못하겠습니다."

김병학金炳學이 앞으로 나가 아뢰었다.

"이달에 들어서면서 뭇 신하들의 송축하는 마음이 배나 더 깊어졌습니다. 그런데 산실청을 이제 설치하였으니, 기뻐 손뼉치는 중외 신민들의 정성이 더욱더 간절할 것입니다."

홍순목洪淳穆이 앞으로 나가 아뢰었다.

"천명이 돌아보고 인심이 향하는 가운데 해산달이 다가왔으니, 삼가 우러러 국가의 경사를 머지않아 보게 될 것입니다. 지금 산실청을 설치한 이후에 안팎의 뭇사람들이 기뻐 손뼉치고 두 손 모아 축원 드리는 정성은 말로 다 진달드릴 수가 없습

니다."

임금께서 말씀하셨다.

"산실청을 배설排設하고 나자 자전께서 종묘사직의 중대한 경사라며 더욱 기뻐하시니, 이것이 기쁘고 다행스럽다."

김병학이 아뢰었다.

"류柳 판중추부사判中樞府事(柳厚祚, 1798~1876)가 고향에서 올라왔다고 하는데, 노인의 걸음이라 노정을 서두를 수가 없으므로 일간 성에 들어오게 될 듯하다고 합니다."

임금께서 김성근金聲根에게 명하셨다.

"유 판중추부사가 성에 들어오면 본원에서 품의하도록 하라."

이유원이 아뢰었다.

"산실청을 설치한 동안에는 매일 중궁전의 진맥을 청하게 되어 있습니다. 대령의관待令醫官(명을 받들고자 대기하는 의관)으로 하여금 들어가 진맥하게 하는 것이 어떻겠습니까?"

임금께서 전교하셨다.

"그렇게 하라."

이유원이 아뢰었다.

"산실청은 매번 해산하기 석 달 전에 설치하였습니다. 그러므로 산실청을 설치하면서부터 약원藥院 제조提調 세 사람이 돌아가며 입직하였다가 그달이 되면 으레 함께 직숙하였습니다. 이번에는 해산달에 산실청을 설치하였으니, 세 제조는 오늘부터 아울러 입직하고 승후관承候官도 별입직하는 것이 어떻겠습니까?"

임금께서 전교하셨다.

"제조는 우선 돌아가며 입직하다가 13일부터 모두 입직할 것이며, 승후관은 별입직하라."

별입직에 대해서는 서명書命으로 아래와 같이 전교하셨다.

"흥인군興寅君(이최응(李最應, 1815~1882))과 종정경 이재면李載冕, 행 호군 민승호閔升鎬, 직부 이재긍李載兢은 이번 20일부터 별입직하라."

이유원이 아뢰었다.

"산실청의 의관이 해산달에 돌아가며 입직한 예는 없으니, 일의 체모體貌로 보아 그렇게 해서는 안 되겠습니다"

임금께서 말씀하셨다.

"그렇게 하라."

이유원이 아뢰었다.

"산실청을 설치한 후에는 거행할 각사各司가 으레 대령待令해야 하지만, 전에는 간혹 하교로 인해 우선 대령하지 말도록 한 적도 있었습니다. 이번에는 어떻게 해야 겠습니까?"

임금께서 하교하셨다.

"기사년己巳年(1869)의 예例에 따르라."

왕실과 조정朝廷의 간절한 바람에도 불행은 그치지 않았다.

예정일을 넘겨 태어난 원자元子는 5일만에 죽고 말았으니 지난해에 이어 연속해서 자식을 잃은 명성황후의 애통함은 감히 짐작조차 할 수 없을만큼 컸을 것이다.

승정원일기 고종 8년 신미년辛未年(1871) 10월 29일(병술) 맑음

손시巽時(08:30~09:30)에 상이 인지당에 나아갔다.

각전各殿에 대한 문후問候가 끝난 후 이유원이 아뢰었다.

"삼가 산실청 대령의관待令醫官이 전하는 말을 듣건대, 중궁전의 입진을 조금 전에 안에서 이미 하였는데 건강이 계속 좋으시다고 하였습니다. 너무도 기쁘고 다행스러운 마음을 가눌 길 없습니다……. 새 달이 바로 내일이므로 크게 축원 드리는 신민들의 정성이 갈수록 더욱 간절해지고 있습니다. 예정일을 넘긴 것은 이미 좋은 징조이며, 의가醫家에서도 매우 좋게 여기는 것입니다."

승정원일기 고종 8년 신미년辛未年(1871) 11월 4일(경인) 맑음

약방藥房이 구전口傳으로 아뢰었다.

"신들이 방금 삼가 산실청 대령 의관이 전하는 말을 듣건대, 중궁전께서 산기産氣가 조금 있다고 하였습니다. 신들이 어의를 데리고 입진한 후에 탕제를 의논하여

정해 들여야겠습니다. 감히 아룁니다."

임금께서 전교하셨다.

"알았다. 입진入診은 안에서 하였으니, 불수산拂手散 1첩을 지어 들이라."

승정원일기 고종 8년 신미년辛未年(1871) 11월 8일(갑오) 맑음

임금께서 전교하셨다.

"오늘 해시亥時에 원자元子가 대변이 통하지 않는 증상으로 불행을 당했으니, 산실청은 철피撤罷하라.(傳曰, 今日亥時, 元子以大便不通之症, 不幸, 産室廳徹罷)"

약방이 구전으로 아뢰었다.

"원자궁元子宮이 갑자기 세상을 떠나는 변고가 전혀 뜻하지 않았던 상황에서 발생하고 말았으니, 대전大殿과 중궁전中宮殿께서 얼마나 놀라고 상심하셨겠습니까. 온종일 근심으로 지내신 나머지 성상의 체후에 손상이 가기 쉽겠기에 신들은 가슴이 타서 어쩔 줄 모르겠습니다. 인삼 2돈중을 넣은 좁쌀미음을 양전兩殿에 달여 들입니다. 그리고 신들이 삼가 산실청을 철수시키라는 명을 받들었으나, 우려스러운 마음으로 볼 때 어떻게 갑자기 물러갈 수 있겠습니까. 그대로 본원에 입직하여 성상의 체후를 상세히 살피겠습니다. 황공하게도 감히 아룁니다."

임금께서 전교하셨다.

"알았다. 좁쌀미음은 그만두라. 세 제조가 그대로 입직하는 것은 그럴 필요가 없는 일이니, 경들은 물러가도록 하라."

『승정원일기』 기록을 보며 이해할 수 없는 것은 경오년庚午年(1870)에도 해산하기 열흘 전부터 인삼 2돈중을 넣은 좁쌀미음을 매일 달여서 올렸다가 명성황후가 사산死産하는 아픔을 겪었는데 이번에도 약방에서는 똑같이 인삼 두 돈중을 넣은 좁쌀미음을 달여 올리겠다는 보고를 하고 있다. 인삼은 태열胎熱을 염려하여 산전산후産前産後에 금기禁忌로 여기는 것인데 왕실 내의원에서 이를 몰랐다는 것이 이해되지 않는다.

대원군이 명성황후를 미워해 원자에게 산삼 달인 물을 먹여 죽게 했다는 억설臆

說도 이런 과정에서 나온 것이다. 이때는 명성황후와 대원군이 정치적으로 대립한 것도 아니고, 이 세상에 며느리가 밉다하여 손자를 죽이는 할아버지가 어디에 있겠는가. 이런 소문을 만들어 낸 자者들은 손자를 잃고 슬픔과 절망에 빠진 대원군을 손자를 죽인 패악悖惡스런 노인으로 만들어 버렸다. 이런 엉터리 소문을 만들어 낸 그악스런 자들이야 말로 인생을 남 모함하는 데만 허비하며 나라를 망친 망국노亡國奴들이다.

우리는 『승정원일기』를 통해 왕실과 조정朝廷의 조회朝會를 비롯한 일상을 살펴볼 수 있고, 왕비가 아기를 낳을 때 어떤 절차를 거쳐 산실청을 설치하고 산부産婦에 대하여 어떻게 진맥診脈 하는 지 살펴볼 수 있다.

이때 일본은 명치유신明治維新을 거치며 국가 개혁이 시작되고 있었다. 에도막부江戶幕府 존왕파尊王派는 덕천막부德川幕府를 전복顚覆하고 무진년戊辰年(1968) 3월 14일 새로운 명치明治 정부를 세운 후 1870년(명치3년) 국호를 일본으로 정하고 번藩을 폐하여 삼부三府 72현으로 국가 제도를 혁신하였다.

국내에서는 임신년壬申年(1872) 음력 정월 26일에 박영효朴泳孝가 철종哲宗의 따님인 영혜옹주永惠翁主의 부마駙馬로 간택되어 음력 4월 13일 길례吉禮를 행했으나 같은 해 음력 7월 초4일 열세 살의 나이에 요절夭折하였다.

그밖에 안팍으로 소소한 일들은 있었으나 대내외적으로 이렇다할 큰 일은 벌어지지 않았다. 명성황후도 연이어 자식을 잃은 애통함에서 벗어나 일상을 회복할 즈음 다시 좋은 소식이 찾아왔다. 계유년癸酉年 정월, 왕실과 조정에서는 산실청을 설치하는 등 분주해졌다.

승정원일기 고종 10년 계유년癸酉年(1873) 1월 1일(신사) 맑음
사시巳時(9시~11시)에 임금이 근정전勤政殿에 나아가 정월 초하루 조회에서 진하陳賀를 받았다. 문후가 끝나자 한계원韓啓源이 앞으로 나아가 아뢰었다.
"방금 삼가 대원위大院位께서 분부하신 뜻을 들으니, 중궁전의 태후胎候가 산달이 거의 다 되었습니다. 하늘과 조종들께서 돌보고 보우하심이 여기에 있고, 자성전하

慈聖殿下(대왕대비)께서 간절히 바라던 끝에 몹시 기뻐하심도 여기에 있으며, 온 나라의 대소 신민들이 밤낮으로 간절히 축원하는 것도 오직 여기에 있습니다. 그러니 이는 실로 더할 수 없이 큰 경사로, 우리 동방의 억만년이 되도록 무궁할 아름다움이 실로 오늘날에 기인할 것인 바, 삼가 기뻐 춤추지 않을 수가 없습니다. 이러한 때에는 의관이 진찰하는 것을 조금이라도 느슨히 해서는 안 됩니다. 산실청産室廳을 설치하는 것에 대해 미리 품의한 다음 여러 가지 일들을 미리 준비하여야만 합니다. 입진하는 일과 산실청 설치하는 일을 모두 택일하여 거행하는 것이 어떻겠습니까?"

임금께서 말씀하셨다.

"자성慈聖께서 중궁전이 태기가 있자 미리 기뻐하고 계시니, 나는 경사스럽고 다행스러운 일로 여긴다. 입진하는 것은 스무날 이후로 택일하여 들이고, 산실청을 설치하는 것은 그믐 이전으로 택일하여 들이라."

조병식趙秉式이 앞으로 나아가서 아뢰었다.

"선전문목宣箋文目을 읽을 때에 소리가 작고 희미하여 착오를 일으킨 것이 적지 않으니, 매우 온당치 못합니다. 해당 선전목관宣箋目官을 엄하게 처벌해야 합니다만 본원이 추고推考를 청하는 것 외에는 달리 시행할 만한 벌이 없으니, 어떻게 해야겠습니까? 감히 여쭙니다."

임금께서 말씀하셨다.

"오늘은 다른 날과 다르니, 다시는 이같이 하지 않도록 정원政院에서 각별히 신칙申飭하라."

승정원일기 고종 10년 계유년癸酉年(1873) 1월 8일(무자) 맑음

형조가 아뢰었다.

"산실청産室廳을 설치한 뒤 그달에만 형벌을 정지하며, 좌아坐衙와 도살屠殺의 경우는 구애받지 않는다는 것으로 이미 분부를 받아 규식을 정하였습니다. 이번에 산실청을 설치한 뒤 전례에 의거해 다음 달 1일부터 형벌을 정지하라는 일로 팔도와 사도四都(留守가 다스리는 네 고을), 통영統營에 분부하겠습니다. 감히 아룁니다."

임금께서 전교하셨다.

"알았다. 산실청을 설치한 날부터 순산順産 후 100일이 되는 날까지 형벌을 정지

하고, 삼칠일三七日 동안에는 좌아挫訝와 도살을 하지 말라는 것으로 규식規式을 정하라."

승정원일기 고종 10년 계유년癸酉年(1873) 2월 13일(임술) 맑음
내의원이 아뢰었다.
"신들이 방금 산실청에 대령한 의관이 전하는 바를 듣건대, 중궁전에 해산의 조짐이 약간 있다고 합니다. 신들이 의관을 거느리고 입진한 후 탕제를 의논하여 정해 들여야겠습니다. 감히 아룁니다."
임금께서 답하셨다.
"알았다. 입진은 안에서 할 것이니, 불수산佛手散 1첩을 지어 들이라."

승정원일기 고종 10년 계유년癸酉年(1873) 2월 13일(임술) 맑음
승전색承傳色을 통해 구전으로 하교하셨다.
"오늘 신시申時(18:30~19:30)에 중궁전께서 공주를 순산하셨으니, 약원藥院은 그리 알라."

승정원일기 고종 10년 계유년癸酉年(1873) 2월 19일(무진) 맑음
산실청 도제조 이하의 별단別單(임금께 올리는 명단)에 대해 전교하셨다.
"도제조인 우의정 한계원韓啓源(1814~1882)에게는 구마廐馬 1필을 면급面給하라. 제조인 예조판서 조병휘曺秉輝와 부제조인 행 도승지 박제인朴齊寅(1818~1884)을 아울러 가자加資하라. 입직한 흥인군興寅君 이최응李最應에게 구마 1필을 면급하라. 수원 유수 민승호閔升鎬와 종정경 이재면李載冕에게 각각 숙마熟馬 1필을 면급하라. 사용司勇 이재완李載完과 직부直赴 이재긍李載兢에게 각각 아마兒馬 1필을 사급賜給하라. 권초관捲草官인 행 대호군 조귀하趙龜夏를 가자하라. 별겸춘추別兼春秋 박정양朴定陽을 승진시켜 서용敍用하라. 주서 정원화鄭元和를 승륙陞六하라. 대령의관待令醫官 이한경李漢慶, 박시영朴時永, 전동혁全東爀을 모두 수령에 제수하라. 이명석李命錫을 내의로 옮겨 차출했다가 궐원이 생기면 실직實職으로 올리라. 별장무관別掌務官 변응익邊應翼과 이긍주李兢柱를 모두 외직에 조용調用하라. 별입직別入直 어의 이경년李慶年, 의약동참議藥同參 정례수鄭

禮秀, 어의 이중식李重植, 침의 이장환李章桓, 의약동참議藥同參 이해창李海昌, 장무관掌務官 정재영鄭在英과 이장혁李章赫을 모두 그 품계에 알맞는 직임에 조용調用하라. 침의 팽계술彭繼述을 가자加資하라. 의약동참 홍익보洪翼普를 감목관監牧官에 빈자리가 나거든 차출해 보내라. 내의 김격金激 등 6명에게 각각 아마 1필을 사급하라. 권초관으로 배진陪進한 내섬시內贍寺 봉사 김현택金顯澤에게 아마 1필을 사급하라. 청도차지淸道次知 부장部將 김기준金箕濬과 김건수金健秀에게 각각 상현궁上弦弓을 1장씩 사급하라. 동서창東西倉 인의引儀 박종원朴鍾元과 부사과 최재연崔在淵을 모두 외직으로 승진시켜 서용하라. 대령待令한 사자관寫字官 백선영白善榮을 실관實官에 조용調用하라. 화원畫員 백희배白禧培에게 우선 실관을 부여하고, 자리가 나거든 실직實職으로 올리라. 대령일관待令日官 교수 최도연崔道淵, 전정典正 김제정金濟正, 범철관泛鐵官인 전 판관 김재규金在奎를 모두 알맞는 직책에 조용하라. 대령待令했던 주시관奏時官 조한정趙漢鼎을 승륙陞六하라. 박일원朴一遠을 가자하라. 기타 사알司謁, 사약司鑰, 별감, 반감飯監, 원역員役, 의녀醫女, 하례下隷 등에게도 모두 판하判下한 것을 결재한 것대로 시상하라."

1873년 2월 기록을 보면 산실청産室廳 관련 관리들에게 내린 상급이 상당히 많다. 이름이 지칭된 사람만 39명이고 이름이 알려지지 않은 채 상급賞給을 받은 사람도 상당히 많음을 알 수 있다. 그러나 왕실에 자손이 태어난 기쁨도 잠시, 공주가 태어난 지 불과 222일이 지난 같은 해『승정원일기』에는 또 한 번의 애통한 기록이 보인다.

　　승정원일기 고종 10년 계유년癸酉年(1873) 9월 28일(계유) 맑음
　　임금께서 전교하셨다.
　　"오늘 해시亥時에 새로 태어난 공주公主가 졸하였다."
　　승정원일기 고종 10년 계유년癸酉年(1873) 9월 28일(계유) 맑음
　　공주가 졸한 뒤, 대전, 대왕대비전, 왕대비전, 대비전, 중궁전에 종친, 의빈, 약방, 내각, 정원, 옥당, 조정 2품 이상, 육조 당상이 위로하기 위하여 단자單子로 문안하니, "알았다"고 답하셨다.

승정원일기 고종 10년 계유년癸酉年(1873) 9월 28일(계유) 맑음
약방藥房이 구전으로 아뢰었다.
"공주 아기씨의 죽음은 너무도 뜻밖의 일입니다. 삼가 양전兩殿께서 놀랍고 슬픈 마음을 어찌 감당하실 수 있겠습니까. 여러 날을 염려하시던 나머지 성체聖體를 손상하시게 될까 두렵습니다. 신들이 우려스러움을 견딜 수 없어 인삼 2돈중을 넣은 속미음을 양전으로 달여 들여가겠습니다. 황공한 마음으로 감히 아룁니다."
임금께서는 "알았다"고 전교하셨다.

해마다 자식을 잃는 슬픔을 공유한 고종과 명성황후는 더 애틋한 마음으로 서로에게 의지하게 되었다. 다행히 명성황후는 공주를 낳은지 몇 달 후에 또 태기胎氣가 있었다. 반산半産을 포함하여 이미 세 명이나 되는 자식을 잃은 명성황후는 두려운 마음으로 태교에 정성을 다했다. 이해 음력 12월이 되자 산실청 설치에 관한 논의가 시작되어 갑술년甲戌年(1874) 음력 정월 열흘 이전으로 날짜를 잡으라는 지시가 있었고, 일관日官은 정월 초사흘을 산실청 설치의 길일로 잡아 보고하였다.

승정원일기 고종 10년 계유년癸酉年(1873) 12월 1일(을해) 맑음
사시巳時(90:00~11:00)에 임금이 자경전慈慶殿에 나아갔다.
각전各殿에 대한 문후問候가 끝나자 이유원이 아뢰었다.
"오직 하늘과 조종祖宗께서 돌보아주시어 중궁전의 태후胎候가 거의 만삭이 되어 자성慈聖(대왕대비) 전하께서 기다리던 나머지 기뻐하시니, 이는 크나큰 성효聖孝이시며 우리 동방의 억만년 끝이 없는 아름다움이 실로 오늘로 터잡게 되었습니다. 온 나라 대소 신민臣民이 그 누군들 춤을 추고 손을 비비며 축하하는 정성을 바치지 않겠습니까. 이럴 때에 의관醫官의 진찰을 조금이라도 늦추어서는 안 되며, 산실청産室廳 설치를 기일 전에 아뢰어 행한 연후에 모든 제반 사항을 미리 준비해야 합니다. 입진入診 및 산실청의 설치를 즉시 택일하여 거행하는 것이 어떻겠습니까?"
임금께서 말씀하셨다.

"마땅히 처분이 있을 것이다. 곤전坤殿의 태후胎候를 자성慈聖께서 기뻐하시니, 과연 심히 다행이다. 입진과 산실청의 설치는 마땅히 의논하여 정할 것이니 그렇게 해도 늦지 않다."

이유원이 아뢰었다.

"이는 나라의 더없이 큰 경사입니다. 산실청의 설치는 처분을 기다려서 하더라도 입진은 늦추어서는 안 될 듯싶습니다. 삼가 지난날의 예를 고찰해 보면 비록 3, 4개월만 되더라도 입진하는 일이 있었습니다."

승정원일기 고종 10년 계유년癸酉年(1873) 12월 25일(기해) 맑음

임금께서 전교하셨다.

"중궁전의 산실청産室廳 설치 날짜를 오는 정월 열흘 전으로 택하여 들이라."

내의원이 아뢰었다.

"중궁전의 산실청 설치 날짜를 오는 정월 열흘 전으로 택하여 들이라고 명하셨는데, 일관日官 최도연崔道衍에게 날짜를 잡게 하였더니, 오는 정월 3일 오시午時가 길하다고 하였습니다. 이날 거행하겠습니다. 감히 아룁니다."

임금께서는 "알았다"고 전교하셨다.

승정원일기 고종 11년 갑술년甲戌年(1874) 1월 3일(정미) 맑음

산실청産室廳을 설치한 후, 대전, 대왕대비전, 왕대비전, 대비전, 중궁전에 약방藥房이 구전口傳으로 문안하니, 알았다고 답하셨다.

승정원일기 고종 11년 갑술년甲戌年(1874) 2월 8일(신사) 비

원자元子가 탄생한 뒤 대전, 대왕대비전, 왕대비전, 대비전에 종친, 의빈, 내각, 정원政院, 옥당玉堂(홍문관)이 구전口傳으로 문안하고, 조정의 백관들이 단자單子로 문안하니, 알았다고 답하셨다.

온 나라가 간망懇望하던 원자元子가 무사히 태어나자 왕실과 조정은 기쁨으로 가득찼다. 낳는 자식마다 허망하게 잃어 마음 고생을 한 명성황후도 조금 마음을 놓게 되었다. 손자를 본 대왕대비의 기쁨도 비할 데 없이 큰 것이었다. 귀하게 태어난 원자도 탈 없이 무럭무럭 자라며 귀여움으로 왕실에 웃음을 안겨 주었다.

조정에서는 원자를 보양輔養할 유선諭善을 선정하고 상견례를 행했다.『승정원일기』1874년 시월 6일 기사에는 "원자궁이 보양관輔養官 유선諭善과 상견례相見禮 할 때 시원임 대신, 각신閣臣(규장각 신하), 승지, 사관, 옥당으로 하여금 들어와 참여하게 하라"61)는 전교傳敎가 있었다고 적고 있다.

『승정원일기』고종 12년 을해년乙亥年(1875) 정월 초하루 기사에는 "원자궁元子宮"이라는 호칭이 "왕세자王世子"로 바뀌었다. "왕세자王世子의 호號를 정한 뒤에, 대전, 대왕대비전, 왕대비전, 대비전, 중궁전, 세자궁에 종친, 의빈, 내각, 정원, 옥당, 조정 2품 이상, 육조 당상이 구전口傳으로 문안하니, 알았다고 답하셨다"62)고 하였는데 왕실에서 호칭 문제는 후계 체제와 연관되는 민감敏感한 사항이므로 사전事前에 세자 책봉 논의와 결정이 없었다면『승정원일기』기사관記事官이 임의任意로 "왕세자"라는 호칭을 쓸 수 없다.

을해년乙亥年(1875) 정월 초하루부터 조정에서는 왕세자 책봉 날짜에 관한 논의가 시작되었는데, 왕세자 책봉 때까지 하루도 빼먹지 않고 왕세자에 대한 논의가 이어졌다. 많은 기록 중 일부만 살펴 보기로 한다.

> 승정원일기 고종 12년 을해년乙亥年(1875) 1월 1일(갑자) 맑음
> 임금께서 전교하셨다.
> "올해는 곧 우리 태조대왕太祖大王께서 탄강誕降하신 지 아홉 번째 회갑回甲이 되는 해인데, 원자元子가 제법 자랐으니 올해에 세자世子로 책봉한다면 실로 나라의 근본을 굳건히 하고 선왕先王의 업적을 빛내는 뜻이 될 것이다. 자성慈聖께서도 기뻐하신 나머지 우연한 일이 아니라고 하교하시었다. 원자를 왕세자王世子로 책봉하는 것을 예조로 하여금 날을 잡아 거행하도록 하라."
> 예조가 아뢰었다.
> "왕세자의 이름을 정할 날을 잡도록 회의하라는 하교를 받들었습니다. 이름을 정할 길일을 일관日官 이병홍李秉洪으로 하여금 잡게 하였더니, 이번 정월 초이레 손시

---

61) 傳曰, 元子宮, 與輔養官諭善相見禮時, 時·原任大臣·閣臣·承史·玉堂, 使之入參
62) 王世子定號後, 大殿·大王大妃殿·王大妃殿·大妃殿·中宮殿·世子宮, 宗親·儀賓·內閣·政院·玉堂·朝廷二品以上·六曹堂上 口傳問安. 答曰, 知道.

IV. 척화斥和와 개혁 사이에서

嬰時가 길하다고 합니다. 이날로 정하여 행하는 것이 어떻겠습니까?"
임금께서 전교하셨다.
"이날로 정하여 행하라."

승정원일기 고종 12년 을해년乙亥年(1875) 1월 1일(갑자) 맑음
예조가 아뢰었다.
"왕세자를 책봉하는 길일을 2월 안으로 날을 잡아 거행하라는 하교를 받들었습니다. 책례할 길일을 일관日官 이병홍李秉洪으로 하여금 잡게 하였더니, 다음달 2월 18일 손시嬰時(08:30~09:30)와 28일 진시辰時(07:00~09:00)가 모두 길하다고 합니다. 어느 날로 정하여 거행할지 감히 여쭙니다."
임금께서 전교하셨다.
"18일로 정하여 행하라."

승정원일기 고종 12년 을해년乙亥年(1875) 1월 2일(을축) 맑음
예조가 아뢰었다.
"왕세자 책봉 의절儀節을 마련하는데, 등록謄錄을 살펴보니 『대명회전大明會典』에 '태자太子가 어리면 거처하는 궁에 사신을 보내어 책봉한다.'는 구절이 있으므로 우리나라에서도 이를 따라 행하였습니다. 이번에도 이에 의거해 거행하되, 동궁東宮이 현재 유충幼沖하시니, 삼가 전례에 의거해 책봉받을 때 쌍동계雙童髻, 공수책拱手幘, 칠장복七章服을 갖추어 보모保姆가 안고 배위拜位에 나와 예를 행하는 것으로 마련하여 거행하는 것이 어떻겠습니까?"
임금께서는 "윤허한다"고 전교하셨다.

승정원일기 고종 12년 을해년乙亥年(1875) 1월 7일(경오) 맑음
빈청賓廳이 아뢰었다.
"왕세자의 이름을 정하는 것이 임박하였는데 품정稟定(윗사람에게 보고하여 결정함)을 거쳐야 합니다. 한 글자의 명호를 써야 합니까, 아니면 두 글자의 명호를 써야 합니까? 만약 한 글자를 쓴다면 편방偏傍은 무슨 자를 써야 합니까? 감히 여쭙니다."

임금께서 답하셨다.
"이름은 한 글자를 쓰고 토변土邊으로 하라."

승정원일기 고종 12년 을해년乙亥年(1875) 1월 22일(을유) 맑음
보양청輔養廳이 아뢰었다.
"세자궁에 들일 『천자문千字文』, 『효경孝經』, 『소학小學』, 『대전언해大全諺解』(63), 『전운옥편全韻玉篇』의 판본板本을 새로 새기도록 명을 내리셨습니다. 역사役事를 시작할 날을 일관日官 지유달池有達로 하여금 잡게 하였더니, 이달 26일 진시辰時가 길하다고 하였으니, 이 일시日時에 거행하겠습니다. 감히 아룁니다."
임금께서는 "알았다"고 전교하셨다.

승정원일기 고종 12년 을해년乙亥年(1875) 2월 8일(병자) 맑음
왕세자의 첫돌이다.

승정원일기 고종 12년 을해년乙亥年(1875) 2월 18일(병술) 비
왕세자 책례冊禮를 마치고 대내大內로 돌아온 뒤에, 약방, 내각, 정원, 옥당이 구전으로 문안하니, 임금께서는 "알았다"고 답하셨다.
왕세자를 책례한 뒤에, 대전, 대왕대비전, 왕대비전, 대비전, 중궁전에 종친, 의빈, 내각, 정원, 옥당, 조정 2품 이상, 육조六曹의 당상堂上, 봉조하奉朝賀(물러난 종2품 관리)가 단자單子로 문안하니, 알았다고 답하였다.

승정원일기 고종 12년 을해년乙亥年(1875) 2월 18일(병술) 비
세자궁에 교명문教命文을 내리셨다.
"성인聖人을 이어 사방四方을 살피는 세자를 세움은 근본을 굳건히 하려는 까닭이요, 원량元良이 있어 만국萬國을 바르게 할 적자嫡子를 세움은 조상의 사당을 지키려는 까닭이니 예법禮法을 살펴 보전寶典을 빛내노라.
아, 너 원자元子 모某는 맏아들로서 있어야 할 자리에 앉아 슬기로움은 상서로움

---

63) 『대전언해大全諺解』: 『서전대전書傳大全』과 『시전대전詩傳大全』을 지칭한 듯.

으로 응해 나타났으니, 후직后稷이 태邰 땅을 갖게 된 것은64) 태어나 기어다니던 모습에서 이미 징조가 나타났고, 문왕文王이 세자가 됨은 대개 태어날 때부터의 명성明聖한 자질에 근본한 것이며, 태사太史가 율관律管을 불어 아기 울음소리로 그 심성을 판별함에 실로 청사씨靑史氏 기록에 맞았으며, 작은 옷 입혀봄에 슬갑이 나타났으니 이는 임금의 기상이라.65) 주周 나라 성왕成王은 강보에 싸여 있을 때 반드시 사보師保를 바르게 섬겨 포희庖犧(伏羲)의 역괘易卦인 비창匕鬯(국자와 술단지. 종묘에서 쓰는 그릇. 황태자를 지칭)의 징조가 드러났으니 오직 어릴 때 기른 성聖스러운 공을 말미암은 것이다. 삼대三代(夏·殷·周)의 오랜 평안은, 세자를 일찍 가르치는 것만한 것이 없다.

태조太祖 이래 회갑回甲이 아홉 번 돌아온 경사스런 올해 왕세자의 첫 번째 돌을 맞이하였으니 자전慈殿의 정이 이달에는 배나 더 기뻐하신다. 이미 목욕하고 이름 짓는 예를 거행하고 이에 간절히 기다리던 정성을 노래하며 너를 명하여 왕세자로 삼노니, 너는 타고난 지혜를 보존하고 세자로서 바른 길을 걸으라. 부모父母를 어기지 말고 인효仁孝로써 신명神明에 통하고, 마땅히 조종祖宗을 법삼아 진실과 공경함을 천명天命처럼 엄숙히 하라. 우리 집안에 전수傳授해 오는 사물잠四物箴과 구경九經66)의 가르침에 힘쓰고 단정한 선비의 보익輔翼을 기다리고 삼선三善67)을 하나 같이 여겨 실천하라. 의복衣服과 기완器玩(雜器와 玩物)의 사치를 하지 말지니 습관이 더불어 자라나고 변화가 더불어 이루어지는 것이다. 편벽되고 아첨하는 말을 멀리할지니 덕으로 깨우치고 도에 귀의하라.

먼저 성인聖人의 『효경孝經』과 주자朱子의 『소학小學』으로부터 시작할 것이니, 명언名言이 여기 있으며, 신요神堯(요 임금)를 일컬어 '문사文思'라 하고 대순大舜(순 임금)을 일컬어 '온공溫恭'이라 하나니, 모든 것을 이와 같이 하라.

오호라! 건원乾元이 소양少陽의 도움을 얻어 홍범구주洪範九疇 가운데 오복五福을 누리고, 전성前星이 태극太極의 존엄을 도와 만세반태萬世盤泰의68) 편안함에 올리리라.

---

64) 태가邰家 : 요堯 임금이 후직后稷을 태邰 땅의 제후로 봉했다.
65) 『시경詩經』「소아小雅」편 〈사간斯干〉 "마침내 아들 낳으면 / 침상에 뉘어 놓고 / 좋은 옷 입혀 주고 / 구슬을 갖고 놀게 하리라 / 울음소리 우렁차고 / 작고 붉은 슬갑에 눈이 부시니 / 우리 집안 어른 되고 군왕 되시리 [乃生男子 載寢之牀 載衣之裳 載弄之璋 其泣喤喤 朱芾斯皇 室家君王]"
66) 구경九經 : 『주역周易』, 『시전詩傳』, 『서전書傳』, 『예기禮記』, 『춘추春秋』, 『효경孝經』, 『논어論語』, 『맹자孟子』, 『주례周禮』
67) 삼선三善 : 부자유친父子有親, 군신유의君臣有義, 장유유서長幼有序

그런 까닭에 이같이 교시敎示하노니, 잘 알라라 생각하노라."

승정원일기 고종 12년 을해년乙亥年(1875) 2월 18일(병술) 비
왕세자의 죽책문竹冊文에 교시하셨다. 임금께서 말씀하셨다.
"중리重離(왕세자)가 제왕을 이어 억만 백성들의 바람을 넓히고, 이극貳極이 자리를 바로잡음에 억만년의 공고한 기반을 더욱 넓히도다. 전장典章의 법식에 따라 탄생한 세자 책명冊命을 크게 선포하노라.

아, 너 원자元子 모某는 하늘의 큰 복을 받아 나라의 원량元良이 되었도다. 상서로움은 무지개 처럼 조화를 이루니 영묘英廟께서 탄강誕降하신 해와 부합되고, 슬기로움은 조상의 도움을 이었으니 자전慈殿을 기쁘게 하도다. 바다물 반짝이고 별이 빛나 유속收屬을 노래하고 용의 자태와 해의 모습에 보고 들음이 범상치 않았다. 비록 어려서 놀 때라 해도 온화한 어진 성품을 볼 수 있는데, 더구나 이제는 영예英睿로운 자질이 이미 어른처럼 엄숙하다.

아! 키가 날마다 조금씩 자라 첫돌을 맞이하게 되었는데, 종조宗祧와 신인神人의 부탁이 있으시니 내 마음에 근심이 없으리오. 왕가王家에서 대대로 적자嫡子를 높이니 나라의 근본이 이미 정해졌다. 장자주기長子主器(제사)는 『희경의經』(易經)의 진괘震卦의 글에서 살필 수 있고 태사太史가 책을 받듦은 한漢 나라가 미리 세운 계책에서 상고할 수 있다. 올해는 성조聖朝의 갑기甲紀를 맞이하여 선조의 업적이 더욱 빛나니, 예禮를 쓰는 것은 우리나라에서 이미 행하였던 바를 따라 행하여 의전懿典을 거행하노라.

이에 너를 책봉해 왕세자로 삼노니 너는 공경하여 큰 복에 응하라. 크게 도모하기를 힘써서 온갖 상서祥瑞가 잘 내려 오게 하라. 이제 하늘이 명하시니 호덕好德은 오복五福에 근본하며, 옛사람의 말에, 아침저녁으로 친숙하고 즐거워하라 하였다. 효도는 조상의 뜻을 이어받는 것보다 나은 것이 없으며, 봄 여름에 시詩와 예禮를 배워 학문이 모름지기 광명光明한 경지에 이르러야 한다. 격물치지格物致知 성의정심誠意正心 · 수신제가修身齊家 치국평천하治國平天下를 차례로 공부하라. 직분職分의 특성 및 성

---

68) 만세반태萬世盤泰 : 만세토록 반석盤石과 태산泰山처럼.
위 문장에서 태극太極은 임금, 전성前星은 세자를 지칭한 것이다.

性과 질質을 잘 알고 펼쳐야 하며, 요堯·순舜·우禹·탕湯·문무文武·주공周公·공자孔子가 서로 전수한 법인 '인심은 위태롭고 도심은 은미隱微하다(人心惟危 道心惟微)'는 것을 반드시 알아야 할 것이다.

삼가고 검소하게 하여 완호玩好를 스스로 떨쳐 버리고 관대하게 다스리되 아첨하는 이는 멀리하라. 행할 때는 법을 따르고 움직일 때는 도를 따르며 양지良知와 양능良能을 확충하며, 들어가면 보도保導하는 신하가 있고 나가면 좌조佐助하는 신하가 있게 하라. 항상 바른 말과 바른 일을 보고 들어 연못에 임한 듯 얼음을 밟은 듯 할 것이니, 어찌 책사策勵를 소홀히 하겠느냐. 날마다 달마다 한결같이 힘써 복록에 마땅하지 않음이 없게 하라. 이에 교시敎示하노니 잘 알리라 생각하노라."

■ 죽동궁 폭사爆死의 진실

고종 11년 갑술년(1874) 음력 11월 28일 정묘일丁卯日 아침에 민승호閔升鎬가 사는 죽동궁竹洞宮 집에 누군가가 상자 하나를 보내와서 직접 열어보라고 하였다. 자당慈堂을 모시고 아들과 함께 조반朝飯을 먹던 민승호가 상자를 열자 상자속에 있던 폭발물이 터져 민승호는 즉사하고 자당과 민승호의 아들은 크게 다쳤다. 임금은 중사中使(임금의 명을 전하는 내시)를 보내 한창부부인韓昌府夫人을 위문하고 고아孤兒(민승호의 아들)를 돌보고 오라고 전교하였는데, 크게 다친 한창부부인은 이틀 후인 음력 11월 30일에 절명하였고, 민승호의 아들도 죽고 말았다. 친정 식구가 모두 폭사당한 사건은 모처럼 아들을 낳아 행복한 나날을 보내던 명성황후에게는 청천벽력靑天霹靂이었다.

『승정원일기』 고종 11년 갑술년(1874) 음력 11월 30일 기록이다.

"한창부부인韓昌府夫人이 졸서卒逝한 뒤에 대전에 종친, 의빈儀賓, 약방, 내각, 정원, 옥당과 조정 2품 이상과 육조 당상이 구전口傳으로 문안하니, 알았다고 답하였다."

『승정원일기』에 의하면 한창부부인은 12월 23일에 장사지냈는데, 여흥민씨 족보에 의하면 초장지初葬地는 광주廣州 쌍령리다. 당시 민승호는 본가인 감고당을 나와 죽동궁에서 어머니 한산이씨를 모시고 삼배三配 부인 덕수이씨, 어린 아들과 살고 있었다. 이 집은 순조純祖의 장녀 명온공주明溫公主(1810~1830)와 부마駙馬인 동녕위東寧尉 김현근金賢根(1810~1868)이 살던 집인데, 김현근이 죽은 후 고종이 민승호에게 주었다. 죽동궁 터의 지금 지번地番은 종로구 관훈동 198-42번지 일대다. 민승호가 죽은 후 아들 민영익閔泳翊의 소유가 되었는데『경성부관내지적목록京城府管內地籍目錄』에 따르면 일제 강점기에는 관훈동 198번지로 되어 있고, 넓이는 3,168평이다. 민영익이 죽은 후 민영익과 중국 여인 사이에서 태어난 것으로 알려진 민정식閔庭植의 소유가 되었다. 1929년에 여러 필지로 분할 매각되었는데 지금의 198-42번지는 대략 1700.7㎡이며 평수로는 514.47평에 불과하다.

누가 폭탄 상자를 보냈는지를 두고 온갖 소문이 나돌게 되었는데, 세간世間에는 명성황후를 미워한 대원군이 그 친정 오라비 민승호閔升鎬에게 폭탄을 보내 죽인 것이라고 하지만 이는 사실이 아니다. 민승호가 폭사 당할 때 대원군은 한양에서 멀리 떨어진 충청도 덕산군德山郡의 선고先考 묘막墓幕에 머물고 있었다. 대원군이 덕산군으로 간 이유는『승정원일기』의 내용 중에 대략의 분위기를 헤아려 볼만하다. 대원군의 덕산군 행차와 관련하여 전국의 유생들이 격렬하게 고종에게 항의 상소를 올린 내용들이다.

고종 10년 계유년癸酉年(1873) 10월 25일 동부승지 최익현崔益鉉이 상소를 올려 조정의 인재 등용 방식에 대하여 비판했는데 이것이 대원군에 대한 비판으로 인식되었고, 고종이 최익현을 처벌하지 않자 이에 반발한 대원군이 휴양하러 간다는 이유를 대고 다음해인 을해년(1874) 음력 8월 5일(출발은 7월 말) 낙향하였다.

『승정원일기』의 관련 내용을 살펴 보기로 한다.

항간에는 고종 10년에 친정親政을 시작하였다고 하는 데, 고종의 친정은 앞에서 살펴본 바와 같이 고종 3년 병인년丙寅年(1866) 음력 2월 13일 대왕대비인 신정왕후神貞王后께서 철렴撤簾하겠다는 유시諭示를 내리고 물러난 순간부터 시작된 것이다. 대원군은 애초부터 수렴청정의 자리에 있지도 않았으며, 간접적으로 대왕대비에게

IV. 척화斥和와 개혁 사이에서   155

건의하거나 운현궁으로 찾아오는 대신大臣들에게 자기 의견을 전달해서 조정에서 논의하게 하는 간접적 형식으로 국정國政에 관여하였는데, 임금이 성년成年에 이르면서 대원군의 간접적 국정 참여마저 제한하고자 하는 과정에서 어느 정도의 갈등은 생길 수밖에 없다. 주周 나라 주공周公이 섭정하다가 조카 성왕成王이 성년에 이르자 물러나 신하의 자리로 돌아간 것처럼 대원군이 스스로의 역할을 줄여나갔으면 부자지간에 갈등도 생겨나지 않았겠지만 인간이기에 십여년이나 휘둘러 온 권력을 내려놓기가 쉽지는 않았을 것이다. 대원군의 국정 참여 방식은 『승정원일기』에 일부 드러나 있다.

    승정원일기 고종 9년 임신년壬申年(1872) 12월 4일(갑인) 맑음
    이장회李長會가 병비兵批(兵曹에서 武官을 골라서 뽑는 일)로 아뢰었다.
    "북병영北兵營 소관인 건원진乾原鎭은 변방 방어상 중요 지역으로 병기와 일용 기구들이 모두 낡아 바야흐로 수선을 하려고 합니다. 그런데 현임現任 진장鎭將 김광우金光雨가 마침 신병이 있어 거행하기 어려운 형편이라고 합니다. 지금 우선 개차를 해야 하지만 이미 임기가 다 되었다고 보고한 사람이니, 도목정사都目政事(음력 유월과 섣달에 관리의 考課를 평가하는 일)를 기다려 사과司果에 붙이겠습니다. 그 대임자代任者로 회령會寧 출신 이풍래李豊來가 그 직임을 감당할 만하니 특별히 차송差送하라는 대원군의 교의敎意를 받들고자 오늘 논정論政에서 재가를 받고자 감히 아룁니다."
    임금께서 "알았다"고 전교하셨다.

상소를 보면 비록 최종 재가는 임금이 하지만 대원군이 지방관 임명에도 관여했음을 알 수 있다. 고종 10년 시월의 최익현崔益鉉 상소는 대원군의 지나친 국정 참여를 비판하는 내용인데, 이보다 앞서 고종 5년 시월에도 최익현은 토목역사土木役事를 중지하고 당백전當百錢 발행을 혁파하라는 등의 상소를 올렸다. 이는 경복궁景福宮 중건重建 과정에서 드러난 문제점을 정면으로 비판한 것이었다. 이후 최익현을 처벌하라는 다른 신하들의 상소를 무시하고 고종은 최익현을 돈녕부敦寧府 도정都正에 제수하였고, 갑술년 상소 때도 고종은 최익현 처벌 상소를 무시하고 최익현을

호조판서에 제수하였다. 이같은 고종의 대응을 자신의 국정國政 참여 배제라고 여긴 대원군이 섭섭히 여겨 부대부인府大夫人과 함께 남연군南延君 묘가 있는 덕산군德山郡으로 내려간 것으로 볼 수 있다.

　　승정원일기 고종 5년 무진년戊辰年(1868) 10월 10일(계축) 맑음
　　장령 최익현이 상소하였는데, 그 대략에,
　"어리석고 용렬한 신이 감히 절급切悉한 일을 대략 들어서 전하께 진달陳達합니다. 그 첫째는 토목역사土木役事를 정지하는 일입니다. 나라 임금의 급선무는 덕업德業에 있고 공사를 일으키는 데 있지 않습니다. 그러므로 띠집과 흙 섬돌로 요堯 임금이 위대하게 된 것이고, 낮은 궁실과 허름한 의복으로 우禹 임금이 흠잡아 비난할 것이 없게 되었습니다. 이러므로 분명한 자취가 사책史冊에 구체적으로 실려 있습니다. 만약 고금의 사변事變을 모두 믿지 않는다면 그만이지만, 진실로 본받고자 한다면 그 까닭을 깊이 생각하지 않아서야 되겠습니까. 삼가 바라건대 성상께서는 신의 말을 깊이 생각하시고, 아직 시작하지 않은 모든 공사를 한결같이 모두 정지하시어 백성들의 노고를 그치게 하소서.
　　그 둘째는 세금을 가혹하게 징수하는 정사를 그만두는 것입니다. 신이 생각하건대 백성은 나라의 근본이고 재물은 백성들이 하늘로 여기는 바입니다. 그러므로 『대학大學』에, '재물이 모이면 백성이 흩어지고 재물이 흩어지면 백성이 모인다.'고 하였습니다. 전하께서 나라의 재용財用이 고갈된 때를 당하여 방대한 역사를 시작하다 보니, 사세事勢가 부득이 백성들에게 힘을 빌려야겠기에 이러한 임시 방편의 정사가 있었던 것입니다. 현재 대내大內가 준공되어 이어移御하신 날이 얼마 전이었는데도 원납전願納錢을 정파停罷하지 못한다면 장차 어느 때에나 그만두려 하십니까.
　　그 셋째는 당백전當百錢을 혁파革罷하는 것입니다. 전하께서 경비가 부족한 것을 근심하시어 이렇게 편의에 따라 사례事例를 일으키셨으니, 매우 성대한 거조擧措입니다. 그러나 시행한 지 2년에 사·농·공·상이 함께 그 해를 입었는데, 그 피해가 반복해 되풀이되어 백물百物이 쇠잔해졌습니다. 그러나 이것이 어찌 토지에서 생산되는 것이 전보다 줄어서 그런 것이겠습니까. 시세時勢·인심人心이 절로 그렇게 된 것뿐입니다. 지금 옛 돈이 행용行用되기 때문에 백사百事가 풍성합니다. 사람들은 모

두 이 돈이 장차 없어질 것이라고 하는데, 한갓 집집마다 바치라는 방榜만을 볼 수 있을 뿐 영구히 혁파한다는 밝으신 명을 들을 수 없으므로 백성들의 의논이 자심합니다. 삼가 바라건대 성상께서는 덕음德音을 내리시어 백성들로 하여금 미혹되지 않게 하소서.

그 넷째는 문세門稅 받는 것을 금지하는 것입니다. 당당한 천승千乘의 부富로써 이해利害를 따져 이미 백관百官과 각 군문軍門에 나누어 주는 녹을 삭감하였고, 그 나머지 각 항목의 견감蠲減(조세 같은 것을 면해 줌)한 물건도 이루 다 꼽을 수 없을 정도로 많습니다. 그런데도 오히려 부족하게 여겨 나무를 팔고 쌀을 파는 사람에게 한 푼 두 푼 동정을 빌고, 얼고 주린 쇠잔한 백성을 구휼하지 않으니, 이는 진실로 이웃 나라에 들리게 해서는 안 됩니다. 삼가 바라건대 성상께서는 즉시 금단禁斷하여 백성들로 하여금 원망이 없게 하소서. 그러면 매우 다행스러움을 이루 다 말할 수 없겠습니다."

임금께서 답하셨다.

"상소를 보고 잘 알았다. 네 조항의 진달한 권면은 실로 나라를 사랑하고 임금을 걱정하는 정성에서 나온 것이니, 매우 가상하다. 토목 역사는 사세가 부득이해서 그리한 것이다. 문세를 징수하는 것은 옛날에도 그런 예가 있어서 그리한 것이다. 그대는 사직하지 말고 직임을 살피라."

승정원일기 고종 10년 계유년癸酉年(1873) 10월 25일(경자) 맑음

동부승지 최익현崔益鉉이 상소를 올렸다.

"삼가 아룁니다. 신은 연전年前의 소명召命에 대해 단연코 사양할 뜻이 있을 뿐, 조금이라도 높은 자리에 나아갈 계제階梯로 삼을 수 없으나 이를 무릅쓰고 관직을 차지하고 있는 것은 감히 식견이 있다고 여겨서가 아닙니다. 진실로 서캐나 이蝨 같이 천한 분수로 편안히 있지도 못합니다만, 꾸민 글을 써서 벌여 놓고, 거짓을 꾸미기보다는 차라리 뻔뻔스럽게 나아가 숙배하여 실정實情을 알리고 진면眞面을 드러내는 것이 낫다고 여겼습니다. 이에 염치를 무릅쓰고 반열에 나아가기를 힘써 휴가休暇를 바라며 간절한 마음을 드러내었습니다. 마침 며칠 되지 않아 별일 없이 파면되었으니, 신의 보잘것없고 형편없음에 대해 이미 성상께서 매우 밝게 알고 계시어 자별自別하기를 기다리지 않고도 은혜로이 헤아려 주신 것이었습니다.

이후부터는 오로지 시골에 물러나 구학溝壑에 나뒹구는 분수를 달게 여기며 벼슬살이와 감히 비교해 보지 않았거늘 승지承旨라는 현직顯職이야 말할 것이 있겠습니까. 왕명의 출납을 진실되게 관리하는 처지로 선한 것을 진달하고 삿된 것을 막아야 하는 책임에 응해야 하니, 결코 구차하고 고식적姑息的으로 하여 받들어 감당할 수 있는 것이 아닙니다. 신처럼 쓸모없는 사람으로서는 함부로 더럽힐 수 없는 것인데, 너무도 뜻밖에 역마를 타고 올라오도록 부르면서 이에 제수하여 다시 남다른 은혜를 입게 하여 주시니, 신은 명을 듣고 놀랍고 두려워 마음속이 무너지고 찢어지는 듯하여 더욱 죽을 곳을 알지 못하였습니다.

또 몇 해 전부터 지금까지 정령政令이 변해 옛 전장典章을 변경해 연하고 무른 인물만 취하니, 대신과 육경六卿은 건의하는 바가 없고 대간大諫과 시종侍從은 호사가好事家의 비방을 피하기만 하니, 조정에는 속론俗論이 횡행하여 정의正誼가 사라지고 아첨꾼이 뜻을 펼쳐 곧은 선비가 숨게 되었습니다. 세금을 쉬임없이 거두니 백성들은 결딴나고, 떳떳한 윤강倫綱이 훼손되어 백성의 사기士氣는 막혀서 무너졌습니다. 공정한 사람을 괴격乖隔(사리에 어그러짐)하다고 하며, 사사私事로운 사람에게는 계책이 있다 합니다. 염치없는 자는 패연沛然(세차게)히 때를 얻고, 지절志節을 지키는 이는 날연苶然(힘없이)히 죽음에 이릅니다. 이에 위로는 천재天災가 나타나고 아래로는 지변地變이 일어나 우양한서雨暘寒暑가 모두 정상正常을 잃었습니다. 이러한 때 비록 노성숙덕老成宿德하여 세상에서 추앙받는 사람으로 하여금 담당하도록 해도 오히려 견제 당하는 모순으로 힘을 쓰기가 쉽지 않을 것인데, 하물며 소신 같은 사람은 본래 자질이 어리석고 용렬하며 학문도 보잘 것 없고 한미寒微한 가문에 외로운 처지입니다. 지금 만약 성상의 총애만 믿고 의지하여 분수에 넘치는 것을 경계하지 않으며, 지나친 복에 따르는 재앙을 생각지 않고 대열을 따라 도로에서 호창呼唱하며 양양揚揚하게 자족自足하면서 돌아보아 꺼리는 바가 없다면, 또한 어찌 남들의 비방이나 무장無將과 불경不敬의 주벌誅罰이 잇따라 일어남이 없을지 어찌 알겠습니까. 이것이 신이 방황하고 주저하며 비록 달려 나가고자 해도 감히 하지 못하는 까닭입니다.

게다가 신에게는 또 사사로이 간절한 사정이 있습니다. 신의 노부모가 칠순七旬의 나이에 가까워 쇠약함에 따른 병이 찾아들어 기식氣息이 위태로웠는데, 겨울철에 접어들면서부터 날로 더 심해져 음식을 전혀 들지 못하고 앉고 일어나는 데 곁에서

부축해 드려야 하며, 약을 먹여 드리고 보살펴 드리는 자식은 오직 신 뿐이라, 가까운 시일 안에는 억지로라도 할 수 있는 가망이 없어 감히 이런 사정을 피력하며 우러러 아뢰오니, 부디 전하께서는 그 명령을 어긴 죄를 용서하시고 특별히 효리지정孝理之政을 드리우사 속히 체차遞差하여 공기公器를 중히 하고 사적 분수를 편안히 하도록 해 주시면, 비록 죽는 날이라도 오히려 태어나는 해가 될 것입니다. 무임無任의 신臣이 운운云云하나이다."

임금께서 답하셨다.

"상소를 보고 잘 알았다. 그대의 이 상소는 진심에서 우러나온 것이다. 또 그대를 경계하며 사양함이 매우 가상하다. 감히 열성조列聖朝의 성대했던 일을 이어받아 호조 참판에 제수한다. 이렇게 정직한 말에 대해 혹 이의를 제기하는 사람이 있으면 소인배小人輩 됨을 면치 못할 것이다."

승정원일기 고종 11년 갑술년(1874) 8월 5일(을해) 비

의관 전동혁全東赫이 서계書啓(글로 보고함)하였다.

"신이 삼가 하교를 받들어 지난달 30일 유시酉時 경에 길을 떠나 3일 유시 경에 덕산군德山郡의 대원군大院君 행차소行次所에 도착해보니, 이날 오시午時 경에 행차가 먼저 도착해 있었습니다. 들어가서 여러모로 대원군의 건강을 살펴보니 아무 이상이 없었습니다. 이상의 내용을 아룁니다."

임금께서는 "알았다"고 하셨다.

승정원일기 고종 11년 갑술년甲戌年(1874) 8월 13일(계미) 맑음

임금께서 전교하셨다.

"대원군大院君과 부대부인府大夫人의 행차소行次所(德山郡)에 도승지를 보내어 문후하고 오도록 하라."

승정원일기 고종 11년 갑술년甲戌年(1874) 10월 20일(기축) 맑음

부사과副司果 이휘림李彙林이 상소하였는데, 대략은 이렇다.

"근래 삼가 듣건대, 대로합하大老閤下께서 궁궐 밖으로 거처를 옮기시고는 도성 안

으로 들어오지 않으시어 온 나라 사람들이 의심하고 두려워하며 불안해 하고 있다고 합니다. 신이 멀리 시골 땅에 엎드려 있어 비록 무슨 이유로 이에 이르렀는지 알지 못하지만, 대로합하께서 혹 바쁜 사무事務를 버리고 자적自適(속박 없이 즐김)함을 취하여 즉시 돌아오지 않으시는 것입니까. 전하께서 혹 양지養志하시겠다는 뜻을 받들어 곧 돌아오시기를 청하지 않은 것입니까. 대원위大院位의 아버지된 정분으로는 오랫동안 멀리 떨어져 계시는 것이 마땅하지 않으며, 전하의 지성스러운 효도로는 오랫동안 문안드리기를 궐闕하는 것이 마땅하지 않습니다. 하물며 지금 국경의 근심이 그치지 않고 외구外寇가 틈을 엿보고 있으니, 경계하고 삼가야 하는 것을 더욱 어떻게 하여야 하겠습니까.

　대로합하大閤下께서 설혹 자적한 것을 취하는 데서 나온 것이 아니라 과당過當한 거조擧措(행동거지)를 한 것이라 해도, 전하께서는 진실로 황공하고 불안한 마음으로 기운을 낮춰 목소리를 부드럽게 해서 기어이 어버이의 마음을 돌이켜야 할 것입니다. 그런데 귀를 기울인 지 여러 달이 되었는데도 아직 거둥하셔서 돌아오시기를 청했다는 소식을 듣지 못하였으니, 신은 실로 이해하지 못하겠습니다. 유독 신만이 이해하지 못하는 것일 뿐만 아니라 조야朝野가 모두 이해하지 못하는 것입니다. 대개 이러한 거조는 공적으로나 사적으로나 하루가 지나면 하루가 미안하고 이틀이 지나면 이틀이 미안합니다. 삼가 바라건대, 불일내不日內에 거둥하셔서, 기일을 정하여 돌아오시기를 청하소서."

　　　승정원일기 고종 11년 갑술년甲戌年(1874) 11월 29일(무진) 맑음
　전 장령掌令 손영로孫永老(1820~1891)가 상소하였다.
　"삼가 아룁니다. 신은 시골의 천한 자로서 외람되게 과거에 급제하였는데, 용렬한 재주는 쓸모 없음을 스스로 인정하나 어리석은 마음은 임금을 사모하는 데에 늘 간절하므로, 나라를 위하여 사력死力을 다하는 정성은 남에게 뒤지지 않습니다. 이 잊히지 않는 마음을 품은 지 여러 해가 되었거니와, 이제 말할 것이 있는데 말하지 않는다면 이는 전하를 저버리는 것이니, 신이 어찌 감히 그럴 수 있겠습니까. 지난 10월에 이휘림李彙林이 상소한 말이 살피지 못한 데에 걸려 이미 중죄를 입었는데, 그때 전교에 '대원군이 교사郊舍에 행차한 것은 오로지 적당한 때에 수양하러 간 것

이니 오래지 않아 돌아올 것이다.' 하셨습니다. 모든 신민이 은언恩言을 받들어 읽고 매우 감동하여 울고 손을 모아 청하였는데, 이제 두어 달이 되었으나 돌아오셨다는 기쁜 소식을 듣지 못하였습니다. 신이 생각하옵건대, 봄·여름 동안은 날씨가 화창하므로 천석泉石에 소요하며 잠시 마음을 푸는 것은 본디 아름다운 일입니다마는, 이제 추운 철이 되어 얼음과 눈이 차갑고 궁벽한 산이 황량하고 누추한 집이 좁으므로 적당한 때에 수양하는 방도에 해로울 듯합니다. 바라옵건대, 성상께서는 며칠 안에 거둥하여 운현궁雲峴宮에 돌아오도록 하소서. 그러면 팔도의 기쁨이 다시 어떻겠습니까. 이것은 신 한 사람의 말이 아니라 한 나라가 모두 같이하는 바람이니, 깊이 더 마음을 맑히고 살피소서.

　신은 또 충분忠憤이 격앙激昻하여 억제하지 못하는 것이 있으므로 감히 죽음을 무릅쓰고 한번 아뢰니, 전하께서 굽어살피소서. 예전부터 명철한 임금이 다스릴 때에는, 천도天道가 홀로 운행하는 이치가 없으므로 반드시 보상輔相(돕는 재상)에 마땅한 사람을 얻어서 임금의 덕을 열어 윤택하게 하고 여러 공적을 삼가 밝혔습니다. 요순 때에 고요皐陶·기夔·직稷·설契이 있었고, 은殷 나라 이윤伊尹·부열傅說과 주周 나라 주공周公·소공召公이 이것이며, 그 뒤 한漢 나라 소하蕭何·조참曹參·위상魏相·병길丙吉이 있고 당唐 나라 요숭姚崇·송경宋璟이 있고 송宋 나라 한기韓琦·범중엄范仲淹이 있었는데, 모두 왕실에 마음을 두고 시정時政을 도왔습니다. 묘당廟堂에 마땅한 사람을 얻지 못하고도 밝은 정치를 이루었다는 말은 신이 듣지 못하였습니다.『역경易經』에 '제후를 봉하고 경대부卿大夫를 임명할 때에 소인을 쓰지 말라.' 하였습니다. 소인이 국정을 맡고도 국사가 글러지지 않았다는 말을 신은 또한 듣지 못하였습니다. 우리 전하께서 서무庶務를 친히 총괄하고 정신을 돋우어 잘 다스리기를 꾀하시니, 요순 때를 숭상하고 한·당 때를 비루하게 여겨야 할 것인데 어찌하여 호령號令이 위에서 행해지지 않아서 기강이 해이하고 은택이 아래에 미치지 않아서 백성이 고달픕니까. 이것이 무슨 까닭이겠습니까.

　임금은 있으나 신하는 없다는 것이 참으로 오늘을 위하여 준비한 말인데, 하물며 보상輔相으로 마땅하지 않은 사람이겠습니까. 지금 원보元輔의 직책을 맡은 자가 과연 어떤 사람입니까. 품성이 강퍅하고 처신이 간교하며, 뱀, 살무사의 독으로 사람을 만나면 문득 물고 파리, 개처럼 작은 이익에도 악착같으며, 오직 세력 있는 자를 붙좇아 내외의 벼슬을 두루 지내되 좋은 벼슬을 독차지하였습니다. 삼공三公의 지위까지 이르렀으면 보답하려는 정성이 남보다 훨씬 더해야 할 것이고, 지난해에 거듭하여 정승이 된 것은 오로지 쓸 만한지를 시험하시려는 성상의 마음에서 나온 것인데, 선친의 가르침이라는 핑계로 해마다 벼슬에서 물러가겠다고 청하던 끝에 이때를 타야 하겠다고 생각하여 염치 버리기를 무릅쓰고 맡았으니, 그렇다면 그 선친의 가르침이라 한 것은 세상을 속이고 명예를 낚을 계책에 지나지 않을 것입니다. 아버지의 가르침을 따르지 않는데도 임금에게 충성할 수 있다는 것은 신이 듣지 못하였습니다.

　의지하고 믿으신 것이 어떠하였는데 위복威福을 자행하되 전혀 꺼리는 것이 없습니다. 남을 해치는 것을 능사로 삼고 나라를 좀먹고 백성을 병들이는 것을 스스로 기량으로 여기며, 빈대賓對에서 일을 아뢰면 10년의 아름다운 법을 모두 바꾸고 조정의 제판鯷瓣(訴獄의 판결)은 다 친지와 주고받는 자가 아는 암뢰暗賂(몰래 주는 뇌물)에 말미암으며, 작은 원한을 갚는 데에도 미치지 못할세라 염려하듯이 하고 기염을 부리는 데에 저촉되면 곧 부수어지므로, 중외가 손을 떨고 도로에서 곁눈질하니, 유식한 자가 근심하고 탄식한 지 오랜 것은 말할 것도 없거니와, 천한 일을 하는 하인이나 여염의 백성까지도 두려워 조석을 보전하지 못할 듯합니다. 어린 아들의 급제를 꾀하여 나쁜 종기를 앓는 근시近侍도 돌보지 않고 양적洋賊에 대한 원수를 잊고서 도리어 면포綿布의 무역을 독차지하였습니다.

　허다한 범죄를 이루 손꼽을 수 없고 이루 기록할 수 없으나, 조정에 있는 신하들이 화기禍機 밟는 것을 두려워하여 입을 다무는 것을 일삼으니, 신이 전하를 위하여 한번 아뢰지 않는다면 전하께서 어떻게 들으시겠습니까. 말이 입에서 나가면 화가 곧 뒤따르리라는 것을 신이 본디 압니다마는 속에 가득 찬 열혈熱血을 한번 쏟아 놓아 신의 말로 말미암아 사악한 우두머리를 물리쳐서 조정이 청명하고 성상의 교화가 새로워진다면, 신이 죽어도 영광이고 귀양가고 사형을 당하더라도 본디 마음에 달갑게 여길 것입니다만, 친림하여 국문하신다면 신이 죽기 전에 삼가 조목조목 아뢰어 미진한 울분을 드러내겠습니다."

『승정원일기』 내용을 살펴보면 갑술년(1874) 음력 8월 5일 덕산군에 도착한 대

IV. 척화斥和와 개혁 사이에서   163

원군은 1874년 11월 29일까지도 한양으로 돌아오지 않고 있음을 알 수 있다. 민승호가 폭사 당한 것이 1874년 11월 28일이므로 이날 대원군은 한양에 있지 않았음을 확인할 수 있다. 다만 유생들의 상소 내용이 격한 것으로 보면 유생들은 고종의 뒤에 명성황후가 있다고 여겼고, 이들 중 누군가가 명성황후의 손발이 민승호라고 여겨 대원군의 허락도 받지 않고 폭탄을 보내 암살했을 가능성은 있다.

민승호 폭사를 보며 필자는 한 가지 의문을 지울 수 없다. 민승호에게 보낸 폭탄 상자는 일종의 부비트랩인데 과연 당시 우리나라 유생儒生들에게 그런 장치를 만들고 운용運用할 수 있는 기술을 지닌 이가 있었을까 하는 의문을 갖게 되는 것이다. 민승호에게 보낸 폭탄 상자를 만들어 주었거나 도움을 준 외부 세력이 있지는 않았을까 하는 의심을 하게 된다. 그 외부 세력은 그런 장치를 고안考案하고 운용할 수 있는 기술을 지닌 집단이었을 것인데, 앞으로 이에 대한 연구도 해봄직 하다. 1875년 조회朝會를 보면 대원군의 덕산 한유閑遊(한가하게 지냄)를 두고 유생들의 소동騷動은 세자 책봉이 끝난 다음해 여름까지도 가라앉지 않았다.

　　승정원일기 고종 12년 을해년乙亥年(1875) 5월 17일(계축) 맑음
　상이 희정당에 거둥하였다. 시원임時原任 대신이 입시入侍하였다. 이때 입시한 행도승지 김병시金炳始, 가주서 임상희林相㷀, 기사관 이호철李鎬喆·조창하趙昌夏, 영중추부사 이유원李裕元, 영돈녕부사 김병학金炳學, 판중추부사 홍순목洪淳穆·박규수朴珪壽, 좌의정 이최응李最應, 우의정 김병국金炳國이 차례로 나와 엎드렸다.
　임금께서 말씀하셨다.
　"사관은 좌우로 나누어 앉으라."
　하고, 이어 대신에게 앞으로 나오라고 명하였다. 이유원이 앞으로 나가 문후하고, 각전各殿에 대해서도 문후하였다. 이유원이 아뢰었다.
　"오늘 신들이 분부를 받고 입시하였는데, 무슨 하교할 일이 계십니까?"
　임금께서 말씀하셨다.
　"요즘 소유疏儒(상소를 올린 儒生)에 관한 일로 한결같이 시끄럽게들 하고 있는데 아니 무엇 때문인가?"

이유원이 아뢰었다.

"소유에 관한 일로 엄한 하교를 누차 내렸는데도 물러가지 않고 있으니 매우 온당치 못한 일입니다."

김병학이 아뢰었다.

"누차 엄한 분부를 내렸는데도 물러가지 않고 있으니 진실로 매우 온당치 못한 일입니다."

임금께서 말씀하셨다.

"이 일에 대해서 오래전부터 한번 알아듣도록 타이르고 싶었다. 당초 대원군의 행차는 바로 휴양하기 위한 것이었는데 외간 사람들이 무슨 일이 있는 것처럼 잘못 인식하였다. 전후하여 투소投疏한 내용을 보면 무함誣陷하는 말들이 많았는데, 은근히 대원군의 행차를 정도에 지나친 거조擧措로 돌리고 또 나를 정성을 다하지 않은 데로 귀결시켰다. 이는 모두 이들이 없는 일을 만들어 내어 오직 손에 가지고 까불며 놀기 위한 것이다. 비록 자기와 맞먹거나 그 이하인 관계라도 윤기倫紀에 관한 것은 사람들이 말하기 어려운 바인데, 더구나 오늘날 나를 임금으로 모시고 있는 자들이 그런다는 말인가.

그리고 여러 대신들로 말하더라도 이들이 무엄하다는 것을 필시 알고 있을 터인데 예사롭게 보고서 오히려 징토懲討하는 말을 한마디도 하지 않고 있으니 개연한 마음이 들지 않을 수 없다. 이들이 문득 거둥하기를 청하는 것도 역시 협박에 가까운데, 내가 거둥하고 말고를 어찌 이들의 말로 인하여 진퇴할 수 있겠는가. 대신들은 이미 내 뜻을 파악하고 있을 것이니 빈청에서 물러가거든 소두疏頭 유생儒生을 불러서 물러가도록 타이르라. 이렇게 한 후에도 다시 이 일을 가지고 상소하는 자가 있다면 일부러 범하는 것이니, 단연코 범상부도犯上不道의 율문을 적용할 것이다."

이유원이 아뢰었다.

"이와 같이 분명하게 유시諭示하시는 것만으로도 대단히 감복할 일인데, 책망을 또 이렇게 정중하게 하시니 신들은 매우 황송합니다."

김병학이 아뢰었다.

"성상의 하교가 이렇게 정중하시니, 신들은 더욱 황송합니다."

홍순목이 아뢰었다.

"이번에 내린 하교를 또한 안팎으로 하여금 분명히 알게 하겠습니다."
박규수가 아뢰었다.
"이렇게 타이르고 나면 상소한 선비들이 필시 물러갈 것입니다."
이최응이 아뢰었다.
"이렇게 하교를 내리시니 흠앙欽仰해 마지 않습니다."
김병국이 아뢰었다.
"대신들도 이미 아뢴 바 있거니와 상소한 선비들이 이 하교를 받들고 나면 필시 물러갈 것입니다."
임금께서 말씀하셨다.
"대원군도 이 일 때문에 불안해하시기에 누누이 만류하였는데, 이렇게 시끄럽게 하는 것은 더욱 무엄한 일이다. 이순영李純榮과 서석보徐奭輔 일을 진작 처분하고 싶지 않았던 것이 아니나 오늘 통유洞諭하기 전에는 새벽이었다. 이들이 필시 내 뜻을 알지 못해서 그런 것이었을 것이다. 그래서 특별히 목숨만은 살려 주려 하니 대신들도 이 뜻을 알도록 하라."
이유원이 아뢰었다.
"지금 내리신 이 처분은 분명하게 효유하시려는 성념聖念에서 나온 것인데 신이 무슨 다른 견해가 있겠습니까."
김병학이 아뢰었다.
"분명하게 하교하신 후에 또 이 처분을 내리시니, 흠앙해 마지않습니다."
홍순목이 아뢰었다.
"성상의 도량으로 포용력을 발휘하여 특별히 목숨만은 살려주셨으니, 흠앙해 마지않습니다."
박규수가 아뢰었다.
"지금 이 처분은 충분히 참작參酌하신 결과에서 나온 것이므로 흠앙해 마지않습니다."
이최응이 아뢰었다.
"성상의 도량으로 이렇게 포용해 주시니, 신은 흠앙해 마지않습니다."
김병국이 아뢰었다.

"지금 내리신 이 처분에 대해서 신도 흠앙해 마지않습니다."
임금께서 말씀하셨다.
"요즘 비가 계속 내리고 있는데, 농작물이 피해를 입을 염려는 없는가?"
이유원이 아뢰었다.
"시골의 모양을 둘러보았더니 농작물이 피해를 입는 데까지 이르지는 않았습니다."
임금께서 말씀하셨다.
"근년에 우역牛疫이 극성을 부려 많은 소가 죽었다고 한다. 사사로이 도살하는 것을 일체 엄금하도록 묘당에서 각별히 신칙하라."
이최응이 아뢰었다.
"소의 도살을 금지하는 일로 누차 엄한 지시를 내렸는데도 수령들이 한갓 형식적인 것으로만 여기고 잘 단속하지 않았기 때문에 사사로이 도살하는 폐단이 한결같이 그치지 않고 있습니다."
임금께서 말씀하셨다.
"그 책임은 원수元帥에게 있다. 직임을 수행하는 도리에 있어 어찌 이럴 수 있단 말인가. 서울만 놓고 말하더라도 23개의 푸줏간懸房 외에는 중첩되게 설치하지 말도록 또한 신칙申飭하라."
이유원이 아뢰었다.
"중국은 오랫동안 쇠고기를 먹지 않고 있다고 합니다."
임금께서 말씀하셨다.
"이러한 일을 우리나라에 비해 보면 진실로 귀중한 일이다."
이최응이 아뢰었다.
"중국에는 정해진 규칙이 있기 때문에 과연 이렇게 할 수 있었습니다."
임금께서 말씀하셨다.
"사사로이 도살하는 것만 금지할 게 아니라 중첩되게 도살하는 것도 추가로 금지하도록 신칙하라."
김병국이 아뢰었다.
"지금 이 전교가 내려진 뒤에 더욱이 어찌 감히 각별히 엄금하지 않을 수 있겠습

IV. 척화斥和와 개혁 사이에서   167

니까."
　임금께서 말씀하셨다.
　"인정人情의 구애拘礙로 허가해서 점점 광범위하게 되도록 한다면 어찌 삼가 명령을 받드는 뜻이라 하겠는가."
　임금께서 말씀하셨다.
　"법을 집행하는 관리가 매번 엄격하게 금지시키지 않아서 이런 폐단을 초래한 것입니다만, 이러한 칙교勅敎를 내리셨는데 누가 감히 정성을 다하여 직임을 수행하지 않겠습니까."
　임금께서 말씀하셨다.
　"법사法司의 관원은 가려서 차출하여 오랫동안 맡긴 후에라야 실효를 거둘 수 있다. 조정암趙靜庵(趙光祖)의 경우가 바로 그 증거다."
　이유원이 아뢰었다.
　"정암靜庵이 도헌都憲(대사헌)이 된 지 3일 만에 남자와 여자가 길을 구분하여 다녔으니, 감동을 받아 흥기興起하는 효과가 이와 같았습니다."
　임금께서 말씀하셨다.
　"일전에 행패를 부린 여러 놈들의 일로 보면 필시 술에 취하여 그랬을 것이다. 술이 아니라면 어찌 두려운 마음을 없애고서 이런 행동을 할 수 있었겠는가."
　김병학이 아뢰었다.
　"과연 많이 마신 관계로 그런 것이었습니다."
　임금께서 말씀하셨다.
　"각별히 엄금하여 실효를 거둘 수 있도록 하라."
　이최응이 아뢰었다.
　"삼가 하교下敎 하신대로 하겠습니다."
　승정원일기 고종 12년 을해乙亥(1875) 6월 24일(기축) 맑음
　임금께서 전교하셨다.
　"모레 부대부인府大夫人을 뵈러 갈 것이니, 해방該房(六房 중 해당되는 방)은 그리 알라."

　승정원일기 고종 12년 을해乙亥(1875) 6월 25일(경인) 비

임금께서 전교하셨다.

"이미 자교慈敎(어머니 말씀)를 받들었다. 내일의 거둥은 하교를 기다리라."

승정원일기 고종 12년 을해乙亥(1875) 7월 9일(계묘) 맑음
전 장령 신태관申泰寬이 상소하였다.

"세상의 수준이 갈수록 낮아지고 인심도 지극히 교활해지고 있습니다. 밖으로는 의리설을 칭탁하고 있지만 분수에 넘는 짓인 줄을 알지 못한 채, 때로는 산관散官(직무가 없는 벼슬)의 신분으로 쉽게 상소하기도 하고 심지어는 유생들이 떼지어 모여 대궐문에서 시위까지 하는 상황입니다. 이들은 일부의 쓸모없는 족속들에 지나지 않는 이들이고 보면 이들의 행동은 잠시 짖어대고 마는 옛부터 있어 온 투식套式(굳어진 법식)인 것입니다. 그러니 관직에 있는 자는 영구히 금고시키고 유생이라는 이름을 가진 자는 과거를 보지 못하도록 해야만 두려워 할 줄을 알게 될 것입니다. 판의금부사 이승보李承輔는 그런 무리들의 영수가 되는 사람으로 감히 방자하게 당장의 미봉책을 써서 임금 앞에서는 대질對質을 하고 물러간 뒤에는 사직하는 소장을 올리니, 그 작태를 보건대 소인이 아니고 무엇입니까. 대신이 죄를 짓고 명을 기다리는 것은 사체事體(사리와 체면)에 맞는 일이겠지만 그는 원하는 것을 이루려고 방자하게 상께 소장을 올려 스스로 대신과 같은 행동을 하려고 하였으니, 대신의 경우에는 공정한 마음이라 하겠지만 이승보의 경우는 사사로운 감정입니다. 왜냐하면 그들에게 필요한 것을 대주고 그들의 상소 내용을 상의한 것이 이승보이기 때문입니다. 이 한 가지 일만도 이미 용서할 수 없는 죄인데, 감히 대원군이 자리로 돌아온 것을 저희 무리들이 주선한 힘으로 된 일이라고 하면서 공적功績으로 간주하고는 원훈元勳이라 칭하였습니다. 그렇다면 전하의 성효誠孝도 저로 말미암아 비로소 힘쓰게 되었고 대원군의 행차行次도 저와 관련이 있다는 것입니까. 또 네 명의 유생에 대한 말감末減(가볍게 처벌함)은 모두 전하의 생명을 아끼고 사랑하는 덕에서 나온 것인데 저들은 말을 했다 하면 판의금부사의 힘이라고 하니, 그 정상을 따져보건대 절절이 통분스럽습니다. 삼가 바라건대, 엄하게 처분을 내려 간신 이승보를 먼 오지의 섬에 정배하여 간사한 무리로서 참람한 짓을 꿈꾸는 자의 경계가 되게 하소서. 신은 황송하여 감당할 길이 없습니다……."

임금께서 말씀하셨다.

"상소를 보고 잘 알았다. 이미 끝난 일을 지금에 와서 왜 다시 거론하는가. 그러나 그대의 말은 과연 매우 옳다."

덕산군으로 내려가 있던 대원군이 한양으로 돌아온 것은 고종 12년 을해乙亥 (1875) 유월 24일이다. 이날 고종이 "모레 부대부인을 뵈러 가겠다"고 했으니, 이날 대원군과 부대부인이 돌아왔다는 소식을 듣고 전교한 것이다. 거의 9개월 가까이 지방에 머문 셈이다. 대원군을 따르는 유생들은 최익현 처벌을 요구하며 저항했지만 고종은 최익현을 호조판서로 승급시키는 것으로 자신의 의지意志를 내 보였다.

세간世間에서는 민승호閔升鎬가 명성황후의 뒷배로 출세하여 명성황후의 손발이 되었다고 하지만 민승호는 1861년에 인현왕후의 아버지인 민유중閔維重의 종손宗孫을 능참봉에 제수해 온 전례前例에 따라 명릉참봉明陵參奉에 서임敍任되어 바로 승륙陞六되었고, 명성황후가 왕비로 간택되기 2년 전에 이미 증광문과增廣文科에 정식 합격해 고종 1년 시월 19일 요직인 사간원司諫院 정언正言을 시작으로 관직에 나아갔는데, 민승호 출세를 명성황후의 뒷배 덕분이라고 폄하貶下하는 것은 참 치졸稚拙한 모해誣害다.

동생이 왕비가 된 후 어느 정도 배려야 없지 않았겠지만 앞에서 살펴본 『승정원일기』의 살벌한 상소를 보면 왕비의 친정 오라버니라고 하여 무조건 승급해 줄 수는 없다. 『승정원일기』나 『조선왕조실록』을 살펴보면 왕실의 인척이나 외척이라 해서 무능한 사람을 무턱대고 높여주지는 않았고, 왕실의 친족이나 외척이라도 잘못이 있으면 전법典法에 맞게 처벌하는 것이 조선조였다.

대원군이 덕산군으로 내려간 무렵의 유생들 인식은 『매천야록梅泉野錄』의, "갑술년 초에 임금께서 처음 친정親政을 하셨는데 안에서는 명성왕후가 주도하고 밖에서는 민승호閔升鎬가 받들어 행하였다(甲戌初, 上始親政, 而內則明成王后主之, 外則閔升鎬奉行之)"고 한 표현에 적나라하게 드러나 있다. 유생들에게는 대원군과 대립하는 명성황후와 민승호가 국정을 뒤흔드는 원흉처럼 인식되었던 것이다.

■ 고종과 명성황후의 개혁 의지

　대원군의 시위示威가 소득 없이 가라앉고 정국政局이 안정될 즈음 조정에서는 김기수金綺秀를 수신사로 일본에 보냈다. 이보다 앞서 1875년에 일본은 해군 함정 운양호雲揚號를 보내 영종도永宗島 앞 바다의 항해 수로를 측량하였고, 강화도 수병이 이를 포격하였다. 이른바 운양호 사건이다.
　이 사건이 일어난 이면裏面에는 교역을 요구하는 외국 군함들의 연안 침범이 있었고, 더 깊은 곳에는 조선의 문화적 전통을 부정하는 천주학도에 대한 깊은 불신不信이 외세 거부라는 공통 인식으로 자리잡고 있다. 아울러 남의 나라에 교역을 요청하러 왔으면서도 동양에 대한 서구西歐 우월주의 인식이 내재內在된 함대 사령관과 군인들의 오만傲慢이 서구에 대한 불신을 더 깊게 하였으니 이는 조선의 쇄국鎖國이 단순히 서구에 대한 몰이해에서 비롯된 것이 아님을 보여 주는 배경이다.
　1866년에 있었던 프랑스 해군의 강화도 침략, 셔먼호 사건 등으로 인해 외세外勢에 대한 경계심이 높아진 상태였는데, 서구 열강列强의 오만함은 조선의 주권을 존중하지 않음으로써 처음에는 호의적이었던 조선이 외세에 더 강경한 입장을 취하게 하였다. 위키백과에 정리된 셔먼호 사건을 살펴보면 저들의 오만이 큰 화를 자초한 것을 알 수 있다.

　　8월 14일에 충남 해안가에 도착한 제너럴셔먼 호는 조선 관리들과 접촉하여 통상을 요구했으나, 서양과의 통상은 국법으로 금기사항이라는 이유로 거절했고 불법 항해이니 신속히 물러갈 것을 요구하였다. 그러나 이들은 중국 정크선을 앞세워 8월 20일(음력 7월 11일)에 대동강을 거슬러 올라왔다. 중국 정크선의 선장인 유화태兪和泰는 1865년말 토마스가 황해지역에 왔을 때 타고 왔던 배의 선장이며 토마스에 의하면 20년 이상 조선인과 무역을 하던 자였다.
　　그해 봄에 벌어진 병인박해(1866)로 인해 프랑스 군함의 보복이 예견되는 가운데 조선 관원들은 긴장한 채 경계 하고 있었는데, 제너럴 셔먼호가 평양 경내에 정박하자 조선의 관리들은 조심스럽게 이들과 접촉했다. 제너럴셔먼호 측은 상거래를

Ⅳ. 척화(斥和)와 개혁 사이에서   171

요구하며, 그들이 가져온 비단·자명종 등을 쌀·사금·홍삼·호표피 등과 교역하자고 제의하였다. 평양 관민은 "서양과의 교역은 국법에 금한 내용이라 불가하나 식량과 보급품을 제공할 수는 있다"며 사태를 원만하게 수습하려 하였다. 아울러 더 이상의 항해는 불법이니 물러가라고 요구했다. 그러나 제너럴셔먼호는 이를 무시하고 대동강을 거슬러 올라왔다.

8월 21일(음력 7월 12일) 조선 측의 강경한 경고에도 불구하고 제너럴셔먼호는 만경대(萬景臺) 한사정(閑似亭)에까지 올라왔고 그들의 행동을 제지하던 중군(中軍) 이현익(李玄益)을 붙잡아 감금 했다. 이에 평양성 관민(官民)은 크게 격분하여 강변으로 몰려들었는데 셔먼호 선원들이 소총과 대포를 마구 쏘아대 사태는 더욱 악화되었다. 강변의 군민은 돌팔매·활·소총으로 맞서 대항했고, 퇴교(退校) 박춘권(朴春權)은 배를 타고 가서 이현익을 구출하였다.

며칠씩 계속된 비로 강의 수위가 높았기 때문에 셔먼호는 대동강을 따라 계속 올라 왔으나, 비가 그치고 썰물이 겹치면서 수위가 얕아지자 양각도(羊角島) 서쪽 모래톱에 선체가 좌초되어 움직일 수 없게 되었다. 불안과 초조에 휩싸인 셔먼호 승무원들은 대포를 발사하는 등 폭력을 자행하여 평양 사람 7명이 죽고, 5명이 다치는 인명피해가 일어났다.

평안도 관찰사 박규수(朴珪壽)는 그들을 체포할 수 있는 사람들을 돈을 주고 구하던 중, 관아 소속의 한 교졸(校卒)이 이러한 작전에 지원했다. 이 교졸은 어촌의 괴피선(槐皮船)(작은 배) 수백 척을 동원하여 배안에 기름을 끼얹은 뒤 섶을 가득 실어 불을 지르게 하고 궁수로 하여금 일제히 화살을 당기게 하였다. 이와 동시에 박규수는 철산부사(鐵山府事) 백낙연(白樂淵) 등과 상의하여 9월 5일(음력 7월 27일)부터 포격을 가한 뒤 대동강 물에 식용유를 풀고 불을 붙였고 화공선을 띄워 공격하며 결국 제너럴셔먼호를 불태워 격침시켰다. 이로인해 승무원 23명 대부분이 불에 타 죽거나 물에 빠져 죽었다.

배에 불이 번지자 영국인 선교사 최난헌(崔蘭軒)(Robert Jermain Thomas, 1840~1866)과 중국인 요리사 조능봉(趙凌奉)이 뱃머리로 나와 살려달라고 애원했다. 조선 관군이 이들을 강안(江岸)으로 데려왔으나 성난 평양부민(平壤府民)들이 삽시간에 달려들어 그들을 때려죽였으며, 나머지 사람들도 모두 죽었다. 이 공로로 박규수는 품계가 올랐고 박규수를 도왔던 교졸은 진영의 으뜸이 되었다.

1871년 미국은 다시 군함을 보내 신미양요辛未洋擾를 일으켰다. 양측은 개항에 대하여 서신을 주고 받았지만 우리나라가 수교를 거부하면서 미국 군함은 덕진진德津鎭과 초지진草芝鎭을 점령하고 광성보廣城堡를 포격해 수많은 조선군이 전사하였지만 우리 군사들의 격렬한 저항에 놀라 오랫동안 버티지 못하고 철수하고 돌아감으로써 조선과의 수교는 몇 년 후로 미루어지고 말았다.

당시 우리 조정 조회朝會에서 임금과 신하들이 먼저 공부를 하고 조회를 시작하는 것은, 가는 곳마다 원주민을 잔혹하게 학살하여 몰살시키고 식민지로 삼은 해적 같은 서구 열강 침략자들은 생각조차 할 수 없는 문화 국가의 모습이다.

승정원일기 고종 8년 신미년辛未年(1871) 4월 20일(기묘) 맑음
사시巳時에 상이 연생전延生殿에 나아가 수강受講하였다. 이때 입시한 영사領事 김병학金炳學, 강관講官 조기응趙基應, 참찬관參贊官 김성근金聲根, 검토관 어윤중魚允中, 가주서假注書 서정순徐正淳, 기주관記注官 윤상은尹相殷, 별겸춘추 김영목金永穆이 각각 『중용中庸』을 가지고 차례로 나와 엎드렸다.
임금께서 말씀하셨다.
"사관史官은 좌우로 나누어 앉으라."
김병학이 앞으로 나가 문후하고, 각전各殿에 대한 문후를 마쳤다. 상이 전에 배운 부분의 음을 한 번 외우고 나서 책을 폈다. 조기응趙基應이 '지성지도至誠之道'부터 '우제이십오장右第二十五章'까지 읽고, 이어 뜻을 풀이하였다. - 글 뜻은 원문 빠짐 - 김병학이 아뢰기를,
"서양 선박이 내해內海에 머무른 지 이미 여러 날이 되었습니다. 물에 뜬 가택假宅에서 생활을 꾸리는 만큼 저들의 기교는 이것밖에 없습니다. 저들이 오고 가는 것은 본래 번개가 번쩍이듯 하니 온다고 해서 근심할 것이 없고 간다고 해서 믿을 것도 없습니다. 다만 이로 인해서 세선稅船이 지체될 염려가 없지 않으니, 도성이 식량을 잇대기가 매우 염려스럽습니다. 그런데 며칠 전부터 시장 가격이 점점 헐해지고

민심이 이로 인해서 편안해지고 있으니 천만다행입니다."

임금께서 말씀하셨다.

"서양 선박은 매우 불측不測하다."

김병학金炳學이 아뢰었다.

"정황이 불측한 것으로 서양 오랑캐와 같은 것이 없습니다. 이른바 미리견彌利堅(미국)은 부락만 있을 뿐인데, 그 중간에 화성돈華盛頓(워싱톤)이라는 곳이 있어서 성지城池를 만들고 기지를 건설하여 해외의 양이洋夷와 더불어 서로 교통하고 있으며, 영국英國은 거리상 가장 가까운 듯하니 이는 『해국도지海國圖誌』에 나타나 있습니다."

임금께서 말씀하셨다.

"이들은 해적과 다름이 없다."

김병학이 아뢰었다.

"그들이 경영하는 것은 오직 이익만을 쫓는 것인데 바닷섬 사이를 오가면서 또한 겁탈하는 버릇도 많으니, 과연 해적과 다름이 없습니다. 저들이 소위 교역이라고 말하는 것은 더욱 해괴한 말입니다. 저들이 비록 이런 구실로 와서 소란을 피우고 있으나 일체 엄격히 막은 뒤에야 나라가 나라의 체모를 갖출 수 있을 것입니다."

임금께서 말씀하셨다.

"*비록 교역이라 하더라도 외국과 더불어 서로 교통해서는 안 된다. 만약 한 번이라도 서로 교통하게 되면 사학邪學이 반드시 치성熾盛해져 부자父子(孔子)의 도가 장차 폐지될 것이다.*"

김병학이 아뢰었다.

"진실로 한 번 서로 교통한다면 사학이 과연 치성해질 것입니다만, 부자의 도는 마치 태양이 하늘에 떠 있는 것과 같습니다. 이런 요사한 기운이 어찌 감히 크게 밝은 것을 더럽힐 수 있겠습니까?"

임금께서 말씀하셨다.

"선전관에 가서 보니, 선판船板이 파손되었다는 것은 정말 그랬다고 한다."

김병학이 아뢰었다.

"저들의 배가 감히 방자하게 날뛰는 것은 반드시 우리나라 사람이 종용하는 것이 있어서일 것입니다만, 굉음轟音을 내는 포가 선판船板을 파손시켰으니, 저 추악한 무리들의 간담이 떨어졌을 것인바 이는 통쾌한 일입니다."

임금께서 말씀하셨다.

"저 선박 안에 우리나라 사람이 많다 하니, 더욱 통탄스런 일이다. 이런 무리들을 어찌 우리나라 사람이라고 할 수가 있겠는가?"

김병학이 아뢰었다.

"부모의 나라를 버리고 도망가 다른 나라 선박에 들어간 사람들은 그 정상을 따져보건대 만 번 죽고도 남을 죄가 있습니다. 이런 무리들은 곧 금수만도 못하니, 어찌 우리나라 사람이라고 할 수 있겠습니까?"

임금께서 말씀하셨다.

"손돌목紅頭을 지나갈 즈음에 어찌 우리나라 사람의 내응이 없었겠는가?"

김병학이 아뢰었다.,

"만약 내응하는 무리가 없었다면 저들이 어찌 감히 어려움 없이 엿보아 들어올 수 있었겠습니까. 이는 모두 사도邪徒들이 휩쓸려 호응해서 그런 것이니, 더욱 통탄스럽습니다."

임금께서 말씀하셨다.

"사학邪學의 무리는 모조리 섬멸하는 것이 옳다. 지금 또한 나머지 무리들이 있는 듯하다."

김병학이 아뢰었다.

"조정에서 사도를 다스리는 법이 이미 준엄하고 엄격해서 끝까지 찾아 체포하고 체포하면 반드시 죽이고 있는데, 달아난 나머지 무리들이 또한 많지만 차차 제거될 것입니다."

임금께서 말씀하셨다.

"저들의 학문은 죽더라도 버리지 않으니, 이것이 과연 무슨 학문이란 말인가."

김병학이 아뢰었다.

"나라의 법을 범하여 죽음에 이르러서도 버리지 않으니, 이들은 흉악하고도 추한 무리들입니다. 어찌 인간의 도리를 가지고 꾸짖을 수가 있겠습니까?"

임금께서 말씀하셨다.

"전傳에 이르기를, '농사는 시기를 빼앗지 않는다.'고 하였다. 이때에 실농失農 한다면 심히 염려스럽다. 선전관이 주달奏達한 말을 들으니, 강 연안의 군병들이 3, 4일마다 윤번으로 농사를 짓는다고 하는데, 3, 4일 간격으로 어찌 농사에 전력할 수가 있겠는가?"

김병학이 아뢰었다.

"이는 필연적인 형세인데, 이때에 실농한다는 것은 매우 염려스럽습니다."

조기응趙基應이 아뢰었다.

"강 연안沿岸의 각처에서도 모두 이와 같이 한다고들 하니, 매우 염려스럽습니다."

임금께서 말씀하셨다.

"듣자하니, 선전관이 영종永宗에 가서 서양 선박이 정박하고 있는 부근에 투숙을 했는 바 배 한 척이 새벽녘에 과연 물러났는데 천리경千里鏡으로 비추어보고 갔다 하였다."

김병학이 아뢰었다.

"서양 오랑캐가 와서 정박할 때 항상 천리경으로 비추어보는 것은 정찰을 위해서 그런 것입니다. 중국의 경우 서양 오랑캐가 8, 9층의 누각을 지어 궁중을 내려다보는데도 중국이 금하지를 못하고 다만 장막만을 쳐 놓았을 따름이라고 하였습니다. 저 오랑캐들의 해괴한 작태가 이와 같습니다."

임금께서 말씀하셨다.

"서양 오랑캐가 중국을 엿보아 들어온 것은 반드시 공친왕恭親王이 인도해서일 것이다. 우리나라의 힘이 중국에 미치지 못하는데 대국인 중국으로서도 시원스레 제거하지 못하였으니, 공친왕이 간사함에 물들어 은밀히 비호해 준 결과인 듯하다."

김병학이 아뢰었다.

"공친왕이 은밀히 서양 오랑캐를 비호해 준 것은 뇌물을 받아 그런 것입니다. 지난번에 보내온 자문咨文(중국과의 외교문서)은 예부禮部에서 극구 저지하였는데도 끝내 공친왕이 극구 주선하여 이자移咨(중국과 외교문서를 주고 받는 것)하는 지경에 이른 것이라고 하니, 간사함에 물들어 서로 한 통속이 된 자취가 멀리 우리나라에까지 이처럼 미쳤습니다."

임금께서 말씀하셨다.

"황상의 숙부로서 재화를 이롭게 여겨 나라를 팔아먹었으니, 이 어찌 인정이라고 할 수 있겠는가?"

김병학이 아뢰었다.

"이와 같은 입장으로 저와 같은 일을 행하는 자이니, 과연 인정이 아니고 신하된 본분이 아닙니다."

임금께서 말씀하셨다.

"중국 사람이 아편을 불태웠기 때문에 많은 상해를 입은 듯하다."

조기응이 아뢰었다.

"중국이 서양 오랑캐에게 모욕을 당한 것은 실로 공친왕이 유인해 받아들여 은밀히 비호해 주어서 그런 것입니다. 송宋(南宋) 나라의 진회秦檜 같은 사람은 금金 나라에 대한 화친을 주장했다가 마침내 나라가 전복되는 화를 초래했습니다. 대개 소인이 나라에 재앙을 끼치는 것은 처음부터 끝까지 물욕에 가려 화망禍亡이 이어 찾아드는 것을 알지 못하기 때문입니다."

김병학이 아뢰었다.

"송宋 나라 고종高宗은 진흙으로 만든 말로 강을 건너 한쪽의 구석진 땅을 보유하였지만 진회의 부정을 알지 못하여 자기 자신처럼 믿고 그의 충성은 악무목岳武穆(岳飛·악비의 시호가 武穆이다)같다고 여겼다가 마침내 진회에게 교살되었습니다. 알 수 없는 것은 소인으로, 비록 열 명의 군자가 있더라도 매양 한 사람의 소인에게 해를 당하니, 이는 예로부터 지사志士들이 책을 덮고 탄식한 것입니다."

임금께서 말씀하셨다.

"맹자孟子가, '설거주薛居州 한 사람이 송왕宋王에 대해 어찌하겠는가?' 하였으니, 이 말이 진실로 옳다."

김병학이 아뢰었다.

"성상의 말씀이 지당하십니다."

하였다. 상이 사관은 자리로 돌아가라고 명하고, 이어 대신에게 물러가라고 명하였다. 또 물러가라고 명하니, 신하들이 차례로 물러나왔다.

강화도를 침범한 미국 함대와 조선 정부간에는 몇 차례 서신이 오갔지만 미국

IV. 척화(斥和)와 개혁 사이에서   177

함대 사령관은 조선 문화를 제대로 이해하지 못했고, 일본에서는 배를 구경만 시켜 주었을 뿐인데 개항하겠다고 응한 일본의 선례도 있어, 1871년 2월 21일에 제너럴 셔먼호 사건의 공동 조사와 통상 요구를 제안하였다. 그러나 조선 정부는 청 나라를 통해 교역에 응하지 않겠다는 뜻을 전달하였다.

"우리 나라는 삼면이 바다로 둘러싸여 있는데 조난당하여 와서 정박하는 다른 나라의 여객선의 경우에는 혹 양식을 원조하고 필수품을 대준 뒤에 순풍을 기다려 돌려보내기도 하고, 혹 배가 파손되어 완전치 못하면 육로로 호송하여 각각 그들의 소원대로 해 주고 아울러 지장이 없게 해 주었습니다……. 이번에 온 편지에서 서로 화목하게 지내자고 희망하였는데, 바다 건너 멀리 떨어져 있는 나라로서 호의를 가지고 서로 관계를 맺자면 접대해서 보내는 도리가 없지 않을 것입니다. 그럼에도 저들이 의논해서 판명하고 교섭하자고 하는데 의논하여 판명할 것이 무슨 일이고 교섭하자는 것은 어떤 문제인지 알 수 없습니다. 조난당한 객선이 있으면 돌보아 주고, 호송해 보내는 문제는 의논하여 판명하지 않아도 의심할 것이 없다는 것을 보장합니다. 혹시 호의를 품지 않고 와서 함부로 멸시하고 학대한다면 방어하고 소멸해버릴 것이니 미국 관리와 통역들은 그저 우리 백성들이나 통제하고 도리에 어긋나게 행동하지 말도록 해야 할 것인데 교섭 여부에 대해서야 다시 더 논할 여지가 있습니까?"

결국 교역을 위한 교섭은 실패하였고, 미국 군대는 강화도를 침범했는데, 조선군은 미국 군대와는 비교조차 되지 않는 열악한 무기로 이에 맞서 싸웠다. 당시 우리 군사들의 모습은 외국인들이 경악(驚愕)할 만큼 용감하게 보였고 죽어간 조선 군사들에 대한 여러 기록도 남겼다. 아래는 나무위키의 광성보 전투 기록이다.

"조선군의 경우 미 해군의 상륙작전 3일 전에야 가까스로 파견된 중앙군 3개 초(오늘날의 중대급)를 광성보(廣城堡)에 집중 배치, 미군의 공격을 강화부에서 광성보로 유도하려 했다. 이를 위해 조선군은 미군 상륙 당일 지방군 소수 병력을 초지진 야습에 투입해서 미군의 반격을 유도했고, 이후 해안도로를 따라 북상하는 미군 앞에서 소규모 척후 병력을 수시로 투입해 미군의 관심을 광성보 쪽으로 돌리려는 두드러진 시도를 반복했다.

이후의 전투에서도 조선군은 예하 3개 초哨가 모두 타 군영 소속이어서 제대로 된 전투 조직을 구축하지 못했다. 더구나 지휘관 어재연魚在淵(1823~1871)을 제외하고는 강화도에 와 본 적도 없어 유리한 방어 위치가 어디인지조차 모르는 말 그대로 눈뜬 장님 상태였다. 화력조차 열세인데다 화력 집중을 위한 훈련도감 기반의 기초 훈련조차 제대로 돼 있지 않은 것이 19세기 후반 조선군의 현실이었던 탓에, 미군이 본격적으로 광성보를 공격하기 시작한 시점에서 조선군은 조직적인 화망을 구성하지도 못했고 그저 개별적으로 총격을 가했기 때문에 미군에게 사실상 거의 피해를 입히지 못했다.

미군은 200m에 달하는 거리를 천천히 전진하는 동안 조선군 200여 명에게 집중 사격을 당했음에도, 총에 맞은 미군은 해군 견습수병과 해병상병 제임스 도허티 단 2명 뿐이었다. 결과적으로 미군측은 단 3명의 전사자가 있었으나 그것도 1명은 아군 오사誤射, 1명은 실족사失足死였고 조선군이 유일하게 사살한 것은 휴 맥키 해군 대위(전사 당시 중위) 뿐이었다. 그는 성채 안에 가장 먼저 도착했는데 조선군이 쏜 총에 가랑이 부위를 맞아 중상을 입었다. 그는 긴급히 후송되었지만 다음 날 오후 5시 45분에 USS Monocacy 함에서 사망했다. 맥키를 쏜 조선군은 곧 도착한 윈필드 쉴리 중령에 의해 사살됐다. 이렇게 일방적인 학살에 가까웠던 전투는 미군이 돌격을 개시한지 단 15분여만에 조선군의 궤멸로 종료되었다.

'조선군은 전근대적 노후한 병기를 가지고 미군의 현대적 총포에 대항해서 용감하게 싸웠다. 조선군은 결사적으로 용감하게 싸우면서 아무런 두려움 없이 그들의 진지를 사수하다가 죽었다. 민족과 국가를 위하여 이보다 더 장렬하게 싸운 국민을 다시 찾아볼 수 없다.'-W. S. Schley, Forty-Five Years Under The Flag(N. Y. 1904), p.95.

'전세가 위급해지자 어공魚公(어재연(魚在淵)은 말하기를 '내가 나라의 후은厚恩을 입었으니 죽음으로써 내 직책을 지킬뿐이다.' 이에 몸을 일으켜 앞장서서 화포를 이끌고 있는 힘을 다해 공격하다가 탄환이 다 떨어지자, 계속 군도를 휘둘러 적군을 격살擊殺하였다. 시살始殺한 지 한 시각이 지나서 전세는 불리하고 힘은 다하여 난군 중에 순사하니 이때가 4월 24일(양 6. 11)이었다.'-『雙忠集 : 江都實記』·『忠莊公遺事(乾·坤)』.

참패의 와중에서도 조선군은 물러서지 않고 결사적으로 항전 했다. 패배가 뻔히 보이는 상황에서 단 한 명의 탈영병도 없었고, 거의 학살 수준에 달한 광성보 전투에서도 미군이 압도적인 전력으로 몰아붙여도 끝까지 싸웠고 총알이 떨어지면 칼을 휘두르며 저항했고 칼날이 부러지면 창으로 저항했으며 이마저도 없으면 돌을 던지거나 적의 눈에 흙을 뿌려서 저항했다. 함락 직후 생포한 패잔병들에게 말을 걸려고 시도했으나, 대화를 거부하고 바로 자살하는 이도 있었다. 미군들을 노려보며 저주의 말을 남긴 채 투신하거나 아니면 미군의 총검을 붙잡고 자기 목을 찌르라는 투로 들이대던 조선군도 있었다고 한다."

『조선비망록』의 저자인 윌리엄 샌즈[William F Sands]는 조선 황실皇室의 고문 顧問으로 고종 황제를 가까이 모시면서 보고 느낀 것을 조선의 장래를 걱정하며 기록하였다. 그도 신미양요辛未洋擾 때 우리 군사들의 용감한 모습을 기록해 남겼고, 『승정원일기』에서도 강화전투의 영웅 어재연魚在淵의 분전奮戰을 상찬賞讚하였다.

"사람들은 조선 사람을 세상에서 가장 겁이 많은 사람이라고 말한다. 내가 그들을 추측컨대 모든 이들이 국내외적으로 억압받아 왔기 때문에 권위 앞에서 위축되었다는 점은 어느 면에서 수긍할 수 있다……. 그토록 불충분한 화승총을 들고 팔이 닿을 만큼 호랑이에게 접근하여 쏴 죽이거나 쇠몽둥이로 때려잡는 그들이 비겁자라는 말을 나는 믿을 수가 없다……. 조선군은 강화도 포대에서 화승총과 후장포後裝砲를 가지고 미국 해군과 대치했으며 미군이 총을 쏘아 그들의 옷을 뚫어도 그가 서 있던 자리에서 죽었다. 미국의 수병들은 그들이 겁쟁이라고 생각하지 않았다. 같은 장소에 상륙했다 쫓겨난 프랑스 수병들도 그렇게 생각하지 않았다. 그들은 서투른 전사이고 그들의 무기는 구식이었다. 그러나 조선의 농민에게 훌륭한 자질이 들어 있다. 조선은 생존할 가치가 있다. 나는 그들을 보면 볼수록 그의 곁에 있으면서 한 인간이 할 수 있는 일이 무엇인가를 알아보기로 결심했다."69)

승정원일기 고종 8년 신미(1871) 5월 20일(기유) 맑음
사시(巳時)에 임금이 연생전延生殿에 나아가 수강受講하였다. 이때 입시한 우의정 홍순목洪淳穆, 강관 최우형崔遇亨, 참찬관 윤상정尹相定, 시독관侍讀官 서상돈徐相敦, 가주서 이태원李泰元, 기주관 윤상은尹相殷, 별겸춘추 박정양朴定陽이 각각 『시전詩傳』 제1권을 가지고 차례로 나와 엎드렸다.
임금께서 말씀하셨다.
"사관은 좌우로 나누어 앉으라."
홍순목이 앞에 나아가 문후하고, 각전各殿에 문후하였다. 상이 책을 폈다. 최우형崔遇亨이 '고양지피羔羊之皮'부터 '은기뢰삼장殷其雷三章'까지 읽고 뜻풀이를 하였다.
임금께서 말씀하셨다.
"구슬이 달린 갓끈을 곧장 아래로 늘어뜨린 것은 예전부터 그렇게 했는가?"
홍순목이 아뢰었다.
"비록 고사古事에 드러난 것은 없지만, 전해오는 말로는 예전부터 곧장 아래로 늘어뜨렸다고 합니다."
임금께서 말씀하셨다.
"곧장 아래로 늘어뜨린 모양은 어떠한가?"
홍순목이 아뢰었다.
"이것은 복식服飾 제도의 변통과는 차이가 있습니다. 가로로 묶은 것과 아래로 늘어뜨린 것이 모두 빠진 바가 없으니, 지금 옛것을 따르는 것도 편리하고 좋을 듯합니다."
임금께서 말씀하셨다.
"방수防守하는 사졸士卒 생각 때문에 별군직을 보내었는데, 노고勞苦를 위문하고 돌아왔다. 광성廣城의 어재연魚在淵이 절의節義를 세우고 죽은 사실을 자세히 들었는데, 과연 충절忠節이 뛰어났다."

---

69) 『조선비망록』(William Sands, 1930, 신복룡 역, 1999. 09. 10. 집문당) p.151.

Ⅳ. 척화斥和와 개혁 사이에서   181

홍순목이 아뢰었다.

"어재연의 모든 것을 신 또한 일찍이 알고 있습니다. 그는 평소 고을을 잘 다스렸는데 그가 광성에서 순직하였다는 소식을 듣게 되니, 완력腕力과 충용忠勇이 모두 옛사람에게 손색이 없습니다."

임금께서 말씀하셨다.

"사책史冊에 실린 충신이 참으로 많지만, 이 사람 또한 손색이 없다."

홍순목이 아뢰었다.

"남의 신하 된 자가 죽어야 할 곳에서 죽는 것이 진실로 쉽지 않기 때문에, 이 사람의 충절은 반드시 천하에 전파될 것입니다."

임금께서 말씀하셨다.

"그 아우가 함께 순절殉節한 것도 장한 일이다."

홍순목이 아뢰었다.

"그 아우는 이미 관수官守의 책임도 없는데도 형을 따라 목숨을 버리고 의義를 취하였으니 더욱 어려운 일입니다."

임금께서 말씀하셨다.

"유풍로柳豊魯에게 늙은 어미가 있다 하니, 매우 불쌍하고 가엾다."

홍순목이 아뢰었다.

"성상께서 이토록 불쌍하고 가엾게 여기시니, 흠앙欽仰해 마지않습니다."

1873년 일본에서는 정한론을 둘러싸고 벌어진 메이지 6년 정변으로 정한론 강경파가 실각하고 온건파가 정권을 잡았다. 이들은 정한론을 잠재우고자 1874년에 대만으로 소규모 원정을 보내기도 했으나 큰 성과는 거두지 못했다. 한편 비슷한 시기의 조선에서는 흥선대원군이 최익현의 상소로 인해 물러났는데, 이 때문에 일본 정부는 통상에 대한 조선의 태도가 변할 것이라는 기대를 품었다.

진즉부터 서구 문물을 받아들인 일본은 이 무렵 명치유신明治維新을 통해 천황제天皇制라는 정치 제도를 확립하고 근대국가로서의 체제를 갖추어 나가고 있었다. 일본은 항상 대륙진출에 대한 여망을 꿈꾸어 왔는데, 근대국가 체제를 갖추면서 더

적극적으로 서구西歐에 대하여 문화門戶를 개방하고 제국주의 정치 체제나 근대식 학문, 무기 체계 등을 도입하며 급속히 국력을 키우고 있었다.

조선 조정은 1874년 8월 청나라로부터 "일본이 대만 원정에 준비했던 5천 명가량의 병력으로 조선을 침공할 수 있고, 이를 막기 위해 조선이 미리 미국과 프랑스와 통상 조약을 체결하는 것이 좋겠다"라는 내용의 비밀 문서를 받았다. 조선의 조정에서는 갑론을박甲論乙駁이 이어졌으나, 결국 일본과의 교섭이 결정됐다.

1875년 2월 조선은 일본의 외교관인 모리야마 시게루森山茂가 가져온 새로운 서계書契를 받아보았다. 조선의 요구대로 서계에서 '천황' 같은 단어는 빠졌지만 조선 조정을 자극할 만한 '대일본' 같은 용어가 사용됐음에도, 개항에 대한 고종의 의지가 강했기에 협상에 들어갈 수 있었다. 하지만 여전히 조선의 위정척사파衛正斥邪派가 이를 극렬히 반대했으며, 동래 부사는 일본 사신이 대례복(메이지 정부의 공식 관복으로 서양식 의복)을 입고 성문 안에 들어오지 못하게 막기도 했다. 그렇게 교섭에 난항을 겪자 모리야마는 일본 정부에 조선을 압박하기 위한 군함 파견을 요청했고, 일본 내부의 강경파는 외무경外務卿 이와쿠라 도모미岩倉具視, 태정대신太政大臣 산조 사네토미三条実美 등의 동의를 얻어 1875년 5월에 운양호雲揚號를 포함한 두 척의 군선軍船을 부산으로 파견했다. 부산에서의 도발과 무력 시위가 제대로 효과를 보지 못하자, 같은 해 9월 운양호는 단독으로 강화도에 무단 침입하여 조선군과 전투를 벌였다. 이를 운양호 사건이라고 한다.

"개항에 대한 고종의 의지가 강했다"는 것은 명성황후의 영향력이 발휘된 결과다. 이후 고종과 명성황후의 활동을 살펴보면 외국 문물에 대한 폐쇄성에서 벗어나 진취적인 태도로 접근한 것을 여러 자료와 경로로 확인할 수 있다. 때론 일본에, 때론 미국에, 때론 러시아에 가까이하며 오락가락한 것으로 비쳐지는 것은 특정한 국가에 예속隸屬된 것이 아니라 약소국 국왕으로서 그때그때 국제정세의 변화에 따라 각국의 힘을 이용하고자 한 것으로 보아야 할 것이다.

1875년 9월 21일, 일본 해군의 운양호雲揚號는 강화도 앞바다에 접근해 함포로 초지진草芝鎭을 파괴했다. 조선군은 프랑스군과 미군의 강화도 침범을 막아내기는 했지만 강화도 일대를 수비하던 여러 군진軍鎭과 대포는 프랑스 해군이나 미국 해군과의 전투에서 괴멸壞滅 당해 아직 복구復舊도 되지 않은 상태여서 일본군의 침범을 방어할 수준이 되지 못했다. 운양호 침범 때 조선군은 대포 35문을 파괴 당했고, 전사 35명, 포로 16명으로 전투다운 전투도 하지 못한채 무너졌다. 일본 해군은 9월 24일 일본으로의 돌아갔지만 이 전투 결과는 강화도조약으로 불리는 〈수호조규修好條規〉 체결로 남겨졌다. 이 수호조규를 두고 불평등 조약이라고 하는 이들도 많지만 일부 우리 관리들이 놓친 부분이 보이긴 해도 불평등 조약이라고만 할 수는 없다.

바다에서 바라본 강화도 초지진草芝鎭-하야시 다케이치林武一 촬영 『朝鮮國眞境』

수호조규 체결 장소인 1876년의 강화부江華府 부사영副師營
사진출처 JAPAN ARCHIVES

〈수호조규修好條規〉는 우리나라가 외국과 체결한 최조의 국제협약國際協約 외교문서라고 할 수 있으므로 자세히 살펴보고 넘어갈 필요가 있다. 국한문번역문國漢文飜譯文은 국회도서관에서 펴낸 구한말조약휘찬舊韓末條約彙纂 상권上卷에서 인용한 것이다. 고종 13년 병자년丙子年(1876) 음력 2월 3일 강화도에 온 일본전권대사日本全權大使는 본국 정부로부터 수호조약修好條約 협의에 대하여 아래와 같이 여덟 조항의 훈령訓令을 받았는데, 이것을 기초로 협의해 확정한 것이 〈수호조규修好條規〉다. 한문漢文을 국한문으로 번역하는 과정에서 번역자에 의한 가공加工이 있을 수 있으므로 한문漢文으로 된 원문原文을 같이 읽는 것이 중요하다.

① 일본과 조선은 대등한 조건으로써 수호조약을 체결할 것.
② 양국민兩國民은 양정부兩政府가 지정한 장소에서 무역을 할 수 있게 할 것.
③ 조선정부는 부산에서 피아인민彼我人民이 자유롭게 상업商業을 영위하게 하고, 또 강화부江華府 또는 수도首都 근방의 교통운수交通運輸가 편한 장소를 선택하여 일본신민日本臣民의 거주·무역의 지地로 할 것.
④ 수도首都와 부산釜山 또는 기타의 일본신민 무역장간貿易場間에 일본인 왕래의 자

유를 허許하고 이에 대하여 조선정부는 상당한 부조扶助를 할 것.

⑤ 일본 군함 또는 상선은 조선영해를 자유항해 및 측량을 할 수 있을 것.

⑥ 피아彼我 표류민漂流民의 보호송환保護送還은 별도로 협정한다.

⑦ 피아彼我의 친목을 보존하기 위하여 양국의 수도에 서로 사신使臣을 재류在留시킨다. 그 사신은 예조판서禮曹判書와 대등對等의 예우禮遇를 받는다.

⑧ 피아인민彼我人民의 분쟁을 방지하기 위하여 무역지貿易地에 영사관을 설치하여 무역의 신민臣民을 관리한다.

〈수호조규修好條規〉

대일본국大日本國과 대조선국大朝鮮國은 원래 우의友誼 두텁게 세월을 경과하였다. 지금 양국의 정의情意 미흡未洽함을 보게 되므로 구호舊好를 중수重修하여 친목을 굳게 하고자 한다. 이를 위하여 일본국 정부는 특명전권변리대신特命全權辨理大臣 육군중장 겸 참의개척장관參議開拓長官 구로다 기요타카黑田淸隆, 특명부전권변리대신特命副全權辨理大臣 의관議官 이노우에 가오루井上馨를 간발簡拔하여 조선국 강화부江華府에 파견하고, 조선국 정부는 판중추부사 신헌申櫶, 도총부총관 윤자승尹滋承을 간발簡拔하여 각기 봉승奉承한 논지論旨에 준거遵據하여 의결한 조관條款을 좌左에 개열開列한다.("좌에 개열한다"는 것은 원문이 종서縱書이기 때문이다. -필자 注)

제第1관款 조선국은 자유지방自由之邦이며 일본국과 평등한 권리를 보유한다. 금후今後 양국이 화친의 성의誠意를 표표하고자 할진대 모름지기 피아彼我 동등한 예의禮儀로써 상대할지며 추호秋毫도 침월侵越 시혐猜嫌함이 있어서는 아니 될 것이다. 우선 종전從前에 교정조해交情阻害의 화근禍根이던 제법규諸法規를 혁제革除하고 극력관유홍통極力寬裕弘通의 법규를 개광開廣하여서 쌍방雙方의 영원한 안녕을 기期한다.

제2관 일본국 정부는 지금부터 15개월후 언제든지 사신을 조선국 경성京城에 파견하여 예조판서와 친접親接하여 교제사무交際事務를 상의商議하도록 할 수 있다. 해사신該使臣은 유체留滯하든지 직시直時 귀국歸國하든지 그것은 다 시의時宜에 의依할 것이다. 조선국 정부는 언제든지 사신을 일본국 동경東京에 파견하여 외무경外務卿과 친접親接하여 교제사무交際事務를 상의商議하도록 할 수 있다. 해사신該使臣이 유체하든지 직시 귀국하든지 그것은 또한 시의에 의할 것이다.

제3관 금후今後 양국 왕래의 공용문公用文은 일본은 그 국문國文을 사용하되 차후此後 10년간은 역한문譯漢文 한 통通을 첨부添付하며, 조선국은 진문眞文(漢文)을 사용할 수 있다.

제4관 조선국 부산釜山의 초량항草梁項에는 일본공관日本公館이 있고 다년간多年間의 양국 인민人民의 통상지通商地이다. 금후 종전從前의 관례慣例와 세견선등사歲遣船等事를 개혁하고 금반今般 새로 의결되는 조관條款을 빙준憑准으로 하여 무역 사무를 처리할 것이다. 그리고 이 외에 조선국 정부는 제5관에 기재記載하는 이구二口를 개항開港하고 일본인이 왕래 통상通商함을 허가한다. 우장소右場所에서 지면地面을 임차賃借하여 가옥家屋을 조영造營하며 또한 소재所在의 조선 인민의 가옥을 임차함은 각기 수의隨意에 맡긴다.

제5관 경기, 충청, 전라, 경상. 함경 5도의 연해중沿海中 통상에 편리한 항구 2개소를 택擇한 후 지명地名을 지정指定할 것이다. 개항기開港期는 일본력日本曆 명치明治 9년 2월 조선력朝鮮曆 병자丙子 2월부터 기산起算하여 20개월후로 한다.

제6관 금후今後 일본국 선척船隻이 조선국 연해沿海에서 혹은 대풍大風에 조우遭遇하여 혹은 신량薪糧(땔감과 식량)에 궁갈窮竭하여 지정항구指定港口에 도달할 수 없을 때에는 어떤 항만港灣에서든지 선척船隻을 기박寄泊하여 풍파風波의 위험을 피하고 소요품을 구입購入하며 선구船具를 수선修繕하며 시탄등柴炭等을 구득購得할 수 있다. 물론 그 공급비용은 모두 선주船主가 판상辦償할지라도 이러한 사항에 관하여서는 지방 관민官民은 그 곤란을 체찰體察하며 진실로 연휼憐恤을 가加하여 구원救援에 부족함이 없고 보급에 인색함이 없어야 한다. 그리고 또 양국의 선척船隻이 대양중大洋中에서 파괴되어 승선원乘船員이 어떠한 지방에든지 표착漂着하는 때에는 그 지방 인민은 즉시 구휼救恤의 수속手續을 취取하여 각인各人의 생명을 보전시키고 지방관에 계출屆出하여 해관該官이 각본국各本國에 호송護送하거나 또는 그 근방에 재류在留하는 본국관원本國官員에게 인도引渡한다.

제7관 조선국 연해沿海 도서島嶼의 암초岩礁는 종전從前에 자세히 조사하지 않아서 지극히 위험危險하므로 일본국의 항해자航海者가 수시隨時로 해안을 측량하여 그 위치와 깊고 얕음을 자세히 조사하고 지도를 편제編製하여 양국 선객船客이 이로써 위험을 피하여 안전하게 한다.

제8관 금후今後 일본정부는 조선국의 지정指定 각항各港에 시의時宜에 따라 일본 상인을 관리管理하는 관원官員을 설치設置할 것이다. 만약 양국이 교섭할 안건이 있을 때에는 해관該官은 소재지방장관所在地方長官과 회상會商하여 처리한다.

제9관 양국은 이미 통호通好를 하였다. 피아인민彼我人民은 각자임의各自任意로 무역한다. 양국 관리官吏는 조금도 이에 간여干與하지 않을 것이며 제한制限을 설정設定하거나 금저禁沮하지 못한다. 만약 양국의 상민商民이 기망현매欺罔衒賣나 대차불상貸借不償을 하게 되는 때는 양국 관원은 엄중히 해국상민該國商民을 취조取調하여 채결債缺을 추판追辦시킬 것이다. 단 양국 정부는 이를 대상代償할 이유理由가 없다.

제10관 일본국 인민이 조선국 지정指定의 학항各港에 재류중在留中 만약 죄과罪科를 범하여 조선국 인민에게 관계되는 사건은 모두 일본국 관원이 심의審議할 것이다. 만약 조선국 인민이 죄과를 범하고 일본국 인민에게 관계되는 사건은 모두 조선국 관원이 사판查辦(조사하여 판단)할 것이다. 단 쌍방이 다 각기국률各其國律에 의거하여 재판하되 조금도 회호回護(감싸서) 단비袒庇(덮어줌)함이 없이 극력極力 공평公平 원당允當한 재판을 할 것이다.

제11관 양국은 이미 통호通好를 하였으므로 따로 통상장정通商章程을 설정設定하여 양국 상민商民에게 편리를 줄 것이다. 이와 아울러 지금 의결한 각조항중各條項中 다시 세목細目을 보첨補添하여 주조遵照하기에 편리한 조건으로 할 것이다. 이는 지금부터 6개월을 넘지 않고 양국이 따로 위원委員을 임명하여 조선국 경성 또는 강화부江華府에서 회견하고 상의결정商議決定하게 한다.

제12관 우右에 의정議定된 제11관의 조약은 오늘부터 양국이 신수준생信修遵行한다. 양국 정부는 이를 다시 변혁變革할 수 없으며 영원히 신준信遵하여 양국의 화친을 두텁게 할 것이다. 이를 위하여 본약서本約書 2통을 작성하여 양국이 위임한 대신大臣이 각각 조인調印하고 호상互相 교부交付함으로써 증거證據를 명확明確히 한다.

大日本國紀元二千五百三十六年明治九年二月二十六日
特命全權辨理大臣陸軍中將兼參議開拓長官黑田淸隆
特命副全權辨理大臣議官井上馨

大朝鮮國開國四百八十五年丙子二月初二日
大官判中樞府事申櫶
副官都摠府副摠官尹滋承

修好條規

大日本國與大朝鮮國素敦友誼歷有年所今因視兩國情意未洽欲重修舊好以固親睦是以日本國政府簡特命全權辨理大臣陸軍中將兼參議開拓長官黑田清隆特命副全權辨理大臣議官井上馨指朝鮮國江華府朝鮮國政府簡判中樞府事申櫶副摠管尹滋承各遵所奉諭旨議立條款開列于左

第一款

朝鮮國自主之邦保有與日本國平等之權嗣後兩國欲表和親之實須以彼此同等之禮相待不可毫有侵越猜嫌宜先將從前為交情阻塞之患諸例規一切革除務開廣寬裕弘通之法以期永遠相安

第二款

日本國政府自今十五個月後隨時派使臣到朝鮮國京城得親接禮曹判書商議交際事務該使臣駐留久暫共任時宜朝鮮國政府亦隨時派使臣到日本國東京得親接外務卿商議交際事務該使臣駐留久暫亦任時宜

第三款

嗣後兩國往來公文日本用其國文自今十年間別具譯漢文一本朝鮮用眞文

第四款

朝鮮國釜山草梁項立有日本公館久已為兩國人民通商之區今應革除從前慣例及歲遣船等事憑遵新立條款措辨貿易事務且朝鮮國政府須別開第五款所載之二口准聽日本國人民往來通商就該地賃借地基造營家屋或僑寓所在人民屋宅各隨其便

第五款

京圻忠清全南慶尙咸鏡五道中沿海擇便通商之港口二處指定地名開口之期日本曆自明治九年二月朝鮮曆自丙子年二月起算共為二十個月

第六款

嗣後日本國船隻在朝鮮國沿海或遭大風或薪粮窮竭不能達指定港口即得入隨處沿岸支港避險補缺修繕船具買求柴炭等其在地方供給費用必由船主賠償凡是等事地方官民須特別如意憐恤救援無不至補給勿敢吝惜倘兩國船隻在洋破壞舟人漂至隨處地方人民即時救恤保全稟地方官該官護還其本國或交付其就近駐留本國官員

第七款

朝鮮國沿海島嶼巖礁從前無經審撿極為危險准聽日本國航海者隨時測量海岸審其位置深淺編製圖志俾兩國船客以得避危就安

第八款

嗣後日本國政府於朝鮮國指定各口隨時設置管理日本國商民之官遇有兩國交涉案件會商所在地方長官辦理

第九款

兩國既經通好彼此人民各自任意貿易兩國官吏毫無干預又不得限制禁阻倘有兩國商民欺罔衒賣貸借不償等事兩國官吏嚴拏該通商民令追辨債欠但兩國政府不能代償

第十款

日本國人民在朝鮮國指定各口如其犯罪交涉朝鮮國人民皆歸日本官審斷如朝鮮國人民犯罪交涉日本國人民均歸朝鮮官查辨各據其國律訊斷毫無回護袒庇務昭公平允當

第十一款

兩國既經通好須另設立通商章程以便兩國商民且併現下議立各條款中更應補添細目以便遵照條件自今不出六個月兩國另派委員會朝鮮國京城或江華府商議定立

第十二款

右十一款議定條約以此日為兩國信守遵行之始兩國政府不得復變革之永遠信遵以敦和好矣為此約書二本兩國委任大臣各鈐印互相交付以昭憑信

大日本國紀元二千五百三十六年明治九年二月二十六日
特命全權辨理大臣陸軍中將兼參議開拓長官黑田清隆
特 命 副 全 權 辨 理 大 臣 議 官 井 上 馨

大朝鮮國開國四百八十五年丙子二月初二日
大 官 判 中 樞 府 事 申 櫶
副 官 都 摠 府 副 摠 官 尹 滋 承

이미지 출처 : www.jacar.archives.go.jp
国立公文書館 アジア歴史資料センタ

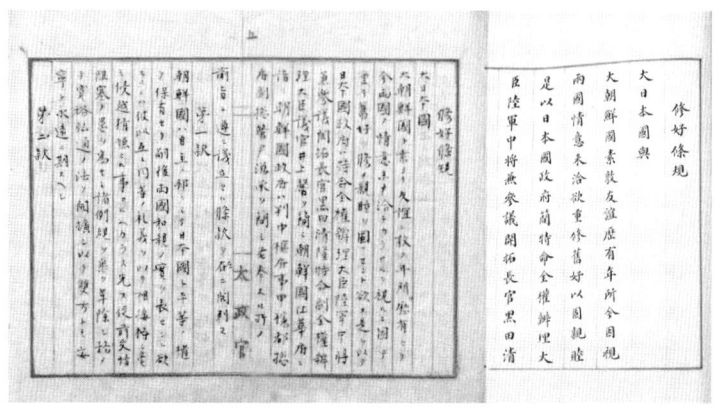

수호조규修好條規 : 일본어 필사원본筆寫原本과 한문본漢文本

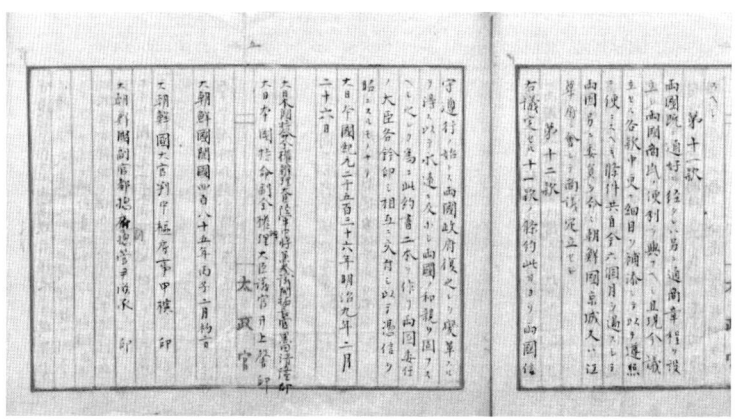

수호조규修好條規 : 일본어 필사원본筆寫原本 양국兩國 협의자 서명署名

〈수호조규修好條規〉를 흔히 〈조일수호조규朝日修好條規〉라고 하는 데, 조선측 한문본漢文本이나 일본측 일본어 원문에는 모두 '조일朝日'이나 '일조日朝'라는 문구가 없으므로 〈수호조규〉라고 해야 한다. '朝日'이나 '日朝'를 넣고자 할 경우 양측 협의 과정에서 논쟁이 되어 협의 자체가 이루어질 수 없기 때문이다. 그런데도 굳이 '朝日'을 넣어 〈조일수호조규〉라고 하는 것은 잘못된 표현이다.

Ⅳ. 척화斥和와 개혁 사이에서   191

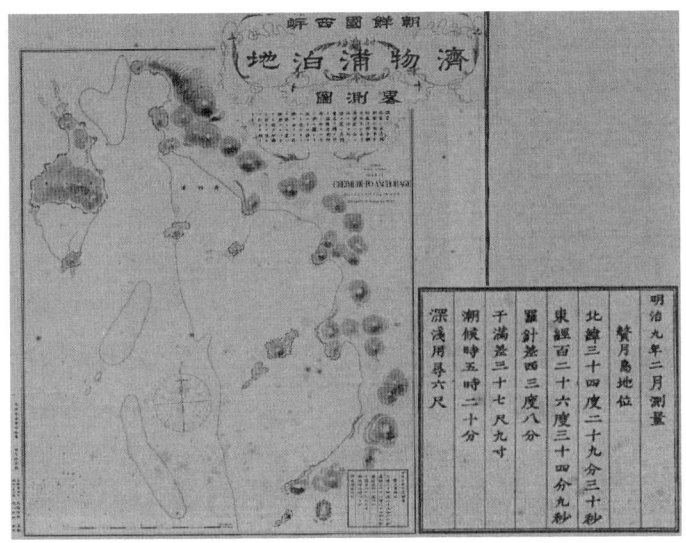

일본 해국 수로국이 1876년에 측량한 제물포 해도海圖
일본 국립공문서관

　종서縱書로 쓴 〈수호조규〉 맨 첫 번째 행에는 '대일본국여大日本國與'라 쓰고 행을 바꾸어 두 번째 행 첫머리에 '대조선국大朝鮮國'이라 하여, 일본측이 초안草案에 일본만 '대일본국大日本國'이라 하고, 조선은 '조선국朝鮮國'이라고만 했던 국명에 동일하게 '대大'라는 수식어를 붙였다. '조선국朝鮮國'이라고만 할 경우 일본도 '대大'를 고집할 명분이 없어 '일본국日本國'이라고만 써야 하는 데, 이는 자기네 천황天皇에 대한 불경不敬이기 때문에 "대등하게 '대조선국大朝鮮國'으로 해야 한다"는 우리측 요구를 받아들일 수밖에 없었을 것이다. 맨 마지막에는 협의한 양국 대신大臣들 이름과 날인捺印이 있는데, 종서縱書로 된 원문에 일본측 대신 이름이 앞에(우측에) 쓰였고, 우리측 대신 이름이 뒤에(좌측에) 쓰였다. 당시 우리 국력이 일본에 미치지 못해서 이렇게 되었을 것인데 굳이 역사적 진실을 부정하고 순서를 바꾸기 보다는 사실史實을 인정하고 스스로를 성찰省察하여, 앞으로 일본보다 더 강해지는 길을 찾고자 하는 것이 올바른 사고思考다.

동북아역사재단에서 간행한 『한일조약자료집』에 수록된 한문본漢文本은, 제7관의 '파괴破壞'를 '파양破攘'이라고 잘못 입력해 있다. 입력 과정의 오타誤打지만 그래서 인쇄를 위한 입력 과정을 거친 가공된 자료 보다 1차 사료史料를 확인하는 것이 중요한 이유다. 『한일조약자료집』은 저자 이름이 없고 엮은이가 동북아역사재단이라고만 표기해 있다. 부제副題를 〈근대외교로 포장된 침략〉이라고 달았는데, 자료집이면서도 부제부터가 특정한 목적을 지향指向하고 있으며, 각각의 자료 뒤에는 해제를 달았지만 해제를 쓴 이가 누구인지도 밝혀 있지 않다. 자성自省 없이 나라 망한 원인을 밖에서만 찾는 방식은 바람직하지 않다.

필자는 우리측 〈수호조규〉 1차 사료를 구해보고자 무척 애를 썼는데, 일본측 자료는 국립공문서관國立公文書館 아시아자료센터에서 필사筆寫 원본과 활자인쇄본을 모두 찾을 수 있었지만 우리측 자료는 외교부 외교사료관에서 어렵게 두 페이지의 필사 원본 사진만 찾았을 뿐이다.

이 〈수호조규〉가 훗날 을사보호조약乙巳保護條約이나 경술국치庚戌國恥라는 결과로 귀결되어 결과론적結果論的으로 불평등조약이라는 주장이 나오지만 불평등하다고 할만한 조문條文은 제7관의 '연해 측량' 부분 정도다. 이 조항을 일본 측이 의도적으로 넣었을 수 있지만, 우리 관리들은 초안草案에 '대일본국황제폐하大日本國皇帝陛下'와 '조선국왕전하朝鮮國王殿下'로 된 것을 조선측 항의로 '대일본국정부大日本國政府'와 '대조선국정부大朝鮮國政府'로 대체하여 우리 측 요구를 반영反映하여 대등한 표현으로 고쳤다고 생각해 '연안측량' 문제는 심각하게 여긴 것 같지 않고, 장래의 국가 안위安危가 걸린 이 문제를 발견하지 못하고 간과看過한 책임을 면할 수는 없다. 그러나 이것도 오늘의 시각視角에서 불평등 문제를 제기할 수 있는 것이지 당시에는 그다지 중요하게 여기지 않았던 것 같다.

해당 조항은 〈수호조규修好條規〉 제7관의, "조선국朝鮮國의 연해도서沿海島嶼 암초岩礁는 종전從前에 심검審檢을 하지 않은 까닭에 지극至極히 위험危險하므로 일본국日本國의 항해자航海者가 자유自由로 해안海岸을 측량測量함을 허가許可하여 그 위치位置 심천深淺을 명세明細히 하고"라는 내용이다. 바닷길을 아는 것은 해전海戰에서 매우 중

IV. 척화斥和와 개혁 사이에서   193

요한 전투 자료인데 우리 바다를 타국 배가 와서 마음대로 측량하는 것을 허용한 것은 큰 실책이라고 할 수 있다. 그러나 당시 협상을 했던 신헌申櫶(1810~1884)과 윤자승尹滋承(1815~?)은 "조선 연해의 암초가 위험하다"는 일본측 주장이 우리 연해에서의 해전海戰에서 중요한 전투 자료가 될 수 있다는 것을 간과看過한 것이다. 당시 우리 정부 인사들 중에 해도海圖의 중요성을 인식한 사람이 있었는지는 알 수 없지만 신헌과 윤자승은 군사전문가가 아니라 유자儒者로서 외교적 측면만 생각한 것으로 보인다.

어쨌든 이런 과정을 거쳐 일본과의 수교가 이루어졌고, 통상通商이 시작되어 현대 서구 문물이 들어오기 시작하였다.

1876년 4월 4일 조선 조정에서는 김기수金綺秀(1843~1894) 예조참의禮曹參議를 정사正使로 한 수신사修信使를 일본에 보냈다. 김기수는 1863년 청淸 나라에 정사正使로 갔을 때 러시아 공사관公使館에서 일행과 함께 조선인 최초로 사진을 찍은 이의익李宜翼(1794~?)에 이어 두 번째 사진을 남긴 분으로 명성황후의 사진이나 초상화 존재 여부와 상당히 깊은 관련이 있는 분이다. 이의익은 명성황후가 왕비로 간택되기 전에 사진을 찍었고, 김기수는 고종과 13년에 사진을 찍고 돌아와서 복명復命하며 사진에 대한 보고도 같이 하였을 것이기 때문이다.

1876년 음력 5월 17일 김기수는 일본측 의관議官 이노우에 카오루井上馨의 집에서 이노우에 및 외무대승外務大丞 미야모토 고이치宮本小一와 러시아의 위협 및 미야모토의 조선 파견에 대하여 대화하였다. 이 대화로 미루어 보면 일본은 진즉부터 러시아의 남진南進 정책에 경계심을 가지고 대비한 것을 알 수 있다. 비록 적이지만 국가적 원려遠慮로 미리 대비하는 모습은 오늘의 우리에게도 시사示唆하는 바가 크다. 아래는 김기수가 남긴 『일동기유日東記游』의 「문답問答·구칙九則」 부분이다. 『일동기유日東記游』의 '遊'는 '놀다'라는 뜻이 아니라 '견문見聞하여 배운다'는 뜻이다.

『일동기유日東記游』 고종 13년(1876년) 5월 17일

의관 이노우에 가오루井上馨 집의 모임에 갔는데, 미야모토 고이치宮本小一도 같이 있었다. 마루에는 여악女樂을 베풀고 술이 반쯤 취하였는데 이노우에가 말했다.

"어제 거듭 말한 일을 공은 마음에 두고 있습니까? 러시아가 귀국에 마음을 쓰고 있는 것은 내가 이미 자세히 말하였습니다. 내가 중풍中風으로 정신에 이상이 생긴 사람은 아닌데, 진실로 정세情勢에 대하여 아는 바가 없다면 하필 이같이 번거롭게 하겠습니까? 공公이 돌아가거든 내 말을 쓸데없다고 하지 말고, 귀국 조정에 힘써 아뢰어 일찍 대비하는 것이 좋을 것입니다."

이노우에는 세계지도世界地圖 한 폭을 내놓으며 말했다.

"이것을 드리겠으니 가지고 돌아가서 때때로 1도度씩 보십시오. 1도마다 각각 이정里程(거리)이 있으니 이로써 미루어본다면 러시아가 귀국과 서로 떨어진 것이 몇 리나 되는지도 또한 알 수 있습니다. 나는 지금 구라파 여러 나라에 사신으로 갔다가 6~7년 후에야 돌아올 것인데, 진실로 정세에 대하여 아는 바가 없다면 무엇 때문에 이러한 많은 말을 하겠습니까? 공은 이러한 나의 고심을 양해하시기 바랍니다."

내가 대답하였다.

"대단히 감사합니다. 공公의 고심함을 낸들 어찌 모르겠습니까. 삼가 공의 이 말을 낱낱이 우리 조정에 알리겠습니다."

이노우에는 웃으며 여악女樂을 가리키며 말했다.

"금년 봄에 강화성에서 모든 부녀婦女들이 다 도망쳐 숨었으니, 내가 그들을 잡아먹을 것인가, 결박하여서 때릴 것인가, 꾸짖어 욕할 것인가? 지금 나는 전혀 인색함이 없이 여악女樂을 내보이는 것입니다."

나도 크게 웃으면서 말했다.

"이것은 우리나라의 예전 규칙인데 공公은 알지 못할 것입니다. 공이 해마다 오게 되면 우리의 부녀들은 또한 해마다 숨고 피할 것입니다."

이노우에는 또 말했다.

"내가 6~7년 후에 돌아올 때는 북경北京에서 육로로 귀국의 의주義州를 거쳐서 바로 귀국의 경성京城에 도착하여 우리나라에 돌아올 예정인데 어떻습니까?"

내가 대답하였다.

"그때 일은 그때 가서 상량商量(헤아려 생각함)할 일이고 지금 미리 강구할 필요 없습니다."

미야모토가 말했다.

"오늘 오전에 우리 정부에서 나를 귀국에 파견한다는 명령이 있었습니다."

내가 대답하였다.

"이것이 6개월 후에 우리나라에 온다는 약속입니까?"

미야모토가 말했다.

"명령만 들었을 뿐이며, 아직은 그 내용이 어떤 것인지는 확실히 알 수 없습니다."

이때 비가 퍼붓듯이 쏟아지고 밤도 이슥하였으므로, 회담을 마치고 각기 돌아갔다.

김기수는 일본에서 돌아온 후 『승정원일기』에 기록된 고종과 김기수의 대화인데, 고종은 상당한 사전지식事前知識을 가지고 김기수와 구체적인 대화를 나누고 있으며, 백제가 경전經典과 음악을 일본에 전해주었다는 두 분의 대화가 흥미롭다. 그 아래는 『동문휘고同文彙考』에 수록된 김기수의 「문견사건聞見事件」 기록이다.

『승정원일기』 고종 13년(1876년) 6월 1일

상이 자미당紫微堂에 나아갔다.

수신사가 입시할 때, 좌부승지 김영목金永穆, 가주서 박두양朴斗陽, 기주관記注官 백시흡白時洽·허륜許崙, 수신사 김기수金綺秀가 차례로 나와 엎드렸다.

임금 : 문견聞見을 적어 올린 별단別單 외에 들을 만한 얘기를 자세히 아뢰보라.

김기수 : 별단 외에 별로 아뢸 만한 말씀은 없으나 그들의 의복은 대개 서양의 복장이었습니다.

임금 : 군병들의 복색도 그러하던가?

김기수 : 역시 그러하였습니다.

임금 : 그 외에 들어볼 만한 풍속에 관해서도 갖춰 아뢰도록 하라.

김기수 : 그들의 풍속은 대체로 부국강병을 힘쓰고 있었습니다.

임금 : 그 나라 사람들의 품성이 대개 강한 것을 힘쓰는데 군용軍容도 역시【원문 빠짐】

임금 : 청 나라 사람들도 있던가?

김기수 : 많이 보았습니다.

임금 : 노서아魯西亞라고 하는 곳은 어느 땅인가?

김기수 : 이는 아라사국俄羅斯國(러시아) 입니다.

임금 : 그렇다면 무엇 때문에 노서아露西亞라고 부르는 것인가?

김기수 : 노서아는 곧 러시아의 또 하나의 이름입니다.

임금 : 여기『영해환지략瀛海環地略』과『해국도지海國圖誌』에 있는가?

김기수 : 그렇습니다.

임금 : 사신 일행이 묵었던 관사는 성 밖에 있는가, 성 안에 있는가?

김기수 : 그것은 성 밖에 있었습니다. 성은 4중으로 되었는데 성마다 호壕(垓子)가 있었으며 호는 깊고 넓었습니다.

임금 : 그렇다면 네 겹의 성 안이 그 이른바 '황궁皇宮'이라는 곳인가?

김기수 : 그렇습니다.

임금 : 네 겹의 성에는 모두 호와 참塹이 있던가?

김기수 : 그렇습니다.

임금 : 이번의 왜사倭使는 언제쯤 나오겠는가?

김기수 : 이달 열흘 사이에는 나오지 못할 것 같습니다.

임금 : 그렇다면 지금 이미 출발을 하였겠는가?

김기수 : 이미 출발하였을 텐데 올 때에 초량관草梁館에서 잠깐 머물겠다고 합니다. 그러나 초량관에 머물더라도 동래부東萊府에는 통지를 하지 않겠다고 합니다.

임금 : 초량관은 우리나라의 진鎭이 아닌가? 왜관에 와서는 어찌 통지하지 않는다는 것인가? 혹시 접대의 폐단 때문인가?

김기수 : 그런 것 같습니다.

임금 : 저들 땅에 있는 여러 나라의 영사관領事官들은 각기 처소가 있던가?

김기수 : 각기 처소가 있었으며, 집을 짓고 거주하는 자도 있었습니다.

임금 : 거주하는 곳에는 역시 모두 표表가 있던가?

김기수 : 듣자하니 십자패十字牌가 있다고 합니다.

Ⅳ. 척화斥和와 개혁 사이에서   197

임금 : 왜국은 그런 것 같지 않다.
김기수 : 왜국은 그렇지 않았습니다.
임금 : 서양의 학문을 하는 자도 있던가?
김기수 : 서양의 학문을 하는지에 대해서는 자세히 알지 못하겠으나, 군사를 기르고 논밭을 경작하는 데에 모두 서양의 기술을 사용하고 있었습니다.
임금 : 관백關伯이 강등되어 종4위從四位가 되었다고 하는데 위位 자와 품品 자는 서로 다르지 않다고 하던가?
김기수 : 그렇습니다.
임금 : 그들 군사의 병기는 매우 강하던가?
김기수 : 매우 강하였습니다.
임금 : 저들은 돈을 주조한다고 하던데, 그렇던가?
김기수 ; 화폐를 주조하고 있었습니다.
임금 : 그 이른바, 자기황自起磺(성냥)이라는 것을 보았는가?
김기수 : 보지 못하였습니다만 혹시 보았더라도 졸지에 바로 배울 수 있는 것이 아니기 때문에 애당초 물어보지 않았습니다.
임금 : 이번의 사행使行은 부득이해서였지만, 그래도 사행 중에 그 법에 대해 들은 것이 있는가?
김기수 : 이번의 사행은 저들의 강청强請에 따라 부득이 사행하게 되었다는 뜻을 보이기 위하여 이러한 여러 기술에 대해서는 하나도 물어보지 않았습니다.
임금 : 매우 잘하였다. 만약 그 기술에 대해서 듣고 그 기술을 얻을 수 있다면 이로운 것이겠지만, 그렇지 못하게 되면 한갓 체모만 잃게 된다.
김기수 : 성상의 말씀이 지당하십니다.
임금 : 전선電線, 화륜火輪과 농기계에 대하여 들은 것은 없는가? 저들 나라에서 이 세 가지 일을 가장 급선무로 힘쓰고 있다고 하는데, 그러하던가?
김기수 : 과연 그러하였습니다.
임금 : 그들 말을 어떻게 하면 배울 수 있는가?
김기수 : 훈도訓導와 별차別差가 가까이 초량관에 있으니, 초량관에서 배우는 것이

좋을 것 같습니다.
임금 : 이 말이 옳다. 오래오래 배우게 되면 저절로 익숙해질 것이다.
김기수 : 성상의 말씀이 지당하십니다. 어찌 배워서 익숙해지지 않는 것이 있겠습니까?
임금 : 궁궐은 모두 장엄하고 화려하던가?
김기수 : 【원문 8행 빠짐】
임금 : 화륜선火輪船은 어느 나라에서 처음 사용하였다고 하던가?
김기수 : 미리견米利堅(미국)에서 시작되었다고 합니다.
임금 : 기계는 모두 어느 곳에서 만들어진 것이며, 일본에서는 지금 모두 배워 익혔다고 하던가?
김기수 : 각국의 기계들을 이미 모두 배웠다고 합니다.
임금 : 재주가 이미 정묘하고 학문에 또한 부지런하면 이와 같이 쉽게 배울 수 있는가?
김기수 : 과연 그렇습니다.
임금 : 이외에 또 볼 만한 일이나 들을 만한 일이 있던가?
김기수 : 비록 들을 만하고 볼 만한 일이 있더라도 한 번도 물어보지 않았습니다.
임금 : 이 역시 잘 처신한 것이다. 그들의 병사는 얼마나 되겠던가?
김기수 : 매우 많은 것 같지는 않았습니다.
임금 : 초모招募(불러 모음)하는 군사들이 매우 많은데, 녹봉은 모두 어느 곳으로부터 나오기에 이와 같이 하고 있단 말인가? 토지에서 나오는 소출은 필시 전에 비해 많이 늘어나지 않았을 것이다.
김기수 : 성상의 말씀이 지당하십니다.
임금 : 하이국蝦夷國(北海島 아이누)의 땅을 아울렀다고 하던데, 그러한가?
김기수 : 과연 그러합니다.
임금 : 그렇다면 그 땅에도 역시 왕이 있었던 듯한데, 땅은 얼마쯤 되는가?
김기수 : 가히 사방 천리가 된다고 합니다.
임금 : 그 땅을 얻어서 전답을 아울러 경작한다고 하던가?
김기수 : 그렇다고 하였습니다.

임금 : 무릇 사용하고 있는 기계들이 모두 정밀하고 편리한데, 가르치고 익히는 방법도 모두 익숙하던가?

김기수 : 과연 익숙하였습니다.

임금 : 총銃의 크기는 어떠하던가? 그리고 모두 육혈총六穴銃은 아니던가?

김기수 : 육혈총은 보지 못하였습니다.

임금 : 현재 보는 바로는 부강한 형편이라고 할만 하던가? 그 이른바 부용국附庸之國이라고 하는 나라는 하이국蝦夷國을 말함인가?

김기수 : 그렇습니다.

임금 : 하이국이 현재 이미 합병되었다면 하이국에서는 다만 그 토지를 경작할 뿐이라고 하던가?

김기수 : 하이국은 모두 도망가 흩어졌다고 하는 것 같습니다.

임금 : 세 가지 절목節目에 대해서는 다시 말하는 것이 없던가?

김기수 : 듣지 못하였는데, 저들은 무릇 의논하고 모의하는 일에 매우 비밀스러웠습니다.

임금 : 저들 나라의 관제官制의 등급에서는 품品 자를 쓰지 않고 위位 자를 써서, 1위니 2위니 한다고 하던데 그러하던가?

김기수 : 그러합니다. 정위正位라는 칭호는 보지 못하였는데, 그들 대신도 종1위라고 한답니다.

임금 : 그렇다면 미야모토 고이치宮本小一는 우리나라의 품계로는 몇 품品에 해당되며, 저들 나라에서는 몇 위位인가?

김기수 : 저들 나라에서 4, 5위에 해당하며, 우리나라의 품계로는 종2품입니다.

임금 : 구로다 기요타카黑田淸隆는 몇 위인가?

김기수 : 3, 4위에 불과합니다.

임금 : 저들의 정2위나, 종2위는 모두 어떤 관직인가?

김기수 : 모두가 대신인 것 같았습니다.

임금 : 대신은 몇 사람이나 되던가?

김기수 : 4, 5인 될 듯합니다.

임금 : 이외에 다시 자세히 알고 있는 것은 없는가?

김기수 : 다시 아뢸 만한 것이 없습니다.

임금 : 이렇게 무더운 때를 당하여 무사히 다녀왔으니 무엇보다도 다행이다.

김기수 : 모두 성상의 덕택입니다.

임금 : 화륜선이 비록 빠르기는 하지만 거슬러 흐르는 물과 맞바람이 없을 수 없는데, 돌아올 때 맞는 바람은 더욱 험했을 것 같다.

김기수 : 다행히도 어려움을 면하였습니다.

임금 : 갈 때에는 어떻게 그리도 빨리 갈 수 있었는가?

김기수 : 순풍을 만났기 때문입니다.

임금 : 바닷길로 며칠을 가고, 육로로는【원문 8행 빠짐】

임금 : 대마도는 큰 섬이 아닌데, 큰 섬은 어느 곳에 있는 것인가?

김기 : 장치도長峙島, 살마도薩摩島 두 곳이 모두 큰 섬이라고 합니다.

임금 : 그 지방은 얼마쯤 되는가?

김기수 : 길이가 4천여 리이고 넓이가 9백 리입니다.

임금 : 왜倭는 처음 왜노국倭奴國이라고 불리었던가?

김기수 : 그렇습니다.

임금 : 지금은 매우 광대하다. 그 둘레를 가지고 논한다면 우리나라보다도 넓은데, 일찍이 일본이 이렇게까지 커질 것이라고는 생각도 하지 못하였다.

김기수 : 그 나라의 사람들은 아직도 백제百濟에 대하여 말하고 있습니다.

임금 : 무엇 때문에 아직까지도 말하고 있는가?

김기수 : 백제 때에 일찍이 경전經傳과 악률樂律을 전해주었으므로, 감동하고 기뻐하면서 지금까지 칭하고 있습니다.

임금 : 현재 쓰고 있는 음악이 백제에서 전해주었던 그것이라고 하던가?

김기수 : 경전은 아직껏 전해오고 있으나 음악은 전적으로 서양의 가락을 쓰고 있습니다.

임금 : 이번의 사행에서는 역관과 하인배들의 작폐가 별로 없었다. 중국의 동지사冬至使는 비록 하인배들이 간혹 폐단을 일으키더라도 두터운 아량으로 혹 관대하게 용서를 받기도 하지만, 왜국에 대한 이번 사신 행차와 같은 경우에 만약 종자들이 폐단이라도 일으키면 반드시 저들의 웃음거리가

되어 우리나라의 수치가 되었을 것이다. 이번 사행에서 폐단 없이 되돌아온 것은 무엇보다 다행한 일이다.

『문견사건聞見事件』 고종 13년(1876) 6월 1일

신은 4월 4일에 대궐에서 하직하고, 29일에 부산포釜山浦에서 배를 탔으며, 5월 7일에 에도江戶에 도착하였습니다. 27일에 출발하여 윤5월 7일에 부산포로 돌아와 정박하였습니다. 왕복한 길의 거리를 따져보니 수로로 9,800리고 육로로 220리인데, 삼가 그곳에서 듣고 본 것을 수습하여 열람하시도록 준비하옵니다.

왕복한 노정은 이미 원장原狀에 갖추었던바, 부산에서 나가토슈長門州까지 가는 데는 큰 바다 가운데라서 파도가 조금 험하였으며, 나가토슈에서 고베항神戶港까지 가는 데는 바다가 작아서 저들은 이른바 강이라고 하였으니 파도가 평탄하고 물결이 잔잔하였습니다. 고베항에서 요코하마橫濱까지 가는 데는 그 가운데 도토미슈遠江州가 있었는데 또한 끝없는 큰 바다로 물결이 험한 것이 부산에서 나가토 사이보다 심하였으니, 저 사람들도 또한 험하다고 하였습니다. 돌아오는 길에는 사가미슈相模州를 지나다가 갑자기 큰 바람을 만나 배가 거의 뒤집히게 되었으니, 배 안의 사람들이 어지러워 넘어지지 않는 이가 없었으며, 부득이하게 260리를 물러났습니다. 아카마가세키赤間關을 지나자 다시 큰 바람이 불어 풍랑이 일어나 곧바로 배 위를 때렸습니다. 그때는 마침 또한 캄캄한 밤이었는데 바람 소리와 파도 소리, 기물이 떨어지고 부서지는 소리에 비록 저들 선원들도 또한 모두 놀라서 얼굴빛이 변하였으니, 전일에 비교하여 더욱 어찌할 바를 몰라 다시 부득이하게 300여 리를 물러나서 정박하였습니다. 밤을 보내고 새벽에 배를 움직였으나 바람이 여전히 순탄하지 못하였으므로 다시 항로를 바꾸어 쓰시마슈對馬州를 경유하여 돌아왔으니, 이는 모두 바람을 만나서 그렇게 한 것이었습니다. 왕복에 1만 20리에 지나지 않았을 것을 전후로 우회한 것을 합하면 1만 2000여 리는 될 것이옵니다.

산은 아름다운 것이 많고 물은 잔잔한 것이 적었는데, 대개 바다 가운데의 산은 모두 평탄하고 완만하였으나 바닷가의 물은 맑고 차갑지는 않았습니다. 아카마세키에서 에도까지 가는 길에 본 산은 한결같이 아름다웠으며 험준하고 가파른 기세는 없었습니다. 후지산富士山의 높음과 하코네령箱根嶺의 험준함은 이미 과거 수신사들이 목격한 것이지만, 이번에는 수로와 육로에 길이 달랐으므로 다만 해상에서 때때로 바라보니 후지산은 빛나는 흰색으로 구름 사이에 나타났다 사라졌다 하였습니다. 대개 산 위에 쌓인 눈은 풀리지 않다가 6월에 이르러서야 비로소 녹는다고 하였습니다. 육지에 내려보니 곳곳마다 원림園林이 서로 바라보고 있는데, 물 하나 돌 하나도 제자리에 자리잡고 있어 요조窈窕하고 사랑스러웠습니다. 요코하마에서 에도에 이르는 사이에 시나가와品川라는 곳이 있는데, 큰 바다 가운데에 7~8곳의 돈대墩臺가 있었으니 이는 서양인과 접전할 때에 특별히 설치하여 대포를 쏘았던 곳이었습니다. 배에 돌을 많이 쌓으면 돌이 무거워 배가 가라앉는데, 이렇게 배를 계속 가라앉혀 돈대를 만들었다고 하니 그 공력이 또한 매우 굉장하였사옵니다.

  인물은 아들 둘에 딸 셋이 보통인데, 여자는 고운 이들이 많았고 남자는 모두 준수하였습니다. 이르는 곳마다 거리와 골목에 사람이 가득하였으며, 매일 본 것이 수천, 수만보다 적지 않은데도 한 명도 절름발이나 잔질殘疾의 사람이 없었으며, 한 명도 남루하거나 파리한 사람이 없었습니다. 언어는 소리가 분명하지 않고 웅얼대어 비록 알아들을 수는 없으나 혀끝이 날카롭고 입모양이 오물오물하여 마치 어린아이가 어리광을 부리는 것 같았습니다. 그러나 사람을 보면 기쁜 기색으로 항상 웃는 얼굴을 띠고 있어서 가증스럽거나 미워할 만한 사람은 별로 없었습니다.

  땅은 큰 바다에 접하여 비가 많이 오고 갠 날이 적었는데, 비가 오더라도 자주 오고 쉽게 개었으며 바람은 조금도 막힘이 없었습니다. 그런 까닭에 모든 정사亭榭와 해우廨宇가 조금 높은 곳에 위치하였으므로 옷깃이 바람에 날리고 날씨가 차서 오래 머무르지는 못하였습니다. 그러므로 관에 머무를 때는 5월 10일에서 20일 사이였는데 날씨가 그다지 덥지 않아 상하와 노소가 밤에는 모두 이불을 덮었습니다. 샘물의 성질은 위악萎弱하고 땅의 기운은 저습하였으므로 무릇 집을 짓고 길을 만들 때에는 모두 먼저 물가의 작은 돌을 가져다가 바닥에 깔아서 땅을 평평하게 하고 그런 연후에 흙으로 덮었으니, 그런 까닭에 비가 한 번 내리고 조금 지나가면 도로가 정결해지고 정원도 깨끗해졌습니다. 큰 길 위에는 때때로 땅을 파고 격자무늬의 문짝을 땅에 깔아 덮었으니, 이것은 하수구로서 더러운 것을 버리는 곳인 것 같았습니다. 그 규모가 대개 이와 같았사옵니다.

  에도성江戶城은 주위가 60~70리나 되었으며 호참壕塹은 깊고 넓었습니다. 성에는 초루譙樓가 없었으나 아름드리 큰 나무가 있어 겹겹이 성을 가렸고 싱싱하고 푸르렀습니다. 매번 보기에는 성 위에 나무가 있을 때 그 나무가 크면 성이 갈라지곤 하는데, 이것은 그렇지 않고 반대로 나무에 기대어 더 튼튼해지는 것 같았습니다. 외성外城에는 문이 없는 것이 많았으며, 문이 헐어져도 세우지 않았으니 알 수 없는 일이었습니다. 문 마다 치성雉城이 있고 성 안에는 또한 중성中城과 내성內城이 있었는데, 내성 안에 다시 내성이 있으니 그들이 말하는 황궁皇宮이었습니다. 성은 모두 네 겹으로 되었는데 모두 호지濠池가 있어서 외성과 같았습니다. 성에는 문이 있는데 반드시 외문外門은 홑문이고 내문內門은 겹문이었으며, 외문에는 누樓가 없고 내문에는 누가 있었습니다. 성은 돌로 쌓았는데 아래는 널찍하고 위는 뾰죽하였으며 문은 모두 네모난 목판으로서 그 구멍도 둥글지 않았습니다. 그 황궁 안에 하나의 현교懸橋가 있는데, 길이는 4~50간이나 되고, 너비는 3~4간이나 되었습니다. 쇠 밧줄로 그 밑에 걸쳐서 바로 양쪽 가의 긴 사다리에 걸고, 또 밧줄을 드리워 내려서 땅에 굳게 매었으니 다리 위를 지나가면 공중에 걸친 사다리를 걸어가는 것과 같았습니다. 대개 다리는 모두 나무로 만들었으니, 둘레의 난간과 걸친 들보까지도 나무가 아닌 것은 없었습니다. 순전히 돌로 만든 다리는 몇 곳을 볼 수 없었사옵니다.

    궁실宮室의 제도는 공사와 귀천이 대동소이하였습니다. 기와는 암키와를 많이 사용하였는데 한쪽은 머리가 굽고 한쪽은 머리가 편편하였으며, 중간은 사방이 깨어진 대나무와 같았습니다. 굽은 머리는 오른편으로 향하고 편편한 머리는 왼편으로 향하여 비늘 모양으로 잇따라 펴졌으니 저절로 타첩垜堞이 되어 조금도 틈이 없었습니다. 밑에서부터 위로 올라가면서 이대로 잇따라 펴고, 그런 후에 등성이에는 수키와로 암키와를 눌렀습니다. 서로 합쳐진 곳에는 백회白灰로 때워 두께가 새끼줄과 같았는데, 기와는 푸르고 회는 희며, 흰 빛깔은 많고 푸른 빛깔은 적었으니 한 번 바라보매 허옇게 보였습니다. 가옥은 모두 층루層樓와 복각複閣이었으므로 한 집을 들어가면 밖은 난간이고 중간은 대청이며, 밖은 마루이고 안은 방이었습니다. 복도로 서로 통하고 얇은 미닫이로 서로 막았으니, 여러 미닫이를 한꺼번에 걷어치우면 안팎이 툭 틔어졌습니다. 비록 3층 중옥重屋이라도 큰 기둥과 큰 들보는 없었으며, 기둥 한 개만 세우고 들보 한 개를 받아서 층층이 결구結構되었습니다. 방마다 전면에는 얇은 미닫이가 있었으니, 혹은 종이로 만들었고 혹은 유리玻瓈로 만들었으며,

밖에는 또 목판 미닫이가 있었으니 밤에는 이것으로 막았습니다. 방의 후면은 두 개의 시렁으로 나누어져 한 개는 와상臥牀이 되고 한 개는 벽장壁欌이 되었는데, 벽장 아래에는 현판懸板을 설치하여 물건을 두었습니다. 와상이 있는 벽에는 반드시 서화의 장자障子를 걸었으며 와상의 위에는 고동병古銅甁과 혹은 자기화병磁器畫甁을 두고 갖가지 화초를 많이 꽂았는데, 집집마다 모두 그러하였습니다. 대체로 가옥의 제도는 한결같이 서양의 제도를 따랐습니다. 그 나라의 옛날 제도는 거개가 나무 조각을 비늘 모양으로 잇따라서 펴거나 혹은 띠풀을 사용하였습니다. 대개 두께가 1~2척이나 되었는데, 한칼로 이것을 자른 것처럼 조금도 어긋난 것이 없었으며, 비바람에 씻기고 갈려도 썩거나 사그라지지 않았으니, 집을 잘 이은 것과 정하게 거처한 것을 볼 수 있었습니다. 그리고 그 옛날의 제도는 혹은 시골 마을에서도 볼 수 있었으니, 돌담과 흙담에는 또한 반드시 물건의 형상을 새겼는데, 공사公私의 제택第宅에는 대체로 이것이 많지 않고 대부분은 나무로 울타리를 만들거나 혹은 쇠로 울타리를 만들었습니다. 채전菜田과 과수원까지도 반드시 나무 조각과 대나무 가지로 네모가 반듯하게 울타리를 만들어 조금도 비뚤어지지 않았으며, 밭두렁이나 개울가 울타리까지도 칸칸이 정돈되어 조금도 흐트러지지 않았으니, 그 정교함과 세밀함이 이에 비할 데가 없다고 생각할 만하였사옵니다.

    그들의 이른바 황제는 나이가 지금 25세로, 중간 체구이며 얼굴은 희면서 조금 누르고 눈에는 정채精彩가 있었으며 타고난 생김새가 고왔습니다. 친히 정무를 맡은 이후 정력을 다해 정치에 힘쓰면서 게으르지 않고 매우 부지런하여, 관백關白도 폐지하는 것이 좋으면 폐지하고, 제도도 바꾸는 것이 좋으면 바꾸었습니다. 다리에 딱 붙는 바지와 반신半身의 옷이라도 군대를 부리는 데 이로울 만한 것은 비록 서양인의 옷일지라도 하루아침에 옛 것을 버리고 이것을 따랐으나 사람들은 감히 다른 소리를 할 수 없었습니다. 심지어 옛날의 관백도 지금은 종4위從四位의 관직으로서 봉록俸祿만 받고 에도에 있으나 또한 감히 원망하는 기색이나 윗사람을 엿보는 마음은 없다고 합니다. 이 사람은 이미 중국 군주의 처지로 따질 것도 없었으니, 단발문신斷髮文身과 오랑캐의 차림도 서양인의 복색보다 나을 것이 없는지라, 이것을 저것으로 바꾸었다고 해서 크게 책망할 것도 없습니다. 그러나 대개 그가 영명英明하고 용단성이 있어 인재를 가려 임용하는 것은 취할 만한 점이 많은 것 같았사옵니다.

관직의 높고 낮음은 처음부터 확실히 그런 것은 아니며, 예수禮數는 갖추지 못하였습니다. 아랫사람이 윗사람을 대하는 것을 윗사람도 그대로 아랫사람을 대하여 양쪽이 서로 모자를 벗고 양쪽이 서로 머리를 숙이며, 심지어는 이쪽에서 허리를 굽히는데 저쪽에서는 머리만 숙이니 보기에 매우 놀라왔습니다. 그러나 한 번이라도 틀리는 점이 있으면 조금도 용서하지 않았습니다. 태정부太政府는 그들이 존숭하여 높이는 곳으로, 경卿 이하의 사람에게 죄가 있으면 태정부에서 곧바로 그를 다스렸으니, 경 이하의 사람도 또한 봉행하며 삼가 감히 어기거나 뛰어넘지 못하였습니다. 그런 까닭에 천한 자는 귀한 자에게 사역을 당하고 아랫사람은 윗사람을 섬겼으니, 예수의 간략함만으로 소홀히 할 수는 없는 것 같았사옵니다.

정령政令은 오직 신信을 주로 하였으니, 한 장丈의 나무를 옮기는 일이라도 상을 줄 만한 것은 상을 주었습니다. 그 이른바 학교와 교육하는 방법은 사대부의 자제들로부터 백성의 준수한 사람들에 이르기까지 7~8세부터 글을 배우고 글자를 익히도록 가르치는데, 처음에는 일본 글자를 가르치고 그 다음에 한자를 가르쳤습니다. 16세가 되면 다시 경전은 읽지 않고, 크게는 천문·지리·산수의 학문으로부터 작게는 농기·군기·도형의 설명을 눈으로 보고 손으로 만지며 잠시도 쉬지 않았습니다. 여자까지도 또한 학교가 있어 큰 것으로는 천문·지리·병학·농학과 작은 것으로는 시문서화詩文書畫까지 모두 한 가지 기예를 전공하였습니다. 천하 각국 사람들이 모두 영사관으로서 와서 머물고 있으므로, 또한 반드시 그 사람들을 밥 먹이면서 그 기술을 배우고 그들을 후대하면서 자기는 낮추게 되니, 그 요체는 그 기술을 다 배우고 그 기계를 잘 이용하기 위한 것입니다. 또한 각국에 사람을 보내어 다 배우지 못한 기술을 모두 배워서 곳곳마다 화륜선과 화륜차를 만들고, 또 사람을 시켜 먼 곳에서 장사에 복무하게 하고 있으니, 그 요체는 그 힘을 다하여 그 재화를 이롭게 하기 위한 것입니다. 군신 상하가 부지런하게 이익을 위하며 부국강병을 급선무로 삼았으니 대개 그 정령은 위앙衛鞅(商鞅)의 유법遺法에서 나온 것 같았사옵니다.

그 풍속은 처음에는 신도神道를 숭상하였고 이어서 불교를 숭상하였으나, 신도와 불교를 숭상하는 것은 옛날의 풍속이었습니다. 근래에는 일체 이와 반대가 되어 신당에는 풀이 우거졌고 승도僧徒는 모두 유리되었으니, 청적淸寂과 허무虛無는 실사實事에 무익하기 때문이라고 합니다. 이는 오히려 칭찬할 만하겠으나, 학문은 한유漢儒

와 송현朱賢을 함께 행하여도 사리에 어긋나지 않고 오히려 부자夫子의 도를 함께 존숭하는 것이 그들의 옛날의 풍속이었는데 지금은 경전 문자는 쓸데 없는 물건으로 여기며 서고에 수장해두고 오직 날마다 공리의 책만을 부지런히 읽고 있으니 그런 까닭에 그 가운데 학식이 있는 자들의 논의에는 또한 슬퍼하고 개탄하는 일도 있다고 합니다. 기이한 기술과 음란한 기교에 이르러서는 눈으로 보기에도 다 볼 수 없으며 입으로 전하기에도 자세히 말할 수가 없었습니다. 다만 배와 차에만 화륜이 있는 것이 아니라 화륜이 한 번 설치되자 옥과 금을 다루는 기구와 나무와 돌을 다루는 도구를 움직이게 하여 모나게 하고 둥글게 하고 굵게 하고 가늘게 하고 크게 하고 작게 하고 정밀하게 하고 거칠게 하는 것을 화륜으로써 하지 않는 것이 없으니, 하나의 화륜으로써 천하의 능사를 다 할 수 있는 것입니다. 곳곳에 정조국精造局을 설치하고 사람마다 이기술利器術을 익히니, 아무리 밝더라도 실상 그 방법을 다 알 수는 없을 것 같았사옵니다.

일국의 도회지는 다만 한둘뿐이 아니었는데, 그 에도江戶와 요코하마橫濱·고베神戶·아카마가세키赤間關 등은 모두 친히 목격한 곳이온바, 여염閭閻의 성함과 시사市肆의 풍부함은, 처음에 보고서 이를 장하게 여기는 것은 혹시 괴이하다 할 것 없겠으나, 여러 번 본 중국인들도 말하기를 중국보다도 더 은부殷富하다고 하였습니다. 신바시新橋부터 에도에 이르기까지 15리에, 에도에서 사방으로 10~20리 떨어진 바깥에 여염과 시사가 빽빽이 들어차 있어 한 곳도 빈 땅이 없었습니다. 박물관·센소지淺草寺에는 은이殷彝·주정周鼎·진전秦甎·한와漢瓦·진금珍禽·괴수怪獸·기화奇花·이초異草 등 또한 없는 물건이 없으니 그 은부함은 비할 데가 없다고 할 수 있겠으나, 또한 때때로 떠벌려 과시하는 태도도 있었으니, 이것은 그들의 기이를 자랑하는 여습餘習이었사옵니다.

그들이 평소에 양성한 군대는 에도 성 안에서 봉급을 주어 양성하는 자들이 7, 8만이었으며, 그 밖에 육군성과 해군성에서도 날마다 군사 뽑기를 그치지 않았는데, 기계에 정통하고 군율에 숙련되지 않은 자가 없어 앉았다가 일어났다가 나아갔다가 물러났다가 하는 데에 조금도 명령을 어기지 않았습니다. 말은 모두 키가 크고 다리는 야위었으며 날래고 날뛰는 것이 한 번에 천 리를 달릴 기세가 있었습니다. 배 위에서는 대포를 사용하는데 대포를 사용하는 방법 또한 전적으로 기륜機輪을 사용하니 적이 동서로 보일 때마다 대포를 그에 따라 가리키는데 손이 바쁘고 다리가 재게 움직이면서도 조금도 틀리지 않았습니다. 이와 같은 강병이 있고 이와 같은 이기가 있어도 오히려 부지런히 움직이면서 하루가 부족하다고 여기고 있었사옵니다.

 그들의 이른바 부강한 술책이라는 것은 오로지 통상을 일삼는 것이었는데, 통상이란 전적으로 이익을 보는 것이 아니라 반드시 거래가 있어, 이쪽에서는 저쪽으로 가서 통상을 하고 저쪽에서는 이쪽으로 와서 통상을 하는 것입니다. 지금 일본이 통상하는 각국은 그 수가 매우 많지만, 가서 통상하고 오는 것은 일본 한 나라뿐이고, 와서 통상하고 가는 것은 천하의 각국이며, 일본에서 생산하는 것은 결코 각국보다 열 배나 되지는 않을 것이며, 생산하는 자는 하나이고 소비하는 자는 여럿이니 물가가 등귀하는 것은 형세상 자연스러운 것입니다. 이에 날마다 전폐錢幣를 만들어 그를 충당하니, 전폐는 천하게 되고 물건은 귀하게 되므로 이는 반드시 실패하는 길입니다. 하물며 교묘하지 않은 기술이 없고 정밀하지 않은 기예가 없이 조화를 모두 다 써서 다시 여지가 없게 되었습니다. 겉모양을 본다면 더 부유할 수가 없고 더 강력할 수가 없는 것이 위에서 진술한 여러 조목과 같습니다만, 가만히 그 형세를 살펴본다면 또한 장구한 술책이라고는 할 수 없을 것이옵니다.

  * 出典 : 『同文彙考』 附編, 信行別單, 「修信使金綺秀聞見事件」

 『승정원일기』의 고종과 김기수의 문답을 읽어보면 고종도 일본의 문물文物과 제도에 큰 관심을 보이고, 이미 상당한 사전지식을 가지고 질문한 것을 알 수 있다. 『동문휘고同文彙考』에 수록된 김기수의 보고서는 매우 상세하게 일본의 문물과 제도를 언급하고 있는데, 일본 황제의 나이가 25세 정도로 보인다고 한 것은 메이지유신明治維新 직후에 조선 수신사가 방문한 것을 말해준다. "옥과 금을 다루는 기구와 나무와 돌을 다루는 도구를 움직이게 하여 모나게 하고 둥글게 하고 굵게 하고 가늘게 하고 크게 하고 작게 하고 정밀하게 하고 거칠게 하는 것을 화륜火輪으로써 하지 않는 것이 없다"는 내용은 배와 수레는 물론 모든 물건을 만드는 일도 이미 기계화 되어 있음을 말한 것이니, 이때의 기술 도입과 사회 혁신이 오늘까지 이어져 일본의 과학입국科學立國 원동력이 되었음을 알 수 있다.

"위앙衛鞅의 유법遺法" 운운한 것은 일본의 유신법령維新法令이 진秦 나라 상앙商鞅의 변법變法만큼 엄했음을 말해주며, "중국인들이 중국보다도 더 은부殷富하다"고 한 것은 당시 일본 산업이 얼마나 급속히 발전하며 경제 규모가 커지고 있었는지를 말해준다. 보고서를 보면 김기수金綺秀는 일본의 발전상發展相을 보고 상당히 놀라워한 것 같다.

우리나라에 사진술이 전해지기 몇 해 전에 김기수가 일본에서 사진을 찍은 것은 김기수가 근대 과학 기술을 보고 매우 흥미롭게 관찰하며 받아들였음을 보여준다.

이후 조선은 지속적으로 수신사를 파견하게 되는 데, 1881년 음력 4월 10일부터 윤7월 2일까지 박정양朴定陽을 대표로 하는 60명의 조사시찰단朝士視察團을 일본에 보내 일본의 문물을 둘러보고 오게 하였다. 이 조사시찰단이 비밀리에 파견되었기에 통상 신사유람단紳士遊覽團이라고도 부르는데, 나랏일을 하러 가는 사람들에게 유람단이라는 호칭을 붙인 것부터가 적절하지 않다. 박정양 일행이 일본에 가서 보고 들은 것은 『문견사건聞見事件』이라는 복명서復命書로 정리되어 고종에게 보고되었다.

『문견사건聞見事件』은 "(일본에서)보고 들은 것에 관한 건"이라는 뜻인데, 지금은 "경성제국대학도서장京城帝國大學圖書章"이라는 소장인이 찍힌 채 서울대학교 규장각奎章閣에 소장되어 있다. 이후에도 우리 정부는 지속적으로 외국에 시찰단을 보내며 개화에 관심을 보이기는 하였으나 정국이 안정되지 못해 급변하는 국제 정세에 효율적으로 대응하지 못했다.

여러 외국인이 남긴 기록에 의하면 명성황후는 신문물에 매우 진취적인 분이었다는 것이 공통된 인상인데, 비록 성공적인 개혁을 통한 부강한 국가 건설로 이어지지는 못했을지라도 외국에 수신사나 시찰단을 보내는 등 조선의 개혁 개방 이면裏面에는 고종과 명성황후의 뜻이 맞아 이루어낸 결과라고 할 수 있다.

김기수金綺秀가 올린 공식 보고서 중에는 사진 이야기가 포함되어 있지 않다. 그러나 신문물에 대한 고종과 명성황후의 관심을 고려하면 사진에 관한 이야기는 어떤 경로를 통해서든 고종과 명성황후에게 전달 되었을 것이다. 사진에 관한 내용은 별도의 장章에서 다루기로 한다.

V. 삶과 죽음을 넘나들며

■ 왕세자의 두창痘瘡(천연두)과 회복

명성황후는 오남매를 낳았고 두 번 반산半產(유산)했는데, 순종 척坧 외에는 모두 1년을 넘기지 못하고 죽었다. 따라서 명성황후에게 유일한 아들 척은 정말 눈에 넣어도 아프지 않은 대견하고 귀한 존재였다.

척은 갑술년(1874) 음력 2월 8일에 태어나 이듬해인 을해년(1875) 음력 2월 8일 첫 돌을 지내고 열흘만인 을해년 음력 2월 18일 왕세자로 책봉 되었다. 아기는 무럭무럭 잘 자랐고, 얼굴도 준수하여 많은 사람의 사랑을 받았다. 스승 뿐 아니라 어머니에게서도 많은 공부를 한 척은 머리도 명민明敏하여 스펀지가 물을 빨아들이듯 많은 서책의 지식을 가르치는 대로 흡수하였다.

순종의 모습과 지적知的 능력에 대하여 외국인의 오만한 시각視角에서 남긴 부정적 기록이 일부 전하지만 명성황후를 빼닮은 순종의 기억력은 따를 사람이 없을 정도였고, 외조부인 민치록 신도비명神道碑銘을 직접 지을 만큼 뛰어났으며, 글씨도 전문 서예가를 능가할 정도로 미려美麗했다. 『매천야록』에 관련 기록이 전한다.

세자의 기억력은 남보다 월등히 뛰어났다. 조정朝廷의 전장典章(법규 제동 등), 국고國故(나라의 크고 작은 사고), 산천山川, 국경의 방어, 돈과 곡식(賦稅), 군대의 장부, 사대부 문벌門閥과 보첩譜牒, 벼슬아치들이 과거科擧를 본 년대, 일에 따라 적어 놓은 순서 등에 역력歷歷하여 틀리는 것이 없어 임금께서도 그 총명함을 믿고 자기가 막히거나 놓치는 것이 있으면 자주 세자에게 묻곤 했다. 이때 세자를 모시는 세자시강원의 여러 신하는 모두 벌열閥閱이나 척원戚畹(외척)에서 뽑았다. 문학에 대하여 묻지 않은 까닭은 이들이 모두 널리 열람하고 기억함이 넉넉한 사람들이었기 때문인데, 모두 세자보다 아래 수준이어서 세자는 (이들을)더 가볍게 여겼다. 일찍이 세자가 민경호閔京鎬 등에 말타듯 앉아서 채찍질을 하며 말타기 놀이를 하는데, 경호가 포복하면서 말 울음 소리를 내니 상하가 모두 웃으며 즐거워 하였다. 설서說書 이보영李輔榮이 소학을 시강侍講하며 제사題辭를 읽는데 "경잔교이經殘敎弛(경전이 해어지고 가르침이 풀어지니)"에 이르러 "경잔교시經殘敎施"로 읽으니 (세자가) "전에는 승지 조명교趙命敎가 군호軍號를 내면서 어필로 쓴 '고鼓'자를 나누어 '일피壹皮'라 읽자 서울 사람들이 웃으며 말하기를, 물건에는 짝이 없을 수 없다고 했는데, 전에는 일피승지壹皮承旨가 있더니 지금 교시설서敎施說書가 나타났다"고 하였다.70)(『매천야록』)

준수하고 명민하게 자라는 세자 척坧을 보며 명성황후가 얼마나 대견해 하고 자랑스러워 했을지는 어렵지 않게 짐작할 수 있다. 명성황후는 세자를 대견해 하면서도 세자가 잘못할 때는 준엄하게 꾸짖어 교육했다.

> 임금은 세자를 지나칠 만큼 사랑하여 밥을 먹을 때마다 반찬을 골라 먹이고 옷을 입을 때마다 긴 소매를 끼워주었다. 조종祖宗을 이을 중임重任이 세자에게 있다하여 여염閭閻에서 쓰는 가례家禮대로 하지 않고 말씨도 적체敵體(상하구분이 없음)를 써서 상하 구별이 되지 않으니 부자지간임에도 (세자를)지극히 공대恭待하였다. 그러나 모후母后는 그렇지 않아서 세자가 조금이라도 거스르는 것이 있으면 꾸짖기를, "네가 비록 세자라도 어찌 부모가 없는 것처럼 하느냐"라고 하니 세자가 임금은 무서워하지 않았으나 모후는 두려워하였다.71)

그런데 호사다마好事多魔라고 했던가. 척이 여섯 살 되던 해인 기묘년己卯年(1879) 겨울 온 나라에 찾아온 두창역병痘瘡疫病은 세자 척도 피하지 못해 자리에 눕고 말았다. 낳는 자식마다 잃는 참척慘慽을 여러번 겪었는데, 잘 자라던 세자의 두창(천연두) 감염은 명성황후로 하여금 황황망망遑遑忙忙한 절망의 나락으로 떨어지게 하

---

70) 世子記性絶人, 凡朝章・國故・山川・關防・錢穀・甲兵之簿, 以及士夫門閥譜牒, 科宦年月, 隨事臚列, 閱歷不差. 上尤特聰明, 然有窒漏往往問世子, 時春坊諸臣, 皆取以問閱戚畹, 不問文學, 故記覽博洽, 槩出世子下, 世子益輕之. 嘗騎駿駁京鎬而戱之, 作馬叫, 京鎬俯首驢嘶, 作鳥鳴, 上下以爲笑樂. 李輔榮者以說書, 侍講小學, 讀題辭, 至經殘敎弛, 讀作敎施. 先是承旨趙命敎出軍號, 以御筆鼓字, 分作壹皮, 京師傳笑曰, 物無無對, 前有壹皮承旨, 今見敎施說書.(『매천야록-純宗의 記性絶人』)
71) 『梅泉野錄』: 上酷愛世子, 每飯, 揀饌而食之, 每衣, 張袖而穿之, 以爲祖宗繼嗣之重, 傳在世子, 不可用家人禮, 言語用敵體, 極其敬恭, 明成則不然, 少忤輒朴之, 呵曰, 汝雖世子, 豈無父母, 世子由是不畏上而畏后.

였다.

　명성황후는 아들의 회복을 위해 할 수 있는 일은 무엇이라도 가리지 않고 하게 되었다. 좋은 약재는 물론 굿을 하는 것도 산천의 신령께 비는 것도 가리지 않았다. 간신히 살아남은 자식마저 또 잃을 수는 없으니 남이 뭐라하든 어미로서 할 수 있는 것은 무엇이든 하고자 했다. 내 목숨이라도 바쳐서 자식을 살릴 수만 있다면 명성황후는 그렇게 할 수 있는 어미였다. 밤낮으로 세자 곁을 지키며 간병하는 어미의 마음은 까맣게 타들어가기만 했다. 여러번 굿을 해도, 최고의 약재를 아무리 달여 먹여도 세자의 병은 차도가 없어 가뜩이나 약하게 타고난 명성황후 자신의 몸도 나날이 수척해졌다. 사람들은 굿을 자주 한다고 수군거리기도 했지만 굿이 무슨 대수인가. 내 자식을 살릴 수만 있다면 그보다 더한 짓도 할 수 있었다.

　명성황후 외에도 한양漢陽에는 두창 때문에 앓는 사람이 부지기수不知其數였고, 죽는 사람도 넘쳐나서 온 도성 안에 곡하는 소리가 끊이지 않았다. 척坧이 세자로 책봉된 후 궁 밖에 나가 살던 완화군完和君 선墡도 두창에 걸려 사경을 헤맨다는 소식이 전해졌다. 명성황후는 척의 약재를 지으면서 완화군을 위한 약재도 지어 보내라고 고종을 통해 약방藥房 제조提調에게 부탁했다.

　온 궁중이 걱정하는 가운데 한 달 가까이 앓던 세자는 섣달 열이레가 되자 두창이 곪기 시작하고 열아흐레에는 두창에 우물이져서(우묵해짐) 낫기 시작하였다. 섣달 스무하루에는 거짓말처럼 두창이 말끔히 나아서 온 조정이 기뻐하며 고묘告廟(사당에 고하는 것), 진하陳賀, 반교頒敎 등의 일을 논의하기 시작하였다.『승정원일기』에 기록된 세자의 두창 회복 과정을 살펴 보겠다.

- 승정원일기 고종 16년 기묘(1879) 12월 19일(무오) 맑음
  미시未時(13:00~15:00)에 임금께서 중희당重熙堂에 나아가셨다. 약방藥房의 세 제조가 입진하고 춘방春坊(세자)이 함께 입시하였을 때, 도제조 이유원李裕元, 제조 민겸호閔謙鎬, 부제조 이재원李載元, 검교직제학 조영하趙寧夏, 가주서 이관회李觀會와 기사관 민영준閔泳駿, 이용직李容稙과 문학 이교영李敎榮, 겸사서兼司書 정원하鄭元夏가 차례로 나아가 엎드리고, 의관 이장혁李章赫・이긍주李兢柱・이해창李海昌, 고훈高鑂, 이긍현

李裕鉉이 영외檻外에 나아가 엎드렸다.
임금께서 말씀하셨다.
"사관은 좌우로 나누어 앉으라."
각 전殿에 대한 문안이 끝나고 이유원李裕元이 아뢰었다.
"세자궁의 두후痘候는 이제 곪은 지 3일이 되었고 이미 우물지는(우묵해지는) 조짐이 있는데, 제절諸節은 잇달아 편안하신지요?"
임금께서 말씀하셨다.
"잇달아 편안하다."
이장혁 등이 세자를 입진入診하고 물러가 부복하여 아뢰었다.
"맥후脈候는 좌우 삼부三部가 고르고, 뚜렷이 우물질 조짐이 있습니다."
이유원이 말했다.
"탕제湯劑는 어떻게 의정議定하겠소?"
이장혁 등이 아뢰었다.
"탕제는 의정할 것 없습니다."
이유원이 아뢰었다.
"탕제를 의정하지 않으니, 이는 크게 경축할 일입니다."
임금께서 말씀하셨다.
"도제조는 세자의 증세를 상세히 살피라."
이유원이 명을 받고 세자궁의 침소 안에 나아가니, 세자궁을 볼 때 이유원에게 안경을 쓰게 하였다. 이유원이 얼굴과 몸을 상세히 살피고 손에 이르니, 세자가 이유원의 손에 손을 얹었는데, 임금께서 말씀하셨다.
"상세히 보오."
이유원이 아뢰었다.
"돌기가 진주 같고 광택이 창랍蒼蠟 같으며 뚜렷이 우물질 조짐이 있으니, 참으로 거룩한 두후입니다."
임금께서 옷을 걷고 다시 살피라고 명하니, 이유원이 다시 몸을 만져 보고 아뢰었다.
"여러 증세를 보건대, 모두가 상서롭고 좋은 징조이니, 종묘 사직의 경사이고 신민의 복입니다."

임금께서 어좌에 나와 앉았다. 이유원이 아뢰었다.

"어제 춘방 서리가 전하는 것을 듣자오니, 세자궁의 두창 증세가 나으셨으므로 송신문送神文을 신에게 지어 바치라고 명하셨다는데, 신이 원임사原任師이기 때문에 이렇게 하교하신 줄 우러러 헤아릴 수 있습니다마는, 전일에 지어 바친 것은 다 처지가 절로 달랐고, 또 이는 문형대신文衡大臣의 일입니다. 신과 같은 자는 참으로 마땅한 사람이 아니므로 감히 무릅쓰고 감당할 수 없으니, 다시 재결을 바랍니다."

임금께서 말씀하셨다.

"경이 미처 등록謄錄를 보지 못해서 그러는 것이다. 전일 문임文任을 지낸 대신이면 소적疏逖(疏遠)한 사람일지라도 지어 바친 때가 있었으니, 경은 지나치게 사양할 것 없다."

이유원이 아뢰었다.

"위에서 명하신 바를 봉행해야 할 뿐이므로 감히 사양할 수 없고, 또 막대한 경사를 맞아 영화를 함께하는 정성이 어찌 남에게 뒤지겠습니까. 신은 문형文衡이 아니어서 아뢰었습니다."

임금께서 말씀하셨다.

"이는 사양할 일이 아닌데 이처럼 사양하는가."

임금께서 사관에게 자리로 돌아가라고 명하고, 이어 대신에게 먼저 물러가라고 명하였다. 또 물러가라고 명하니, 신하들이 차례로 물러나왔다.

- 승정원일기 고종 16년 기묘(1879) 12월 21일(경신) 맑음

박용대朴容大가 예조의 말로 아뢰었다.

"하늘과 조종祖宗께서 말없이 돕고 안정시켜 주시어 왕세자의 두후痘候가 속히 나으시니, 이는 참으로 종묘 사직의 억만년 막대한 경사입니다. 성상의 기쁜 마음과 뭇사람의 기쁜 뜻이 어찌 끝이 있겠습니까. 고묘告廟, 진하陳賀, 반교頒敎 등의 일을 조금도 늦출 수 없으니, 곧 길일을 가려서 거행하는 것이 어떻겠습니까?"

임금께서는 윤허한다고 전교하셨다.

또 예조의 말로 아뢰었다.

"왕세자의 두후가 나았으므로 고묘告廟하고 반교頒敎하며 진하陳賀하는 길일吉日을 이달 28일로 추택한 것을 초기草記하였는데, 전교에, '이날로 정하여 거행하라.'고 명하셨습니다. 그날 새벽에 먼저 종묘宗廟, 영녕전永寧殿, 사직社稷, 경모궁景慕宮에 고제告祭를 행하고 오시에 반교하고 진하하되, 대전, 대왕대비전, 왕대비전, 중궁전의 전문箋文, 방물方物, 물선物膳과 세자궁의 방물, 물선은 규례대로 봉진封進하라고 경외에 알리고, 전문의 두사頭辭는 문임文任을 시켜 지어 내게 하는 것이 어떻겠습니까?"

임금께서는 윤허한다고 전교하셨다.

- 승정원일기 고종 16년 기묘(1879) 12월 22일(신유) 맑음

박용대朴容大가 예조의 말로 아뢰었다.

"이번 왕세자의 두후가 나은 것을 경축하여 진하할 때의 반교頒敎는 친림親臨으로 마련할지를 감히 여쭙니다."

임금께서는 "친림으로 마련하라"고 전교하셨다.

- 승정원일기 고종 16년 기묘(1879) 12월 23일(임술) 맑음

박용대朴容大가 예조의 말로 아뢰었다.

"이번 왕세자의 두후가 나으신 것을 경축하여 진하陳賀하고 친림親臨하시어 반교하는 곳을 어느 전으로 거행할 것인지를 감히 여쭙니다."

임금께서 "인정전仁政殿으로 하라"고 전교하셨다.

- 승정원일기 고종 16년 기묘(1879) 12월 26일(을축) 맑음

또 예조의 말로 아뢰었다.

"이번 12월 28일 왕세자의 두후가 나은 것을 경축하여 진하할 때에 대왕대비전, 왕대비전, 중궁전에 백관이 전문箋文과 표리表裏를 바치고 예를 행하는 의주儀註를 곧바로 각전各殿에 써 들이겠습니다. 감히 아룁니다."

임금께서는 알았다고 전교하셨다.

- 승정원일기 고종 16년 기묘(1879) 12월 28일(정묘) 흐림

중외의 대소 신료, 기로耆老, 군민軍民, 한량인閑良人 등에게 교서를 내렸다.

임금께서 말씀하셨다.

"육기六氣(陰陽風雨晦明)가 주류周流(두루 운행함)하매 동궁을 돌보고 병을 근심하였으나,

백령百靈이 위호衛護하매 궐정闕廷에서 기뻐하고 이튿날에 바로 나왔으므로, 열 행의 윤음綸音을 선포하여 팔방에 춤추며 기뻐하는 데에 보답한다. 생각하건대, 내가 어렵고 큰 사업을 이어받고 다행히 뒤를 이을 원량元良이 있어, 세자의 명위名位를 정하므로 종묘의 제사를 맡을 자가 있는 것이 기쁘고, 덕행이 일찍부터 삼선三善에 나아가므로 점점 자라나는 것이 가상하다. 훌륭한 용모와 아름다운 목소리는 온화하고 문채 나는 명예에 합당하고 제왕의 풍채와 제왕의 용자는 뛰어나 의용을 나타내며, 총명하고 슬기로운 자질이 빼어나서 종묘사직의 부탁이 본디부터 정해지고, 광명하고 원만하며 빛나고 윤택하다는 칭송이 일어나 신민이 모두 같이 사랑하여 받든다. 그래서 도타이 사랑하고 어루만져 기르는 마음으로 자육慈育하고 보호할 도리를 깊이 생각하여, 무릇 기거起居와 음식을 취할 즈음에 적절하도록 경계하며, 사물을 접촉하여 가르치고 육예六藝로 즐길 동안에도 교양을 힘썼다. 어린 나이에 엄연히 덕기德器를 이루어 일찍부터 보부保傅의 가르침을 따르고, 슬기로운 공부가 강연講筵을 열 만하여 장차 강연의 신하들을 만나 문난問難할 것이다. 하늘이 안정시키는 것이 참으로 도타움을 절로 이룬 것은 정신의 밝은 것이 안에 풍부하기 때문이다. 예수초禮修初는 예를 행하는 동작을 말한 것이다. 슬기로운 나이는 산술을 가르치기에 알맞고, 홍범洪範에 봉길逢吉을 말하였으니 아름다운 조짐은 몸이 건강하기에 합당한데, 대저 어찌하여 서방에서 흘러온 귀신이 동궁의 그윽하고 엄한 곳에 들어왔는가.

주周와 진秦 이후로 사악한 기운이 있어 혹 때때로 유행하므로 의학의 논설에 나타나고 그 원인도 대개 알려진 것이 적지 않았다. 성인도 면하지 못하는 것이 병일지라도 몹시 근심을 같이하였으나, 『역경易經』의 까닭없이 오는 재앙이라는 말을 미루어 보아 해악이 없으리라는 것을 본디 알았다. 다행히 밤새도록 자지 못할 즈음에 하늘에서 돕는 길상에 힘입어, 기이한 조짐이 나타나서 뿌리 박힌 자리가 원만해져 마치 명주明珠가 해를 안은 모양과 같고, 진원眞元이 엉겨서 곪아 우물진 것이 빛나고 윤택하여 마치 감로甘露가 하늘로 돌아가는 일과 같았다. 돋아나고 거두어들이는 것이 제때에 어긋나지 않아서 납蠟처럼 푸르고 꼭지처럼 붉으며, 동작이 때를 따라 빨리 회복되어 구름처럼 걷히고 안개처럼 개었다.

삼이糝餌와 방료旁膋는 영감한 신을 공경하여 읍례하여 보내고 거리의 노래는 뭇

사람의 뜻을 다하여 찬양하니, 이제부터 복을 받는 것이 끝없고 참으로 약을 쓰지 않는 기쁨이 있어, 정성으로 찬선饌膳을 보살펴서 주周 나라 세자가 침소에 문안한 일에 미치고 기쁨으로 봉양하여 한漢 나라 태후가 장락궁長樂宮에서 즐거웠던 일을 바랄 것이다. 사조四朝의 성두聖痘를 칭송한 여경餘慶은 오늘에 이르러서도 아름답고, 만년의 큰 운수를 여는 큰 계책은 반드시 대덕大德을 얻을 것이다. 그러므로 중외가 기뻐하고 경축하는 날에 고포告布하는 법을 시행하여, 종묘에 희생과 폐백을 올리니 신명이 기뻐하시고 조야에 윤음을 펴매 원근이 용동聳動(기뻐 춤을 춤)하니, 천지에 태평한 기운이 돌아 봄날 같은 화기가 가득하고, 환난이 풀리고 뇌우雷雨가 일어 다 초목군생草木群生을 즐겁게 할 것이다.

이달 28일 어둑새벽 이전에 모반 대역謀反大逆하거나 모반謀叛하거나 자손이 조부모·부모를 모살謀殺, 구매毆罵하거나 처첩이 지아비를 모살하거나 노비가 주인을 모살하거나 사람을 모살謀殺, 고살故殺하거나 염매魘魅(주술로 사람을 죽임), 고독蠱毒(뱀 지네 등의 독으로 사람을 죽임)하거나 국가의 강상綱常과 장오贓汚, 절도竊盜에 관계된 죄를 제외하고 잡범사죄雜犯死罪 이하 도徒·유流·부처付處·안치安置·충군充軍은 이미 배소配所에 이르렀든 아직 배소에 이르지 않았든 이미 발각되었든 아직 발각되지 않았든 이미 결정決正하였든 아직 결정하지 않았든 모두 사유赦宥한다. 감히 사유 이전의 일을 고발하는 자는 그 죄로 죄준다. 관직에 있는 자는 각각 한 자급을 더하되 자궁資窮한 자는 대가代加한다. 아아, 길상한 일이 아울러 이르니, 태평한 기상을 볼 수 있다. 승일升日과 항월恒月처럼 하늘의 대명大命을 맞아 사방이 밝게 비추는 광명을 우러르고 반석磐石과 태산泰山처럼 큰 기업基業을 굳혀 만민이 모두 화협하게 하는 교화를 입을 것이다. 그러므로 교시하니 잘 알아야 한다."
〈예문관 제학 이원명李源命이 지어 올렸다.〉

　세자가 두창에서 회복하니 조정에서는 축문을 지어 묘당廟堂의 조종祖宗에 아뢰고, 죄수를 사면했으며, 〈왕세자두후평복진하도병풍王世子痘候平復陳賀圖屛風〉을 제작하였다. 왕세자의 두창으로 마음 졸이던 명성황후도 일상으로 돌아왔다.

■ 완화군 죽음의 진실과 입방아꾼들

왕세자 척坧은 두창痘瘡에서 회복되어 온 조정과 나라의 진하陳賀를 받았지만 같은 시기에 두창을 앓던 완화군完和君 선墡은 며칠 후인 경진년庚辰年(1880) 정월 12일 끝내 회복하지 못하여 열세 살의 아까운 나이에 혼례도 치르지 못한 채 죽고 말았다. 완화군의 죽음을 두고 세간世間에서는 온갖 근거 없는 모함으로 명성황후를 비난하기 바빴는데 근거 없는 소문을 만들어 내는 사람들도 사악邪惡한 자들이지만 앞뒤 헤아림도 없이 선동당해 동조하는 사람들도 참으로 어리석다.

왕세자 척과 완화군 선은 같은 시기에 천연두를 앓다가 왕세자 척은 회복 되었고 완화군 선은 죽었다. 이보다 먼저 왕세자 척은 태어나 첫돌을 지낸 후 열흘만에 왕세자로 책봉되었고, 이에 따라 완화군은 궁 밖으로 나가서 살았다. 명성황후로서는 자기 아들이 이미 왕세자로 책봉되었고, 천연두를 앓다가 회복되었는데 궁 밖에 나가 살다가 천연두에 걸려 사경死境을 헤매는 완화군을 굳이 죽여야 할 이유가 전혀 없다. 이런 전제로 세간에 떠도는 소문의 진위를 분별할 필요가 있다.

1971년 '민비'라는 드라마를 집필했던 김영곤金英坤 씨는 1983년 8월 『MBC 가이드』에 쓴 칼럼에서 『속동감강목전續東鑑綱目全』을 인용하여, "명성황후가 내시로 하여금 완화군完和君(1868~1880)을 새우젓 독에 쳐박아 죽이게 했다"고 하였다. 사실史實을 제대로 알지도 못하면서 재야 유학자의 기록을 가지고 왜인에게 참혹하게 돌아가신 분을 다신 한 번 비겁하고 잔인하게 짓밟은 것이다.

완화군은 고종 5년 윤4월 12일에 운현궁 희죽헌戱竹軒에서 태어났는데, 아홉 살 때인 고종 13년 병자년丙子年(1876) 8월에 완화군完和君에 봉해진 후 대궐 밖으로 나와서 살았다. 다음해인 1877년에 관례冠禮를 행했고, 다음해부터는 스승에게 나아가 학문을 배우기 시작했다. 완화군 묘비명에는, "고종 17년(1880) 정월 12일 경진일庚辰日에 왕자 완화군이 천연두로 죽었다"고 하였다.

김영곤 씨는 또 고종을 시침侍寢했던 삼축당三祝堂 김씨와의 인터뷰를 근거로 "명성황후가 뒤늦게 홍역을 앓는 완화군에게 동삼童蔘(山蔘) 달인 물을 하사하니 완화군이 이것을 먹고 펄펄 뛰다가 죽었다"고도 하였는데, 삼축당은 1890년에 태어나 1972년에 돌아가신 분으로, 완화군이 열세 살로 죽던 1880년에는 태어나지도 않았고, 명성황후가 죽음을 당한 1895년에는 너무 어려서 궁중에 들어가지도 못했을 나이다. 삼축당은 "19세 때(1908년) 고종을 시침했다"고 하였는데 이때는 완화군이 죽은 지 28년이나 지났고, 명성황후가 시해 당한 지 13년이나 되었으니, 삼축당도 사람들 입에 오르내리는 엉터리 소문을 김영곤 씨에게 전했을 뿐이다.

『조선왕조실록』의 고종 8년 신미년(辛未年-1871) 11월 8일에 "원자는 항문이 막혀서 죽었다(大便不通)"고 하였다. 당시는 대원군과 명성황후가 아직 정적政敵 관계가 아니었음에도 불구하고, "며느리가 미워서 대원군이 원손元孫에게 산삼 달인 물을 먹여 죽게 했고, 이에 원한을 품은 명성황후가 완화군에게 앙갚음했다"는 모해謀害도 무책임하다. 『매천야록』에 따르면 영보당 이씨가 완화군을 낳자 고종은 완화군을 원자로 책봉하려 했는데, 대원군이 나서서 "나중에 중궁께서 원자를 낳으면 어떻게 처리하려 하시느냐"며 완화군의 원자 책봉을 대원군이 막았다고 하였는데도, 입방아꾼들은 터무니 없는 소문을 만들어내며 대원군과 명성황후를 원수지간으로 만들어 버렸다.

명성황후를 악녀惡女로 만들어 망국亡國의 책임을 몽땅 뒤집어 씌우거나 돈을 벌고자 했던 사악邪惡한 자들은 1877년에 태어난 의화군義和君(의친왕) 모자가 궁 밖에서 생활한 것도 명성황후가 쫓아낸 것으로 뒤집어씌웠는데, 1905. 02. 17. 일본공사 하야시 곤스케林權助はやし ごんすけ가 고종을 알현謁見하면서 들은 문견聞見을 외무대신 고무라 슈타로小村壽太郎こむら じゅたろう에게 보낸 전보에는, 명성황후가 오히려 의화군을 측은히 여기고 챙겨주려 했던 1885년의 궁중사宮中史 전말顚末이 드러나 있다.

"한국 궁정의 관례慣例로서 세자 탄신 후 서출庶出 왕자로 탄생하는 자가 있으면 세자의 연령이 만 10세가 되기까지는 서출 왕자가 궁중에 문후問候하는 것을 허락하지 않는 사례임. 그러므로 현재의 황태자가 4세 때 의화궁義和宮이 탄생했지만 위의 고전古典에 비추어 궁중에의 출입은 물론 왕자로 책립하는 의전儀典을 올리지 못하였음. 금릉위궁錦陵尉宮, 즉 지금 망명자의 한 사람인 박영효朴泳孝(哲宗의 부마)의 양자와 같은 자격으로 양육되기 수년 후 세자께서 만 10세가 되기에 이르러 고故 민閔 왕후王后(명성황후)는 왕자 책립의 일과 궁중 출입의 일을 발의發議하고 주장했지만, 그 당시 대원군은 무슨 이유인지 이를 불가하다고 고故 대왕대비大王大妃(神貞大王大妃)께 종용하여 전대前代 왕비의 위력을 빌려 후대後代 왕비, 즉 민 왕후의 기도企圖를 묵지默止시켰음."72)

명성황후는 맏아들이 태어난 지 불과 며칠 만에 죽는 참척慘慽을 당했고, 그 후에도 낳은 자식마다 1년을 넘기지 못하고 죽어 4남매를 잃었고, 왕세자로 책봉된 척坧만 유일하게 살아남았다. 임오년壬午年(1882)에는 자신도 죽은 사람이 되어 낯선 장호원까지 잠행潛行하며 온갖 질병에 시달리고, 사람에게 쫓기면서 죽음의 위난을 겪었으며, 궁중에 돌아온 후에도 영신佞臣들의 모해謀害가 다반사로 일어나는 불안한 삶 속에서 지친 마음을 무당에게 의지한 것을 두고, 엄청난 국고를 탕진한 것처럼 매도하는 것도 당시 왕실의 열악한 재정규모조차 헤아리지 못한 무지無知와 질시疾視에서 비롯된 억측이다.

"아들을 낳게 해 달라는 기도를 드리느라 금강산 1만2천 봉마다 돈 열 냥과 백미 한 섬, 베 한 필씩을 바치게 했다."는 내용은 아마도 명성황후를 비난하는 가장 큰 이유일 것이다. 이 말은 1931년에 김동진金東縉이 저술하고 덕흥서림德興書林(발행인 姜範馨)이 딱지본으로 펴낸 『명성황후실긔明成皇后實記』라는 소설에서 기인起쳐된 것이다. 그 서지사항書誌事項이 1930년 『조선출판경찰월보朝鮮出版警察月報』 제18호73)에 실려 있는데 불허가不許可 출판물로 분류되었다. 이 책은 명성황후에게 그닥 호의적이지 않은 돈나방 식의 저급 통속소설임에도 출판이 허가되지 않은 것은 당시 일본인에게 있어서 명성황후는 좋은 이미지로든 나쁜 이미지로든 조선인들에게는 기억되지 말아야 할 기피인물忌避人物이었기 때문이다.

녕변(寧邊)의 묘향산(妙香山)은 조선에처음인군 단군이탄생한곳이라하야 묘향산에 긔도를올니고 연안(延安)에남대지(南大池)라는못은 룡왕이잇는곳이라하야 그곳

---

72) 〈義和宮의 진퇴에 관한 한국 황제의 의향 보고의 건〉 機密第27號-駐韓日本公使館記錄 제25권(1905.02.17.)
73) 出版警察槪況 - 不許可 差押 및 削除 出版物 記事要旨 · 『明成皇后實記』발신일 1930년 02월 25일 이름 姜範馨(『明成皇后實記』 발행인), 明成皇后, 三浦梧樓(日本公使), 李昰應(興宣大院君)

에 긔도를드려 맛츰내태자를 탄생하엿슴으로 민후께서는 산천에긔도가 크게효력이 잇슴을 깁히밋으시고 태자의수명을위하야 강원도금강산(金剛山)에 큰긔도를거행할새 당시죽동궁민영익의 션생으로잇는 고진사덕로(高進士德老)가 덕행이잇다하야 이에고진사를보내여 금강산일만이천봉에 봉々마다 백미(白米)한섬과 돈열냥식 치성하야 써 축수하고 이외에도 여러잡슐하는 사람을식여 명산대천에다슈히 긔도를을여 왕상과왕후내외분이며 태자의장수태평하기를 축수하엿스니 그비용이 실로한량이업다(『명성황후실긔』 昭和六年一月七日-1931)

금강산 1만2천봉마다 돈 열 냥씩74)을 바쳤다면 12만 냥이나 되는 돈을 바친 셈인데, 당시 정부 총 예산의 17%가 넘는 돈이다. 필자가 조사한 바, 1880년 각사각영各司各營(조정 내 모든 부처)에서 올린 회계부의 1년간 전체 시재時在 중 전문錢文(돈)이 67만9천72냥75)에 불과할 정도로 국가 재정은 열악했다. 1년에 68만 냥도 안 되는 국고로 살림을 하는 나라의 왕비가 돈 12만 냥과 백미 1만2천섬을 금강산 기도에 바쳤다는 것은 황탄荒誕한 거짓말이요, 터무니없고 무책임한 모해謀害다. 이것이 당시 우물 안에 갇혀 세상 넓은 것을 보지 못한 조선의 지식인들의 수준이다.

명성황후가 무당에게 홀려 북관왕묘北關王廟를 지어주고 머물게 했다는 소문도 과장 된 것이다. 서울에는 동관왕묘東關王廟 서관왕묘西關王廟 북관왕묘北關王廟 남관왕묘南關王廟 중관왕묘中關王廟 등 모두 다섯 곳의 관왕묘가 있었고, 평양과 개성 등 전국 곳곳에 관제묘關帝廟가 있었으며, 중구 방산동芳山洞의 성제묘聖帝廟, 중구 장충동獎忠洞의 관성묘關聖廟도 있었다. 그 밖에도 다동茶洞의 관왕신당關王神堂, 용산龍山의 금명당 집76)과 하왕십리下往十里 신당神堂77) 등 여러 곳에 관왕關王을 숭배하는 묘당廟堂이 있었다.78) 남묘南廟는 1598년에 명나라 장수 진인陳寅의 주창主唱으로 건립했고, 동

---

74) 『매천야록』에는 "금강산은 속칭 1만2천 봉이라고 하는데 봉우리마다 만민萬緡의 돈궤를 폐백으로 바쳤다.(金剛山俗稱一萬二千峰, 每峰主幣可値萬緡.)"고 하였으니 총 1억2천만민인데, 이런 황탄荒誕한 기록들이 명성황후의 부정적 이미지를 만들어 낸 것이다.
75) 『일성록日省錄』 고종 17년(1880) 음력 4월 15일~고종 18년(1881년) 음력 1월 15일(회계부 합산)
76) 금명당집 : 원래 관왕關王을 모시던 사당이었으나 토지조사 때 총독부 소유로 되었다가 1922년에 일본인이 운영하는 불교단체 화광교원和光教園에 불하해 주어 말썽이 되었음.(1922. 8. 21. 東亞日報 기사 참조)
77) 신당神堂 : 갑오개혁 때 음이 같은 '新堂'으로 개칭改稱.(지금의 신당동)
78) 장장식張長植(2004) 「서울의 관왕묘 건치와 관우신앙의 양상」,『민속학연구』제14호) pp.403~440.

묘東廟는 1602년에 명나라 신종神宗의 칙령과 비용 부담으로 건립된 것이다. 종각鐘閣 뒤에 연이어 붙어 있던 중관왕묘中關王廟는 언제 누가 세웠는지 알 수 없다.

북묘北廟와 서묘西廟는 고종과 명성황후, 엄귀비嚴貴妃 등에 의해 건립된 것으로 전해지는데, 진령군眞靈君이라는 무녀를 북묘에 머물게 하고 무시無時로 왕실을 출입하며 세도를 부리게 했다는 것은 과장된 무함誣陷이며, 오로지 무녀를 위해 북묘를 지었다고 하는 것도 억지다. 어느 사당祠堂에나 공제公祭가 없는 기간에는 당주堂主라는 명칭의 무당이 머물며 기도를 올렸는데, 북묘 건립은 당시 일반화되어 있던 관왕숭배關王崇拜의 관점에서 이미 건립되어 있던 동관왕묘와 남관왕묘, 중관왕묘에 대비對比하여 서관왕묘와 북관왕묘를 세움으로서 동서남북과 중앙의 오방五方을 갖춰 나라의 안녕을 빌고자 한 무속신앙 형태로 보는 것이 타당할 것이다. 명성황후가 무당굿으로 국고를 낭비해 나라를 망쳤다고 하는 것은 당시 국내외 정세의 혼란한 정정政情을 너무 단순하게 본 논리다. 무당굿에 의지하고자 한 것은 왕실이나 민간이나 마찬가지였으며, 왕실에서 굿을 했으니 민간보다 조금 넉넉한 복채를 주었을 뿐이다.

왕비로서 인사에 전혀 관심이 없다면 그건 거짓말이다. 그러나 자신의 권력이나 권한을 어떻게 사용하느냐 하는 것은 다른 문제다. 어떤 이가 진령군이라는 무당을 통해 청탁請託을 했다고 치자. 그런데 진령군에게 청탁한 이가 왕비의 입김 없이 조정의 정상적인 절차에 의해 우연히 자신이 원하는 자리에 가게 되었더라도 진령군은 그것을 자기 덕분이라고 사방에 떠벌일 것이고, 청탁자도 그렇게 여길 것이다. 그런데 예나 지금이나 조정朝廷의 인사人事 시스템은 해당 관료를 젖혀두고 왕비의 말 한마디로 결정될 만큼 단순하지 않다. 왕비가 아무리 자신이 등용해 주고 싶은 사람이 있더라도 어디까지나 임금의 입을 통해서만 권력을 행사할 수 있다.

앞에서 살펴본 대원군의 덕산군德山郡 낙향落鄕 과정에서 벌어진 경복궁 중건 과정의 당백전當百錢을 비롯한 여러 문제점을 지적한 최익현崔益鉉이나 최익현을 비판하는 손영로孫永老 등의 상소는 왕비라도 조정 인사人事에 함부로 개입할 수 있는 분위기가 아니다. 명성황후의 언문諺文 간찰을 읽어보아도 명성황후는 자신의 권한 행사에 무척 조심스러워 하는 모습이다. 뿐만 아니라 충남 아산의 외암리巍巖里 예안이씨禮女李氏 문중으로 출가한 이모姨母의 인사 청탁도 단호하게 거절한다.

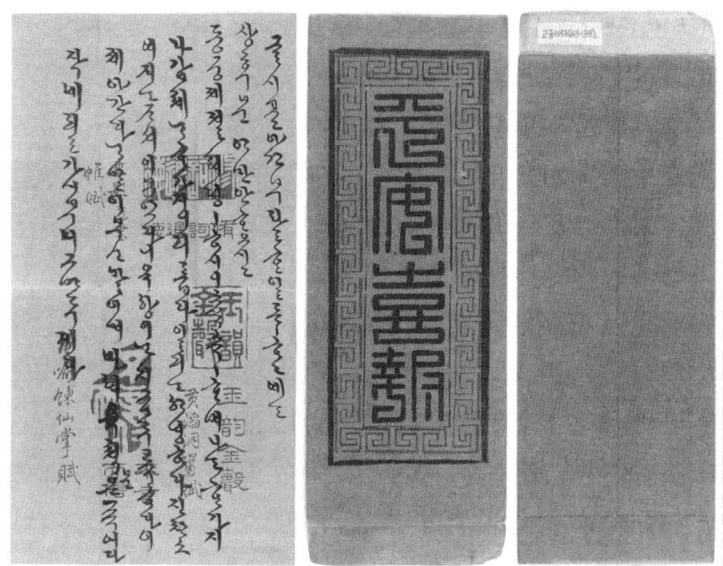

명성황후가 민영소에게 보낸 언문 간찰과 봉투 앞면 '평안희보平安喜報'와 뒷면
『명성황후 한글편지와 조선왕실의 시전지』(2010 고궁박물관)

"글시보고야간무탈ᄒ일든々하고예는
샹후문안만안ᄒ오시고
동궁졔졀틱평々ᄒ시니츅슈々ᄒ며나는ᄒ가지
다감쳬는 ᄒ가지니괴롭다일긔는한닝ᄒ다진찬소
여진는ᄌ셔이보앗다니옥향이는지금두류ᄒ다이
졔야간다는말이무슨말이며마픠쳑문은쥬어다
작폐될가시부니그만두게다

글씨 보고 야간 무탈無頉한 일 든든하고 여기는 / 상후上候 문안問安 만안萬安하오시
고 / 동궁東宮 제절諸節 태평태평하시니 축수祝手축수하며 나는 한가지 / 다 감체感滯
(감기)는 한가지니 괴롭다 일기日氣는 한냉寒令하다 진찬소進饌所 / 여재餘在는 자세히
보았다 이옥향이는 지금 두류逗留(머물다)하다 이 / 제야 간다는 말이 무슨 말이며 마

패馬牌 척문尺文은 주었다 폐단弊端을 만들까 싶으니 그만 두겠다"

지우고 쓴 곳이 있는 것으로 보아 이 서간은 궁녀의 대필이 아니고 명성황후가 직접 쓴 친필 서간이다. 모든 편지 내용을 보면 명성황후는 언제나 임금과 세자의 안위가 우선이고, 자신은 끊임없이 감기에 시달렸으며, 자신의 마패와 척문尺文을 누군가에게 주었다가 혹여 폐단이 생길 것을 걱정하여 주지 않은 것을 알 수 있다. 명성황후 이모姨母가 출가한 충남 아산의 외암리巍巖里 예안이씨 문중에 남아 있는 명성황후 간찰첩에는, "김명수는 불쌍한 줄 모르지 아니하되 게서 아홉달이나 무엇을 하였단 말씀이오닛까 어찌할 수 없사외다"(2001.07.11. KBS 역사실험)라고 하며 이모의 청탁마저 거절하는 내용도 있다. 김명수金命洙는 1887년 3월 괴산군수로 나갔으나 무능하여 임천군수 익산군수 등으로 체직되며 떠돌다가 1889년 2월에 끝내 파출罷黜 건의가 올라갔다. 이런 내용들은 고종이 지은 〈태행황후지문어제행록〉의, "혹 은혜를 바라는 사람이 있으면 경계하여 말하기를, 항상 억제하라. 그만해도 오히려 교만하고 사치할까봐 우려되는데 더구나 깃을 빌려주겠는가"라고 한 내용과도 상통相通한다.

명성황후 일생은 끊임없는 불행의 연속이었다. 앞에서 살펴본 바와 같이 명성황후는 다섯 남매를 낳았지만 순종을 제외하고는 4남매 모두 1년을 넘기지 못하고 죽었다. 1874년에는 친정 어머니와 오라버니, 조카가 한번에 폭사爆死 당하는 참혹한 일도 있었고, 1879년에는 유일하게 살아남아 왕세자에 책봉되어 명성황후의 유일한 희망인 왕세자가 천연두에 걸려 자칫 아들을 잃어버릴 급박한 상황에 처하기도 하였다. 1881년에는 대원군의 서장자庶長子 이재선李載先(?~1881)을 임금으로 세우려는 역모가 있었고, 1882년 임오군란 때는 죽음을 넘나들며 온갖 수난受難을 겪었으며 1884년 갑신정변 때는 친정 조카 민영익閔泳翊이 죽음 직전에 천행天幸으로 살아났고, 수많은 민씨 척족이 죽음을 당했다. 1886년 이재면李載冕을 세우려던 역모설, 1894년에는 대원군의 장손 이준용李埈鎔을 임금으로 추대하려는 일부 동학 관련자들의 모의謀議가 사전事前에 발각되기도 했다. 주모자들은 일을 도모하기 위해 이준용을 내세우려 한 것이지만 이준용 자신은 그렇게 생각지 않았을 것이다. 이런 연속되는 불행 속에서 유일한 희망인 아들을 지키고자 여염의 어머니처럼 무당굿을 하며 마음을 달랜 것은 당시 조선 사회의 풍속으로 보아 그럴만했다는 연민憐憫으로 수긍할 수 있다.

■ 임오유월일기-삶과 죽음을 넘나들며

고종 즉위 후 대원군은 섭정攝政인 신정왕후나 조정 대신大臣들을 통해 간접적으로 국정에 관여해 왔는데, 1866년 2월 13일 고종의 친정親政 이후에는 대원군의 역할도 커질 수밖에 없었다. 대원군이 자신의 위세威勢를 과시하기 위해 돈화문敦化門 옆에 자기와 임금만 드나들 수 있는 전용문專用門을 만들었다고도 하는데, 대원군의 위세를 과시를 위한 것이 아니라 고종이 친가親家에 부모를 뵈러 갈 때 드나들던 문이다.

"하교하기를, 금위영 서편 담쪽 운현궁에 새로 세운 어로御路 외문外門은 경근문敬覲門, 내문內門은 공근문恭覲門으로 현판을 써 붙이도록 호조에 분부하셨다."(『고종실록』 1864.09.01.) / "수레에 올라 돈화문敦化門을 나와 경근문敬覲門과 공근문恭覲門을 거쳐 본궁本宮 중대문 밖 강여소降輿所에 이르러 여를 내리고는 본궁으로 들어가셨다. 잠시 후 통례가 무릎 꿇고 '출차出次'를 계청啓請하자, 상이 막차幕次(임금이 머물기 위해 임시로 친 장막)에서 나와 여輿를 타고 공근문과 경근문을 거쳐 돈화문에 들어와 연영문延英門 밖에 이르러 걸어서 협양문協陽門으로 들어가셨다."(『승정원일기』 1865.04.06.)

어느덧 고종과 명성황후도 성년成年이 되니 비록 간접적이긴 하지만 대원군의 국정 관여가 부담스러워지기 시작했다. 국황의 개혁 의지와 달리 대원군을 자기들 편이라 여기는 대다수 유림儒林의 완고한 쇄국의지鎖國意志는 급변하는 주변 정세에 도움이 되지 않았다. 이에 고종과 명성황후는 점차 대원군의 국정 관여를 줄이기로 하였다. 고종과 명성황후는 자연스럽게 민승호를 내세워 조정 대신들과 사전에 의견을 주고 받으며 조회朝會에서 논의해 결정하였다.

민승호가 국정을 마음대로 좌지우지左之右之 했다고 보는 것은 국가경영에 대한 무지無知해서 생긴 오해다. 민승호는 고종과 국가 원로들 간의 메시져 역할을 했다고 보는 것이 정확할 것이다. 민승호는 1872년 음력 11월 17일에 약방제조藥房提調에서 수원유수水原留守로 나갔으니 늘 임금 곁에 가까이 머물러 있었던 것도 아니다. 1873년 음력 9월 11일 민승호는 병조판서가 되었는데, 수원유수로 나갔을 때나 병조판서가 되었을 때나 물러나게 해 줄 것을 각각 다섯 차례 이상 청한 것을 볼 수 있다. 민승호는 폭사 당하기 53일 전인 1874년 음력 시월 6일에도 어머니의 병구완을 위해 자신이 맡고 있는 병조판서직을 체차遞差(다른 사람으로 교체)해 달라는 상소를 올렸고, 임금도 몇 번이나 민승호의 사직을 거절하다가 어쩔 수 없이 허락하였다.

광산인光山人 김영수金永壽가 쓴 민승호 묘갈문墓碣文에는, "예로써 남을 대했고, 무게 있고 너그러웠으며, 진중愼重하고 깊이 있는 역량이 있어서 남들이 모두 재상 감이라고 하였다(待人以禮, 重厚寬仁, 沉深有量, 人皆以宰輔期之)"고 하여 그 사람됨을 전하고 있는데, 민승호가 어떤 인품을 가진 사람이든, "암탉이 울면 나라가 망한다"는 오랜 고답固踏에 젖어 있던 유림들은 민승호를 눈엣가시처럼 여겨졌을 것이다. 이로부터 최소 25년이 지났고, 명성황후가 순국한 이후에 쓰여진 『매천야록梅泉野錄』의, "운현雲峴이 10년간 쌓은 적공積功이 허물어지게 되었다"는 황현黃玹의 탄식은 명성황후에 대한 당시 유림인儒林人의 유감遺憾이 고스란히 드러나 있다.

모든 유림이 쇄국정책에 찬성한 것은 아니지만 대원군을 옹위擁衛한 위정척사衛正斥邪 세력 중심의 유림은 몇 년이 지나도록 셔먼호 사건이나 병인양요에서의 작은 승리(?)에 취해 급변하는 세계 정세에는 아는 바가 없었고, 오로지 대원군을 옹위함으로써 얻을 수 있는 자신들의 기득권 지키기에 더 관심이 있을 뿐이었다. 대원군 부부는 남연군南延君 묘가 있는 덕산군德山郡으로 낙향하여 아홉달 가량 지내며 시위를 했지만 고종의 의지는 단호하여 대원군은 어쩔 수 없이 간접 국정 관여 마저 접은 채 석파란石坡蘭이나 치며 한가한 나날을 보낼 수밖에 없었다. 그러나 고종과 명성황후는 대원군이 발탁한 인물이라도 능력 있는 사람은 중용重用하여 국정을 맡겼다. 민씨들이 중용된 이가 많았지만 다른 젊은 관료들도 많이 중용되어 박정양朴定陽이나 김옥균金玉均 같은 이들도 조정에서 기반을 쌓고 있었다.

이 무렵 조정에서는 일본과의 교류를 통해 신식 군대 양성의 필요성을 절감하였다. 신식 군대를 훈련시키고자 일본군 교관단이 들어와서 군대를 양성하고 있었는데, 조선 군대 전체를 한 번에 신식 군대로 바꿀 수는 없었기에 신식新式 군대인 별기군別技軍과 구식舊式 군대가 나누어질 수밖에 없었고, 관리와 대우에도 차등이 생겨날 수밖에 없었다. 군대의 운용은 비용이다. 『손자병법孫子兵法』 「용간用間」 편에, "대저 군대를 십만이나 동원하여 천리나 되는 먼 곳에 원정遠征한다면 백성들의 비용과 나라의 봉공奉供은 매일 천금千金을 소모해야 하며, 온 나라가 소동하게 되고 군량軍糧과 보급품을 운반하느라 길에서 지쳐버려서 생업生業을 얻지 못하게 되는 자가 70만가나 된다. 이렇게 서로 수년數年을 지키는 것은 이로써 전쟁에서 단 번의 승리를 얻고자 하는 것이다"라고 하였다.

그러나 당시 조선은 가난하여 백성들 중에는 밥한끼 배불리 먹는 것도 힘든 사람이 대부분이었고 왕실 재정도 빈약하기만 했으니, 신식 군대를 양성하는 것도 사실은 힘에 부치는 일이었다. 신식 군대와 구식 군대의 대우에도 차별이 발생할 수밖에 없는 구조였고, 자연 구식 군대의 불만은 고조되었다.

여기에 기름을 부은 것이 쌀로 지급한 구식舊式 군대의 급여였다. 임오년(1882) 음력 6월 5일 열세 달이나 월급을 받지 못한 구식 군대에게는 몇 달 만에 처음 월급으로 쌀이 지급되었지만 모래가 많이 섞인 묵은쌀이었다. 이에 분노한 병사들이 항의하여 소동이 일어났지만 쌀을 퍼주던 병사들도 같은 처지이니 서로 딱하기는 마찬가지였다.

이에 여러 병사들은 병조판서 민겸호閔謙鎬의 집으로 찾아가 따졌지만 민겸호는 출타 중이었고, 하인들까지 찾아간 병사들을 홀대하며 무시하자 병사들은 대문을 부수고 집안으로 쳐들어가 기물을 부수는 등 난동을 부리는 사태로 일이 커져 버렸다. 일이 이렇게 되자 민겸호는 난동 병사 중 김춘영金春永·유복만柳卜萬을 비롯한 주동자 몇 사람을 체포하여 포도청에 구금해 버렸다.

병사들은 다시 대원군을 찾아갔지만 노회老獪한 대원군은 능란能爛한 언변言辯으로 이들을 구슬려 돌려보냈는데, 대원군이 자기들 편이라고 생각한 병사들은 다시 동별궁東別宮으로 몰려가 무기고를 털고 의금부로 달려가 갇혀 있던 김춘영金春永·유복만柳卜萬을 구출하고, 의금부에 갇혀 있던 위정척사파의 백락관白樂寬마저 데리고 나왔다. 그들은 경기감영 무기고를 털어 화풀이 대상을 찾아 나섰다.

병조판서 민겸호가 몰려온 병사들을 따뜻한 마음으로 달래서 늦게라도 제대로 급여를 지급하고 일을 수습했다면 군란軍亂으로까지 커질 일이 아니었으나 아랫사람을 품어주지 못한 오판誤判이 일을 수습할 수 없는 지경으로 만들어 버렸다. 구군 병사들과 그들의 가족까지 가세하여 사태는 걷잡을 수 없이 커졌다.

임오군란에는 어처구니 없는 일도 벌어졌는데, 1876년 수신사 일행으로 일본에 다녀온 박영선朴永善은 『종두귀감種痘龜鑑』을 얻어와 제자인 지석영池錫永에게 종두법을 가르쳤다. 지석영은 스승에게 종두법을 배운 후 1879년 부산에 와 있던 일본 해군 군의관 마쓰마에松前에게 70일간 종두법을 더 배우고 서울로 가면서 충주 처가에 들려 어린 처남에게 종두 주사를 놓아주었다. 1880년에는 대일조사시찰단을 따라 일본에 따라가서 종두법種痘法을 더 배웠으며 우두종계소牛痘種繼所에서 두묘痘苗 제조법까지 배운 후 두묘 50병을 얻어와서 일반인에게도 접종하였다. 당시의 천연두 치료법은 굿을 해서 마마를 달래는 방법이 유일했는데, 지석영의 종두 예방주사로 천연두를 해결하게 되자 돈벌이를 잃게 된 무당들이 군란에 가세하여 유언비어로 군중을 선동하니 군란은 기름 부은 듯 걷잡을 수 없이 더 거세졌다.

그들은 사동寺洞에 있는 대원군의 형인 영의정 이최응李最應의 집을 습격해 그를 참수했다. 이최응은 대원군의 형이면서도 대원군의 대척점對蹠點에 서서 영의정까지 지낸 사람이었다. 신식 군대를 훈련하고 있던 일본군 교관들과 일본 공사관 사람들도 구군 병사들의 표적이 되어 공사관을 나와 외출했던 호리모토 레조堀本禮造 중위를 비롯한 공사관 직원 세 사람도 죽음을 당했다.

예시例示한 사진은 임오군란을 피해 영국 상선 플라잉 피시호를 타고 나가사키長崎에 도착한 하나부사 공사 일행이 1882년 7월 3일에 찍은 것인데, 국내에는 명성황후 시해 가담자들 사진으로 잘못 알려져 있기도 하다. 이 사진은 『영상이 말하는 일한병합사映像が話る日韓併合史』(辛基秀 1987. 08. 15. 勞動經濟社)에 수록되어 있으며 원본은 사이토 마코토 기념관齋藤實記念館에 소장되어 있다.

"화방공사일행조난기념花房公使一行遭難記念"(1882. 07. 03.)-齋藤實記念館
앞줄 왼쪽부터 小林(巡査), 橫山(巡査), 楓玄哲, 千原(軍曹), 多田桓
가운데 왼쪽부터 佐川晃, 石幡貞, 花房義質(公使), 近藤眞鋤, 岡兵一
뒷줄 왼쪽부터 中村某, 鈴木某, 川上立一郞, 奧村某, 武田尙, 水野(大尉),
　　　　　　　淺山顯藏, 松岡(中尉), 大庭永成
圓(좌>) 方川上 農商工部 서기관, 千原後備 步兵中佐, 方多田 宮內府 서기관

일본 공사관의 하나부사 요시모토花房義質 공사와 28명의 관원들은 구군舊軍 병사들이 몰려오는 것을 보고 간신히 몸을 빼서 인천까지 달아났다. 그들은 인천도호부 관아에 도착하여 인천 부사 정지용鄭志鎔의 환대를 받으며 휴식을 취하였다. 그러나 곧 민중의 습격으로 호위하던 순사가 창에 찔려 죽고, 그 외에도 3명이 더 죽었다.

하나부사 요시모토는 급히 인천도호부를 떠나 제물포에 도착하여, 영국 군함 플라잉피시호를 타고 나가사키長崎로 갔다.

교통이 지금 같지 않았던 시대에 제물포까지 임오군란 소요騷擾가 빠르게 미친 것을 보면 소요는 전국적으로 일어난 것이다.

서대문에 있던 최초의 일본공사관(지금의 금화초등학교)
다나카 도쿠타로(田中德太郎 たなか とくたろう) 구장舊藏 사진

일본 변리공사辨理公使인 하나부사 요시모토花房義質가 나가사키에서 당시 외무경外務卿인 이노우에 카오루井上馨에게 보낸 전보에 의하면, 6월 23일 오후 5시에 흥분한 구군舊軍 수백 명이 불의不意에 공사관을 습격했는데, 7시간 동안 방어하다가 밤 12시에 간신히 한쪽 길을 열어 왕궁으로 갔으나 성문을 들어갈 수 없어서 제물포로 갔다고 하였다. 하나부사 요시모토는 같은 해[1882년] 8월 10일에 일본군함 4척, 수송선 2척에 1개 대대 병력을 거느리고 조선으로 돌아와 8월 30일[고종 19년 음력 7월 17일]에는 임오군란으로 발생한 피해 보상을 위해 조선 정부와 제물포 조약 6개조 및 조일수호조규 속약續約 2개조를 체결하였다.(한국학중앙연구원-향토문화전자대전)

1882년 7월 30일 하나부사花房義質 변리공사가 이노우에井上 외무경에게 보낸 보고서 임오군란 당시 일본 공사관이 습격 당한 내용과 민태호 민영호가 죽음을 당한 내용이 담겼으며, 공사관의 호리모토堀本 중위 외 여덟 명도 죽음을 당했다고 밝히고 있다.
일본 국립공문서관-아시아역사자료센터 소장

임오군란 당시 죽음을 당한 사람이 많았는데, 민겸회閔謙鎬는 창덕궁에서 구군 병사들에게 발각되어 처참하게 죽음을 당했고, 경기감사 김보현金輔鉉도 경기감영에 있다가 변란이 났다는 소식을 듣고 궁궐로 갔는데, 승지로 입직하고 있던 조카 김영덕金永悳의 만류에, "내가 재상의 위치에 있으며 직책까지 맡고 있거늘 국가에 변란이 생기면 비록 죽는다고 해도 회피하면 되겠느냐"며 궁궐에 들어갔다가 죽음을 당했다. 이조참의 민창식閔昌植도 집에서 구군 병사들에게 잡혀 죽음을 당했다.

민영익閔泳翊은 삭발에 삿갓을 얻어 쓴 후 초혜草鞋(짚신)를 신고 하루 80리를 달아나서, 양근楊根에 있는 김金 오위장五衛將의 집에 이르렀는데 김 오위장은 민영익의 식객食客이었다. 김 오위장은 보리밥에 부추 절임 반찬을 대접했는데 민영익은 배불리 먹고 수저를 놓으며 말했다. "이게 무슨 맛인가?" 오위장이 웃으면서 대답했다. "영감이 오늘이 아니면 어느 때 이런 맛을 아시겠습니까. 소인이 먹는 것은 비록 조강粗糠(거친밥)이지만 지금 영감께서 잡수신 것은 많이 차린 것은 아니어도 손님을 접대하기 위해 나름대로 더 좋은 음식을 대접한 것입니다. 영감께서 댁에 돌아가시거든 삼가시고, 하인들도 가르쳐 삼가하도록 하십시오." 민영익은 부끄러워 대답을 하지 못했다.(『매천야록』) 그런데 이 기록에서 "삭발削髮했다"는 것은 사실과 다르다. 삿갓을 얻어 쓴 것은 맞지만 당시 유자儒子에게 머리카락을 자른다는 것은 "신체발부수지부모身體髮膚受之父母 불감훼상효지시야不敢毀傷孝之始也"의 가르침을 어기는 것으로 죽음을 무릅쓰고 지켜야 할 명분이었기 때문이다.

이런 급박한 상황에서 난군이 구식 군대의 주동자 뿐 아니라 위정척사파 척왜斥倭 주장자인 백락관白樂寬 까지 구출해 갔다는 소식을 듣는 순간 명성황후는 난군亂軍이 의지하고 있는 사람이 대원군임을 직감하였다. 그렇다면 난군을 가라앉힐 수 있는 사람도 대원군이라는 것도 쉽게 판단할 수 있는 문제였다. 명성황후는 고종에게 대원군을 불러 수습을 부탁하라고 권면勸勉하였다.

대원군은 임금의 사자使者가 전하는 부탁을 받고 바로 창덕궁으로 들어가서 고종과 마주하였다. 대원군도 일이 더 커지면 나라가 위태할 것이라는 것은 알고 있었고, 임금과 관점을 서로 달라도 나라를 생각하는 마음은 다를 수가 없었다. 대원군은 집정執政이 되어, 홍순목洪淳穆을 영의정에 임명하여 사태를 수습하기 시작하였다. 고종과 대원군이 밀담을 나누는 동안 명성황후는 우선 궁에서 빠져나가야 한다고 판단하고 방법을 찾고 있을 때 홍계훈洪啓薰이 궁녀인 여동생을 데리고 나타났다.

"빨리 이 아이와 옷부터 갈아입으시고 저와 궁을 빠져 나가셔야 합니다. 망설일 시간이 없습니다."

명성황후도 빠른 판단으로 옷부터 갈아 입고 가마를 타고 밖을 향해 길을 나섰다. 창덕궁은 온통 혼란에 빠져 이리 뛰고 저리 뛰며 난군을 피해 달아나는 사람들로 난장판이 되었다. 그 혼란 중에 난군 두세 명이 가마로 다가와 주렴을 올려 보았지만 그들은 명성황후 얼굴을 알고 있지 못했다. 이때 홍계훈이 나서서 말했다.

"궁녀로 있는 내 동생 홍상궁이니 보내 주게."

그들도 평소 홍계훈과 안면이 있는 사람들이고 가마 안의 여인이 궁녀 차림이어서 별 의심 없이 길을 내 주고 다른 곳으로 갔다. 홍계훈은 명성황후를 가마에서 내리게 하여 등에 업고 궁 밖을 향해 달아났다. 홍계훈은 건춘문建春門을 나서서 안국동에 있는 사어司馭 윤태준尹泰駿(1839~1884)의 집으로 갔다. 긴박하고 위급한 탈출이었다.

여기서부터는 임오유월일기壬午六月日記 내용 전문全文을 기본으로 하여 명성황후의 피난 생활을 살펴보기로 한다.

〈임오유월일기〉 임오년(1882년) 음력 6월 13일~8월 1일

〈임오유월일기〉는 임오군란壬午軍亂(1882년) 때의 명성황후明成皇后 피난기다. 이때 명성황후를 수행했던 민응식閔應植은 여흥민씨 문도공파文度公派 민영우閔泳愚의 아들인데, 민유중閔維重의 둘째 아들인 민진원閔鎭遠의 후손 민한준閔漢俊에게 양자로 입적되어 족보상으로는 같은 삼방파三房派인 명성황후의 족손族孫이 된다. 민응식閔應植의 딸은 송헌경宋憲卿에게 출가했는데, 이런 인연으로 『임오유월일기』가 송헌경 집안에 대대로 전해오게 된 것이다. 2006년 5월초 송헌경의 후손이 대전광역시서대전廣域市 향토사료관鄕土史料館에 기탁寄託 하였다. 〈임오유월일기〉를 기록한 이가 누구인지는 기록되어 있지 않으나, 임오군란 때 남의 눈을 피해 곤비困憊하게 이곳저곳을 떠도는 명성황후가 인후염과 종기, 학질 등 온갖 병에 시달리던 모습과 명성황후께 올린 약재藥材 이름까지 하루도 빠짐없이 기록한 것으로 보아 의술에 능한 수행 측근이 기록한 것으로 보이는데, 민응식閔應植이 기록한 것이 확실하다.

〈임오유월일기〉에는 음력 6월 13일에 벽동碧洞에 있는 민응식閔應植의 집으로 옮기셨다는 순간부터 기록했고 그 이전 기록은 없다. 『승정원일기』에는 유월 10일 중궁전中宮殿이 사어 윤태준의 집으로 나가셨다는 기록부터 유월 12일 익찬 민응식의 집으로 옮기셨다는 것까지만 기록해 있다. 『매천야록梅泉野錄』과 『풍운한말비록風雲韓末祕錄』에는 〈임오유월일기〉에 없는 '노자路資 이야기'와 '가마 임대' 내용이 전한다. (朴光敏-韓國語文敎育硏究會 연구위원)

　　중궁전하가 이미 궁에서 나와 몰래 화개동花開洞에 있는 전 사어司禦 윤태준尹泰駿의 집에 이르렀다. 윤태준은 집 한쪽의 방에 모셨는데 익찬翊贊 민응식閔應植과 진사

進士 민긍식閔肯植이 문 밖에서 모셨다. 경성에는 있을 만한 곳이 없어 시골 외진 곳에 피하고자 했지만 노자가 없어 걱정이었다. 윤태준이 전 승지 조충희趙忠熙에게 통변通辯하니 조충희는 말을 판 돈 5백 민緡이 있어 모두 바쳤다. 곧 단교單轎79) 한 대를 세내어 두 민씨와 이용익 등이 배종하여 여주에 있는 민영위가閔泳緯家에 이르렀다.(『梅泉野錄』)80)

홍재희洪在熙(洪啟薰)는 즉시 중궁마마를 업어모시고 단봉문丹鳳門을 나서 화개동花開洞 운세마태준尹洗馬泰駿의 집에 이르러 비밀히 모셔있다가 여양부원군묘소驪陽府院君墓所가 여주驪州임으로 중궁中宮은 그리로가서 잠시 피화避禍하시기로 작정하시고 윤태준尹泰駿에게 상의相議하엿스나 윤은 그 행자行資를 변지辨備할 수가 없어 초조焦燥하더니 맛참 그 친구 이위李韋가 집을팔고 집갑바든 돈이 있었는지라 이백냥二百兩을 차득借得하야 세보교貰步轎로써 중궁中宮을 뫼시고 여주驪州로 향하야 발정發程하였다.(『風雲韓末祕錄』)

『매천야록』과 『풍운한말비록』 모두 남에게 들은 전언傳言을 기록한 것이어서 약간 다르지만 피난길에 行資가 없어 돈을 빌린 것은 일치한다.

- 승정원일기 고종 19년 임오(1882) 6월 10일(갑자) 비
  중궁전이 사어司禦 윤태준尹泰駿의 집에 몰래 나아갔다. 배종陪從한 사람은 익찬 민응식閔應植, 진사 민긍식閔肯植, 사어 윤태준이었다.
- 승정원일기 고종 19년 임오(1882) 6월 11일(을축) 흐렸다 맑았다 함
  중궁전이 사어 윤태준의 집에 그대로 있었다. 배종한 사람은 익찬 민응식閔應植, 진사 민긍식閔肯植, 사어 윤태준이었다.
- 승정원일기 고종 19년 임오(1882) 6월 12일(병인) 맑음
  중궁전이 익찬 민응식閔應植의 서울집으로 옮겨 갔다. 배종한 사람은 익찬 민응식,

---

79) 단교單轎 : 두 사람이 메는 가마. 『매천야록』에는 가마꾼의 이름이 성택聖擇과 억길億吉이라고 하였다.
80) 中宮潛出宮, 潛至花開洞前司禦尹泰駿家. 泰駿奉之偏房, 獲賓閔應植 進士閔肯植 伏侍戶外. 以京中終不可處, 思往鄕辟避之. 而患無資斧. 泰駿通于前承旨趙忠熙. 忠熙通鬻馬, 有錢五百緡盡獻之. 卽貰單轎載之, 兩閔及李容翊等陪從. 至驪州前判書閔泳緯家.(『梅泉野錄』)

진사 민긍식閔肯植이었다.

〈임오유월일기〉

- 十三日晴. 二更量, 中宮殿下臨御于碧洞翊贊閔應植家. 玉候以咽喉症候靡寧. 進御薄荷油.

  6월 13일 : 맑음. 이경二更(오후 9시 전후) 쯤 되어서 중궁전하中宮殿下께서 벽동碧洞에 있는 익찬翊贊 민응식閔應植의 집으로 납시었다. 인후증咽喉症으로 인해 옥체玉體가 미령靡寧하셔서 박하유薄荷油[81]를 올렸다.

- 十四日晴熱. 平明閔應植與進士閔肯植及玄興澤婢子一名, 陪行至廣州府吹笛里, 林川郡守李根永家中火. 至鳥峴店舍宿所. 玉候添損. 四更後小得平順.

  6월 14일 : 맑고 더움. 아침에 민응식과 진사 민긍식閔肯植, 현흥택玄興澤, 시비侍婢 한 사람이 배행陪行하여 광주부廣州府 취적리吹笛里(지금의 성남시 고등동 저푸리마을)에 있는 임천군수林川郡守 이근영李根永의 집에 이르러 점심을 드시고, 광주 조현鳥峴(새오개)에 있는 점사店舍에서 묵으셨다.[82] 옥체는 더 나빠지셨는데 사경四更(새벽 1시~3시)이 되어서야 조금 나아지셨다.

- 十五日晴熱. 平明陪行至利川邑店舍中火, 驪州丹江權三大家宿所. 前五衛將閔泳綺來.

  6월 15일 : 맑고 더움. 아침에 길을 떠난 중궁전하 일행은 이천利川 점사에 이르러 점심을 드시고, 여주驪州 단강丹江에 있는 권삼대權三大의 집에서 묵으셨다. 전前 오위장五衛將 민영기閔泳綺가 왔다.

- 十六日晴熱夜微雨. 移御于同隣韓点大家. 患候一樣, 進御甘吉湯二帖, 薄荷湯和龍腦合御.

  6월 16일 : 맑고 더움. 밤에 가랑비가 왔다. 중궁전하께서는 같은 동네 이웃에 있는 한점대韓点大의 집으로 옮기셨다. 환후患候에 차도가 없어 감길탕甘吉湯[83] 두

---

81) 박하탕薄荷湯 : 땀을 나게 하여 나쁜 기운을 배출하고, 피로를 풀리게 하며, 머리와 눈을 시원하게 하는 효능이 있다. 여러 가지 환제丸劑를 먹을 때 함께 먹는 처방.

82) 명성황후의 피난길은 두포豆浦(현 옥수동↔압구정동)를 건넌 후 논현과 말죽거리를 거쳐 친정 올케인 죽동궁竹洞宮 덕수이씨德壽李氏의 친정인 광주부廣州府 취적리吹笛里(現 성남시 高登洞)에서 점심을 드시고, 광주의 이배재 고개 아래에 있는 새오개鳥峴 지금의 광주시廣州市 목현1동木峴1洞 141번지 점사店舍에서 묵으신 것을 필자가 직접 확인하였다. 새오개에는 큰 점사와 작은 점사가 있었는데, 남의 눈에 띌 것을 저어하여 작은 점사에서 묵으셨다고 한다. 덕수이씨(1851~1919)는 민승호의 삼취三娶 부인이다.

첩, 박하탕과 용뇌[84]를 올려 드시게 하였다.

- 十七日晴熱驟雨. 因爲駐御. 進御甘吉湯一帖薄荷湯和龍腦含御. 玉體脚部腫處成膿, 進付膏藥.

  6월 17일 : 맑고 더움. 소나기가 쏟아졌다. 중궁전하께서는 머물러 계셨다. 감길탕 한 첩, 박하탕과 용뇌를 올렸다. 옥체의 다리에 난 종기腫氣에 고름이 생겨서 고약膏藥을 붙여 드렸다.

- 十八日雨終日. 因爲駐御. 患候一樣, 午後咽喉症候. 成膿自潰. 進御甘吉湯一帖, 狗羹一甫兒, 鮒魚膏一甫兒. 閔肯植先往忠州老隱.

  6월 18일 : 종일 비가 왔다. 중궁전하께서는 머물러 계셨다. 환후는 차도가 없으신데 오후에는 인후염 증세가 더 심해지셨다. 다리의 종기에 생겼던 고름은 저절로 터졌다. 감길탕 한 첩을 드시게 하고, 개장국 한 보시기[85]와 붕어를 고아서 내린 국 한 보시기를 올렸다. 민긍식이 먼저 충주忠州의 노은老隱으로 갔다.

- 十九日朝雨午後漸霽申後連注. 平明陪行至忠州梅山, 中火于吳鳳鶴家, 宿所于社倉閔應植鄉第.

  6월 19일 : 아침에 비가 오다가 오후에 점차 개더니 신시申時(오후 3시~5시) 이후에는 소나기가 퍼부었다. 중궁전하께서는 아침에 길을 떠나 충주 매산梅山[86]에 이르러 오봉학吳鳳鶴의 집에서 점심을 드시고 사창리社倉里[87]에 있는 민응식의 고향

83) 감길탕甘桔湯 : 풍한사風寒邪로 목이 붓고 아프며 말소리가 낮거나 목이 쉰 소리가 나는 데 쓴다. 급성 인후염, 편도선염에 쓸 수 있다.

84) 용뇌龍腦 : 용뇌향龍腦香 나무에서 자연적으로 채취하여 말린 현미玄米 모양의 결정結晶. 정신을 맑게 하고, 열을 내리며, 통증을 가라앉히고, 인후 및 눈이 아플 때 효과가 있다.

85) 甫兒 : 원문의 '구갱일보아狗羹一甫兒'는 '개장국 한 보시기'의 뜻. 보시기는 무엇을 담는 그릇인가에 따라 크기가 달랐던 것 같다. 『영흥본궁정례永興本宮定例』「제기祭器」편에 "김치를 담는 놋쇠 보시기 세 개. 그릇마다의 무게는 14냥인데, 그릇의 직경은 3치 9푼이고(11.817cm) 그릇 안쪽의 깊이는 2치(6.06cm)다. 그릇 밑받침 다리 부분의 직경은 2치 2푼이고, 높이는 5푼이다(鍮沈菜甫兒三坐[每坐重十四兩圓徑三寸九分內高二寸足圓徑二寸二分內高五分])" "꿀을 담는 놋쇠 보시기 세 개. 그릇마다의 무게는 13냥 5전이고, 그릇의 직경은 3치 7푼, 안쪽 깊이는 1치 8푼이며, 그릇 밑받침 다리 부분의 직경은 2치, 다리 안쪽 높이는 4푼이다.(鍮淸蜜甫兒三坐[每坐重十三兩五錢圓徑三寸七分內高一寸八分足圓徑二寸內高四分])"라는 기록이 있다. '보시>보아(甫兒)>'는 '아兒'의 중세음이 'ᅀᆞ(『小學諺解-宣祖版』)'였으므로, '아兒'를 반치음으로 읽어 '보ᅀᆞ>보시甫兒'에 그릇의 뜻인 '기器'를 붙여 '보시기'로 불러 온 것으로 볼 수 있다. 'ᅀᆞ'의 아래아(ㆍ)는 일반적으로 "마ᅀᆞᆯ>마을" 처럼 'ㅏ'나 'ㅡ'로 변음 되었으나 강원도 충청도 경상도 일부 지방에서 "마ᅀᆞᆯ>마실"로 변음變音 된 것과 같이 'ㅣ'로 변음되어 쓰이는 경우도 있다.

86) 매산梅山 : 지금의 음성군陰城郡 감곡면甘谷面 왕장리旺場里에 있는 마을.

87) 사창리社倉里 : 지금의 음성군 금왕읍金旺邑.

- 二十日或雨或陰. 因爲駐御. 以竹筒吹硼砂小許于患處.

  6월 20일 : 비가 오다가 흐리기도 함. 중궁전하께서는 머물러 계셨다. 종기 난 곳에 대통으로 붕사를 조금 불어서 상처에 붙게 해 드렸다.

- 二十一日晴熱. 昧爽陪行, 駐御老懸幼學李是鎰家. 進御甘吉湯一帖, 薄荷湯和龍腦含御. 玉候漸次平復.

  6월 21일 : 맑고 더움. 새벽 시원할 때 길을 떠나 노은에 있는 유학幼學 이시일李是鎰의 집에 머무셨다.88) 감길탕 한 첩과 박하탕에 용뇌를 올렸다. 옥체가 점차 회복되셨다.

- 二十二日晴. 因爲駐御. 故判書閔升鎬妻貞敬夫人李氏前參判閔泳翊妻貞夫人金氏自竹山來.

  6월 22일 : 맑게 갬. 중궁전하께서는 머물러 계셨다. 전 판서 민승호閔升鎬의 처妻 정경부인貞敬夫人 덕수이씨德壽李氏(명성황후의 친정 올케)와 전 참판 민영익閔泳翊의 처 정부인貞夫人 김씨金氏가 죽산竹山에서 왔다.

- 二十三日晴. 因爲駐御.

  6월 23일 : 맑음. 중궁전하께서는 머물러 계셨다.

- 二十四日晴. 因爲駐御.

  6월 24일 : 맑음. 중궁전하께서는 머물러 계셨다.

- 二十五日午後細雨. 因爲駐御.

  6월 25일 : 오후에 가랑비가 왔다. 중궁전하께서는 머물러 계셨다.

- 二十六日午後雨. 因爲駐御.

  6월 26일 : 오후에 비가 왔다. 중궁전하께서는 머물러 계셨다.

- 二十七日晴. 因爲駐御.

  6월 27일 : 맑음. 중궁전하께서는 머물러 계셨다.

- 二十八日晴. 申後陪行, 移御于梅山前判書閔泳緯家.

---

88) 왕비께서 노은에 있는 신흥동新興洞으로 피난하면서 그 동네에서 잘사는 한씨韓氏 집에 머물고자 하였으나, 후환을 두려워한 한씨의 거절로 인해 가난한 모자가 사는 이시일의 집에 묵게 되었다고 함. 신흥동은 지금의 충주시 노은면老隱面 가신리佳新里.

V. 삶과 죽음을 넘나들며 237

6월 28일 : 신시申時(오후 3시~5시)가 지난 후 중궁전하께서는 길을 떠나 매산에 있는 전 판서 민영위閔泳緯의 집으로 옮기셨다.

- 二十九日晴. 因爲駐御. 進御加味養胃湯二帖.

  6월 29일 : 맑음. 중궁전하께서 머물러 계셨다. 가미양위탕加味養胃湯89) 두 첩을 올렸다.

- 三十日晴. 因爲駐御. 進御養胃湯一帖.

  6월 30일 : 맑음. 중궁전하께서는 머물러 계셨다. 가미양위탕 한 첩을 올렸다.

- 七月初一日晴. 因爲駐御. 進御淸暑六和湯一帖.

  7월 1일 : 맑음. 중궁전하께서는 머물러 계셨다. 청서육화탕淸暑六和湯90) 한 첩을 올렸다.

- 初二日晴熱. 閔泳綺陪行, 移御于砥平面蟾實, 前縣監安晶玉家. 閔應植單煩耳目, 追後發行至驪州邑止宿.

  7월 2일 맑고 더움. 민영기閔泳綺가 중궁전하를 배행하여 양근楊根의 지평면砥平面 지평리 섬실蟾實에 있는 전 현감 안정옥安晶玉91)의 집으로 옮기셨다. 민응식은 번잡한 사람들의 이목耳目을 꺼려 나중에 길을 떠나 여주에 와서 머물러 묵었다.

- 初三日微雨夜暴注. 因爲駐御. 進御淸暑六和湯一帖. 咽喉症候更爲添損. 閔應植來到.

  7월 3일 : 이슬비가 오더니 밤에는 폭우가 쏟아졌다. 중궁전하께서는 안정옥의 집에 머무셨다. 청서육화탕淸暑六和湯 한 첩을 올려 드시게 하였으나 인후염 증세는 다시 나빠지셨다. 민응식이 왔다.

- 初四日早雨晩止. 因爲駐御. 進御養胃湯一帖. 送前五衛將具然韶于忠州兵營.

  7월 4일 : 아침 일찍 비가 오다가 늦게 그쳤다. 중궁전하께서는 머물러 계셨다. 가미양위탕 한 첩을 올렸다. 전 오위장 구연소具然韶를 충주 병영에 보냈다.

- 初五日晴. 因爲駐御. 咽喉症候漸爲平復.

---

89) 가미양위탕加味養胃湯 : 음식이 체하거나 음식에 상한 것, 배가 아프고 설사를 하며 입이 마르고 소변량이 적은데 쓰이는 것으로 설사 후에 배가 상쾌해지는 처방. 원문원문의 '가미양주탕加味養胃湯'은 오기誤記다.
90) 청서육화탕淸暑六和湯 : 더위를 먹어서 심心과 비脾를 상하게 하여 토하고 설사하거나 혹은 곽란癨亂으로 근육이 뒤틀리는 등의 증상을 치료하는 처방.
91) 안정옥安晶玉 : 원문에는 '안정옥安晶玉'으로 되어 있는데, 7월 27일자에는 '안정옥安晶玉'으로 표기하였다. 1875년에 '安鼎玉'으로 개명改名. 『승정원일기承政院日記』 고종 12년(1875년) 9월 29일 자〈이조계목吏曹啓目〉에 "전오위장안정옥명자개이정옥前五衛將安晶玉名字改安鼎玉"이라고 하였다.

7월 5일 : 맑음. 중궁전하께서는 머물러 계셨다. 인후염은 점차 회복 되셨다.
- 初六日晴. 因爲駐御. 進御養胃湯一帖送閔泳綺于楊根紫芩里

  7월 6일 : 맑음. 중궁전하께서는 머물러 계셨다. 가미양위탕 한 첩을 올렸다. 민영기를 양근의 자잠리紫岑里에 보냈다.

- 初七日晴. 因爲駐御. 進御藿香正氣散一帖閔肯植入來.

  7월 7일 : 맑음. 중궁전하께서는 머물러 계셨다. 곽향정기산藿香正氣散92) 한 첩을 올렸다. 민긍식이 왔다.

- 初八日晴. 因爲駐御. 進御養胃湯一帖閔泳綺還來.

  7월 8일 : 맑음. 중궁전하께서는 머물러 계셨다. 가미양위탕 한 첩을 올렸다. 민영기가 돌아왔다.

- 初九日晴. 因爲駐御. 玉體脚部腫處完合.

  7월 9일 : 맑음. 중궁전하께서는 머물러 계셨다. 옥체의 다리에 났던 종기의 상처가 아물었다.

- 初十日晴. 因爲駐御.

  7월 10일 : 맑음. 중궁전하께서는 머물러 계셨다.

- 十一日晴. 因爲駐御. 閔泳綺閔應植婦人耳目先爲出來.

  7월 11일 : 맑음. 중궁전하께서는 머물러 계셨다. 민영기와 민응식의 부인은 남의 이목을 피하느라 먼저 출발하여 (梅山으로)왔다.

- 十二日晴. 安晶玉陪行, 還御于梅山吳鳳鶴家宿所. 閔肯植先從他路出來.

  7월 12일 : 맑음. 안정옥이 배행하여 매산에 있는 오봉학의 집으로 돌아오셔서 묵으셨다. 민긍식은 다른 길로 먼저 출발하여 왔다.

- 十三日晴. 移御于閔泳緯家後舍.

  7월 13일 : 맑음. 중궁전하께서는 민영위 집 뒤채로 옮기셨다.

- 十四日雨終日. 因爲駐御.

  7월 14일 : 종일 비가 옴. 중궁전하께서는 민영위 집 뒤채에 머무셨다.

- 十五日陰灑雨. 因爲駐御. 送安晶玉于京城.

---

92) 곽향정기산藿香正氣散 : 傷寒陰症과 身痛 등 表症과 裏症을 모두 다스린다. 위장염, 여름철감기, 토사, 설사 등에 쓰인다.

7월 15일 : 흐리고 비가 쏟아졌다. 중궁전하께서는 머물러 계셨다. 안정옥을 경성京城에 보냈다.

- 十六日晴. 因爲駐御. 又哲來聞京報. 安晶玉自中路謄淸使楊楊標而還來. 金泉察訪閔致憲來.

7월 16일 : 맑음. 중궁전하께서는 머물러 계셨다. 우철又哲이 와서 경성 소식을 전해 올렸다. 안정옥이 경성으로 가던 중에 청淸 나라 사신이 붙인 방榜을 베껴가지고 돌아왔다. 김천찰방金泉察訪 민치헌閔致憲이 왔다.

- 十七日晴. 因爲駐御. 送閔致憲于京城. 李賢植持泳翊封書而來.

7월 17일 : 맑음. 중궁전하께서는 머물러 계셨다. 민치헌을 경성에 보냈다. 이현식李賢植이 민영익의 봉서封書를 가지고 왔다.

- 十八日晴. 因爲駐御. 李賢植還去送安晶玉于京城.

7월 18일 : 맑음. 중궁전하께서는 머물러 계셨다. 이현식이 돌아갔다. 안정옥을 경성에 보냈다.

- 十九日雨午後止. 因爲駐御. 玉候以痁症靡寧, 進御香砂平胃散二帖.

7월 19일 : 비가 오다가 오후에 갬. 중궁전하께서는 머물러 계셨다. 학질 때문에 옥체가 미령靡寧하셔서 향사평위산香砂平胃散[93] 두 첩을 올렸다.

- 二十日晴. 因爲駐御. 進御水蔘一兩重.

7월 20일 : 맑음. 중궁전하께서는 머물러 계셨다. 수삼水蔘 한 냥을 올렸다.

- 二十一日晴. 因爲駐御. 進御水蔘一兩重. 痁候未得平復.

7월 21일 : 맑음 중궁전하께서는 머물러 계셨다. 수삼 한 냥을 올려 드시게 하였는데, 학질 증세는 회복되지 않으셨다.

- 二十二日晴. 因爲駐御. 進御安神四物湯二帖. 閔致憲及安晶玉自京還來.

7월 22일 : 맑음. 중궁전하께서는 머물러 계셨다. 안신사물탕安神四物湯[94] 두 첩을 올렸다. 민치헌과 안정옥이 경성에서 돌아왔다.

---

93) 향사평위산香砂平胃散 : 상식상식傷食, 즉 급성위장카타르 등으로, 혹은 과식 및 체기滯氣로 인하여 복부팽만·심하비색心下痞塞심장 아래가 막힌 듯한 것)·식욕부진에, 때때로 식후의 복명腹鳴, 설사를 호소하는 증세 등 위장의 여러 질환을 치료한다. '甘草 藿香 木香 半夏 砂仁 人蔘 枳實 陳皮 蒼朮 香附子 厚朴 神麯 山査肉' 등 13가지 약재로 만든다.

94) 안신사물탕安神四物湯 : 사물탕에 마음을 편케 하는 약을 가미한 처방.

- 二十三日雨終日. 因爲駐御. 進御水蔘一兩重, 以痁候添損, 送人于陽城醫人朴應鍾處.

  7월 23일 : 종일 비가 옴. 중궁전하께서는 머물려 계셨다. 수삼 한 냥을 올려 드시게 하였는데, 학질痁疾은 더 심해지셨다. 양성陽城[95])에 있는 의원醫員 박응종朴應鍾의 거처에 사람을 보냈다.

- 二十四日晴. 因爲駐御. 夜進御山蔘五戔重. 安晶玉賷封書上京.

  7월 24일 : 맑음. 중궁전하께서는 머물려 계셨다. 산삼山蔘 오전중五戔重(半兩)을 올렸다. 안정옥安晶玉에게 봉서封書를 주어 서울로 보냈다.

- 二十五日晴. 早朝進御山蔘五戔重. 移御丁殷泳緯家內舍. 痁候一樣, 陽城醫人朴應鍾來到.

  7월 25일 : 맑음. 이른 아침에 산삼 오전중을 올렸다. 중궁전하께서는 민영위 집 안채로 옮기셨다. 학질은 차도가 없으셨다. 양성陽城에서 의인醫人 박응종이 왔다.

- 二十六日晴. 因爲駐御. 早朝朴應鍾入診, 進御加味君子湯二帖, 左贊成台鎬家下人, 持封書而來. 同月十九日, 前監察沈宜淳以還正壼位事, 呈文于吳提督長慶, 將有不日奉迎之喜. 故副司果金卨鉉爲告此事自京早朝來到. 李賢植來. 是夜封書武監八名下來, 聞華服之. 傳敎.

  7월 26일 : 맑음. 중궁전하께서는 머물려 계셨다. 이른 아침에 박응종이 들어와 진맥診脈을 하고 가미군자탕加味君子湯[96]) 두 첩을 올렸다. 좌찬성左贊成 민태호閔台鎬 집의 하인이 봉서를 가지고 왔는데, "같은 달 19일에 전前 감찰監察 심의순沈宜淳이 환정곤위사還正壼位[97])로서 중궁전하를 위한 정문呈文탄원서을 청나라 오장경吳長慶 제독에게 보냈는데, 곧 받들어 영접하라는 희소식이 있을 것"이라고 하였다. 사과司果 김설현金卨鉉이 이 일을 고하기 위해 경성으로부터 이른 아침에 왔다. 이현식이 왔다. 이날 밤에 봉서무관封書武官[98])을 포함하여 여덟 명의 무감이 내려왔는데, 화복전교華服傳敎[99])를 들으셨다.

- 二十七日晴. 因爲駐御. 痁候稍有減勢. 進御加味君子湯一帖, 加減君子湯一帖. 奉迎陪

---

95) 안성군安城郡 양성면陽城面.
96) 가미군자탕加味君子湯 : 心肝腎이 허해서 생긴 怔忡(정충—두려워하고 근심함)을 치료하는 처방.
97) 환정곤위사還正壼位事 : 중전을 다시 모셔오는 직임 곤위壼位는 곤위坤位와 같음. 왕비의 자리.
98) 봉서무감封書武監 : 봉서를 가지고 와서 전달하는 무예별감武藝別監.
99) 화복전교華服傳敎 : 왕비복王妃服으로 갈아입으라는 임금의 전교傳敎.

從官員下來. 安鼎玉賚回答封書下來

7월 27일 : 맑음. 중궁전하께서는 머물려 계셨다. 학질 증세는 처음으로 차도가 있었다. 가미군자탕加味君子湯 한 첩과 가감군자탕加減君子湯100)을 한 첩씩 올렸다. 중궁전하를 받들어 모시고 갈 배종관원陪從官員이 내려왔다. 안정옥安鼎玉101)도 회답봉서回答封書를 가지고 내려왔다.

- 二十八日晴. 朝進御加減君子湯 一帖. 巽時動駕宿所于竹山府內衙. 夜進御加減君子湯 一帖.

  7월 28일 : 맑음. 아침에 가감군자탕 한 첩을 올렸다. 중궁전하께서는 손시巽時(오전 8시 30분~9시 30분)에 출발하여 죽산부竹山府 내부內衙에 이르러 묵으셨다. 밤에 가감군자탕 한 첩을 올렸다.

- 二十九日晴. 早進御加減君子湯 一帖. 卯刻動駕至陽智縣內衙晝停. 閔永翊來. 痁(候玉體)餘症. 至龍仁縣東軒宿所. 進御平陳湯 一帖.

  7월 29일 : 맑음. 아침 일찍 가감군자탕 한 첩을 올렸다. 중궁전하께서는 묘시卯時(오전 5시~7시)에 출발하여 낮에 양지현陽智縣 내아內衙에 이르러 잠시 쉬시며 점심을 드셨다. 민영익이 왔다. 학질은 아직 옥체에 남아 있다. 용인현龍仁縣에 이르러 동헌東軒에서 묵으셨다. 평진탕平陳湯102) 한 첩을 올렸다.

- 八月初一日晴. 朝進御平陳湯 一帖. 卯刻動駕至新院晝停于. 御軍幕. 申刻還宮.

  8월 1일 : 맑음. 아침에 평진탕 한 첩을 올렸다. 중궁전하께서는 묘시卯時에 출발하여 신원新院의 군막軍幕에 이르러 잠시 쉬시며 점심을 드셨다. 신시申時(오후 3시~5시)에 환궁還宮하셨다.

명성황후의 피난 경로에 대하여 여러 설이 있지만 임오유월일기는 명성황후를 직접 수행하고 떠났던 민응식閔應植이 기록한 것이므로 가장 정확한 사실事實을 매일 기록한 것이다. 임오유월일기에는 6월 14일 새벽에 벽동碧洞의 민응식閔應植 집

---

100) 加減君子湯加減君子湯 : 신경쇠약, 두통, 정충怔忡(두려워하고 근심함) 등의 신경성질환을 다스리는 처방.
101) 1875년 安晶玉에서 安鼎玉으로 개명.
102) 평진탕平陳湯 : 식학食瘧을 치료하는 처방. *식학食瘧 : 음식을 먹고 체했는데 학질瘧疾의 사기邪氣까지 받아서 오한惡寒과 발열發熱이 왔다갔다 하고 가슴이 답답하며 헛배가 부르고 트림이 나며 식욕이 없고 구토하는 병증.

을 떠나 광주부廣州府 취적리吹笛里에 있는 임천군수 이근영의 집에서 점심을 드셨다고 하였다. 필자는 2015년 5월 5일 덕수이씨 후손 이재복李載福(1930년~2016년) 씨를 성남시 고등동(吹笛里) 자택에서 인터뷰한 적이 있다.

"명성황후는 두포荳浦(현 옥수동↔압구정동) 나루를 건넌 후 논현論峴과 말죽거리(현 양재동)를 지나 우리 집에 오셔서 며칠 묵으셨다고 한다. 당시 나의 백부가 덕수이씨 종손宗孫인 이종필李種珌 어른에게 양자로 가셨는데, 민승호閔升鎬의 부인 덕수이씨는 이종필의 고모가 되시며, 나의 백부에게는 대고모님이시고, 명성황후에게는 친정 올케가 되신다. 우리는 민승호 댁을 죽동궁竹洞宮이라고 부르는데, 이곳은 죽동궁 할머니가 자라신 곳으로 죽동궁의 오라버니들도 이곳에 사셨고, 왕비께서는 올케의 친정으로 피해 오신 것이다. 다섯 대의 가마가 왔는데, 황후께서는 가장 허름한 가마를 타고 오셨다고 한다."

민승호는 1874년에 어머니, 아들과 함께 폭사爆死 당했지만 〈임오유월일기〉 6월 22일자에, "옛 판서 민승호의 처 정경부인 이씨와 전 참판 민영익의 처 정부인 김씨가 죽산에서 (老隱으로)왔다"고 하여, 당시 덕수이씨 부인이 명성황후를 도운 것이 확인된다. 이재복 씨는 자기 집에서 며칠 묵어 가셨다고 했지만 〈임오유월일기〉에는 점심 식사만 하신 후 광주로 출발하셨다고 기록해 있고, 『일성록日省錄』에도 "중전께서 광주廣州에 있는 임천군수林川郡守 이근영李根永의 집으로 옮기셨다.(中宮殿移御于林川郡守 李根永 廣州鄕第)"고만 기록해 있는데, 죽음의 위난危難에 몰려 급박急迫하게 쫓기는 몸이 도성都城과 가까운 곳에서 며칠씩 머물 수는 없다.

〈임오유월일기〉에는 민응식閔應植과 민긍식閔肯植, 현흥택玄興澤, 시비侍婢 한 사람이 배행陪行하여 경성을 떠났다고 기록해 있는데 이재복 씨 전언傳言처럼 다섯 대의 가마가 왔다면 시비 외에는 각기 떨어져서 움직이다가 취적리에 모여서 이근영가와 이재복 씨 집 등 몇 집에 나누어 앉아서 점심식사를 했을 것이다. 명성황후가 가장 낡은 가마를 타고 왔다는 것은 옷차림도 여염집 여인처럼 허름하게 변장했음을 보여준다. 이재복 씨는 다섯 대의 가마가 왔다고 하지만 명성황후 외에 다른 사

V. 삶과 죽음을 넘나들며   243

람들은 걸어서 왔다고 보는 것이 맞을 것 같다.

명성황후 일행이 두포豆浦 나루를 건널 때 일화가 『매천야록』과 『풍운한말비록』에 전하는데 당시 명성황후가 얼마나 궁박窮迫한 처지였는지를 잘 묘사하고 있다.

> 중궁中宮께서 강을 건너시는 데 뱃사공이 난색을 보이며 말하기를, '나라에서 강 건너 주는 것을 금했고 행색도 의심스러우니 건너줄 수 없다'고 하자 중궁께서는 끼고 있던 금가락지를 빼서 가마 밖으로 던져주어 마침내 건널 수 있었다. 광주廣州를 지나며 길가에서 쉴 때 마을의 늙은 여인네들이 나와 보고 피난가는 여인네인줄 알고 서로 떠들기를 "중전이 음란해 이런 난리가 일어나게 하여 아가씨 같은 사람으로 하여금 도망하여 이곳까지 숨어들게 했구려"라고 했는데 중궁은 아무말 없이 기억해 두었다가 환궁還宮 후에 그 마을을 멸했다. (환궁 후)중궁을 따라갔던 이가 뱃사공을 잡아다 다스리자고 했는데 허락하지 않았다.103)(『매천야록』)
>
> 중궁中宮은 여주驪州로 가시는 길에 광주廣州땅에서 교자轎子를 노코 교부轎夫가마꾼가 술을 먹을때에 점녀店女들이 염자簾子(주렴)를 들고 문왈問曰 "저러케 어여뿌신 아기씨가 어대서 가시나니까" 답왈答曰 "나는 서울서 피란避亂하야 충주忠州로가는 길이로라" 점녀店女들은 서로 말하기를 "참 서울서는 난리亂離가 낫다지 중궁中宮인가 무엇인가 그것 때문에 난리가 낫대 그래서 저런 아가씨도 편안히 안졌지 못하고 피난을 하시느라고 고생을 하시는 구먼"하면서 중궁中宮께 문왈問曰 "중궁전中宮殿이라는 이는 훈련도감訓鍊都監 군사들에게 밟혀 죽엇다지요?" 답왈答曰 "나는 피난오는 일에밧버서 그런일은 자서히 듯지 못하였소" 하고 머리를 숙이섯다(『풍운한말비록』)

노자가 없어 금가락지를 빼서 뱃삯을 주어야 하는 궁박한 처지는 참으로 서러운 경험이었겠지만 궁중에만 계시던 명성황후로서는 힘한 세태를 경험한 순간이었을 것이다. "금가락지를 빼서 던져 주었다"는 것은 호종扈從한 측근을 통해 뱃사공에게 주었다는 뜻으로 보면 될 것이다. 필자의 고향이 광주廣州이고, 명성황후께서 피난

---

103) 『매천야록』: 中宮將渡江, 槕工難之曰, 京師有令斷江, 又此行色可疑, 不可渡. 中宮脫金指環擲船外, 乃克濟. 過廣州憩道傍, 有村媼來看, 認之爲避亂婦女, 相責嘖曰, 中殿淫亂, 釀此亂離, 使娘子輩奔竄至此, 中宮黙識之, 還宮後滅此一村. 從行者欲治槕工罪則不許. *原文에는 '槕工'을 '楫工'으로 썼음.

갈 때 지나가셨다는 이배재와, 하룻밤 묵으셨다는 광주시 새오개(당시 木甘里-今 木峴洞) 점사지店舍址(주막)를 조사하며 그 동네 주민을 만나 확인한 바, 한 마을을 멸족시켰다는 것은 전혀 근거 없는 헛소문이다. 성남시에서 이배재를 넘어오면 목감리에 큰 주막과 작은 주막이 있었는데, 명성황후 일행은 남의 눈에 띌 것을 걱정하여 지금의 목현동 141번지에 있던 작은 주막에서 묵으셨다고 한다. 한 마을을 멸살滅殺시켰다면 경천동지驚天動地할 희대稀代의 악행이어늘 아무리 소문이라지만 일국의 왕후를 모함해 입에 올리기도 민망할 만큼 황탄荒誕하고 무책임한 소문을 누군가가 창작해 낸 것이다. 그 누군가는 좋은 의미에서든 나쁜 의미에서든 모든 조선인의 기억에서 명성황후는 기억되어서는 안 되는 불편한 존재로 여겼던 세력일 것이다. 이런식의 무지막지한 모함은, 두포 나루에서 건너주기를 거부하던 뱃사공을 처벌하자는 측근을 명성황후가 달래며 용서하게 했다는 말과도 앞뒤가 맞지 않는다.

　1882년 음력 6월 9일부터 8월 1일 환궁還宮하기까지 50일간의 피난 기간 중 명성황후는 31일 동안 인후염과 종기腫氣에 시달렸으며 7월 19일부터 환궁하는 날까지 13일 동안은 학질에 걸려 삶과 죽음을 넘나들어 목숨이 위태로운 지경에 이르기도 하였다. 6월 21일에는 한韓 씨 집에 머무르려다가 대원군에게 화를 입을 것을 꺼리는 한씨에게 거절 당하고 나뭇꾼 이시일李是鎰의 집에서 이레 동안 묵기도 하였으며, 민영위閔泳緯의 시골집에서는 남의 눈을 피하기 위해 뒷채에서 묵기도 하였고, 양근楊根에서는 귀인貴人이 차마 갈 수 없을 만큼 깊은 산골짜기 외딴집에 머물기도 하였다. 피난기간 내내 인후염과 종기, 학질에 시달려 삶과 죽음을 넘나들며 목숨마저 위태로운 상황에서 안정되게 머물 곳조차 없어 떠돌던 분이 청淸 나라 군사를 끌어들여 대원군을 납치하게 했다는 모함은 명성황후 암살에 직접 가담했던 기쿠치 겐조菊池謙讓의 교활狡猾하고 비겁한 잡저雜著들에서 비롯된 것으로, 제대로 알지도 못하면서 제 나라 국모國母를 깎아내리고 마구잡이로 폄훼貶毀하는 것은 참으로 어리석다. 통속소설가 김동진金東縉이 저술한 『명성황후실기』라는 책에서는 나뭇꾼 이시일의 집에 이레 동안 머문 것을 가지고 말도 안 되는 모함을 하고 있다.

行中에 휴대하엿든 금전을내여촌민들에게 자조은혜를베푸시니 촌중村中의부녀들이 점々모혀와 경성서오신귀한부인이라 일카르며 친구갓치친밀하게되엿다 민후의일행은 그곳에서도놀든흥치가생각이나고 적막함을 견듸기어려워서 각금촌민을모아 잡가를식이며 아희들을모아춤을추이고 돈을난우아주엇더니 산중궁벽한촌이 별안간에 번화한시정갓치되야서 술집이생기고……

명성황후께서는 유월 19일과 20일 이틀 동안 음성군 사창리社倉里에 있는 민응식의 향제鄕第(고향집)에 유숙留宿하셨으나 민응식에게 감정을 품고 있던 정문오鄭文五가 일부 주민을 부추겨 명성황후를 해코지하려는 기미幾微가 있다는 마을 주민 이근택李根澤(1865-1919)의 귀띔으로104) 유월 21일 노은老恩에 있는 이시일李是鎰의 집으로 옮겨 유월 27일까지 이레 동안 머무셨다. 유월 28일에는 다시 매산梅山에 있는 민영위閔泳緯의 집으로 옮기셨다가 7월 2일 멀리 양근楊根에 있는 안정옥安鼎玉의 집으로 옮기셔서 7월 11일 저녁까지 묵으셨다. 필자가 2019년 8월 7일에 건국대 석사 과정의 김민주 선생과 함께 양평 지역을 답사하며 취재한 바에 따르면 안정옥은 자기 아내에게조차 명성황후라는 것을 알리지 않고 지성至誠으로 명성황후를 보호하고 봉양하였다고 한다.

명성황후께서 마골에 계실 때도 측근들은 해발 334m인 이 산에 올라 망을 보았다고 하는데, 명성황후께서 머무셨던 초가草家는 마골 마을에서도 비탈길을 한참 올라간 산자락에 있었다. 『양동면지楊東面誌』에 따르면 쌍학리雙鶴里와 단석리丹石里의 경계가 되는 이 산을 망재(望岾)라 하고, 단석리 요골에서 마골로 넘어오는 골짜기를 식량골이라고 하는데 명성황후 일행이 먹을 양식을 이쪽으로 날랐다하여 붙여진 이름이라고 한다. 양평 향토사학자 이복재李福宰 선생은, "명성황후와 관련된 민씨들 영향으로 양평에서 을미의병이 가장 먼저 시작되었다"고 전언傳言하였다.

---

104) 평소 여흥민씨에게 반감을 가지고 있던 민응식 향제鄕第 인근의 장문오와 주민들이 명성황후를 해치려는 기미가 있다고 이근택이라는 소년이 귀띔했다는 내용은 건국대 석사 논문 「明成皇后 생애 관련 遺跡地 연구」(김민주 2021)와 『명성황후 실기』에 수록된 내용인데 박경룡朴慶龍의 『역사의 현장, 서울』에는 鄭文五를 장문오張文五로 기록했다. 김민주 논문에는 이근택의 생몰년까지 밝혔다.

좌 : 명성황후께서 머무셨던 마골 초가(양평 향토사학자 이복재 씨 촬영)
우 : 오른쪽은 2019년 답사 때 모습, 지금은 집터조차 찾을 수 없다

김민주(2021) 논문에 인용한 안상복의 『망은실기』(2018 한동문화사) 94쪽에 당시 정황情況이 간단히 소개되어 있다.

> 안정옥은 임오군란으로 명성황후가 장호원에 피신하고 있다는 소식을 듣고 상동에서 신임하는 장정을 선발하여 가마를 가지고 장호원에 가서 명성황후께 "여기는 친정이신 민씨댁이 있는 곳이라 불안하니 소신이 잠깐 모시겠습니다." 하고 가마에 황후를 모시고 양동으로 와서 마골에 집을 청소하고 정성껏 11일간을 모셨다. 하인들을 시켜 망을 보게 하여 지금도 '망재' 또는 "망골"이라 부르기도 한다.105)

머물 곳이 없어 이리저리 떠돌며 때로는 주인에게 유숙留宿을 거절당하고, 남의 눈을 피해 뒤채에 머물기도 하는 분이 숨어 지내는데 어떻게 이레 만에 술집이 생겨 흥청거릴 수 있겠으며, 명성황후나 수행원이나 배삯조차 없어 가락지를 빼어주고 겨우 강을 건너 달아난 분들인데 무슨 돈이 그리 많아 흥청망청 돈을 뿌리고 썼겠는가. 한곳에 머물지도 못하고 떠도는 분이 중국에 편지를 보내 대원군을 납치해 달라고 요청했다는 거짓말이야말로 호사가들이 지어낸 무책임한 소설에 불과하다.
당시 영선사領選使로 중국에 가서 머물고 있던 김윤식金允植은 매일매일 日記를 써서 남겼는데 이를 『음청사陰晴史』라 한다. 고국故國의 난리 소식을 김윤식이 처음 들

---

105) 김민주(2021) 「明成皇后 생애 관련 遺跡地 연구」 p.26. 각주 106.

은 것은 1882년 음력 유월 18일 천진天津 해관서海關署에서였다. 해관서의 수당首堂 (책임자)이 전보를 보여주면서 말하기를, "지금 일본 동경에 주재하고 있는 사신의 전보에 의하면, 이번달 초 9일에 귀국의 난군亂軍 무리가 하나부사花房 공사관公使館 사람 중 한 사람을 때려죽이고 여러 사람을 다치게 했답니다. 하나부사는 인천으로 달아났는데 귀국[亂軍]이 다시 군사를 보내 막아서 하나부사는 영국 배를 타고 나가사키長崎에 도착했다고 합니다. 일본은 이미 병선兵船 세 척을 먼저 보냈다는 설이 있다고 합니다."106)라고 기록해 있는데 이 소식을 들은 김윤식도 "큰 놀람을 이길 수 없다"고 기록했다. 김윤식은 명성황후의 가까운 측근이 아니었지만『음청사』에 청군淸軍의 대원군 납치 이유에 대해서도 자세한 기록을 남겼다.

> (壬午 七月初十日)오장경吳長慶 제독이 운현궁雲峴宮에 가서 대원군을 배알拜謁하니 대원군은 즉일 바로 답례答禮하였다. 오 원수元帥는 황제의 유지諭旨가 있다는 핑계로 칙정군문飭丁軍門으로 안내하여 대원군을 화륜선火輪船에 태워 서쪽으로 건너가니, 임금께서 들으시고는 깜짝 놀라 낙역관絡繹官(연락관)을 보내 멈춰주기를 청했으나 허락되지 않았는데, 온 나라가 황황遑遑하여 그 까닭을 알지 못했다. 이번 군란軍亂이 일어나 일본인을 다치게 했는데 대원군이 척화양이斥和洋夷에 주력한 까닭에 각국 사람들이 모두 그 허물이 대원군에게 있다고 여겨 중국이 만약 이런 거사擧事를 하지 않으면 각국과 일본이 모두 이것을 핑계대 일의 조정調停(중간에서 화해시키거나 타협해서 합의하도록 함)이 어려울 것이므로 부득이 이렇게 할 수밖에 없었다고 한다.107)

이로써 명성황후가 김윤식에게 서신을 보내 청군으로 하여금 대원군을 납치하게 하였다는 소설같이 터무니없는 무함誣陷(없는 사실을 지어내 남을 비방함)이 그치기를 바란다. 어찌 무책임한 비방으로 시부媤父와 며느리 사이를 이렇게 갈라놓는단 말인

---

106) 今見日本駐京黎星使電報云, 本月初九日, 貴國亂黨, 將花房公使館人, 打死一名, 傷數名, 花房逃去仁川, 貴國復派兵阻, 花房上英舶, 到長崎, 日本已派兵船三號前往說禮云云.(『陰晴史』 檀紀四二九一年九月十日 國史編纂委員會 p.177.)

107) 吳提督長慶, 往拜雲峴, 大院君即日回謝. 吳帥稱有皇旨, 飭丁軍門, 借大院君乘輪船西渡. 自上聞之大驚, 絡繹遣官請留, 皆不得達. 擧國遑遑, 莫知其故. 盖今番軍變時, 與日本人搆釁, 大院君, 素力斥和洋, 故各國人皆歸咎於大院君, 中國若無此擧, 則各國及日本皆有藉口, 勢難調停, 放不得已爲此云.(『陰晴史』 檀紀四二九一年九月十日 國史編纂委員會 p.193.)

가. 『음청사』 기록처럼 중국은 당시 국제정세와 각국과의 관계에서 자신들의 유불리有不利를 판단하여 대원군을 납치한 것이다.

대원군과 명성황후를 대립시켜 구부지간舅婦之間(시아버지와 며느리)을 원수지간으로 잘못 알려지게 하고 명성황후가 진령군에게 빠져 무당굿으로 날을 보냈으며, 진령군眞靈君을 통해 벼슬 장사를 했다는 모함, 진령군이 관제묘關帝廟에 머물며 어쨌다는 식의 무식하고 황탄荒誕한 참방讒謗은 모두 명성황후 시해에 직접 가담했던 기쿠치 겐조菊池謙讓라는 자가 1896년에 펴낸 『조선왕국朝鮮王國』이라는 책의 요설妖說에서 비롯된 것이다. 이 자는 한성신보 기자로 명성황후 시해에 직접 가담한 한국사 말살의 원흉이다. 이 교활한 흉한兇漢은 온갖 변명으로 자신들의 비겁한 만행蠻行을 변명하고 있다. 1904년 무렵에는 조선에서 창간한 일본어신문 대동신보大東新報 사장을

기쿠치 겐조(1906년 촬영)
서울역사아카이브 근현대서울사진

지냈으며, 1910년에는 이또 히로부미伊藤博文의 지시로 『대원군・민비』라는 요망한 소설을 써서 온갖 저속한 표현으로 대원군과 명성황후를 깎아내리고 있다. 이 자가 쓴 『조선왕국』의 진령군 관련 내용을 살펴보자.

복자卜者가 입궐해 궁전의 흉사를 말하면 왕비는 흔쾌히 제祭를 지냈으며, 무녀가 입궐해 원귀寃鬼를 지적하면 이를 쫓기 위해 기도를 행하니 왕비 스스로의 죄악을 뉘우치고 위안하기 위해 거의 정신병자와 같이 됐다. 이러한 미신을 벗어나기 위해 신령군이라는 무녀를 궁중에 불러들였다. (…) 이때부터 신령군의 세력은 대신보다 강해졌고, 그녀는 왕비의 첫째가는 고문이 됐으니, 그녀의 알선을 통해 매관매직됐고, 그녀의 주관으로 대소 기도회가 열렸고, 그녀를 평해 "당시 왕비는 국가의 최대 권력자였다면 궁전의 권력자는 신령군이었다"라고 말하는 사람도 있었으니, 아마도 이 두 여성은 이상한 정신병에 걸린 조선 부인의 대표자였을 것이다.108)

심지어 이 자者의 『조선왕국朝鮮王國』에는, "일종의 무례를 용인하는 관대한 사교에서 궁중의 도리를 더럽힌 자가 적지 않은데 저 왕비 또한 이처럼 ○○○○○○○○○ (하니)마침내 웃지 않을 수 없다"109) 처럼 일부 내용을 '○'으로 표시하여 마치 엄청난 비밀을 숨긴 것처럼 보이게 하는 야비한 방법으로 왕비가 마치 음란한 짓이라도 한 것처럼 명성황후를 모욕하기도 했다. 『매천야록梅泉野錄』이나 『명성황후실기』, 정비석의 『민비』 등의 기록 중 상당 부분이 기쿠치 겐조菊池謙讓의 요설妖說에서 비롯된 것인데, 정밀하게 확인도 하지 않고 항간巷間의 악의적 소문을 퍼나르며 자국의 국모國母를 마구잡이로 깎아내린 우리 자신을 더 부끄러워해야 한다. 『명성황후실기』를 비롯하여 『민비閔妃』 등 국내에서 간행된 명성황후 관련 소설 몇 종이 있는데, 아무리 통속소설이라지만 이미 돌아가셔서 자신에 대하여 아무런 변론도 할 수 없는 분에게 근거 없는 거짓말을 소설화해 모함하거나 왜곡된 내용을 퍼날라 죄 없는 사람을 폄훼貶毁하는 짓은 무책임하고 비겁한 짓이다.

명성황후께서는 이시일李是鎰의 집에 머무실 때 매일 같이 인근 국망봉國望峰에 올라 한양 쪽을 바라보며 그리워했다고 하는데, 여러날 동안 이리저리 쫓겨 다니며 다리에 종기가 나서 시달리고 인후염에 몸도 마음도 지친 귀인貴人에게 해발 769.5m의 국망봉은 너무 높고 험한 산이다. 집 근처 조금 높은 곳에 한두 번 올라 한양이 어느쪽일까 그리워하며 바라본 것이 전부일 것이다.

명성황후는 죽음의 위난危難을 넘어 다시 서울에 돌아왔다.

몸도 마음도 지쳐 있었지만 고종과 세자 곁에 있으면서 차츰 안정을 찾기 시작했다. 절체절명絕體絕命의 위기에서 외면하지 않고 도와준 사람들에 대해서도 잊지 않고 보답하였는데, 이는 정실情實 인사가 아니다. 모든 사람이 외면하는 절박한 위난에서 끝까지 곁을 지키며 도와준 사람을 챙기는 것은 자연스런 인지상정人之常情이다.

---

108) 『기쿠치 겐조 한국사를 유린하다』(하지연 2012.10.20. 서해문집, 1896년 『朝鮮王國』) p.190
109) 一種無體講然たる寬容の社交に於て, 宮中の人倫を汚かしたるもの少からず, 彼の閔王妃も亦此○○○○○○○○○○遂たるにわらさるなきか『朝鮮王國』菊池謙讓 明治廿九年十月廿六日 民友社 p. 172.)

VI. 명성황후의 얼굴을 찾아서

■ 예지叡智로운 언행에 대한 기록들

1884년 음력 2월 13일(양력 3월 10일), 말로만 듣던 진기珍奇한 기술을 지닌 외국인이 창덕궁으로 고종과 명성황후를 방문하였다. 그는 미국 공사관의 사서기司書記와 윤치호의 안내로 고종과 왕세자의 어사진御寫眞을 촬영하였다.110)

이날 창덕궁을 방문한 사람은 우리에게도 널리 알려진 퍼시벌 로웰Percival Lowell이다. 로웰은 음력 2월 16일(양력 3월 13일) 다시 창덕궁을 방문해 고종과 왕세자의 사진을 찍었는데, 왕세자 사진은 명성황후의 허락이 있어야 찍을 수 있는 것이니, 로웰은 당연히 명성황후를 만났을 것이다.

윤치호尹致昊 일기에 의하면 로웰이 두 번째 창덕궁을 방문하던 양력 3월 13일에는 지설봉池雪峰 운영運永 선생도 사진 장비를 가지고 들어가서 사진을 찍었다고 하는데, 이날 지운영은 왕세자 사진을 찍으면서 명성황후 사진도 찍었을 가능성이 있다. 지운영이 찍은 고종과 왕세자 사진은 최인진崔仁辰 전 동아일보 기자의 『고종, 어사진을 통해 세계를 꿈꾸다』에 소개 되어 있는데, 로웰의 사진은 단순히 배경 속에 인물을 넣어 인물이 배경에 묻혀 버리게 된 반면 지운영이 찍은 사진은 배경에 따라 인물의 위치를 적절히 포치佈置하여 인물을 더 돋보이게 찍었다.

지운영池運永(1852~1935)은 시서화詩書畵 삼절三絶에 무예까지 갖춘 지식인인데, 고종과 명성황후의 사진과 관련하여 가장 중요한 인물이다. 후술後述하겠지만 그의 아들인 지성채池盛彩 화백 증언에 따르면 그는 임오군란 이전, 마동麻洞에 사진관을 열었는데 임오군란 때 난군이 들이닥쳐 사진관의 값비싼 장비들을 모두 부숴버렸다고 한다. 지운영은 1882년 임오군란 직후 박영효朴泳孝를 대표로 하는 수신사가 일본에 갈 때 수행원으로 발탁 되어 일본에 가서 여러 가지 신문물을 배웠다. 수신사가 귀국한 후에도 지운영은 1년간 더 일본에 머물며 더 새로운 사진술을 배우고

---

110) 『고종, 어사진을 통해 세계를 꿈꾸다』 p.25(최인진 2010. 11. 29. 도서출판 문현)

신문물도 익혔다. 일본에 있을 때 지운영은 통리군군사무아문統理軍國事務衙門의 주사主事로 임명 되었는데, 김옥균金玉均(1851~1894)은 지운영의 상관인 통리군국사무아문의 참의參議였으므로 이런저런 인연으로 지운영은 개화파 사람이나 왕실 관련 인물 모두와 연이 닿게 된다.

고종이나 명성황후가 사진을 접한 것은 이때가 처음은 아니다.

수신사로 일본에 다녀온 김기수金綺秀가 1876년 6월 9일 동경의 우치다(內田) 사진관에서 찍은 사진이 있으니 김기수의 공식적 수신사修信使 복명復命 후 신문물에 관심이 많던 명성황후는 그를 따로 불러서 일본의 이모저모를 물었을 것이다. 이보다 앞서 1862년 연행사로 북경에 갔던 이의익李宜翼 일행이 1863년 음력 1월 베이징에 있는 아라사관[러시아관]에서 우리나라 사람으로는 처음으로 사진을 찍었다. 따라서 고종과 명성황후에게는 사진이 낯선 신문물은 아니었다.

명성황후의 모습에 관해서는 많은 외국인이 접견기接見記를 통해 왕비의 우아한 기품을 전하고 있다. 대체로 흰 살결에 호리호리한 몸매를 말하고 있는데, 전형적인 미인형임을 알 수 있다. 외국인들의 인상기印象記를 읽으며 명성황후의 모습에 접근해 보자. 왕립지리학회 회원으로 1894년에 한국을 방문하여 고종과 명성황후를 네 번이나 만난 이사벨라 버드 비숍(Isabella Bird Bishop, 1831-1904) 여사는 조선 방문 결과를 1897년에 『한국과 그 이웃 나라들(KOREA AND NEIGHBOURS)』이라는 책으로 엮어냈다. 이사벨라 버드 비숍 여사와 언더우드 목사 부인의 기록, 외국인 화가로서 처음으로 고종과 민영환閔泳煥, 민영준閔泳駿 등 한국인의 초상화를 그린 새비지 랜도어 등의 기록은 명성황후의 미모와 우아한 지성미知性美, 검소한 생활 등을 증언하고 있다.

"왕비전하께서는 어년御年이 40세 남짓한 호리호리 하옵신 우형優型(우아한)의 미인이신데 어발御髮은 흑칠黑漆과 같으시고 화장에 진주분眞珠粉을 사용하셔서 그러한지 옥안이 창백하게 보이며 눈은 날카롭고도 냉정하여 용자容姿의 전체가 기민機敏하신 성격을 표시하였었다. 입으신 의상으로 말하면 유리감琉璃紺(바닷물빛, hydron blue)의 기다란 치마를 허리에 높이매시고 두자락을여미운 저고리깃에는 목가까이 산호단추를 채왔으며 청적색으로 짜내인 육조六條의 대帶에는 각조마다 산호의장식을 붙였으며 또 대帶에는 붉은술을 드리웠더라. 그리고 머리에쓰신 애암은 천정天井이 없어 모피로 선을둘러 보석으로 장식하였고 니마에는 붉은술을 드리었었다. 왕비 전하께서는 친절하신 태도로 말슴하시며 그말슴이 가경佳境에드러가게 됨을따라 안색이 빛나고 일층더 아름답게 보이었다."(이사벨라 버드 비숍)

"좀 창백하고 아주 바싹 마른 얼굴에 이목구비가 어쩐지 날카로운 느낌을 주며 사람을 꿰뚫어보는 것 같은 총명한 눈을 지닌 그는 첫눈에 아름답다는 인상은 주지 않았다. 그러나 그 얼굴에서 힘과 지성 그리고 강한 개성을 읽지 못할 사람은 없을 것이다. 그리고 얘기를 나누면서 보니까 그 생기발랄함과 소박함, 재치 같은 것들이 그의 용모를 환히 비추었고, 단순한 겉모습의 아름다움보다 훨씬 더 큰 매력을 느끼게 해 주었다. 그가 아주 아름답게 보이는 순간에 나는 비로서 그가 진정한 조선의 왕비임을 깨닫게 되었다……. 왕비는 늘 그렇듯이 아주 우애 깊고 자상했다. 나는 왕비가 가장 아름답게 보이는 순간에 사진을 찍고 싶지만, 그것은 불가능한 일일 것이다. 비록 왕비가 사진 찍는 걸 허락한다고 해도 이야기하는 도중에 나타나는 매력적인 표정이나, 따뜻한 성품과 지성미는 잠자코 쉬고 있을 때의 얼굴에서는 겨우 반쯤밖에 안 보이기 때문이다."(L. S. Horton Underwood, 1904년 『언더우드 부인의 조선 견문록』 2024.08.15. 이숲)

왕비閔妃는 대단한 미인이며 아직 젊다. 그는 왕보다는 나이가 어리지만 아주 재치가 넘쳤다. 왕비는 여성들의 지위 향상을 옹호한 것으로 회자되고 있지만, 내가 알기로는 비교적 엄격한 쇄국정책을 수정하려고 노력하지는 않았다. 그는 조선의 명문가 출신으로서 전통적인 귀족이었던 민(閔) 씨이다. 왕비는 어전 회의의 희망에 따라 적절하게 시기를 맞추어 궁녀의 수를 10여 명에서 300명 정도로 변화를 주었다.(Arnold Henry Savage Landor 『고요한 아침의 나라』 신복룡 장우영 역주. 1999.06.10. 집문당 p.174)

이때 나리아이成相(なりあい) 순사巡査가 왕실王室 동측東側 궁내宮內의 방을 열어보니 수명數名의 부녀婦女가 군집群集, 그중 '절세絶世의 미인美人'이라고 할수 있는 한 부녀婦

女를 옹호하고 있어 필시必是 왕후王后 폐하에 틀림 없으므로(명성황후 시해 가담 순사의 수기 〈동아일보〉 1975.09.09. 보도)

원상추袁爽秋(本名 袁和) : "경향京鄕 평評에 요즘 미인 중의 제일이라고 한다"고 하였다.(袁爽秋京鄕評爲近今美人第一 : 도준선陶濬宣의 명성황후 사진 구득기購得記 중)

Annie Ellers Bunker 여사는 1886년 7월 4일 조선에 와서 고종과 명성황후의 시의侍醫로 근무했던 분이다. 이 회고담은 1926년 4월 25일 순종純宗 승하 후『백민白民』6월호에 〈민비閔妃와 서의西醫〉라는 제목으로 쓴 것인데 명성황후의 여러 모습을 전하고 있다. 1920년대 글이어서 지금은 잘 쓰지 않는 표현도 있고, 한자漢字를 많이 사용했기에 한자를 조금 줄여서 싣는다. 본문의 '李王殿下'는 순종을 가리킨 것이다.

이왕전하李王殿下의 빈천賓저(임금이 세상을 떠남)하신 말씀은 들을수록 슬픈 일이올시다. 나는 일개 외국여자의 몸으로 파란 많은 이왕가李王家와는 매우 깊은 인연을 맺고 있습니다. 특히 이조오백년사상李朝五百年史上에 일대괴변一大怪變으로 사기史記의 한 페이지를 떨게 한 당대當代 여걸女傑 명성황후明成皇后는 나의 일생을 통하여 가장 잊지 못할 사람 중에 첫 손가락을 꼽을 어른이겠습니다. 나는 8년간의 긴 세월을 명성황후를 모시는 직임職任을 띠었던 까닭이올시다.

서력西曆 1886년 7월 4일, 허혼許婚의 애인愛人 벙커씨를 따라 수륙만리水陸萬里를 격隔한 조선 제물포부두濟物浦埠頭, 인천仁川에 내릴 때는 나도 24세의 꽃 같은 처녀이었습니다. 그런 것이 조선의 고르지 못한 풍운을 따라 이제는 파파노파婆婆老婆가 되었습니다. 생각하면 여름구름 같이 솟아오르는 감개는 그야말로 무량無量합니다.

나는 1888년 3월부터 여관女官의 직임을 띠고 나의 본직은 의사로써 황후의 옥체玉體를 시위侍衛하게 된 것은 그때나 지금이나 나로서는 무한한 영광으로 생각할 수밖에 없습니다. 명성황후께서는 남자를 능가하실만치 기개가 늠름凜凜하시와 그야말로 여걸女傑이셨습니다. 그런 반면에는 백장미白薔薇 같으신 고결하시고 아랫사람을 대해서는 부드럽기 끝이 없으시기 때문에 황송하나마 친어머니를 대하는 듯한 Kindly(친절)한 태도로 모시게 되었습니다. 몹시 인정이 많으시사 나를 대할 때마다 나의 몸을 어루만지시며 말씀을 하셨습니다. 그리고 며칠만 입시入侍를 아니하여도 보시고 싶으시다고 어시御使를 보내실 때 참으로 감사히 생각하였습니다. 우리 부처夫妻가 결혼할 때는 나에게 순금 완환腕環(팔찌)을 친히 주셨습니다. 내가 40년간 한 시도 내 몸에서 떠나지 않은 내 왼팔뚝에 끼워있는 것은 즉 하사下賜된 그것입니다. 나는 죽을 때도 그것만은 끼고 죽으려합니다.

민비閔妃께서는 황공하오나 그야말로 조선여성으로의 모든 미美를 구비하신 미인이셨습니다. 크도 적도 않으신 키, 가느단 허리시며, 희고 갸름하신 얼굴, 총명과 자애慈愛의 상징인 흑진주 같으신 눈, 칠漆 같이 검으신 구름 같으신 머리, 이 모든 영자英姿가 아직도 내눈에서 사라지지 않은 듯싶습니다.

그리고 취미에 부富하심은 우리 미국여성을 엿볼 수 있었습니다. 어착의御着衣며 어화장御化粧, 어오락御娛樂 등 가지가지로 취미다양이었습니다. 더욱 음악에는 많은 흥미를 가지신 줄을 알았습니다. 여가만 계시면 가무음곡歌舞音曲을 어전御前에 주奏케하고 흔연欣然히 구경하시던 것을 보았습니다. 얼마 후에 나는 세부란시병원사世富蘭偲病院事로 근시近侍의 임任을 못하게 되어 사퇴하려 하였으나 명성황후는 간독懇篤히 만류하시므로 부득이 최후까지 모시게 되었습니다.

30여년을 지낸 지금에 추억하여도 눈물을 막을 수 없이 땅이 꺼지는 듯한 1895년 10월 8일의 대변大變은 그때 나의 가슴을 몹시 아프게 하였습니다. 바로 대변이 있기 2주일전 9월 25일에 나는 입시入侍하여 배알拜謁하였으나 좀 분망하신 일이 있으시다 하여 오래 모시지 못하고 어전을 물러나올 때 민비게서는 긴장하시던 옥안玉顔을 늦추시고 흔연欣然이 손을 내어 내 손을 힘껏 쥐시며 수일간 또 들어오라고 소안笑顔으로 나를 보내실 때 나는 그것이 민비를 뵙는 최후의 순간이엇음을 꿈에나 생각하였겠습니까?

아아, 슬퍼요. 끝없이 슬퍼요. 2주일 후 믿으려하여도 믿어지지 않는 천추千秋의 대변大變을 기별奇別로 듣던 것은 지금 생각만 하여도 온몸이 떨립니다. 대변후 나는 마지막 봉사로 황후의 빈전殯殿을 지키게 되었습니다. 그리고 인산당일因山當日에도 참렬參列하여 영구靈柩가 대지大地에 안장安葬되는 것까지 보았습니다. 국장國葬에 참렬한 사람으로는 내외백관內外百官이며 외국사절外國使節도 많았으나 여자로서 참렬한 것은 나의 친구 원두우목사부인元斗禹牧師夫人과 나 두 사람뿐이었습니다.

이같이 이왕가李王家와 인연이 깊은 나로써 이제 민비의 가장 사랑하시던 외아드님이신 이왕전하李王殿下의 인산因山을 당當하니 무량無量한 회고지심懷古之心과 아울러 눈물이 흐릅니다. 내가 처음으로 입궐入闕할 때마다 이왕전하李王殿下는 보산寶算(임금의 나이) 12,3의 소년少年이시었습니다. 나로서 이왕전하李王殿下를 생각하자면 내가 입궐入闕할 때마다 옥수玉手를 내밀어 악수握手를 청請하시던 매우 착하신 어소년왕자御少年王子님을 추모하게 됩니다.

■ 명성황후의 어모御貌와 사진 논쟁

명성황후를 본 적도 없는 이들이 곰보라는 소문을 퍼나르며 아름다운 어모御貌를 깎아내렸는데, 변영숙邊永淑 씨는(1885년생), "아래볼 턱에 희미하게 얽은 자국이 서너 개 있을 뿐, 눈이 초롱초롱한 미인이었다"(1975.04.13. 조선일보)고 증언하였다.

고종의 사진이나 어진御眞은 여러 가지가 소개 되었지만 명성황후 사진이나 어진御眞에 대해서는 그동안 수없는 주장만 있었을 뿐, 명성황후의 사진 존재 여부마저도 오랫동안 논쟁만 이어왔다. 명성황후 사진이라고 제시된 자료는 여러 점이지만 막상 명성황후의 원본 사진은 없고 모두 인쇄물뿐이다. 가장 널리 알려진 사진은 이승만李承晩 초대 대통령이 1910년에 미국 로스앤젤레스에서 출판한『독립정신』초판본 수록 사진과 교과서에 실렸다가 삭제된 궁녀 복식을 한 여인의 사진이다. 국사교과서편찬심의회가 명성황후 사진으로 인정하여 1990년에 중학교 국사교과서에 실렸던 이 사진은, "명성황후가 아니다"라는 고서점古書店 호산방壺山房의 박대헌朴大憲 대표 주장이 인정되어 1997년에 교과서에서 삭제되었다.

교과서에 실렸던 것과 같은 사진은 언더우드 목사 부인 Lillias H. Underwood 여사가 1905년 시카고에서 발행한『WITH TOMMY TOMPKINS IN KOREA』293페이지에도 실려 있다. 명성황후 생전에 여러 차례 그 어른을 만났던 언더우드 여사는 자기 책 사진 설명에, "A KOREAN LADY IN FULL COSTUME"이라고 하여 명성황후가 아니라 "성장盛裝을 한 조선 여인"이라고 밝혔다.

한국근대사료DB 등재본 / 미국 의회도서관 소장본 / 『꼬레아 꼬레아니』 수록본과 같은 사진

같은 사진이 국사편찬위원회의 한국근대사료DB에는 "조선의 여관女官"으로 등재되어 있다. 미국 의회도서관에도 좌우가 반전反轉된 같은 배경 같은 복식의 여관女官 사진이 소장되어 있고, 1904년에 이탈리아 외교관 로제티가 『꼬레아 꼬레아니』에 소개한 서가書架를 배경으로 한 사진도 있다. 배경에 서가書架가 보이므로 사진을 찍은 장소가 경복궁 집옥재集玉齋라는 분도 있지만 이 사진과 같은 배경에서 거울을 보고 있는 여인의 사진 오른쪽 아래에 "경성기생京城妓生"이라는 글씨가 있어 사진을 찍은 곳은 궁중이 아니고 소품을 갖춰 놓은 사진관임을 말해준다. 임금의 서재에 기생이 들락거리며 사진을 찍을 수는 없다. 배경의 서가書架도 진짜가 아니고 중간중간에 문방사우와 화병을 그려 넣은 전형적인 책가도冊架圖 병풍이다.

거울을 보는 기생-오른쪽 아래 "京城妓生"이라는 글씨가 보인다

일본인들은 서재에서 거울을 보는 이 기생 사진의 저고리와 허리띠, 신발, 커튼 등에 색깔을 입혀 〈조선풍속朝鮮風俗-기생妓生〉이라는 회엽

서繪葉書를 만들기도 했는데, 이 사진들과 같은 배경에 소품인 복식 세트와 비녀 등만 놓고 찍은 사진도 있다. 따라서 촬영을 위해 소품과 복식까지 준비해 놓았던 같은 사진관에서 여러 여인을 찍었을 가능성도 있다. 다른 배경에 얼굴과 옷 주름만 같거나 인물만 다른 이 사진들은 많은 의문을 갖게 하는데, 배경이나 인물의 얼굴만 바꾸고, 색깔을 입히는 것이 당시에 일반화된 기술이었던 것 같다.

버선발로 다리를 쩍 벌리고 앉은 여인의 모습에서도 왕비가 아니라는 것을 알 수 있다. 이런 모습은 귀부인의 자세가 아니고, 귀품貴稟스런 모습과도 거리가 멀다. 왕비의 정장이라면 양어깨와 가슴에 사조룡四爪龍이나 오조룡 원보圓補를 장식해야 하고, 솜족두리에는 옥과 황금으로 만든 나비 떨잠이 있어야 하며, 어여머리 양쪽에도 떨잠을 장식해야 하는데 떨잠이 보이지 않고, 꽂고 있는 비녀도 용잠龍簪이나 봉황잠鳳凰簪이 아니다. 277페이지에 예시例示한 순종과 순정효황후의 사진에 떨잠 장식이 보이니 참고가 될 것이다. 따라서 이 복식은 궁녀 복식이지 왕비 복식이 아니다. "경성기생京城妓生"이라는 글씨를 새긴 것으로 볼 때 사진을 찍은 곳은 일본인이 운영하던 사진관일 가능성이 있다. 당시 정부 기관인 〈통리교섭통상사무아문일기統理交涉通商事務衙門日記〉에는 '한성漢城'이라 썼는데, 일본인들은 주로 '경성京城'이라는 호칭을 썼기 때문이다.

궁녀 복식의 사진은 『일로전쟁사진화보日露戰爭寫眞畫報』 제1권에도 '정복正服의 진사進士'라는 남성과 함께 '궁중의 시녀(宮中の侍女)'로 소개되어 있으며, 1895년 2월에 일본 춘양당春陽堂에서 간행한 『전국사진화보戰國寫眞畫報』 제9에도 같은 사진을 수록하고 "COREAN COURT MAID 朝鮮宮女"라고 영어와 한자로 조선의 궁녀임을 밝혀 있다. 『전국사진화보』 수록 사진은 이 사진이 최소한 1895년 2월 이전에 촬영했음을 확인해 준다.

『戰國寫眞畫報』(1895.02. 춘양당)

이 궁녀 복식을 한 여인의 사진은 조선에 와서 활동했던 Homer B. Hulbert의 『The Passing of Korea』에도 "성장盛裝을 한 궁중 여인(A PALACE WOMAN IN FULL REGALIA)"이라는 제목으로 실려 있는데, 이 책은 국내에서도 『대한제국멸 망사』라는 제목으로 출간되었다.

재일교포인 신기수辛基秀가 1987년에 일본에서 편찬한 『영상이 말하는 일한병합 사映像か語る日韓併合史』에, "일본 정부는 이미 왕실의 촉탁 사진사인 무라카미 덴신村上 天眞을 보내 민비나 왕궁 관계자의 사진을 찍어 일본군 수비대에게 넘겨주어 그 사진을 기본으로 민비의 생김새를 기억하게 하였던 것이다. 왕궁의 많은 궁녀 속에서 민비인듯한 여성을 정확히 붙잡은 것은, 실은 사진에 의해서이다.111)"라고 했는데, 신기수도 한국의 강상규姜相佳가 편찬한 『한국사진사韓國寫眞史』를 인용한 것으로 강상규가 어떤 기록에 근거 했는지 확인할 수 없고, 『映像か語る日韓併合史』에 수록한 사진도 앞에서 살펴본 궁녀 사진이다.

대원군 사진과 같은 배경에서 부채를 들고 찍은 여인의 사진도 명성황후로 잘못 알려져 있다. 1882년 음력 7월 10일에 청 나라로 끌려갔던(金允植『陰晴史』) 대원군은 1885년 음력 8월 26일에 돌아왔다.(『승정원일기』) 예시例示한 사진은 청진에서 돌아온 직후 운현궁에서 찍은 것이라고 한다. 109페이지에 예시例示한, "고려국 대원군 사진이다. 때는 광서 8년(1882) 가을, 8월 보름날 청진의 영무처에 양시태梁時泰 사진관 사람이 와서 찍었다-高麗國大院君旹光緒八年秋八月望於津城營務處 梁時泰照像館"고 부기附記한 청진淸津 시절 사진과는 3년의 시차時差가 있다. 대원군 사진과 여인의 사진은 임시 배경으로 둘러친 천의 주름과 바닥의 카펫 무늬가 같다.

의친왕의 차녀 이해원李海瑗 옹주는 이 여인이 대원군의 첩실妾室 추선秋善(?~1885) 일 것이라고 했는데, 아버지 집에 전해오는 사진을 보았을 것이다. 추선은 대원군이 돌아온지 얼마 안 되어 죽었는데, 사진속 여인은 저고리 옷고름이 흐트러져 보이고 얼굴도 억지로 끌려나온 것처럼 찡그리고 있어서 아픈 사람 같기도 하다.

---

111) 日本政府は、すでに皇室の嘱託写真師として村上天真をおくりこみ、閔妃や王宮関係者の写真を撮り、日本軍守備隊に手渡し、写真をもとに閔妃の容姿を記憶したのであった。王宮の多くの官女の中、閔妃とおぼしき女性を的確に捕らえたのは、正に写真によってである(『韓国写真史』姜相佳 螢雪出版社).

VI. 명성황후의 얼굴을 찾아서 259

대원군과 첩실 추선으로 추정되는 여인(1885년 8월 귀국 후 촬영)

국내 언론사인 〈뉴시스〉는 2014년 10월 8일과 9일 연 이틀에 걸쳐 뉴욕 〈이브닝 월드(Evening World)〉 1894년 12월 3일 자에 실린 "은둔의 왕국(Hermit Kingdom) 제하(題下)의 기사를 상세히 보도했는데 여기 소개된 명성황후 스케치 사진은 상당한 미인이다. 크레블맨 특파원은 명성황후에 대하여 아래와 같이 썼다.

"왕이 이야기하는 동안 반짝이는 눈을 한 왕비가 병풍 뒤에 난 공간 사이로 듣고 있는 모습을 볼 수 있었다. 바로 그녀였다. 10년 전 적들을 속이기 위해 젖가슴을 드러낸 바로 그녀였다. 그녀는 이렇게 소리쳤다. '보아라. 조선의 왕비가 이런 짓을 할 수 있느냐? 그러느니 차라리 죽을 것이다'라고 속였다."
"크레블맨 특파원이 거론한 이 에피소드는 명성황후가 임오군란 때에 암살 음모를 알아채고, 변장한 채 궁궐을 벗어나 여주에서 한동안 은신한 사건을 시사한다. 당시 명성황후는 발각될 위기에서 홍계훈의 누이로 연기를 하여 도성을 빠져나갈 수 있었다고 전해진다……."[뉴시스]

뉴시스의 스케치 그림 속 명성황후의 얼굴 외 복식이나 장식은 청淸 나라 건륭제乾隆帝의 후궁 향비香妃 초상에 기초한 것이다. 이는 조선을 중국의 속국屬國으로 인식했던 서양인의 시각視角이 투영投影된 것이고, 크레블맨 특파원이 병풍 뒤에서 바라보던 황후의 얼굴만 보았을 뿐, 전신全身과 복식을 자세히 보지 못했기 때문이다.

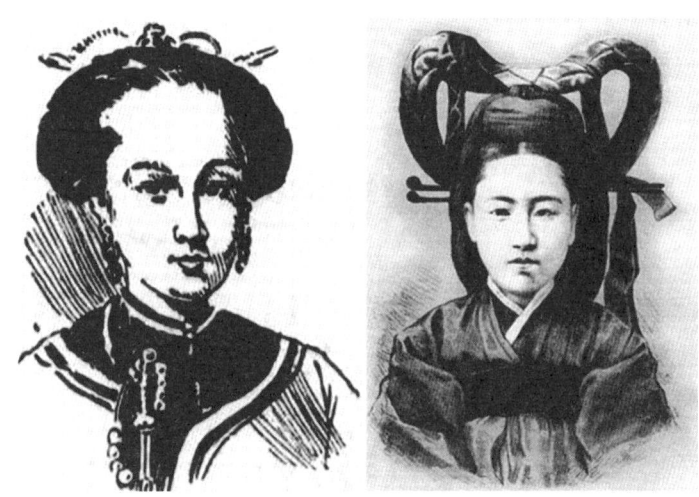

이브닝 월드 수록 스케치(좌)-뉴시스 / '조선국귀현초상' 수록 스케치(右)

1980년 3월 11일자 경향신문은 공군사관학교 민영복閔泳福 교수가 프랑스 국립도서관에서 찾아냈다는 초상화를 소개했는데, 『라코레』라는 책에도 실려 있다고 한다. 그러나 이 초상화는 1975년 4월 14일 한국방송공사 국제국장 한숙韓橚 씨가 동아일보에 이미 소개한 것으로 타치카와 키치로太刀川吉次郞가 그린 '조선국귀현초상朝鮮國貴顯肖像'에 수록된 스케치 그림을 베낀 것이다. 조선국귀현초상은 떨잠이 없고, 양어깨와 가슴에 원보圓補도 장식하지 않았지만 명성황후 진영眞影에 가깝다고 생각한다.

이승만李承晩의 『독립정신』 초판본에 수록 된 사진은 박은식朴殷植의 『한국통사韓國痛史』, 장도빈의 『대원군과 명성황후』, 『이화여대 70년사』 등에도 실려 있다는데, 필자는 1917년에 간행된 『한국통사』 수록 사진만 직접 확인하였다. 박은식은 명성황후 생존시生存時에 당상관은 아니어도 부사과副司果와 동명왕릉령東明王陵令 등을 지냈으므로 명성황후 어진御眞은 접했을 것이고, 이승만 전 대통령도 나름대로 이 사진에 대하여 여러 사람을 통해 확인 과정을 거쳤을 것이다. 『한국통사』 사진 속의 명성황후는 30대 나이로 보인다.

『한국통사』 수록 사진(좌), / 1954년 간행 『독립정신』 재판본 수록 사진(우)

단기 4287년(서기 1954) 7월 15일 종로구 소재의 태평양출판사에서 발행한 재판본 『독립정신』 수록 사진은 얼굴을 찌그러지게 하여 전혀 다른 인물로 왜곡해 버렸다. 『별건곤』 수록 사진은 1930년 1월 21일 동아일보의 〈풍우입년風雨卅年〉 "충정공친제민영찬씨忠正公親弟閔泳瓚氏" 제하 기사에도 수록해 있는데, 얼굴선을 제 멋대로 깎아 세모지게 만듦으로써 나이를 60대로 보이게 변형시켜 전혀 다른 사람으로 만들어 놓았다.

명성황후를 무속신巫俗神으로 그린 채색 미인도美人圖 전신상全身像 한 점도 존재한다. 필자는 2016년 3월 23일 오후 지인知人의 사무실에서 이 무속화를 보았는데, 다른 무속화와 달리 작품성까지 갖춘 미인형 얼굴이었다. 이 무속 미인도에는 말로 다할 수 없는 슬픔이 짙게 배어 있어서 보는 이 마음을 찢어지게 하였다.

아래 사진은 앞의 화보에 소개한 1934년 3월 14일자 동경조일신문東京朝日新聞 수록 사진의 얼굴을 전문가에게 의뢰하여, 얼굴선은 동경조일신문본을 그대로 살리고 이목구비는 도준선 구장본舊藏本을 참고해 AI로 복원해 본 것이다.

복원한 동경조일신문 수록 사진

2011년 9월 27일 SBS TV의 〈현장 21〉에서는 강원도의 어느 컬렉터가 소장하고 있는 전신全身 초상화 한 점을 방영하였다. 일본 귀족원 의원을 지낸 정치인이자 서화가인 아키츠키 타네타츠[秋月種樹, 1833~1904]가 그렸다는 채색 초상화인데, 아키츠키가 쓴 화기畵記에는 "메이지[明治] 27년(1894년) 7월 7일에 처음 제작에 들어가 4개월에 걸쳐 완성했으며 사후 '명성황후'라는 시호를 받은 뒤 이 문장을 쓰게 됐다……. 하마마쓰[浜松]에 사는 사진작가가 '중요한 사료史料이므로 정성스럽게 하지 않으면 안된다'고 하여, 사진과 똑같이 정밀하게 그렸다"고 하였다. 붉은 두루마기 형식의 겉옷을 입고 의자에 앉은 이 초상화는 전문화가가 그린 것이 아니어서 그런지 미인형 얼굴임에도 복식과 머리장식은 왕비의 것이라고 할 수 없을만큼 조악粗惡스럽게 그렸다.

같은 방송에서 원광대 역사교육학과 이민원李玟源 교수는, "경운궁 화재 때 고종이 옥새와 황후의 어진(The Portrait of Empress)을 챙겨서 가지고 나왔다"는 기록을 소개하였는데, 어진이 사진인지 초상화인지는 확인할 수 없지만 사진이나 초상화가 있었던 것만은 확인되는 셈이다. 여흥민씨 후손도 출연하여, "얼굴이 예쁘셨다. 또 이렇게 아주 어느 경우에는 날카롭다는 그런 말씀도 들었는데"라고 하며 집안에 전해오는 명성황후의 어모御貌에 대하여 증언하였다.

명성황후 어모御貌에 대하여 이렇듯 다수 유사본類似本이 존재하여 원본 확인이 어려운 것은, 1945년까지도 궁녀라고 했던 사진을 어느때부터인가 명성황후라며 일본 교과서에까지 싣고 있는 일본측의 명성황후 지우기 진행형일 수 있다.

■ 처음 공개되는 원본 명성황후 사진

명성황후는 좋은 의미든 나쁜 의미든 일본 입장에서는 조선 사람에게서 잊혀지게 해야 할 존재였기에, 원본 사진 한 장도 남아 있는 것이 없다. 다행히 필자는 최근 명성황후 원본 사진의 존재를 확인하여 여기에 소개한다.

청清 서법가 도준선陶濬宣 구장舊藏 원본 사진(9.8cm×14.5cm)

청 나라 서법가書法家 도준선陶濬宣(1846~1912)이 1898년에 독립정신 초판본 수록 사진과 똑같은 명성황후 원본 사진을 구득求得한 후 사진 여백에 써서 남긴 구득기求得記가 있는데, 여백이 포함된 인화지 크기는 9.8cm×14.5cm다. 앨범은 무척 오래되어 종이와 사진들이 변색 된 상태로 20.5cm×15cm 크기이며 두께는 3.9cm, 총 54페이지다. 전전戰前에 찍은 중국의 항구와 명승, 풍속, 전족纏足을 한 여인 등 명성황후 사진 외에 55매의 중국 관련 사진이 컬렉션 되어 있는데, 4개 페이지에는 작은 사진을 두 장씩 붙여 놓았고, 명성황후 사진은 오른쪽에서 넘길 때 세 번째 장 앞면에 붙여 놓았다.

사진 속 명성황후는 왕비 복식인 삼작 저고리112)에 치마를 단정하게 입고 오른쪽으로 약간 틀어 앉은 채 고개를 살짝 돌려 정면의 카메라를 보고 있는데, 의습선衣褶線은 매우 자연스러워서 인위人爲가 가해지지 않은 원본 사진임을 알 수 있다.

도준선이 서예가답게 힘 있는 예서체로 또박또박 쓴 구득기求得記 내용은 명성황후는 대의大義에 깊고 밝았던 분인데 일본인의 꺼리는 바 되어 참륙慘戮을 당해 애석하다 쓰고 '濬宣'이라고 쓴 방인方印(네모 도장)을 찍었다. 외교관 원상추袁爽秋(본명 袁昶, 1846~1900)가 명성황후를 가리켜, "근금미인제일近今美人第一"이라고 한 어모평御貌評도 사진 아래 부분에 첨기添記해 놓았는데, 이 사진이 명성황후라는 것을 밝힌 기록이 중요하다.

"조선의 민비는 대의大義에 깊고 밝았다. 갑오년 전쟁 때 임금을 위해 힘써 러시아를 가까이하고 우리 청조淸朝를 숭봉崇奉하며 구원을 청했는데, 일인日人의 꺼리는 바 되어 난병亂兵을 만나 참혹한 죽음을 당했으니 애석하도다. 나는 조선에서 이 소상小像을 구득求得하였는데 인화印畫하여 널리 전하고자 한다. - 무술戊戌(1898년) 음력 팔월 준선濬宣이 쓰다. / 원상추袁爽秋는, "경향京鄕(各地)의 평評에, '요즘 미인 중 제일 이라 한다'고 하였다."113)

---

112) 속적삼, 속저고리, 저고리를 겹쳐 입는 왕비의 복식. 사진 속 명성황후 복식에는 속저고리와 저고리의 동정 두 겹이 보이고, 화려하게 조각된 모란잠牡丹簪을 꽂고 있다. 모란잠은 봄에 꽂는 비녀다.
113) 朝鮮閔妃深明大義, 甲午之役, 力主抻俄, 乞援崇奉本朝, 爲日人所忌, 遭亂兵慘戮, 惜哉, 予自朝鮮求得, 不象縮照以廣傳之. 戊戌八月濬宣記 / 袁爽秋京鄕評爲近今美人第一.

"요즘 미인 중 제일이라고 한다"라는 원상추袁爽秋의 전언傳言은 외교관이었던 그가 조선에 왔을 때 명성황후를 만났을 가능성을 보여주며 당시 명성황후를 만났던 사람들의 중평衆評을 기록한 것이다. 이 앨범은 일본 교토京都의 '이바노키문고ばのき文庫' 주인이 어느 골동상에서 구매하여 그 지역 일본인 컬렉터에게 판매했던 것으로, 56장의 사진 중 우리나라 관련 사진은 명성황후 사진 한 장이다. 교토에 전해 오면서도 일본과는 관련 없는 중국 사진이 컬렉션 된 것으로 보면 도준선陶濬宣이 직접 앨범을 만들어 소장했다가 다른 누군가에게 넘어가 전해 오던 중 골동상에 흘러들어간 것으로 보인다.

명성황후 사진이 첩장 된 앨범

구득기 중에 "축조縮照하여 널리 전한다"고 한 것을 보면 구득기를 쓰고 이를 다시 사진으로 찍어 축조본縮照本을 만든 것으로 보이고, 이 사진도 확대경으로 보면 무언가에 가려졌던 가늘고 미세한 세로 자국이 양쪽 가장자리에 보이므로 1898년 당시에 도준선이 만든 축조본縮照本으로 보인다. 무언가로 가려졌던 가장자리의 미세한 세로줄 흔적은 원본 사진이 1898년 시점時點에, 가려진 부분과 노출된 부분이 구분될 만한 세월을 넘긴 1880년대 사진이었음을 의미하고, 은염인화銀鹽印畫(젤라틴 실버프린트) 방식의 원본 사진은 축조본보다는 컸을 것이다.

이 사진이 일상적 한복을 입고 있다는 점을 지적하며 왕비가 아니라고 하는 이도 있지만, 평복임에도 삼작저고리를 입었으며, 모란으로 보이는 화려한 모란잠牡丹簪을 꽂은 것은 이분이 명성황후임을 말해준다. 고종도 중인들이 쓰는 것으로 알려진 챙이 작은 갓을 쓰고 평상복으로 찍은 사진이 있다. 명성황후가 돌아가시던 순간, "복장은 그들 궁녀와 마찬가지였으나 매우 점잖으면서도 귀인의 풍모를 갖춘 사람이 있었다"고 하여 명성황후가 궁녀들과 같은 복장을 하고 있었다는 증언도 있으므로 평상복일 때는 특별히 화려한 복장을 하지 않았음을 알 수 있고, 언더우드 부인의 증언처럼 사치를 하지 않았던 명성황후의 수수한 옷차림은 지극히 자연스럽다. 고궁박물관 설명에 따르면, "봄에는 모란잠牡丹簪, 봄·가을에는 매죽잠梅竹簪,

여름에는 민옥잠珉玉簪, 겨울에는 용잠龍簪을 주로 사용하였다"고 한다. 『윤치호 일기』에는 1884년 음력 2월 16일, 퍼시벨 로웰이 창덕궁에 들어와 고종과 세자의 사진을 찍던 날 지운영池運永도 궁궐에 들어와 사진을 찍었다는 기록이 있는데, 군이 지운영까지 불러 사진을 찍게 한 까닭은 외국인을 내궁까지 불러서 사진 찍는 것을 꺼렸기 때문이고, 지운영으로 하여금 내궁 사진을 찍게 하면서 평상복과, '명성황후어진초상화작품'의 저본底本이 된 왕비 복식의 사진을 모두 찍었을 것이다.

대한성공회 아카이브에 공개되어 있는 『MORNING CALM』 제44호(1894년 2월호) 30페이지에도 'COREAN GIRL'이라는 설명으로 같은 포즈로 찍은 여성의 전신全身 사진이 소개되어 있다. 국내에서는 이 사진도 명성황후라고 잘못 알려져 있는데, 명성황후가 아니다. 사진 설명에는 'COREAN GIRL'이라는 설명이 있지만 비녀를 꽂은 것으로 보면 혼인을 한 여인이다. 인물의 오른쪽에는 큰 꽃이 한 송이 핀 국화 화분과 작은 꽃이 핀 국화 화분을 놓았고, 왼쪽에는 큰 꽃 몇 송이가 핀 국화 화분 한 개를 놓고 사진을 찍었다.

도준선陶濬宣 구장본舊藏本 사진과 같은 자세를 취하고 있어서 언뜻 비슷해 보이지만 귀바퀴와 콧마루, 입의 크기 등 얼굴의 신체비身體比가 모두 다르다. 두툼한 눈두덩과 눈썹, 눈동자가 도준선본과 전혀 다르고 가르마와 쳐다보는 방향도 다르다. 도준선본이 30대 이상으로 보이는데 비해 모닝캄본은 십대의 어린 소녀 얼굴이며, 무엇보다 도준선 구장본에서 느껴지는 귀품貴稟스럽고 당당한 풍모가 느껴지지 않는다.

이 모닝캄본 사진은 제물포에서 사진관을 운영하던 히구치 사이조樋口幸藏가 1890년~1893년 경에 찍었을 것이라는 주장도 있지만 확인할 수 있는 정보가 아니며, web에 올라와 있는 사진도 소장처를 알 수 없다. 모닝캄본과 같은 구도의 전신全身 사진 한 장이 국내의 사진미술관에도 소장되어 있는데, 재미있는 것은 모닝캄본과 사진미술관본이 거의 같으면서도 사진미술관본은 모닝캄본에 비해 얼굴이 좁고 길며 더 어려 보인다는 점이다. 이렇게 다른 사람을 같은 사람처럼 사진을 만든 것은 앞에서 살펴본 궁녀 사진을 변형시킨 이유과 같을 것이다.

VI. 명성황후의 얼굴을 찾아서 267

『MORNING CALM』 제44호(1894년 2월호)에 소개된 사진

명성황후 원본 사진과 모닝캄본 얼굴이 전혀 다르면서도 복식이 흡사한 것은 『독립정신』 초판본 사진과 별건곤 수록 사진, 1954년 『독립정신』 재판본 사진 등의 얼굴이 제각각인 이유와 같을 것이다. 이는 명성황후와 같이 아름다운 사진을 원하는 여인을 위한 연출의 결과이거나, 앞에서 살펴본 바와 같이 같은 얼굴의 궁녀를 배경만 바꾸어 다른 사진으로 만든 경우, 다음 페이지에서 살펴볼 고석작高錫爵 구장舊藏 사진처럼 흰색 복식을 유색으로 변형시키고 옷고름에 원본에 없는 줄무늬를 넣어 변형한 것처럼 모닝캄 사진도 의도된 연출이나 변형의 결과다.

1894년 2월호 『MORNING CALM』 17페이지에는 C. J. CORFE(고요한) 주교

가 1893년 10월에 제물포에서 본국에 보낸 서신이 수록되어 있고, 『MORNING CALM』을 인쇄하는 기간과 국화 화분을 소품으로 사용한 것을 감안하면 이 사진은 늦어도 1893년 10월 경에 찍은 것이 된다.

청말淸末 고석작顧錫爵 구장舊藏 사진(1903년 교토에서 구입)

청 나라 외교관 고석작顧錫爵(1848년~1917년)도 유사類似 사진을 소장하고 명성황후라는 구득기를 남겼다. 필자가 "https://it.wikipedia.org/wiki/File"에서 찾은

이 사진은 1920년에 중국에서 발행한 잡지『신중국新中國』제2권 제5기에 소개된 인쇄본인데 명성황후 원본 사진을 모방해 모닝캄본을 타원으로 인화印畵한 것이다.

위쪽 여백에는 유려流麗한 행초서行草書로, "희고 고운 모습은 난새와 봉황이요 / 몸을 떨쳐 나라 지키니 웅비熊羆의 기세로다 / 큰 나라를 막지 못했음을 천하가 슬퍼하도다 / 유상遺像을 보노라니 경모敬慕함 더욱 깊어 지누나"라고 하였다. 중간 오른쪽에는 "광서光緒 계묘년癸卯年(1903년) 봄에 교토에서 얻었다"고 썼고, 왼쪽에는, "조선 민비閔妃 소상小像에 연경延卿이 쓰다"라고 하였다.114)

'연경延卿'은 강소성江蘇省 출신 외교관인 고석작의 자字이고, 그는 강소오재자江蘇五才子 중 한 사람이다. "유상遺像을 보노라니 경모함 더 깊어 지누나"라는 표현은 외교관이었던 그가 조선에 왔을 때 명성황후를 뵙고 알현했다는 것을 말해준다. 얼굴의 두툼한 눈두덩이며 귀바퀴를 보면 명성황후 원본 사진이 아니라 모닝캄본과 같은데, 인쇄 과정에서 모닝캄본에 없는 세로무늬를 옷고름에 그려 넣고, 흰색 저고리도 짙은 유색有色으로 변형하였다. 사진 옆에 인쇄체로 "민비閔妃, 고故 조선왕 이희실아朝鮮王李熙室也"라는 문구가 있어 고종 붕어崩御 다음해인 1920년에『신중국新中國』에 소개된 것을 알 수 있다. '이희李熙'는 '이형李㷩'의 오기誤記다.

명성황후가 사진 찍기를 싫어했으므로 사진이 없을 것이라는 주장도 있는데 이는 명성황후가 어떤 사람보다 진취적이고 신문물에 관심이 많은 분이었다는 사실을 간과看過한 것이다. 1884년 음력 2월 16일에 퍼시벌 로웰과 지운영이 고종의 사진은 물론, 당시 열한 살이던 세자의 사진까지 찍은 것은 왕후의 허락 없이는 불가능한 일이다. 문일평文一平의『사외이문史外異聞祕話』에도, "측문側聞(얻어 들은) 한 바에 의하면 일찍 고종황제께서 현상수만원懸賞數萬圓으로 명성후의 어진을 세간에 널리구하신일이 있었으나 마침내 얻지못하고 말으셨다한다"는 기록도 있다.

명성황후 사진과 관련하여 우리나라의 사진술 도입 시기는 매우 중요하다. 명지대 박주석 교수는, "1862년 연행사로 북경에 갔던 이의익李宜翼 일행이 1863년 음력 1월 베이징에 있는 아라사관[러시아관]에서 우리나라 사람으로는 처음으로 사

---

114) 皎皎淑質, 鸞鳳其姿. 奮身偉國, 氣當熊羆. 大邦莫控, 天下痛之. 我瞻遺像, 敬慕彌驅. / 光緒癸卯春得于京都 / 朝鮮閔妃小像延卿題

김기수金綺秀(1976. 06. 09.)
국사편찬위원회 한국근대사료DB

진을 찍었다"고 밝혔고, 사진도 공개 하였다.115)

1876년에는 수신사로 왜국에 갔던 김기수金綺秀 일행이 그해 6월 9일 동경東京의 우치다[內田] 사진관에서 사진을 찍었으므로116) 사진술에 관한 이야기는 이의익과 김기수의 귀국 보고로 조선왕실에 일찍부터 알려졌다. 김기수의 수행화원隨行畵員으로 왜국에 갔던 김용원金鏞元은 1879년에 주한 왜국공사 하나부사 요시모토花房義質의 권유로 사진술을 배웠고, 1880년에는 경상도 수군우후水軍虞侯로 부임하여 왜관의 혼다 슈노스케本多修之助의 사진관에서 사진술을 배웠다. 1882년에는 카이 군치[甲斐軍治]가 남산의 일본공사관 부근에 사진관을 열었고, 혼다 슈노스케도 인천에 와서 조선 정부 촉탁이 되었다가 수표교 근처에 사진관을 개설했다. 1883년에 김용원이 혼다 슈노스케의 도움으로 저동苧洞에 촬영국을 열고, 지운영池運永도 1882년 이전에 마동麻洞에 상업용 사진관을 개설하여 일반인에게도 사진이 널리 알려지게 되었다.

퍼시벨 로웰Percival Lowell은 1884년 음력 2월 13일(양력 3월 10일) 사서기司書記와 윤치호尹致昊의 안내로 창덕궁을 방문해 고종과 왕세자 사진을 찍었다.117) 2월 16일(양력 3월 13일)에도 창덕궁을 방문해 사진을 찍었는데,118) 윤치호 일기에 따르면 지운영池運永도 같은 날인 음력 2월 16일 고종과 왕세자 사진을 찍었다. 이 글을 쓰면서 최인진崔仁辰 선생의 『고종, 어사진을 통해 세계를 꿈꾸다』와 퍼시벨 로웰의 저서 『내 기억 속의 조선, 조선 사람들』이라는 책을 참고하고 있는데,

---

115) 박주석(2008) 「사진과의 첫 만남-1863 연행사 이의익 일행의 사진 발굴」 『AURA』(한국사진학회) pp.50~61.
116) 박성래 「인류 역사상 최초의 사진」 『기술과 미래』(2007.3.4. 한국산업기술진흥원) pp.82~86.
117) 十三日(晴, 慎, 十日, Monday) 十一時頃, 與司書記, 共魯月謁覲, 攝御眞, 世子宮御眞. 午後五時頃退歸館.(『尹致昊日氣』 제1권) p.50.
118) 十六日(晴, 慎, 十三日, Thursday) 與魯越及司書記, 詣覲攝御眞. 是日池雪峰(運英)か攝御眞.(『尹致昊日氣』 제1권). p.50.

그는 명왕성을 발견한 유명한 천문학자지만, 기행문 형식의 책인데도 이 사람이 언제 우리나라에 왔는지, 몇 월 며칠에 배를 타고 돌아갔는지 그의 책에서는 확인할 수가 없다.

만약 통역을 위해 동행한 윤치호 선생의 일기와 사진 연구가 최인진崔仁辰 선생의 『고종, 어사진을 통해 세계를 꿈꾸다』119)가 아니었다면 그가 창덕궁을 방문한

고종-농수정濃繡亭 앞
(1884. 음력 2월 13일 지운영 촬영)
『고종 어사진을 통해 세계를 꿈꾸다』

날짜도, 당일 지운영池運永도 창덕궁을 찾아 고종과 왕세자 어진을 촬영했다는 것조차 알 수 없었을 것이다.

여기 수록한 고종과 세자의 어사진도 최인진 선생 저서에서 캡쳐하여 수록한 것이다. 로웰이 2일이나 창덕궁을 방문해 고종과 왕세자의 어사진御寫眞을 촬영했다는데, 로웰의 저서에는 달랑 고종의 어진 한 장이 실려있을 뿐이다. 오히려 최인진 선생의 저서를 통해 로웰과 지운영이 찍은 사진을 비교해 볼 수 있음에 고故 최인진 선생과 『고종, 어사진을 통해 세계를 꿈꾸다』의 도서출판 문현에 감사한다.

1884년 지운영이 고종과 왕세자 어사진御寫眞을 찍을 때 당연히 명성황후의 허락이 있었고, 특히 왕세자 사진은 명성황후 허락 없이는 찍을 수 없다. 이때 앞에 소개한 도준선 구장舊藏의 명성황후 원본 사진도 같이 찍었을 개연성이 있다. 지운영이 찍은 왕세자 사진을 보면 상당히 귀엽고 명민明敏하게 생겼다. 명성황후는 사진을 찍은지 엿새가 지난 음력 2월 22일, 지운영이 찍은 사진을 인화해서 보내오자 얼마나 좋은지 마치 소녀처럼 신이 나고 들떠서 윤치호와 주변 사람들에게 왕세자 사진을 보여주며 자랑했다고 한다.

---

119) 『고종, 어사진을 통해 세계를 꿈꾸다』(崔仁辰, 2010.11.29. 도서출판 문현)

"너는 동궁 아야(爺爺-도련님) 사진을 보았느냐?"[120]

왕세자-농수정濃繡亭 앞(1884. 음력 2월 13일 지운영 촬영)
『고종 어사진을 통해 세계를 꿈꾸다』

아들 자랑하는 모습이 마치 천진한 소녀같이 해맑다. 명성황후가 아들을 자랑하는 말 속에는 아들에 대한 사랑과 아들 사진이 마음에 쏙 들게 잘 나왔다는 것까지 담겨 있어서 글을 읽는 사람도 덩달아 신이 난다. 이 이야기는 『윤치호 일기』에 기록되어 있다.

명성황후가 자랑한 왕세자 어사진御寫眞은 지운영이 찍은 후 바로 현상現像하고 인화지를 뽑아서 드린 것이었다고 최인진은 밝혔다. 로웰의 사진은 6개월 이상 지난 후에 앨범으로 만들어져 우편으로 보내왔기 때문이다. 명성황후가 윤치호에게 '너(汝)'라고 한 것은 이때 명성황후는 서른넷이고 윤치호는 스무 살 청년이었기 때문이며, 평소 윤치호를 무척 아꼈기 때문에 사용한 친근한 호칭이었다.

지운영의 아들인 지성채池盛彩 화백 증언에 따르면 "아버지께서 고종과 명성황후를 찍은 10여 장의 유리판을 내가 보관하고 있었는데, 공주에 공부하러 내려갔다가 방앗간에 불이 나는 바람에 그곳에서 유리판을 모두 태웠다"고 한다. 지성채 화백이 공주公州에 내려간 것은 그곳에서 광산鑛山 투자를 했기 때문인데 이때 방앗간을 구입해 거주했던 것으로 보인다.

아들인 지성채 화백 회고에 따르면, 지운영池運永(1852~1935)은 1882년 임오군란 이전에 마동麻洞에 상업용 사진관을 개설했으나 임오군란 때 지운영을 일본인으로 오해한 난군亂軍에 의해 사진관의 값비싼 장비와 시설이 모두 파괴되어 지운영은

---

[120] 二十二日(晴, 慎, 十九日, Wednesday) 早起進退, 更命小待退, 更新衣復到公事廳, 九時頃終得入侍,…… 兩殿含笑無下敎, 坤殿曰, 汝見東宮爺爺御眞乎(可謂顧左右而言他), 余自欺于心, 且自質曰, 余之奏此, 但以余職分之不可廢, 非望上之採用也, 然而庶成我職, 直是俯仰無愧, 又何望勤此等暗夢君王耶, 因耳謹御眞而退謹館, 時約十時. ((『尹致昊日氣』 제1권), p.52~55).

간신히 다 쓰러져가는 초가를 얻어 살고 있었다. 위로차 지운영을 찾아왔던 김옥균이 이를 딱하게 여겨 낙원여관 자리에 있던 50칸짜리 집을 구해 살도록 거금을 내어 도와주었다. 훗날 지운영은 고종의 밀명密命을 받고 김옥균을 암살하기 위해 일본에 갔지만 암살에 실패하고 국내로 송환된다.

지성채 화백의 전언傳言에 따르면, 김옥균金玉均과도 상당히 가까웠던 지운영은 은밀히 김옥균의 측근에게 자신의 정체를 흘려 비밀문서와 비수를 빼앗기고 일본 경찰에 체포되어 강제 송환되었다고 한다. 김옥균의 평소 행태로 보면, 지운영이 스

지운영-1883년 平村德兵衛 사진관
젤라틴실버프린트 15.4×11.6cm

스로의 정체를 밝히지 않고 발각되었다면 김옥균에게 참혹한 죽음을 당했을 것이다. 그는 강제 송환되어 영변寧邊에 유배되었는데 이때부터 서화書畵에 몰두하게 되었고, 유배에서 풀려난 1889년 경 이름도 지운영池運永에서 지운영池雲英으로 바꿨고, '설봉雪峰'이라는 아호도 '백련白蓮'으로 쓰기 시작했다.

지운영은 추사秋史의 제자인 강위姜瑋(1820~1884)를 스승으로 모시고 공부했으며, 강위를 좌장으로 한 육교시사六橋詩社에서 중인들과 교유交遊하였다. 지운영은 현대 문물에도 일찍부터 개안開眼하여 1880년 전후에 사진술을 배웠는데, 1882년 지운영이 수신사 수행원으로 일본에 갔을 때 더 발전된 사진술을 가르쳐 준 사람은 1870년부터 고베新戸의 하나쿠마치花隈町에서 사진관을 운영한 헤이무라 도쿠베이平村德兵衛였다. 환갑 때인 1912년에 관악산 삼막사三幕寺에 백련암을 짓고 동생 지석영池錫永(1855~1935)과 함께 은거하면서 세상을 등지고 그림에 천착穿鑿해 많은 서화 작품을 남겼다. 그의 화풍이 잘 드러난 것이 1918년에 그린 '백의관음상白衣觀音像'이다. 1883년에 일본의 헤이무라 도쿠베이 사진관에서 찍은 지운영의 사진은 조금 익살기가 섞인 듯하면서도 불의不義에는 참지 못하고 나서는 결기潔氣 같은 것도 느껴진다.

명성황후는 신문물新文物을 진취적 사고思考로 받아들일 줄 아는 분이었고 지운영이 찍어 보내온 아들 사진을 윤치호에게 보여주며 자랑할만큼 사진에 대한 이해도 깊었다. 어느 학자는 "명성황후의 사진은 없다"고 단언했지만 문일평이 1946년에 『사외이문비화史外異聞祕話』에 쓴 글에도 명성황후의 사진이 있었다는 증언이 실려 있다.

"측문側聞(얻어들은)한바에 의하면 일찍 고종황제께서 현상수만원懸賞數萬圓으로 명성후의 어진을 세간에 널리구하신일이 있었으나 마침내 얻지못하고 말으셨다한다……. 1895년8월20의 정변政變이 있기 바루 수일전에 명성후께서 촬영하신 진본이있었지마는 그진본은 적당敵黨에게 이용利用한바되어 부질없이 후后의 비운悲運을 촉진하는 매개물媒介物을 지었을 뿐이다."

고종이 "수만원의 현상금으로 명성황후의 어진을 널리 구했다"는 것은 명성황후의 사진이 있었다는 것을 전제로 사진을 구하고자 한 것이다. 1880년대에 고종과 명성황후의 지근至近에서 사진을 찍을 수 있던 사람은 여러 정황情況으로 보아 외국인 말고는 지운영이 유일했다. 지운영은 김옥균을 죽이라는 고종의 명령을 받고 일본에 파견될만큼 고종과 명성황후가 신임하는 측근이었다. 필자는 '명성황후어진초상화작품'의 기초가 된 사진을 찍은 이도 지운영池雲英일 것으로 생각한다.

지금까지 살펴본 자료 외에 1895년 1월 일본에서 간행된 『풍속화보風俗畫報』 제4호 임시증간호에 실린 〈한정개혁기문韓廷改革紀聞〉을 1982년 8월 31일에 동아일보가 소개하였다. 청일전쟁 종군화가 이시츠카 쿠스이石塚空翠いしづか くうすい가 그렸다는데 당시의 정황情況을 담은 만화 수준의 삽화일 뿐, 명성황후 어진과 대비對比해 논할 수 있는 인물화가 아니다.

여러 사진과 스케치 등을 상찰詳察한 결과 필자는 도준선陶濬宣 구장舊藏 원본 사진, 조선국귀현초상朝鮮國貴顯肖像에 실린 스케치, 동경조일신문東京朝日新聞 수록 사진, 명성황후어진초상화작품 등이 명성황후 어진御眞이라고 판단한다.

■ 명성황후어진초상화작품

명성황후어진초상화작품(비단에 채색, 27cm×34.2cm)

　필자는 근래 명성황후 초상화 한 점을 새로 발굴하였는데, 오래전 내자동에 있는 어느 고택의 고서 더미와 같이 있다가 발견되었다고 한다. 사진을 보고 그린 것으로 보이는 이 초상화 작품은 비단 바탕에 아교포수阿膠佈水(비단에 아교를 살포하고 채색하는 기법)를 한 위에 흰 물감을 칠하고 전통 한국화 기법인 선묘線描(기초가 되는 선을 먼저 굿는]를 한 후 채색을 사용하여 서양화 기법으로 그렸으며, 크기는 가로 27cm, 세로 34.2cm다. 얼굴은 상당한 미인으로 이마는 넓고, 눈썹은 초승달 형에 눈은 아몬드형이다. 코는 오똑하고, 입술은 도톰하여 총기聰氣와 인덕仁德이 있어 보이며, 나이는 30대 중반을 넘긴 듯하다.

아교포수 기법이 사용되었다는 것은 전통 한국화 기법과 서양화 기법을 모두 사용한 것인데, 일본화 기법도 살짝 어른거린다. '초상화'는 인물을 사진처럼 극사실화로 그리는데 비해, 이 작품은 사진을 보고 그린 것으로 추정되면서도 작가의 의도가 일부 반영되었기 때문에 이 책에서는 이 어진 작품을 '명성황후어진초상화작품明成皇后御眞肖像畵作品(이하 어진초상화작품)'으로 지칭하고자 한다. 화면의 오른쪽 3/4 면적에 희고 검은 태극의 한 부분을 배경으로 그린 후 중간 왼쪽에 명성황후의 모습을 오른쪽으로 약간 기울어지게 표현하였다. 태극과 명성황후를 그리고 남은 공간은 팥죽색으로 붉게 처리하였는데, 태극의 흰색과 검은색, 노란 원삼과 붉은 배경이 잘 조화되게 그렸다.

그림을 그리는 비단은 상하좌우上下左右를 바르게 하여 날줄과 씨줄이 바로 보이게 자르는데 이 작품의 비단결은 왼쪽 위에서 오른쪽 아래로 사선斜線이 되게 자른 직사각형이다. 비단결을 사선으로 처리하고, 흑백黑白의 태극 바탕을 배경으로 명성황후明成皇后를 오른쪽으로 기울어지게 그린 것은, 나라가 기울어가는 어둡고 혼란했던 시기에 나라를 바로잡아 보고자 애썼던 명성황후가 끝내 억울하고 참혹한 죽음을 당했다는 메시지를 전하고 싶었던 작가의 의도된 표현이라고 생각한다.

이해원 옹주(1936년)

'어진 작품' 속 명성황후는 머리 위에 솜어염족두리를 얹고 그 위에 어여머리를 올린 후 떠구지를 장식했는데, 양쪽이 파랗고 가운데가 붉은 역삼각형 모양의 댕기로 솜족두리와 어여머리, 떠구지를 연결하여 묶고 그 위에 황금 나비 떨잠을 꽂았으며, 어여머리 양쪽에도 떨잠을 장식했다. 명성황후어진초상화작품의 나비 떨잠은 의친왕의 따님인 이해원李海瑗(1919~2020) 옹주가 1936년 결혼식 때 입고 찍은 예복 사진의 나비 떨잠에서 장식 형태를 자세히 확인할 수 있다.

떠구지는 궁중 여인들이 공식 행사에서 원삼圓衫을 입을 때 머리에 얹는 것으로, 왕후도 썼다는 설과 쓰지 않았다는 설이 있다. 필자가 소장했던 '조선왕가사진'은 순종과 순정효황후, 영친왕, 영친왕비, 덕혜옹주, 영친왕 아들 등이 같이 찍은 가족사진이며, 가운데 앉으신 순정효황후가 솜족두리 대수머리에 몇 개의 떨잠을 꽂았고, 그 위에 떠구지를 얹고 있어서 왕비나 황후도 떠구지를 했다는 것은 의심의 여지가 없다.

순정효황후와 순종-필자 구장舊藏

지운영의 아들 지성채池盛彩 화백은 1975년에 증언하기를, "종로 가화동 집이 헐리니까 그 아래 살다가 그만 공주로 공부하러 가게 돼, 내 살림살이도 공주로 내려보냈다. 공주에 내려오니까 그 유리가 있었단 말이야. 유리조각들. 아마 한 10여장 있었어. 그 속에서 머리 이렇게 올리고, 큰 머리한 양반이 민비야. 아 그래서 그거 한 10여장 그만 저 방앗간에 불나는 통에 모두 없어졌다"121)고 증언하였는데, 지운영은 명성황후 얼굴을 알고 있었으므로 "큰 머리를 했다"는 유리원판이 교과서에 실렸던 궁녀 사진은 아니었을 것이고, 지운영이 가지고 있던 유리원판으로 뽑았던 사진이 이 초상화의 저본底本이 되었을 가능성이 있다고 생각한다.

왕비의 원삼에는 양어깨와 가슴에 봉황이나 오조룡五爪龍 수를 놓은 원보圓補를 장식하는 것인데, 작품 속 원보는 붉은색으로 둥근 형태만 표현하였다. 원삼 안에는 저고리 삼작을 입는데, 노란 원삼 안에 보이는 붉은색 저고리는 왠지 이 그림이 담고 있는 슬픔을 더 짙게 해 주는 것 같아서 이 역시 작가의 의도된 표현이 아닐까 생각하게 된다. 조선 말기 복식 자료를 보면 왕비는 노란색 원삼을, 왕태자비는

---

121) 최인진崔仁辰 『고종, 어사진을 통해 세계를 꿈꾸다』(2010. 11. 29. 도서출판 문현) p.70.

붉은색 원삼을 입었던 것으로 보인다. 언더우드 부인의 기록에 의하면, "왕비는 조선 여자들이 대개 그렇듯이 진주나 호박 단추가 달린 노란 비단 저고리나 조끼, 그리고 길게 질질 끌리는 파란 비단 치마를 입고 있었다. 왕비의 옷은 모두 비단이었고 이루 말할 수 없이 우아했다"122)고 왕비의 복식에 대하여 증언하였다.

서양화 기법으로 그린 작품의 비단이나 채색彩色 연대는 1920년~1930년대 정도로 보이는데, 표구 전문가는 비단의 연대를 100년~120년 전으로 본다고 하였다. 비단을 사선斜線으로 자르거나 인물을 기울어지게 그린 것은 현대 컨템포러리 아트라 해도 좋을만큼 혁신적인 기법인데, 태극을 인물의 배경으로 포치佈置한 점도 그림만 그리는 작가에게서는 나올 수 없는 발상으로 뚜렷한 국가관이나 민족사관民族史觀의 사고思考가 깔려 있다고 생각한다. 1920년 전후의 근대 우리나라 작가나 우리나라를 방문했던 외국인 작가의 행적行跡과 화풍을 살펴 봄으로써 어진초상화작품의 작가를 특정해 보고자 한다.

첫째는 명성황후 생전에 사진을 찍은 지운영池運永 자신이 명성황후 초상화를 그렸을 가능성이다. 그의 지사적志士的 의기義氣라면 고종의 붕어崩御 소식에, 오래 전에 뵙고 사진까지 찍었고, 유리원판까지 보관하고 있던 그가 명성황후어진초상화작품을 그릴만한 동기動機는 충분하다. 지운영이 따로 서양화 기법을 배웠을까 하는 의문도 가질 수는 있지만 무엇이든 호기심 많던 지운영이 서양화 기법을 눈여겨 보고 배웠을 가능성도 배제할 수는 없다. 일본까지 가서 새로운 사진술을 배운 그는 일본화 기법에도 무관심하지 않았을 것이다.

우리나라 최초의 서양화가인 고희동高羲東(1886~1965)도 있는데, 동경미술대학에서 미술을 공부한 그는 1915년에 동학 창시자인 최제우崔濟愚1824-1864) 초상화를 그리기도 했고, 최제우 외에도 몇 점의 초상화와 여러점의 자화상을 그리기도 했으므로 고희동이 명성황후어진초상화작품을 그렸을 가능성이나 동기는 충분하다. 최제우 초상을 그렸다는 것은 그도 조선 위인에 대한 의식을 가지고 있었다는 것을 알 수 있다. 다만 그가 그린 여러 작품에는 서양화의 특징인 빛을 이용한 명암明暗

---

122) 『언더우드 부인의 조선 견문록』(2024.08.15. 이숲 p.120.)

Ⅵ. 명성황후의 얼굴을 찾아서 279

이 반영되어 있는데 비해 '어진초상화작품'에서는 빛을 활용한 명암의 특징을 찾아볼 수 없다는 비교 결과를 언급하는 것으로 그칠 수밖에 없다.

박생광朴生光(1904~1985)은 1920년에 교토시립회화전문학교에 입학해 공부한 후 1945년에 귀국할 때까지 일본에서 활동하였다. 1945년에 귀국했지만 일본 화풍이 배인 그의 작품은 국내에서 환영받지 못했는데, 그는 끊임없이 화풍의 변화를 시도해 노년老年에 접어들면서 과감한 오방색을 채택한 자신만의 한국화 세계를 개척하며 자기 위치를 확고히 다졌다. 그는 전봉준全琫準이나 청담 스님, 단군상, 무녀巫女 등 한국사 속의 위인이나 풍속 등 한국적 정신세계를 표현한 작품을 많이 그렸으며, 특히 명성황후에 대한 관심이 높아 만년晩年에 '명성황후'라는 대형 작품을 그리기도 했는데, 선묘線描를 기본으로 명암 없이 그린 것을 눈여겨 보아야 한다.

명성황후 : 박생광朴生光 1983년, 천에 채색 330cm 200cm, 利暎美術館藏

천에 그린 330cm 200cm의 '명성황후'라는 제목의 작품은 그의 화풍이 확립된 1983년에 그린 작품이다. 작품 속 '명성황후'는 연꽃 한 송이를 쥔 왼손을 가슴에 얹고 있으며 그 위에는 활짝 핀 연꽃 세 송이와 봉오리 하나가 있다. 왼쪽 중간에는 울부짖는 두 여인이 있고, 가운데 아래에는 갓을 쓴 한 사내의 우짖는 모습을 그렸다. 가운데는 향원정을 거꾸로 그렸으며 그 오른쪽에는 잔혹하게 명성황후를 해친 살인자들을 그렸다. 박생광은 이 작품을 자신의 대표작으로 여겨 피카소의 '게르니카'와 견주고 싶어 했다고 하는데, 명성황후 작품을 완성한 후, 찾아간 이영미술관利瑛美術館의 김이환金利煥 관장에게, "됐제? 됐제? 이만하면 됐제?"하며 만족해 했다는데, 김이환 관장은 1997년 박생광의 가족에게 압구정 현대아파트 30평형 한 채 값을 주고 이 작품을 구득購得했다.

  그가 한국사, 특히 명성황후에게 큰 관심을 가진 작가라는 점과 그의 화풍에서 보이는 과감성이나 실험 정신으로 보면 그가 명성황후어진초상화 작품을 그렸을 개연성은 충분하다. '어진초상화작품'을 박생광이 그렸다면 노년에 가서야 자신만의 화풍을 확립한 그가 아직 자기 화풍을 확립하기 전인 일본 유학 시절에 그렸거나, 1945년부터 1977년 사이에 그렸을 것이다. 박생광은 1974년에 다시 일본으로 건너가 1977년까지 몇 차례 전시회에 참가하거나 개인전을 개최하였다. 1977년에 귀국한 그는 1985년까지 8년 동안에 자신의 새로운 화풍이 녹아든 오방색을 중심으로 한 과감한 채색화를 그렸다. 한국사와 한국의 풍속에 대한 그의 관심, 오랫동안 일본에 체류하며 근대 일본화를 공부한 점, 그의 작품들에서 보이는 과감한 구도와 색채, 민족사에 대한 그의 관심 등으로 볼 때 '명성황후어진초상화작품'의 자가로서의 가능성을 가장 주목할만한 분이다.

  1919년, 1921년, 1936년 등 여러 차례 한국을 방문했던 영국 화가 엘리자베스 키스Elizabeth Keith(1887~1956)도 한국과 한국인을 깊이 이해하고 아꼈던 작가다. 『사진으로 보는 조선시대朝鮮時代 속續』은 1987년 6월 1일 서문당 출판사에서 발행했는데, 118페이지에 "전(傳) 명성황후 민비(閔妃) 1851~1895"라는 설명이 붙은 그림이 수록되어 있다. 운룡도雲龍圖 병풍 앞에서 우아한 모습으로 왼손을 오른손 등에 얹은 채 서 있는 여인은 늘씬한 키에 갸름한 얼굴이다. 눈썹은 초승달형인데, 콧날에는 강한 의지가 실렸고, 입술은 도톰하며, 손은 작고 곱다. 배경이나 복식의 화려함 등으로 보아서는 왕비일 가능성이 커 보였다. 무엇보다 그림 속 인물에서 느껴지는 풍모가 왕비라고 여겨도 좋을 만큼 기품 있어 보였다.

VI. 명성황후의 얼굴을 찾아서 281

엘리자베스 키스의 윤희섭 초상화(1919년 수채화)

그러나 필자가 여러 자료를 중복重複 확인한 결과 이 그림은 엘이자베스 키스 (1920~1940)의 『Old Korea』(1946)에 수록되어 있는, 윤택영尹澤榮의 딸이자, 순정효황후純貞孝皇后(諱 曾順)의 동생 윤희섭尹喜燮(1905~1970)이고, 연희전문학교 교장과 미군정 초대 학무국장을 지낸 유억겸兪億兼의 부인이다. 유억겸은 유길준의 아들이므로 그림속 여인은 유길준의 며느리이고, 순종의 처제다. 윤희섭이 기계유씨杞溪俞氏인 유억겸과 혼인한 것은 윤희섭의 어머니도 기계유씨여서 인연이 된 것이다.

『해평윤씨 대동보』 제3권에는 순정효황후에 대하여, "(尹澤榮)女 純貞孝皇后 諱曾順 高宗甲午一八九四年八月二十日誕生 丙午一九六六年三月十二日昇遐 壽七十三 墓渼金邑金谷里裕陵合封"이라 하여 순정효황후의 휘가 '증순曾順'이라고 밝혀 있다. 초상화 주인공인 윤희섭에 대하여는, "(尹澤榮)女喜燮 光武乙巳一九○五年十一月六日生 夫兪億兼杞溪人延世大學校總長文敎部長官父內部大臣兪吉濬"이라고 기록되어 있고, 유억겸의 묘비에도 "杞溪兪公億兼之墓 夫人海平尹氏祔左 / 一九○五年乙巳生 一九七○年庚戌一月四日卒 海豐府院君尹澤榮女"라고 기록해 있다.

엘이자베스 키스가 그린 윤희섭 전신 초상화에 대한 기록을 살펴보자.

나는 서울에서, 오래된 가마에 앉아서 가는 섬세하고 세련된 여인의 모습을 몇 차례 보고 관심을 갖게 되었다. 그녀는 머리띠에 한국의 왕족 휘장인 작은 순금 새를 장식하고 있었다. 이 여인은 사라진 대한제국 왕실의 공주였다. 공주에 대해 내가 얼마나 궁금해하는지 알고 있는 몇몇 친구들이 (그녀와의)만남을 주선해 주었다. 그녀는 기독교계 대학의 한국인 교수와 결혼한 부인이었다. 나는 그녀의 이름을 공개하지 않기로 약속하고, 그녀와 이야기를 하였다.

공주의 거주지는 왕궁에서 멀지 않은 도시의 오래된 지역에 있었다. 커다란 한국식 대문 앞에 보초가 서 있었는데, 이들은 집안 사람들의 움직임과 드나드는 손님을 감시하는 사람들이었다. 집 내부는 한국 전통 스타일의 흰 종이를 바른 벽과 콩기름을 먹인 노란 장판이 깔린 따뜻한 바닥으로 되어 있었다. 작고 낮은 공주의 방 한쪽에는 새와 꽃문양을 아름답게 수놓은 10폭 병풍이 세워져 있었고, 바닥에는 비단 요와 팔걸이, 베개가 놓여 있었다. 옻칠을 하고 자개를 상감象嵌한 책장이 방에 있는 유일한 가구였다. 공주는 국상國喪 중이어서 아래위에 흰 상복을 입고 있었다. 얇은 소재로 만든 반짝이는 드레스를 입고, 매끄럽고 빛나는 검은 머리에 순금으로 만든 작은 새를 장식한 그녀는 무의식적으로 우아함과 위엄, 매력을 풍기고 있었다.

이 스케치를 위해 공주는 오래된 궁중 당의唐衣로 갈아입었는데, 바닥까지 닿아서 끌리는 치렁치렁한 파란색 비단 치마를 입고, 올리브녹색 비단 저고리는 빨간 옷고름으로 묶었다. 그녀의 머리에는 '신부용' 왕관처럼 검은색에 빨간색 테를 두르고

옥을 장식한 왕관을 썼으며, 머리에는 적당한 크기의 금비녀를 꽂았다. 그녀의 가슴에는 긴 분홍색 술이 달린 아름다운 호박 장신구가 있었고, 한쪽 손의 손가락에는 두 개의 굵은 옥 가락지를 끼었다.

왠지 공주의 복식은 고대 한국에서는 찾아볼 수 없는 초기 빅토리아 시대의 분위기를 풍기는 것 같았다. 공주의 치마저고리는 1896년에 디자인되었을 것이다. 에카르트는 그의 저서 한국 미술사(Eckardt-History of Korean Art)에서 이 시기를 다음과 같이 설명했다. "1896년, 사라진 권력의 마지막 불꽃 속에서 한국이 제국의 지위로 올라섰을 때, 황실은 복원되고 유럽의 사치품으로 장식되었다."123)

치마가 바닥에 끌리는 것을 빅토리아풍이라고 했고, 에카르트의 표현을 빌어 유럽의 사치품으로 장식되었다고 했지만 이는 에카르트의 착각이다. 언더우드 부인의 회고에, "(명성황후는)호박 단추가 달린 노란 비단 저고리나 조끼, 그리고 길게 질질 끌리는 파란 비단 치마를 입고 있었다"고 하였으므로 윤희섭의 복식은 1890년대 초 조선 왕실 복식에서 유래했음을 확인할 수 있다. Elizabeth Keith는 윤희섭을 공주로 생각했다. 아마도 순정효황후의 친동생이라는 말을 듣고 그렇게 썼을 것이다. 기독교계열 학교 교수라고 한 윤희섭의 남편 유억겸兪億兼(1896~1947)은 유길준兪吉濬의 아들이며 연희전문학교 교수, 미국 군정軍政의 한국측 학무국장을 지냈는데 1947년 11월 교통사고로 급서急逝하여 부국장 오천석吳天錫이 그의 뒤를 이었다. "공주는 국상國喪 중이어서 아래위에 흰 상복을 입고 있었다"는 내용으로 엘리자베스 키스가 1919년에 열다섯 살의 윤희섭을 처음 만난 것을 알 수 있는데, 이때는 유억겸과 윤희섭이 결혼하여 경복궁에서 멀지 않은 곳에 살고 있었지만 유억겸이 연희전문학교 교수가 되기 전이다. 윤희섭의 친정인 윤택영尹澤榮의 집은 제기동祭基洞에 있었기 때문이다. 이후 여러차례 한국을 방문하고 윤희섭과 만나는 동안 윤희섭의 남편이 연희전문학교 교수가 되었음을 알게 되었을 것이다.

엘리자베스 키스는 한국의 여러 풍경을 그리기도 했지만 극사실 기법으로 초상화를 그리면서도 인물에 대하여 충분히 파악한 후 자기가 느낀 감정을 담아 중추원

---

123) Elizabeth Keith 『Old Korea』(1946. HUTCHINSON) p.65.

의장을 지낸 김윤식金允植 초상화, 윤희섭尹憙燮의 전신全身 초상화, 그 밖에 이름 모를 선비 초상화, 시골 아낙네 초상화, 과부의 초상화 등 다양한 한국인 초상화를 여러점 그려 남겨서 복식사나 생활사에 중요한 자료로 활용할 수 있다.

김윤식은 경술국치 직전인 1910년 8월 22일 열린 어전회의에서 이완용李完用과 윤덕영尹惠榮이 병합조인서에 어새御璽를 찍으라고 순종을 겁박해, 순종이 어찌할 바를 몰라할 때 많은 신하 중에서 유일하게 순종 편을 들어, "생각컨대 우리 한국은 폐하 한 분의 한국이 아니니, 다른 사람에게 양여讓與하는 것을 가벼이 논할 수 없습니다"라고 절규하며 반대했는데(『繡陰晴史』, 『大韓季年史』), 이완용과 윤덕영은 김윤식을 강제로 끌어낸 후 순정효황후가 감추고 있던 옥새를 빼앗아 병합조인서에 어새를 찍게 했다. 윤덕영은 윤택영의 중형仲兄이며 순정효황후의 백부다.

엘리자베스 키스는 김윤식이 짓고 이용직李容稙과 연서連署명해서 일본의 내각총리대신 하라 다카시原敬(はら たかし)를 수신자로 하여 보낸 〈대일본장서對日本長書〉의 내용까지 상세詳細하게 파악하고 김윤식을 그렸다. 1919년 3월 28일 김윤식은 〈대일본장서〉를 몰래 동경으로 보내 신문에 실리게 하여 일본 조야朝野가 들썩이는 일이 있었다. 『Old Korea』에는, 연燕 나라를 치려는 제齊 선왕宣王을 설득하는 『맹자孟子-양혜왕梁惠王』편 고사故事까지 인용해 한문漢文으로 작성한, "조선의 독립을 허여許與하라"는 내용의 〈대일본장서〉 전체 내용과 이용직이 일본 수사관에게 취조받는 내용까지 상당히 많은 분량을 영문英文으로 상세히 번역해 게재하였다. 김윤식의 일기 『속음청사續陰晴史』에 한문漢文으로 수록되어 있는 〈대일본장서〉는 한국인도 상세히 아는 이가 없는데 이런 내용까지 파악하고 김윤식 초상화를 그렸다는 것이 정말 놀랍다.

윤희섭의 언니가 순종純宗의 황후인 순정효황후이므로 엘리자베스 키스는 윤희섭과 이야기하는 중 참혹하게 돌아가신 조선 왕비의 사연을 들었을 것이다. 엘리자베스 키스가 품었던 조선과 조선 사람에 대한 깊은 이해와 애정, 당시 정황情況과 동기動機, 화풍, 기덕奇德이라는 한국 이름까지 가지고 있던 점 등은 '명성황후어진 초상화'와 관련하여 엘리자베스 키스를 눈여겨 보게 한다.

일본의 유명 화가 이토 신수이伊東深水(いとう しんすい, 1898~1972)가 1922년에 그린 엘리자베스 키스 초상화가 있는데, 일본에 체류하며 일본 목판화인 우키요에浮世繪 기법을 배우고, 판화 출판전문가인 와타나베 쇼자부로渡邊庄三郞 등 일본 인사들과 교유交遊하던 엘리자베스 키스가 일본화 기법에 관심을 갖는 것은 화가로서 당연하고, 윤희섭에게 전해들은, 아름답지만 불행했던 조선 왕비의 스토리텔링에 대해 관심을 갖는 것도 자연스런 일이다.

조선에 관심이 많아 홍련紅蓮 초상화와 청계천 풍경, 대동강 풍경 등 우키요에를 남긴 일본의 이시이 하쿠테이石井柏亭, 1894년에 '조선국귀현초상朝鮮國貴顯肖像'을 그린 타치카와 키치로太刀川吉次郞 등도 명성황후어진초상화 작가로 고구考究해 볼만 하지만 략略한다. 이상 '명성황후어진초상화작품'을 그린 사람으로 몇 분의 작가를 살펴본 것은 어디까지나 필자의 추론推論이지만, 어느 분이 그렸든 명성황후가 이처럼 아름다운 모습이었으면 하고 바라는 것도 우리 모두의 바람일 것이다.

명성황후 원본 사진(左) / 명성황후어진초상화작품(中) / 조선국귀현초상 스케치(右)

필자는 도준선陶濬宣 구장舊藏 사진과 작자 미상未詳의 어진초상화작품, 조선국귀현초상朝鮮國貴顯肖像의 스케치 그림을 한 화면에 붙여서 비교해 보았는데, 한 점은 사진이고, 두 점은 그림이어서 복사본처럼 같을 수는 없지만 세 점 모두 미인형 얼굴의 온화한 표정에서 풍기는 귀품貴禀스러움이 같은 인물임을 느끼게 한다.

■ 명성황후가 꿈꾼 나라

　명성황후는 세계 어느 나라 왕비보다 검소한 생활을 실천한 분이었다. 명성황후를 만나고 기록을 남긴 모든 외국인이 공통적으로 지적한 것은 왕비의 '검소함'이었다. 보석을 주렁주렁 달고 나타나는 세계 여러 나라의 왕비 모습에 익숙했던 외국인들에게 손가락에 가락지 한쌍만 끼고 있던 명성황후의 모습은 검소해서 오히려 기이奇異해 보일 정도였다. 고종이 쓴 〈태행황후지문어제행록大行皇后誌文御製行錄〉에서도 명성황후의 평소 생활을 들여다볼 수 있으며, 그 어른에 대한 악의적 소문 대부분이 왜곡되고 부풀려진 것을 알 수 있다.

　　중전마마는 장신구에는 신경을 쓰지 않는 것 같았고, 거의 걸친 것이 없었다. 조선 여자들은 귀고리를 아예 달지 않는데(북쪽 지방의 젊은 여자들은 예외다. 그들은 커다란 은귀고리를 단다) 왕비도 예외가 아니었던지 나는 그가 목걸이나 브로치나 팔찌를 찬 것을 한 번도 보지 못했다. 왕비는 반지를 많이 지니고 있는 게 틀림없으나 나는 왕비가 유럽제 수공품 반지 한두 개를 낀 것밖에 못 보았다. 그 반지에는 다이아몬드가 박혀 있었으나, 그것은 소득이나 사회적인 지위가 중간쯤 되는 수많은 미국 여자들이 흔히 끼고 다니는 것보다 그렇게 크지 않았다. 또 왕비는 아주 아름다운 손목시계도 여럿 갖고 있었으나 절대로 차지 않았다. 조선의 관습에 따라 왕비는 기다란 비단술로 장식된 정교한 황금 장신구를 옆구리에 아주 많이 매달고 있었다. 옷에 대한 그의 취미는 아주 담백하고 완벽하게 세련된 것이었으며, 그가 이른바 덜 깬 나라의 백성이라고는 생각하기가 어려웠다.(『언더우드 부인의 조선견문록』 120~121쪽. 2024.08.15. 이숲)

　"중간키에 몸매는 호리호리하고 곧았다. 얼굴은 길고, 이마는 높으며, 코는 길고 가늘어 귀족적인데, 입과 아래턱에는 결단력과 개성이 드러난다. 광대뼈는 두드러지고 귀는 작으며, 얼굴은 기름진 저지 크림색을 띠었고, 눈썹은 아치모양이며, 아몬드 형의 눈은 지적이고, 예리해 보였……. 그녀는 보석류를 좋아하지 않는다.

길고 가는 손은 모양이 예쁜데, 다이아몬드로 빛난 적이 없다. 유일하게 끼는 반지는 묵직한 금가락지인데 항상 손가락 하나에 쌍으로 끼었다."(Frank G. Carpenter, 『Demorest's Family Magazine』 1894년 11월호)

〈태행황후지문어제행록大行皇后誌文御製行錄〉124)
　태행황후의 성은 민씨閔氏이고 본향은 여흥驪興이다…….
　한창부부인韓昌府夫人이 신해년(1851) 9월 25일 정축일丁丑日 자시子時에 여주驪州 근동면近東面 섬락리蟾樂里 사제私第(집)에서 황후를 낳았다. 이 날 밤에 붉은 빛이 비치면서 이상한 향기가 방안에 가득 찼었다.
　황후는 성품이 단정하고 아름답고 총명하고 인자하여 어려서부터 행동하는 것이 떳떳하였으며 과격하게 말하거나 웃는 일이 없었다. 어린 소녀들이 꽃을 꺾어서 벌레를 희롱하니 말리며 말하기를, "벌레들이 새끼를 먹이고 기르는 것은 너희 부모가 너희를 기르는 것과 같은 것이다"라고 하였으니, 생물을 사랑하는 마음이 보통 사람들보다 일찍이 뛰어난 것을 알 수 있다.
　순간공純簡公(부친 민치록)에게서 글을 배웠는데 두세 번만 읽으면 곧 암송하였다. 심오한 뜻의 어려운 것도 분별해서 대답하였고 조목조목 통달하였다. 또 기억력이 비상하여 심상한 사물이라도 한 번만 듣거나 보면 빠짐없이 모두 알았다. 책 읽는 것을 좋아하여 역대 정사에 대한 득실得失을 마치 손바닥을 보듯이 환히 알았으며, 국가의 전고典故와 열성조列聖朝의 좋은 말과 아름다운 행실, 혹은 『사승史乘』이나 『보감寶鑑』에 실려 있지 않은 것까지도 황후는 능히 말하였는데 이것은 그 가정의 견문이 본래 있었기 때문이니 다른 집은 미칠 바가 못 되었다.
　왕비王妃의 자리에 올라서 노운 것이 많은 것은 평상시에 공부한 힘이다. 9세 때 순간공의 초상을 당해 곡읍哭泣의 초상 범절은 마치 성인成人과 다름없었다. 염할 때에 집안사람들이 나이가 어린 것을 생각하여 잠깐 피할 것을 권하자 정색하여 말하기를, '어째서 남의 지극한 인정을 빼앗으려 합니까?'라고 하였다. 양례襄禮(葬事) 때

---

124) 〈태행황후지문어제행록大行皇后誌文御製行錄〉의 '태행황후'를 '대행황후'로 읽는 이가 많은데, '태행황후'로 읽어야 한다. 홍릉의 고종 신도비에도 "高宗太皇帝 / 明成太皇后"라 하였다. 『시경詩經』 「대명大明」편의, "大任有身 生此文王"과 「사재思齊」편의, "思齊大任 文王之母"의 '大任'을 '태임'으로 읽는 것처럼 '大行皇后'라고 썼어도 "태행황후"로 읽어야 한다.

에도 일을 끝마치고 곡을 실컷 한 다음에야 물러갔다. 부부인府夫人(친정어머니)의 초상初喪 때에도 장례와 관련한 모든 자재들을 집안에서 마련하였고 도가 넘도록 슬퍼하였으며 오빠인 민승호閔升鎬의 초상 때에도 마치 자신을 억제하지 못하는 듯이 슬퍼하였다. 황후의 효성과 우애는 대체로 타고난 천성에서 나온 것이다……

병인년(1866)에 선발되어 별관에 있으면서 『소학小學』, 『효경孝經』, 『여훈女訓』등의 책을 공부하는데 밤이 깊도록 손에서 책을 놓지 않았다. 공부를 좋아하는 것은 역시 천성天性이었다. 3월 20일 기묘일己卯日에 왕비로 책봉되고 다음 날에 가례嘉禮를 거행하였다. 왕후王后가 입궁하여 우리 신정성모神貞聖母를 지성으로 섬겼고 크고 작은 일을 환히 알아서 반드시 먼저 문의한 다음 그 의견대로 하였다. 성모가 늘 말하기를, '곤전坤殿은 효성스럽다.'라고 하였다. 성모가 나이 많아지자 아침저녁으로 문안하는 것 외에도 일상생활과 접대하는 절차를 반드시 적절하게 하였다.

경인년(1890) 환후患候 때에도 황후가 밤낮으로 곁을 떠나지 않으면서 아픈 부위를 손으로 안마하였다. 성모가 그의 수고를 생각하여 그만두고 돌아가 쉬라고 말하였으나 그래도 물러가지 않았다. 침전寢殿의 탕제湯劑와 수라水剌를 황후가 권하고 올리는 것이 아니면 들지 않았다. 때문에 올리는 시간을 감히 어기지 않았다. 하루는 성모가 손을 잡고 하교하기를, '나는 늙고 또 병이 심하다. 그렇지만 한 가지 생각은 오직 백성들과 나라의 바깥일에 대해서는 임금이 있고 안의 일에 대해서는 곤전에게 부탁했으니 내가 다시 무슨 유감이 있겠는가?'라고 하였다. 성모의 초상을 당하자 장례와 관련한 모든 일을 반드시 효성스럽게 하였고 궤전饋奠을 반드시 공경스럽게 하였다. 또한 사용하는 모든 물건들을 더없이 정결하게 하기 위하여 힘썼다. 일찍이 성모가 좋아하는 것을 얻었을 때에는 반드시 효모전孝慕殿에 올렸다. 부묘祔廟 때에 휘장도 황후 자신이 손수 만들었다.

늙은 궁인宮人들을 만날 때마다 문득 눈물을 흘리며 말하기를, '눈앞에 부딪히는 것은 모두가 슬프다.'라고 하였다. 황후는 성모를 종신토록 사모하였다. 묘궁廟宮과 능원陵園, 여러 산천山川에 제기祭器가 모자라고 제수祭需가 넉넉하지 않으면 모두 내탕고內帑庫의 것을 내서 보충하였다. 기신제忌辰祭에도 반드시 성복盛服을 갖추고 밤을 지새웠으며 개인 제사에도 그렇게 하였다. 매해 음력 2월 달에는 북원北苑에서 친잠親蠶하여 바쳤으며 제명원齊明苑에 과일이 처음 익으면 햇것을 먼저 올려 제사에 쓰게 하였는데 이것은 황후가 선조를 추모하고 근본을 중히 여겼기 때문이다.

　친척들을 사랑하니 멀고 가까움이 없이 모두 다 기뻐하였다. 혹 은혜를 바라는 사람이 있으면 경계하여 말하기를, '항상 억제하라. 그만해도 오히려 교만하고 사치할까봐 우려되는데 더구나 깃을 빌려주겠는가?125) 그것은 사랑하는 것이 아니라 도리어 해치는 것이 된다.'라고 하였다. 이것은 황후가 화목할 것을 숭상한 것이다.

　계유년(1873)에 황후가 꿈을 꾸었는데 하늘이 자시에 열리더니 오색구름이 영롱하였다. 하늘에서 글을 내려 보내서 말하기를, '만년토록 태평하라.'고 하므로 황후는 절하고 받았다. 다음해 황태자皇太子가 태어났다. 황후는 황태자에게 온정과 사랑을 부지런히 베풀면서 옳은 방도로 가르치는 것이 엄하기가 스승과 같았다. 어려서부터 말을 잘하였기 때문에 책을 주었고 글을 터득할 나이가 되어서는 날마다 서연書筵을 열었다. 황후는 매번 강론한 문의文義를 물었으며 날마다 통상으로 행하는 일로써 비유를 설정하여 그 뜻을 명백히 깨닫게 하였다. 반드시 이해하고 분석하게 할 때에는 다시 그와 관련된 뜻을 더 찾아 토론하게 해서 되도록 자세히 알고 공고히 기억하기에 힘썼다. 오늘 (태자가)훌륭한 학문을 성취하게 된 것은 황후의 노력에 의한 것이다. 자녀를 사랑하고 궁중을 인도하는 데 있어서 화목하고 임금을 도와주는 그 덕화는 애애하기가 봄날의 화기와 같았다. 자기 소생이 있게 되자 은혜가 갖추어져 더 지극하였다……

　여러 번 화재를 겪었기 때문에 늘 액례掖隸들에게 불을 조심하게 하였으며 진기한 물품이 없어져도 한 번도 물어보는 일이 없었다. 진전眞殿(선원전)과 남전南殿(영희전)은그릇을 잃어버렸는데도 곧 안에서 주조해 주도록 하고 사람들을 따져서 신문하지 못하게 하였다. 이것은 무고한 사람이 걸려들까봐 우려하였기 때문이다……

　짐이 근심하고 경계하는 것이 있으면 대책을 세워 풀어 주었다. 심지어 교섭하는 문제가 제기되었을 때는 짐을 권해서 먼 곳을 안정시키도록 하니 각 국에서 돌아온 사신들이 아뢰기를, '다른 나라 사람들이 모두 감복한다.'라고 하였다. 황후가 일찍이 짐을 도와서 말한 것이 있는데 근년에 지내면서 보니 모두 황후가 일찍이 말한

---

125) 원문原文의 "況假之羽乎?"는 『춘추좌전春秋左傳』 정공定公 4년 조의 고사故事를 인용한 것. 진晋 나라 사람이 정鄭 나라 군주에게 우모羽旄를 빌려 달라 하여 정 나라 군주가 빌려 주었는데, 다음날 진 나라의 다른 사람이 그 깃발을 들고 회합에 나타났다. 여기서는 남의 권세를 빌려 과시한다는 뜻으로 쓰인 것이다.

것이 일마다 다 징험되어 딱딱 들어맞았다. 심원한 생각으로 미래에 대한 일을 잘 요량하는 황후의 통달한 지식은 고금에 따를 사람이 없으며 사람들이 미칠 바가 아니다. 임오군란壬午軍亂 때 황후는 온화한 태도로 임시방편을 써서 그의 목숨을 보존하였다. 환어還御하자 혹자가 아뢰기를 군란을 일으킨 군사에 대해서는 깡그리 죄를 다스려야 한다고 말하였을 때 황후가 이르기를, '내가 덕이 없고 또한 운수에 관계되는 일이기 때문이다. 이것이 어찌 그 무리들이 한 짓이겠는가?'라고 하였다. 『주역周易』에 이르기를, '크게 포용하면 덕은 끝이 없다.'라고 하였으니, 황후의 덕이 그러한 것이다……

예제행록睿製行錄(황태자가 지은 행록)

……

소자가 겨우 젖니를 갈 때 쯤 어린 궁인宮人과 뜰에서 놀이를 하는데 어머니가 이르기를, "너는 이 놀이이가 즐거우냐?" 하시고는 또 "이보다 즐거운 것이 있다"고 하시면서 문득 글자를 써서 입으로 외우고 손으로 쓰는 방법을 가르쳐 주셨다. 공부할 나이가 된 후부터 서연書筵에서 강론한 것을 어머니가 매번 그 문의文義를 찾아서 풀어 주었으며, 비근한 일을 들어 반복 비유하여 쉽게 이해하도록 하였으며, 깨달아서 마음으로 기뻐할 때 비로소 다음에 배울 단계로 넘어갔기 때문에 아는 것이 정확하지 않은 것이 없었다. 또 나라의 전고典故와 열성조列聖朝의 정교政教와 모훈謨訓을 가르쳐 주시기에 힘썼으므로 지금까지 귀에 쟁쟁하여 곁에서 듣는 것 같다. 자신을 수양하고 집안을 잘 꾸려 나라를 다스리고 천하를 편안하게 하는 요령도 여기에서 벗어나지 않았다. 대체로 몸에 배고 골수에 젖어 몸소 체득하여 실행하기에 절실하였으며 더욱이 운수를 찾는데 힘 써서 터득하였다.

어머니는 천성적으로 효성스러워서 선조를 받드는 모든 일에 최선을 다하였다. 외조부 순간공純簡公(민치록)의 묘지를 옮길 때에 상지관相地官(궁중지관)들이 아뢰기를, "아무 곳에 좋은 묘墓 자리가 있는데 남의 무덤을 옮겨야 합니다"고 말하니, 어머니께서 말씀하시기를, "부모를 위하는 마음은 높은 사람이건 낮은 사람이건 같은데 어찌 나를 이롭게 하기 위해서 남을 해하려고 할 수 있겠는가?"라고 하셨다. 좋은 묘墓 자리를 보령保寧에 정했을 때 길이 너무 멀어서 경비가 너무 많이 드는데도 타산打算하지 않고 모두 내탕고內帑庫의 재력을 내서 마련하였으며 공물公物과 백성들의 노력은 하나도 참여시키지 않았다. 묘를 쓰는 지역 안의 백성들의 집을 철거하는 것과 영구가 지나가는 길의 논밭 곡식이 손상되는 것과 조각돌 하나, 흙 한 삽에 대해서도 반드시 다 해당한 값을 넉넉히 쳐서 주었으니, 백성들의 생계를 돌보는 어머니의 훌륭한 생각은 어디에나 미치지 않은 것이 없었다.

어머니가 일찍이 소자에게 가르치기를, '나라가 있는 것은 백성이 있기 때문이다. 백성이 없으면 나라가 어찌 나라를 영위하겠는가? 그러므로 백성은 나라의 근본이라고 말씀 하셨다. 근본이 굳어야 나라가 편안하다. 혹시 위에서 백성을 돌보지 못한 관계로 곤궁해져서 살아갈 수 없다면 그 백성은 우리의 백성이 아니니 비록 백성이 없다고 말해도 옳을 것이다. 종묘사직宗廟社稷을 너에게 부탁하니, 너는 이것을 깊이 생각하고 오직 백성에 대한 문제로 마음을 삼을 것이다.'라고 하였다. 내가 어릴 때여서 그 뜻을 깨닫지 못했으나 그래도 가르친 말은 잊지 않았다. 지금 이 훈계를 더욱 깨닫게 되니 만대萬代의 귀감으로 여길 만하다……

〈어제묘지문御製墓誌文〉 중에 "어린 소녀들이 꽃을 꺾어서 벌레를 희롱하는 것을 보고 말리며, 벌레들이 새끼를 먹이고 기르는 것은 너희 부모가 너희를 기르는 것과 같은 것이다"라고 했다든가, "늙은 궁인宮人들을 만날 때마다 문득 눈물을 흘렸다"든가, "무고한 사람이 걸려 들까봐 우려하여 진전眞殿(선원전)과 남전南殿의 은그릇을 잃어버렸는데도 곧 안에서 주조해 주도록 하고 사람들을 따져서 신문하지 못하게 하였다"든가, 〈예제행록睿製行錄〉 중의, "부모를 위하는 마음은 높은 사람이건 낮은 사람이건 같은데 어찌 나를 이롭게 하기 위해서 남을 해하려고 할 수 있겠는가?…… 좋은 묘墓 자리를 보령保寧에 정했을 때 길이 너무 멀어서 경비가 너무 많이 드는데도 타산打算하지 않고 모두 내탕고內帑庫의 재력을 내서 마련하였으며 공물公物과 백성들의 노력은 하나도 참여시키지 않았다. 묘를 쓰는 지역 안의 백성들의 집을 철거하는 것과 영구가 지나가는 길의 논밭 곡식이 손상되는 것과 조각돌 하나, 흙 한 삽에 대해서도 반드시 다 해당한 값을 넉넉히 쳐서 주었다"는 일화는 모두 명성황후의 어진 마음을 보여준다.

〈어제묘지문御製墓誌文〉 중의, "짐이 근심하고 경계하는 것이 있으면 대책을 세워 풀어 주었다. 심지어 교섭하는 문제가 제기되었을 때는 짐을 권해서 먼 곳을 안정시키도록 하니 각국에서 돌아온 사신들이 아뢰기를, '다른 나라 사람들이 모두 감복한다'고 하였다. 황후가 일찍이 짐을 도와서 말한 것이 있는데 근년에 지내면서 보니 모두 황후가 일찍이 말한 것이 일마다 다 징험되어 딱딱 들어맞았다. 심원한 생각으로 미래에 대한 일을 잘 요량하는 황후의 통달한 지식은 고금에 따를 사람이 없으며 남들이 미칠 바가 아니다"는 고종의 회고는 명성황후의 뛰어난 정치 외교적 감각을 보여주며 아울러 이것이 바로 고종과 명성황후가 단순한 부부 사이를 뛰어넘어 정치적 동반자로서의 밀접한 관계를 보여준다.

고종이 지은 〈어제묘지문御製墓誌文〉에는 중전으로 간택되어 들어와서는 『소학小學』, 『효경孝經』, 『여훈女訓』 등을 읽었다고 하였는데 『매천야록梅泉野錄』에는 『당송팔대가문초唐宋八大家文鈔』를 즐겨 읽었다고 하였는데 재미있는 일화가 전한다.

> 변법變法을 처음 시행할 때 태묘太廟에 고유告由하고자 임금께서는 궁내부宮內府에서 찬문撰文하라 하시니 참서관參書官 정만조鄭萬朝가 글을 지어 올렸는데 첫 구절에 '천우종팽天祐宗祊'이라고 하였다. 윤치호尹致昊가 이를 보고 임금께 아뢰기를 "우리나라에서는 천주교를 숭상하지 않는다고 천하에 소문이 났는데, 이제 '천우天祐'의 '천天'을 보고 서양인들이 꼭 집어 말하기를, '조선 사람들도 천주교를 믿는구나.'라고 해도 어쩔 수가 없겠습니다."라고 하였다. 중궁전하께서는 크게 웃으시고 손가락을 꼽아 헤아리며 말씀하시기를, "『시경詩經』에 이르기를, '(덕이 없으면)하늘을 믿기 어렵다[천난심사天難忱斯]'126)고 한 것이 어찌 천주교를 말한 것이고, 『서경書經』에 이르기를, '하늘의 총명하심은 우리 백성의 총명함에서 나오며, 하늘의 두려움은 우리 백성의 밝은 덕으로부터 나오는 것입니다.[천명외天明畏]'127)라고 한 것이 어찌 천주교를 말한 것이겠으며, 『주역周易』에 이르기를, '하늘의 운행이 건실健實하시니 군자는 이로써 본체本體를 삼아 힘써서 쉬지 않는다[천행건天行健]'128)고 한 것이 어

---

126) 『詩經-大雅』「文王之什」 明明在下, 赫赫在上, 天難忱斯, 不易維王
127) 『書經-皐陶謨(고요모)』 "天聰明自我民聰明, 天明畏自我民明威."
128) 『周易-乾卦』 "天行健, 君子以自强不息."

찌 천주교를 이른 것이겠느냐? 역사 속 고서古書만 헤아려 봐도 하나가 아니다"라고 하시면서 말씀하시기를, "너는 참 무식하구나"라고 하시자 윤치호는 얼굴을 붉히며 대답을 하지 못하였다. 중궁전하가 총명을 자신함이 이와 같았다. 나는 이 이야기를 정만조에게 들었다.129)

박은식朴殷植의 『한국통사韓國痛史』에는 "명성황후가 『춘추좌전春秋左傳』을 즐겨 읽었다"는 기록도 있는데, 『매천야록』에 전하는 일화는 명성황후가 거의 모든 고전古典에 통달했음을 증명한다. 대화 중에 즉석에서 『시경』, 『서경』, 『주역』의 해당 어구語句를 인용해 대화에 활용할 만큼 모든 동양 고전을 해박該博하게 이해하고 있었던 것이다. 윤치호에게 '너[汝]'라고 한 것은 고종과 명성황후가 윤치호를 무척 아꼈으며, 윤치호가 열네 살이나 어렸기 때문에 친 동생이나 자식처럼 여긴 것이다.

오랫동안 고종과 명성황후의 시의侍醫를 지낸 Annie Ellers Bunker 여사의 회고, Lillias H. Underwood 여사의 회고, 1894년에 명성황후를 네 번이나 만났던 Isabella Bird Bishop, 1894년 고종을 인터뷰하며 병풍 사이로 내다보던 명성황후를 보고 그 스케치까지 남긴 『Demorest's Family Magazine』의 Frank G. Carpenter 기자 등의 기록은 하나 같이 희고 고운 살결의 갸날퍼 보이는 미인을 말하고 있으며, 외국 사절로부터 선물 받은 보석이나 시계 등이 많았음에도 이를 착용하는 것을 본 적이 없다는 것이다.

고종이 쓴 〈태행황후지문어제행록大行皇后誌文御製行錄〉을 살펴보면 명성황후가 가지고 있던 평소의 생활상生活相과 이상理想 국가상을 짐작해 볼 수 있다.

집안에서 대대로 의리義理를 강학講學해 온 까닭에 황후는 어려서부터 배운 것이 있어서 선악善惡을 판별하고 시비是非를 밝혀내는 데 못을 자르고 쇠를 쪼개는 듯 하였다. 타고난 슬기로운 지혜로 기미幾微를 아는 것이 신과 같았다. 어려운 때를 만난

---

129) 『梅泉野錄』 高宗三十一年甲午 : 變法初, 將告由太廟, 上令宮內府撰文. 鄭萬朝以參書官撰進, 首句有曰, 天祐宗祐云云. 尹致昊言于上曰, 我國以不崇天主敎聞天下, 今天祐之天, 歐西人摘指之曰, 朝鮮亦天主敎則如之何. 中宮大笑而指之曰, 詩曰天難諶斯豈天主乎, 書曰天明畏豈天主乎, 易曰天行健豈天主乎. 因歷擧古書者不一而曰, 汝眞無識矣, 致昊赧不能對. 中宮之叡聰達自命也如此. 余聞之萬朝.

다음부터는 더욱 살뜰히 도왔으므로 짐의 기분이 언짢은 것이 있으면 반드시 아침까지 기다리고 앉아 있었으며 짐이 근심하고 경계하는 것이 있으면 대책을 세워 풀어 주었다. 심지어 교섭하는 문제가 제기되었을 때는 짐을 권해서 먼 곳을 안정시키도록 하니 각국에서 돌아온 사신들이 아뢰기를, "다른 나라 사람들이 모두 감복한다"고 하였다. 황후가 일찍이 짐을 도와서 말한 것이 있는데 근년에 지내면서 보니 모두 황후가 일찍이 말한 것이 일마다 다 징험이 되어 들어맞았다. 심원深遠한 생각으로 미래에 대한 일을 잘 요량하는 황후의 통달한 지식은 고금에 따를 사람이 없으며 남들이 미칠 바가 아니다.

임오군란 때 황후는 온화한 태도로 임시방편을 써서 그의 목숨을 보존 하였다. 환어還御하자 혹자가, "군란을 일으킨 군사에 대해서는 깡그리 죄를 다스려야 한다"고 말하니 때 황후가 이르기를, "내가 덕이 없고 또한 운수에 관계되는 일이기 때문이다. 이것이 어찌 그 무리들이 한 짓이겠는가?"라고 하였다.『주역』에 이르기를, "크게 포용하면 덕은 끝이 없다"고 하였으니, 황후의 덕이 그러한 것이다.

갑신년(1884) 적신賊臣 김옥균金玉均·박영효朴泳孝·홍영식洪英植·박영교朴泳教가 난리를 일으켜 변란이 일어났다 거짓말을 하여 전궁殿宮이 파천播遷하고 나라 형편이 위급하기가 호흡 사이에 있었다. 이보다 먼저 황후가 역적 박영효를 타일러 그 음모를 좌절시켰는데 그 세력이 확대되자 여러 역적이 각자 서로 서로 의심하며 도망쳤으므로 난리가 곧 평정되었다. 황후는 성의 동쪽에 피해 있으면서 자성慈聖을 호위하고 세자世子를 보호하였는데 황급한 와중에도 시종한 사람들이 한 명도 흩어져 떠나지 않았다. 이것은 황후가 평상시 은혜로 돌봐주었기 때문에 어려운 때를 당해서도 용감한 사람이 있었던 것이다. 갑오년(1894)에 외국 군사가 대궐에 들어오므로 짐이 황후와 태자에게 건청궁乾淸宮으로 피신할 것을 권고하였는데 조금 있다가 도로 함화당咸和堂에 돌아와 말하기를, "한 궁궐 안에서 가면 어디로 가겠습니까? 차라리 여기 있으면서 여러 사람들의 심정을 안정시키겠습니다. 그리고 지금 칼자루를 잃어서 이미 역적의 머리를 베지 못할 바에야 우선 포용해서 그 흉악한 칼날을 늦추어 놓는 것이 낫습니다"라고 하였다. 여러 역적들이 이어 헌장憲章과 제도를 고치고 크고 작은 제사도 다 줄였다. 황후가 크게 한숨을 쉬며 말하기를, "이것이 어찌 줄이거나 늘일 수 있는 일이겠는가? 역적들은 이미 하늘과 귀신에게 죄를 지었으니 죄가 가득하다"고 하면서 진전眞殿에 제사지내는 물품을 한결같이 옛 규례대로 하였는데 황후가 액예掖隷를 신칙申飭하여 여러 역적들이 알지 못하게 하였다.

 황후가 일찍이 인재를 등용하는 것을 언급하여 거듭 신칙하면서 말하기를, "국가가 잘 다스려지고 어지러워지는 것과 편안하고 위험에 처하는 것은 오직 인재를 잘 쓰는가 못쓰는가 하는 데 달려 있다. 그가 어질다는 것을 알았다면 마땅히 전적으로 임명하여 의심하지 말아야 하며 그가 어질지 않다는 것을 알았다면 마땅히 빨리 제거해야 한다. 대체로 크게 간사한 자는 충성하는 것 같으므로 이 때문에 요堯 순舜도 사람을 아는 것을 어려워하였으며 심지어 그 간사한 것을 의심하면서도 우선 임용俌用하게 되면 이것은 화를 빚어내는 원인이다."라고 하였다.

 왕비는 무척 흥미를 느끼며 열심히 내 이야기를 들었다. 때때로 내 말을 그리 잘 알아듣지 못하는 임금과 세자에게로 몸을 돌려 지극히 활기차고 자애로운 표정으로 내 말을 되풀이해 주곤 했다. 며칠 뒤, 우리나라에 대해 많은 것을 묻고 난 뒤에 왕비는 왠지 서글픈 목소리로 말했다. *"아, 조선도 미국처럼 그렇게 행복하고, 자유스럽고, 힘이 있다면!"* 여기서 나는, 미국은 비록 부유하고 힘센 나라이긴 하지만 가장 강하고 훌륭한 나라는 아니라는 것을 이야기함으로써, 죄악도 고통도 눈물도 없는 나라, 한없는 영광과 착함과 기쁨만이 있는 나라를 그려 보일 기회를 또 한 번 얻게 되었다. "아!" 말할 수 없이 비통한 심정으로 왕비는 탄식했다. "전하와 세자와 나 모두가 그곳에 갈 수 있다면 얼마나 좋을까!(『언더우드 부인의 조선 견문록』)

"미국처럼 행복하며, 자유롭고 힘 있는 나라"

이것이 바로 명성황후가 꿈꾼 나라였다.
 지금 우리는 세계 속에서 "미국처럼 행복하고 자유스럽고 힘 있는 나라"가 되어 우리 역사상 처음으로 세계 속의 대한민국으로 우뚝 서 있다.

Ⅶ. 격변의 시대 비겁한 군상群像들

■ 대일조사시찰단과 태극기 사용 날짜

임오군란이 수습되고 정국은 차츰 안정을 찾기 시작했다. 고종의 위임을 받은 대원군은 아들 이재면李載冕을 영의정으로 하여 성난 군사들을 달래고, 명성황후 국장國葬을 선포하는 등 지혜롭게 사태를 수습하였다.

대원군의 명성황후 국장 선포를 두고 조금 다른 視角이 존재한다. 대개의 사람들은 대원군이 정적政敵 명성황후를 아예 돌아올 수 없게 만든 것이라고 보는 반면 일부 학자들은 성난 난군亂軍을 달래기 위해 국장을 선포한 것으로 보기도 한다. 대원군과 명성황후를 정적 관계로 보는 것은 일본인들이 설정해 놓은 가설일 뿐 두 분은 정적이 아니다. 권력은 부자지간에도 나눠갖지 않는다고 하지만 고종과 대원군도 정적 관계일 수 없다. 필자는 대원군의 명성황후 국장國葬 선포는 성난 난군을 가라앉히고자 급히 내놓은 수습책이라고 생각한다. 이희주李禧柱는 『명성황후 평전』에서 아래와 같은 견해를 밝혔다.

> 대원군이 특히 이들의 '황후에 대한 분노'를 그치게 하기 위해서 불가피 하게 죽음을 반포했을 것이라는 해석은 충분한 가능성이 있다. 대원군이 이 때 완전히 황후를 제거하고자 하였다면, 난군의 행동을 더 부추겨 황후를 찾도록 하였을 것이다…….130)

대원군은 매우 슬기로운 분이다. 명성황후가 죽지 않았다는 것을 대원군이 몰랐을 리가 없고, 군이 명성황후를 찾아 죽이고자 했다면 군사들로 하여금 단초端初를 찾아 수색하고 추격하게 하면 될 일인데, 명성황후가 죽지 않았다는 것을 알면서도 대원군은 그렇게 하지 않았다. 여주驪州를 중심으로 충주忠州와 양근楊根 음성陰城 등

---

130) 『명성황후 평전』(이희주 2020. 11. 30. 주식회사 신서원)

을 헤매 다니며 간신히 한양과 소통하던 명성황후에게 친정 올케 덕수이씨와 민영익의 처가 찾아왔는데, 지혜가 남다른 대원군이 명성황후를 찾아 죽이고자 했다면 명성황후가 대원군의 추적망追跡網을 벗어날 수 없었을 것이다.

노은老隱에 사는 한韓 씨가 대원군의 보복이 두려워 명성황후의 유숙留宿을 거절한 것은 대원군의 깊은 속뜻을 헤아리지 못한 시골 유생儒生이 지레 겁먹고 반응한 것에 불과하다.

무엇보다 대원군에게는 아들과 며느리에게 서운함은 있을지언정 며느리를 죽일 만큼 그악極惡스런 분이 아니었다. 명성황후가 아직 척坧을 낳기 전 고종이 완화군을 원자로 책봉하려 했을 때 명성황후 편에 서서 이를 막아준 분도 대원군이었다.

난군은 두서頭緖 없이 명성황후를 찾겠다며 소란을 피웠을 뿐 체계적으로 추격하지는 못했고, 이런 틈을 타서 명성황후는 도성都城을 벗어날 수 있었다. 대원군이 명성황후의 국장을 선포함으로써 성난 군사들의 분기憤氣는 가라앉았고, 사태를 수습할 수 있었다. 군란이 수습되자 조정에서는 박영효朴泳孝를 특명전권대신特命全權大臣으로 하여 제3차 수신사를 일본에 보냈다. 박영효는 일본에 가면서 태극기를 만들었는데, 후에 조정으로부터 우리나라 공식 국기國旗로 공포되었다.

박영효는 1882년(고종 19) 5월 조미수호조약朝美修好條約 때 이응준李應浚이 제작한 태극기 문양을 기초로 하여 일본으로 가는 배 안에서 사괘四卦의 위치를 바꾼 태극기를 제작해 일본과의 외교에서 사용하였다.

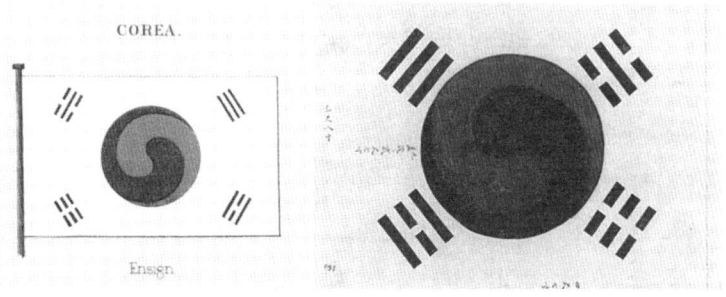

이응준李應浚제작 추정 태극기 / 박영효朴泳孝 제작 추정 태극기 사본寫本

통상 이응준이 만든 태극기를 기초로 박영효가 만들었다고 전해진다. 그런데 서울대학교 사학과의 이태진李泰鎭 교수가 미국 의회도서관 슈펠트 문서 박스에서 발견한 태극기 도안이 미국에서 간행한 해양국가의 깃발에 수록된 이응준 제작 추정 태극기와 거의 같다. 이응준 제작 추정 태극기는 우리나라에서 간행된 『해양국가의 깃발』에 수록된 것이고, 박영효 태극기는 영산대학 신원봉 교수의 논문 「박영효 태극기의 유래와 그 발견의 의미」에서 인용한 자료인데, 영국 국립문서보관소에 소장 되어 있다. 그러나 이것은 박영효 태극기의 원본이 아니고 박영효 태극기를 일본 정부가 베껴서 영국 외교관에게 준 사본寫本이라고 한다.

신원봉(2011)은 박영효 태극기 사본 발견의 의의意義를 아래와 같이 정의定義하였다.

> 이 사본은 1882년 11월 1일 일본 외무성 요시다 기요나리 차관이 주일 영국 공사 해리 파크스에게 보낸 문서에 첨부됐다. 문서에는 "조선의 국기로 알려진 깃발의 사본(a copy of a flag said to be the National Flag of Korea)을 동봉한다"는 내용이 적혀 있었다. 한철호가 이 태극기를 '박영효 태극기'라 단정지은 근거는 같이 발견된 문서의 날짜다. 문서의 발신일인 1882년 11월 1일은 박영효가 일본에 머물러 있던 때로, "당시 일본 외무성이 입수해서 그릴 수 있었던 조선의 국기는 일본에 체재 중인 박영효가 제작했던 국기밖에 없었다."는 것이다. 하지만 이번에 발견된 사본 역시 박영효가 그린 원본은 아니다. 같이 발견된 문건 내용대로 "조선의 국기로 알려진 깃발의 사본(a copy of a flag said to be the National Flag of Korea)"일 뿐이다. 정확한 "조선의 국기"도 아닌 "조선의 국기로 알려진 깃발"이요, 그것도 '원본'이 아닌 '사본'이다. 그런 점에서 이 그림 역시 액면 그대로 받아들이기엔 한계가 있다. 그럼에도 불구하고 새로 발견된 사본의 사료적 가치는 대단히 크다. 한철호의 지적대로 1882년 11월 일본에서 모사될 수 있는 태극기는 현실적으로 박영효 태극기밖에 없었다. 그러니 설사 모사 과정에서 실수를 범했든, 의도적 왜곡이 개입되었든, 적어도 이 모사본이 원본을 일정 부분 반영한 것임은 틀림없다. 이번에 발견된 '사본'의 사료적 가치도 바로 여기에 있다.[131]

이태진 교수가 미국 의회도서관에서 발견한 도안은 이응준 제작으로 추정되는 태극기와 거의 같다. 이응준은 이 도안을 기초로 태극기를 제작해 조미수호조약 때 사용했을 수도 있지만 태극기에 "Corea"와 "Ensign"이라는 영문 표기가 있는데 영어 글씨가 상당한 달필達筆이어서 이응준이나 우리나라 협상단이 쓴 글씨가 아닌 것은 분명하다. 따라서 이 자료는 이응준이 그린 태극기를 미국 협상단이 베껴 그려서 미국으로 가지고 갔을 가능성이 크다. 이응준李應浚이 우리 국기에 다른 나라 문자를 표기하지는 않았을 것이기 때문이다.

<u>우리나라 국기 사용 공포일은 『승정원개수일기承政院改修日記』 3월 6일 기사를 근거로 1883년 3월 6일로 되어 있는데, 『승정원일기承政院日記』 고종 20년 계미癸未 (1883) 음력 1월 27일자에, "전국에 공지하여 공식 채택했다"는 기사記事가 있으므로 1883년 1월 27일로 바로 잡아야 할 것이다.</u>

    승정원일기 고종 20년 계미(1883) 1월 27일(기유) 맑음
    통리교섭통상사무아문이 아뢰었다. "국기國旗를 지금 이미 만들었으니 팔도八道와 사도四都에 공지公知해서 직접 보고 알게 하여 거행하는 것이 어떻겠습니까?" 임금께서 "윤허한다."고 전교傳敎하셨다.(統理交涉通商事務衙門啓曰, 國旗今旣製造, 行會八道·四都, 使之認驗擧行, 何如? 傳曰, 允.)

조미수호조약 체결시 이응준이 만들었다는 태극기는 미국측이 스케치해 간 자료가 미국에 보존되어 있고, 박영효가 만들었다는 태극기도 일본측이 스케치해서 영국 공사에게 준 것이 영국에 보존되어 있지만 정작 우리가 보관했을 원본은 망실亡失되어 찾아볼 수 없다. 나라가 흥망興亡과 위난危難을 겪으며 망실되었겠지만 우리의 역사 의식이 부족한 것은 아닌지 자성自省도 필요하다.

  1882년 8월 9일 박영효朴泳孝를 정사正使로 한 대일조사시찰단對日朝士視察團이 제물포를 출발할 때, 이들 수신사 일행에는 부사副使 김만식金晩植 종사관從事官 서광범徐光範 수행원 이복환李福煥·김유정金裕定·유혁로柳赫魯·박제형朴齊絅·변수邊燧 변

---

131) 신원봉(2011) 「박영효 태극기의 유래와 그 발견의 의미」 『동양고전연구』 vol., 43.) pp. 263~264.

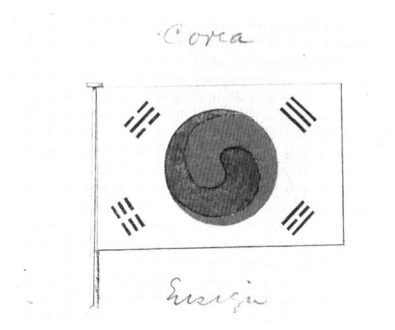

미국 의회도서관 슈펠트 문서박스 태극기 도안

석윤邊錫胤·김용현金龍鉉, 종자從者 김봉균金鳳均·조한승曺漢承·박영준朴永俊 등 열세 명과 민영익閔泳翊 김옥균金玉均 윤치호尹致昊 등 비공식 수행원이 포함 되었다. 이들의 임무는 임오군란 때 일본인이 다수 사망한 것에 대해 사과謝過하는 국서를 전달하고 제물포 조약의 비준 완화와 교환을 무사히 수행하는 것과 손해배상금 50만 원 지불방법 및 지불 액수의 완화를 교섭하는 것이었다. 수신사 일행은 일본 정부의 고관을 만나 협상 및 사과 국서를 전달한 뒤 조일수호조규(강화도 조약)의 일부 내용을 정정하는 협상을 타결지었다. 아래는 박영효의 『사화기략使和記略』 고종 19년 9월 5일자에 수록된 내용이다.

고종 19년(1882년) 9월 5일

오후 2시에 부사副使 김만식金晩植·종사관 서광범徐光範과 수행원 이복환李福煥·김유정金裕定과 함께 마차를 타고 외무성으로 가니 대서기관大書記官 다케조에 신이치로竹添進一郎가 영접하여 객청으로 들어갔다. 원탁圓卓 둘레에 교의交椅를 놓고 앉았는데 조금 후에 하나부사花房 공사公使가 들어와서 읍을 하고, 다시 조금 후에는 외무 대원外務大員 7인이 차례대로 들어와서 읍을 하였다. 외무경 이노우에 가오루井上馨·대보大輔 요시다 기요나리吉田淸成·소보少輔 시오다 사부로鹽田三郎·공사 하나부사 요시모토花房義質는 주인의 자리에 나아가서 차례로 앉고, 나는 부사와 종사관과 더불어 객의 자리에 나아가서 차례대로 앉았다. 대서기관 다케조에 신이치로·권대서기관權大書記官 고묘지 사부로光妙寺三郎·소서기 사이토 슈이치로齋藤修一郎·권소서기權小書記 아카바네 시로赤羽四郎는 의자를 외무경 뒤편에 놓고 앉았으며, 두 수행원은 의자를 내 뒤편에 놓고 앉았으며, 삼등속전어관三等屬傳語官 아사야마 겐죠淺山顯三는 외무경 옆에 서 있었다. 절후의 문안을 마치고 난 뒤 외무경이 말하기를,

"항해 하는 여러 절차에 고생이 없었습니까?"

하므로 내가 대답하기를,

"다행히 큰 병은 면했습니다."

하고 내가 또 말하기를,

"지난번에 폐방弊邦(우리나라)의 민변民變(壬午軍亂)은 실상 꿈밖의 일인데, 즉시 화해가 이루어져서 혐의가 갑자기 풀리고 교제가 더욱 친밀해졌으니 매우 다행한 일이라 할 수가 있습니다."

하니 외무경이 말하기를,

"이 일로 인하여 두 나라의 사귀는 정분이 더욱 돈독해졌으니 매우 경하할 만한 일입니다."

라고 하였다. 나는 이내 전권자거全權字據의 초본을 외무경에게 내어 보였는데, 종사관이 나에게 서계書契를 전하므로, 내가 외무경에게 다시 옮겨 보내니 외무경 이하의 관원이 번갈아 보았다. 외무경이 말하기를,

"지금 귀국의 서계를 살펴보니 이로부터 두 나라의 교제는 조금도 의심하여 통하지 않는 점이 없을 것입니다."

하기에 나는 말하기를,

"지금 국서를 받들고 왔으니, 귀 국왕을 뵈올 시일을 속히 질정質定(헤아려 정함)해 주시기 바랍니다."

하고는, 이내 국서의 등본을 외무경에게 전하니, 외무경 이하의 여러 관원이 살펴보았다. 보기를 마치고는 외무경이 말하기를,

"내일은 국가 제일祭日이니 며칠 안에 조정에 품달하고 그 결과를 통보하겠습니다."

하였다. 나는 이에 국왕을 뵈올 때의 송사誦辭 초본抄本을 내어 보이고는, 이내 작별인사를 하면서 읍을 하고 외무경의 관저를 방문하여 세 사신의 명함을 놓고 돌아왔다.

○ 신시申時(15:00~17:00)에 외무경 이노우에 가오루가 명함을 들이고 사례하러 왔다. 객청客廳으로 맞아들여 인사를 마치고 내가 말하기를,

"국서를 드릴 때의 예차禮次 도식圖式을 써서 보여 주기를 청합니다."

하니 외무경은 말하기를,
"말씀대로 하겠습니다."
하고는, 이내 인사하고 갔다.

전권자거全權字據

대조선국 대왕은 상보국금릉위上輔國錦陵尉 박영효朴泳孝를 파견하여 특명전권대신으로 삼고, 용양위부호군龍驤衛副護軍 김만식金晩植을 전권부관으로 삼아 앞으로 일본에 가서 국서를 드리고 아울러 대일본국 대황제든지 혹은 태정부대신太政府大臣과 더불어 속약續約을 비준하고, 전보사의塡補事宜를 겸해 처리하고, 우의를 거듭 체결하여 화호和好를 영구히 보전하도록 한다. 경 등은 모두 충성스럽고 근실하고 돈후하고 신중하니 반드시 능히 타협妥協을 판리할 수 있을 것이다. 이 유시諭示는 개국 491년(1882) 8일에 한성도성漢城都城에서 어보御寶를 써서 직함에 찍어 적확한 빙거憑據로 삼게 한다.

서계書契

삼가 이에 조회합니다. 폐방弊邦(우리나라)의 6월 10일 군란軍亂은 실상 고금에 없던 변고였습니다. 그때는 창황하고 급거急遽하여 미처 전사專使로 서계書契를 보내지 못하였고, 이제 별도로 개요를 진술하여 환란患難을 같이하고 분개憤慨에 함께 하는 뜻을 포고佈告합니다. 생각하니 변란이 겨우 안정되자 관곡款曲한 우호를 마땅히 서계로 보내야 할 것이기에, 현재 폐방弊邦에서는 조정의 명령으로 특명전권대신 겸 수신사 금릉위 박영효와 전권부관 겸 수신부사 김만식金晩植과 종사관 부정자副正字 서광범徐光範을 파견하여 전사專使로 귀국에 가서 교제 사무를 판리辦理하게 하였으니, 미진한 사의事宜는 스스로 작량酌量하여 타협할 것입니다. 귀 조정貴朝廷에서 성신誠信으로 서로 믿고서 화해和解의 사무를 능히 성공시키기를 바라면서, 몹시 기다려짐을 금하지 못하겠습니다. 삼가 편안하심을 송축합니다.

별도로 상세히 진술하는 것은, 폐방弊邦이 귀국과는 평소부터 우호가 돈독했는데 지난번 이래로 더욱 보거輔車·순치脣齒와 같은 형세가 있었기에, 피차가 서로 화목을 보전하여 영원히 편안하기를 바랐었는데, 어쩌다 뜻밖의 변란이 일어나고 亂逆이

느닷없이 발생하여 서울에 폭풍이 일어나고 궁궐에 돼지같이 돌진하여 폐방敝邦의 왕비王妃에게 몰래 사가로 납시게 하고 보신輔臣·근신近臣이 같은 때에 시해를 당할 것을 생각했겠습니까? 귀국의 공사관까지 타버리고, 교사敎師가 시해를 당하고 죄 없는 사람이 비명횡사 하여 모두 참혹함을 당하였으니, 이는 고금에 없던 화란禍亂이었습니다. 모두가 폐방의 신료들이 조정의 명령을 능히 보좌하지 못하고 나라의 사무를 안정시키지 못하여 이 지경에 이른 때문이니 얼굴을 나타낼 수가 없습니다.

다행히도 귀국에서는 과체瓜滯를 생각하지 않고서 다만 환호驩好만 소중하게 여겨 공사를 거듭 파견하여 며칠 안에 우리나라에 도착하여 다시 관약款約을 맺었으니 이는 실로 두 나라의 불행 중의 다행입니다. 폐방이 처음에는 겸연쩍게 여겼으나 종말에는 감동하여 귀국이 이웃 나라와 의좋게 지내는 지극한 뜻을 깊이 인식하여 말할 바를 알지 못하겠습니다. 흉도兇徒 정완린鄭完璘 등 11명은 이미 체포하여 사형에 처하였고, 손순길孫順吉 등 3명은 잇따라 잡아서 즉시 효수梟首하여 뭇사람에게 보였으며, 이진학李辰學 등 3명은 범죄의 정상이 조금 가벼웠으나 모두 엄벌에 처하여 먼 곳으로 유배시켰으니, 이것은 폐방의 형전刑典에 있어서도 벗어날 수가 없는 것입니다. 모두 귀국 공사와 함께 참작하여 공평하게 의논하여 형률刑律대로 징벌 처리하여 영원히 감계鑑戒를 보였으며, 안팎에 널리 유고諭告하여 죄다 들어 알도록 했습니다. 이로부터 커다란 화목함에 도달하여 함께 아름다운 복을 보전하기를 바랍니다. 아울러 귀 조정에서도 양찰諒察해 주시기 바랍니다.

박영효를 정사正使로 한 대일조사시찰단對日朝士視察團에는 서광범과 김옥균이 포함되어 있는데 이는 2년 후 갑신정변甲申政變의 맹아萌芽를 싹틔우는 근인根本이 되었다. 김옥균은 1881년의 조사시찰단 방일訪日 때에도 일본에 가서 조야朝野의 여러 사람과 교유交遊하고 산업 시설을 돌아보았는데, 박영효와 김옥균 등은 일본에 머무는 동안 일본의 여러 유력 인사들과 교유交遊하며 조선보다 일찍 개화開化의 길을 걷고 있는 일본의 문물을 배우고자 했다. 일본 정계政界에서도 김옥균을 눈여겨보며 쓸모가 있다고 여겨 여러 가지 도움을 주었다.

■ 김옥균의 재지才智와 기질氣質

갑신정변甲申政變과 김옥균金玉均(1851~1894)에 대해서는 이미 많은 연구가 이루어졌지만 본고에서는 그동안 잘 알려지지 않은 사실을 중심으로 살펴보고자 한다. 김윤식의 기록은 당시 김옥균 등의 행태行態와 심리를 적확的確히 분석하고 있다.

"(그들은)사사건건 서양의 강건強健함을 부러워하고, 홍영식과 함께 중국을 배척하고 서양을 존망尊望하는 배화존양론排華尊洋論을 펼치며 말끝마다 자주를 내세웠다. 임금께서는 그들이 원역遠役에 애쓴 것을 헤아려 너그럽게 대해 주었으나, 네 사람은(洪英植, 金玉均, 朴泳孝, 徐光範) 총애를 믿고 제멋대로 행동하며 은밀히 반역의 마음을 품었다. 당시 중국을 칭송하는 자가 있으면 배척하고 경멸하였는데, 오직 윤태준尹泰駿만이 항상 그들의 면전에서 그 망녕 됨을 비판했고, 나는 중국인들과 서로 친하게 지냈기에 그들이 가장 싫어하는 사람이 되었다."132)

1882년 8월 9일 일본으로 출발한 박영효 일행은 일본과의 협상을 끝내고, 일본으로부터 17만원의 차관을 얻었다. 이 중 5만원은 임오군란 피해보상을 규정한 제물포조약에 따라 임오군란 때 죽음을 당한 일본인과 공사관 재산 손실에 대한 배상금으로 갚고, 나머지 12만원은 수신사 체류 비용으로 소진消盡하고 귀국할 때는 한 푼도 남은 돈이 없었다. 수신사가 일본에 갈 때는 체류비용을 어느 정도 가지고 갔을 것이고, 웬만한 체류비용은 일본 정부에서 부담했을 것이다. 당시 사정을 자세히 알 수는 없지만 산업 시설을 둘러보는데도 그렇게 많은 비용이 들지는 않았을 것이다. 그런데 12만원이나 되는 차관을 체류비용으로 소진했다는 것은 문제가 크다. 차관으로 빌린 돈은 나랏돈이며, 한 푼도 쓰지 않고 가지고 와서 국내의 산업

---

132) 事事健羨, 與英植, 共述排華尊洋之論, 言言輒稱自主, 自上軫其遠役之勞, 寬假而優容之, 四人, 恃寵專恣, 陰懷不軌之心, 當是時, 人有稱中國者, 排擯不齒, 惟尹泰駿, 常面斥其妄, 余則與中國人相善, 故最爲其所惡(金允植『追補陰晴史』)

발전을 위해 써야 하는 돈이다. 그런데 12만원이나 되는 나랏돈을 자신들의 체류 비용으로 모두 써 버린 것은 공금 횡령이다. 김옥균의 씀씀이에 대한 일화가 있다.

    1885년 두산만頭山滿(とうやま みつる 1855~1944)은 고오베新戶의 니시므라西村 여관에 머물고 있는 조선사람 김옥균金玉均을 첫 대면했다. 두산 자신의 말을 들어보자. "내가 처음 김옥균과 고오베에서 만났을 때는 내 나이 삼십때요. 그는 나보다 서너 살 위였어. 그와 이야기를 주고받는 동안 그가 대단한 재인才人이라는 사실과 엉뚱한 데도 엿보이는 보기 드문 희한稀罕한 강자剛者(의지가 굳음)라는 느낌을 받았지. 한마디로 '히야 대단한 인물이구나!' 하는 것이었어" 두산만은 니시무라 여관에서 초대면初對面했을 때 그에게 일본돈으로 일금 1000원(엔)을 헌공獻貢했다고 한다. 먼 훗날 잡지 『고균古筠』의 기자가 쓴 두산만방문기頭山滿訪問記에, "어떤 글에서 읽은 일이 있습니다만, 선생께서 김옥균씨와 초대면했을 때 김옥균씨의 초췌한 모습을 보시고 선생께서 여비로 갖고 있던 돈 1000원을 보자기에 싼 채로 김 선생께 드렸다고 했는데 사실입니까?" 하는 기자의 질문에, "암, 고오베의 니시무라 여관에서 만났었지. 그것이 그와의 초대면이야. 마침 상경했을 때라 내 여비로 준비해두었던 돈을 김옥균에게 건네주고 그 뒤 이삼일 동안 더 놀다가 고향 후꾸오까福岡로 내려오려고 했는데 돈이 한 푼도 없어서 김옥균에게 다시 100원을 꿔 가지고 내려왔지.133)

    당시 쌀 한 섬이 5~6원일 때이니 1000원이면 쌀 200섬이나 되는 정말 큰 돈이다. 그 큰돈을 아무 조건 없이 선뜻 내어준 도우야마 미츠르도 의기가 있는 사람이다. 도우야마가 큰돈을 선뜻 내어줄만큼 김옥균에게는 사람을 끄는 대인大人 기질도 있었던 것 같지만, 도오야마 미츠르의 말 중 "엉뚱한 데도 엿보이는 사람"이라는 표현은 많은 함의含意를 담고 있다. 『동광東光』 제19호(1931.03.01.)에 이광수李光洙가 박영효朴泳孝와 대담對談할 때 갑신정변 실패와 김옥균의 인물에 대하여 박영효는, "그저 정권政權을 옮겨잡는 것이지오. 상감을 꼭 붙드는 것이지오. 김옥균이가 어름어름하다가 상감을 놓쳐버려서 고만 실패지오. / 김옥균의 장처長處는 교유交遊

---

133) 『명월관明月館』(강무姜珷 2017. 06. 10. 민속원) pp.45~46.

요, 교유가 참 능능能能하오. 글 잘하고 말 잘하고 시문서화詩文書畫 다 잘하오. 김옥균의 단처短處는 덕의德義와 모략謀略이 없는 것이오"라고 하였는데, "김옥균에게 모략이 없다"고 한 박영효의 평가는 "김옥균의 지략은 역사적인 것이었다"고 평가한 서재필의 증언과는 다르다.

김옥균은 여섯 살 때 아버지의 사촌 형제인 당숙堂叔 김병기金炳基에게 양자로 들어가 비교적 풍족하게 자란 탓인지 배짱도 크고 돈 씀씀이도 헤펐던 모양이고, 엘리트 의식이 있어서 남을 대할 때는 오만傲慢한 점도 있었다. 『풍운한말비록風雲韓末祕錄』에는 아래와 같은 평가도 있다. 『풍운한말비록』은 한문체로 된 문장이어서 현대문으로 윤문潤文하여 인용한다.

> 계미년癸未年(1883)과 갑신년甲申年(1884) 사이에 김옥균은 개화開化를 목적하고 박영효朴泳孝 서광범徐光範 서재필徐載弼 등의 젊은 무리로 파당派黨을 짓고 임금의 신임을 틈타 정계政界의 한 부분을 차지할만한 세력을 확보하게 되었다. 원로 재상들은 비록 김옥균의 파당 지음을 반대하였으나 젊은 세대들은 김옥균으로부터 시작된 개혁의 추이推移를 살피며 김옥균을 영수領袖로 추앙하는 자도 자못 많아졌다. 이에 김옥균은 의기양양意氣揚揚하여 조야朝野의 세력을 장악하고자 하는 뜻을 품었다.
>
> 갑신년甲申年 봄에 자기집 후원後園에 정원을 넓히고 각 정자亭子의 문호를 열어제끼니 내객來客이 가득하여 떠들썩한데, 갑자기 늙은 맹인盲人 한 사람이 부축을 받으며 들어와서 당상堂上에는 오르지 않고 큰 소리를 꾸짖기를, "이른바 김참판金參判 이놈아! 참판이 애비도 없이 빈 뽕밭에서 나온줄 아느냐? 삼백리 밖에서 아비가 와서 네집 지척인 아래 마을에서 여러날을 유숙留宿하다가 오늘 돌아가는 줄 알고 식전食前에 하인을 보내 하는 말이, '오는 손님이 많사와 가서 뵈올 수 없으니 안녕히 가시옵소서'라고 하니 이것이 자식이 아비에게 하는 인사더란 말이냐. 순舜 임금이 천자가 되던 날 고수瞽瞍와는 부자父子의 의리義理를 끊었다더냐. 네가 이와 같이 빈객賓客을 핑계 대어 아비를 모른척 할 터이면 네가 발길을 돌리지 않고 망하는 것을 내 보지 못하는 눈으로 불 보듯 분명하게 서서 보리라. 그 아버지를 모른체 하고 그 임금을 아지 못하는 자가 어찌 있을 수 있으리오. 임금을 섬기는 자가 그 임금을 아지 못하

면 멸족의 화禍가 반드시 이르는 것이 이치거니와 우리 김족金族을 망하게 할 자가 소위 너 김참판이 아니더냐" 하고는 말을 마치고 돌아갔다.

 김옥균은 이 때 두려워 부끄러워하는 안색顏色이 없고 낄낄거리고 웃으면서 말하기를, "눈 없는 아비가 예로부터 일을 어렵게 하기는 고수瞽瞍로부터라고 하더라"고 하니 모인 손님들이 처음에는 그 아비의 말을 모두 송연竦然히 듣다가 김옥균이 하는 말을 들을 때는 분개하지 않는 이가 없어서 김옥균의 얼굴을 다시 쳐다보았다고 하더라. 김옥균은 원래 공주公州 몰원의 김병태金炳台 아들로 태어나 김병기金炳基의 양자가 되어 후사後嗣를 이은 까닭에 그 아비가 경성京城에 왔던 전말顚末이 이와 같더니 과연 이 해 시월지변十月之變(甲申政變)이 김옥균 주도主導로 나와서 대역부도大逆不道의 오명汚名으로 몸을 망치고 김족金族의 집안을 멸족하게 되었으니 아들을 아는 데는 아비만한 이가 없다는 세평世評이 한 때 여항閭巷에 시끄럽게 회자膾炙되었다.(『풍운한말비록』)

 김옥균金玉均의 가장 큰 패착敗着은 자기 능력을 과신過信하여 냉혹한 국제 관계를 의리의 관점으로 접근했다는 데 있다. 예나 지금이나 국제 관계는 힘의 논리만이 작용한다. 패권국은 현상유지정책으로 패권을 이어 가려하고, 아강亞强은 현상유지를 깨고 자국自國이 패권국으로 올라서려고 한다. 이런 국제관계에서는 영원한 적도 영원한 친구도 없다. 힘의 논리만이 통하는 국제관계에서 의리를 내세우거나 믿는 것처럼 어리석은 것은 없다. 동맹도 국익이 확보될 때에만 효력을 발휘한다. 일본이 김옥균을 도와주고자 하는 것은 어디까지나 일본의 국익國益이라는 목적이 전제된 것임에도 김옥균은 일본과의 관계를 의리義理의 관점에서 보려했다.

 김옥균은 갑신정변을 일으키며 자신과 대척점對蹠點에 있던 사람은 무자비하게 학살하였다. 심지어 자기와 같이 개혁의 길을 걷고자 했던 민영익조차 민씨 척족戚族이라는 이유로 죽이려 함으로써 민영익과 원수지간이 되었다. 갑신정변의 진행 과정을 보면 김옥균에게는 일의 목적만 중요할 뿐 일을 도모하는 사람이 가장 중시重視해야 할 인화人和를 묵살하고 진혹한 학살자가 되었다. 김옥균 같은 사람은 설령 집권자가 된다고 해도 조정안에 반드시 저항세력을 만들게 되고, 종국終局에는 임금에게도 부담스런 존재가 되고 만다. 우리는 조선 중기 기묘사화己卯士禍에서 급진 개혁이 불러

온 참화慘禍를 보았다. 처음에는 중종中宗도 조광조趙光祖의 개혁 의지를 좋게 평가하고 가까이 했지만 점차 조광조 세력이 부담스러워진 임금은 사림士林을 향한 훈구대신勳舊大臣들의 반격을 모른체 하고 조광조를 외면해 죽음에 이르게 하였다.

호위무사 외에 임금 앞에서 칼을 휘두르는 것은 반역자이거나 역성혁명易姓革命을 하여 왕조王朝를 창업하는 두 가지 경우다. 김옥균이 아무리 재인才人이었다고 해도 이런 사실을 간과看過함으로써 그는 재승박덕才勝薄德의 반역자가 된 것이다. 이상하게도 친일파 비난에 열을 올리는 사람들이, 도와준 은인恩人의 모친과 관계하여 아들을 낳고, 동거하던 기생 사이에서도 딸을 낳은 김옥균에 대해서는 지나치리만큼 관대하고 그를 친일파라고 욕하는 사람이 없다. 농사를 지어 먹고 살거나 장사를 해서 먹고 사는 사람들 외에 정치에 몸담은 사람들에 대한 평가는 모두가 권력다툼의 승패에 따라 충신과 반역자로 나뉠 뿐이다. 일본의 힘을 빌어 자신의 입지를 세우고자 했던 김옥균과, 자신의 의지와 관계없이 병합당한 나라에 살면서 낮은 공직公職을 맡았다는 이유만으로 훗날 친일파라고 비난받는 사람들은 어떤 차이가 있는가.

갑신정변을 겪으며 그동안 일본에 호의적이었고 신문물에 관심이 많았던 고종과 명성황후는 치를 떨만큼 일본을 경계하게 되었다. <u>흔히 명성황후가 청 나라를 끌어들여 수구파守舊派가 다시 국정을 장악하게 되었다고 하지만 일본의 힘이 물러간 자리를 메워 들어오는 청 나라 힘을 막을 힘이 고종이나 명성황후에게 없었을 뿐이다.</u> 『윤치호일기尹致昊日記』 1884년 3월 4일자에는 고종 내외와 윤치호 사이에 비교적 상세한 문답이 오갔는데, 주변국의 전횡專橫을 막을 힘이 없어 신하에게 강대국의 동태動態를 물어야 하는 약소국弱小國 군주의 모습이 서럽게 다가온다.

   "이날 오후 2시 경에 예궐詣闕했는데 두 분 전하께서 안에서 물으셨다. 만약 청국清國이 무리하게 우리나라 권리를 압제壓制하면 미국과 미국 공사公使는 반드시 힘을 다해 쟁변爭辨해 줄 수 있을 것 같으냐? 내가 아뢰었다. 무릇 미국은 우리나라가 겪는 수모受侮를 냉정히 보고만 있지는 않을 것입니다……."134)

---

134) 四日(晴, 慎, 卅日 Sunday) 是午後二時電召闕, 兩殿下教內, 若淸國無理壓制我權理, 則美國與美使, 必能極力爭辨耶? 奏日凡美國必不令聽我國之受侮……. 『尹致昊日記』 제1권(國史編纂委員會 1984.12.30. 再版) p.55.

이 문답으로 명성황후의 청나라 사대설事大說이 잘못된 소문임을 알 수 있다.
대개의 근대사 기록들은 개혁파의 반대라는 이분법二分法을 적용해, 기존의 전통 가치를 지켜가려는 사람들에게 수구파라는 누명을 씌워 놓았다. 당시 개혁을 해야 한다는 것은 누구나 인식하고 있던 것으로 온건 개혁파라고 하여 개혁의 필요성을 부정한 것은 아니다. 온건 개혁파가 급진 개혁파와 다른 것은 기존의 가치 개념이 지니고 있는 좋은 점을 이어가면서 새로운 것을 받아들여야 한다는 인식하에 느리지만 함께 하는 개혁을 추구했을 뿐이다. 당시의 여러 정황情況을 깊이 헤아리지 않고 현재의 시각視角으로 본 이분법적 잣대로 재단裁斷하는 것은 좋은 방법이 아니다.
갑신정변은 일본이나 청의 간섭에 넌더리난 고종이나 명성황후가 미국이나 아라사(러시아)를 대안代案으로 생각하게끔 상황을 변화시켰다. 미국이나 아라사를 끌어들여 일본을 견제하려는 생각이 틀린 것은 아니지만 이같은 정책은 아라사의 남하南下를 달갑게 여기지 않는 일본이나 영국 등으로 하여금 경계심을 갖게 하는 역효과도 있었다. 명성황후의 탁월한 정치 감각을 회고한 서재필의 회고가 있다.

> 김옥균의 지략은 역사적인 것이었소. 박영효와 홍영식과 서광범 또한 그에 뒤지지 않는 재사들이었지요. 그래서 세상 사람들은 그들에다 나까지 넣어 다섯 사람의 기지와 계략을 모으면 세상에 못할 일이 없다고까지 일컬었습니다. 그런데도 그 다섯 사람이 함께 민비 앞에 나가면 으레 민비에게 기선을 잡혀서 머리를 긁적거리며 물러나오기 마련이었지요. 민비는 실로 당할 길 없는 지략과 재략을 지닌 걸물이었소.

이들에게는 "명석明晳한 명성황후만 없다"면 고종 하나쯤은 자기들 마음대로 조종하며 조정을 좌우지 할 수 있다는 오만傲慢이 자리잡고 있었고, 명성황후의 명민明敏함이 김옥균이나 박영효 등 친일 세력이 조정의 권력을 장악하는 데 걸림돌이 된다고 여기게 함으로써 명성황후 제거 기회만 노리게 만든 근인根因이 되었다.
명성황후와 개혁파의 갈등 문제를 적실適實하게 증언한 민영찬閔泳瓚 전 법국공사法國公使(프랑스)의 증언이 1930년 1월 21일 동아일보의 기획기사인 풍우입년風雨廿年-한말정객회고담韓末政客回顧談에 실려 있다. 1월 19일과 1월 21일 모두 2회에 걸쳐

수록되었는데, 개혁과 관련된 제2회분만 현대문법으로 바꾸어 전재轉載한다. '영매英邁' '가위可謂' 등 일부 한자는 이해를 돕기 위해 필자가 병기倂記한 것이다.

> 동아일보 1930. 01.21. 풍우입년風雨卅年-한말정객韓末政客의 회고담回顧談
> 충정공친제민영찬씨忠正公親弟閔泳瓚氏 ②
> 민후 그이는 결코 보수주의자가 아니다
> 국모를 죽인 것은 개혁파의 크나큰 실수
>
> 요컨대 임오군란壬午軍亂도 그 원인은 여러 민씨에게 있다 하나 일을 비르집어(비집어) 난을 크게 만들고 또 난군亂軍이 명성황후를 해하려고 내전內殿까지 침입한 것을 대원왕大院王의 잘못이라고 아니할 수 없지 않소. 자기의 아드님 되시는 이가 나라의 군주이시오. 군주가 유충幼沖(어린)하신 때라 자기가 섭정攝政이 되어 가위可謂 그 권세를 침범할 자가 없겠거늘 그이가 결국 섭정의 자리를 내놓게 된 것도 역시 그이의 잘못이라고 아니할 수 없으니 세상에서는 명성황후가 영매英邁(明敏하고 비범함)하여 음모로써 대원왕을 몰아내려 하였다한들 어찌 며느리 되는 이에게 쫓겨날 리야 있겠소. 섭정의 자리를 아니 내어놓치 못할 이유가 있었을 것이 아니오?
>
> **鎖國主義에 反對 世界知識을 廣求**
> 명성황후는 결코 대원왕과 같이 세계의 대세를 살피지 못한 쇄국주의자가 아니었소. 그분이 대원왕의 쇄국주의에 반대한 것을 보아도 알겠거니와 민영익閔泳翊 씨 등을 미국으로 보내기도 하고 또 나를 을미년乙未年에 미국으로 유학을 보내서 서양의 신문명을 배우게 하였소. 나도 본래 여러 민씨의 보수적 행동을 올케 보지않아 신지식을 배우려고 영어를 공부하기시작 했더니 명성황후는 나를 택하야 을미년乙未年(서력일천팔백구십오년)에 미국으로 보내셨소. 그때 동행이 민경식閔景植(1904년 한성부판윤을 지냄)이었는데 둘이서 공부를 시작한지 몇달이 못된 시월팔일에 명성황후가 경복궁에서 참화慘禍를 당하셨다는 소식을 듣고 공부를 그만두고 즉시 귀국하였소.
>
> **井中之蛙의 群閔 近視眼의 改革派**
> 나는 본시 문호개방을 찬성하였소마는 내 주장을 세우기에 너무 지위地位가 낮았소. 개국진취開國進取에 진력한 김옥균金玉均 박영효朴泳孝 등 개혁파의 행동에 결코 반

대할 뜻을 가지지 않았소. 그러나 그들은 명성황후 때문에 개혁이 되지 않는 줄만 알고 그분을 없이 하려고만 하므로 그분도 여러 민가閔哥를 불러 당신 지위를 보존하려고 한것이오. 또 여러 민가는 이것을 기회로 정중지와井中之蛙(우물안 개구리) 같이 조선과 청국이 있는 줄만 알고 지식이 없는 터이라 정치에 이상理想이 없이 오직 가렴주구로 사욕을 꾀하였을 뿐이니 어찌 나라가 바로 될 수가 있었겠소. 또 개혁파도 잘못인것이 여러 민가의 잘못을 모두 명성황후의 잘못으로만 알고 그분만 없이 하려고 하였으니 그분이 승하하신 뒤엔 반듯이 나라가 잘될 것이 아니오? 그러나 명성황후가 승하한 뒤엔 도리어 나라가 잘못되지 않았소? 그렇치 않기로니 죽이는 법이 어디있겠소

佛國公使로 赴任 萬事非人力 所致

참말 그때 여러 민가閔哥의 캄캄한 방에서 옥작복작하는 보수적 태도라니 우습기도 하고 내가 미국으로 갈때만 해도 단발斷髮을 못할 때라 할 수 없이 마관馬關(시모노세키)에 건너가 단발을 하고 양복을 입었고 그러고 조선에 돌아와서는 다시 머리를 길렀지요. 사실 그때 단발양복하면 버린사람이라고 하였지요. 내형閔泳煥氏도 여러 민가의 행동과 이에 반대하는 당파의 싸움이 심한 경인신묘庚寅辛卯 이후엔 국사國事에 불만을 품고 하야下野하였으며 나도 미국에서 돌아온 후에 잠시 학부협판學部協辦과 궁내부협판宮內府協辦으로 있었으나 민가네의 협잡이 더욱 심하고 시절이 하도 수상하므로 광무光武 사년(서력일천구백년) 법국法國(프랑스) 파리巴里에 열린 만국박람회에 특파사特派使로 갔던 것을 기회로 천구백이년에 주법공사駐法公使 김만수金晩秀의 뒤를 이어 공사로 보임되어 사년인가 있는 동안에 을사乙巳년에 보호조약이 체결되자 외부外部로부터 소환 전보를 받고 파리를 떠나니 만사萬事가 비인력소치非人力所致라 천운이라 할 수밖에 없지요.

명성황후가 민영찬 씨를 미국에 보낸 것은 세계 정세도 알고 선진 문물도 공부하여 나라의 앞날을 위해 일할 준비하라는 뜻이었다. "명성황후는 결코 대원왕과 같이 세계의 대세를 살피지 못한 쇄국주의자가 아니었다"는 민영찬 씨 말은 명성황후의 정체성正體性을 명쾌하게 정리한 현답賢答이다.

Ⅷ. 냉혹한 국제질서와 시대의 격랑

　미국의 힘을 인식한 고종과 명성황후는 1885년부터 감리교 선교사인 언더우드(Horace Grant Underwood, 1859~1916)나135) 스크랜턴(William Benton Scranton, 1856~1922)136) 등이 조선에 올 수 있게 허락하였다. 이어서 1886년 6월 26일에는 스크랜턴의 어머니 메리 스크랜턴과 존 헤론, 아펜젤러 등이 조선에 왔다. 1886년 7월 4일에는 벙커(D.A. Bunker), 길모어(G.W. Gilmore) 부부, 헐버트(H.B. Hulbert), Annie Ellers Bunker(1860~1938) 등이 함께 조선에 와서 선교와 서양식 교육의 단초端初를 열었다. 1886년 메리 스크랜턴은 김정동金點童이라는 14세 여학생 한 명을 대상으로 우리나라 최초의 근대식 여성교육 학당을 열었고, 1887년에 명성황후는 스크랜턴의 학당에 '이화학당梨花學堂'이라는 교명校名을 지어 주었다.

　고종과 명성황후는 이들을 통해 서양의 교육과 신문물에 대한 지식을 넓히게 되었고, 서양식 민주주의에 대해서도 눈을 뜨게 되었지만 조선을 둘러싼 열강列强은 시시탐탐時時耽耽 자국 이익을 위해 움직이고, 국내의 상황도 급박하게 변해갔다.

■ 지방관의 탐욕이 부른 동학의 불길

　1892년 조병갑趙秉甲(1844~1912)이 전라도 고부古阜 군수로 부임하면서 가혹한 세정稅政에 시달려 살길을 찾던 백성들은 1894년 1월 10일 마침내 봉기를 했고, 동학東學의 불길은 전라도 전역으로 퍼져 충청도로 올라오기 시작했다. 처음에는 고부 지역에 한정해 억울함을 풀고자 했던 농민들은 조병갑 대신 새로 고부 군수로 부임한 박원명朴源明의 유화책宥和策에 마음을 돌리고 가라앉았지만 안핵사按覈使로 임명된 장흥長興 부사府使 이용태李容泰(1854~1922)가 들이닥쳐 봉기에 가담했던 주민들을 폭압적暴壓的으로 잡아들이고 핍박하자 농민들의 봉기는 거칠게 다시 일어나고 말았다.

　동학이 일어날 당시 조정에서는 임금의 관리 임명권조차 제대로 시행되지 않을

---

135) 언더우드 1885년 4월 2일 조선에 도착.
136) 스크랜턴 1885년 5월 3일 조선에 도착.

만큼 관리들의 기강紀綱이 엉망이었다. 당시의 혼란을 민씨 관료들 탓이라고 하지만 기실其實 민씨 관료가 조정을 좌지우지할 만큼 많았던 것도 아니다. 1895년 음력 8월 1일 『승정원일기』를 보면 고종은 갑오개혁의 실패를 비판하면서 갑오개혁 때 유배流配 당하거나 처벌받은 사람들에 대한 사면령赦免令을 내렸는데, 사면된 죄인 265명 중 민씨는 1.5%인 네 명에 불과하다. 임오군란 때 명성황후를 수행하여 〈임오유월일기壬午六月日記〉를 남긴 민응식閔應植을 비롯해 임지로 부임하지 않은 죄 민배호閔配鎬, 공납에 간섭한 죄 민명식閔明植, 도류형徒流刑을 받은 민원경閔元敬 등이다. 명성황후가 임금의 인사 명령까지 좌지우지하며 천단擅斷했다면 임오군란 때 어려움 속에서 자기를 수행하며 보호해 준 생명의 은인이자 손자 항렬인 민응식을 멀고먼 고금도古今島로 유배流配시켰겠는가. 민씨들이 일부 요직을 차지하고 있던 것은 맞지만 지금의 시각視角으로 역사를 미리 재단裁斷해 놓고 나라 망한 책임을 명성황후라는 한 여인에게 몽땅 뒤집어 씌우고 비난하는 것 또한 "여인네가 너무 설쳤다"는 인식이 배인 남성 우월적 사관史觀이다.

오히려 당시의 조정 관료들이 임금의 인사 명령조차 거부하며 자신의 이득 챙기기에만 몰두하는 모습은 우리가 어쩌다 국권을 상실했는지를 시사示唆하는 예고편豫告篇 같다. 『승정원일기』를 보면 임금의 관리 임명권이 어떻게 묵살당하는지 여실如實히 알 수 있다. 계사년癸巳年(1893) 12월에 임명된 내외직內外職 관리들은 수십 명이 모두 신병을 핑계 대고 부임하지 않는다. 갑오년甲午年(1895) 신년新年 인사 이동을 앞둔 치열한 물밑 자리다툼으로 보이기도 하지만 고종이 안쓰러울 정도다.

오죽하면 갑오개혁 이후에 고종이, "짐은 작년 여름 이후로 나라의 정사를 새롭게 고쳐 독립의 기초를 열고 중흥中興의 대업을 세우고자 종묘사직에 맹세하고 팔도에 크게 유시諭示까지 하였는데 그럭저럭 1년이 되어가건만 아직 성과가 없다. 구습舊習이 그대로 남아 있고 새 명령은 항상 막혀 위아래의 뜻이 서로 미덥지 못하고 나라 안팎에서 와언訛言과 원망이 거듭 생기고 있다. 그리하여 백성들의 곤궁함과 나라의 위급함이 도리어 예전보다 심하니, 내가 덕德이 없어서인가"(『승정원일기』 1895. 음력 윤5월 20일)라며 한탄하였겠는가.

갑오개혁 이후는 김홍집 내각 때인데 갑오개혁 이전이나 이후나 달라진 것이 없고, 임금의 명령도 영슦의 위엄이 서지 않은 것이다.『승정원일기』를 보면 동학 봉기 직전인 1893년 음력 12월 24일부터 12월 29일까지 고부군수는 여섯 명이나 임명과 체차遞差를 거듭했고, 다른 직임의 관료나 지방관들도 하나 같이 신병을 핑계 대며 임금의 인사 명령을 거부하였다. 논란이 있던 전 고부군수 조병갑趙秉甲을 갑오년 1월 9일에 다시 고부군수에 임명한 것은 고종의 어쩔 수 없는 선택으로 보이기도 한다.

○ 승정원일기 고종 30년 癸巳(1893) 12월 24일
 안악군수安岳郡守의 대임에 고부군수古阜郡守 이은용李垠鎔을 임명
○ 승정원일기 고종 30년 계사(1893) 12월 24일
 신재묵申在黙(신좌묵의 오기誤記)을 고부군수古阜郡守에 임명
○ 승정원일기 고종 30년 계사(1893) 12월 25일
 고부군수 신좌묵申佐黙 등이 신병을 이유로 체직遞職을 청함
○ 승정원일기 고종 30년 계사(1893) 12월 25일
 이규백李奎白을 고부군수에 임명
○ 승정원일기 고종 30년 계사(1893) 12월 26일
 이규백李奎白을 고부군수에 임명
○ 승정원일기 고종 30년 계사(1893) 12월 27일
 고부군수 이규백李奎白 신병身病으로 개차改差
○ 승정원일기 고종 30년 계사(1893) 12월 27일
 하긍일河肯一 을 고부군수에 임명
○ 승정원일기 고종 30년 계사(1893) 12월 28일
 박희성朴喜聖(이희성의 오기誤記)을 고부군수에 임명
○ 승정원일기 고종 30년 계사(1893) 12월 29일
 고부군수 이희성李喜聖을 내금위장內禁衛將에 임명

○ 승정원일기 고종 30년 계사(1893) 12월 29일
  강인철康寅喆을 고부군수에 임명
○ 승정원일기 고종 31년 갑오(1894) 1월 9일
  전 고부군수 조병갑趙秉甲을 특별히 잉임仍任(연임과 동속)시키라는 전지傳旨
○ 승정원일기 고종 32년 갑오(1894) 2월 15일
  박원명朴源明을 고부군수에 임명
○ 승정원일기 고종 32년 갑오(1894) 9월 11일
  양필환梁弼煥을 고부군수에 임명
○ 승정원일기 고종 32년 갑오(1894) 11월 16일
  윤병尹秉을 고부군수에 임명

동학과 관련하여 그 배후가 대원군이라는 설이 있는데, 일본은 대원군을 동학의 배후로 지목指目하고 모든 기록을 남겼다. 이같은 배경에는 대원군 측근들의 끊임없는 반란 기도企圖가 작용했다. 1881년에는 대원군의 서장자庶長子 이재선李載先을 임금으로 세우려던 대원군의 측근 안기영安驥泳 권정호權鼎鎬 등의 역모가 실패한 후 대원군 연루설이 돌았고, 1886년에는 맏아들 이재면李載冕을 임금으로 세우려 했다는 설도 있는데 이것이 사실이라면 이재면은 처형당했을 것이다. 천도교인 이돈화李敦化의 『천도교창건사天道敎創建史』(1933)에 의하면 전봉준은 1891년부터 1893년까지 대원군의 식객 노릇을 하였다. 이 때문에 전봉준과 대원군의 밀약설密約說이 제기되기도 했는데, 전봉준은 체포 후 신문訊問 과정에서 대원군과의 관련설을 인정하지 않았다. 전봉준 초초初招(첫 신문)에 "汝가古阜의住接時의童學을 行敎치아니ᄒ얏ᄂ냐"는 신문관의 질문 중 '고부주접古阜住接'이 "고부에 잠시 살 때"라는 뜻이므로 전봉준이 고부에서 동학 접장接長을 한 것이 아니라고 주장하는 연구자도 있으나 "기포시起包時에 네가 어찌 주모가 되었느냐"는 질문에 "많은 군중이 다 이 몸을 추대하여 일을 주도하라 하기에 백성들의 말에 따른 것이다"라고 대답한 내용도 있어 전봉준이 동학군의 지도자인 것은 부인할 수 없다. 그는 "다시 기포한 것은

무슨 까닭인가"라는 신문관訊問官의 질문에, "그 후에 들으니 일본이 개화라 칭하고 처음부터 민간에 일언반구도 언급하지 않고 또 격문도 없이 군사를 이끌고 우리 도성에 들어가 야반夜半에 왕궁을 습격하여 임금을 놀라게 하였다 하기로 초야草野의 사족士族과 백성들이 충군애국忠君愛國의 마음으로 비분강개하여 의병을 규합하여 일본인과 전투하여 이런 사실을 우선 일차 따져 묻고자 함이었다"고 하여 갑오년甲午年에 일본군이 경복궁을 무단점령武斷占領한 정변政變이 제2차 봉기蜂起의 동기動機였다고 하였는데, 결국 죽음을 당했지만 비굴하지는 않았던 것 같다.

　동학이나 전봉준에 대한 평가는 따로 논의되어야 할 사안事案이거니와 원모遠謀를 품고 안동김씨의 눈치를 보며 온갖 모욕을 참고 견뎌 끝내 아들을 임금 자리에 앉힌 사려깊은 대원군이 일부 동학 지도자의 역모에 적극 가담해 배후가 되었을 리는 없다. 아무리 고종과 명성황후에 대한 불만이 있다 해도 그것은 어느 여염閭閻에나 있을 수 있는 부모자식간의 사소한 갈등일 뿐, 그것이 아들을 쫓아내고 며느리를 죽일 사유事由가 될 수는 없으며, 아무리 권력이 좋아도 대원군은 며느리를 죽일 만큼 무자비한 분도 아니었다. 노회老獪한 대원군은 고종과 왕비에 대한 불만을 토로하는 이들에게 직접 지시를 하거나 응대應對하기 보다는 긍정도 부정도 아닌, 선문답禪問答 같이 애매曖昧한 태도로 속내를 감추며 상대방으로 하여금 대원군이 자기편에 동조한다고 믿게 하였을 것이다.

　당시 스물다섯 살의 젊은 혈기가 앞선 장손 이준용李埈鎔은 자기를 임금으로 추대하겠다는 동학도들의 감언甘言에 솔깃해 연락을 주고받으며 어울렸을 것이다. 역모逆謀를 꾸미다가 발각된 박준양朴準陽·이태용李泰容·고종주高宗柱·전동석田東錫·최형식崔亨植 등은 처형되었고, 한기석韓祈錫·김국선金國善 등은 종신 유배형에 처해졌으며, 그밖에 많은 사람이 유배형에 처해졌고, 이준용은 교동도喬桐島에 위리안치圍籬安置되었다. 역모를 꾸민 이들에게 이준용은 얼굴마담에 불과했겠지만 이준용은 자신이 중심이라 여기고 휩쓸렸을 것이다.

　동학의 봉기는 조병갑趙秉甲이나 이용태李容泰 같은 탐관貪官을 등용한 조정의 잘못이 컸고, 먹고 살기 위해 일어난 농민들의 바람은 단순했지만 숫자가 많아진 군중衆 가운데 일부가 약탈과 방화 등을 저지름으로써 동학에 대한 부정적 인식이 확산되었다. 전봉준의 공초供招에는, "봉기 당시에는 억울한 백성과 동학이 합하였으나 동학은 적고 억울한 백성이 많았다"고 하였는데, 비록 일부라고는 하지만 동학군의 약탈과 방화放火, 살인 등도 기록으로 남아 전한다. 『승정원일기』와 『오하기문梧下記聞 : 오동나무 아래에서 역사를 기록하다-황현이 본 동학 농민 전쟁』(2017. 05. 02. 주식회사 역사피평사), 1894년 12월 26자 미야모토 다케타로宮本竹太郎 소위가 대본영운수통신장관大本營運輸通信長官인 데라우치 마사다케寺內正毅 소장少將에게 보낸 서신 등에 나타난 동학군東學軍에 관한 기록이다.

순무영巡撫營에서 아뢰었다.

방금 싸움터에 나가 있는 영관領官 성하영成夏泳의 이달 2일의 보고를 보니, '서천舒川에서 비적匪賊을 격파한 뒤에 방향을 돌려 호남湖南 군산진群山鎭으로 향하였는데, 먼저 모여들었던 비류匪類들은 기미를 알고 이미 도망친 상태였습니다. 그 지역의 이민吏民들은 그들에게 모두 물들어 약탈한 군기軍器 및 나라의 배와 개인 용도의 배로 왕래하는 곡식을 출납出納하면서 도장을 찍은 것이 마치 관부官簿와 같았습니다. 좌수座首 문규선文奎璇은 곡물 담당자, 소금 굽는 자, 포수 등 네 놈과 함께 비적匪賊의 괴수였기 때문에 모두 즉각 쏘아 죽였고, 쌀 602석, 조 80석, 콩 7석은 해당 첨사僉使 최건수崔健秀에게 맡겨 두었으며, 탄환과 깃발도 많이 획득하였습니다. 옥구현감沃溝縣監 김주호金疇鎬는 엽전 100냥, 소 1척隻, 술과 담배 등을 직접 가지고 와서 군병들에게 먹이고 서천으로 돌아가 진을 쳤습니다. 해군該郡(해당 고을)의 백성 최경칠崔敬七이 접주接主 나봉환羅鳳煥을 붙잡아 들였기에 엄히 조사한 뒤에 쏘아 죽이고 당일에 도로 서산瑞山으로 향하였습니다.' 감히 아룁니다.(『승정원일기』 1894.12.12.)

최시형崔時亨은 지난날 어리석은 백성을 유혹하면서 단지 몸에 부적을 지니고 주문만 외우면 물에 빠지지도 않고, 불에 타지도 않고, 비에 옷이 젖지도 않고, 심지어 화살·돌·총알 같은 것도 살을 뚫고 들어오지 못한다고 했다. 어리석은 백성은 그 말을 믿고 추종하는 자가 날이 갈수록 늘어났다. 그러나 그들이 보은에 모였을 때, 마침 비가 억수 같이 내리는 바람에 밖에 서 있던 많은 사람이 비를 맞아 옷이 흠뻑

젖어버렸다. 그제야 그들은 조금씩 의심하기 시작했다.(『오하기문』 p.113.)137)

김시풍金始豊은 격앙해서 머리를 치켜들고 말했다. "어리석은 임금을 폐위하고 영명한 임금을 옹립하는 일은 옛날부터 있었다. 나는 7월 보름 안에 새 임금을 추대하여 잘못된 세상을 바로잡으려 했다. 이미 일이 어그러졌거늘 여러 말을 해서 무엇하겠는가."(『오하기문』 p.145.)

그러나 장성에서 승리하고 전주를 함락할 즈음에 이르러서는 떼를 지어 돌아다니며 재물을 약탈한 것이 이루 헤아릴 수 없었다. 전주에서 물러난 뒤에는 전라좌·우도에 널리 흩어져서 민간의 말과 노새, 화약을 장전한 화살이나 화약통, 창과 칼 같은 각종 무기를 모조리 쓸어 갔다. 또한 부자들을 잡아다가 볼기를 치고 돈과 곡식을 빗자루로 땅 쓸듯이 긁어 갔다. 추종자들은 날로 불어났으며, 한데 모여서 흩어지지 않았다. 그리하여 평민들은 더욱더 살아갈 길이 막막해졌다.(『오하기문』 p.181.)

동학을 배울 때는 반드시 사례금으로 돈 2꿰미를 접주에게 바쳐야 했다. 법도를 정할 때 이미 신분의 귀천을 가리지 않았으므로 동학에 입도하는 절차 또한 매우 간편했다. 그 무리에 한번 들어가면 못하는 것이 없었다. 심한 경우에는 다른 사람의 무덤까지 파헤치고, 개인 간의 사사로운 빚을 받아 내고, 부자를 위협하고, 사대부를 욕보이고, 수령을 꾸짖어 조롱하고, 아전과 군교를 강제로 결박하는 등, 천둥이 치고 바람이 몰아치듯 한껏 기세를 올리면서 그동안 쌓이고 쌓였던 굴욕과 원한을 마음껏 풀었다.(『오하기문』 p.218.)

동학당은 수구주의守舊主義 단체로서 그 고루固陋한 사실에 놀라지 않을 수 없습니다. 대수령大首領인 최시형崔時亨과 높은 지위의 수령들은 아직 잡아들이지 못하여 그들의 진의眞意를 알 수는 없으나, 보통의 소수령小首領 네명을 붙잡아 신문訊問하니 모두 개화를 나쁘게 여기고 이를 근절하지 않으면 안 된다고 주장합니다. 그러므로 일본인을 혐오하는 것이 아니라 일본인이 개화 사업에 종사하는 것을 싫어하고 조선인까지 개화에 끌어들이는 것을 혐오한다고 할 수 있겠습니다. 전신電信을 파괴하

---

137) 동학군은 '궁을弓乙 부적'이 총알도 피해 가게 한다고 믿고 일본군의 기관총을 향해 돌격했다고 한다.

고 우편을 방해하며 철도 측량을 혐오하는 등의 형적形跡을 보면, 수구고루守舊固陋의 미몽迷夢에서 비롯된 것임이 요연瞭然(분명)합니다. 말하자면 저들이 백성들 집을 불태우고 사람을 죽이는 것은 그 참상慘狀이 극에 달했지만, 각지에 있는 공자묘孔子廟를 숭경崇敬하고 어떤 경우에도 관사官舍에는 불을 지르지 않으며, 명사名士의 비석은 훼손하지 않았다는 것입니다. 즉 일본인들을 죽이는 것은 결국 개화사업을 박멸撲滅하기 위한 것이니, 일본인이라 할지라도 약을 팔기 위해 봇짐을 지고 다니는 사람들은 존중하여 해를 끼치지 않았습니다. 그러나 이른바 주의主義라는 것은 단지 수령들간에만 행해지는 것으로, 수만 명에 이르는 부하들은 강탈强奪을 일삼아 그 난폭함이 낭자하게 드러나지 않을 수 없습니다. 금산현錦山縣 같은 경우는 4백여 호 중 2백여 호를 불 태우고 수십 명을 죽였으며, 심지어 정절을 지키려는 부녀자들을 산속으로 끌고가기도 했습니다. 이것도 참고 견딜 수 있습니다만 참을 수 없는 것은 용담현龍潭縣입니다. 용담현 호수戶數는 삼백여 호에 불과하지만, 인근 촌락 1리 안에는 촌락이 여섯 개나 있는데, 그들은 12월 6일에 현청縣廳을 제외한 나머지는 모두 불태웠으며, 사람들을 도륙屠戮하고, 기물器物이나 음식은 하나도 남기지 않았습니다. 논밭에 쌓아 둔 짚가리까지 모두 태워버려서 눈앞에는 황량함만 가득합니다. 집터에는 초석礎石만 남은 채 한 치 앞도 내다볼 수 없어 남녀노유男女老幼가 모두 길가를 헤매며 슬프게 통곡할 뿐이니 소관小官 등도 그 참상을 차마 볼 수 없어 슬피 울었습니다.138)(미야모토 다케타로宮本竹太郞 소위의 서신 일부)

---

138) 東学党は守旧主義の団体にしてその固陋なる事実に驚くの外なし. もっとも大首領たる崔時亨および有力なる首領 未だ就縛せざるをもって彼等の真意を知るに由なしといえども通常の小首領4名を捕えて糾問するにいずれも開化を悪しくこれを撲滅せんがためなりと主張せり. 故に日本人をにくむにはあらずして日本人が開化の事業に従事するをにくみはては朝鮮人までを開化に引入るるをにくむと言えり. 電信を破壊し郵便を妨ず, 鉄道測量を嫌うなどの形跡より見れば, 守旧固陋の迷夢より起りしこと瞭然たるがごとし. いわんや彼等の家を焼き人を殺すことその惨を極むるにもかかわらず, 孔子廟の各地に在るものを崇敬しいかなる場合に於ても官舎に放火せず, 名士の石碑を毀損せしもるあらざるに於てをや. 即ち彼等の日本人を殺すは, 畢竟開化事業を撲滅の意にして, 現に日本人といえども売薬商の各地を負商する者はこれを尊重して害する者なし. 然るにいわゆる主義なるものはわずかに首領間に行わるるものにて, 何万といえる手下の輩は強奪をこととし, 乱暴狼藉いたらざるなし. 錦山県のごときは四百戸の内二百以上を焼き, 数十人を殺し, あまつさえ妻女の義なる者は山中に誘いたり. 然れどもこれなお忍ぶべし. ただ忍ぶべからざるものは, 龍潭県これなり. 龍潭の戸数は三百餘に過ぎずといえども, 付近村落一里以内にあるもの六か村なり. 而して彼等は十二月六日において県舎を除くの外は皆これを焼き, 人はこれを屠り, 器具食物一品を残さず. 田畝に堆積しある藁までも焼棄せり. 満目荒涼たり. 残礎を留めて一望涯なく, 男女老幼道路に悲泣せるのみ. 小官等もその惨に堪えず, 覚えず哀泣せり.

미야모토 소위는 동학군 지도자에 대하여 그렇게 나쁘게 쓰지는 않았다. 다만 그는 자신이 직접 보고 들은 일부 동학군의 약탈과 방화, 살인 등에 대해 담담히 적고 있을 뿐이다. 미야모토 소위의 서신은 일본 군인의 관점에서 쓴 것이므로 평가에 시각視角의 차이가 있을 수는 있지만 동학의 성격을 이해하는 데 도움이 된다. 미야모토 서신에서 알 수 있는 것은 수령급 인사들은 공부를 한 사람들로서 유학儒學의 전통을 이어가며 개혁을 저지하고, 유학의 전통을 지키고자 했지만 수만 명에 이르는 동학군 중 일부가 저지른 포학暴虐질은 이미 수령들의 통제를 벗어나 있었다는 것이다. 분명한 것은 고금古今을 막론毋論하고 군중 속에 도참설圖讖說이 파고들면 군중의 광기狂氣는 이성을 잃게 되고, 광기에 휩싸인 군중은 누구도 통제할 수 없게 된다는 것이다.

전라도를 장악한 동학군은 점차 충청도로 올라왔는데, 조정에서는 4월 2일 전라병사全羅兵使 홍계훈洪啓薰을 양호초토사兩湖招討使로 임명하고, 8백 명의 경군京軍을 거느리게 하였다. 관군은 작은 전투에서 패하기도 했으나 점차 동학군을 진압해가고 있었는데 불안해하던 권찰친군통위사權察親軍統衛使 민영준閔泳駿은 청淸 나라에 원군援軍을 청함으로써 이후 사태는 우리가 아는 바와 같이 청일淸日이 서로 군대를 보내 맞서는 상황을 만들어 수습할 수 없는 지경이 되었고, 끝내 을미사변乙未事變의 불행으로 이어지고 말았다.

여기서 윤효정尹孝定(1858년~1939)의 『풍운한말비록風雲韓末祕錄』의 기록을 통해 동학 봉기로부터 을미사변까지의 과정을 살펴보기로 한다. 『풍운한말비록』 문체文體에는 일본에 기울어진 내용들이 곳곳에 보이고, 유학자의 시각視角에서 대원군에게는 우호적이지만 명성황후에게는 매우 비판적 시선視線도 드러낸다. 사실史實에 정확한 내용도 있고 그렇지 않은 것도 있지만 다른 연구에서 볼 수 없는 내용들이 체계적으로 잘 정리되어 있다.

일본은 끊임없이 조선의 독립을 청에 요구하는 데 이는 조선을 위해서가 아니라 조선에 대한 청의 간섭을 배제하고 조선을 일본의 대륙 교두보로 삼으려는 고도高度

의 외교전략이다. 그러나 우리 조정에는 조선을 두고 벌어지는 이같은 주변국의 외교 군사력 각축角逐에 응변應變할 전략도 없고 이를 예측하고 대응할 만한 인물도 없었다. 오직 명성황후가 일본의 전략을 꿰뚫고 러시아나 미국의 힘을 빌고자 했지만 박영효朴泳孝 같은 만고역적萬古逆賊의 간계奸計에 혼란만 가중될 뿐이었고, 명성황후의 친러시아 정책은 결국 명성황후를 참혹한 죽음으로 몰아가는 결과를 가져왔다.

『풍운한말비록風雲韓末祕錄』 저자 윤효정尹孝定은 38살 때인 1895년 아라사 공사관公使館에 파천播遷해 있는 고종의 명을 받고 명성황후가 죽음을 당한 경복궁을 둘러보았다고 스스로 밝힌 것으로 보아 비교적 고종 가까이 있었던 분 같고 당시 상황을 가까이서 보고 들은 사람 중 하나다. 윤효정은 1907년 고종 양위운동을 벌이다가 일본으로 망명한 후 고베神戸에서 박영효朴泳孝・우범선禹範善 등과 조일신숙朝日新塾을 세워 한국의 유학생을 가르치기도 하였다. 히로시마 법정에서 공개된 윤효정의 진술서에는 "애초에 윤효정 자신도 우범선을 처형하기 위해 일본에 왔다"고 밝혀있으며, 고영근高永根이 우범선을 척살刺殺할 때 고영근에게 "윤효정이 우범선을 죽이려 했다"는 자백장自白狀을 써 주어 우범선이 고영근을 믿을 수 있게 도움을 주기도 하였다.

『풍운한말비록』은 어려운 한자漢字가 많고, 1900년 초에 사용하던 국한문체로 되어 있는데, "惟此朔寧이 僻在山峽하야 邑弊民瘼을 莫可抹矣러니 何幸今我賢候 민봉기씨가 下車之後에 詳査吏民之弊瘼하야 戶布與火栗에 已有零數을 特爲除減하사 民安其業기로 자에 광고하오니 첨군자는 조량하옵. 유생 이균여 전세렬 근고(황성신문 1905년 4월 17일자 3면)"처럼 되어 있어 일반 독자가 읽기에는 무척 어렵다. 『풍운한말비록』도 같은 한문체漢文體로 쓰여져 읽기가 무척 어렵기에 그동안 전반적인 연구도 없이 단편적인 내용만 부분 부분 알려져 왔다. 이에 갑오년과 을미년 관련 원문을 해독하고 이를 원문에 가깝게 현대문으로 윤문潤文하여 수록한다. 『풍운한말비록風雲韓末祕錄』 원문에 '한정韓廷' '한병韓兵' 등으로 기록된 것은 모두 '조선'으로 고쳤다. 『풍운한말비록』은 1895년까지의 기록으로 이때는 아직 '대한제국大韓帝國'으로 국호를 바꾸기 전이기 때문이다.

『풍운한말비록風雲韓末祕錄』

동학당이 전국에 창궐하게 되자 정부 당국의 민영준閔泳駿은 청국淸國에 구원병救援兵을 요청하였다. 청국은 기다렸다는 듯 조선으로 신속히 군대를 출병하면서 천진조약 제3조에 의거하여 일본에 출병 이유를 통지하였다. 이때 북양대신 이홍장李鴻章은 일본 정부가 의회와 서로 알력이 심해 대외적으로 힘을 쓸 여지가 없을 것이라 여기고 이 틈을 타 조선에 남아 있는 일본 세력을 쫓아내고 조선 정계를 장악하고자 하였다. 반면 일본은 갑신정변 때 다케조에 신이치로竹添進一郞(たけぞえ しんいちろう)가 실패한 후 10년 동안 조선 정부의 냉대와 청국 조정의 모멸이 나날이 심해져서 조선에서의 외교와 상권이 하나도 남아 있지 않게 되었다. 이에 일본은 이를 갈며 동양에서의 일본 위상을 회복해야 한다는 결의가 나날이 높아가는 중이었다.

5월에 청 나라 장수 섭사성攝士城은 군대를 거느리고 아산牙山에 상륙했는데 조선 조정에서는 이중하李重夏를 영접사로 삼아 청 나라 군대를 맞이하게 하였다. 일본 공사는 먼저 귀국하였다가 급히 임지任地로 부임赴任하라는 명령을 받았고, 일본 정부는 조선 출병을 의결하는 동시에 가만히 육군과 해군을 정비하면서 일본 군대의 출병을 청국에 통지하였다.

일본 공사 오토리 케이스케大鳥圭介(おおとり けいすけ)가 인천에 상륙하여 해군 육전대를 거느리고 바로 경성京城으로 들어오니 조선 정부의 집정 민영준閔泳駿은 눈이 휘둥그래지고 제대로 말도 못할만큼 놀래서 다시 청군의 철병撤兵을 간청하였다. 청 나라 장수도 깜짝 놀라 일본과 청이 서로 철군할 일을 논의하자고 일본측에 요구하였으나 일본은 대규모 병력을 계속 조선으로 보냈는데, 육군소장 오시마 요시마사大島義昌(おおしま よしまさ)는 히로시마의 혼성대를 거느리고 7월 14일 인천에 상륙하였다. 이는 일본이 조선과 청의 철군 요청에 불응한다는 뜻인데 일본의 외무대신 무츠 무네미츠陸奧宗光(むつ むねみつ)는 주일駐日 청국 공사 왕봉조王鳳藻를 초치招致하여 회견한 후 말하기를, "일본과 청은 성의誠意로 교섭하였으나 청 나라 공사가 이를 거절하는 까닭에 일본 군대의 철환撤還 교섭은 도저히 불가하다"고 통고했는데, 오토리 공사는 오시마 소장에게 전보로 훈령訓令을 보내, "혼성 여단을 거느리

고 전군全軍이 경성에 들어오라"고 재촉하였다. 이는 청이 조선의 독립을 거절했기 때문인데 이때 조선은 어느 하늘 어느 곳에 뇌성과 번개가 내려질지, 어느날 어느 때에 포탄이 날아다닐지 잠시도 마음을 놓지 못할 위급한 지경으로 하루하루를 보내게 되었다.

1894년 6월 28일 일본 공사는 조선 조정에 통지하여 말하기를, "아산의 청군 부장副將 섭사성의 철군조문撤軍條文에 '애휼속국愛恤屬國' '보호속국保護屬國' 등의 문자가 있는데 조선 정부는 이를 인정하는가 인정하지 않는가. 또 조선은 스스로 독립국으로 생각하는가 아닌가"라고 문의하였다. 조선 정부는 "우리 조선은 처음부터 독립국 자격을 가지고 있다"는 통첩을 보냈다. 7월 3일 오토리는 5개조의 개혁안을 품고 임금을 알현하여 조사위원회를 설치하고 심의해 줄 것을 요구하였는데 원세개袁世凱는 이를 막고자 백방百方으로 손을 쓰며 여러날을 끌다가 7월 10일에 이르러서야 부득이 교정청校正廳을 설치하고 신정희申正熙 김종한金宗漢 조인승曹寅承 등 세 사람으로 위원을 선정하여 15일에 남산 동록東麓 노인정에서 회의를 열기로 하였다. 이날 회의는 조선 조정의 민완가敏腕家인 신정희가 주재하기로 하였는데 그는 일본 공사에게, "이번 출병은 조선의 평화를 파괴하는 것이 아닌가. 조선의 개혁에 대하여 일본이 이와 같이 강제 수단을 쓰는 것은 무슨 까닭인가"라고 하였다. 오토리가 준비한 안을 가지고 여러 차례 논의한 끝에 오토리의 안을 대부분을 받아들여 회의를 끝냈으나 원세개의 견제에 막혀 7월 18일 조선 정부는 끝내 15일의 의결안을 전부 취소하고 일본군의 철군을 다시 요구하였다.

전에 일본 정부는 청국 정부에 대하여 최후 결절決絶은 서면으로 송교送交하고 오토리는 4개조를 우리 조정에 통지하였다.

1. 일본 정부는 경성과 부산간에 군용軍用 전선電線을 가설架設할 것
2. 조선 정부는 제물포조약에 따라 일본 군대를 위해 병영兵營을 건설할 것
3. 아산에 있는 청 나라 군대는 속히 철군할 것
4. 청국과 조선의 수륙무역장정水陸貿易章程을 위시하여

조선의 독립에 저촉될 청의 조약은 일체 폐기할 것

  일본은 이 통지에 대한 답기答期를 7월 22일 밤 10시로 정했는데, 이때 원세개는 한성의 분위기가 점차 악화되는 것을 보고 몰래 한성을 빠져나와 인천에 이르러 군함 평원환平遠丸을 타고 돌아갔고 인천의 청 나라 상민商民들도 급히 귀국하는 자가 무척 많았다.
  당시 조희연趙義淵 안경수安駉壽 김가진金嘉鎭 권형진權瀅鎭 등은 다소 개혁의 정신이 있고 친일당親日黨을 따르는 사람들이라 일본군이 경성에 들어온 이후 그 시국時局을 관찰하며 자기 앞길을 열어볼 목적으로 일본 공사관과 일본군 병영兵營을 출입하며 일본의 진의眞意와 조선 조정의 장래를 십분 예측한 고故로 마침내 서로 결탁하여 오토리에게 기꺼이 귀부歸附하였다. 이런 소이所以로 이들 일본당 네 사람은 오토리에게 간청하여 일본병을 경복궁에 들어오게 하여 궁성을 수비하고 민후閔后가 정사政事에 간예干預하지 못하게 하고 대원군이 다시 섭정케 하기로 몰래 기정旣定하였다.
  그런데 오토리가 우리 정부에 통지한 4개조에 대한 회답은 비가 오는 22일 오후 10시가 지났으나 회답이 오지 않는지라 오토리 공사는 오시마 소장과 결의決議하고 23일 미명未明(날이 밝기 전)에 용산 본영本營에서 하시모토橋本(はしもと)와 모리森(もり) 두 소좌로 2개 대대 병력을 거느리고 경복궁으로 가게 했는데 경복궁을 지키는 조선 병사가 돌연 발포하여 오토리 공사의 입궁入宮을 거절함으로 조선군과 일본군 간에 15분간 전투가 벌어져 조선측 전사자가 열일곱 명이고 일본측 전사자가 한 명이 발생하였다. 일본군은 마침내 경복궁에 들어와 4개 문을 장악하고 오토리가 입궁하자 민씨 일족과 기타 백료百僚는 목숨을 구하고자 경복궁을 나가서 달아나서 제 처자妻子를 보호하기에 급급하였다. 대원군은 소위所謂 개혁당 및 친일파의 옹호에 의하여 10여년 감금監禁(?) 되었던 운현궁을 벗어나 궁성宮城에 들어와 다시 하늘의 해를 보니 찬란함이 더하였다. 국정총재國政總裁의 중임을 맡아 오토리 공사와 개혁을 협의하되 일본의 요구를 모두 받아들이기로 하였다. 이에 김홍집 등 몇 사

람도 궁중에 처음 들어와 임금께 봉위奉慰 할 수 있었다.

대원군이 집정이 되자 정국은 또 한 번 요동치게 되었다.

집정이었던 민영준閔泳駿은 임자도荏子島에, 민형식閔炯植은 녹도鹿島에, 민응식閔應植은 고금도古今島에 안치安置하였고, 김세기金世基는 영양英陽으로, 민치헌閔致憲은 홍원洪原으로 귀양보냈다. 민영준은 평안도 관찰사 시절 백성의 피눈물을 흘리게 하고 정권을 오로지하여 가난한 백성을 탐해 나라를 기울게 한 죄요, 민형식은 총제사로서 가난한 백성을 수탈함이 이르지 않은 곳이 없고, 민응식은 통제영을 창설하고 조세租稅를 거두면서 중의衆議를 받아들이지 않은 죄라고 하였다. 이에 이르러 민씨 세력을 일망타진一網打盡하니 조야朝野가 서로 경하하며 화제話題가 분분하였다. 포청捕廳의 죄수는 경중輕重을 가리지 않고 석방하였다. 신기선申箕善 이도재李道宰 윤웅렬尹雄烈의 정배定配를 사면하고 총제영을 없앴으며 김윤식金允植을 강화유수江華留守에, 김학우金鶴羽를 병조참판에, 박제순朴齊純을 전라감사에 임명하였다.

임금께서 교문敎文을 반포하셨다.

"삼황三皇이 예를 같게 하지 않고, 오제五帝가 악樂을 같게 하지 않은 것은 정령을 펴게 함이라. 우리나라는 동북의 추요지樞要地에 끼어 있고 시들어 떨치지 못하니 이는 정치가 퇴폐 문란하여 변통을 생각지 못하는 것에 말미암음이라 대저 부국강병富國强兵을 하는 도道는 인재를 가려 씀으로써 시작되는 것이니 그 4색 붕당朋黨의 논쟁을 일체 박멸하고, 문벌門閥을 가리지 말고 현재賢才를 천거하여 나의 과매寡昧한 새 정치로써 속히 나라의 안녕을 도모하며 민복民福 증진의 정책을 강구講究하기 바라노라"

이에 김가진金嘉鎭을 뽑아 이조참의로 임명해 참판과 외무협판을 겸임케 하고, 유길준兪吉濬을 외무참의外務參議 박준양朴準陽과 한창수韓昌洙를 승지承旨로, 이원긍李源兢을 내무참의內務參議, 이규석李圭奭을 춘천부사春川府使, 안경수安駉壽를 우포장右捕將으로, 어윤중魚允中을 선혜당상宣惠堂上에 임명하고 대원군은 군무일체軍務一切를 재결裁決케 되어 조희연趙羲淵을 장어사壯禦使로 뽑고, 김하영金夏英 이응익李應翼 이학규李

鶴奎 육종우陸鍾尤 권형진權瀅鎭 김학우金鶴羽를 높여 외무참의外務參議로 임명하였다.

7월 26일에 군국기무소軍國機務所를 처음 설치하고 영의정 김홍집金弘集을 회의총재會議總裁로 삼고 박정양朴定陽 김종한金宗漢 김윤식金允植 조희연趙羲淵 민영달閔泳達 이윤용李允用 김가진金嘉鎭 안경수安駉壽 박준양朴準陽 이원긍李源兢 김학우金鶴羽 권형진權瀅鎭 유길준俞吉濬 김하영金夏英 이응익李應翼 서상집徐相集 등을 회의원會議員으로 삼고 이로 하여금 크고 작은 사무를 상의相議하여 품의稟議하고 시행케 하였다.

민족閔族 및 사대당事大黨의 칠분七分은 달아나고 삼분三分은 유배 보낸 후 대원군은 다시 국정國政의 중임重任을 맡았으나 갑자이후甲子以後(1864) 전권專權하던 면목面目이 아니라 오늘에 이르러서는 기둥에 걸린 괴뢰傀儡 형상으로 일거수一擧手 일투족一投足을 전혀 타인이 가지고 노는 새끼줄을 따라 움직이면서 다만 국정전권國政專權이라는 사자허명四字虛名에 마음이 취하고 뜻만 가득차 미혼迷魂(저승으로 가지 못한 혼)이 명부名簿에 앉은 모양일 뿐이었다. 새 정부는 안으로 정치를 개선하며 밖으로 독립을 표창表彰하야 무릇 허다한 폐단을 개혁하되 문벌門閥과 반상班常의 등급等級을 끊어내고 인재를 가려 쓰며, 문관을 귀히 여기고 무관을 천하게 여기던 제도를 폐하였다.

이에 새 내각을 조직했는데 김홍집을 총리대신總理大臣에, 이재면李載冕을 궁내대신宮內大臣에, 민영달閔泳達을 내부대신內部大臣에, 김윤식金允植을 외부대신外部大臣에, 어윤중魚允中을 탁지대신度支大臣에, 윤용구尹用求를 법부대신法部大臣에 서정순徐正淳을 공무대신工務大臣에, 박정양朴定陽을 학무대신學務大臣에, 이규원李奎遠을 군무대신軍務大臣에, 엄세영嚴世永을 농무대신農務大臣에, 안경수安駉壽를 경무사警務使에 임명하니, 대체로 이때의 소위所謂 내각 조직과 대원군의 총재總裁는 단 한가지도 오토리 케이스케大鳥圭介의 지도指導로 말미암지 않는 것이 없었다. 일본과 공수동맹攻守同盟을 이미 체결하였으나 관리의 임면任免이 조변석개朝變夕改하며 정령의 시행과 취소가 조삼모사朝三暮四하여 성벽 위에서 바라보는 사람(壁上觀者)으로 하여금, 국정國政을 유신維新하야 중흥中興의 대업大業을 건립建立할 수 있다는 희망希望을 가질 수 없게 하였다.

일청양국日淸兩國의 해군은 풍도豊島 부근 해협에서 전투가 처음 시작되어 성환成歡 지역의 한 번 전투에 아산牙山에 있던 청병淸兵까지 일패도지一敗塗地한지라 일병日兵이 승리를 틈타 경성京城에 들어오니 조선 조정에서는 영접사를 파견하고 여러 일본 장수를 위문하였다. 8월 1일에 일본이 선전조칙宣戰詔勅을 발포發佈하고 청국淸國 황제도 이에 대하야 선전조칙宣戰詔勅을 발포하니 청국 제독 위여귀衛汝貴 재실在實 등은 평양平壤에 와서 대동강大同江을 선점先占하고 방어를 준비하는데 아산牙山의 패장敗將 섭지초葉志超 또한 평양에 와서 만났다. 일본군의 야마카타 아리토모山縣有朋 (やまがた ありとも)는 청국 정벌征伐 제일사령관으로 노즈 미치츠라野津道貫(のづ みちつら)와 오시마 요시마사大島義昌(おおしま よしまさ)에게 명령하여 평양으로 진공進攻하여 청병淸兵이 패주敗走하니 일본에서는 서원사西園寺의 공망公望을 조선에 파견하여 독립을 부식扶植하고 개혁에 조력助力한다는 성의誠意를 전달하였다.

갑신년甲申年(1874) 시월에 김옥균金玉均과 같이 모의謀議하여 일을 벌였다가 실패하고 일본에 망명하여 10년을 지낸 금릉위錦陵尉 박영효는 이해 8월에 귀국하여 성 밖에서 대죄하며 상소上疏를 하였다.

"소신小臣은 나라의 녹을 받는 후예로서 나이 어리고 아는 것이 없어 사리事理의 순역順逆을 분별치 못하고 갑신지년甲申之年에 시사時事가 날로 그릇되어 국세國勢가 점차 쇠쇠衰衰하여 가는 것을 보고 이를 바로잡아 보고자 하다가 단충丹衷이 아직 부족하고 악명惡名만 더해져서 위로는 군부君父께 근심을 끼치고 아래로는 가문家門에 화禍를 더하여 이 한 몸 떠돌며 이역異域에 숨었사오니 만약 그 허물을 낱낱이 아뢰지 아니하면 그 악명은 천고에도 씻기 어렵삽나이다 업드려 죄를 청하오니 성조聖朝에 새로운 정령이 날마다 새롭다 하오니 예신穢臣(더러운 신하)은 감읍感泣함을 이길 수 없습니다 고국故國에 돌아와 죽고자 하오니 이번에 온 것은 바라건대 천안天顏을 재배再拜하와 구구區區한 우충愚衷을 아뢰고자함이 첫번째요, 부모형제의 해골을 뵈옵고 염장殮葬코자함이 두 번째입니다 이제 성 밖에 와서 업드려 대죄待罪함이 여러날이온대 구중九重에 깊은 곳에 작은 마음을 전할 길 없아오니 업드려 바라건대는 소신의 위고지충危苦之衷을 양찰諒察하시고 또 소신의 단단무타斷斷無他(한 가지 信念 외에 다른 마음이 없음)함을 양찰諒察 하옵소서 잡아들여 위명지죄違命之罪를 물으시면 도끼를 지고 끓는 물에 들어갈지라도 또한 감히 사양치 못하오리다."

임금께서 하교下敎하시기를, "지난날 박영효의 일은 그 형적形跡을 논한즉 대저 누가 죽이지 말라 하리오마는 연然이나 그 마음을 살펴보면 용서할만한 바가 있고 10년을 떠도는 동안에 고국을 그리는 마음이 상존尙存하니 그 죄를 특별히 효주爻周하야 관대한 뜻을 보이라 하셨다." 승지 윤조영尹組榮 등이 다시 잡아들일 것을 청請한대 허락하지 않으셨다. 금릉위 박영효의 죄를 사면하고 칙령으로 박영효를 내무대신에, 조희연을 군무대신에, 서광범을 법무대신에, 신기선을 공무대신에, 윤웅렬을 경무사에 임명하였다. 임금께서 조선의 독립과 서정庶政을 개혁하겠다는 일을 태묘에 고하시니 그 고유문告由文은 아래와 같다.(『승정원일기』 수록-필자 번역)

대군주께서 종묘宗廟에 나아가 서고문誓告文을 아뢰었다.
개국 503년 12월 사왕嗣王 모某는 황조열성皇祖列聖 영령英靈께 감히 아뢰나이다. 저 소자小子가 어린 나이에 우리 종조宗祖께서 터 닦고 지켜오신 나라를 이어받은 지 어언 31년이 되었습니다. 오로지 하늘을 공경하고 두려워하며 또 우리 조종祖宗을 받들어 온 덕에 여러 차례 많은 어려움에 처했으나 남기신 위업을 그르치지 않았습니다. 소자小子인 제가 감히 아뢰건대, 하늘을 잘 받들고 조종의 도우심이라 하겠습니다. 오직 조상께서 우리 왕가王家의 기틀을 여시고 후손을 이끌고 돌보아 주신 덕분입니다. 이제 나라를 창업한 지 503년이 되어 소자 저의 대에 이르러 시운時運이 크게 변하고 인문人文이 열려 우방友邦이 도와주고 협동하여 오로지 자주독립으로 우리나라를 공고鞏固히 해야 할 때입니다. 소자 제가 어찌 감히 이와 같은 천시天時에 응하고 우리 조종祖宗의 유업遺業을 받들지 않겠으며, 어찌 감히 분발하고 힘써서 선대의 업적을 더욱 빛내지 않겠습니까. 이제부터 시운時運에 대응하여 다른 나라를 의지하지 않고 나라를 융창隆昌시켜 백성의 복지福祉를 일으켜 이로써 자주독립의 기틀을 공고히 할 것입니다. 그 도를 생각건대 혹 구습舊習의 진흙에 빠지지 않으며, 혹 념희恬憘에 탐닉하지 않으며, 우리 조종祖宗의 큰 계책을 힘입어 세계의 형세를 살피고 내정內政을 혁파革罷하여 적폐積弊를 바로잡겠습니다. 소자 저는 14조의 홍범洪範을 하늘에 계신 조종祖宗의 영령英靈께 서고 하와 조종의 빛나는 유업을 우러러 그 공적功績을 감히 어기지 않을 것이오니 명령明靈께서 내려오사 굽어 살피소서.139)

이때 내각총리대신 김홍집金弘集, 내무대신 박영효朴泳孝, 외무대신 김윤식金允植, 학무대신 박정양朴定陽, 탁지대신度支大臣 어윤중魚允中, 농부대신農務大臣 엄세영嚴世永, 군무대신軍務大臣 조희연趙羲淵, 법무대신 서광범徐光範, 공무서리대신工務署理大臣 김가진金嘉鎭 등이 각전各殿의 존호尊號를 주청奏請하여 성상전하聖上殿下를 높여 대군주폐하大君主陛下라 칭칭稱稱하고 왕대비전하王大妃殿下는 왕태후폐하王太后陛下, 왕비전하王妃殿下는 왕후폐하王后陛下, 왕세자저하王世子邸下는 왕태자전하王太子殿下, 왕세자빈저하王世子嬪邸下는 왕태자비전하王太子妃殿下로 존칭하였다.

■ 조선 독립을 빌미로 내세운 일본의 출병

당시 한반도를 둘러싼 국제 정세는 일본의 야마가타 아리토모山縣有朋(やまがた ありとも)가 제1군을 거느리고 압록강을 건너 구련성九連城과 봉황성鳳凰城을 빼앗고, 오오야마 이와오大山巖(おおやま いわお)가 제2군을 거느리고 요동에 상륙하여 여순 입구를 함락시킨 후 제1군과 제2군이 합세하여 요하遼河 지류支流에 있는 우장牛莊을 점령하였다. 연이어 산동반도山東半島에 있는 위해위威海衛를 공격하여 청 나라 북양함대北洋艦隊를 전멸시킨 후 북경으로 진격하겠다고 호언豪言하였다.

청 나라 조정에서는 세세世勢가 불리不利함을 절감하고 두 차례나 강화講和를 청했으나 일본측이 거절하였고, 청 나라는 부득이 이홍장李鴻章을 두등전권대신頭等全權大臣

---

139) 大君主展謁祖廟誓告文. 敢昭(告)于皇祖列聖之靈. 惟朕小子, 粤自沖年, 嗣守我祖宗丕丕基. 迄今三十有一載. 惟敬畏于天, 亦惟我祖宗, 時式時依. 屢遭多艱, 不荒墜厥緖. 朕小子其敢曰, 克享天心, 寔由我祖宗眷(顧)陶佑. 惟皇我祖, 肇造我王家, 啓我後人, 歷有五百三年. 逮朕之世, 時運丕變, 人文開暢, 友邦謀忠, 廷議協同, 惟自主獨立, 迺厥鞏固我國家. 朕小子曷敢不奉若天時, 以保我祖宗遺業, 曷敢不奮發淬勵, 以增光我前人烈? 繼時自今, 毋他邦是恃, 恢國步于隆昌, 造生民之福祉, 以鞏固自主獨立之基. 念厥兹, 毋泥泥于舊, 毋狃于怠嬉. 惠迪我祖宗玄謨, 監察宇內形勢, 釐革內政, 矯歟積弊. 朕小子, 兹將十四條洪範. 誓告我祖宗在天之靈, 仰玆祖宗之遺烈, 克底于績, 罔或敢違, 惟明靈降鑑.

으로 흠차欽差하여 일본에 보냈다. 일본에서는 내각총리대신 이등박문伊等博文과 외무대신 무츠 무네미츠陸奧宗光むつ むねみつ를 전권변리대신全權辨理使로 삼아 시모노세키에서 회동하고 화친조약을 체결하였는데, 할지割地와 전쟁비용 배상, 통상이익을 증가시키면서 특히 조선의 독립을 확인하였다.

이로써 일본과 청 나라의 전쟁터가 되었던 조선의 위기는 일단 가라앉게 되었지만 조선에 대한 일본의 간섭은 거칠 바 없는 상황이 되고 말았다. 오토리 케이스케大鳥圭介(おおとり けいすけ)는 이미 오랜 기간 조선에 주둔했다가 물러나고 내무대신을 맡고 있던 이노우에 카오루井上馨(いのうえ かおる) 백작이 특명전권공사로 경성京城에 부임해 왔다. 이노우에는 전에 동학당東學黨을 교사敎唆하면서 중국군과 비밀통신을 하며 군정軍情을 누설한 대원군으로 하여금 국무國務에서 손을 떼고 물러나게 했으며, 명성황후도 정치에 관여할 수 없게 하는 20개 조의 개혁안을 발표하였다.

이때 정부에 대한 비방은 날이 갈수록 심해져서 사람들은 말하기를, "새 정부의 이른바 인재 등용이라는 것은 인재의 등용이 아니라 사람 찌꺼기를 고용하는 것"이라 하고, "내각의 관료는 승경도 치기 놀이가 제일 가는 재주다"라 하며, "기무처機務處(군국기무처)의 사업은 주마등走馬燈의 환영이다"라고 하였다. 또 "희연가진말마라 정수리터질라"라고도 하니 이는 조희연趙羲淵 김가진金嘉鎭 안경수安駉壽를 미워하여 그들이 죽어 귀신이 되었으면 좋겠다는 저주의 말이며, 혹 비방하기를, "운현궁雲峴宮 대문 앞에는 때아닌 은어銀魚 장사가 왔다지?"라고 비아냥대니 이는 은어가 도루묵의 은어隱語이므로 은어가 도루묵이 된 것 같이 대원군이 도로 들어앉은 것을 비소誹笑하는 말이다. 혹 말하기를, "육지동악六肢同惡도 일소가세一梳可洗"라고 비웃으니 이는 "박영효朴泳孝도 김옥균金玉均과 한 패가 되어 반역을 도모했던 악인惡人으로 김옥균처럼 육지六肢의 형벌에 처해야 하는데 천고千古에도 씻을 수 없는 반역죄를 한 번의 상소上疏로 임금의 마음을 움직여 죄를 씻었다"는 비아냥이었다.

박영효는 10년간이나 일본에 머물며 겨우겨우 보신保身하다가 살아남아 귀국한 후 예전에 지은 육지거열六肢車裂의 죄를 용서 받는 은명恩命을 입었을 뿐 아니라 내무대신으로 임명되어 일본당의 영수領袖가 되어 이노우에 공사의 위세를 등에 업고,

안으로는 명성황후의 총애를 회복하여 궁정宮廷 내외에 자기 세력을 심으면서 김홍집 일파의 각료를 제거하고자 하니 박영효와 김홍집이 서로 파당派黨을 갈라 알력軋轢하며 저훼詆毁하는 세사가 옛날 붕당시대 사화士禍를 능가하니 정부 혁신은 꿈도 꿀 수 없게 되었다.(당시 명성황후는 박영효를 총애한 것이 아니라 제거하려 했었다.-필자 주)

고종주高宗柱와 전동석田東錫은 본래 떠돌던 무리로 전에 동학이 봉기蜂起하여 인심이 흉흉할 때를 틈타 파당派黨을 만들고 연중을 선동하며 반역을 도모하여 먼저 개화당을 제거하고 찬역簒逆(謀反) 하고자 할 때, 이준용李埈鎔(대원군의 장손)은 왕실 지친至親이라 하여 이들과 어울려 일을 도모하다가 동학이 패주하여 흩어져 숨어 버린 후에도 끝내 흉모凶謀를 풀지 못하고 무뢰도당無賴徒黨인 최형식崔亨植 등과 서로 모의하여 어두운 밤에 법부협판法部協辦 김학우金鶴羽(1862~1894)를 척살刺殺한 후 당시의 여러 사람을 차례로 죽이고자 하였다. 그러나 경위警衛가 삼엄하여 김학우를 죽인 것 외에 더는 흉모를 실행치 못하였고, 김학우를 죽인 범인은 다시 수색할 방법이 막연했는데, 을미년 봄에 이르러 김학우 암살사건을 다시 엄하게 수사하여 일당 중 한기석韓祈錫 조용승曹龍承을 고문拷問하니 전후 사정을 남김 없이 자백自白하였다. 이에 이준용은 교동도喬桐島에 유배 안치安置하고 박준석朴準錫(朴準陽의 誤記임-필자 주), 이태용李泰鎔, 김국선金國善, 한기석 등은 사형에 처하고(金國善과 韓祈錫은 종신유배형에 처해짐-필자 주), 고종주高宗柱 전동석田東錫 최형식崔亨植 등도 교수형絞首刑에 처했다.

을미년乙未年 봄에 이준용李埈鎔은 장위사壯衛使(한양과 지방의 장위영을 통할하던 壯衛營 대장)에 임명되어 있었고 운현궁雲峴宮의 송정松亭이라는 산정山亭에 거처居處하더니 어느날 새벽 봄꿈을 처음 깨었는데 창 앞과 방 안에 수십 명의 순사가 가득 모여들어 "급히 행차하셔야 한다"고 청請하는지라, 시자侍子가 잠깐 대감大監께 아뢰고 갈 뜻을 청請할 즈음 몸은 벌써 가마 위에 앉아 대문 밖에 나왔다.

법부에서는 의금부義禁府를 임시고등법원臨時高等法院으로 정하고 (이준용을)금부禁府로 끌어가 버렸다. 대원군은 나중에 이 소식을 듣고 한 편 두렵고 한 편 노하여 즉시 금부禁府 앞까지 쫓아 왔으나 들어갈 수는 없고 금부 앞 남쪽 정면에 있는 과일 가게를 임시 거처로 정하니 그 초조하고 울민鬱悶한 모양은 차마 보기 딱한 모양이었다. 매일 같이 금부에 사람을 보내서 조손祖孫이 같이 취조 받겠다는 탄원歎願을 제출했으나 마침내 아무 효과 없는 허망함으로 그치고 법원法院에서는 고종주高宗柱, 전동석田東錫, 최형식崔亨植 등을 이준용李埈鎔과 대질對質하여 동학당 당시에 반역을 꾸미던 내용을 철저히 조사하여 일일이 신문訊問하는 동안 시일時日은 어언간於焉間 여러 달 지나서 옥사獄事의 결과가 나와 사형에 처해진 자가 여섯 명이오 이준용은 교동도喬桐島에 안치安置하게 되니 대원군도 어쩔 수 없이 운현궁雲峴宮으로 환귀還歸하였다.

대원군 안전眼前의 가장 친근한 문인門人 한석진韓奭鎭의 말에 의하면 대원군 같은 반도半島 제일의 호걸도 운運이 다하고 때를 잃으면 신룡神龍이 여의주如意珠를 잃음과 같아서 지상에 떨어지면 지렁이와 봉의蜂蟻(벌과 개미)의 해를 받아도 또한 어찌 할 수 없는 모양이다. 하루는 새벽에 한석진韓奭鎭이 일찍 깼는데 대원군 침방寢房에 촛불이 켜져 있고 따라 모시는 시종 몇 사람이 출입하는 모양이었다. 급히 가서 보니 대원군은 벌써 세수와 빗질을 마치고 안에서 쓰는 가마 한 대가 마루 위에 놓였으며 가마꾼 네 명과 배종陪從 네 명이 수청방守廳房에 들어와 섰기에 대감께 여쭙되, "어디를 이처럼 일찍 행차行次하시나니까" 하니 말씀 하시기를, "너는 어찌 일찍 일어났느냐. 요란하면 안되니 아무말도 말라" 하시고 즉시 일어나 교자轎子에 앉으시며 가마꾼 네 명과 배종 네 명 외에는 "한 사람도 뒤따르지 말라" 하시고는 "바삐 가자" 명하셨다. 가마꾼이 가마를 메고 활살같이 대문을 나가는지라 한석진은 설령 대감이 죽을 곳으로 가시더라도 혼자 살겠다는 뜻이 없는 고로 의관衣冠을 차릴 새가 없이 동저고리 단탕건 바람으로 죽기를 각오하고 급히 가마 뒤를 따랐다.

이때 정부政府가 경위警衛 명목名目으로 운현궁雲峴宮에 파송派送한 순사巡査는 꼭 20 명씩 매일 교체하는데(노골적으로 말하자면 감금하는 순사다) 중문中門에서 수직守直하던 순사巡査가 이게 어찌된 가마냐 조사하는 사이에 대감이 어디론가 가시는 걸 알고는 즉각 호각呼角을 마구 불어대니 스무 명의 순사가 미처 복장도 정돈치 못하고 새까맣게 가마 뒤를 따라 붙었다. 한석진은 순사 눈에 뜨일가 염려하며 상당한 거리를 떨어져서 뒤따라 갔다. 가마꾼은 한참씩 가다가 번갈아 뫼시고 가니 빠르기가 살과 같아서 순식간瞬息間에 새문(今 新門路) 밖을 나섰고 다시 공덕리孔德里를 향하는 모양이더니 얼마 지나지 않아 아소정我笑亭(공덕리에 있던 대원군 별장)에 이르러 대감은 사랑舍廊으로 들어가셨다 순사巡査들도 헐떡임이 아직 멈추지 않았고 땀이 등에 흐른채 아소정 대문과 중문中門을 파수把守하고 철통같은 경위警衛로 한사람도 드나들지 못하게 하는데 이때야 비로소 동쪽 하늘에 붉은 해가 떠오르고 있었다.

공덕리孔德里 대원군 별장 아소정我笑亭-국사편찬위원회 한국근대사료DB

한석진韓錫鎭은 감투를 벗고 머리에 수건을 동인 후 주춤주춤 순사 앞에 가서, "저는 이곳 정자직亭子直이올시다 대감께서 무슨일로 이같이 일찍 행차하셨는지, 새벽에 무엇을 잡수셨는지, 아침 진지를 어찌 하올지 여쭈어 보아야 하겠으니 잠간暫間 들어가도록 해 주십시오"하니 순사巡査들이 상의相議하고는 들어가도록 허락하고 속速히 나오라 하였다. 한석진이 들어가보니 대감은 올연兀然히 홀로 앉아 계신지라 가마꾼과 배종들 있는 곳을 여쭈니 입을 들어 침방문寢房門을 가르치시는지라 열어보니 여덟 사람이 웅크려 앉아있고 가마는 대청에 놓여 있었다. 들어오던 말을 대감께 아뢰고 아침 진지를 어찌할지 여쭈어보니, "나는 먹을 생각이 없고 다만 하인下人들 밥을 잘 먹이라"하시기에 물러나와서 정자직亭子直이와 상의相議하여 진지를 끊여 올리고 하인들은 밥을 잘먹였다.

문을 드나드는 것은 어려움이 없었다. 순사巡査들도 시장할듯하여 조반朝飯을 준비하여 먹게 했더니 매우 고맙게 여기는 모양이었다. 대감께 어디로 행차하시는지 다시 여쭈오니, "나는 교동喬桐을 가려는 것인데 현석포玄石浦에 배까지 준비準備하였다. 네가 왔으니 같이 가자"고 하셨다.

이때 문밖에는 벌써 경무관警務官과 총순總巡이 순사 수십 명을 거느리고 성 안에서 좇아와 대감을 뫼시고 온 가마꾼과 배종陪從이 어디에 있는지 묻기에 "대감 면전에서 모시고 있다"고 하였다. 대감은 즉시 윤자輪子(바퀴 달린 가마)를 타고 가마꾼과 하인들이 한꺼번에 둘러싸고 대문을 나와 현석포玄石浦 강변으로 내달리니 경관과 4, 50명의 순사도 다만 뒤를 따라 현석리에 이르렀다. 강변에는 배를 대고 기다리는 뱃사람 너댓 명이 있었는데 대감이 가마에서 내려 강 위의 배로 향할 때 순사들은 벌써 배 위에 있던 뱃사람들을 붙잡아 어디로 갔는지 알 수 없었다.

대감은 눈에 불이 나듯 하늘을 찌를듯한 노기怒氣로 다른 배를 부르라 하는데, 데리고 온 가마꾼과 배종陪從 여덟 명은 한 사람도 남기지 않고 주점酒店에 구류拘留당했고 경관대警官隊 모두는 검을 빼어들고 검광劍光을 번뜩이는 가운데 다른 배들을 묶은 닷줄을 끊으며, "배를 가지고 바삐 멀리 가라. 한 사람이라도 배를 치우지 않는 자는 당장 목을 벨 것이다"라고 하니 강변에 배를 대고 있던 뱃사람들을 배를 저어 모두 떠났고, 다만 파선破船 한 척만 물 위에 떠 있는데, 노도 삿대도 없는 배 밑바닥에는 물까지 고여 있었다. 대감은 그 배라도 타려고 앞으로 내달리는데, 한석진은, "탈 수 없는 배"라고 죽기로 말씀드릴 즈음 기마경관 5, 6명이 내달으며 파선破船을 치우라 소리쳤다. 대감은 이미 배에 이르러 한쪽 발을 배에 올렸는데 한 경관이 칼 끝으로 파선을 밀어 버리니 대감은 그만 물에 떨어져 허리까지 빠지고 말았다.

이를 본 한석진韓奭鎭도 눈에 불이 일어나 경관을 향해 소리쳤다. "대원대감은 대군주폐하大君主陛下의 아버님이시고 정부 관리는 대군주폐하의 신료臣僚이거늘 정부 명령을 거행하기 위하여 대군주폐하의 부친父親을 물에 빠지시게 하니 경관에게는 정부만 있고 대군주폐하는 잊어버리는 일이 아니냐. 하느님 살피소서"라고 하니 경관들도 당황하여 몸둘 바를 알지 못할 때 대감은 젖은 옷을 부여잡고 벌써 파선破船에 올라가 한석진에게, "어서 바삐 배를 띄우라" 하였다. 한석진은, "배는 노櫓도 삿대도 없이 맨주먹으로 운항運航하는 것이 아니올시다"라고 대답對答할 즈음에 또 두 사람의 경관 뒤에서 비서승祕書丞이 화급하게 뛰어와 배애 올라 여쭙되, "왕태자전하王太子殿下께서 바삐 환택還宅하시라 아뢰고 만일 환택還宅하지 않으시면 전하殿下께서 이곳까지 동가動駕하시겠다 여쭙고 즉각 복명復命하라 하셨삽나이다" 하니 대감은 엄동嚴冬의 빙설氷雪 같던 안색顔色이 갑자기 춘풍화기春風和氣로 변變하시며 말씀하시기를, "내 평생에 왕태자전하王太子殿下의 간청懇請이 처음이라. 내가 어찌 듣지 아니하리오" 하시고 배에서 내려 교자轎子를 타고 비서승祕書丞에게 말씀하시되, "왕태자전하께 내가 공덕리孔德里로 돌아갔다고 바삐 아뢰라" 하고 아소정我笑亭으로 들어가니 이날 나왔던 경관警官은 다 돌아가고 다만 운현궁雲峴宮에서 좇아온 경위警衛 20명만 남은지라. 다들 들어가고 5,6명만 이곳에 있으라 하시고 월여月餘를 공덕리孔德里에서 한가롭게 요양하셨다.

　청淸과의 전쟁에서 이긴 일본은 전승戰勝의 위세를 힘입어 우에노 공사는 20개 조에 달하는 개혁안을 조선 조정에 제출하고 온갖 조정 일에 간섭함으로써 전체 조선인의 민심을 잃게 되었고, 한 편으로는 러시아와 독일 불란서 3국의 간섭을 이기지 못하고 전공戰功으로 청으로부터 할양割讓 받은 요동반도를 부득이 반환하게 되었다.

　조선 조정의 이범진李範晉, 이완용李完用, 이윤용李允用(이완용의 異腹兄) 일파는 러시아 공사 위패韋貝(위베르-Waeber, Karl Invanovich)와 결탁하고 안으로는 명성황후와 연결하여 러시아 세력에 의뢰하고자 하였고, 김홍집金弘集 일파는 소위 개혁을 주창하는 일본편이라는 제인諸人과 같이 갑오년甲午年 유월 이래 조정 안에 또아리 틀고 점거세력으로 남아 있으며, 박영효朴泳孝 일파는 그가 일본당日本黨의 영수領袖라 하여 정국政局의 세력을 모두 차지하고자 하였으나 조정朝廷 전체 세력이 오히려 김홍집 일파에 미치지 못하고 또 이노우에井上 공사公使가 일시 돌아간 까닭에 조력助力을 받을 수 없게 되었다. 명성황후의 정략政略은 박영효를 농락籠絡 이용利用하여 민씨 족속에 반대하는 일본당日本黨을 한 번에 제거하고 러시아 세력을 완전히 믿을 만하게 되면 박영효까지 제거할 복안腹案이었다.

　을미년 7월 5일 박영효朴泳孝 일파인 신응희申應熙 이규완李圭完 우범선禹範善 등 세 사람은 박영효와 상의相議한 후 왕궁수비王宮守備를 바꾼다는 것을 구실 삼아 실력으로써 세력 만회挽回를 계도計圖하였다. 7월 5일에 신응희 이규완 우범선은 한강에서 배를 타고 놀며 밀의密議하고 다음날인 7월 6일에 반역을 도모하고자 하였는데 일본인 사사키佐佐木가 그 내용을 자세히 알게 되어 한재익韓在翼을 만나 필담筆談으로 이 일을 누설漏洩하였다. 한재익은 필담筆談한 지첩紙帖을 가지고 특진관特進官 심상훈沈相薰에게 급히 고告하니 심상훈은 바로 입궐하여 임금께 아뢰었다. 임금이 크게 놀라 그날 밤에 전 총리대신 김홍집金弘集을 불러 명령하기를, "짐朕이 박영효朴泳孝의 지난번 갑신년甲申年 일로써 그 뜻은 용서할 바가 있다하여 죄를 논하지 않고 요직에 앉게하여 이로 하여금 충성하여 스스로 속죄케 하였더니 오늘 반대로 다시 역모逆謀를 도모하던 일이 발각되었다. 법부法部로 하여금 엄핵정죄嚴覈正罪하라"고 하셨다. 이때 경무사警務使는 이윤용李允用이었다. 임금은 은밀히 박영효 체포하는 일을 이윤용에게 명命하셨다. 경무사 이윤용140)의 집은 전에 안경수安駉壽가 살던 재동齋洞의 이른바 왜송백倭松栢이 집이요, 내무대신 박영효의 집은 소안동小安洞 지금의 윤치소尹致昭 집이었다. 이런 까닭에 두 집 대문은 재동齋洞과 안동安洞으로 나 있으나 뒤로는 이집 저집이 한 개의 담으로 막혔을 뿐이었다. 이윤용은 박영효를 체포하라는 칙명勅命을 받들고 즉시 물러나와 담을 격隔하고 비밀祕密리에 박영효를 청請해 이날 밤에 봉칙奉勅한 사실을 자세히 말하고 급히 도망하여 대화大禍를 면免하라며 임금으로부터 받은 은명恩命을 팔아버리니 박영효는 즉시 체포망을 벗어날 수 있었다 이윤용은 다음날 아침에 경무청警務廳에 비밀지휘祕密指揮하야 박영효를 포박捕縛하라하니 경리警吏가 박영효 집 문에 이르렀을 때 박영효는 이미 한강을 통

---

140) 이윤용李允用은 그 아비인 우봉이씨牛峯李氏 이호준李鎬俊과 평양기平壤妓 사이에서 태어났는데, 이완용李完用이 이호준의 양자養子가 되어 이완용의 이복서형異腹庶兄이 되었으며, 대원군과 계성월桂成月 사이에서 태어난 서녀庶女 숙안정주淑安亭主와 혼인한 대원군의 사위이므로 고종에게는 서매제庶妹弟다. 이윤용은 박영효朴泳孝와 신응희申應熙 이규완李圭完 우범선禹範善 등을 잡으라는 임금의 명을 받고도 오히려 이를 죄인들에게 누설하여 도망치게 하였다.

행하는 작은 증기선蒸氣船을 타고 몸을 보전하여 행주 아래로 내려가 인천仁川으로 가는 도중途中이었다. 신응희申應熙 이규완李圭完도 박영효를 뒤따라 도망가 버렸다.

박영효는 갑신정변과 갑오년 반역도 모자라 경자년庚子年(1900년)에도 반란을 획책하였는데, 『동광東光』 1931년 3월호에 박영효가 이광수에게 털어놓은 내용이 있다.

> "박영효씨朴泳孝氏는 갑오년 김홍집金弘集 내각 때에 1차 귀국하였으나 갑오경장이 또 실패에 돌아가고는 제2차로 일본에 망명하였다. 고베神戶에 조일신숙朝日新塾을 세우고 청년을 양성한 것이나 추정秋汀 이갑李甲을 만난 것이 다 이때였다. '갑신년에 일본의 힘을 빌려다가 실패하였으니까 이번에는 우리의 힘만 가지고 혁명을 해보리라' 하고 경상도, 전라도, 함경도 등지等地의 인사人士들과 연락을 취해서 일제히 난을 일으켜가지고는 최후로 경성을 함락하고 신정부를 건설할 계획을 세웠소. 그리고 경자년庚子年(1900년-필자 주)에 거사擧事를 할양으로 동지 5인을 본국에다 보내었더니 이 군群들이 약조대로 난리는 아니 일으키고 부산으로 동래로 혁명 연설을 하고 돌아다니다가 다 붙들려 죽었지요. 그래서 경자년 계획도 수포水泡로 돌아가고 말았소.' 이때에 정부에서는 일본에서 건너온 유학생이면 깡그리 잡아 죽였다."

박영효는 갑신정변과 갑오년 역모逆謀, 경자년 반역叛逆까지 획책하고, 경술국치 이후에는 후작侯爵의 작위를 받고 중추원 부의장으로서 일본의 주구走狗 노릇을 하면서도 자신의 매국賣國 행위 변명에 급급하고 있으니 참으로 부끄러움을 모르는 망국노다.

■ 와각지쟁蝸角之爭 속 몰려오는 먹구름

명성황후가 사람을 대할 때는 변화가 막심莫甚해 다른 사람이 그 심중을 헤아리기 어려울만큼 깊었다. 겉으로 얼굴에 어두운 기색이 있더라도 마음 속에는 환한 해가 비추며, 얼굴에 해가 비치는 모습이라도 마음 속에는 깊은 헤아림을 머금고 있었다. 조선인의 성격은 겉으로 양화陽和스러워 보여 마치 솜처럼 부드러워도 내면으로는 검수도산劍水刀山을 품으니 겉모습의 부드러움만 취하면 명조明朝와 청대淸代의 오랜 친교親交를 얻을 수 있을 것 같지만 만약 내심內心을 헤아려보면 수隋 양제煬帝와 당唐 태종太宗의 실패는 언제라도 재현될 것이다. 그러나 이노우에 공사는 이런 조선인의 심리를 일찍이 간파하여 그 추진하는 일이 유밀愈密(더 친밀함)하나 언중言衆으로부터는 더 소원疎遠해 졌고, 러시아 위패韋貝(위베르) 공사는 북구北歐의 깊고 강의剛毅한 수완으로 몰래 어리석은 무리를 꼬득이고 농락하여 궁중의 권력에 가까이하여 부지불각不知不覺 중에 러시아 세력을 조선 조정에 점차 뿌리를 내리니, 이노우에 부임을 틈타 반도를 경영하려고 한 일본의 책략은 구름처럼 흩어지게 되었다.

이에 앞서 총리대신 김홍집金弘集이 물러나고 박정양朴定陽이 이를 대신하게 되었는데, 칙명勅命으로 감사監司 유수留守 안무사按撫使 통제사統制使 병사兵使 수사水使 방어사防禦使 감리監理 부윤府尹 목사牧使 부사府使 군수郡守 서윤庶尹 판관判官 현령縣令 현감縣監 목관牧官 검사영장檢使營將 중군中軍 우후虞候 만호萬戶 권관權官 별장別將 등의 관직으로 지방제도를 개정改正하야 전국을 20으로 나누고 13개 부府 330개 군郡으로 정定했다. 부府에는 관찰사觀察使, 군郡에는 군수만 두고, 각 도道 외영外營의 병정兵丁을 해산하였다 내장內藏 시종侍從 규장奎章 장례원掌禮院 등을 두어 이를 궁내부宮內府에 속屬하게 하고 원院에는 경경을 두었다. 육군陸軍을 편제編制하여 명칭을 훈련원訓鍊院이라하고 군제軍制를 개정改正하여 대장大將 부장副將 참장參將 정령正領 부령副領 참령參領 정위正尉 참위參尉 등 군관軍官을 두었다.

이노우에 카오루井上馨가 돌아간 이후 대원군도 정권에서 멀어지고 명성황후의 정략이 힘을 갖게 되면서 일본 세력은 날이 갈수록 조정에서 밀려나고 명성황후 세력이 점차 중용되고, 일본 세력을 제거하기 위해 훈련대 해산까지 거론되기 시작했다. 일본 세력은 분개하고 격앙되어 일본 사람들과 접촉하며 세력을 만회하고자 할 때 이노우에 후임으로 미우라 고로三浦梧樓가 전권공사로 부임해 왔다. 미우라는 조선에 부임하기 전 동경에 망명해 있는 박영효를 찾았다. 그는 박영효와 서신을 통해 우에노 공원上野公園에서 우연히 운동하다가 서로 만난 것처럼 하기로 밀약密約하고 모월모일 두 사람이 우에노 공원에 있는 정양헌靜養軒에서 만났다.

미우라는 조선에서 상의할만한 사람이 누구인지를 물었고, 박영효는 같이 역모逆謀를 꾸미던 훈련대 제2대대장 우범선禹範善의 경륜과 인격이 대사大事를 상의할만 하다

Ⅷ. 냉혹한 국제질서와 시대의 격랑   339

고 말해 주었다. 미우라는 경성에 오자마자 우범선을 수소문해 공사관에서 만났다.

우범선은 고종과 명성황후의 총애를 받던 자者이나 어느날부터 기고만장氣高萬丈하여 역모를 일으키고, 끝내 은혜를 져버리고 명성황후 시해弑害에 앞장선 망국노亡國奴다. 신묘년辛卯年(1891)과 임진년壬辰年(1892) 사이에 지백련池白蓮 운영運永은 묵동墨洞에 있는 수칸 파옥破屋에 우거寓居하고 있었는데, 그 판자문 맞은편에 우범선禹範善도 우거하고 있었는데 하루는 아침 일찍 우범선이 찾아와 큰 소리로 백련 선생을 부르는지라 나가보니 문 앞에서 큰 소리로 말하기를, "세상에 헤아리기 어려운 일도 있구려. 오늘 새벽 미명未明에 어떤 사람이 찾아왔기에 문앞에 나가본즉 평생에 처음 보는 사람이었소. '누구냐'고 물으니 대답하기를, '나는 남묘南廟의 곳지기(庫直)인데 성명姓名은 모某라오. 관제關帝 분부分付를 모시고 그대에게 전傳하러 왔노라.' '관제께서 무슨 분부를 내게 전하신단 말씀이오?' '오늘 새벽 꿈에 관제를 뵈었는데 분부하시기를, 묵동墨洞에 가서 우범선이라는 자者를 찾아보고 내 분부를 전하되, 무슨 일이든지 수분안정守分安定(분수 지키기)하여야 하는데 만일 분수 밖에 외람猥濫한 생각이 있으면 극히 흉凶하리니 이 말을 이르도록 하라'고 하시기로 '모통모호某統某號를 알지 못하거늘 다만 묵동에 가서 어찌 찾으오리까' 하며 여쭈오니 '모통모호某統某號니라 하시기로 찾아왔노라' 하기에 '관제關帝께서 그렇듯 가르치심은 황감惶感하오나 내가 무슨 외람猥濫한 망상妄想이 있으리오' 하며 지금 그 사람을 보내고 왔으니 관제關帝께서도 우범선을 아시는 모양이라"며 심히 자부自負하는 기색이 보이더니 그 후로는 술을 마시며 방담放談하는 때에는 반드시 팔뚝을 걷고 큰소리 치기를, "우범선은 아무리 진세塵世의 인물이라 하지마는 관제께서도 나를 알아보시는 터이라"하며 호언걸기豪言傑氣가 기고만장하는 고로 백련白蓮은 근신謹愼하며 수계修戒할 것을 여러 차례 권고하였으나 듣지 않더니 불과 3년이 지나기 전에 관연 미천대죄彌天大罪(하늘까지 닿는 큰 죄)를 범하고 신혼身魂(몸과 혼)이 이역異域에서 사라졌으니 성훈聖訓을 준수遵守하였던들 그와같은 대사건大事件을 저지르지 않았을지도 모를 일이라고 백련白蓮은 말하였다.

지운영池運永 선생의 전언傳言으로 미루어 보건대 우범선은 과대망상誇大妄想의 광객狂客으로 은사恩賜를 배반하고 나라를 갉아먹은 훼국지두毁國之蠹(나라를 갉아먹는 좀벌레)141)가 되었다. 우범선禹範善은 같이 일을 도모하던 동지同志와 뒷배가 되어주던 이노우에 같은 일본 세력을 모두 잃고 홀로 울민鬱悶하며 소일하던 중 새로 부임해 온 일본 공사와 만났으니 그를 통해 평일 자기 마음 속에 품었던 역심逆心의 실행 여부를 가늠하고자 하였다.

남산에 있던 일본 공사관(숲 사이로 보이는 건물, 今 예장동 2번지)
하야시 다케이치林武一 촬영 『조선국진경朝鮮國眞景』

미우라三浦가 말했다. "조선의 개혁과 경영이 이 지경에 이르러 모든 것이 물거품으로 돌아가니 이는 조선과 일본 지사志士들이 모두 분탄憤嘆하는 바이라. 조선에 올 때 박영효 씨를 가만히 만나보니 조선의 개혁안은 그대와 상의하라는 권고를 들었으니 그대의 양산良算(좋은 계책)을 듣기 원하노라" 우범선이 말했다. "저는 무부武夫에 불과하니 무슨 정견이 있겠습니까마는 다만 조선의 정치개선은 즉시 민후閔后의 당우黨羽를 한번에 쓸어버리지 않으면 비록 어떤 고재양책高才良策이 있을지라도 그 장애障碍로 인하여 성공할 수 없고, 또 평일에 전제專制하던 구습舊習은 비록 어떤 권고를 할지라도 변개變改키 어려울 것이니 전임前任 이노우에 공사가 한성漢城 정계에서 완전히 실패한 일과 일본파 개혁당의 퇴출退黜(쫓겨남) 당함도 이것에 말미암은

---

141) 훼국지두毁國之蠹 : 박광민 창작시집 『思惟의 뜨락에서』(2013년)에 수록된 「학도병 애가哀歌」에서 필자가 처음 만들어 썼다. 『한비자韓非子』의 '오두五蠹'에서 착안하였다.

것입니다. 이와 같은 문제를 먼저 해결하지 않으면 조선의 개혁과 조일朝日 외교는 다시 논의할 여지가 없습니다."

미우라가 말했다. "이는 대사大事여서 쉽게 전의詮議(사리를 따져 논함)키 어렵구려." 우범선이 소매를 떨치며 분개하여 말했다. "논의할 일은 이미 끝났으니 저는 그만 물러가고자 합니다." 미우라가 우범선의 손을 잡고 일어나며 말했다. "이렇게까지 화낼 필요는 없지않소. 일의 처리는 온건穩健(사리에 맞음)할까를 생각하지 않을 수 없으니 무릇 그대 말대로 실행하면 사후事後 민심과 물의物議(남의 비평)가 어떠하겠소?" 우범선이 말했다. "다만 국가의 존망存亡이 이에 달렸으니 민심과 남의 비평도 나라가 망하기를 바라는 자가 아니면 누가 불가하다 하리오. 공公이 만일 조일朝日 양국의 대사大事를 어깨에 짊어질 것이면 주의主義(옳다고 여기는 바)를 먼저 실행할 따름이요, 사후事後의 일은 이 범선이 있으니 공이 무엇을 걱정하리오." 하니 미우라는 이날 밤 우범선을 공사관公使館에 머물게 하고 민파閔派를 제거할 계의計議에 대하여 어떻게 시작하고 어떻게 끝낼지, 여하여하如何如何를 결정하였다.

이때 한양에는 여러 해 동안 와서 살던 일본 사람과 각처에서 모여든 일본인이 각자 사업을 한다며 동분서주東西奔走 하는 자者가 백여 명이었는데 오카모토 류노스케岡本柳之助(おかもと りゅうのすけ)142) 쿠니토모 시게아키國友重章(くにとも しげあき) 아다치 겐조安達謙藏(あだち けんぞう) 기구치 겐조菊池謙讓(きくち けんじょう) 등은 미우라 고로三浦梧樓와 결탁하고 또 안경수安駧壽 조희연趙羲淵 김가진金嘉鎭 유길준俞吉濬 등과 통모通謀하여 대원군을 앞세우고 거사擧事하려 할 때 오카모토가 말했다. "우리는 먼저 대원군의 의사가 어떤지를 확인하여 이 시국時局을 바로잡겠다는 결심이 있으면 약속을 먼저 정한 후에 이를 돕는 형식이 좋겠다"하고 네 개 조항의 약속 안案

---

142) 오카모토 류노스케(1852~1912)는 덕천가德川家의 세신世臣 가문의 차남으로 태어났는데, 일본 막부幕府 말기 유신維新 때, 16세로 기슈번紀州藩의 보병 대장을 맡아 "기슈번의 신동"으로 불리기도 했다. 메이지 신정부의 군인이 된 그는, 군인으로서 천부적 재능을 종횡으로 발휘하기도 하였는데, 소좌少佐 때 서남전쟁西南戰爭의 다케하시竹橋 사건에 연루되어 제대하였다. 이후 아무 직위나 관직도 없이 여러 사건에 뛰어들어 활동하였다. 일본 정부로서는 지위나 관직이 없으면서도 실행력이 뛰어난 오카모토가 일본 정부가 책임을지지 않으면서 개입하고자 하는 일에 투입해 활용하기 좋은 비밀 용병傭兵이었다. 일본 정부가 명성황후 시해 사건에 오카모토를 투입한 것은 을미년의 국가 범죄를 일으키고도 책임을 면하고자 했던 교묘한 술책이었다. 이 자의 회고담이 일본에서는 영웅담처럼 퍼져서 『풍운회고담風雲回顧談』으로 간행되어 있다. 윤효정尹孝定의 『풍운한말비록風雲韓末祕錄』도 오카모토 류노스케의 『풍운회고담』 형식을 빌어 쓴 것이다.

을 가지고 몇 사람이 공덕리孔德里에서 한양閑養(한가히 지냄) 중인 대원군을 찾아갔다.

1. 국태공國太公은 대군주폐하大君主陛下를 도와 궁중 사무의 정리를 맡고 왕실의 사무와 확실하게 구별을 세울 것. 궁내부宮內府의 세력을 확충擴充하여 국정사무國政事務를 침식侵蝕함과 같은 일은 단연코 하지 말 것. 이에 따라 구태공은 정부의 관원 진퇴進退에 참견하지 못함은 물론이고 정무政務에는 일체 간여치 말 것.
2. 김홍집金弘集 어윤중魚允中 김윤식金允植 세 사람을 위주로 하고 기타 개혁파 인사士를 천거하여 주요 업무를 보게 하고 정무政務를 전임專任하야 고문관顧問官 의견을 듣고 대군주폐하의 재가를 거쳐 정사政事의 개혁을 결행하고 독립의 기초를 공고鞏固히 함을 약속 할 것.
3. 이재면李載冕 씨로 궁내대신宮內大臣을 삼고 김종한金宗漢 씨로 동同 협판協辦을 다시 맡게 하여 궁내부 사무를 담당케 할 것.
4. 이준용李埈鎔 씨를 3년간 일본에 유학케 하여 그 능력을 양성 할 것. 단 매년 약속한 기한에는 귀성歸省하여도 무관함.

이상 네 개 조문을 본 대원군은 이마에 희색喜色이 만면滿面하였다. 오카모토가 말했다. "저하邸下께서 이에 동의할 마음이 있으시면 동의하는 서명을 해 주소서"하니 대원군은 조약문 끝에 자서自書하되, "오른쪽(세로쓰기이므로) 4개 조항은 내가 확인하고 동의한 것이다"라고 하여 민족閔族의 출퇴黜退와 궁정의 숙청肅清과 정사政事의 개선과 대업大業의 성취를 목적하고 10월 7일 깊은 시간에 대원군의 이름으로 내외에 포고하니 그 내용은 아래와 같다.

"근일近日에 군소群小 무리가 총명聰明을 옹폐壅蔽(막아가려서)하야 현명한 보신輔臣을 물리치며 유신維新의 대업大業을 범하여 중도에 오백년 종묘사직을 위태롭게 하니 종친 집안에 태어난 내가 이를 차마 좌시坐視할 수 없는 까닭에 이제 입궐入闕하여 대군주폐하大君主陛下를 보익輔翼하고 사악한 무리를 쫓아내, 유신維新의 대업大業을 성취成就하여 오백년 종묘사직을 부지扶持하여 이로써 너희를 마음 놓고 생업에 힘쓸 수 있게 하려하노니 너희 백성은 집에 편이 살며 그 생업生業을 지키고 가볍게 움직이지 말라. 만약 너희 백성과 병사 중 나의 길을 막는 자가 있으면 반드시 큰 죄가 될 것이니 너희가 후회해도 미치지 못할 것이다."

7일 밤 10시 경에 이른바 조일朝日 유지有志 50여 명이 용산龍山으로 모여들어 바람이 내닫고 번개가 치듯 마포麻浦로 나아가 공덕리孔德里에 이르니 대원군은 흔연欣然하여 가복家僕으로 하여금 이들을 맞이하게 하였다 오카모토가 아뢰었다. "유지有志들이 바야흐로 저하邸下를 뫼시고 입궐入闕하고자 왔나이다." 대원군께서 말씀하시기를, "고맙고 고맙도다(多謝多謝)" 하고 앉아 있는데, 앞으로 닥칠 절대변혁絶大變革이 다가올 일의 큰 줄기를 아지 못하는 모양貌樣이었다. 모여든 사람들이 용약勇躍하고 저마다 담론談論이 생겨 시끄러우니 반도半島의 중흥대업中興大業은 이날 날이 밝기도 전에 성취成就될듯 하였다. 전령이 성城 안에서 달려와 대원군이 행차하실 시간임을 아뢰니 대원군은 웃음 가득한 안색顔色으로 소동小童에게 의관衣冠을 가져오라 하여 입히라 하는데 소동小童이 착오差誤하여 옷을 반대로 입히니 팔이 소매에 들어가지 않는지라 대원군이 웃으면서 말하기를, "너도 또한 천하의 변천을 아는 것이냐? 어찌 옷을 반대로 입히느냐" 하니 앉아 있는 사람들이 모두 웃었다. 대원군이 공덕리에 나서니 소위 거사擧事하는 유지有志라는 이들이 일제히 수종隨從하였다. 오카모토는 여러 사람을 길에 모아 놓고 대원군을 대신하여 선언하기를, "내가 제군諸君의 뜻을 감사感謝하나 오늘 거사는 다만 대군주폐하를 호위護衛하는 데 있으니 궁중에서 감히 폭거暴擧를 하지 말라"고 하니 모인 사람들이 모두 박수를 치고 조선어로 "국태國太公 만세"를 외쳤다.

서대문에 이르니 흰 옷을 입은 군대 여러 사람이 각자 검劒을 가지고 길가에 정연整然하게 서 있었는데 이는 훈련제2대대의 우범선禹範善이 거느린 병사들이었다. 대원군이 오는 것을 보고 병사들은 모두 경례를 하였다. 훈련대장 우범선이 미우라고로, 오카모토 등과 밀약이 있어 병사를 거느리고 대원군의 입궐을 호위하러 온 것이었다. 이때 갑자기 일본군 4백여명이 서대문으로 나오다가 서로 만났다. 훈련대 일부는 앞에서 나아가고 대원군의 교자轎子가 따라가는 데 좌우에는 소위 유지有志라는 자들이 옹위하고 일본군이 맨 뒤에 따라갔다. 빠르게 달려 광화문光化門 앞에 이르렀는데 이때가 오후(午前 4시의 誤記-필자 주) 4시경이었다.

1888년의 광화문-하야시 다케이치林武一 촬영

林武一(1858~1892) : 일본 해군 경리장교 출신으로 1888년 7월 교제관시보交際官試補로 서임敍任된 후 주조선駐朝鮮 일본공사관에서 1890년까지 근무했다. 1892년 조선 방문 후 귀국길에 탔던 이즈모마루出雲丸가 침몰하여 죽었는데, 부인 하야시 카메코林龜子 씨가 그의 사진을 편집하여 1892년 11월 18일 『조선국진경朝鮮國眞景』이라는 사진집을 간행하였다.

일행이 광화문에 들어가려 할 때 훈련연대장 홍계훈洪啓薰이 40여 명의 병사를 거느리고 돌격하며 달려와 일행을 횡격橫擊하며 큰 소리로 꾸짖었다. "어떤 도적이 거병擧兵하여 대궐을 범하느냐. 너희들은 감히 들어오지 말라." 훈련대가 놀라 흩어지려 할 때 홍계훈의 훈련대 병사와 일본병이 충돌하여 전투를 벌일 때 홍계훈은 전투 중 전사하였는데 이때 홍계훈의 나이는 쉰네 살이었다.

대원군 일행은 무난히 광화문을 들어가 근정전勤政殿과 강녕전康寧殿 앞을 지나 건청궁乾淸宮에 이르렀다. 우범선禹範善은 훈련대를 거느리고 대궐 앞과 대궐의 담장을 철통鐵筒같이 포위하고 한 사람도 출입하지 못하게 하였다. 일본인으로 구성된 마흔여덟 명의 검객劍客과 조선인 구연수具然壽와 일본인 오가와 미노르小川實(おがわみのる)의 딸은 왕후王后의 얼굴을 자세히 알고 있으므로 따라 들어왔다.

여기까지가 윤효정尹孝定의 『풍운한말비록風雲韓末祕錄』에 기록된 갑오경장과 을미참변乙未慘變 시작의 전말이다. 윤효정의 나이는 당시 서른여덟이었고, 탁지부度支部 주사主事로 있었으므로 당시 정황情況을 비교적 자세히 알고 있던 사람 중 한 분이다. 박영효 우범선, 지운영池運永 등과도 친분이 있었고, 일본에서는 박영효 우범선과 같이 조일의숙朝日義塾을 설립해 조선 유학생을 교육하기도 했으므로 조정에서 일어났던 일이나 우범선이 일본 세력과 밀착해 을미참변을 일으킨 전말顚末에 대해서도 박영효와 우범선에게 상세히 들은 바가 있었을 것이다. 그러나 일부 오류도 눈에 띄며, 유학자 시각視角에서 대원군에 기울어진 논조로 『풍운한말비록』을 기록하다보니 명성황후에 대해서는 "암탉이 울면 집안이 망한다"는 유학자의 관점을 크게 벗어나지 못하였다.

광화문 앞 해치상獬豸像

IX. 곤녕합坤寧閤에 흩날린 붉은 꽃잎

■ 이토 히로부미와 미우라 고로의 음모

일본은 역사적으로 끊임없이 한반도를 자기들의 영향력 아래 두고자 했다. 그래서 일어난 전쟁이 임진왜란이며, 을미 참변도 이런 관점에서 바라볼 필요가 있다. 아래 인용한 기사는 1895년 시월 14일 미국 워싱턴에서 간행된 〈THE EVENING STAR〉 제10면에 게재된 내용 중 일부이며, 앞에 명성황후 시해 사실을 보도하고 이어진 분석 기사다. 비록 명성황후에 대한 일본의 시각視角을 담기는 했지만 당시 조선에서의 영향력을 회복하려는 일본의 절박함을 합리적으로 분석하였다. 명성황후가 일본의 의도를 정확히 파악하고 이를 무산 시킨 것이 일본으로 하여금 고금古今에 유례類例가 없는 국가범죄를 저지르게 한 근인根因이었다는 사실을 비교적 정확히 분석하였다.

  왕비는 처음부터 조선에서의 영향력을 회복하려는 일본의 의도를 무산시켰다. 가장 유능한 일본 외교관들이 서울로 파견되었지만, 그녀는 모든 사람을 당황하게 만들었다. 오예시는 활기차고 강인한 성격 때문에 조선에 파견되어 6개월 동안 일본의 영향력을 회복하려고 노력했지만 실패했고, 오토리(Otori-大鳥圭介)가 그의 자리를 대신해 화해 정책을 시도했지만 결과는 마찬가지였다. 일본에서 가장 유능한 정치인 중 한 명인 이노우에(Inouye) 백작은 제국帝國 내각에서 내무대신으로 있었지만, 한국으로 파견되었다.
  왕비는 많은 권한을 가지고 있었지만, 러시아 대사 부인을 제외하고는 외국 여성과 교류하지 않았으며, 그녀에게는 큰 우정을 보였다. 현재 러시아는 조선의 지배권을 놓고 일본과 다투는 유일한 경쟁 상대다. 왕비를 러시아의 영향력에서 벗어나게 하는 것은 일본의 가장 중요한 과제였다. 이노우에 백작은 조선으로 가는 길에 그의 아내와 함께 갔는데, 그녀는 뛰어난 재능을 타고난 외교관으로 성별性別에 관계없이 인기가 많았다. 그러나 이노우에 백작도 전임자들보다 더 나은 성공을 거두지는 못했다. 자신의 중요한 임무를 무산시킨 왕비에 대해 그는 솔직하게 말했다.
"그녀는 조선인 중에서 보기 드문 총명함을 지니고 있으며, 그녀의 약점을 커버하는 많은 장점이 있다. 그녀가 오랜 적들을 길들여 그들로 하여금 열성적으로 그녀를 위해 일하게 만드는 재능은 누구도 따를 수 없다."
왕비는 강렬하고 참을 수 없을만큼 일본을 싫어했다. 일본은 가장 유능한 외교관들을 파견했지만 왕비의 마음을 되돌릴 수는 없었다. 그녀는 중국식 유풍儒風에서 자랐기 때문에 일본을 싫어했다. 왕비가 살아 있는 한 일본은 아무런 희망도 가질 수 없었다. 왜냐하면 많은 사람에게 시달린 왕은 누구에게라도 의심이 많아 왕비에게 의지하고 있었기 때문이다. 이는 조선의 국내 정치 질서에서 상식을 뒤집는 놀라운 현상이었다.143)

명성황후가 유풍儒風에서 자랐기 때문에 일본을 싫어했다는 분석은 정확한 말이 아니다. 고종과 명성황후는 일본에 무척 호의적이어서 척화파斥和派의 반대를 무릅쓰고 일본에 시찰단을 보내기도 하였으나 갑신정변을 겪으며 김옥균 박영효 등은 물론이고 일본에도 치를 떨게 된 것이다. *1893년 음력 12월 24일 한성부주재영국 총영사대리로 부임했던 가드너(C.T. Gardner)의 기록에 의하면 1884년 갑신정변 때, "개화파가 일본의 지원을 받아 왕비를 살해하려다가 교묘히 위장한 궁녀가 대신 죽어 명성황후가 위기를 모면했다*(1998.02.10. 조선일보)"고 한다. 박영효는 갑신정변으로 일본에 망명했다가 돌아와 고종의 서용恕容으로 등용되었으면서도 다시 역모가 발각되어 일본으로 달아났으며 일본에서도 끊임없이 역모를 꾸며 드러난 반역 기도만도 세 번이나 된다. 고종과 명성황후는 오히려 러시아와 미국의 힘을 빌어 일본과 청을 견제하고자 했으나 청에 대한 견제는 위정척사衛正斥邪를 앞세운 유학자들이나 동학지도자들과의 갈등 요인이 되기도 했다. 일부 동학지도자들이 대원군을 뒷배라 여기고 이준용을 임금으로 세우고자 한 것도 이런 이유다.
대원군은 8일 새벽 1시 이후에 아소정我笑亭을 출발해 새벽 4시가 넘어서야 경복궁에 이른 것은 오카모토 등이 대원군을 설득하는 데 시간을 지체했기 때문이다.

---

143) THE EVENING STAR, MONDAY, OCTOBER 14, 1895-SIXTEEN PAGES. PAGE 10.

대원군이 기쁘게 따라 나섰다는 것은 을미참변乙未慘變을 대원군과 명성황후의 대결 구도로 몰아가며 대원군에게 모든 것을 뒤집어씌우고자 했던 미우라 고로가 만들어낸 교활狡猾한 거짓말이다.

명성황후 시해 총책임자는 당시 일본 내각총리대신인 이토 히로부미伊藤博文이며 실행 책임자는 미우라 고로三浦梧樓다. 을미 만행 실행 21일 전인 9월 17일 미우라 고로는 일본군 대본영大本營으로 전문을 보내 주조선일본군駐朝鮮日本軍 지휘권을 자기에게 달라고 요구했고, 대본영의 가와카미 소로쿠川上操六(かわかみ そうろく) 참모차장은 미우라의 지휘권 이양移讓 요청 전문電文을 이토 히로부미에게 보내 시월 3일에 최종 승인을 받았다.144) 이토가 군인인 미우라 고로를 조선주재특명전권공사로 임명한 것은 바로 일본군을 동원할 수 있는 지휘권까지 염두에 둔 계획된 인사人事였던 것이다. 미우라 고로가 아무리 권한이 크다 해도 이토와의 사전 밀약 없이 제대 군인 신분으로 감히 일본군 대본영에 지휘권을 요구할 수는 없다.

일본은 철저히 대원군과 명성황후의 갈등 구조로 음모를 꾸미며 대원군을 전면에 내세웠다. 명치 28년(1895) 10월 27일 간행된 『일청전쟁실기日淸戰爭實記』에도, "조선 훈련대의 병사들이 대원군을 옹위하여 왕궁에 난입했다"고 하여 왕과 왕비에게 불만을 가진 대원군과 조선군 훈련대가 명성황후 시해에 자발적으로 앞장선 것처럼 왜곡해 대원군에게 모든 혐의嫌疑를 뒤집어 씌웠다. 『풍운한말비록』에도, "오카모토 유노스케가 아뢰기를, '유지有志 등이 방금 저하를 모시고 입궐코자 왔나이다'라고 하니 대원군이 말하기를, '고맙다 고맙다' 고만 하며 멀끄럼히 앉아 있는 모습은, 엄청난 변혁이 바로 앞에 다가왔음을 막연漠然해 하여 알지 못하는 듯 하더라"고 썼는데, 대원군이 일의 내막을 자세히 알지 못했다는 것은 명성황후 시해 배경과 전말顚末을 이해할 수 있는 핵심 열쇠다.

후에 『민비시해기閔妃弑害記』를 쓴 고바야카와 히데오小早川秀雄(こばやかわ-ひでお)는, "미우라三浦 공사는 오카모토 류노스케岡本柳之助를 공덕리에 파견해서 대원군과의 교섭을 끝마치고 거사결행擧事決行의 기일을 시월 중순쯤으로 예정하여 계획을 완전

---

144) 김용삼金容三 『세계사와 포개 읽는 한국 100년 동안의 역사 7-조선왕비 시해되다』(2023. 01. 12. 백년동안)

히 비밀 속에 묻어 두었다. 그러던 것이 시월 7일 오전에 이르러 군부대신 안경수 安駉壽가 궁중의 사명을 띠고 일본 공사관에 나타났다. 그는 한국 훈련대의 해산과 민씨 일파인 민영준閔泳駿을 궁내부 책임자로 할 것에 대해서 미우라 공사의 동의를 구했으므로 미우라 공사의 형세가 위기일발의 지경에 처하여 하루의 유예도 할 수 없는 것으로 판단하고 즉시 다음날 아침 미명未明을 기해서 대사大事를 결행하기로 급히 그 준비에 착수했다"고 하여 마치 사전事前에 대원군과 상의하여 일을 벌인 것처럼 기술하였지만 사전에 밀약이 있었다면 대원군을 설득하는 데 그렇게 새벽까지 시간이 걸릴 이유가 없고 대원군을 강제로 끌고 올 필요도 없다. 미우라가 비밀리에 준비하여 실행한 을미참변을 고바야카와가 이렇게 상세히 기술할 수 있는 것은 미우라가 중심이 되어 사전에 치밀하게 준비한 극비 문건을 고바야카와도 열람했다는 것을 말해준다.

쓰노다 후사코의 『민비암살閔妃暗殺』에도, "대원군은 일본인 일행의 마중을 기뻐하며 같이 경복궁으로 향했다는 취지로 쓰여진 고바야가와의 수기에조차 '대원군과의 교섭에는 매우 시간이 걸렸다. 후에는 아다치安達(漢城新報 발행인-필자 註) 군君 등 간부들도 그 방에 들어가 이야기했다. 우리들은 차 따위를 마시며 기다림에 지쳐 있었다'라고 써 있는 정도이므로 대원군이 쉽게 일어나지 않은 것은 확실하다. 아다치를 비롯한 간부들은 시간이 흐르는 것에 애가 타서 침실에 들어가 대원군에게 압력을 가하면서 집을 나설 것을 재촉하였을 것이다……. 사건 직후에 관계자를 조사하였던 우치다 사다쓰치內田定槌(うちだ さだつち) 영사는 후에 <u>'대원군은 좀체로 나오지 않았다. 우물쭈물하면 날이 새기 때문에 많은 일본인 장사들과 함께 억지로 대원군을 끌어내어 제일 선두에 세워 왕성으로 향했던 것이었다'</u>"145)고 하여 대원

---

145) 大院君寢室の会談は, どれほどの時間を要したのか. この辺りからどの資料も時間についての記述があいまいで, 捉えにくい. 大院君は日本人一行の迎えを喜び, 共に景福宮へ向かった──との主旨で書かれた小早川の手記にさえ, 「大院君との交渉は, たいぶ時間がかかった. のちには安達君ら幹部連もその室にはいって話した. 予らは茶など喫して待ちあぐんでいた」とあるくらいだから, 大院君がおいそれと腰をあげなかったことは確かである. 安達はじめ幹部たちは時間のたつことに気をもんで寝室にはいり, 大院君に圧力をかけながら出邸をうながしたのであろう……. 事件直後に関係者を調べた内田定槌領事は, のちに「大院君はなかなか出てこない. ぐずぐずしていると夜が明けるので,多勢の日本人壮士らも一緒になって無理矢理に大院君を引っ張り出し, 真先に守り立てて王城に向かったのだ」と語っている.(角田房子『閔妃暗殺』 p.311.)

군은 일본인에 의해 억지로 끌려나와 경복궁으로 향한 것이라고 하였다.

명성황후 시해弑害 전말에 대하여는 1975년 9월 9일 자에 동아일보가 보도한 명성황후 시해 가담 경찰관의 수기에 자세히 설명 되어 있다. 1975년 당시 동아일보 동경 특파원인 박경석朴敬錫 기자가 취재해 보도한 이 수기手記는 동경東京에 있는 한국연구원韓國硏究院(원장 崔書勉)이 동경의 고서점에서 발견한 것이라고 하는데, 명치明治 때 외교관으로 와서 한성漢城과 원산元山에서 영사를 지낸 후타구치 요시히사二口美久(ふたくち よしひさ)가 1895년 10월 21일~10월 25일 사이 조선에 체류할 때 구득求得해 소장한 것이라고 한다. 이 수기는 한성 주재 일본공사관의 순사巡査가 상관의 명령을 받고 을미참변乙未慘變에 직접 가담하여 참변 현장에서 명성황후께서 죽음 당하는 순간을 직접 목격한 후 참변 직후에 바로 써서 남긴 가공되지 않은 1차 사료이므로 어떤 것보다 생생한 현장 자료다.

동아일보 보도에 따르면 이 수기를 쓴 사람은 히로시마廣島 지방재판소에 계류繫留되었던 조선 주재 일본 공사관의 경찰관 8명 중 수기에 이름이 언급된 6명의 경찰관 외에 기와키 스케노리木脇祐則(きわき すけのり)나 시라이시 요시타로白石由太朗(しらいし よしたろう) 중 한 명일 것이라고 하는데, 히로시마지방법원 재판기록에는 명성황후가 있던 방에 들어간 사람 중 기와키 스케노리도 있었다고 하므로 필자는 수기를 남긴 사람을 기와키 스케노리로 추정한다. 기와키 순사의 수기에는 "왕후 폐하에 틀림없으므로 문밖으로 끌어내리려고 했을때 뒤로부터 한 장사壯士가 뛰어와서 '해치워라'고 외치며 우두후부右頭後部를 쳐내리니 그 자리에서 즉사했다"고 하였다. 이로써 기와키 순사가 명성황후에게 처음 칼을 내려친 데라사키 보다 먼저 방에 들어가 있었음을 확인할 수 있다. 띄어쓰기 등의 문법과 한자漢字는 동아일보 기사 그대로 인용한다.

　　本月8日은 어떤날이었느냐. 大朝鮮國의 王宮에 一大變事가 일어났다. 大院君이 王宮으로 들어간 것이다. 이를 維新大業이라고 하나 革新의 길을 여는것인지, 革新을 沮害하는 事件이 될는지, 또는 外患에 관계 되는 大事件이 될지, 우리같은 무리가 감히 알바는 못된다. 나는 다만 이 一大事件에 관해 중요한 命令을받고 實地에 임하였으므로 기록하여 그 사실을 진술하는바이다.

이날 오전2時에 내가 경찰서를 지키고 있을때 警部의 명령이라고하여 有馬순사(原文에는 部長으로 쓰여 있음)가 出署하며 나에게 집에 가서 바로 私服으로 갈아입고 護身用刀劍과 拳銃을 가지고 오라는 命令을 했다.

어떤 사실인지 알수 없었지만 곧 복장을 차리고 경찰서에 가보니 有馬순사도 같이 出張한다는것이어서 나는 그 行先이나 어떤 事實인지 알지도 못한채(즉시 복장을 차리고 경찰서에 가보니 有馬순사도 같이 出張한다는 것이어서 나는 그 行先이나 어떤 事實인지 알지도 못한채… 이부분 중복) 有馬순사와 同行하여 南大門에 이르니 때마침 荻原警部는 말을 타고 뛰어와서 너희들은 이문을 지키고 人民의 동정과 巡檢(註=한국경관을 말함)의 배회를 감시하라, 좀 있으면 日本兵隊와 渡邊 橫尾 成相 境의 네 순사가 大院君을 옹호하고 공덕리별저로부터 올터이니 함께 따라가서 王城(註=경복궁)으로 가서 宮中으로 틈입(闖入)하라. 이때 宮兵을 쫓기위해 日本兵이 발포할것이니 숨어서 王室에 가서 왕비를 시해하여 우물에 던져넣고 證跡을 없애고 돌아오라. 이때에 장사(註=浪人) 4,5십명도 틈입할 것이니 결코 장사배들에게 뒤지지 않도록 주의하라고 간간한 命令을 받았다. 이때에 오호라 중대한 사건은 일어난것이다.

우리들이 이 重大事件에 關係된것은 實로 勇快한 일이니 어찌 죽음을 두려워할소냐. 꿈인지 생시인지 勇氣를 禁할수 없었다. 이제는 네 巡査가 오는것을 기다릴뿐이다. 때마침 큰 달은 맑게 비치어 中秋하늘에 떠있고 별빛은 찬찬(燦燦)하여 南山과 北岳山 頂上에 빛나고 冷風은 몸에 스며들고 四邊은 소리 없고 임임(淋淋) 意氣는 더욱 늠연 (凜然) 하였다.

때는 午前4時경이었다. 그러나 아직 兵隊가 오는기색이 없다. 東天은 벌써 밝으려고 하고있다. 이때 나는 有馬巡査에게 이것은 반드시 傳令의 相違일것이니 이제부터 王城으로 가자고 請했더니 有馬巡査同意해주어 그로 가고있는중 王城의 大路에 이르니 벌써 兵士는 西大門을 넘어 王城門에 다가서고있었다.

이를 보고 서둘러 城門에 닿아보니 渡邊 小田 境 成相 橫尾巡査는 석병(石塀)을 넘으려고 하고 日本兵은 門外에서 포격을 시작했는데 城內의 舊兵은 2,3발을 發射했을 뿐인데 逃走해버렸다. 다섯 巡査는 城內에 들어가 正門(註=光化門)을 열었다. 우리들은 바로 뛰어들어가서 앞을 다루어 王室에 이르니 때는 늦어서 왕후폐하께서는 避해서 行方이 不明하다. 各방을 샅샅이 찾기 시작하니 壯士輩들도 벌써 王室로 쳐들어왔다.

이때 成相巡査가 王室의 東側의 宮内의 방을 열어보니 數名의 婦女가 群集, 그중 絶世의 美人이라고할수있는 한婦女를 옹호하고있어 必是 王后폐하에 틀림없으므로 문밖으로 끌어내리려고 했을때 뒤로부터 한 壯士가 뛰어와서 해치워라하고 외치며 右頭後部를 내려치니 그자리에서 即死했다. 그러나 누구하나 王后폐하의 얼굴을 아는者가 없었다. 有馬巡査는 王太子附 女官長을 데리고 와서 보이니 생각한 대로 王妃였기에 바로 門을 닫아두었더니 三浦公使가 參內하였다. 잠시후 우리들은 撤收命令을 받고 歸還한것은 午前11時였다. 듣건대 왕후폐하의 屍體는 上部만을 태워 埋葬했다는 것이었다. (1975.09.09. 동아일보)

이 수기를 쓴 순사는 무슨 일인지 알지 못한 채 다만 상관인 아리마有馬 부장部長 (번역문에는 '巡査'라고 함)의 지시로 을미참변乙未慘變에 가담했다고 썼다. 첫 장 첫 문단에는, "본월本月 8일은 어떤날이었느냐. 대조선국大朝鮮國의 왕궁王宮에 일대변사一大變事가 일어났다. 대원군이 왕궁으로 들어간 것이다. 이를 유신대업維新大業이라고 하나 혁신革新의 길을 여는 것인지, 혁신을 조해阻害하는 사건事件이 되는지, 또는 외환外患에 관계되는 대사건大事件이 될지, 우리같은 무리가 감히 알바는 못된다. 나는 다만 이 일대사건一大事件에 관해 중요한 명령命令을 받고 실지實地에 임하였으므로 기록하여 그 사실을 진술하는 바이다"라고 하여 을미참변에 가담하고 돌아온 직후, 본인의 소회所懷를 쓰고, 두 번째 문단부터는 실제 진행 상황을 보고 느낀 대로 진솔하게 기록했다. 상당한 문장력과 달필達筆로 썼는데 꾸며낸 거짓말로 느껴지지는 않는다.

그동안 여러 가담자의 회고가 있었지만 모두가 자기들의 잔혹殘酷하고 비겁한 행위를 감추고 꾸민 거짓말이 섞인 것이었는데, 이 수기가 공개됨으로써 명성황후 절명絶命 순간의 진실에 다가설 수 있게 되었다. 이 수기에는 명성황후가 방 안에서 누군가 뒤에서 내려친 칼날에 오른쪽 머리를 맞아 현장에서 즉사했다고 썼다. 그동안 방 밖으로 끌어내 죽였다는 설도 있었고, 회고담이라는 핑계로 벼라별 내용이

나왔지만 이 수기가 발굴됨으로써 명성황후가 방 안에서 죽음을 당한 것이 사실임을 알 수 있다.

1965년에 간행된『민비시해기閔妃弑害記』에도 명성황후는 방 안에서 죽음을 당한 것으로 기록해 있다.『민비시해기』는 명성황후 시해弑害에 직접 가담했던 고바야카와 히데오小早川秀雄(こばやかわ-ひでお)가 몰래 등사謄寫하여 수십 부를 펴낸『민후조락사건閔后殂落事件』을 1965년에 조덕송趙德松이 자료를 입수하고 번역해 범문사汎文社에서 단행본으로 펴낸 자료다. 고바야카와는 당시 한성순보漢城旬報 편집장이었음에도 발행인 아다치 겐조(安達謙藏-あだち けんぞう)와 함께 직접 검을 들고 명성황후 시해에 가담했던 자이며, 후에 구주일일신문九州日日新聞 주필과 사장을 지냈다. 번역자 조덕송 씨는 기자 출신으로 조선일보 주필主筆을 지낸 분이다.

고바야카와의『민비시해기閔妃弑害記』에도 명성황후가 방 안에서 죽어 있는 것을 보았다고 하여 기와키 스케노리木脇祐則 순사의 수기와 일치하는데, 대원군이 공덕리孔德里 별장을 떠나 서대문에서 훈련대를 만난 것과 오카모토가 말한 내용 등 경복궁에 들어가는 과정이『풍운한말비록』내용과 입을 맞춘 듯 똑 같아서 미우라 공사가 대원군과 명성황후의 대결 구도로 치밀하게 짜여진 각본을 쓰고 일본의 국가 권력이 동원한 살인마들을 모아 일을 실행케 한 것이 고스란히 드러난다. 을미참변에 가담한 살인집단을 흔히 '낭인浪人'이라 하여 떠도는 건달로 인식하는 경우가 많지만 이들은 직업 없이 떠돌던 건달이 아니라 일본군 고급 장교 8명을 포함하여 외교관, 신문사 발행인과 편집장 및 기자, 약품상藥品商 등 안정된 사회 및 경제적 기반을 지닌 지식인 집단이었다. 시해에 가담한 사람 중 군인과 외교관, 경찰관 등을 제외한 20여 명은 한성신보 아다치 겐조(安達謙藏)를 우두머리로 하여 친목을 도모하던 집단이었다. 모든 가담자가 잔인한 살인자지만 그중에서도 한성신보 기자 신분으로 가담한 기쿠치 겐조菊池謙讓라는 자야말로 한국사韓國史 말살의 사악邪惡한 원흉이며, 명성황후에 대한 대부분의 악의적 소문을 지어낸 야비하고 비열하기 짝이 없는 흉한兇漢이다.

시해에 가담한 일본군 장교 여덟 명은 1896년 1월 히로시마지방법원에서 모두 무죄 판결을 받았으며, 외교관이 포함된 아다치 겐조 집단 48명도 증거불충분으로 면소免訴 판결을 받고 풀려났다.

이 사실은 당시 일본 공사관의 영사관보領事官補로 재임했던 호리구치 구마이치堀口九万一(1865~1945년)가 1894년 11월 17일부터 1895년 10월 18일까지 고향 친구이며 한학자漢學者인 다케이시 사다마쓰(1868~1931년)에게 보낸 총 8통의 손편지를 일본계 미국인 하세가와 스티브(長谷川·Stephen J. Hasegawa·80) 씨가 구입해 공개한 편지를 통해 당일 호리구치의 행로가 고스란히 드러나 있다. "7일 오후 7시 영사관을 출발한 후 경복궁에 침입해 황후를 시해할 때까지의 경로와 시각이 적혀 있다. 호리구치는 용산에서 오카모토 유노스케, 영사관 순사들, 장사라고 칭하는 자들과 함께 공덕리의 대원군 별저로 이동한다. 대원군을 데리고 나온 다음 조선훈련대·경성수비대와 합류해 경복궁에 침입, 왕비를 시해했다."(『월간조선』 2024. 10.)

호리구치가 발신지를, '재조선국在朝鮮國 경성일본영사관京城日本領事館'으로 쓴 편지는 2021년 11월 16일 아사히 신문을 통해 공개되었는데, 시해 가담자 중 이름이 확인된 일본 외교관은 미우라 고로, 일본 공사관 서기관 스기무라 후카시(杉村濬 すぎむら ふかし), 영사관보領事官補 호리구치 구마이치堀口九万一, 조선 조정의 고문顧問 이시즈카 에조石塚英藏(いしづか えいぞう) 등이다.

니로 소좌의 전보

일본군 고급장교들의 가담은 니로 도키스케新納時亮にいろ ときすけ 해군 소좌가 시월 8일 오전 9시 20분에 '경성발京城發'로 대본영大本營 육군참모부陸軍參謀部 앞으로 보낸, "니로新納 해군 소좌는 이토伊東 해군 중장의 허락을 받아 좌측의 전보를 보냅니다. 국왕은 무사하시고, 왕비는 시해 되셨습니다"146)라는 전보 내용으로 확인되는데 전보에는 '극비極祕' 표시가 되어 있다. 해군 장교인 니로 소좌가 해군참모부가 아닌 대본영육군참모부에 보고한

---

146) 極祕 - 新納海軍少佐シ伊東海軍中將ノ許ニ左ノ電報到達セリ 大本營 陸軍參謀部 明治廿八年十月八日 國王無事 王妃弑害セラレシトノ事ナリ 十月八日午前九時二十分京城發 新納海軍少佐

것은 일본군 장교의 시해 가담을 육군참모부가 주관했으며, 해군 제독인 이토 스케유키伊東祐亨(いとう すけゆき, 1843~1914)[147] 중장의 허락을 받고 전보를 보냈다는 것은 이토 중장도 미우라 고로의 계획을 미리 알고 있었다는 것을 말해준다.

히로시마 재판소 기록에는 명성황후 시해에 가담한 일본군 장교가 여덟 명이라고 했지만 여기에는 뒤에서 지휘한 일본 육군과 해군의 장군들은 포함되지 않았으며, 여덟 명의 장교가 거느린 일본군 병졸은 제외된 것이다. 이같은 사실은 일본 육군 중좌中佐 쿠스노세 유키히코楠瀬幸彦(くすのせ ゆきひこ)가 사건 당일 참모총장에게 긴급 타전한 비밀 전보에 "우리 수비대는 국왕의 지시로 사태를 진무했다"는 표현에도 고스란히 드러나 있다.

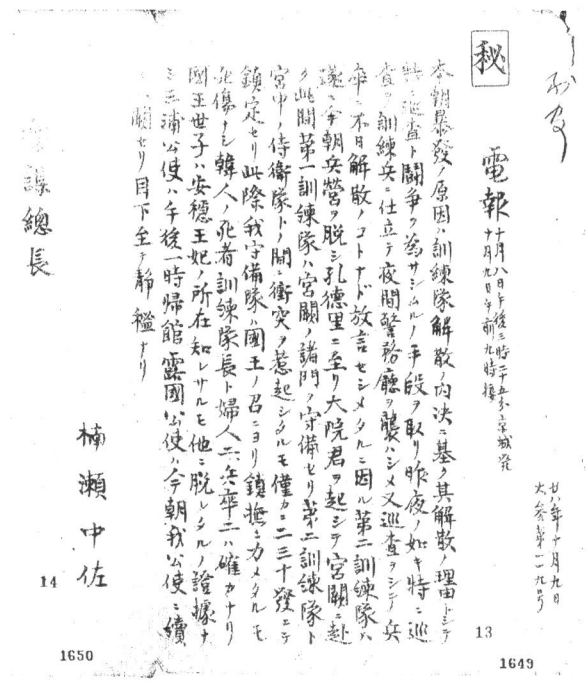

일본 아시아역사자료센터에 보관된 쿠스노세 전보

---

147) 국사편찬위원회의 우리역사넷에 등재된 모 교수 논문에 '이토 스케유키伊東祐亨' 해군 중장을 '이토 미요지伊東巳代治 중장'이라고 썼는데, '이토 미요치伊東巳代治(いとう みよじ)'의 오기誤記이며 '이토 미요치'는 군인이 아닌 정치가이고, 일본제국헌법의 기초를 만든 사람 중 한 명이다.

별기別寄 / 입팔년廿八年 시월十月 구일九日 대참大參 제119호
비祕 / 전보電報 10월 8일 오후 3시 25분 경성에서 보냄
10월 9일 오전 9시 접수함

본조本朝(자신이 와서 있는 조선을 말한 것으로 보임) 폭발의 원인은 훈련대 해산에 대한 내부의 (비밀)결의에 원인이 있습니다. 그 해산 이유는 (훈련대를)순사巡査와 충돌시키는 수단을 취했는데, 지난밤 이와 같이 훈련병이 야간 경무청의 순사를 습격하였습니다. 또 순사를 시켜서 병졸들에게 며칠 내에 훈련병을 해산할 것이라는 소문을 퍼뜨리게 했습니다. 이로인해 제2훈련대는 마침내 오늘 아침 병영을 벗어나 공덕리에 이르러 대원군을 일으켜 궁궐로 달려가고 제1훈련대는 궁궐의 모든 출입문을 통제하였습니다. 제2훈련대와 궁중수비대 사이에 충돌이 일어나서 겨우 2,30발을 쏘아서 사태를 진정시켰는데 이때 우리 수비대는 국왕의 지시로 사태를 진무鎭撫하였습니다. 사상자 중에는 한국인인 훈련대장(洪啓薰-필자 주)과 부인 두 명, 병졸 두 사람을 확인하였으며 국왕과 세자는 안온하나 왕비의 소재를 알 수 있거나 달리 탈출한 증거는 없습니다. 미우라 고로 공사公使는 오후 1시에 잠깐 공사관으로 돌아갔고, 노국露國 공사公使(각국 공사)는 오늘 아침 우리 공사와 대궐에 연이어 들어와 조용히 사태를 살피고 있습니다.

　　　　　쿠스노세楠瀨 중좌中佐
참모총장參謀總長

別寄 / 電報 廿八年十月九日大參第一一九号
祕 / 十月八日午後三時二十五分京城發
　　　十月九日午前九時接

本朝暴發ノ原因ハ訓練隊解散ノ內決ニ基ク其解散ノ理由トシテ特ニ巡査ト鬪爭ク爲サシムルノ手段ヲ取リ昨夜ノ如キ特ニ巡査ヲ訓練兵ニ仕立テ夜間警務廳ヲ襲ハシメ又巡査ヲシテ兵卒ニ不日解散ノコトナド放言セシメタルニ因ル第二訓練隊ハ遂ニ今朝兵營ヲ脫シ孔德里ニ至リ大院君ヲ起シテ宮闕ニ赴キ此間第一訓練隊ハ宮闕ノ諸門ク守備セリ第二訓練隊ト宮中ノ侍衞隊トノ間ニ衝突ヲ惹起シタルモ僅カニ二三十發ニテ鎭定セリ此際我守備隊ハ國王ノ召ニヨリ鎭撫ニ力メタルモ死傷ナシ韓人ノ死者訓練隊長ト婦人二兵

卒二ハ確カナリ國王世子ハ安穩王妃ノ所在知レサルモ他二脱レタルノ證據ナシ三浦公使
ハ午後一時歸館露國公使ハ今朝我公使二續々入闕セリ目下至テ靜穩ナリ
　　　　楠賴中佐
　　參謀總長

쿠스노세 유키히코 중좌가 말한 '우리 수비대'는 그가 거느린 일본군 병사들을 말한 것이다. 쿠스노세가 경성에서 보낸 전보 역시 '別寄 祕'로 분류되어 있으며, 원인 분석과 결과를 보고하고 있는데 조선훈련대 비밀 해산 계획으로 인해 훈련대가 경찰서를 습격하여 사태가 유발誘發되었고, 훈련대가 공덕리로 가서 대원군을 일으켜 끌고 왔다는 식의 내용으로 진실을 은폐하고 있다. 실제로 쿠스노세 중좌의 계급으로는 한 부대를 지휘하여 가담하는 정도였으니 일본 내각총리대신 차원에서 대원군과 명성황후를 대립시키는 구도를 기반으로 계획을 짜고, 조선 왕비 시해를 통해 조선 조정을 장악하고자 한 일본 정부의 목적 전체를 알기는 어려웠을 수 있다.

살펴본 바와 같이 외교관과 신문기자, 현역 일본군 고급장교들까지 검을 빼어들고 궁중에 침입한 것은 우연한 사건이 아니라 사전에 치밀하게 계획된 일본의 국가범죄였던 것이다. 아래에 고바야카와 히데오의『민비시해기閔妃弑害記』내용 중 명성황후 죽음을 술회한「대원군大院君 입궐入闕」부분을 인용하여『풍운한말비록』및 앞에서 살펴본 시해 가담 순사의 수기와 비교해 보기로 한다.

　　『민비시해기閔妃弑害記』(小早川秀雄(こばやかわ ひでお)-大院君의 入闕
　대원군은 어제 아침 돌연히 병사를 이끌고 왕궁에 들어가 일장의 소란을 일으킨 바 있으나, 이제 그 사정을 들으니 이보다 앞서 국왕폐하는 유신維新의 대조大詔를 내리고, 정치개혁을 재촉하옵시어, 제반 정무가 조금씩 그 면목을 고쳐 혁신의 사업이 겨우 그 자리를 잡으려 하였다. 그러나 이를 왕년往年에다 비하면 그 정부政府를 함께 논할 바 아니어서, 이대로 나아간다면 정부의 일신一新은 명약관화하거늘, 근자에 이르러 궁중의 모양이 다시 옛날의 누습陋習으로 돌아가 폐해 백출해서 수습할 길이 없으며 뇌물이 공공연히 내왕하고 돈으로써 관직을 팔고 관리의 임면을 사사롭게 하여, 그 자행이 말할 수 없는 데에다가 부중府中의 혁신사업을 저해하여 단지 왕년의 황퇴荒頹에 돌아가는데 그치지 않고 그 폐해는 오히려 이에 몇 갑절을 더하려는 꼴을 들어내었다. 지금에 있어 이 폐해를 소탕하여 퇴세를 만회하지않는다면, 장래의 형세는 헤아릴 수 없는 지경에 이르려하므로 국사에 관심 있는 자는 누구나 이를 우려하여마지 않는 터로 이 형세는 곧 대원군으로 하여금 결연히 일어나 입궐하지 않으면 안되게 한 원인이 되었다. 그러나 대원군으로 하여금 이처럼 갑자기 입궐케 한 근인近因은 실로 훈련대의 궁중에 대한 격앙激昻이다. 앞서 훈련대가 편성 되자, 일본 사관士官의 교육을 받아 그 기술의 정련함은 구병舊兵과 함께 논할 바가 아닌 것으로 궁성의 호위는 의당 훈련대가 그 임무를 맡아야 함은 왕실의 안태를 비는 입장에서도 당연할 것이어늘 궁중은 이 정련된 훈련대를 신용아니하고 오히려 소양없고 교련 없는 구병을 중용하고, 또한 구병을 폐지하기 위하여 경비부족을 고告함에도 불구하고 우정 시위대侍衛隊라는 새 조직을 짜서 구병을 채용함으로써 평소 훈련대 장병의 불평을 삼이 적지 않았다. 뿐더러 근일에 와서는 또한 궁중에서 훈련대를 폐지하여 총기銃器를 빼앗고 대장을 처벌한다는 내의內議가 있었다는 것이 훈련대 장병들에게 알려져 그 격앙은 한층 심해져서 평소의 적분積憤이 일시에 폭발하여 드디어 이를 대원군에게 호소하고 마침내 대원군을 옹위해서 입궐케 한 것이라 한다.

그동안 때때로 훈련대 병사와 순검巡檢사이에 쟁투가 있었음은 지상紙上에 기보한 바 있어, 이에 대해서는 오인吾人은 극히 기이한 느낌으로 보고 더욱 그 내정內情을 살핀 결과 이 일은 오로지 궁중의 교사에서 나온 것으로 궁중의 술책에 빠진 것을 알았다. 즉 궁중은 우정 순검을 사주해서 훈련대 병사에게 난폭한 행동으로 나가게 하여 이를 격앙시킴으로써 훈련대 병사의 보복적 폭행을 도발하여 이에 의해서 훈련대를 폐지할 구실을 만들려는 저의였다고 한다. 그럼에도 훈련대의 병사는 그 술책에 빠져 이를 알아차리지 못하고 순검과 수차의 쟁투를 벌려, 드디어 궁중으로 하여금 훈련대를 폐지하고 장교를 처벌한다는 좋은 구실을 주고 말았다.

훈련대 장병이 대원군에 의거하여 이를 호소함에, 대원군은 근래의 형세에 깊이 우려를 품고 있었던 터라 결연히 일어나 훈련대 장병을 이끌고 입궐하게 된 것이다. 한편 대원군의 근일 상태를 보면 먼저는 사랑하는 손자 준용埈鎔씨가 유형流刑의 몸이 되자 우민愚民의 정을 참지 못하는 바 있었고 요즈음 준용씨가 특사되어 돌아왔다고는 하나, 공덕리 별장은 항상 순검 십여명의 감시를 받아 그 출입조차도 뜻대로 되지 않으니 그 울분은 누를 길이 없는 것이었다. 그런데다 국정은 날로 문란하여져서 총명은 날로 옹폐壅蔽 되고, 현량賢良은 축척逐斥되고, 간녕奸佞은 누진累進하여 유신의 대업이 바야흐로 땅에 떨어져 오백년의 종사宗社 또한 위기에 빠지려 함이 있음으로써 종친의 자리에 있는 대원군으로서 그 이상 좌시할 수 없음이 있어, 나가서 국왕폐하를 보익補翼하고 혁신의 업을 성취시켜 사직을 반석에 놓을 것을 결심하고, 훈련대 장병의 청을 받아들여 이를 이끌고 입궐한 것이라 한다.

훈련대 중의 한 인사는 입궐 당시의 정경을 다음과 같이 말했다.

어제 밤 한시, 훈련대의 일대가 공덕리에 있는 대원군의 별장으로 향했다. 별장에는 특히 대원군을 호위하기 위한 경무청警務廳으로부터 총순總巡 일명과 순검 십명이 파견되어 있었다. 훈련대는 문이 열림을 기다려서 안으로 들어가 즉시로 아소정을 지키던 총순과 순검의 대검帶劍을 빼앗아 이들을 한 방에 가두고 가마를 마련하여 대원군 입궐의 준비를 기다렸다. 이리하여 훈련대는 가마를 옹위하여 별장을 떠났다.

때에 달은 맑은 가을 하늘에 걸리고, 별빛은 찬연히 천지에 반짝여 장병의 의기는 한층 늠름함을 느꼈다. 훈련대가 대원군을 옹위해서 서대문 밖에 이르니 미리 기다리고 있던 다른 훈련대 장교, 병사는 길가에 정렬해서 이를 맞았다. 이에 가마를 길 위에 멈추고, 잠간 쉰 다음 다시 훈련대 장병에게 전후를 옹위시키면서 가마는 왕궁王宮으로 향하였다.

하늘이 겨우 밝아 올 무렵, 대원군은 경복궁에 이르러 광화문을 열게 하니, 시위대의 병사가 총격을 가하여 이를 방지하려 하고, 훈련대도 또한 이에 응해서 발사하니 총성을 듣기 겨우 수분만에 겁이 많은 시위대는 모조리 숨어버려 혹은 복장을 바꾸어서 궁중의 노비奴婢 속에 끼는등 조금도 저항하는 자가 없으므로 대원군은 바로 궁중으로 들어가, 국왕폐하와 대안對顔을 하시고 입궐을 결행하지 않으면 안되었던 취지를 방문으로 써 내어 걸었다. 이리하여 왕궁에 있어서 일장의 작은 충돌이 있었다고는 하나 국황폐하와 왕태자 전하는 모두 무사하시고, 다만 왕후폐하(주: 민비)만은 아직껏 소재를 알 수 없다고 한다.

이때 광화문 앞에 있던 일본 수비대는 궁중에서 총성이 일어남을 듣고 이를 진압하여 국왕폐하의 예려叡慮를 편히 모실 것을 다짐하고 즉시로 왕궁으로 달려갔으나, 훈련대와 시위대의 병사가 서로 싸우고 있으므로 이를 진무鎭撫하니, 시위대 병사는 점차로 도주하여 버리고 충돌은 완전히 가라앉았기 때문에 아침 여덟시 모두 왕궁을 나와 귀영歸營하였다. 훈련대와 시위대의 쟁투가 끝나자, 국왕폐하는 특사特使를 삼포공사에게 보내시어 입궐을 분부하심으로 공사는 분부를 받들어 즉시 궁중으로 들어가 국왕폐하와 왕태자 전하를 알현하였다. 동 여덟시에 노・미露美 양국 공사는 함께 문안을 드린다 하여 궁중에 들어가니, 동 열시 넘어 국왕폐하는 대원군과 동석同席으로서 알현을 허용하셨다고 한다. 대원군은 이미 궁중에 들어갔다. 금후의 시정施政은 반드시 그 면목을 일신하리라(이상 은 한성신보(韓城新報)에 실린 것임)

그날 아침 궁중의 혼란했던 정경을 지금 이곳에 소상히 옮기지 못하는 것이 유감스럽기 짝이 없다. 어쨌든 우리들은 후궁으로 돌진하였다. 도중에서 궁중 시위대의 발포로 약간 뒷걸음질을 하였고 또한 다소 겁을 먹기도 하였으나, 결국 대단한 장애를 겪음이 없이 국왕이 계시는 건청궁乾淸宮으로 달려갈 수가 있었다.

내가 건청궁의 앞마당에 이르렀을 때에는 미닫이로 둘러싸인 방안에서 여자의 비단 폭을 찢는 것 같은 날카로운 비명 소리가 등골이 오싹해지도록 처참하게 들려왔다. 그곳에는 병사며 낭인들이 종횡으로 뛰어다니고 있었다. 미닫이를 열어젖힌 옆방에는 안색이 새파래진 국왕이 십수명의 환관宦官들의 옹위를 받고 앉아 계셨다. 얼마 안 있어 흰 옷을 입은 부인 십수명이 산 사람의 몰골이라고는 도시 없이 부들부들 떨면서 밀려 나왔다. 그 중에는 흰 옷에 선지피의 핏발을 받아 얼굴에까지 핏방울이 튄 기품 있는 연소한 여인도 있었다. 나중에 들으니 이 귀부인은 왕태자의 비妃였다고 한다. 이 때 누군가가 왕비王妃는 몸을 빼쳐 숨어버렸다는 말을 퍼뜨렸다. 왕비를 놓쳐서는 안된다고 누구나가 손에 손에 무기를 들고 사방에 즐비한 허구많은 빈 방들을 샅샅이 뒤졌다. 그 중에는 시위대가 버리고 간 총을 주워 그것으로 닫힌 문짝을 때려부수고 있는 자도 있었다. 마루 밑으로 기어 들어 가서 찾고 있는 자도 있었다. 누구나가 혈안血眼이 되어서 우왕 좌왕, 이곳 저곳을 찾았으나 아무도 발견을 못했다.

이 살기 등등한 속에서 여러가지 희극이 벌어졌다. 선지피를 뒤집어쓴 귀부인을 붙잡고, 칼날을 그 가슴에 겨누면서「왕비가 있는 곳을 대어라. 대지 않으면 너를 죽이겠다」고 일본말로 얼러대는 자가 있었다. 한국의 궁중 귀부인이 어찌 일본말을 알아들을 수 있을 것인가. 그저「아이고」소리를 지를 뿐이었다. 마침 그 때 시위대의 연대장인 현흥택玄興澤 이 군복을 입은 채, 다만 허리에 찬 칼만을 버리고 겁에 질린 걸음으로 나타났다. 어찌 이를 그대로 놓칠손가. 낭인들의 철권鐵拳이 마구 내리 쏟아졌다. 그러나 현玄은 겨우 목숨을 건져 도망을 하여 러시아 공사관으로 숨어버렸다. 재수 좋은 사나이라고 하지않을 수 없었다. 이러고 있는 사이에 방안에 쓰러져 있는 부인이 민비라고 하는 사실이 누군가로 부터 퍼뜨려졌다. 나는 방안으로 들어가 그 쓰러져 있는 부인을 보았다. 이 부인은 아직 잠자리에서 나온 그대로였는지, 상체上體에는 짧고 흰 속적삼을 입었을 뿐이고, 허리로 부터 아래로는 흰 속옷을 입고 있었으나 무릎으로 부터 그 아래는 흰 살이 그대로 드러나 있었다. 그리고 가슴팍으로부터 양쪽 팔꿈치까지를 노출하고 반듯이 드러누운 채 벌써 숨져 있었다. *잘 보니 가냘픈 몸매에 유순하게 생긴 얼굴과 흰 살결은 아무리 보아도 스물대여섯 살로 밖에는 보이지 않았다. (주: 민비는 一八五一년생으로 이해에 만 사십 사세가 되어 있었다) 죽었다기 보다는 인형人形을 눕혀 놓은 것 같은 모양으로 아름답게 영원한 잠이 들어 있었다.* 가냘픈 손으로 팔도八道를 움직여 군호群豪를 조종했던 민비, 그 사람의 유해라고는 생각되지 않을 정도이다. 웅혼雄魂은 가서 돌아오지 않고 방안에는 유해를 지키는 단 한 사람의 그림자도 없었다. 실로 처참을 극한 광경이었다.

　민왕비의 치명상은 이마 위에 교차된 두개의 칼날 자국에 있었던 것 같았다. 누가 어떻 게 해서 하수下手를 하였을까. 오전 여덟시경이 되어서 모두들 제각기 들고 있던 일본도를 담요에 말아싸고, 나와 식자생植字生 두 사람의 것은 외부隈部라고 하는 장한壯漢에게다 지워서 광화문을 나섰다. 문을 나서니 구경나온 한국 사람들이 문전 한길에 구름처럼 모여서 놀란 눈으로 우리들을 지켜보고 있었다. 우리들은 아무 일도 없었다는 듯 시치미를 떼고 지나가고 있었지만 그 꼬락서니며 몸가짐들이 괴상망측해시 그들의 의혹을 안살 수가 없었다. 그들은 서로 눈을 마주치면서 무엇인가 수근거리고 있었다. 운집한 한국사람들의 사이를 지나 종로 근방에 왔을 때 러시아 공사와 미국 공사가 함께 가마를 잇대어 궁중으로 들어가는 것과 마주쳤다. 두 공사는 무어라고 말할 수 없는 쓸쓸한 웃음을 띠면서 우리들을 쳐다 보았는데,

뒤져 궁중을 나온 자들은 궁중의 경회루 부근에서 두 공사를 만났다고 한다. 그들이 훗날 강경한 항의를 해온 것도 무리한 일은 아니었던 것이다. 이 무렵 각기脚氣를 앓고 있던 나는 궁중에서 일본인 거류지까지의 꽤 먼 거리를 돌아가는데 다리를 옮기기에도 진땀을 뺄만큼 고통을 받았다. 나는 송촌松村과 한 패가 되어 그의 어깨에 매달리다시피 하면서 겨우 돌아왔으나, 닿자마자 자리에 드러누워 간밤 이래의 피로를 풀었다. 이로부터 나의 각기는 한층 그 증세를 더하게 되었다.

 우리들은 신문사로 돌아 와서 숨을 죽인 듯이 조용하게 하고 있는데 바로 그 군부대신인 안경수安駉壽가 잠시 보호를 해달라고 청하면서 찾아 왔다. 안安은 우리들 동인同人 누구나가 간밤 이래의 변란에 관계하여 총성과 칼날 속을 뛰어다닌 자들이라는 것을 알고 있는지 모르고 있는지 몹시 의심스러웠다. 낯짝 두껍고 술책에 능한 사나이니만큼 신문사 동인의 입장을 잘 알고 있음에도 오히려 궁한 새가 날아드는 시늉을 하면서 뛰어들었는지도 몰랐다. 안安과는 안달겸장安達謙藏(あだち けんぞう)이 극히 친한 사이였으며, 더구나 신문사는 안(安)과 안달(安達)의 공동 사업으로 신문사 가옥도 안이 소유하고 있던 집이었다. 안은 밤새 사생의 기로를 넘나들어 위험하기 짝이 없었던 정경을 얘기하고, 지금도 아직 소름이 끼치는 지경인 것 같았으나, 우리들 동인이 시치미를 떼고 우대하고 있었기 때문에 그도 또한 안심을 하고 하루를 신문사 안에서 묵으면서 위난을 피하고 있었다. 앞에 기술한 한성신보漢城新報의 기사는 안달安達과 상의해서 본인이 작성해서 미리 일본 공사관의 삼촌杉村濬(すぎむら ふかし) 서기관에게 보이고 난 다음에 신문에 실었던 것이었다. 이 기사의 표현이 어떤지 모르게 실지로 보고 온것 같은 데가 있었기 때문에 사건을 얻어듣고 썼다는 기사중의 해명解明이 아무 구실도 못하게 되어버리지 않았느냐고 나중에 동인들의 웃음거리가 되기도 했다.

『민비시해기閔妃弑害記』에는 위에 인용한 부분 외에도 미우라 고로가 어떻게 일을 꾸며 실행했는지를 상세히 기록해 남겼는데, 아무리 대원군과 명성황후의 대결 구도를 만들어 을미참변의 실상實相을 숨기려 해도 고바야가와는 그의 글 행간行間에 진실을 숨겨 놓았다. 그가 『민비조락사건閔妃殂落事件』을 정식 출간하지 않고 몰래 등사본謄寫本으로 몇 십부만 프린트한 이유도 그 안에 담긴 내용이 일본 정부가 숨기고자 했던 내용들이 그대로 담겨 있기 때문이다.

을미참변乙未慘變은 명성황후가 훈련대를 해산하고자 했기 때문도 아니고, 대원군과 명성황후가 대립하는 정쟁政爭 때문도 아니다. 육군중장 출신의 미우라 고로三浦梧樓는 조선 조정의 정세가 어떻든 조정 조정에서 점차 설 곳을 잃어가는 일본 세력을 일거에 만회하기 위해 명성황후 뿐 아니라 여차하면 대원군까지 퇴출退黜시켜 조선 조정 전체를 뒤집어엎을 목적으로 일을 계획하고 실행하였다. 일본이 외교관이 아닌 육군 중장 출신의 미우라 고로를 주한駐韓 일본공사로 임명하고, 일본 육군참모본부와 해군참모본부가 가담한 것부터가 "조선의 국모 시해 계획"을 일본의 이익 수호라는 국가 차원 범죄로 계획하였고, 군인 미우라 고로는 단지 시행 책임자였을 뿐, 최종 책임자는 당시의 내각총리대신 이토 히로부미伊藤博文이다.

국내 일부 연구자는 에조英藏 보고서를 근거로 여러 명의 망나니가 이미 죽은 명성후를 윤간輪姦했다는 황탄한 주장까지 하지만 이는 1966년 야마베 겐타로山辺健太郎(やまべ けんたろう)가 『일한병합소사日韓倂合小史』에 쓴, "사체능욕死體陵辱"이라는 표현을 제멋대로 해석한 것이다. 재일在日 사학자 김문자金文子 씨가 저술한 『명성황후 시해와 일본인』에는 "왕후는 위를 향해 쓸어졌고 '후우! 후우!' 하며 숨을 쉬고 있었다. 그때 사세 구마데쓰가 와서 수건으로 상처 난 곳의 크기가 얼마나 되는지를 쟀다. 장사들은 사진과 왕후의 얼굴을 대조해 보고 있었다"고 하였고, "사건직후 일본공사관경찰의 현장기록에 보면 민비는 엷은 연두빛 저고리와 하얀 치마 차림으로 죽어있었는데 후두부에 3인치가량의 칼자국과 다리에 기다란 자상刺傷이 나 있었다(1982. 10. 16. 조선일보)"는 기록도 있으므로 에조 보고서의 국부 검사라는 것도 수건으로 상처의 크기를 잰 행위였을 것이다. 사람이라 할 수 없는 망나니라도 여러 차례 칼에 난자亂刺 당해 절명絶命하여 피투성이가 되고 하의가 벗겨진 여인의 주검을 보고 시시덕거리며 희학戲謔질 한 자는 있었겠지만 여러사람이 보는 앞에서 성적性的으로 능욕할 자는 없다. 소설적 상상력을 가미한 이런 주장은 결과적으로 참혹하게 돌아가신 분을 또다시 짓밟는 무책임한 음학淫虐질일 뿐이다.

에조 보고서는 조선 정부 내부 고문顧問인 이시즈카 에조石塚英藏(いしづか えいぞう)가 명치明治 28년(1895) 10월 9일 법제국法制局 장관長官이며, 이토 히로부미의 사위인 스에마츠 겐조末松謙澄(すえまつけんちょう)에게 보낸 서간문書簡文인데, 일본의 헌정사편찬회수집문서憲政史編纂会収集文書에 조선왕비사건관계자료朝鮮王妃事件関係資料로 분류되어 있다. 에조 보고서 중 해당 부분의 원문과 번역문을 아래에 싣는다.

岡本ハ大院君ト同時入城シ實行ノ任ニ當レリ守備隊ノ將校兵卒ハ四門警衛ニ止マラズ門內ニ侵入セリ殊ニ野次馬連ハ深ク內部ニ入ミ王妃ヲ引キ出シニ二三個處刀傷ヲ及シ且ツ裸体トシ局部檢査(可笑又可怒)ヲ爲シ最後ニ油ヲ注ギ燒失セル等誠ニ之ヲ筆ニスルニ忍ビザルナリ

오카모토는 대원군과 동시에 입성하였는데, 실행 임무를 맡고 있던 수비대 장교와 병졸들은 사문四門의 경비대를 물리치고 성문城門 안으로 침입하였습니다. 특히 폭도暴徒들은 내부內部에 깊이 들어가 왕비를 끌고 나와서 칼로 두세 군데 상처를 입힌 후 옷을 벗기고 국부 검사檢査(가소롭고 노할 일이다)를 하고 나서 마지막에는 기름을 붓고 태워 없애는 등 이는 진실로, 차마 필설筆舌로 남길 수조차 없습니다.

"내부에 깊이 들어가 왕비를 끌고 나왔다"는 것은 이미 침전寢殿에서 데라사키 등의 칼을 맞고 죽음을 당하신 왕후의 주검을 침전 밖으로 끌어내 이미 절명絶命한 여인을 또다시 난자亂刺질했다는 것이니, 이것이 어찌 사람이 할 짓이겠는가.

■ 죽음의 순간에도 의연毅然했던 대조선大朝鮮의 왕후

명성황후의 죽음의 순간에 대하여 쓰노다 후사코角田房子의 『민비암살閔妃暗殺』에는 아래와 같이 기록해 있다.

데라사키寺崎(てらさき)는 사건 직후에 역시 실행대의 한 사람이었던 스즈키 시게모토鈴木重元(すずき しげもと) 앞으로 "나는 한 미인을 죽였는데 어떤 친구의 이야기에 의하면 그것이 민비였다고 한다. 그러나 의심스럽다"고 써 보냈다. 또 후에 그는 다음과 같이도 말하고 있다. "나카무라 다데오中村橋雄(なかむら たてお), 후지 가츠아키藤勝頭(ふじ かつあき), 나(데라사키) 세 사람은 국왕의 제지를 무시하고 안의 왕비 방으로 들어갔다. 거기에 웅크리고 있던 2.30명의 궁녀를 한 사람 한 사람 치워 버리고 이불 밑을 보니 복장은 그들 궁녀와 마찬가지였으나 매우 점잖으면서도 귀인의 풍모를 갖춘 사람이 있었으므로 이것이 민비라고 알아차렸다. 머리카락을 잡고 끌어당겼으나 그 태도는 과연 조금도 흐트러지는 곳이 없었다……나는 칼을 한 번 내려쳤다. 나카무라가 머리카락을 잡고 있었으므로 그의 손을 조금 베었다. 머리 부분을 쳤으므로 일격에 쓰러져 버렸다. 다른 사람들이 '데라사키는 난폭하다. 민비인지 아닌지도 모르면서 베어 버렸다'고 비난했으나 후에 그것이 역시 민비였다고 알자, 너도 나도 '내가 해치웠다'라고 주장하여……"라 하여 자신의 '공적'을 가로채려는 놈들이라고 분개한 말투이다. 그는 그 방에 없었던 사람까지 '하수인'임을 주장하고 나섰다고 말하고 있다. 그러나 이 이야기는 상당히 훗날의 것인만큼 내용에는 데라사키가 정리한 흔적이 엿보인다. 그가 말하고 있듯이 '이것이 민비다'라고 알고 벤 것이 아니고 스즈키 시게모토 앞으로 보낸 편지에서와 같이 사건 직후에는 '의심스럽다'는 심경이었을 것이다.148)

데라사키의 회고 중, *"복장은 그들 궁녀와 마찬가지였으나 매우 점잖으면서도 귀인의 풍모를 갖춘 사람이 있었으므로 이것이 민비라고 알아차렸다. 머리카락을*

---

148) 寺崎は事件直後に、これも実行隊の一人である鈴木重元あてに、「私は一人の美人を殺したが、一友の話によればそれが閔妃であったという。しかしながら疑念に堪えず」と書き送った。またのちに彼は、次のようにも語っている。中村橋雄、藤勝頭、私(寺崎)の三人は国王の制止を押し切って奥の王妃の部屋へ進んだ。そこにたむろしていた二、三十人の宮女を一人一人投げ飛ばして、ふとんの下を見ると、服装はそれらの宮女と同じだが、従容として迫らず、貴人の風が備わっていたので、これが閔妃だと察した。髪を捉えて引き出したが、その態度はさすがに少しも乱れるところがない。私は一刀を振り下ろした。中村が髪を捉えていたので、その手を少し切った。頭部をやったから、一撃で斃(たお)れてしまった。ほかの者は「寺崎は乱暴だ。閔妃かどうかわからないのに斬ってしまった」と非難したが、のちにあれがやはり閔妃だとわかったら、我も我もと「俺がやった」と名乗り出て」俺の"手柄"を横どりしようとするヤツらが、と憤慨口調である。彼は、その部屋にいなかった者までが"下手人"と名乗った、と語っている。だがこの談話はかなり後のものだけに、内容には寺崎の整理のあとがうかがわれる。彼が述べているように「これが閔妃だと見きわめて斬ったわけではなく、鈴木重元あての手紙のように、事件直後には疑念に堪えずという心境だったであろう。(角田房子 『閔妃暗殺』 新潮社 1988.03.25. 三刷, 金恩淑 譯-朝鮮日報)

잡고 끌어당겼으나 그 태도는 과연 조금도 흐트러지는 곳이 없었다"는 내용이 사실이라면 명성황후는 죽음에 임해서도 국모國母로서 의연毅然함을 잃지 않았음을 말해주는 것이다.

쓰노다 후사코가 『민비암살閔妃暗殺』에 인용한 데라사키의 회고담은 『이또추전집伊藤痴遊全集(いとうちゆう)』 속續 제12권의 "사기씨석일담寺崎氏昔日談" 내용과 똑같다. 데라사키의 본명은 데라사키 다이키치寺崎泰吉(てらさき たいきち)이고 다카하시 겐지高橋源次(てらさき けんち)라는 별명을 썼다고 한다. 앞에서 동아일보 기사에 보도된 수기手記와 히로시마지방법원 재판기록을 통해 확인한 바와 같이 데라사키와 나카무라가 달려와 칼을 내려치기 전에 방에는 이미 기와키 스케노리木脇祐則(きわき すけのり) 순사와 그의 동료가 들어와 있었으므로 데라사키의 회고가 정확할 것이다.

여주의 명성황후 기념관에는 후지 가츠아키藤勝顯(ふじかつあき)가 사용했다는, "한순간에 번개처럼 늙은 여우를 베었다一瞬電光刺老狐"는 흉문凶文을 새긴 히젠도肥前刀 모조품을 만들어 전시하고 있는데 이는 명성황후의 영혼을 또다시 찌르는 행위다. 가츠아키 만큼이나 흉악한 자者가 아니고서야 명성황후를 가리켜 "한순간에 번개처럼 늙은 여우를 베었다"고 표현한 흉도凶刀의 모조품을 만들어 기념관에 전시할 발상을 하겠는가.

최근에는 미야모토 다케타로宮本竹太郞라는 육군 소위가 맨 처음 칼을 내리쳤다는 주장도 제기되었지만 명성황후가 칼에 맞아 절명絶命하는 순간 가장 먼저 현장인 침전寢殿에 들어와 모든 과정을 지켜보았던 기와키 스케노리 순사의 수기手記에, "왕후 폐하에 틀림없으므로 문밖으로 끌어내리려고 했을때 뒤로부터 한 장사壯士가 뛰어와서 '해치워'라고 외치며 우두후부右頭後部를 내려치니 그 자리에서 즉사했다"고 하여 군인이 아닌 민간인 '장사壯士'가 첫 번째 칼을 내리쳤다고 하였는데, 기와키 순사가 군복 입은 '육군 소위'를 '장사'라고 쓰지는 않았을 것이다.

미야모토 설을 주장하는 이들은 미야모토 소위가 데라우치 마사다케寺內正毅에게 보낸 서신을 내세우지만 이 편지는 을미참변 열 달 전인 1894년 12월 26일에 보낸 것으로 동학이 개혁을 미워하며, 전신電信을 파괴하고 우편을 방해하며 철도 측량을 싫어한다는 내용, 금산현錦山縣과 용담현龍潭縣에서 저지른 동학군의 약탈과 방화, 양민 학살 등과 동학군 진압, 충청도와 전라도의 전답과 농촌 실정實情에 관한 보고일 뿐, 명성황후 시해와는 관련이 없는 내용이다. 『한국독립운동사연구』 제61집에 소개된 박맹수朴孟洙의 「테라우치 마사타케(寺內正毅)에게 보낸 미야모토 다케타로(宮本竹太郎)의 서한」(2018)에 의하면 미야모토는 오랜 기간 하사관으로 근무한 후 36세 때인 1894년 10월 11일에 소위로 임관되었다고 하며, 하사관 시절 육군사관학교장인 데라우치의 부관을 했다고 밝혀 있다. 그렇다해도 일개 육군 소위가 지휘 계통을 뛰어넘어 대본영大本營의 운수통신장관에게 직접 서신을 보냈다는 것은 그가 모종의 정보 수집에 관련된 군인이었음을 시사示唆한다.

히로시마 법정에서 방면放免된 미야모토 소위가 대만 주둔군 헌병 장교로 파견되었다가 1897년 12월 20일에 원주민과의 충돌 과정에서 전사한 것을 두고, 명성황후 시해에 가담한 미야모토 소위를 부담스럽게 여긴 일본 정부가 그를 대만에 보내 죽게 하여 일본 정부의 음모를 덮으려 했다는 주장은 지나친 상상想像이다. 일본군의 개입은 조선 조정에 머물던 외국인 고문顧問들에 의해 실시간에 발각되었음에도 일본군 현장 지휘관으로서 가장 큰 책임을 져야 할 쿠스노세 육군 중좌가 승승장구乘勝長驅하여 훗날 중장까지 진급한 것은 어떻게 설명할 것이며, 명성황후 시해 직후 육군참모본부에 전보를 보낸 니로新納 해군 소좌는 왜 죽음의 전선戰線으로 보내지 않았는가.

박맹수朴孟洙의 글에는, "1895년 11월 22일자 「하루타(春田) 헌병사령관으로부터 고다마 육군차관 앞으로 보낸 전보」 내용 속에, "예심 법정에서 장사(壯士; 일종의 정치깡패 - 주) 히라야마(平山)의 자백에 (조선의) 궁내대신(이경직 - 주)을 최초로 쏜 것은 (미야모토 다케타로) 소위이며, 그 뒤에 다시 칼로 벤 것은 자신이 한 것이라고 했고, 그 외 다른 관련자들의 진술에 의해서도 미야모토 소위는 (명성황후시해를) 주도한 인물로 가장 혐의가 짙다라고 되어 있다(일본 방위성 방위연구소도서관 소장, 『朝鮮內亂事件』, 아시아역사자료센터 자료번호 C06031065300-『한국독립운동사연구』 제61집)"고 했는데, 미야모토 본인이 아닌 하루타 헌병사령관의 전보를 인용해 미야모토 소위는 궁내부대신 이경직李耕稙에게 총을 쏘았다고 밝히고, "여러 관련자 진술에 의해 미야모토의 혐의가 짙다"고 했을 뿐이다.

상관의 명령을 받고 명성황후 시해弑害에 가담해 명성황후의 죽음을 지켜보았다는 기와키 순사巡査나, 한성신문漢城新聞 편집장임에도 검을 들고 시행에 가담한 고바야가와, 쓰노다 후사코 소설에 인용된 데라사키 등이 모두 명성황후가 방 안에서 죽음을 당했으며, 머리를 내려친 칼에 맞고 즉사卽死했다는 일치된 증언을 하고 있다.

『조선왕조실록朝鮮王朝實錄』 고종 32년 음력 8월 20일자 기사에, "20일 묘시卯時 (5시~7시)에 왕후께서 곤녕합坤寧閤에서 붕서崩逝하셨다(二十日卯時王后崩逝于坤寧閤)"고 하여 명성황후가 새벽 5시 전후에 돌아가셨다고 하였다. 명성황후가 죽음을 당한 직후 고종은 대원군을 마주했다. 그러나『한말풍운비록』에 의하면 대원군의 말에 고종은 아무런 대꾸도 하지 않았다. 이는 고종이 대원군이나 살육을 저지른 일본군의 행위에 동의하지 않는다는 뜻이다.

국태공國太公의 가마는 입궐 후 어느 곳으로 향하는지 대원군도 알 수 없었는데 처음에는 근정전勤政殿에 이른 후 다음에는 태광전泰光殿에 옮겨 몇 사람의 일본인과 같이 아무것도 알지 못한 채 나무로 만든 허수아비와 같이 오로지 궁중宮中의 변란變亂이 가라앉기만 기다릴 뿐이었다. 오전 8시 경에 칙사勅使가 와서 가기를 청하는지라 대원군은 옹문甕門을 거쳐 건청궁乾淸宮에 가서 대군주大君主를 알현하고 말하기를, "궁중에 간신奸臣이 가득하여 이씨조선의 권력을 참월僭越하여 큰 화가 이를 것이므로 국태공國太公은 참된 정성으로 이를 그냥 두고볼 수 없기에 지금 입궐入闕하였나이다"라고 하였으나 대군주폐하께서는 아무 대답도 하지 않으셨다. 일본공사日本公使 미우라 고로三浦梧樓는 간밤에 궁중에서 일어난 일을 일일이 자세히 듣고 오전 9시 경에 참내參內하여 대군주폐하께 알현을 청하고 위로의 말씀을 돌렸다고 한다. 대원군은 혁정革政의 부득이함을 아뢴 후 궁내부대신 이경식李耕植, 학부대신 이완용李完用, 군부대신 안경수安馴壽, 농상공부대신 이범진李範晉, 경무사警務使 이윤용李允用 등을 파면하고 이재면李載冕을 궁내부대신에, 조희연趙羲淵을 군부대신에, 권형진權瀅鎭을 경무사警務使에 임명하였다.(『풍운한말비록』)

치밀한 각본을 짜서 일국의 왕비를 참혹하게 난자亂刺해 죽인 미우라 고로가 잔인한 얼굴에 철판을 깔고 와서 간밤의 일을 고할 때, 미우라에게 이끌려 온 대원군을 대할 때, 대원군이 이재면이나 조희연 같은 사람들을 다시 중용重用하는 것을 보고 겪어야 했던 고종의 심사는 짐작하고도 남음이 있다. 대원군이 와서 변란變亂의 불가피성을 말할 때 고종이 오죽하면 아무런 대꾸조차 하지 않았겠는가. 그러나 물러난 자들이나 새로 임명된 자들이나 국가 장래를 생각하는 자는 없었고, 거개擧皆가 외세의 주구走狗가 되어 개인의 영달榮達만을 추구하는 자들이었다.

■ 성공회聖公會 주교主敎 서신과 윤치호 일기

많은 외국인이 이날 일에 대하여 기록을 남겼는데, 영국 성공회 찰스 존 코프(C. J. CORFE-한국이름 고요한) 한국 주교도 1895년 10월 제물포에서 본국에 보낸 주교통신에서 <u>"서울에서 저지른 범죄가 도쿄에서 지시된 것이라 확신하고 있습니다"</u>라고 하며, 명성황후 시해는 일본이 저지른 국가 범죄이고, 명성황후 시해弑害를 대원군이 주도한 것이 아니며, 명성황후 시해 직후 내려진 '폐위서인廢爲庶人' 조칙도 고종의 서명 없이 불법으로 내려졌다는 것을 증언하고 있다. 아울러 모닝캄 제68호에 실린 주교통신에는 미우라 고로三浦梧樓는 진짜 범인이 아니며 진짜 범인은 배후에 있다고 명확히 일본 정부를 지목하였다.

『MONING CALM』 제67호(1896. 02.)
The Bishop's Letter-주교통신-1895년 10월. 제물포에서
친애하는 친구 여러분, 이 편지가 영국에 도착할 때쯤이면 여러분은 이번 달에 조선의 왕궁에서 저질러진 끔찍한 범죄에 대한 사실에 대한 보도를 마침내 들었을 것입니다. 이 토픽에 대한 첫 번째 통신과 마지막 통신은 크게 달라, 여러분은 한동안 절망스러울 정도로 혼란스러웠을 것입니다. 영국 사람들은 해외통신에 대한 공식적인 일본 방식을 이해하지 못하기 때문입니다. 하지만 다행히도 우리는 일본인이나 조선인과는 별개로 이 사건에 대한 정보의 출처를 가지고 있으며, 그 출처에

의해 이 편지가 여러분에게 도착하기 전에 여러분은 진실을 들을 수 있었을 것이라고 확신합니다. 한밤중에 여러 여성이 잔인하게 시해된 이 역겨운 사건의 세부 사항에 대해 언급하지는 않겠습니다. 일본에 의한 조선 왕비의 시해는 그동안 여러 번 시도되었고 또 오래전부터 이미 예상되었던 일이 마침내 실현된 것입니다. 그것은 1년 이상 조선에서 진행되어 온 드라마의 마지막 장을 장식한 것입니다. 또 일본 정부가 조선에 가장 단순한 형태의 문명조차 제공하리라고는 전혀 기대할 수 없는 무능함을 보여준 것입니다. 그리고 일본에 거주하는 유럽인들을 치 떨게 할 기만적인 잔혹함을 드러낸 것입니다. 저의 생각으로 조선사람들은 마음 깊은 곳에서 일본의 통치방식이 그들이 가지고 있는 기만적인 성격과 매우 비슷하다는 것을 알기에, *서울에서 저지른 범죄가 도쿄에서 지시된 것이라 확신하고 있습니다.* 조선에 거주하는 우리 유럽인들은 증거를 듣고 평가할 때까지 판단을 보류한 상태입니다만, 살인 전과 후의 사실이 너무나 극명하기 때문에 일본 정부가 유럽인들에게 자신의 손이 깨끗하다는 것을 증명하기 어려울 것이라 봅니다. 그렇기에 일본의 어떠한 노력이나 우호적인 의도가 있다 해도 이 시대의 조선사람들에게 절대로 신뢰받을 수 없을 것입니다. *조선사람들과는 상관없이 특별조사위원들이 파견된다지만 별 소득이 없을 것입니다.* 특사들은 일왕으로부터 조선 국왕을 위로한다는 명분으로 오겠지만, 조선인 중 가장 높은 지위에 있는 사람부터 가장 낮은 지위까지, 누구든 설득할 수 없을 것입니다. 18개월 전, 조선을 정치적으로 소멸 시키고자 했던 일본이 이 행동을 통해 마지막이자 가장 강력한 고리를 만들었다고 조선사람들은 생각하고 있습니다. 조선 정치의 분쟁 유발자인 모니에 공사(Count of Monye: 아마도 미우라 고노 일본공사를 말하는 것 같음.-역주)가 사건 이후 가장 일찍 도착했다는 것도 그들이 의심받는 이유입니다……. 이 살인 사건 직후에 이어진 행동은 일본의 통치력이 얼마나 무능한지를 보여줍니다! *중전(명성황후-역주)이 시해된 후 그들은 그녀를 가장 낮은 계급 수준의 여성(서인-역주)으로 격하시키는 '조칙'을 내렸습니다. (하지만 왕의 서명은 없었습니다). 그들은 또 다른 것도 발표했는데(역시 서명은 없었습니다) 왕의 아버지(대원군)가 살인에 연루되었다고 여기게 하는 것이었습니다. 지금도 일본이 이러한 잔혹 행위에 책임이 있다고 생각하며 애통해하고 있는 동안에도 그 노인(대원군)은 결국 자신이 범인이라고 자백하도록 괴롭힘을 당하고*

있습니다. (일본인들은)조선인들이 이런 자백을 들으면 일본이 개입되지 않았다고 믿을 것이라 생각겠지만 누가 그런 비상식적인 말을 믿겠습니까? ……여러분은 우리 때문에 불안해했을 것입니다. 하지만 불안해하실 필요가 없습니다. 일본은 쉽사리 살인을 마무리하고 궁궐 지역을 장악했기 때문입니다.(궁궐 문밖에는 항상 군인들이 통제하며 지키고 있었습니다) 서울은 공황상태에 빠졌지만, 그것은 조선인들이 이 시해 사건으로 외국인들에게 복수할 것이라는 생각 때문이라기보다는 일본이 다음에 무엇을 할지 모른다는 두려움 때문이었습니다. 그럼에도 불구하고 외교 관료들은 전보를 보내 각자의 공사관을 보호하기 위한 경비원을 확보했습니다. 그래서 영국 해군이 다시 서울에 주둔하고 있습니다. 그들은 영사관 밖에 주둔하고 있습니다. *살인이 있던 날 밤 총에 맞은 왕실 경비병 중 부상자 몇 명이 성 마태 병원으로 이송되었습니다.* 말할 필요도 없이 그들은 그곳에서 모든 관심을 받고 있습니다. 워너 씨는 매우 흥미로웠던 여행에서 돌아왔습니다. 그는 그 여행에 대해 여러분에게 편지를 쓰겠다고 약속했으므로, *그가 떠나기 전보다 더 좋아졌다는 말 이상으로 길게 편지를 쓰지 않겠습니다.* 우리는 모두 건강하고, 인쇄소는 번역과 소책자에 대한 요구를 충족시키기 위해 할 수 있는 모든 것을 다하고 있습니다.

저는 여러분의 다정한 친구입니다. C. J. CORFE.

『MONING CALM』 제68호(1896. 05.)
The Bishop's Letter-주교통신-1896년 1월. 제물포에서
친애하는 친구 여러분, 일본에서 왕비를 시해한 혐의를 받는 조선 주재 공사와 그의 공범에 대한 가짜 재판은 이 불행한 나라에 대한 또 하나의 모욕이며, 일본 정부가 진정으로 믿는 유일한 문명이 일반적인 동양적 유형의 문명이라는 또 하나의 증거입니다. 재판의 결과는 물론 미리 알려져 있습니다. *진짜 범인은 이 불행한 남자의 배후에 있었고, 그들은 재판을 받지도 않았습니다.* ……강제적인 단발령의 결과는 그 명령을 내린 사람들이 원했던 결과를 가져왔습니다. 나라는 혼란에 빠졌고, 남부 4개 도에서는 민란이 일어났습니다. (이를 핑계삼아 군대를 증원한) 일본군은 이미 서울을 떠나 소요를 진압했습니다. ……겨울이 시작된 이후로 워너 씨로부터 두세 번 소식을 들었습니다. 11월과 12월에 그를 매우 괴롭혔던 천식은 거의

사라졌습니다. 하지만 그는 자가 치료를 하고 있으며, 멀리 집을 떠나지 않고도 충분히 할 수 있는 일을 찾았습니다. 그는 그 일에 매우 흥미를 느끼고 있고, 저는 그와 함께 가서 그것이 무언가를 보고 싶습니다. 하지만 트롤로프 씨가 도착할 때까지 저는 서울에 머물러 있어야 합니다. 데이비스 씨가 떠난 지금, 제물포는 다소 소홀히 할 수밖에 없습니다. 6개월 동안 미국에 있는 랜디스 박사를 대신한 말콤 박사가 사제관에 거주하고 있고, 스마트 씨는 가까운 이웃으로서 그의 옆집에 삽니다. 스마트 씨는 다시 우리 사이에 자리를 잡았고, 예전처럼 열정적입니다. ……저는 여러분 모두에게 새해 복 많이 받으시기를 바라는 간절한 소망과 사랑으로 이 글을 마칩니다.

저는 여러분의 다정한 친구입니다. C. J. CORFE

* 모닝캄 수록 사진 이미지 사용을 허락해 주시고, 중요한 내용까지 제공해 주신 대한성공회 모닝캄 아카이브 박명숙 이사장께 감사한다.

이날의 참혹한 일에 대하여 윤치호尹致昊도 일기를 써서 남겼다. 윤치호 일기에는 당시의 급박한 정국政局이 어떻게 움직이고 돌아갔는지를 체계적으로 정리해 놓았다. 1895년 음력 8월 19일 윤치호는 이지즈카 에조의 집에 가서 유길준俞吉濬이 의주부윤義州府尹으로 떠나는 것과 관련하여 전별주를 마시고 같이 나왔다고 하였지만 윤치호와 헤어진 유길준과 에조는 바로 경복궁으로 달려가서 시해에 가담했던 것이다. "외국 공사公使들도 사건 조사를 요구했지만 일본군과 반역자들 감시하에 묵살 당한 것이 드러나 있다"는 내용은 영국 성공회의 코프 주교가 모닝캄 제67호에서, "조선사람들과는 상관없이 특별조사위원들이 파견된다지만 별 소득이 없을 것입니다"라고 한 내용과도 相通한다. 왕후에 대한 '폐위서인廢爲庶人' 공포公布나 '새 왕비 간택령' 등 당시 내려진 모든 정령政令이 국왕의 뜻이 아니라는 것도 코프 주교의 서신 내용과 일치한다.

1895년 10월 8일(음력 8월 20일), 화요일

이순근李巡根에 의해 오전 4시에 깨어남. 그는 내게 거리에서 가져온 편지를 보여 주었는데, 이는 이두황李斗璜과 일본교관 무라이村井 아래 몇몇 대대가 병영을 떠나

알 수 없는 곳으로 갔음을 알려주었다. 그 서한은 군장교 이민굉(李敏宏)이 서명했다. 경무사에게 서한을 보이도록 이순근을 보냄.

5시에 2왕자가 왔다. 궁에서 나오면서 대규모의 일본군대가 영추문 또는 궁벽 서문으로 행진하는 것을, 또 조선 군대들은 건춘문과 춘생문을 향해 나아가는 것을 목격했다. 전하가 왕자를 보내신 것인데, 무엇이 일어났는지 확인을 위해서였다.

약 5:30경, 총소리가 몇 분간 지속되었다. 모두가 고요했다. 일본 군대에 의해 부서진 궁전, 공격 합류를 거부한 조선 훈련대는 도주했다. 홍장군(洪戝熙)은 사망했다. 대원군은 일본인들에 의해 궁으로 이동했다. 일본인들이 문들의 경계를 섬. 김홍집(金弘集), 김윤식(金允植)과 죄희연(趙羲?)만 (출입이) 허가됨.

오후1시, 둘째 왕자(義和君-필자 주)가 와서 이를 알려주었다. 그가 궁을 떠나자마자, 칼을 든 일본인 집단이 전하와 세자가 거주하는 왕궁 구역을 공격했다. 이들은 왕후를 추격했고 왕후 여부를 확인하기 위해서 두셋의 상궁들을 참혹하게 시해했다. 이들은 세자비의 머리채를 잡고, 그녀를 차고, 때리고, 왕후가 어디 있는지를 말하도록 강요했다. 답을 거부하자, 이들은 이 어린 세자비를 죽거나 죽어가는 군인들 무리에 던졌다.

일본인 중 하나가 세자의 머리를 잡아 발로 찼다. 그동안, 거의 백여 명의 여인들이 공포에 떨었다. 왕후가 들어왔다. 일본인들이 그녀를 잡아 발로차 무릎을 꿇혔다. 그녀는 본인이 왕후가 아니라 먹을 것을 찾아 들어왔을 뿐이라고 울부짖었다. 암살범들은 그녀를 초죽음에 이르기까지 발로 찼다. 이어서 살인자들은 그녀를 저택으로 끌고 들어가 이불을 씌우고- 이어서 확실히 하기 위해서, 스즈키(鈴木) 일본인 통역관이, 궁을 가리키며 왕후가 "저 방"에 누웠다고 안상궁(安尙宮)에게 말했다. 그녀가 들어가 피바람에 충격받고 두려움에 떨며, "오, 왕후께서 승하하셨소!"라고 외쳤다. 이를 듣고, 암살범들은 곧장 들어와 근처 화단으로 시체를 끌고 갔다. 그곳에 이를 놓고 불을 질렀다. 이 모든 이야기는 생각하기조차 끔찍하다.

왕후가 처했던 야만적인 운명에 마음이 불편하여 밤새 잠을 이루지 못했다. 나는 왕후의 치세가 좋은 시기였다고 인정하지는 않을 것이다. 나조차도 그녀의 폐위를 지지했을 것이다. 만일 어떠한 방법으로도 그녀가 자신의 음모와 악행을 포기하지 않았더라면. 하지만 나는 일본 암살자들에 의해 이루어진 그녀의 참혹한 죽음에 찬성하지도 않을 것이다.

예외 없이 외국인들은 이 일을 자행한 조선과 일본의 일당들을 혐오한다.

1895년 10월 9일(음력 8월 21일), 수요일

내각이 왕후를 폐위서인廢爲庶人 한다는 것을 듣고, 외무대신 김윤식을 접견해 이에 대해 강하게 항의했다. 나는 말했다, "외국 사회가 왕후의 억울한 죽음에 대해 매우 분개하고 있습니다. 그리고 만일…"

그는 온화하게 말했다. "하지만 외국인들은 정의롭지도, 공평하지도 않습니다. 그들은 그녀를 단순하게 음주를 제공하거나 악수를 청했던 인물로만 간주합니다. 심지어 그들 중에서도 그녀가 나빴다고 인정하기도 합니다."

나는 답했다, "맞습니다. 사실입니다. 왕후의 통치에 있어 잘못된 점을 우려하는, 나와 담화를 나누었던 외국인들은 그녀가 나라를 망치고 있음을 부인하지는 않았습니다. 하지만, 그녀의 끔찍한 죽음, 가장 수치스러울 수밖에 없는 죽음은 외국인들의 동정과 분개를 일으켰습니다. 예를 들어, 김옥균은 잘 알려진 반역자입니다. 우리 정부가 법적 절차에 따라 그를 처벌했더라면 그의 죽음에 대해 그 누구도 무어라 하지 않았을 것입니다. 하지만 그의 암살은, 이어진 그의 능지처참은 세상으로 하여금 그의 범죄함은 잊게하고 단지 한국정부의 비겁함과 배반이라는 잔인성만 기억시키고 거부하게 만들 뿐입니다. 지금 왕후께서 그이처럼 나쁘다고는 말할 수는 없습니다. 그녀는 한나라의 국모였고, 반면에 그는 반역자입니다. 그녀의 운명에 대해 외세가 크게 안쓰러워한다는 것이 그렇게 의아한 일입니까?"

"그들이 원하는 만큼 동정하게 하십시오. 외국인들이 할 수 있는게 무엇입니까? 미국인들은 말만 할 뿐, 그것이 다입니다. 러시아인들은 소란만 일으킬 뿐, 일본을 막아낼 수 없습니다. 우리는 독립된 나라입니다. 외국인들은 우리 정치에 대해 왈가왈부할 권리가 없습니다."

나는 물었다, "우리가 정녕 독립적입니까? 진실로 우리가 외국의 간섭에서 자유롭다 할 수 있습니까? 뭐라구요! 일본이 궁궐을 공격해서 왕후를 죽이도록 방치하는 것이 독립입니까? 일본이 간섭할 수 있는 일이라면, 다른 이들도 할 수 있는 것입니다. 여기! 당신의 최선책은 왕후의 죽음을 알리는 것입니다. 당신이 할 수 있는 한 모든 사후의 영예를 드리는 것입니다. 이것이 외국인들의 감정을 다스릴 수 있을지 모릅니다. 하지만, 가장 잔혹한 방법으로 왕후를 시해한 후, 그녀를 강등시키고, 그녀의 과오들을 나열함으로써 그녀에 대한 기억을 더럽힌다면, 당신은 서방을 적으로 돌릴 것입니다. 일본은 이곳 외국인들의 호감을 잃었고 이에 대해 조선 내에서 시도한 모든 일에 실패했습니다. 당신은 이것(호감?) 없이 무엇을 할 수 있다 기대합니까?"

노대신老大臣은 그 문제에 대해 총리와 이야기할 것을 약속했다. 이어서 나는 대사면의 필요성을 주장했다. 2왕자(의화군)는 대원군(the Old Man)을 두려워하며 지난 나흘간 언더우드 박사와 함께 지냈다.

1895년 10월 14일(음력 8월 26일) 월
평상시대로 사무실에 출근. 오늘 오후 미국, 영국, 러시아공사관은 대궐에서 일어난 사건과 왕비 폐위에 대해 김홍집金弘集 내각이 보낸 공문에 회답을 보냈다. 공사관은 왕비시해 진상을 조사하려고 했으나 이루어지지 않았다.

1895년 10월 15일(음력 8월 27일) 화
아름다운 날. 평소와 같이 사무실에 출근.
이근호李根澔 씨는 뉴스를 수집하는 탁월한 능력으로, 정확한 뉴스를 수집하는 능력이 뛰어나서, 오랜 경험을 통해 내가 여왕과 외국을 지지하는 것으로 강력히 의심받고 있다는 것을 알게 되었다. 일본인과 새 내각이 외국인에게 비밀을 많이 말하는 사람을 싫어하는 데는 충분한 이유가 있다.
내각은 육군 장교 우범선禹範善과 이두황李斗璜 등이 펼치는 공포 분위기 아래 있다. 오후 4시에 내각에서 모든 장관과 차관이 참석한 회의가 소집되어 '왕'의 칭호를 '황제'로 바꾸는 것이 타당한지 논의했다. 조희연趙羲淵·권형진權瀅鎭·정동하鄭東夏 씨는 이 조치를 매우 강력히 주장했다. 권씨는 이것이 국민이 중국에 대한 독립을 깨닫도록 하는 데 절대적으로 필요하다고 말했다. 나는 조선이 황제라는 칭호를 붙인다 해서 일본이나 중국이 조선을 더 존중하지 않을 것이고, 우리는 상식적인 사람들의 조롱만 불러일으킬 것이라고 말했다. 외부대신과 총리는 내 의견에 동의했지만, 군 장교들 지지를 받는 주류파에는 감히 정면으로 반대하지 못했다. 서광범 씨는 속국이 없는 자는 황제라는 칭호를 써서는 안 된다고 하며 헛소문을 퍼뜨렸다. 이 제안은 오후 6시경 폐하의 승인을 받아 통과되었다. 나는 왕궁으로 들어가 최근에 겪은 끔찍한 재난 이후의 왕을 뵙는 것이 가슴 아팠다.

유길준이 나에게 둘째 왕자(義和君-필자 주)와 동행하라고 했다. 나중에 일본인이 우리와 함께 가야 한다고 들었다. 외국인과 무척 자유롭게 이야기할 수 있는 나라에서 파견된 누군가가 해외에서 나를 감시한다는 확실한 신호였다.

*오늘 새 왕비 간택령이 내려졌다.*149)

1895년 10월 16일(음력 8월 28일) 수
유길준은 나에게 다음과 같은 이야기를 들려주었다.

1. 심상훈沈相薰, 유동근柳東根 (?) 등.. 왕후 폐하의 명령에 따라 경찰과의 다툼을 구실로 일본군을 해산할 계획을 세웠다. 그런 다음 궁궐 경비병을 무장시켜 각 부서의 모든 장교와 하인을 칼로 찔러 죽이려고 했다. 이 총살의 날짜는 음력 8월 25일, 즉 10월 13일이었다.

2. 웨버 씨는 자신의 영향력 아래 필요하다면 러시아 해군으로 이 음모를 지원해야 했다. 그 댓가로 러시아는 원산 항구를 갖기로 하였다. 웨버는 8일의 사건으로 그의 황금 계획이 너무 갑자기 무너졌기 때문에 현재 내각에 대해 위협적인 태도를 취했다. 폐하께서 러시아 황제에게 보낸 두 개의 비밀 편지가 궁전에서 발견되었는데, 그 중 하나는 웨버를 한국에 남겨두라고 간청하는 내용이었다.

3. 앨런과 프랑스 고문顧問은 웨버의 책략에 의해 항의에 가담했다. 미국 회사에 부여될 운산雲山의 금광은 앨런을 잡기 위한 미끼였다.

유길준은 유능한 남자다. 그의 능력 중 하나는 가능한 모든 거짓말과 불가능한 거짓말을 하는 것이고, 때로는 자신을 과시하고, 때로는 자신이 가진 모든 목표를 달성하는 것이다. 웨버에 대한 그의 허풍은 그가 꾸며낸 거짓말 중 하나다.

1895년 10월 17일(음력 8월 29일) 목

---

149) 아래에 상술詳述하는 광산김씨光山金氏 정화당貞和堂 여인이 이때 새로 간택된 왕비 후보였다.

헨드릭스 주교와 리드 박사는 점심(코리안)을 가지고 가셨다. 로스브릴더 양孃의 것도.

오후 2시에 웨버 씨는 김윤식 씨를 찾아가 공식 답변 등을 통해 한 말을 반복하며, 왕후 폐하의 살인 사건에 대한 조사가 없는 한 '현재 상황'을 인정하지 않을 것이며 인정할 수 없다고 말했다. 그런 다음 그는 적어도 이 시점에서 왕위를 황제로 바꾸는 것은 현명하지 못하다고 말했다. 그는 또한 왕후 살인이라는 악행 직후에 새로운 왕후를 간택하는 것에 반대했다. <u>그는 이 모든 수치스러운 조치는 공모자들의 음모에서 기인起因한 것이지 국왕 폐하의 선택이 아니라고 하였다.</u> 김 씨는 궁전이 '반란군'의 손에 있기 때문에 지금은 조사를 진행할 수 없다고 대답했다.

7시 30분에 내 소중한 아내와 함께 우리 아기에게 세례를 주기 위해 교회의 핸드릭스 주교에게 갔다. 그녀는 긴 예배 내내 매우 아름답게 행동했다.

1895년 10월 22일(음력 8월 10일), 목요일
오늘자 오전 관보는 왕후를 폐위서인廢爲庶人한다는 조칙을 발표했다.

1896년 09월 25일, Friday-파리 여행 중
하루 종일 비가 많이 내리고, 게다가 꾸준하고 차가운 바람.
(이곳 사람들이 말하기를)작년 이맘때는 너무 따뜻해서 저녁 식탁에 꼭 필요한 것보다 더 오래 앉아 있을 수 없었다고 한다. 하지만 지금은 상황이 반대로 돌아섰다.

음력으로 1년 전의 오늘 저녁(1895. 음력 08.19.-필자 주), 나는 내각의 일본인 고문 이시츠카石塚 英藏(いしづか えいぞう-필자 註)의 집에 가서 유길준兪吉濬과 전별주餞別酒를 한 잔 마셨다. 그는 다음 날 아침 일찍 서울을 떠나 의주義州(Wuichoo-며칠 전 의주부 관찰사로 서임됨-필자 註)로 갈 예정이었다. 위에 언급한 두 사람 외에도 박이양朴彛陽 유세남劉世南과 내가 잊은 한두 명이 있었다. 우리의 대화 대부분은 당시 군인과 경찰 사이에서 벌어지고 있던 악의적인 충전衝戰과 현재 조정朝廷의 악행 등에 관한 것이었다. 이시츠카는 유길준에게 좋은 여행을 기원하며, "3개월 안에 서울로 돌아올 것이라고 예언한다"고 말했다. 오후 10시경에 나왔을 때, 유길준과 나는 안동에서

내 집으로 갈라지는 거리까지 함께 걸어갔다. 달이 찬란했다. 내가 간절히 청하자 그의 안장을 내 안장과 바꿔주었다.

그날 밤 궁궐에서 무시무시한 비극이 벌어졌고, 유길준은 그 음모의 주요한 주모자 중 한 명이었다!

오후 8시에는 마담 리본스타인(Madame Livonsteine)의 응접실로 가서 즐거운 저녁 모임을 가졌다. 레지옹 도뇌르 훈장을 받은 늙은 대령과 그의 딸, 스웨덴 사람, 그리고 또 다른 젊은이가 참석했다. 이 젊은 아가씨는 16세 생일을 반년 앞둔 나이로, 내가 본 가장 예쁜 파리지앵 중 한 명이다. 건강한 피부색의 타원형 얼굴, 체리를 반으로 잘라 놓은 것 같은 예쁜 입술, 긴 실크 속눈썹으로 그늘진 검고 큰 눈은 프랑스 미인의 생기로 반짝였고, 균형 잡힌 손과 발, 두껍지도 얇지도 않은 몸매, 그리고 무엇보다도 그녀의 자연스러운 매너와 절묘한 미소-사실 그녀는 그 작은 파티의 저녁 스타였다. (이 파티의)대화는 내가 알아들을 수 있는 한 음악에 대한 주제로 시작되었다. 그러자 프랑스어를 거의 하지 못하는 스웨덴 신사가 가벼운 발걸음의 파리 자매들에 비해 독일 여성들이 얼마나 무거운 걸음걸이를 하는지에 대해 언급했다. 미국인의 여행에 대한 사랑, 거친 북쪽 바다, 프랑스 철도의 열악한 숙박 시설은 지루한 대화에 오히려 건조한 주제를 제공했다. 10시에 내 방으로 돌아왔다. 이건 평범한 겨울밤이다. 바람이 세고, 하늘이 낮고, 밤은 어둡고, 우리 대부분은 매우 우울하다.

1896년 9월 26일(음력 8월 20일), Saturday-파리 여행 중
쌀쌀하고 우울한 아침이 지나고 오후부터 밤까지는 비가 내렸다. 밖은 꽤 추웠다. 많은 사람은 세상의 종말이 왔다고 생각했다.

음력으로 이날은 조선 왕비이신 황후 폐하의 서거일逝去日이다.

그녀는 얼마나 큰 삶의 폭풍을 겪었고, 얼마나 큰 죽음의 풍파를 겪었던가!

그녀는 훌륭한 여성이었다. 민영환閔泳煥 공은(원문에는 'Mr. Min'이라 했는데, 이때 윤치호는 민영환을 수행하며 파리에 머물고 있었다.-필자 주), "약 20년 전 그녀의 오빠가 폭력적으로 죽은 이후로 그녀는 밤에 잠을 잘 수 없었다"고 나에게 말했다. "그녀는 몇 시간 휴식을 취한 후 아침 11시경에 일어나서 사적인 편지를 읽고 쓰고, 모든 국가 문서를 검토하고, '서리胥吏' 또는 서기를 임명하는 것부터 외국 조약을 협상하는 것까지 모든 국가 업무를 처리하는 데 시간을 보냈다. 그녀는 중국 고전을 모두 읽었을 뿐만 아니라 주요 구절을 암기했다. 그녀는 조선과 중국 역사에 정통했다. 그녀는 종종 궁녀들이 조선의 지승紙繩(종이로 꼬아만든 끈)으로 매듭을 엮어 만드는 지갑 만들기를 돕기도 했다."

윤치호 일기에서 두 가지 모순점을 발견한다. "나는 왕후의 치세가 좋은 시기였다고 인정하지는 않을 것이다"라고 하면서도 다음해 음력 8월 20일자에는 "그녀는 훌륭한 여성이었다"고 칭찬한다. 명성황후가 고종과 함께 서류를 검토하고 외국과의 협상 조약을 검토하고 처리하느라 밤을 새워가며 일한 것을 두고 『매천야록』에는 술을 마시고 노느라고 매일 밤을 지샜다고 비난하고 있다. 임요유월일기와 명성황후 한글 서간에는 거의 매일 감기로 고생할 만큼 몸이 약했다는 것이 드러나 있는데, 그런 분이 술을 먹으며 매일 밤을 지샌다면 몸을 지탱할 수 없다. 명성황후를 질시疾視하며 소위 개혁으로 위장僞裝하여 권력을 장악하고자 했던 김홍집 내각의 정저지사井底之士들은 밤을 새우다가 잠시 밤참 드신 것까지 술 먹고 논 것으로 둔갑시켜 황탄荒誕한 소문을 확산시킨 것이다. 명성황후가 "먹을 것을 찾아 들어왔을 뿐이라고 울부짖었다"는 내용은 명성황후가 참변을 당한지 여러 시간이 지난 후 남의 입을 통해 윤치호에게 전해졌다. 새벽 5시 전후에 시행된 참변 현장의 진실은 이미 일본인들에 의해 가공되어 거짓말이 퍼져 나간 것이다. 윤치호 일기는 명성황후에게 처음 칼날을 내려친 데라사키의, "머리카락을 잡고 끌어당겼으나 그 태도는 과연 조금도 흐트러지는 곳이 없었다"는 증언과도 전혀 다른데, 기민機敏한 명성황후는 칼을 들고 날뛰는 무리를 마주친 순간 이미 살아날 수 없다는 것을 순간적으로 판단하여 대조선大朝鮮 왕후로서의 귀품貴稟스러움을 지킨 것이라고 생각한다.

윤치호 일기의, "명성황후가 궁녀들이 지승紙繩으로 지갑紙匣이나 지승그릇 만드는 일을 같이 거들었다"는 기록은 명성황후의 인간적인 따뜻함과 정을 느끼게 한다.

윤치호는 "유길준俞吉濬이 명성황후를 시해하는데 협력한 주요 반역자다"라고 썼는데, 왕비께서 참변을 당하시던 그 밤에 윤치호는 이시즈카 에조石塚英蔵(いしづかえいぞう)의 집에 가서 유길준俞吉濬과 전별주餞別酒를 마셨다. 유길준이 떠나기 전에 그와 술을 마신 것을 보면 꽤 가깝게 지낸 사이다. 유길준은 의주義州로 떠나지도 않았고, 윤치호와 헤어진 직후 바로 반역자들과 합류해 왕비 시해에 가담했던 것이다. 내부협판内部協辦이던 그는 11월 15일에 김홍집 내각의 내부대신内部大臣이 되었다. 명성황후께서 참변을 당하신지 이레만인 1895년 시월 15일 『승정원일기』 「곤녕합사변실기坤寧閤事變實記」에는 당시 유길준이 포함된 반역자들이 임금을 협박하여 멋대로 정령을 만들어 왕후를 '폐위서인廢爲庶人'하는 가짜 조서를 발표하는 만행을 보고 어느 사관史官이 통분痛憤하며 그들의 무도無道한 행적을 기록해 남겼다.

"아아, 애통하도다. 의정부의 여러 흉적들 –총리 김홍집金弘集, 농상공부 정병하鄭秉夏, 내부 유길준俞吉濬, 군부 조희연趙羲淵, 법부 장박張博, 군대 이범래李範來・우범선禹範善・이두황李斗璜 등이 외국의 적인 삼포오루三浦梧樓 등과 서로 왕망王莽과 동탁董卓 같은 심보로 결탁하여 몰래 음모를 꾀한 것이 오래되었다. 8월 20일 인정寅正(4시)쯤에 일본 병사와 제2훈련대訓鍊隊의 앞잡이가 되어 곧바로 대내大內를 침범하여 곤녕합으로 밀고 들어가니, 입직하던 신료들은 막아 저지하지 못하고 위졸衛卒들은 거의가 직분을 지키지 못하였다. 대전은 총성의 굉음에 놀라고 후원後苑은 검은 연기의 독기로 참혹하였다. 올빼미 같이 패역悖逆한 무리가 앞에서 쪼고 승냥이같이 사나운 무리가 뒤에서 물어뜯으며 만고萬古에 없던 커다란 변란을 자행하였으니, 천리天理가 여기에서 없어지고 인문이 여기에서 무너졌다. 흉악한 저 적도賊徒들은 혹 조령詔令을 위협하여 시행하기도 하고 혹은 서로를 유언비어로 선동하기도 하여, 임금이 어떻게 되었는지 모른다는 터무니없는 말을 퍼뜨리기도 하고, 감히 사관史官의 직필直筆을 막기도 하였으니, 이것을 차마 한다면 무엇인들 차마 하지 못하겠는가. 이 때문에 천상天象이 일찍이 응하였고, –이에 앞서 요성妖星이 달 가운데로 들어갔다.– 사람들이 모두 울분에 차 있다. 매우 분통하게도 저들이 요행히 법망을 벗어 났으므로 일단 먼저 붓으로 주벌誅罰하노라. 아아, 애통하도다."

■ 침전寢殿 옆 옥곤루玉壼樓 명칭의 유래

명성황후께서 참변을 당하신 장소는 옥호루玉壺樓로 알려져 왔지만, 『조선왕조실록朝鮮王朝實錄』고종 32년 음력 8월 20일자 기사에는, "20일 묘시卯時(5시~7시)에 왕후께서 곤녕합坤寧閤에서 붕서崩逝하셨다(二十日卯時王后崩逝于坤寧閤)"고 하였다. 고종 32년 음력 8월 20일자 『승정원일기承政院日記』에는, "이날 인정寅正(오전 4시)이 지난 뒤에 일본인과 제2훈련대가 곤녕합坤寧閤에 돌입하여 변란이 창졸간에 일어났는데, 궁내부 대신 이경직李耕稙이 곤녕합 기둥 밖에서 시해당하고 연대장 홍계훈洪啓薰이 광화문光化門 밖에서 시해당하였다"고 하여 명성황후가 곤녕합에서 참변을 당하신 것으로 기록해 있다. 많은 사람이 명성황후께서 '옥호루'에서 참변을 당했다고 하는데, '옥곤루玉壼樓'라고 써야 하며, 모든 증언이 명성황후께서는 침전에서 참변을 당했다고 하였으므로 서루書樓인 옥곤루에서 참변을 당하신 것이 아니다.

침전에서 데라사키가 휘두른 칼에 머리를 맞고 이미 절명하신 명성황후를 일본인들은 문을 부수고 밖으로 끌어내 밖에서 다시 난자亂刺했는데, 바로 위에 초서로 쓴 '옥곤루玉壼樓' 편액이 걸려 있었고, 이를 잘못 읽어 시해 장소를 '옥호루'라 착각한 것이다. 명성황후가 휘호에 차용한 왕창령의 시 "일편빙심재옥호一片氷心在玉壺"는 "얼음 같이 맑은 내 마음은 벗들과 함께 술을 나눠 마시던 호리병 속에 고스란히 남아 있다"는 뜻인데, 시구詩句가 아무리 좋아도 술병을 왕비의 서루書樓 명칭으로 사용할 수는 없다.

옥곤루玉壼樓는 명성황후의 주거 공간이자 침소寢所인 곤녕합坤寧閤 한쪽에 붙어 있는 서루書樓인데, '옥곤루'를 '곤녕합坤寧閤'과 따로 떼어서 생각할 수 없다. '곤壼'은 『시경詩經』 「대아大雅-기취旣醉」에, "그 복은 어떤 종류인가, 궁중 안길에 임금께서 만년 동안 복 받아 자손들 번창하리(其類維何 室家之壼 君子萬年 永錫祚胤)"라고 하여 궁중 안쪽 길을 뜻하는데, 후대로 내려오며 여인의 의범儀範을 뜻하는 곤훈壼訓, 곤범壼範, 곤덕壼德이나 여인의 거주 공간인 곤각壼閣(閫閣), 곤오壼奧(內宮) 등의 뜻으로도 쓰였다. '곤壼' 앞에 붙인 '옥玉'은 귀하다는 의미로 쓴 접두사接頭辭다.

곤녕합坤寧閤 : 가운데 흰색 격자문이 침전寢殿, 오른쪽 편액扁額 걸린 곳이 옥곤루다.

〈임오유월일기〉 7월 26일자 기사에, "같은 달 19일에 전전 감찰監察 심의순沈宜淳이 환정곤위사還正壼位事로서 중궁전하를 위한 정문呈文[탄원서]을 청나라 오장경吳長慶 제독에게 보냈다"고 하였고, 민진후閔鎭厚 신도비문에도 "갑술년에 중곤中壼께서 복위되셨다"고 했는데, '곤위壼位'나 '중곤中壼'은 모두 '중전'을 지칭할 것이다.

우리 선조들께서 사물의 명칭을 정할 때는 반드시 전고典故를 찾아 이름을 붙였다. 민간도 그렇거늘 하물며 궁궐 건물의 명칭을 정할 때는 반드시 『주역周易』이나 『시경詩經』, 『서경書經』, 『예기禮記』 등의 전고에 기초해 지었는데 왕비 침전에 붙여 만든 서루書樓 명칭도 곤녕합坤寧閤이라는 명칭에 부합해야 한다.

'옥호玉壺'라는 이름은 순조純祖의 장인 영안부원군永安府院君 김조순金祖淳의 별서別墅 명칭에서 보이는데, 김조순은 북악산의 한 봉우리인 백련봉白蓮峯 아래 별서를 마련하고 '옥호동천玉壺洞天'이라 하였다. 이와 관련하여 옥호정도玉壺亭圖라는 실경산수實景山水 한 점이 최근까지 이병도가李丙燾家에 전해오다가 2017년 3월 국립중앙박물관에 기증되었다. 북악산 백련봉白蓮峯 일대의 실경을 자세하게 그린 그림에는 옥호산방玉壺山房이라는 편액이 걸린 사랑채 건물, 후원後園의 죽정竹亭과 산반루山伴樓, 첩운정疊雲亭, 바위에 각자刻字한 옥호동천玉壺洞天, 을해벽乙亥壁, 일관석日觀石 등을 그림에 써 넣었다. '옥호산방'이나 '옥호동천'은 호리병 속 같이 호젓하게 자리잡은 이곳에서 시끄러운 세상을 피해 유유자적悠悠自適하고 싶다는 집 주인의 희원希願을 담은 명칭일 것이다.

명성황후의 휘호 "일편빙심재옥곤一片氷心在玉壺"(25cm 188cm)
여주세종문화관광재단 명성황후기념관 제공

여주 명성황후기념관에는 "일편빙심재옥곤一片氷心在玉壺"이라는 명성황후 친필 휘호 복사본이 전시되어 있는데, 원본은 2006년 9월 14일 서울의 한 미술경매에서 낙찰되어 누군가의 소장품이 되었다. 명성황후 휘호는 성당시인盛唐詩人 왕창령王昌齡의 〈부용루송신점芙蓉樓送辛漸〉150) 중 "일편빙심재옥호一片氷心在玉壺"를 차용借用해 쓴 것이다. "얼음처럼 깨끗한 내 마음은 '옥곤루玉壺樓'에 있다"는 뜻에서 '호壺'를 '곤壺'으로 바꿔 쓴 것인데 1885년에 쓴 또 다른 휘호 '일편단충一片丹忠'의 뜻과도 상통相通한다. 왕창령의 "일편빙심"은 벗을 향한 변함 없는 우정이지만 명성황후의 "一片氷心"은 왕을 향한 깨끗한 마음인데, "자기 마음이 술병에 담겨 있다"고 쓸 수는 없다. 더구나 두인頭印의, "(지재곤원至哉坤元-지극하도다 땅의 덕이여)만물이 이로부터 생겨나도다"라는 뜻을 가진 "만물자생萬物資生"과 "모든 사물이 다 형통하다"는 뜻의 "품물함형品物咸亨", "덕에 부합하여 끝이 없다"는 "덕합무강德合无疆"이라는 낙관이 모두 『주역周易』의 곤괘坤卦 내용인 것은 명성황후께서 평소에는 물론 이 휘호를 쓰신 순간에도 곤괘坤卦를 의식하고 '옥곤玉壺'이라 쓰셨음을 말해준다.

---

150) 왕창령王昌齡(698~756) 〈부용루송신점芙蓉樓送辛漸〉: 차운 비 오는 밤 배 타고 오吳 땅에 들어와서/ 새벽에 벗을 보내니 초산만 우뚝하네 / 낙양의 벗들 서로 내 소식 묻거들랑 / 한 조각 얼음처럼 맑은 마음 옥호玉壺 속에 있다 하게(寒雨連江夜入吳, 平明送客楚山孤, 洛陽親友如相問, 一片氷心在玉壺).

조선말 정부 기록에서는 정조 4년 경자庚子(1780) 음력 12월 11일 『일성록日省錄』에 동빙고의 얼음 수량을 점검하는 과정에서 '옥호루'가 보인다. "봉상시참봉奉常寺參奉 서승수徐昇修가 직명과 성명을 아뢰기에, 내가(과인이) 이르기를, '얼음을 저장할 때 그대가 하리下吏에게 속지는 않았는가' 하니, 서승수가 아뢰기를, '애초에 속지 않았습니다' 라고 하였다. 내가 이르기를, '어찌하여 옥호루玉壺樓에 내려가지 않았는가' 하니, 서승수가 아뢰기를, "신이 옥호루玉壺樓 앞에서 직접 보면서 검수檢數하였습니다"151)라는 내용 중에 '옥호루玉壺樓'가 보이는데 이는 동빙고東氷庫에 있는 얼음 창고다.

유본예柳本藝(1777~1842)가 지은 『한경지략漢京識略』 제2권 「궐외각사闕外各司」에도, "빙고氷庫 : 동고東庫는 두모포豆毛浦에 있는데, 제향에 쓰이는 얼음을 공급한다. 서고西庫는 둔지산屯智山에 있는데, 수라간과 신하들에게 내려주는 얼음을 공급한다. 개국초에 설치하였으며, 얼음의 보관을 맡았다. 동빙고에는 옥호루玉壺樓가 있는데, 명승으로 불린다. 매해 섣달에 낭관郎官이 가서 사한제司寒祭(玄冥氏에 대한 제사)를 지낸 다음, 한강의 얼음을 캐서 보관한다. 만약 겨울이 따뜻하여 얼음이 없으면 산과 계곡의 얼음을 캐서 보관한다. 춘분에는 개빙제開氷祭(玄冥氏에 대한 제사)를 행한 다음에 얼음을 나누어 준다. 또 내빙고가 있는데, 임금께 얼음을 올리는 일을 전담하였다. 궐내에 설치하였으며, 각 전殿에는 남염빙정藍染氷丁이라는 명색名色을 두었다.152)"고 하여 동빙고東氷庫에 '옥호루玉壺樓'가 있었음을 『일성록』과 『한경지략』에서 확인할 수 있다.

동빙고의 '옥호루玉壺樓' 또한 왕창령王昌齡의 시 "일편빙심재옥호一片氷心在玉壺에서 가져온 것으로 얼음 창고 명칭으로는 적당하고, 시어詩語로서도 운치가 있어 '옥호동천玉壺洞天' 같이 소인묵객騷人墨客의 누정樓亭이라면 모르지만 왕비 거처인 '곤녕합坤寧閤'의 침전寢殿에 붙어 있는 서루書樓 명칭에 나라의 얼음 창고 명칭을 가져다 쓴다는 것은 격에 맞지 않다.

---

151) 『일성록日省錄』 徐昇修奏職姓名. 予曰. 藏氷時, 爾不見欺於下吏乎. 昇修曰. 初不見欺矣. 予曰. 何不下去於玉壺樓乎. 昇修曰. 臣是看檢於玉壺樓前矣.
152) 『한경지략漢京識略』(柳本藝 著, 박현욱 譯. 2020. 05. 30. 민속원) p.175~176.

예시例示한 편액扁額에서 볼 수 있듯이 '옥곤루玉壼樓' 편액의 실제 자형은 '곤壼'의 자형字形이 호리병을 뜻하는 '호壺'와 흡사해서 '옥호루玉壺樓'라 부르게 된 것이다. "본래의 옥곤루玉壼樓 편액"과 "복원 후의 현재 옥호루玉壺樓 편액", "본래의 옥곤루玉壼樓 편액 글씨를 컴퓨터로 깨끗하게 다듬은 자료"의 초서草書 자형字形을 비교해 보면 복원 후 다시 써서 걸어 놓은 '옥호루玉壺樓' 편액의 초서와 원래의 '옥곤루玉壼樓' 편액 초서는 자형이 전혀 다르다.

上 : 본래의 옥곤루玉壼樓 편액
中 : 복원 후의 옥호루玉壺樓 편액
下 : 본래의 글씨를 다듬은 편액

서체를 비교해 보고, 여러 기록과 자료를 통해 논증論證한 결과 '곤녕합坤寧閤' 건물의 같은 지붕 아래, 침전寢殿에 이어서 누마루 형태로 만든 서루書樓는 왕비의 뜻을 가진 '옥곤루玉壼樓'가 정확한 명칭이다.

■ 죽음 후에도 신하에게 짓밟히신 왕후

고종 32년(1895) 음력 7월 7일 『승정원일기』에 고종께서 칙령勅令을 내리시기를, "김홍집金弘集을 내각총리대신內閣總理大臣으로, 박정양朴定陽을 내부대신內部大臣으로, 어윤중魚允中을 중추원의장中樞院議長으로, 신기선申箕善을 중추원부의장副議長으로, 유진찬兪鎭贊을 내각총리대신 비서관 겸 내각참서관內閣參書官으로 삼으라"고 하셨다. 김홍집 내각은 을미참변 수습을 해야 하는 내각이 되었는데 김홍집金弘集 내각은 고종이나 왕태자 뜻과는 관계없이 1895년 음력 8월 22일자 관보官報에 명성황후를 폐위서인廢爲庶人한다는 고시告示까지 하였는데, 왕태자가 "사위辭位하겠나"며 강력히 반발하자 다음 날인 8월 23일자 관보官報에 '빈嬪'으로 승격시킨다고 고시告示하는 등 우왕좌왕하였다.

官報 號外

詔勅

開國五百四年八月二十二日

朕이臨御ᄒᆞ지三十二年에治化가普洽지못ᄒᆞ는中에王后閔氏가其親黨을援引ᄒᆞ야朕의左右에布寘ᄒᆞ고朕의聰明을壅蔽ᄒᆞ야人民을剝割ᄒᆞ며朕의政令을濁亂ᄒᆞ야官爵을鬻賣ᄒᆞ야貪虐이地方에遍ᄒᆞ매盜賊이四起ᄒᆞ야
宗社가岌岌히危殆ᄒᆞ니朕이其惡의極ᄒᆞᆷ을知ᄒᆞ되是를壓抑ᄒᆞ기爲ᄒᆞ야上年十二月에
宗廟에誓告ᄒᆞ야日后嬪宗戚이國政에干涉홈을許치아니ᄒᆞ다ᄒᆞ야閔氏의舊惡을悛치아니ᄒᆞ고其黨與及孽小輩의改悟홈을冀ᄒᆞ더니閔氏가潛相引進ᄒᆞ야朕의動靜을察ᄒᆞ고國務大臣의引接을防遏ᄒᆞ며又朕의國兵을解散ᄒᆞ다ᄒᆞ는旨를矯ᄒᆞ야亂을激起ᄒᆞ고事變이出ᄒᆞ매朕을離ᄒᆞ고其身을避ᄒᆞ야壬午往事를蹈襲ᄒᆞ고訪求ᄒᆞ야도出現치아니ᄒᆞ니是는王后의爵德에稱치못ᄒᆞᆯ뿐더러其罪惡이貫盈ᄒᆞ야可이
先王宗廟를承치못ᄒᆞᆯ지라朕이得已치못ᄒᆞ야朕家故事를謹倣ᄒᆞ야王后閔氏를廢ᄒᆞ야庶人을삼노라
開國五百四年八月二十二日奉

宮內府大臣 李載冕
內閣總理大臣 金弘集

外部大臣 金允植
內部大臣 朴定陽
度支部大臣 沈相薰
軍部大臣 趙羲淵
法部大臣 徐光範
學部大臣臨時署理 徐光範
農商工部大臣 鄭秉夏

1895 음력 8월 22일자 관보 폐위서인廢爲庶人 고시
국사편찬위원회-한국근대사료DB(규장각)

朕이臨御ᄒᆞ지 三十二年에治化가普洽지못ᄒᆞ는中에王后閔氏가其親黨을援引하야朕의左右에布寘ᄒᆞ고朕의聰明을壅蔽ᄒᆞ야人民을剝割ᄒᆞ며朕의政令을濁亂ᄒᆞ야官爵을鬻賣ᄒᆞ야貪虐이地方에遍ᄒᆞ며盜賊이四起ᄒᆞ야

宗社가岌岌히危殆ᄒᆞ니朕이其惡의極ᄒᆞᆷ을知ᄒᆞ되是를壓抑ᄒᆞ기爲ᄒᆞ야上年十二月에
宗廟에誓朕이臨御ᄒᆞ지三十二年에治化가普洽지못ᄒᆞ는中에王后閔氏가其親黨을援引

하야朕의左右에佈眞ᄒᆞ고朕의聰明을壅蔽ᄒᆞ야人民을剝割ᄒᆞ며朕의政令을濁亂ᄒᆞ야官爵을鬻賣ᄒᆞ야貪虐이地方에遍ᄒᆞ고盜賊이四起ᄒᆞ야

宗社가岌岌히危殆ᄒᆞ니朕이其惡의極ᄒᆞᆷ을知ᄒᆞ되是를壓抑ᄒᆞ기爲ᄒᆞ야上年十二月에

宗廟에誓告ᄒᆞ야曰后嬪宗戚이國政에干涉ᄒᆞᆷ을許치아니ᄒᆞᆫ다ᄒᆞ야閔氏의改悟ᄒᆞᆷ을冀ᄒᆞ되閔氏가舊惡을悛치아니ᄒᆞ고其黨與及羣小輩를潛相引進ᄒᆞ야朕의動靜을察ᄒᆞ고國務大臣의引接을防遏ᄒᆞ며又朕의國兵을解散ᄒᆞ고朕의旨를矯ᄒᆞ야亂을激起ᄒᆞ고事變이出ᄒᆞ매朕을離ᄒᆞ고其身을避ᄒᆞ야壬午往事를踏襲ᄒᆞ고訪求ᄒᆞ야도出現치아니ᄒᆞ니視ᄂᆞᆫ王后의爵德에稱치못ᄒᆞᆯᄲᅮᆫ더러其罪惡이貫盈ᄒᆞ야可히

先王宗廟를 承치못ᄒᆞᆯ질ᄉᆡ朕이得己치못ᄒᆞ야朕家故事를謹倣ᄒᆞ야 王后閔氏를廢ᄒᆞ야庶人을삼노라153)

開國五百四年八月二十二日奉

勅

이 관보는 국사편찬위원회 한국근대사료DB에서 제공하는 자료이며 규장각에 소장되어 있는 〈조선대한제국관보〉다. 『매천야록梅泉野錄』 고종 32년 기사에는, "왕후를 폐위서인廢爲庶人하여 태묘太廟에 고유하고자 전 참판 서상우徐相雨에게 명하여 고유문告由文을 짓게 했는데 서상우가 매섭게 거절하며 말하기를, '내 팔을 자른다 해도 이 글은 지을 수 없다'고 하니 마침내 이승오李承五에게 짓게 하였다"고 기록해 있다.

나라가 미쳐 돌아가며 모두가 어찌할 바를 모를 때 서상우는 자신이 해야 할 일과 해서는 안 될 일을 명확히 구분하여 '폐위서인廢爲庶人 고유문告由文" 짓기를 거부했으니 의기義氣 있는 분이라 하겠다.

---

153) "王后閔氏를廢ᄒᆞ야庶人을삼노라"를 한문漢文으로 쓰면 "폐위서인廢爲庶人"이 된다. "폐서인廢庶人"이라고 하면 "서인을 폐하다"라는 뜻이 되어 "서인보다 더 낮은 노비"를 뜻하는 말이 된다. 따라서 아래 23일자 관보官報의 "廢庶人閔氏에게嬪號를特賜ᄒᆞ노라"도 "廢爲庶人"이 정확한 표현이다.

1895년 음력 8월 23일자 관보 빈호嬪號 특사特賜 고시
국사편찬위원회-한국근대사료DB(규장각)

　　서상우徐相雨가 "내 팔을 자른다 해도 이 글은 지을 수 없다"고 거절한 것만 보아도 당시 명성황후를 잔혹하게 시해한 일이 조정 안팎에 얼마나 큰 분노를 일으켰는지 알 수 있다. 따라서 이 폐위서인 고시告示나 빈호嬪號 특사特賜 고시는 고종이나 왕태자 뜻과는 전혀 관계없이 김홍집 내각이 일본공사 의중에 따라 반포한 것이다. 22일자 폐위서인廢爲庶人 고시告示에는 내각 전체의 명의가 사용되었지만 23일자

"빈호특사嬪號特賜"는 궁내부대신 이재면李載冕 한 사람 이름으로만 고시가 되었다. 『승정원일기』에는 명성황후가 돌아가신 다음날 궁내부대신 이재면李載冕, 협판協辦 김종한金宗漢, 전의사장典醫司長 김사철金思轍 등이 문안을 올리면서 "신들이 의관醫官을 거느리고 입진入診하도록 특별히 허락해 주시기를 간절히 바랍니다. 황공한 마음으로 감히 아룁니다."라고 하니 고종은, "왕태자와 왕태자비가 망극罔極한 중에 겨우 견디고 있다니 경들은 입시할 필요 없다"고 하여 모든 의욕을 상실한 모습이다. 시월 20일부터 23일까지, 시해 당하신 명성황후의 "폐위서인廢爲庶人" 논의도 없다. 『조선왕조실록』 시월 8일과 9일에도 아예 아무 기사記事가 없고, 시월 10일에 가서야 "왕후 민씨의 호를 회복하고 본월 팔월 22일의 조칙을 격소繳銷하라(王后閔氏의 其位號를 復ㅎ고 本月八月二十二日詔勅을 繳銷ㅎ라)"는 단 한줄이 있을 뿐이다. 이는 미우라 고로三浦梧樓가 고종과 대신들을 겁박하며 임금조차 조정 논의에서 배제한 채, 조선 조정 내 친일 협력자를 내세우고 일본의 의도대로 조선 조정을 멋대로 뒤흔든 것을 의미한다.

고종은 명성황후가 참혹하게 돌아가신지 닷새만인 음력 8월 25일에 쫓아냈던 궁인宮人 엄씨를 불러들였는데, 아무도 믿을 수 없는 상황에서 기댈 수 있는 사람이 필요했던 것이 아닐까 한다. 이 참혹한 상황에서 엄씨를 불러들이는 것이 왜 그리 급했는지 필자도 이해하기 어렵지만, 당시 모든 실권을 잃어 고립무원孤立無援인 고종의 처지와 의관醫官의 입진入診조차 거부할 만큼 의욕을 잃은 고종의 마음을 헤아려 보면 궁인 엄씨를 불러들인 마음이 조금은 이해되기도 한다. 엄씨는 1897년에 아들 은垠을 낳은 후 귀비貴妃로 책봉되었다가 1901년에 순비淳妃에 책봉되었고, 1903년에 황귀비皇貴妃가 되었다. 1903년 이후에는 황귀비를 황후로 책봉해야 한다는 상소가 끊이지 않았지만 고종은 모두 물리치고 끝내 응하지 않았다.

고종 32년(1895) 음력 9월 9일, "개국 504년 (음력)11월 17일로써 개국 505년 1월 1일로 삼으라"는 조칙詔勅을 발표함으로써 서양력 사용을 공식화하였다.

1895년 음력 시월 10일, "왕후 민씨閔氏의 위호位號를 회복하고 그달 8월 22일에 내린 조칙을 격소繳銷(폐지와 소)하라"는 조서詔書를 내려 김홍집 내각에 의해 폐위서인廢爲庶人 시켰던 명성황후 지위를 왕후王后로 회복했다. 이는 8월 22일 내린 폐위서인 조서가 고종의 뜻과는 전혀 관계없이 일본 세력을 등에 업은 세력이 멋대로 발표한 조칙이었음을 말해준다. 같은 달 시월 22일 김홍집 내각은 왕후로 지위가 회복된 명성황후 장례 절차를 시작해 성복成服을 하고 '순경純敬'이라는 시호諡號를 올린 후 김영수金永壽를 제술관製述官으로 임명해 시책문諡冊文을 짓게 하고, 망숙릉望肅陵이라는 능호陵號까지 지어 장례 절차를 추진하였으나 곧이어 춘생문 사건이 발생하고 아관파천이 일어나 김홍집 내각이 무너짐으로써 장례 절차도 중단되었다.

고종 32년(1895) 11월 28일, 고종과 왕태자가 미국 공사관으로 피신하려했던 춘생문春生門 사건이 일어났다. 이 무렵 일제日帝는 정화당貞和堂 광산김씨光山金氏를 간택해 고종의 왕후로 삼게 하려고 했는데, 친위대장 이진호李軫鎬가 배신하여 파천播遷이 실패하고 광산김씨光山金氏로 알려진 정화당도 궁중에 들어가지 못했다. 정화당貞和堂 김씨는 일제日帝의 힘을 업고 1917년 5월 궁중에 들어가기는 했으나 고종이 쳐다보지도 않아서 궁중 안 구석진 곳에서 지내다가 고종이 붕어崩御한 후 궁 밖으로 쫓겨나 창신동 모처에서 처녀로 수절하다가 죽었다고 한다. 필자는 정화당 김씨가 사용했다는 모자와 장화가 답십리 정명당正名堂이라는 고미술 가게에 나와 있는 것을 본 적이 있고, 가게 주인 백정양 선생께 관련 일화도 들었기에 기록을 남긴다.

이후 고종은 1896년 2월 11일 궁인 엄씨의 도움으로 끝내 건청궁乾淸宮을 벗어나 아라사俄羅斯(러시아) 공사관으로 파천播遷하였다. 이른바 아관파천俄館播遷 사건이다. 고종은 경복궁을 탈출해 아라사 공사관으로 피신하자마자 당일로 내각총리대신 김홍집을 비롯하여, 외부대신 김윤식, 내부대신 유길준, 탁지부대신 어윤중, 군부대신 조희연, 법무대신 장박, 정병하, 김종한, 허진, 이범래, 이진호를 면직하고, 유길준 등을 체포하도록 명령했다.

이때 김홍집金弘集, 어윤중魚允中, 정병하鄭秉夏 등은 순검 혹은 군중에게 살해되었다. 김홍집은 명성황후가 참변을 당한 직후, "세록지신世祿之臣이면서 일국의 중신된 자가 국모의 참변을 보고 어찌 살아서 폐하와 만백성을 대할 수가 있겠소? 나는 유공兪公(유길준)의 처지와 다릅니다. 유공은 어떤 난국이라도 극복해서 앞으로 이 나라를 건져야 할 사명이 있지만 내가 할 일은 이제 내 스스로 죽는 일밖에 없소"라고 하며 자결하고자 했으나 유길준兪吉濬의 만류로 그쳤다고 한다. 유길준兪吉濬, 조희연趙羲淵, 우범선禹範善 등이 망명할 때, 김홍집은 고종을 알현하고자 했는데 호위하던 일본군이 "죽을 수도 있다"며 말리자 "시끄럽소! 일국의 총리대신으로서 백성에게 죽는 건 천명이오! 남의 나라 군인의 도움까지 받아서 살고 싶지는 않소!"라고 하면서 길을 나섰다가 군중에게 잡혀 돌에 맞아 죽음을 당하였다. 친일親日, 친청親淸, 친아親俄, 친미親美를 떠나 김홍집의 의기義氣는 나라의 중임重任을 맡은 사람으로서의 책임을 회피하지 않았으니 본받을만한 기개氣槪라 하겠다. 김윤식金允植의 『운양집雲養集』에 김홍집의 의기를 찬양한 시가 있다.

고 총리대신 도원 김홍집(故總理大臣道園金弘集)

安危元不計身全 안위는 본시 내 한 몸 안전을 헤아리지 않았고
秖有丹心不負天 단심丹心은 다만 하늘을 등지지 않는데 있었거니
經術通明西漢相 경세經世의 밝은 술책 서한西漢의 장량張良에 닿았고
風流蕭灑曲江仙 풍류는 맑고 깨끗해 곡강의 신선을 닮았네

孤忠已許申生孝 외로운 충심은 이미 신생申生의 효를 좇으리니154)
直筆何傷趙盾賢 직필은 조돈趙盾155)의 현량賢良도 거칠 것 없었네
碧血千秋應不滅 선생의 벽혈碧血156)은 천추에 소멸치 않고 응하리니
精光夜夜燭箕躔 정광精光은 밤마다 기성箕星157)되어 촛불처럼 빛나리

---

154) 김윤식 선생의 주에 "어려움을 당했을 때 어떤 이가 공(김홍집)에게 피할 것을 권하자 공은 『서명西銘』의 신생申生 이야기를 예로 들며 말했다. '나는 일찍이 가슴 속에 마음먹은 바가 있으니 지금 구차히 도망치는 것은 옳지 않다'고 했다"는 내용이 있다. 신생은 춘추시대 진晉나라 헌공獻公의 세자로 서모庶母의 모함에 빠졌으나 도망치지 않고 죽음을 당했다.

155) 춘추시대 진晉 영공靈公은 폭군이었는데 정경正卿 조돈趙盾이 자주 충간忠諫하자, 이를 귀찮게 여겨 자객을 보내 그를 죽이게 했다. 그러나 조돈의 집에 숨어든 자객은 몰래 그의 모습과 인품을 보고 반해서 나무에 머리를 찧어 자결했다. 다음에는 술자리로 유인해 그를 죽이려 했지만 조돈은 미리 알고 도망쳐서 국경을 넘지 않고 머물렀는데, 그 때 조천趙穿이 영공을 시해했다는 말을 듣고는 돌아왔다. 그런데 태사 동호董狐는, '조돈이 그 군주를 시해했다.'고 썼다. 조돈이 항의하자, 동호가 말했다. "공이 군주님을 시해하지는 않았으나 대감은 정경正卿으로서 국내에 있었고, 또 조정에 돌아와서는 범인을 처벌하시도 않았습니다. 그러므로 대감께서 시해한 것입니다." 조돈은 이 말을 듣고 아무말도 하지 못했다.

156) 한을 품은 피는 천년을 푸르러 변치 않는다고 함. 공자의 음악 스승인 장홍萇弘이 간신배의 참언으로 죄 없이 죽었는데 3년 후에 무덤을 파보니 피가 모두 푸른 구슬로 변해 있었다는 고사故事가 있다. *한혈천년토중벽恨血千年土中碧 - 당나라 이하李賀 〈추래秋來〉.

157) 기성箕星 : 별의 이름. 이십팔수의 하나. 동방의 별에 속하며, 풍백신風伯神을 상징하기도 한다.

조선 말기 아까운 죽음은 홍영식洪英植과 김홍집金弘集이다. 홍영식은 인품이 훌륭했는데 김옥균과 박영효 등의 강권强勸으로 마지못해 갑신정변에 가담했으나 살해 대상이던 민영익閔泳翊이 부상 당하자 묄렌도르프와 같이 민영익을 알렌의 집으로 옮겨 치료를 받고 살아나게 하였다. 갑신정변이 실패해 김옥균과 박영효 등이 달아날 때, "임금의 곁을 떠날 수 없다"며 남았는데 강제로 고종을 데려가려는 청 나라 군사와 맞서다가 죽음을 당했다. 도망칠 기회를 스스로 거부하고 임금을 알현謁見하러 가다가 죽음을 당한 김홍집金弘集의 의기義氣도 기억할 만 하다. 홍영식 김홍집 두 분은, 갑신정변을 일으켰다가 일본으로 망명해 끝내 친일파로 남은 자들이나 명성황후 시해에 적극 가담했으면서도 거짓말로 세상을 속이고 일본으로 달아난 자들과 대비對比된다. 일본으로 달아난 비겁한 위선자僞善者들은 훗날 일본의 주구走狗가 되어 오백년 왕조를 끝내 망국에 이르게 하였다.

　일제를 증오하던 고종은 을미개혁을 무효화하고 친일 내각을 파면하고 친러 내각을 수립하였다. 이 내각에는 총리대신 김병시金炳始를 비롯해 심순택沈舜澤, 윤용선尹容善, 조병직趙秉稷 등이 기용되었고, 이재순李載純 등 왕족과 박정양朴定陽, 이완용李完用, 이윤용李允用 등 개화파 인사들도 참여했다. 고종은 왕태후 홍씨와 왕세자비 민씨閔氏(閔台鎬의 딸-純明孝皇后)를 경운궁慶運宮으로 옮기게 하고 경운궁의 수리 및 중창을 명하였다. 고종은 약 1년간 러시아 공사관에 머물렀다.

■ 왕후王后에서 황후로

　광무光武 원년元年(1897) 10월 12일, 죽음의 순간에도 의연毅然하셨던 아름다운 대조선의 왕비는 황후로 책봉되셨다. 고종께서 '추존追尊'이 아니라 굳이 '책봉冊封'이라는 표현을 쓰신 것은 왕비의 죽음을 인정하지 않고, 살아계신 것을 전제로 한 것이다.

　건양建陽 2년(1897) 정월 초6일 의정부에서는 명성황후 장례와 관련하여 시호와 능호를 다시 올렸다. 시호는 문성文成·명성明成·인순仁純 등 삼망三望을 올렸고, 능호도 홍릉洪陵·희릉喜陵·헌릉獻陵 등 삼망을 올렸으며, 전호殿號는 경효敬孝·정효正孝·성경誠敬 등 삼망을 올렸다. 그러나 3월 2일 고종은 원임의정原任議政과 궁내대신宮內大臣 이하를 모두 불러, "오늘 경들을 부른 것은 태행왕후大行王后 시호를 다시 논의하기 위해서다. 열성조列聖朝의 시자諡字가 같은 것이 십여차례나 되지만, 지금 올린 '문성文成'은 정종正宗의 시자諡字와 서로 같다. 대代가 가까운 까닭에 미안未安함이 있으니 다시 논의해 정하는 것이 좋겠다"고 하여 신하들이 논의하여 전에 올린 삼망三望 중 부망副望으로 올렸던 '명성明成'으로 정해 올렸다. 같은 해 8월 15일 고종은, "이 해를 광무光武 원년元年으로 하고 8월 16일부터 시행하라"는 조서詔書를 내렸다.

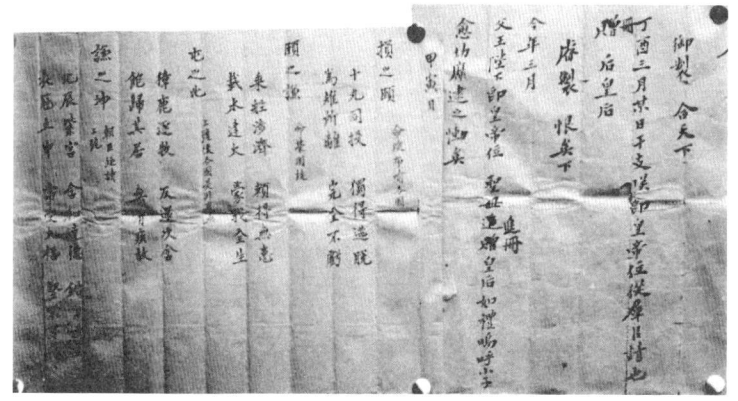

정유년 3월에 순종이 친필로 쓴 황제 즉위와 황후 책봉 초안草案
이미지 제공 : 국사편찬위원회 한국근대사료DB

한국근대사DB에는 순종純宗의 친필로 전하는 황후 책봉 초안이 등재되어 있다. 정유년丁酉年(1897) 3월에 쓴 것인데 어제御製와 예제睿製의 글씨체가 같아서 순종의 친필인지 논란의 여지가 있지만, 황태자가 임금의 지시에 따라 임금이 부르시는 대로 어제御製까지 받아 쓴 후 그 자리에서 다시 '冊'으로 고치라는 지시가 있어 고쳐 썼을 것이다. 순종은 글을 잘 짓고 글씨도 전문 서예가 수준이었다. 이 초안에는 '증후황후贈后皇后'라 했다가 지우고 '책후황후冊后皇后'로 고쳐 썼고, 예제에도 '진증황후進贈皇后'로 썼다가 '진책황후進冊皇后'로 고쳐 썼으므로 이는 명성황후를 살아 있다고 여긴 채 황후로 책봉하고 싶어 했던 고종의 의중이 반영된 것이다. 고종이 엄귀비의 황후 책봉을 끝내 외면한 것은 정치적 동지였던 명성황후에 대한 고종의 마지막 의리였다. 왼쪽의 사언시四言詩는 종이를 접은 모양이 같아서 같은 시간에 쓴 자료로 보이는데 『초씨역림焦氏易林』이라는 사주명리서四柱命理書 내용이다.

　같은 해인 광무光武 원년元年 양력 시월 12일(丁酉年 음력 9월 17일) 고종은 백관百官의 "만세만세만만세萬歲萬歲萬萬歲"158) 산호山呼 속에 황제의 자리에 올랐다. 이날 빈전殯殿에도 명성황후를 왕후에서 황후皇后로 책봉冊封하는 고유제告由祭를 따로 올렸는데, 황태자도 나아가 예를 행했다. 추증追贈이 아니라 책봉이라 한 것은 명성황후를 돌아가신 분이 아니라 아직 살아있는 사람으로 여긴 것이다. 이는 고종의 의지意志가 반영된 결과다. 황후 책봉 후 명성황후 인산因山(國葬)은 광무 원년(1897) 11월에 치러졌는데 아래는 『조선왕조실록』 11월 18일부터 11월 22일까지의 기록이다.

- 11월 18일 종묘宗廟와 영녕전永寧殿, 사직社稷과 경모궁景慕宮에서 발인發靷 고유제告由祭를 지냄.
- 11월 19일 빈전殯殿에 조전朝奠(아침마다 빈전에 올리는 제사)을 올리고 발인을 아룀. 미시未時(13시~15시)에 찬궁欑宮(관을 모신 곳)에 발인을 아룀.
- 11월 20일 임금께서 청목재淸穆齋에 나아가 빈전殯殿의 각 제전祭奠(여러 제사)에서 읽을 축문祝文을 친압親押(축문을 살펴봄) 하시고, 빈전에 나아가 사전辭奠(고별 제사)을 올리고, 조전祖奠(발인 전에 영결하는 제사)을 올리셨다.(御淸穆齋親押, 殯殿各祭奠祝文. 仍詣殯殿行辭奠仍行祖奠, 皇太子隨詣行禮)
- 11월 21일 임금께서 빈전殯殿에 나아가 해사제解謝祭(발인전 빈전에서 올리는 제사)를 올리시고, 견전遣奠(문 앞에서 올리는 제사, 路祭)을 올리셨다. 황태자도 따르며 예를 행했다. 태행황후大行皇后 영가靈駕가 산릉山陵으로 떠나셨다. 임금께서 인화문仁化門(경운궁 남문)에 나아가 곡을 하시고 송결送訣하셨다. 황태자가 나아가 받들어 사결辭訣하셨다. 영가靈駕는 산릉山陵에 이르시어 하룻밤 묵으셨다. 황태자도 따라가 하룻밤 묵으셨다.

---

158) 왕일 경우에는 '만세'가 아니라 '천세千歲'라고 함.

- 11월 22일 진시辰時(오전 7시~9시)에 천전遷奠(광壙 앞에 옮기기 전에 지내는 제사)을 행하고 현궁玄宮(壙中)으로 모셨다. 황태자께서 입주전立主奠(신주를 세우고 지내는 제사)을 행하신 후 반우返虞(신주를 모시고 돌아옴)하셨다.

청량리 천장산天藏山 홍릉(1909년 세키노 타다시關野貞 촬영-국립중앙박물관)
1919년 고종 붕어崩御 후 남양주 금곡리로 이장移葬하여 고종과 합폄合窆

1851년 음력 9월 25일(양력 11월 17일) 태어나신 명성황후는 1895년 음력 8월 20일(양력 10월 8일) 오전 5시경 생을 마쳐 우리 나이로 마흔다섯 살을 사셨다. 격변의 시대에 왕후로서 임금을 도우며, "미국처럼 자유롭고 행복하며 힘 있는 나라"를 꿈꾸었던 명성황후의 꿈은, '소중화小中華'를 자처하며 유교적 인습因襲에 젖어 자신의 영달榮達만 추구하던 못난 사내들과 자국 이익 추구에 혈안이 된 주변 강대국의 각축角逐 및 이권利權 추구에 가로막혀 끝내 좌절되고 말았다.

■ 고영근高永根의 복수와 의거義擧

고종의 아관파천俄館播遷 후 유길준俞吉濬, 조희연趙羲淵, 우범선禹範善 등은 일본으로 망명하였다. 우범선禹範善은 1853년에 무인 집안에 태어났는데, 일본에 망명하였을 때 스스로 구세군교가九世軍校家 적장손嫡長孫 우범선禹範善이라며 으스댔다는 내용이 『풍운한말비록風雲韓末祕錄』에 기록해 있는데, 현대문으로 윤문潤文해 싣는다.

    우범선(1853~1903)이 일본에 망명하였을 때에 그 평생이력사平生履歷史를 자찬自撰한 것이 있는데 구세군교가九世軍校家 적장손嫡長孫 우범선禹範善이라 자칭하였고 을해춘乙亥春에 무위영집사武衛營執事로 출신出身하던 일로부터 머리를 들기 시작하였고 이해에 바야흐로 나이가 열여덟살이라 임금 내외의 은총恩寵이 융성隆盛하사 매일 전전殿前에 오게 하여 임금과 왕후께서 음식과 물품을 내리시는게 하루도 거르지 않을 정도였는데 매양 내전內殿에 입시入侍할 때에는 반드시 민비배후閔妃背後에 큰 여우 한 마리가 자리잡고 있는 까닭에 심甚히 의혹疑惑하여 다시 보아도 분명한 여우이므로 이런 말을 누구더러 감히 말하지는 못하고 내심內心으로는 이 여우를 내손으로 잡아 죽이리라는 결심을 하였다고 한다 우범선禹範善의 평생악사平生惡事는 이 한가지 일로 인하여 그 최후를 마쳤다. 그 이력사履歷史 한 책 마흔세 장이 고종께까지 보고되고 법부法部에 참고건參考件으로 내려보내신 일이 있었다. 그 중에 을미사변乙未事變의 상세한 전말顚末이 기재記載되어 있는 것을 세인世人의 이목耳目에 아직 전포傳佈하지 않은 채 갑진을사간甲辰乙巳間(1904~1905) 법부에 일이 많았을 때에 어느 곳으로인지 유실遺失된 일이 지금 유감遺憾 되는 바이다.(『풍운한말비록』)

"명성황후께서 앉아계신 용상 뒤에 도사린 여우를 보았다"는 우범선禹範善의 요얼 妖孼(괴이하고 불길한 징조)은 일제日帝가 명성황후 시해 계획을 "여우사냥狐狩り"이라 지은 것과도 연관이 있는데, 우범선이 자신의 국모國母 시해를 합리화하기 위해 꾸며댄 비겁하고 교활한 변명일 뿐이다. 일본으로 망명한 우범선은 박영효의 주선으로 일본 우익의 거물인 쓰나가 하지메須永元(1868~1942)의 도움을 받았으며, 일본 정부로부터 기타노 이치페이北野一平라는 이름으로 매달 20원의 생활비를 지원 받았는데 당시 소학교 교사 급여의 두 배나 되는 액수다. 우범선은 고베神戸에서 박영효朴泳孝가 경영하는 조일신숙朝日新塾에 머물며 윤효정尹孝定 등과 한국의 학생을 지도하고 있었는데, 조일신숙이 해산되자 1903년에 히로시마 근처의 쿠레吳로 옮겨 살았다.

IX. 곤녕합坤寧閤에 흩날린 붉은 꽃잎   397

고영근高永根은 민영익閔泳翊의 겸인傔人(비서와 비슷한 직책)으로 있었는데 일찍이 명성황후의 눈에 띄어 벼슬살이를 하며 1893년에는 경상좌도 병마절도사에 임명되기도 하였다. 훗날 고영근高永根(1853~1923)은 만민공동회 회장이 되었으며, 만민공동회 명의로 개혁을 주청奏請하는 상소를 올린 사건과 만민공동회를 방해한 대신들 집에 폭탄을 보내 시해하려다가 실패한 사건으로 1899년 8월 2일 일본으로 망명했다. 1903년 7월 오사카로 와서 윤효정尹孝定의 식객이 되었는데, 윤효정으로부터 우범선의 이야기를 듣고 '국모보수國母報讐'의 마음을 품었다는 설도 있지만 우범선이 을미참변乙未慘變에 앞장선 역적이라는 것을 명성황후의 최측근인 고영근이 몰랐을 리 없다.

고영근의 일본 망명 빌미가 된 '폭탄폭발사건'에 대해서는 고영근이 우범선을 처형한 후 일본 법정에서 상세히 진술한 내용이 있다.

> 1898년 한국에서 정부개혁을 목적으로 하는 만민공동회萬民共同會라는 것이 발족하여 내가 그 회장이 된 후 그 회會는 또 관민공동회官民共同會라고 개칭되었는데 역시 내가 회장이 되었다. 그 후 정부와 이 단체가 전적으로 반대되는 입장을 취하여 이듬해 봄 정부는 보상步商(한국에서는 소상인 단체로서 상당한 세력이 있으며 보상步商은 곧 이것을 말하는 것임)들을 교사하여 이 공동회共同會에 난입하게 하여 이 회會를 파괴하였다. 이를 계기로 나는 곧바로 (한국내)일본인 거류지居留地인 니현泥峴(진고개)으로 피신하고 있는 사이에 그 공동회共同會에 관계가 있었던 것인지 박영효朴泳孝 집에서 폭렬탄爆裂彈을 제조하던 중 폭탄이 파열되었다. 나는 이 일에는 관계가 없었지만 회장이었기 때문에 왕비 복수의 목적을 달성하기 위하여 일본에 망명하여 일을 성사시킬 수 있는 좋은 기회와 좋은 명분을 얻게 된 것을 다행으로 생각하여 곧바로 일본에 망명하였다.(1903. 12. 21. 피고 고영근高永根에 대한 검찰의 범행사실 논고論告 중 고영근의 진술 내용)

고영근은 히로시마 법정에서 "*내가 우리나라에 있을 때 황태자전하께서 친히 나에게 복수할 것을 위임하시었다. 을미乙未의 범인은 당초 우범선 한 사람이 아니었고*

그 연루자 6,7명이 일본에 망명하여 와 있지만, 누구 할 것 없이 종범從犯이며, 우범선은 그 주범이라는 것을 전하께서 지명, 위임하신 것이다. 그러나 내가 위임을 받았다고 해서 복수한 것이 아니라 신하인 까닭에 원수를 갚은 것이다"라고 하여 일본에 온 목적이 처음부터 황태자의 위임을 받은 우범선 처형에 있었음을 밝혔다. 폭렬탄爆裂彈 사건도 결국 일본 망명의 명분을 쌓기 위해 만들어낸 것으로 보는 것이 정확할 것이다. 박영효도 1903년 11월 27일 히로시마의 주코쿠中國(1892년 廣島에서 창간) 신문과의 인터뷰에서, "폭렬탄 사건은 처음부터 당로자當路者들이 꾸며내 퍼뜨린 미친소리로, 우리들을 조선으로 꾀어내 시해하려던 계획이었다"(2010. 01. 23. KBS 방영)고 하여 특정한 의도에서 조작된 사건이라는 자신의 인식을 밝혔다.

고영근은 윤효정이 우범선과 '조일신숙朝日新塾'을 같이 운영하며 우범선에게 교장을 맡길만큼 가까운 사이라는 것을 알고 윤효정을 통해 고영근에게 접근할 계획을 세웠을 것이다. 그런데 윤효정의 히로시마 법정 진술에는 윤효정도 따로 황태자 위임을 받아 우범선 처형을 목적으로 일본에 왔다고 하였다. "*황태자께서 명령하시며 말씀하시기를 '내가 국민과 더불어, 왕비를 시해한 역적인 우범선禹範善과는 한 하늘을 이고 살 수 없어 이에 이 원수를 갚아야 할 대의大義로 너 윤효정尹孝定에게 맡기니 너는 그 일을 급히 도모하여 다하지 못한 것을 통렬하게 다그치도록 하라.*" 고영근 진술에 의하면 우범선 처형을 명령하는 황태자의 지령은 조편趙編(전 巡撫營別軍官)을 통해 보내왔으므로 지령指令 원본을 조편이나 윤효정이 가지고 있을 것이라고 하였다. 윤효정은 1903년 7월 여러 동지와 함께 우범선을 상해를 거쳐 의주義州로 유인해 죽이려 했는데, 우범선이 일본 밖으로 나갈 경우 일이 실패할 수도 있다고 여긴 고영근은, "윤효정이 우범선을 죽이려 한다"는 밀고 형식으로 우범선에게 접근하였다.

히로시마 재판 기록에는 고영근이 윤효정의 부인과 부정한 짓을 저질러 두 사람이 싸운 끝에 고영근이 윤효정의 음모를 우범선에게 알렸다고 했지만 고영근은 이를 부인했고, 그런 소문이 있었더라도 두 사람이 짜고 소문을 만들어 흘린 것이 확실하다. 고영근은 우범선이 살고 있는 쿠레시吳市에 살 집을 임차賃借하겠다며 우범

IX. 곤녕합坤寧閤에 흩날린 붉은 꽃잎 399

선에게 집을 알아봐 달라는 부탁을 하여 아자미야 하라다니宇宮原谷의 집에 세들게 되었다. 1903년 11월 24일 고영근은 우범선을 초청했고, 저녁에 방문한 우범선이 마음을 놓도록 고영근이 같이 대작對酌하다가 오후 7시쯤 고영근이 자연스럽게 일어나 우범선의 뒤로 가서 비수로 목을 찌르고 노원명이 다시 철퇴로 내리쳐 처형하였다.

노원명盧遠明(재판 기록은 魯允明)은 어려서부터 고영근이 돌보아 기르고 가르친 고영근의 서생書生인데 1899년 11월에 일본에 망명하였다. 재판정 진술에는, "본인은 고영근의 서생書生(제자)이며, 황후폐하를 시해한 우범선을 시해하기 위하여 일본에 왔다"고 진술하였다. 인터넷에 떠도는 이런저런 설說 보다는 아래 예시하는 히로시마 법원의 판결문이 상세하다. 이 자료는 국사편찬위원회 한국사데이터베이스에 일본어 원문과 번역문이 같이 등재되어 있으며, 고영근 윤효정 노원명 등의 진술 조서調書도 공개되어 있다. "檢事 正世古祐次郞 검사정檢事正 세코 스케지로世古祐次郞せこ すけちろ"와 같이 일부 잘못된 번역은 바로잡아 인용한다.

고영근高永根 모살謀殺 피고 사건의 항소 판결 사본 송부의 件
문서번호 송送 제10호
발신일: 1904년 2월 21일 (1904년 02월 21일)
발신자: 외무대신 남작男爵 고무라 슈타로小村壽太郞こむら じゅたろう
수신자: 재한在韓 특명전권공사特命全權公使 하야시 곤스케林權助はやしごんすけ
[상건上件 히로시마廣島 지방 재판소 판결문 사본]
판결서判決書
한국 경성 남촌南村 명동明洞. / 히로시마현廣島縣 쿠레시吳市
와쇼 치요마치和町町 2079번지 1번 가옥 체재滯在
무직 고영근高永根 50세 생월 불상
한국 경성 남촌南村 명동明洞. / 히로시마현廣島縣 쿠레시吳市
와쇼 치요마치和町町 2079번지 1번 가옥 고영근과 체재滯在
무직 노윤명魯允明 21세 생월 불상

상기 두 명에 대한 (禹範善)모살謀殺 사건에 대하여 1903년(明治 36년 12월 26일) 히로시마廣島 지방재판소에서 피고 고영근高永根에 대해 사형을 언도하고, 노윤명魯允明에 대해서는 무기징역을 언도한 판결에 승복하지 않고 피고인 모두가 항소를 하였고, 또 검사정檢事正 세코 스케지로世古祐次郞せこ すけちろ도 원심 판결의 형이 무게를 잃었다는 이유로 똑같이 항소를 했기 때문에, 우리 원院은 검사장檢事長 야노 시케루矢野茂가 입회하여 심리를 했는바, 피고 고영근은 고국 조선에서 동지와 같이 관민공동회官民共同會인 정치단체를 설치하고 자기 스스로 그 회장이 되어 정치의 개혁을 꾀한 점이 정부의 마음을 사서 해산을 명령받고 폭탄 사건을 일으킨 일로 인하여 1899년(明治 32) 7월 그 나라를 망명하여 일본으로 와 각지를 떠돌면서 빌붙어 살아서 곤궁하기가 극에 달했다. 1903년 7월 중 같은 망명자로서 당시 오사카시大阪市에 머물고 있던 윤효정尹孝定에게 얹혀살기에 이르렀다. 그런데 그 사람에게 얹혀살던 중 윤효정으로부터 을미사변乙未事變 때 왕비 민씨閔氏를 시해한 수괴는 망명자 우범선禹範善이라는 것을 듣고, 피고 고영근은 당시 폭탄 사건 때문에 본국에서 사형을 선고받아 고국에 몸을 맡길 곳이 없는 궁색한 지경이었지만, 왕년에 경상좌도병마절도사慶尙左道兵馬節度使의 직을 받들고 별입시別入侍로서 왕비 민씨의 특별대우를 받았으므로, 대단히 격분하여 이에 윤효정과 같이 국모의 원수를 갚아 왕비의 영혼을 위로하고, 겸하여 그 공으로 한국 조정의 은상恩賞의 대상이 되고자 욕심내어 윤효정과 같이 우범선을 시해할 것을 맹약하고, 이후 같이 획책하다가 어떤 사정으로 인해 윤효정과 감정의 충돌이 생겨 피고 고영근은 오히려 윤효정의 음모를 적발, 이것을 이용하여 우범선에게 접근하였다.

당시 피고 고영근의 주선에 의하여 오카야마岡山의 방적회사에 고용되어 직공의 노무직을 맡고 있던 노윤명은 고국에서부터 고영근의 은혜를 입고 있던 서생인데, 고영근은 같이 우범선을 시해하여 복수의 공을 독차지하려고 생각, 1903년 8월 중 노윤명魯允明을 대판大阪으로 초대해 자기의 밀모密謀를 알리고 협력할 것을 맹서하며, 그해 9월 중 고영근은 우선 다른 2,3명의 한국 망명자에게 윤효정의 음모를 밀고하고, 그 비행을 폭로하기로 서로 제휴하여 당시 윤효정이 유람하고 있던 병고현兵庫縣 진명군津名郡 군가촌郡家村에서 그 사람을 만난 뒤 그 음모의 전말을 폭로한 뒤 결국 이것을 자백하게 하고 그 문답을 기록하게 하여, 동행한 망명자와 연명連名으로 이

사정을 우범선에게 우편으로 보내고, 별도로 서간書簡을 만들어 노골적으로 윤효정의 행동에 분개하여 자기의 심사를 알리기 위하여 면담을 희망한다는 뜻을 우범선에게 통지해두는 한편, 오카야마岡山의 노윤명에게 같은 해 10월 28일 쿠레시吳市에 가야만 한다는 것을 암호로써 전보를 보냈다. 바로 그날 쿠레시에 도착하여 우범선의 화장정和田町 거처로 방문하여 당분간 그 시에 머물 것이라고 말하고, 그 사람의 알선에 의하여 쿠레 시 2079의 1번지 가옥을 빌려 이후 서로 같이 왕래하며 마음을 다해 다른 뜻이 없음을 표하고, 첫째로 우범선의 환심을 얻어 당분간은 자기를 믿게 하는 일에만 열중하다가 이제 그 사람이 자기를 믿는 정도가 대단하다는 것을 알게 되자 노윤명을 불러다 밤낮으로 뜻을 다지고 의논하며 수행할 것을 몰두하였다.

피고 고영근은 단도를 사용하려고 준비하고 기회가 무르익기를 엿보던 중 같은 해 11월 24일 우범선은 고영근이 집을 임차하는 건에 관하여 틀림없이 내방來訪해야 한다는 것을 미리 알고, 그날 밤 반드시 술을 매우 취하게 하는 계략으로 미리 기획된 목적을 달성할 것을 노윤명과 상의하여, 일을 핑계로 노비를 외박 보내고, 우범선의 내방을 기다리고 있던 중, 과연 우범선은 같은 날 오후 6시경 고영근의 집을 내방하였으므로, 피고 두 사람은 그 집 6호실에서 우범선과 같이 조촐한 술자리를 열었다. 고영근은 우범선禹範善과 대작對酌을 하고, 노윤명은 전적으로 안주와 술의 주선을 하며 같이 담소를 나누던 중, 오후 7시경 돌연 일어나서 그 사람의 등 뒤로 돌아가 미리 준비해둔 칼집에 들어 있던 칼을 오른손으로 빼서 별안간 우범선의 오른쪽 후두부에서 아래턱 부분을 찌름과 동시에 자기의 몸으로 그 사람을 엎어 놓고 압박하기를 계속하여 여러 번 목 부위와 기타 부위를 찌르고, 피고 노윤명은 동시에 그곳에 놓여 있던 쇠망치로 우범선의 머리 부위를 몇 차례 가격하였기 때문에, 그 사람은 머리 부위에 8군데, 얼굴 및 목 부위에 각 3군데의 창상을 입고 창상 부위의 출혈에 의해 즉시 사망한 것이다.

증거를 보자면, 피고 고영근은 전기前記 사실 중 한국 조정의 은상恩賞을 받을 것을 약속 받았다는 등 운운한 부분 및 고영근·노윤명은 복수의 공을 전적으로 차지하려 했다고 인정한 부분에 관한 서술의 한 구절을 제외하고 다른 것은 판시한 사실과 같이 이 공판정에서 자백했다. 그리고 고영근高永根은 을미사변乙未事變 때도 왕비 민씨閔氏를 시해한 자가 우범선이라는 것은 사변 당시부터 모든 사람이 아는 바

로서, 국민이라면 일반적으로 함께 하늘도 노할 국모의 구적仇敵을 죽일 것을 열망한 것으로서, 자기는 즉 대의大義에 기초하여 국민의 본문을 다한 것 외에는 다른 뜻은 없었다고 주장하지만, 증인 하시모토 만사브로橋本萬三郞(はしもと まんさぶろう)의 예심조서에 의하면, 실로 아래와 같은 취지의 기사가 있었다.

고영근이 우범선을 시해하기까지 이른 데 대해서는, 일찍이 윤효정에 진술에 의하면, 윤효정은 고영근과 처음부터 그리 친한 사이가 아니며, 단지 망명자로서 서로 알게 되었고, 고영근이 고송高松으로부터 대판大阪에 올 때, 그 사람은 매우 영락해 있었기 때문에 그 경우를 매우 불쌍히 여겨 식객으로 삼았고, 결국은 비밀을 그 사람이 말하기에 이르렀다. 우범선을 시해하는 데 대해서도 혹은 실수가 있을지도 모르는 일이기 때문에 다른 동맹자를 바라고 있었는데, 때마침 고영근은 고국에서는 일본의 육군중장陸軍中將에 해당되는 관직에 있었지만 하나 같이 모두가 민후閔后의 총애를 받아 특별한 대우를 받은 결과일 뿐이어서, 민후閔后에게 대단한 은혜를 입은 관계로 그 일을 이야기하면 분개할 것이 틀림없어서, 이해를 설명하고 동맹하려는 생각으로 그 취지가 통하자, 그 사람도 매우 기뻐하여 찬동했기 때문에 동맹하기로 하였는데 결국 그 사람에 의해 폭로된 것이라고 말할 수 있다.

증인을 취조한 바로는, 고영근은 윤효정으로부터 비밀의 일을 듣고 알기 전에 이미 복수를 기도한 사실을 인정하지 않았고, 윤효정의 말에 의하면 고영근은 윤효정으로부터 듣고 처음으로 우범선의 속마음을 안 것 같은데, 고영근이 이번의 의거는, 이미 그 사람은 고국에서 사형의 결석 재판 판결을 받고 있었기 때문에, 우범선을 시해하고, 그 공에 의하여 본국으로부터 소환을 받아 사형을 면할 뿐만 아니라 대단한 은전을 입으려는 희망에서 나온 것일 터이다. 윤효정과 같은 것은 실장矢張도 역시 마찬가지여서, 고영근이 폭로를 한 도화선은 윤효정과 고영근이 동거중일 때, 고영근이 윤효정의 아내와 불의를 저지른 것 같은데, 윤효정은 대단히 분개하여 고소하겠다는 소동까지 있었기 때문에, 그것이 원인이 된 것이다.

위 기사의 사실은 피고 고영근이 전혀 인정하지 않는 일로서, 이 증서는 믿을 수 없다는 것은 변호인의 입으로 극히 변론하는 바이다. 그렇지만 이것을 찬찬히 생각해보면, 피고 고영근이 말한 것과 같다면 우범선은 실로 하늘이 노할 만한 대역적으로, 원한이 골수에 미쳤기 때문에 피고 고영근은 결사적으로 처자와 결별하고 칼한 자루를 들고 원수를 찾아 일본에 건너온 것이다. 그렇다면 하루도 잊지 못할 열정이 넘쳤다면, 자기 스스로 사건의 흔적을 남기지 말았어야 하는데, 지금 자세히 그 행동을 살펴보면 고영근은 1899년 7월 일본에 건너온 후 이미 고국의 처자는 잊고, 주머니에 약간의 돈만 있으면 첩을 두고 자식을 낳고 유유하게 놀며 세월을 보냈고, 주머니에 돈이 떨어져 궁핍해지면 홀연 이들을 버리고 각지를 유랑하며 조금도 스스로 지키는 것 없이(이상의 건너온 후의 사항은 피고 고영근이 자인하는 것으로서) 거의 5년이라는 긴 시간 동안 당초의 큰 목적을 향하여 아무런 대책을 시행한 형적을 볼 수 없는 것은 무엇 때문인가? 피고 고영근은 이 점에 대해 우범선의 허점을 노릴 수 있는 시기를 얻기 위한 것처럼 말하지만, 피고는 지금 이 공판정에서 1900년부터 2년간 오카야마에 머물고 있던 중 우범선을 쿠레로 방문하여 하룻밤 머물면서 담소를 하고 돌아갔다 한다. 그렇다면 서로 간에 추호도 격의가 있었다는 형적形跡을 인정할 수 없으며, 오히려 친교가 있어 쉽게 우범선에게 접근할 수 있는 기회가 언제든지 있었다는 사실을 증명하고도 남음이 있지 않겠는가? 그러면 피고 고영근이 수년 동안 허점을 노리며 기회를 얻으려고 했다는 해명은 믿을 수 없으며, 망명의 초기부터 복수의 대의를 안고 건너왔다는 주장은 처음부터 믿기 어렵고, 또 본 건 범행 후 거동을 보니 피고 고영근은 자기의 결백을 드러내기 위하여 목적을 달한 후에는 바로 자살을 할 결심이었다고 단언하면서도, 실제로 행동은 이것과는 반대로 흉측한 범행 후 쿠레吳 경찰서에 출두해서 본국 궁내대신宮內大臣 및 의정부議政府에 대해 새삼스럽게 자기의 공적을 상세히 기록하여 보고를 하는 우편물(압수 제16호, 제17호 증거)을 발송한 흔적(피고 永根이 우편물을 발송한 것은 이 공판정에서 자인自認하는 바임)에 비추어보면 조금도 명리名利의 야심을 갖고 있지 않다는 변명도 역시 믿을 수 없으며, 앞의 하시모토 만사브로橋木萬三郎의 증언은 믿기에 족하다. 그렇다면 피고 고영근이 왕년에 별입시別入侍와 왕비 민씨의 특별한 대우를 받았다는 주장은 믿지 말아야 할 것이고, 따라서 인정으로서 한 조각의 의로운 마음을 갖고 있다고 단정하기 어렵기 때문에, 결국 앞의 하시모토에 대한 예심 조서의 기사 및 지금까지 진술하는 사실을 종합해서 생각해보면, 피고 고영근의 결심 원인은 앞에 판시한 바와 같이 인정하는 것이 마땅하다.

피고 노윤명은 이 공판정에서 처음에 피고 고영근과 우범선 시해의 일을 공모하여 11월 24일 단연 결행할 것을 약속했음에 틀림없으며, 그 시각이 다가옴에 따라 두려운 마음이 생겨 일을 핑계로 별실로 피해 우범선이 시해된 후에 겨우 사체에 쇠망치를 가했음에 지나지 않았다고 변명하지만, 노윤명이 제1회 예심 조서에서, 자신은 원래 국모의 원수인 우범선을 살육하기 위하여 일본에 건너온 것으로서, 미리 피고 고영근과 그 시기를 엿보고 있었으나 어제(明治 36년 11월 24일)는 아침부터 오늘이야말로 실행하자고 상의하고 있다가, 저녁때 우범선이 왔기 때문에 술을 내놓고 자기는 술과 안주의 주선을 위하여 다른 방에서 담배를 피우고 있었는데, "으악" 하는 비명 소리가 들렸기 때문에 실행하는구나 생각하고, 자신은 그 장소에 갔더니 이미 고영근은 우범선을 찌르고 뒤에서 누르고 있었고, 자신도 쇠망치로 우범선의 머리와 어깨 등을 수차례 가격했다는 내용을 피고 노윤명이 진술한 것을 기재하고 있다.

아키야마 사카에(秋山榮 あきやま さかえ)의 감정서에는 우범선의 사체를 검사해 보니, 머리 부위에 8곳, 안면에 3곳, 목 부위에 3곳의 창상(創傷)이 있었고, 머리 부위의 창상 중 하나는 예리한 날이 있는 기구로 인한 창상으로서 분명히 다른 7곳의 창상 자국과는 달라서, 창상의 입구가 다소 벌어져 있는 것으로 보아 각이 있는 예리한 기구에 의해 타격을 가한 것이고, 머리 부위의 창상은 일반적으로 창상 자국에 응혈이 있고, 안면 및 목 부위의 창상은 칼날에 의한 상처임은 의심의 여지가 없다. 특히 목 부위 우측 하악골의 아래쪽부터 왼쪽 가슴 쇄 관절을 향하여 나 있는 창상은 목 부위의 동맥을 절단하여, 사인(死因)을 간략하게 한마디로 말한다면 '탈혈(脫血)(대량 출혈)'이라는 취지로 기재되어 있다.

위 예심 조서 및 감정서의 기사를 종합해서 고찰해보면, 노윤명은 미리 우범선을 시해할 것에 동의하여 범죄 실행의 현장에 있었고, 피고 고영근이 손을 내리는 찰나에 노윤명도 쇠망치로 역시 신체의 중요 부위인 머리를 수차례 강타한 것으로서, 창상 자국에 응혈되어 있는 상황이 선명한 것을 보면, 전혀 죽은 시신을 타격한 것이 아니라는 것을 인정하기에 충분하다. 이리하여 노윤명이 우범선을 시해하는 데 공조했다는 사실을 인정하고도 남음이 있다. 이것을 요약하면, 이상에서 설명한 이유와 증거를 참조하여 생각하고 연구해 보면, 피고 두 사람은 심사숙고한 후에 우범선을 시해했다는 앞에 기록한 범죄 사실을 인정하기에 충분하다.

법률에 따라 피고인의 소행은 형법 제292조에 해당하는바, 범행의 원인을 이해할 만한 정상이 있기 때문에 그 법 제89조, 제90조에 의하여 피고 고영근은 이 형刑에 1등급을, 피고 노윤명은 이 형에 2등급을 감해서 처단하고, 압수한 단도는 이 법 제43조 제2, 제44조에 의하여 몰수하고, 그 외의 물품은 형사소송법 제202조에 의하여 차출인에게 돌려주고, 공소 재판비용은 형법 제47조, 제45조에 의하여 전부를 피고 두 명이 연대하여 부담해야 한다. 그런데 원심 재판소에서 피고 고영근에 대해서는 작감酌減(적당히 감함)의 조條를 적용치 않고, 또 노윤명에 대해서는 1등을 작감한 것은 범행 정황에 비추어볼 때 그 형의 무게가 부족하기 때문에 원심 검사의 항소 및 피고의 항소는 이유가 있기 때문에 형사소송법 제261조 제2항에 의하여 판결한바 다음과 같다.

원심 판결은 이를 취소한다.
피고 고영근을 무기도형無期徒刑에 처한다.
피고 로윤명을 유기도형有期徒刑 12년에 처한다.
압수한 단도는 몰수하고, 기타의 물품은 차출인에게 돌려준다.
공소 재판비용은 피고 두 사람이 전부를 연대하여 부담한다.
1904년 2월 4일 광도공소원廣島公訴院 형사부刑事部 공정公廷에서 검사장 야노 시케루矢野茂やの しげる 입회하에 제2심의 판결을 언도한다.

裁判長判事 一瀨勇三郎 / 判事 百島一八 / 判事 藤岡常三郎 / 判事 見矢木欽爾 / 廣島控訴院判事代理 廣島地方裁判所判事 判事 廣瀨久次郎 / 裁判所書記 井下定丸
(국사편찬위원회 한국사데이터베이스)

고영근과 노원명은 우범선 처형 후 즉시 히로시마 경찰서에 자수하였다. 우범선 처형에 대하여 『승정원일기』에는 아래와 같이 기록해 있다.

『승정원일기』 고종 40년 계묘년癸卯年(1903 음력 10월 15일)
정2품 정헌대부正憲大夫 이용직李容稙 등이 상소하였다.
삼가 아룁니다. 신들이 우리 황제 폐하와 명성황후의 백성으로서 칭찬 받을 행동은 하지 못하고 죄만 지었습니다. 천하 만고에 없는 변란이 을미년(18952) 8월에 일어났는데, 천도天道와 인도人道가 이때에 완전히 없어졌습니다. 임금이 모욕을 당했는데도 신하로서 임금을 위해 죽지 않고(君辱臣死) 국모國母의 원수에게도 복수하지 않았으니, 그러고도 신하라고 하겠습니까. 항상 부끄럽고 자나 깨나 두려워 이 넓은 천지에 용납될 곳이 없는 것 같습니다. 이 때문에 정말로 군신 상하가 마음에 다짐하고 힘을 다하여 월왕越王 구천句踐이 회계산會稽山에서 했던 것처럼 해야 하는데도 도리어 태연히 세월만 보내고 있으니, 기상이 위축되어 떨치지 못하고 나라의 형편이 날로 곤란해지는 것이 어디까지 갈지 모르겠습니다. 그러니 원수를 토벌하고 복수할 날은 장차 오지 않겠기에 신들이 통곡하여 울면서 그칠 줄 모르는 것입니다.

오늘 관보官報에 기재된 바를 보니, 고영근高永根과 노원명盧遠明이 을미년 흉도 중의 한 사람인 우범선禹範善을 찔러 죽이자 일본 당국에서 그들을 체포했다고 합니다. 우범선이 시해되었다니 속이 시원하면서도, 복수의 피끓는 마음이 한층 더 격렬해짐을 깨닫습니다. 저 흉악한 원수놈들을 일일이 궁궐 문 앞에 잡아다 놓고 끝까지 추궁하고 엄중하게 국문하여 법대로 죄를 다스려 죽은 사람과 산 사람의 억울함을 풀어 주지 못하고서, 도리어 죄를 짓고 망명한 자들의 손을 빌려서야 되겠습니까. 그리고 고영근으로 말하자면 본래 저지른 죄가 우범선과 다르긴 해도 교수형 판결을 받은 자인데, 국법의 적용을 받지 않고 외국에 몸을 의탁하여 완악한 목숨을 보전하였으니 이 한 가지 일로도 만 번 죽여도 오히려 가볍습니다. 하지만 모후母后의 원수를 시해한 일 때문에 일본 당국에게 가벼운 견책譴責이나 한 대의 태형笞刑이라도 맞는다면 이는 우리 대한大韓의 치욕이며 통분할 일이니, 우리 대한 사람들이 어떻게 입 다물고 모른 척할 수 있겠습니까. 신하로서 죄를 짓고 망명한 자들은 살려 두어 보호해 주고 모후를 위하여 원수를 시해한 자들은 징계해서 다스리니, 이는 천하와 후세의 신하들로 하여금 오히려 난역亂逆이 계속해서 일어나지는 않을까 하고 두려워하도록 만드는 것입니다. 일본이 어찌하여 이런 조처를 취했는지는 모르겠습니다만, 우리 대한은 본래 예의禮義의 나라로 불리며 『춘추春秋』의 의리를 익숙히 강구해 왔습니다. 『춘추』의 의리에서 난신적자亂臣賊子는 사람마다 잡아서 죽일 수 있는데, 저 고영근은 죽여야 할 자를 죽였으니 속죄하는 조처가 있어야 마땅합니다. 그렇다면 외국인에게 일임하여 규정보다 지나친 처벌을 받게 해서는 안 됩니다. 더구나 노원명은 어떤 일로 그곳에 가게 되었는지 모르고 현재 죄적罪籍에도 실려 있지 않은 자이니 말할 나위가 있겠습니까. 외부에 명해서 일본 공관에 조회를 청하고 외교 협상에 재능이 있는 사람을 뽑아서 국서를 가지고 일본에 가서 타결 짓게 한 다음, 고영근과 노원명으로 하여금 우범선의 시신을 압송해 오도록 하여 속히 부관참시剖棺斬屍의 형률을 시행하는 일을 결단코 그만둘 수 없습니다.

……

일본의 흉적 삼포오루三浦梧樓·강본유지조岡本柳枝助·마옥원무본馬屋原務本·적원수차랑荻原秀次郎 등 40여 명은 남의 나라의 국정에 간여하여 사단을 일으킨 자들인데, 교출狡黜하는 규례가 이와 같으니 우리나라에서 그들을 처리하고 죄를 성토해서 밝힌다 해도 일본에서 막을 수 없을 것이며, 사바틴[沙婆具 ; A. S. Sabatine]의 보고서와 광도廣島의 재판 기록에서 진상이 드러났으니 명백한 죄상을 숨길 수가 없습니다. 양국의 역적들이 우리나라의 저잣거리 거적 위에서 나란히 복주되더라도 오히려 수치의 만분의 일을 씻어 내기에도 부족합니다. 삼가 바라건대 밝으신 성상께서는 확고한 결단을 내리시고 정신을 가다듬어 훌륭한 정사를 도모하시며 현능한 사람을 임용하고 비용을 절감하여 백성을 사랑하시면 부강을 조만간에 기대할 수 있을 것입니다. 위무威武를 혁혁하게 드날리어 포악한 자들을 토벌하고 소굴을 쳐부수어 주벌을 가함으로써 역적들의 종적을 없애소서. 그렇게 한 뒤에야 폐하의 공업功業이 성대해질 것이며 신들의 바람도 이루어질 것입니다. 격발되는 감정을 이기지 못하겠습니다. ……

그런데 우범선 처형 과정에서 석연치 않은 부분이 하나 있다. 히로시마 법원의 고영근 재판에서 검사가 증거로 제출한 윤효정尹孝定 자백장自白狀에는 을미참변 시 훈련대 제1대장으로서 시해에 가담해 우범선 보다 죄가 가볍지 않은 이두황李斗璜이 고영근이나 윤효정 등 우범선을 척살刺殺 하려는 계모자計謀者들과 함께 움직였다는 것이다. 이로써 보면 일본에 망명한 을미참변 가담자들이 우범선에게 모든 죄를 몰아씌운 것은 아닌가 하는 의문도 갖게 된다. 1930년 1월 29일 동아일보 〈풍우입년〉 권동진權東鎭의 술회에, "제일대장리두황(李斗璜)은 위인이유약함으로 그전

날 일본영사관으로 불러다두고 중대장 리범래(李範來)로 대리케하얏지오"라고 하였는데 이두황이 국모 시해 현장에 있지 않았기 때문에 고영근이 함께한 것일 수는 있다. 권동진은 백형伯兄인 권형진權瀅鎭과 일본사관학교 생도 권동진, 정난교鄭蘭敎, 조희문趙羲聞, 이주회李周會, 류혁로柳赫魯, 구연수具然壽, 김모金某 등 여덟 명이 시해에 가담하였다고 술회하였다.

윤효정이 우범선 뿐 아니라 고영근마저 죽이려 했다는 자백장 내용에 우범선도 고영근을 더 이상 의심하지 않았을 것이다. 아래는 윤효정 자백장 전문全文이다.

> 윤효정尹孝定 자백장自白狀 사본
>
> 고영근高永根, 이두황李斗璜, 이진호李軫鎬, 황철黃鐵 등 네 사람은 윤효정이 망명 동지인 우범선을 척살刺殺하여 공功을 세우고자 한다는 반대파의 계획을 듣고, 9월 15일 4명이 함께 남구南區 본정本町에 있는 윤효정의 집에 가서 질문하고자 하였으나, 마침 윤효정이 앞서서 담로淡路의 지축志筑으로 떠났으므로 직항하여 지축에 도착해 그를 뒤쫓아 군가촌郡家村에서 그 일에 대하여 질문할 수 있었는데, 윤효정이 자백하여 말하기를 윤효정은 과연 우범선을 모살謀殺하려고 한 일이 있었다고 했다. 수년 전에 안경수安駉壽를 따라 일본에 건너온 이래 밤낮으로 우범선을 시해하여 민비閔妃의 원한을 씻어드리고자 하였으나, 일본경찰들의 삼엄한 경계로 그를 시해할 수 있는 편의를 얻지 못하였다. 때문에 외지外地로 유인해 내는 계책을 꾸며 은밀히 우리나라의 조편趙褊, 유상범兪相範 두 사람에게 연락하여 여비 1,500원圓을 마련하고 지난달에 우범선을 오항吳港으로 가서 보고 음력 8월 안으로 가칭 구주九州(중국) 각지 유람을 약속하는 것으로 유인하였다. 먼저 상해上海를 향하고 다음은 지부芝罘와 영구營口를 거쳐 육로로 의주義州 근처에 도착하여 우범선을 척살刺殺한다 운운하였고, 또 말하기를 우범선은 윤효정, 유상범, 조편 등이 모살謀殺하고, 나카무라곤오中村權雄라는 자는 유상범, 구연수具然壽 등이 모살謀殺하고, 고영근은 윤효정, 유상범이 모살謀殺한다고 하였다.(1903. 12. 21. 廣島法院 機密送第103號)

고영근과 노원명은 일본 법정에서 무기징역을 선고받았으나 고종이 이토 히로부미에게 직접 전화를 걸어 사면을 요구하는 등 외교적인 문제로 비화되자 결국 징역 5년으로 감형, 복역 후 1909년에 조선으로 돌아왔는데, 고영근의 의기義氣는 13년 후 홍릉洪陵의 "태황제태황후각자수비太皇帝太皇后刻子豎碑(태황제 태황후 글자를 새겨 비석을 세움)"라는 쾌거快擧로 이어지는데 이런 일련一連의 사건들로 헤아려 보더라도 고영근이 우범선을 처형한 것은 단순한 공명심功名心이 아니라 순종純宗과의 교감交感과 위임하에 고종과 명성황후에 대한 은의恩誼를 갚으려는 의기義氣에서 나온 것을 알 수 있다.

　우범선에게는 국내에 처자가 있었지만 도쿄 혼고本鄕에서, 귀족집에 고용되어 있던 열다섯 살 아래의 사카이 나카酒井ナカ라는 일본 여성과 결혼하여 장춘長春(1898~1959)과 홍춘이라는 두 아들을 낳았다. 청년이 된 우장춘은 동경대 농학과를 졸업하고 동경시東京市 타키노가와쿠瀧野川區 코우노스鴻巢에 있는 농림성 신하 농사시험장에 들어가 1936년에 〈종의 합성〉이라는 박사학위 논문을 발표하여 찰스 다윈의 종의 진화론을 입증하였고, 광복 후 대한민국으로 귀화해 농업 발전에 힘썼다. 1923년에 와타나베 고하루와 결혼하고자 했으나 신부집의 반대에 부딪혔다. 우범선을 보살펴 주었던 쓰나가 하지메는 이 말을 듣고 고등학교 교사인 자신의 사촌에게 신부가 될 와타나베 고하루를 양녀로 입적시키고, 우장춘이 데릴사위가 되도록 주선해 주어서 우범선은 은인의 성을 따라 쓰나가 나가하루須永長春라는 일본식 이름을 잠시 쓰기도 했다. 우범선의 패역한 짓은 용서할 수 없지만 우장춘禹長春이 대한민국 농업 발전을 위해 기여한 점은 아버지의 잘못과는 별개로 인정해야 한다.

　우범선과 같이 명성황후 시해에 가담했다가 일본으로 망명한 구연수具然壽(1867~1925)도 사카이 나카의 친동생 사카이 와키酒井湧와 결혼하여 초대 한국은행장을 지낸 구용서具鎔書(1899~1977)를 낳았다. 따라서 우장춘과 구용서는 이종사촌 형제다. 일설에는 구연수가 송병준宋秉畯의 사위라는 말도 있지만 구연수의 아들 구용서가 송병준의 손녀딸과 결혼했으므로 송병준은 구용서의 처조부다. 따라서 송병준과 구연수는 옹서지간翁婿之間이 아니고 사돈지간이다.159)

---

159) 류현희(2019) 「육종학자 우장춘, 아픈 역사의 무게를 견디다」『수원의 르네상스를 이끈 사람들』(2019. 09. 25. 경기르네상스포럼, 도서출판 상아기획)

일본에서 돌아온 후 여주에서 갓과 망건을 팔며 근근히 살아가던 고영근은 1921년 3월부터 고종과 명성황후의 능인 홍릉 능참봉에 자원하여 이왕직 소속 재관齋官이 되었다. 1897년 11월 22일 명성황후 인산因山 때 세웠던 비석은 "대한大韓 명성황후明成皇后 홍릉洪陵"이라는 여덟 자만 새겨진 채 청량리에서 옮겨와 3년이 넘어 4년이 되어가도록 남양주南陽州의 홍릉 아래 비각 안에 방치돼 있는 상태였다.

청량리 홍릉에 세웠던 비석은 1909년에 세키노 타다시關野貞가 찍은 사진으로 확인할 수 있는데, "大韓 明成 皇后 洪陵"이라는 여덟자만 새겨 있다.

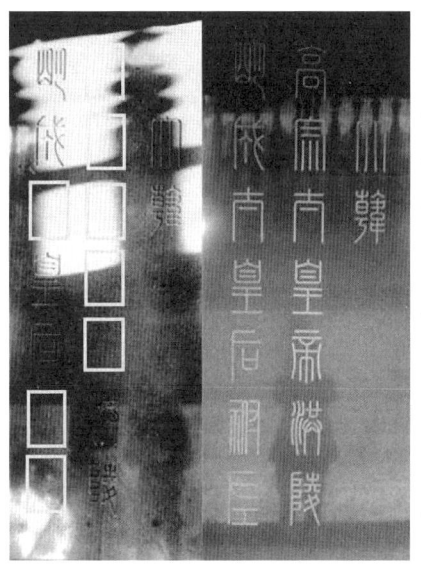
왼쪽 빈칸을 오른쪽 같이 새겨 넣어 완성하였다

1897년 11월 22일 청량리 천장산天藏山 기슭 홍릉洪陵에 홀로 모셨던 명성황후를 1919년 3월 3일 지금의 남양주南陽州 금곡리金谷里 홍릉洪陵으로 모셔와 고종과 합장하면서 청량리에 세웠던 묘표墓表도 같이 옮겨 왔으나 1897년에 미리 새겨놓은 '大韓'이라는 두 글자를 배제할 것인지와 고종의 존호尊號를 '황제皇帝'로 할 것인가 '전황제前皇帝'로 할 것인가를 두고 몇 년 동안 논란을 벌이며 비석을 세우지 못했다.

홍릉 참봉 고영근은 비밀리에 일꾼들을 모아 12월 7일부터 닷새 동안 일꾼들을 독려하고 밤을 새워가며 "고종태황제高宗太皇帝 태太 부좌祔左"라는 여덟 글자를 추가로 새겨넣어, "대한大韓 고종태황제홍릉高宗太皇帝洪陵 명성태황후부좌明成太皇后祔左"라는 비문碑文을 완성해 새겨 넣고 1922년 12월 11일 오전 9시에 일으켜 세워서 일거一擧에 문제를 해결하였다. 고영근의 상소 중, "비둘기가 먹이를 쪼듯 합심 모각摹刻하였다(鳩工摹刻)"는 표현에 일꾼들의 땀과 수고가 담겨 있다. 이는 아무도 생각지 못한, 일본 정부와 조선총독부의 허를 찌른 쾌거快擧였다.

IX. 곤녕합坤寧閤에 흩날린 붉은 꽃잎   411

좌 : 동대문 홍릉 묘표 사진(1909년 關野貞 촬영, 국립중앙박물관)
우 : 현재의 남양주 홍릉에 세운 묘표(2015. 10. 22. 朴光敏 촬영)

고영근은 비를 세운 후 창덕궁 돈화문 앞에 대죄하여 순종께 상소上疏를 올려 대죄하였는데, 고영근의 상소문에는 망국亡國 신하로서의 피눈물이 임리淋漓하게 배어 있어 읽는 사람도 눈물을 머금지 않을 수 없다. 동아일보 기자에게 털어놓은 각자수립刻字竪立의 변辯에는 고영근이 홍릉참봉을 자원한 목적이 담겨 있다. 이왕직에서 비용을 지원받을 수 없었고, 왕실에서 따로 비용을 지원할 처지도 아니었을 것이며, 비밀리에 모아서 일을 시킨 각수刻手 및 일꾼들 품삯과 숙식비는 당연히 고영근의 사비私費로 썼을테니 의로움을 위해 사私를 버린 것이다. 고영근이 한문漢文으로 쓴 상소문을 번역하고, 동아일보 기사는 현대문으로 윤문潤文하여 인용한다.

　　신臣 고영근高永根은 황공히 대죄待罪하나이다. 업드려 생각컨대 신은 외람되이 천한 몸으로 선제先帝의 특별한 은의恩誼를 입었으면서 티끌만큼도 보답하지 못했으나 천지간에 (先帝께) 닿을 수가 없습니다. 비록 하루아침에 죽어 혼백魂魄으로써 선제를 따르지 못하고 구차히 작은 충심衷心을 지키며 홀로 송백松柏 가운데 은거해 남은 생을 살고자 하였으나 밝은 성은聖恩이 애긍哀矜히 굽어 살피사 마침내 원하는 바에 이르게 됨에 감격한 은혜를 생각하며 눈물을 흘립니다. 가만히 업드려 능 앞의 비석을 보건대 선제先帝의 존호尊號를 아직도 글씨로 새기고 채워 넣어 빛나게 세우지도 못한 채 허사虛事롭게 정결한 옥돌만 오랫동안 누워 있었습니다. 신은 폐하께서 능을 배알拜謁하실 때마다 배행陪行했는데 옥보玉步가 비각碑閣을 지나시며 일찍이 한 번도 슬퍼하지 않으신 적이 없으셨으니, 신은 천안天顔을 우러러보며 가슴이 찢어지는 아픔을 느끼지 않을 수 없었습니다. 선제先帝의 능에 비석이 있어야 할 곳이 비어 있어 폐하를 아프게 하며, 성효誠孝의 마음을 아직 펴지 못하시는 바가 있으시니 신이 업드려 스스로 생각컨대 개와 말도 주인을 그리워하여 섬길 바를 알거늘 진실로 선릉지역先陵之役을 풀어드려서 폐하의 마음이 바라시는 바에 이른다면 비록 무거운 죄를 얻어 죽음에 이른다 해도 여한餘恨이 없습니다. 문득 지난해 어필御筆을 내려 신을 위로해 주신 자자字字를 헤아려 대소大小 석공과 일꾼을 돌아오게 하고 비둘기가 먹이를 쪼듯 합심 모각摹刻하여 오늘 손시巽時(9시)에 비석을 세워 봉안하였나이다. 신의 무리가 이와 같이 하지 않으면 천역蔵役(바로잡는 일)을 기약할 수 없을 것만 알고 거사擧事가 막중함은 알지 못했나이다. 만만萬萬 천행擅行(멋대로 행함)은 용서받지 못할 것이고, 신의 죄는 오히려 죽어 마땅할 것이오니 업드려 성지聖旨를 받들고자 하나이다. (朴光敏 譯)160)

자의自意로 홍릉에 비석을 세우고 궐문전闕門前에 대죄待罪한 참봉 고영근씨는 방금 근신謹身중인데 방문한 기자게 말하되 "이번 일은 전혀 나의 자의로 한 일이올시다 지중至重(더없이 무거운) 막대한 죄를 지었은 즉 오직 처분만 바라는 중이오나 이번 일은 전혀 격분한 생각으로 나의 일신을 희생하여서라도 비석을 세우려한 것이오 내가 작년 삼월에 봉직한 이후 이태 동안에 왕전하의 능행陵行을 다섯번 맞게 되었는

---

160) 臣高永根惶恐待罪, 伏以臣獨以駑駘蒙 先帝殊恩, 涓矣靡效, 穹壤莫及, 雖不克一朝盍然 以魂魄自縱於 先帝而, 區區微衷, 猶欲依倚松柏以終餘生, 聖明哀矜俯遂至願感激恩眷, 念之沸流, 竊伏見, 陵前碑石, 先帝尊號尙未塡刻煥搆, 徒設貞珉長委. 臣每於 陛下謁陵時陪, 玉步而過碑閣, 陛下未嘗不欷欷 如瞻望 天顔, 膓膚摧裂不惟痛. 先帝之陵, 顯敎有闕漏, 傷以 陛下, 誠孝而 聖情靑有所未伸也, 臣伏自念, 犬馬戀主惟知所事, 苟可以蔵, 先陵之役, 而達 陛下之情者, 雖重得死不恨. 輒敢用去年所下 御筆來臣撫量字, 大小還進者, 鳩工摹刻, 已於今日巽時豎立奉安. 臣徒知非如此則, 蔵役姑不可以期, 而不知莫重之擧. 尤萬萬不容於擅行, 臣罪尙誅死伏候. 聖旨.(동아일보 1922. 12. 13.)

데 전하께서 번번히 능상陵上에 배알拜謁하신 후에는 의례히 비각문碑閣門을 열으라 하시고 부들(水草 이름)자리에 싸서 비각 안에 뉘인 비석을 보시고 좌우를 돌아보시며 '비석은 언제 세우는가 속히 세우도록하라' 하시며 옥안玉顔에 감창感愴하신 빛을 띠우시고 탄식하시는 것을 배찰拜察할 때마다 나의 마음에는 비상히 감동된 일이 있었습니다 그런데 거년去年(지난해) 시월十月에 왕전하께서 능행하시었을 때에는 웬일이신지 비각을 봉심奉審치 아니하시고 다만 한숨만 쉬이시는 것을 보았습니다 이와 같은 사정에 처하야 구신舊臣의 몸으로 더욱이 재관齋官의 몸으로 어찌 거저 있을 수가 있습니까 아무리 생각하여도 이왕직에서나 총독부의 처분을 기다리고 한만汗漫히 있을 수가 없기로 왕전하의 지효至孝하신 심사를 배찰拜察하여 나의 자의로 비석을 새기어 세운 것인데 닷새동안 비밀히 역사役事를 하여 십일일 오전 아홉시에 비를 세우고 바로 서울로 들어와서 그날 오후 두시에 궐문대죄闕門待罪를 한것이오"하며 백발이 성성하고 주름잡힌 얼골에 더운 눈물이 비오듯 하더라(동아일보 1922. 12. 13.)

칸바야시 차관은 사직하는가(上林次官辭職乎)

비석은 새로 세우는 모양으로, 차관은 지난 십오일 사직 청원

비석 문제는 별항과 같이 원만히 해결되었는바 상림上林 차관은 교섭한 내용에 대하여 말하되 "돌연히 문제가 생기어 이곳에서는 그대로 해결키 어려운 중대 문제이므로 궁내성에 교섭을 하러갔습니다 그러나 문제를 어떠한 방식으로 제출하여야 적당할는지 매우 곤란하였습니다 그러나 궁내성 직원과 비공식으로 만나서 의론한 결과 당초부터 비석을 세웠다는 전말은 쏙빼이고 처음으로 비석을 세우는 형식으로 궁내성에 교섭을 하였습니다 그리고 비석에 새긴 글자도 지금 세워있는 대로 그대로 내신서(內申書)에 정서하여 제출하였든바 다행히 궁내성에서는 아무 이의異議 없이 금월 삼일 날자로 정식의 허가가 나왔습니다 이와 같이 문제는 원만히 해결이 되었으나 나는 문제가 원만히 해결된 후에 책임상 그대로 있을 수가 없어서 지나간 십오일 날자로 사직 청원을 제출하였습니다 나의 책임으로 말하면 당초 부하에 있는 참봉이 자의로 그와 같은 중대한 일을 하야 놓았은즉 감독하는 책임상 그대로 있을 수가 없습니다 그러나 비석 문제는 다행히 원만한 해결을 하였으나 이와 같이 원만히 해결이 되는 문제를 당시에 즉시 비석을 세우지 아니하고 지금까지 천연된

것으로 말하면 또한편으로는 리왕전하께 대하야 황송한 일이므로 결국 사직하였습니다 나는 이왕직을 물러가더라도 비석 문제는 원만히 해결되었음은 기쁜 일이외다 참봉에 대한 책임 문제는 아직 알 수 없습니다 궁내성에서 어찌조처할는지 모르겠습니다"(라고) 말하더라(동아일보 1923. 02. 22.)

동아일보 기사 중의 상림上林 차관은 칸바야시 케이지로上林敬次郞(かんばやし けいじろう)를 말한다. 조선총독부는 1923년 3월 19일 고영근을 파면했으나 고영근이 세운 비석은 그대로 존치存置하였다.

연로年老했던 고영근은 비석을 세우고 다섯달 후인 1923년 4월 1일 오후 8시에 경기도 양주군 미금면 금곡리 자택에서 천식喘息 악화로 졸卒했는데, 우리 나이로 71세였다. 초배初配 김해김씨(光武八年卒)에게서 용현龍鉉·인현麟鉉 두 아들과 딸 하나를 낳았다. 재취再娶인 화순최씨和順崔氏에게서는 소생이 없고, 히로시마 법원에서는 "일본에 온 후 일본 여인에게서 아들 하나를 더 얻었다"161)고 진술 하였다.

고영근은 당초 남양주 홍릉 아래에 장사지냈으나 곧 경기도 고양군 은평면 불광리로 이장되었는데, 1968년에 수원군 일형면 이목리 산39-2번지로 이장하였다. 수원으로 이장하면서 김화진金鑰鎭이 비명碑銘을 짓고, 서예가 원충희元忠喜가 글씨를 써서 묘표를 세웠으나 토지 사용 문제로 비석은 철거되어 묘지 인근에 방치되어 있고, 봉분 앞에는 작은 표석만 세워져 있다. 고영근은 기록상으로는 비록 사형 당할 죄를 짓고 망명했으나 우범선을 처형하여 국모의 원수를 갚았을 뿐 아니라, 능비陵碑에 '태황제太皇帝'와 '태황후太皇后'라는 존호尊號를 새겨 세움으로써 지난날 고종과 명성황후께 받은 은의恩誼에 보답하고 상처받은 조선인의 상실감을 어루만져 주었다. 고영근의 상소문과 이를 보도한 당시의 신문 기사는 비록 백년도 넘은 오래전 일이지만 지금 읽어도 가슴이 뜨거워질 만큼 장쾌卅卅快한 일이다.

---

161) 미치히코 신조新成道彦(2021)「高永根による禹範善暗殺の裏面」(2021. 03.『國際交流研究』23) : 고영근은 1899년 8월 2일 망명 직후인 8월 중에 도쿄에서 오카야마 출신의 니시자키 킨페이西崎金平와 히로시타 이사부로日下伊三郞를 만나 친분을 쌓았는데, 1899년 12월 고베神의 박영효 집 부근에 방을 얻어 니시자키의 딸 니시자키 카네요西崎兼代와 동거하다가 다음해 2월 야마구치현 아부군阿武郡의 하기마치萩町에서 염색 공장을 하여 성공한 송병준末秉畯에게 의탁했고 5월에 아들 쇼다이所體를 낳은 후 니시자키의 권유로 오카야마 시오카山市 시마다마치下田町 29번지로 옮겨 살았다.

■ 전쟁 없이 양여讓與 당한 오백년 왕조의 종언終焉

　나라가 망하는 데는 여러 가지 요인이 복합적으로 작용하는 것이다. 명말청초明末淸初의 은사隱士 고염무顧炎武는 『일지록日知錄-正始』에서, "천하를 보존하는 데는 필부에게도 책임이 있다保天下者匹夫之賤與有責焉耳矣"고 하였다. 그렇다 해도 망국亡國의 가장 큰 책임이 군주에게 있다는 것은 말할 것도 없다. 아울러 나라의 대신大臣이면서도 외세의 주구走狗가 되어 자기 군주를 옥죄고 겁박해 망국으로 몰아간 영신佞臣들의 비겁한 행태는 "임금이 욕을 당하면 신하는 죽음으로써 갚는다"는 "주욕신사主辱臣死"162)의 관점에서 '망국노亡國奴'로 비판받아 마땅하다.

　제1장에서 살펴본 바와 같이 어릴 때부터 5대 조모祖母인 『이부인행록李夫人行錄』이나 『소학小學』 등을 읽으며 부덕婦德이 몸에 밴 명성황후는, 임금의 인사人事 명령조차 신하들에게 거부당하는 조정朝廷 업무에 시달려 의욕을 잃고 의심만 깊어진 고종에게 의지가 되어주며 조언자助言者 역할을 하였지만 결코 남편을 넘어서는 참람僭濫에 이르지 않았다. 그런데도 명성황후가 일본이라는 '국가 무력'에 의해 참혹하게 시해당할 때 앞장서서 일본을 돕거나 짐짓 아닌체하며 방조幇助한 이들은 비겁하게도 그 어른이 사치와 무당굿으로 나라를 망하게 했다는 기쿠치 겐조의 거짓말에 편승해 나라 망한 책임을 몽땅 국모國母에게 뒤집어 씌우고 비난하며 망해가는 나라의 허수아비 권력을 거머쥐는 데만 혈안이 되었다.

　명성황후께서 돌아가신 후 영신佞臣들에게 맡겨진 조선은 더 발전하거나 백성이 잘사는 나라가 되었나. 오히려 대한제국은 자국 이익 확보에 혈안이 된 여러 외세外勢의 술수를 감당하지 못하고 을사년乙巳年(1905)에 미국과 일본간 태프트 가스라 밀약 배경 속에 '을사늑약'으로 불리는 〈한일협상조약韓日協商條約〉을 맺어 외교권을 빼앗기고 일본의 보호를 받는 속국이 되었으니 나라는 이때 이미 망한 것이다.

---

162) 주욕신사主辱臣死 : 『국어國語-월어越語』의 "군욕신사君辱臣死"와 동소. 『오월춘추吳越春秋』 「구천벌오외전句踐伐吳外傳」에, 범려范蠡는 월왕越王 구천에게, "신은 듣기를, 임금이 근심하면 신하는 수고로움을 감수하고, 임금이 욕을 당하면 신하는 죽음으로 갚는 것이 의義의 제일이라 하였습니다(范蠡辭於王曰: 臣聞主憂臣勞, 主辱臣死. 義一也.)라는 문구文句가 있다.

합병조약合倂條約이 공식 발표되기 일주일 전인 1910년 8월 22일 오후에 순종純宗을 모신 어전회의御前會議에서 이완용을 합병조약 전권위원으로 임명하는 칙유에 대한 국새國璽 날인이 이루어졌다. 이날 어전회의 참석자는 총리대신 이완용李完用, 내부대신內部大臣, 박제순朴齊純, 농상공부대신 조중응趙重應, 탁지부대신度支部大臣 고영희高永喜, 법부대신 이재곤李載崑, 왕족대표 이재면李載冕, 대한제국 중추원의장 김윤식金允植, 궁내부대신宮內府大臣 민병석閔丙奭, 시종원경侍從院卿 윤덕영尹悳榮, 시종무관 이병무李秉武 등이었고 별실에는 윤택영尹澤榮163)과 총독부에서 파견된 구니와케 쇼타로國分象太郞와 고미야 미호마츠小宮三保松 차관이 대기하고 있었다.

이완용李完用과 윤덕영尹悳榮이 〈합병조약전권위원임명칙유〉에 빨리 국새를 찍으시라고 황제를 겁박하는 데도 외세를 빌어 국모를 시해하고, 명성황후에게 나라 망한 책임을 뒤집어 씌우고 비난하기 바빴던 수많은 대신들은 아무도 반대하는 이가 없었다. 국새를 찍을 수도 없고 안찍을 수도 없는 상황에 몰려 외롭게 어찌할 바를 모르고 있는 황제 앞에 오직 김윤식金允植만이, "안 됩니다 안 됩니다不可不可. 우리 한국은 폐하 한 분의 한국이 아니니, 다른 사람에게 양여讓與하는 것을 가벼이 논할 수 없습니다"라며 극력 반대했으나 이완용과 윤덕영은 김윤식을 강제로 끌어낸 후 윤덕영이 국새를 가져다 날인하고 국새는 통감부에서 가져가 버렸다.

이날 이완용과 윤덕영이 순종을 겁박해 국새를 찍게한 〈합병조약전권위원임명칙유合倂條約全權委員任命勅諭〉는, 규장각 표제어에, 〈韓日合倂條約의 協定에 總理大臣 李完用을 全權委員으로 任命하는 勅諭〉라고 되어 있으며, 청구기호는 "複製奎 23158"이다. 이에 대하여 『순종실록』에는, "二十二日 日韓倂合條約案에 對ᄒᆞ야 國務大臣外皇族代表者及文武元老代表者를 會同ᄒᆞ야 御前會議를 開ᄒᆞ다"라는 몇 글자만 기록해 있다. 이 조칙 끝에는 "대한국새大韓國璽"라는 주문방인朱文方印(붉은 글씨로 된 사각형 도장)의 국새國璽가 찍혀 있는데 국새 위쪽에 써넣은 '척坧'이라는 어눌한 수결手決은 순종의 글씨가 아니다.

---

163) 윤택영 : 순정효황후純貞孝皇后의 아버지. 4형제 중 尹悳榮이 둘째, 尹澤榮이 넷째다.

IX. 곤녕합坤寧閤에 흩날린 붉은 꽃잎 417

한일합병조약전권위원임명칙유-규장각 한국학연구원 제공

朕이 東洋平和를 鞏固키 爲ㅎ야 韓日兩國의 親密한 關係로 彼我相合ㅎ야 作爲一家됨은 互相萬世之幸福을 圖ㅎ는 所以를 念ㅎ즉 玆에 韓國統治를 擧ㅎ야 此를 朕이 極히 信賴ㅎ는 大日本皇帝陛下게 讓與홈으로 決定ㅎ고 仍ㅎ야 必要한 條章을 規定ㅎ야 將來我皇室의 永久安寧과 生民의 福利를 保障ㅎ기 爲ㅎ야 內閣總理大臣 李完用에게 全權委員을 任命ㅎ고 大日本帝國統監 寺內正毅와 會同ㅎ야 商議協定ㅎ게 홈이니 諸臣도 亦朕意의 確斷ㅎ바를 體ㅎ야 奉行ㅎ라

隆熙四年八月二十二日

짐이 동양평화를 공고히 하기 위하여 한일 양국의 친밀한 관계로 저들과 우리가 서로 합하여 한 집이 됨은 서로가 만세의 행복을 도모하는 까닭을 생각한 것인 즉 이에 한국 통치를 들어 이를 짐이 극히 신뢰하는 대일본 황제폐하께 양여하는 것으로 결정하고 인하여 필요한 조문條文과 장절章節을 규정하여 장래 우리 황실의 영구 안녕과 백성의 복리福利를 보장하기 위하여 내각총리대신 이완용을 전권위원全權委員으로 임명하고 대일본제국 통감 데라우치 마사다케寺內正毅와 회동하여 상의商議하고 협정케 함이니 여러 대신 또한 짐의 뜻으로 확단確斷한 바를 본받아 봉행하라.

융희隆熙 4년 8월 22일

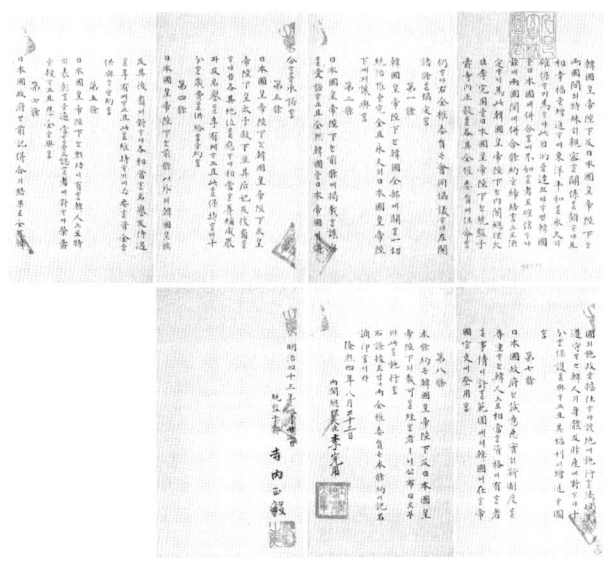

한일합병조약 원문–서울대학교 규장각 한국학연구원 제공

　이완용과 데라우치 마사다케는 어전회의 전에 이미 〈조약〉 문안文案을 만들어 놓았고, 어전회의는 순종의 재가를 받는 형식적 행정 절차였을 뿐이다. 합병조약 날인捺印 날짜가 8월 22일로 기록된 것이 이를 말해준다. 한국어본과 일본어본으로 두 부를 작성한 조약문에는 어전회의가 끝나자마자 이완용李完用과 데라우치 마사타케寺內正毅가 즉시 날인捺印하였다.

　마지막 어전회의에서 유일하게 합병 반대를 외쳤던 김윤식이 "不可不可"라고 외치며, 바로 이어서, "한국은 폐하 한 분의 나라가 아니니 남에게 양여讓與하는 것을 가벼이 논할 수 없습니다"라고 외쳤는데도 "不可不可"만 따로 떼어서 "不可不 可-아니할 수 없으니 가합니다"라고 말했다며 억지 왜곡하여 김윤식을 친일파라고 뒤집어 씌우는 자者들이 참으로 비겁하고 추악하다.

　김윤식이 극력 사양하다가 고종의 강권强勸으로 어쩔 수 없이 은사금과 작위를 받은 과정과 어전회의 모습은 그의 일기 『속음청사續陰晴史』에 자세히 수록되어 있다. 오정午正에 찾아와 밤늦게까지 날인捺印을 강요하던 덕수궁(고종) 칙사 조민희趙

民熙와 창덕궁(순종) 칙사 민병석閔丙奭이 연로年老한 김윤식이 잠깐 조는 사이에 도장을 찍어갔다는 설도 후손들에게 전해온다.

이후 김윤식은 1919년 3월 28일 "조선의 독립을 허여許與하라"는 〈대일본장서對日本長書〉를 작성하여 이용직李容稙(1852~1932)과 연서명連署名한 후 비밀리에 일본의 내각총리대신과 동경의 언론사에 보내 일제히 보도되게 함으로써 일본 조야朝野를 발칵 뒤집어 놓고 이용직과 함께 징역 2년에 집행유예 3년을 선고받았지만 이 일을 아는 한국인도 거의 없다. *435페이지 부록에 〈대일본장서〉 번역문 및 원문 수록.

1910년 8월 22일 오후 6시의 어전회의를 기록한 『대한계년사大韓季年史』의 "핍제압어새逼帝押御璽 제부지소위帝不知所爲"를, "어새를 찍으라고 황제를 몰아세웠다. 황제는 무슨 일을 하는지 알지 못했다"고 번역하여 제 나라 임금을, 본인이 하는 일이 무엇인지도 알지 못하는 바보천치로 만들어 버린 악랄한 번역자도 있다. 이는 마땅히 "어새를 찍으라고 황제를 압박하니 황제께서는 (어찌)할 바를 알지 못하셨다"고 번역해야 한다. 일본 관리들의 감시하에 열린 어전회의에서 황제는 이완용李完用과 윤덕영尹悳榮 무리의 압박에 어새를 찍을 수도 없고 안 찍을 수도 없는 난처한 지경에 처해 어찌할 바를 몰라했던 것이다.

어떤 사람들은 개인의 편향적偏向的 시각視角을 들이대며 "조선의 망국을 슬퍼한 이가 없었다"고 조선을 저주한다. 나라가 망했는데 어찌 슬퍼한 사람이 없다는 참방讒謗을 만들어 퍼뜨리는가. 망국亡國의 분루憤淚를 흘리며 자결하는 이가 어찌 일본에만 있었겠는가. 명성황후가 돌아가신 후 일어난 을미의병乙未義兵은 국모시해國母弑害에 대한 원수怨讎를 갚자는 의거義擧였으며, 을사늑약 후 민영환閔泳煥은 자결로 일제日帝에 항거抗拒하였다. 경술국치庚戌國恥를 당한 후에는 황매천黃梅泉 선생이 자결하였고, 김윤식 선생은 『속음청사續陰晴史』에 몇 사람의 자결 소식을 더 기록해 남기셨다.

『속음청사』 1910년 8월 31일
흐리고 비가 왔는데 밤이 되니 큰 비가 와서 마치 물을 퍼붓는 것 같다. 집 안이 강을 이룰 정도인데 새지 않는 곳이 없다. 내 병은 어제와 같다. 근일에 시호諡號를 주는데 가자加資164)된 이가 몇 천 명인지 모른다. 궁내부宮內府 내각에는 '(벼슬을 두고)어지럽게 다투는 것이 저자거리와 같다.'하니 탄식할 일이다…….대동학교생大東學校生 한 사람이 과일 가게에서 과도果刀를 빌려 자경自剄165)해 죽었다. 또한 정산군수定山郡守가 나랏일에 큰 변고變故가 있음을 듣고 자결했다고 하니 이는 떳떳한 성품性稟이 드러난 것이요, 열혈남아 하겠으나 그 성명은 듣지 못했다.

『속음청사』 1910년 9월 1일
　일본 칙사 이나바稻葉가 창덕궁에 이르러 책봉식을 행하고, 또 덕수궁에 이르러 의식을 행했다. 창덕궁[순종]께서는 어가御駕를 통감부統監府 칙사들이 있는 곳으로 돌게하여 사례하셨다. "천지가 뒤집혔도다. 오호! 슬프다." 괴산槐山 출신의 금산錦山 군수 홍범식洪範植이 이 소식을 듣고 자결하여 이로써 스스로 '자정自靖의 의義'166)를 다했으니, 살아있는 이들이 어찌 부끄럽지 않겠는가. 성주星州 군수 또한 의를 지켜 순국했다고 한다.

　김윤식 일기 속의 금산군수錦山郡守 홍범식洪範植(1871~1910)은 홍명희洪命憙의 부친이다. 김윤식이 기록한 분들 외에도 이만도李晩燾 이중언李中彦 등 많은 지사志士가 순명殉命하였고, 사헌부 감찰을 지낸 농부 권용하權龍河(1847~1910)는 사촌형에게 나라가 망했다는 소식을 듣는 순간 분격憤激하여 기둥에 머리를 찧어 자결했으며, 그 밖에도 많은 사람이 순명殉命하였다. 신규식申圭植(1879~1922) 선생은 자결하려 독약을 먹었는데 대종교大倧敎 종사宗師 나철羅喆 선생에게 발견되어 목숨은 건졌으나 독약 후유증으로 애꾸눈이 되어 아호를 예관睨觀이라 하고, 통분痛憤의 마음으로 『한국혼韓國魂』(1914)을 저술하였다. 임시정부와 손문孫文 정부의 통교通交에 큰 역할을 하였으나 임시정부의 분열에 절망하여 1922년에 25일간 단식하여 자결하였다.
　고종의 매제인 조정구趙鼎九(1860~1926) 선생도 자결하고자 자문自刎(스스로 목을 찌

---

164) 가자(加資) : 정삼품 통정대부(通政大夫) 이상인 당상관(堂上官)으로 품계를 올려 주는 것
165) 자경(自剄) : 스스로 목을 찔러 죽는 것
166) 자정지의(自靖之義) : 순국(殉國)하여 신하로서의 의(義)를 지키는 것

Ⅸ. 곤녕합坤寧閤에 흩날린 붉은 꽃잎 421

름)하였으나 집안 사람에게 발견되어 대한의원에서 약 대여섯달이나 치료를 받아 간신히 목숨을 건진 후 금강산에 은거해 울울한 심사를 달랬다. 침잠沈潛해 있던 군중群衆의 분노는 1919년 3월 1일 한꺼번에 터져 나왔는데, 어찌 조선이 망한 것을 슬퍼한 사람이 없다는 참언讒言으로 언중言衆을 오도誤導하는가.

고종과 순종이 나라를 팔아먹었다고 온갖 욕을 퍼붓는 사람들도 있는데, 고종이 자진해서 양위讓位했겠으며, 순종이 자의自意로 병합조약에 국새國璽를 찍었겠는가. 미주美洲에서 발행된 한인신문 〈신한민보新韓民報〉 1926년 7월 8일자에는 죽음을 앞둔 순종이 붕어崩御하시기 얼마 전에 조정구趙鼎九 선생에게 내린 친필 유조遺詔(마지막 남긴 조칙)가 실렸는데, 병이 깊어 죽음을 앞둔 순종의 울울鬱鬱하고 절박한 심정을 절절하게 담아낸 명문장이다. 순종의 열두 살 예필 "在春"은 명지대학교 박물관 소장본인데 어린 나이인데도 상당히 잘 썼다. 1894년 왕세자 때 지은 "증영의정여성부원군순간민공신도비贈領議政驪城府院君純簡閔公神道碑"를 보면 비문 첫글자의 오른쪽에 "예제睿製"라고 써 넣어 왕세자가 직접 비문碑文을 지었다고 밝혀 있다. 글 잘 짓는 신하들이 많았음에도 외조부 신도비문神道碑文과 명銘을 직접 지

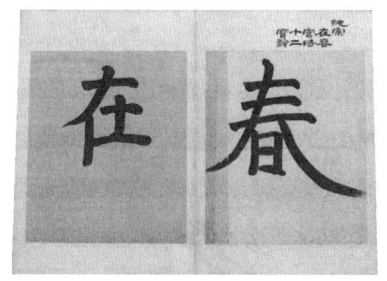

왕세자 12세 예필睿筆-명지대학교 박물관

었다는 것은 순종이 글씨도 잘 썼고 글 짓는 수준도 상당히 높았음을 말해준다.『매천야록』에는, "세자의 기억력은 남보다 월등히 뛰어났다. 조정朝廷의 전장典章(법규 제동 등), 국고國故(나라의 크고 작은 사고), 산천山川, 국경의 방어, 돈과 곡식(賦稅), 군대의 장부, 사대부 문벌門閥과 보첩譜牒, 벼슬아치들이 과거를 본 년대, 일에 따라 적어 놓은 순서 등에 역력歷歷하여 틀리는 것이 없어 임금께서도 (세자의) 총명함을 믿고 자기가 막히거나 놓치는 것이 있으면 자주 세자에게 묻곤 했다"167)고 기록하였다.

조정구趙鼎九는 대원군의 둘째 사위이므로 순종에게는 고모부가 되는데, 병합 직후 일제日帝는 조정구에게 남작男爵 작위를 수여하고 은사금을 주었으나 모두 거절

---

167) 世子記性絶人. 凡朝章·國故·山川·關防·錢穀·甲兵之簿, 以及士大門閥譜牒, 科宦年月, 隨事臚列, 歷歷不差. 上亦恃聰明, 然有窒漏往往問世子.(『梅泉野錄-純宗의 記性絶人』)

하였다. 1926년 4월 25일 순종이 붕어崩御하기 26일 전인 1926년 3월 30일에 조정구가 먼저 죽었으므로 이 유조遺詔가 조작된 것이라고 하는 설도 있으나 조정구가 받아서 누구에게 부탁해 어떤 경로經路를 통했든 〈신한민보新韓民報〉 관계자에게 전달한 것은 사실일 것으로 본다. 무엇보다 순종과 조정구는 친조카와 고모부 사이라는 점, 조정구가 작위와 은사금을 거절했다는 점에서 순종이 유조遺詔를 믿고 맡길만한 분이라는 점이다.

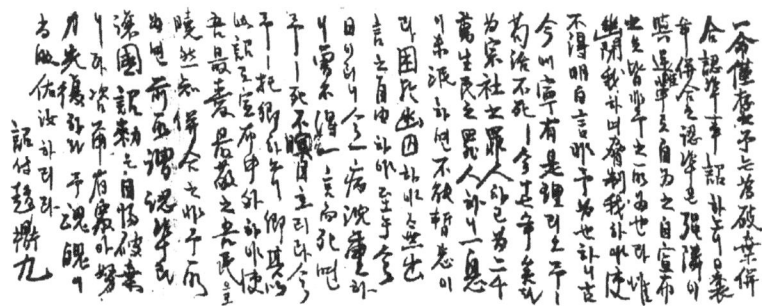

1926년 7월 8일자 〈신한민보〉에 게재 된 순종의 유조遺詔
국사편찬위원회 한국근대사료DB

一命僅存之予는 爲破棄併合認準事詔하노니 曩年併合之認準은 强隣이 與逆臣輩로 自爲之自宣布之矣 皆非予之所爲也 惟幽翔我하며 脅制我하야 使不得明白言非予爲也하니 古今에 寧有是理오 予ㅣ 苟活不死ㅣ 今十七年矣라 爲宗社之罪人하고 爲二千萬生民之罪人하니 一息이 未泯하면 不能暫忘이라 困於幽囚하야 無出言之自由하야 至于今日이러니 今 病沈重하니 曾不得一言而死면 予ㅣ 死不瞑目하리라 今予ㅣ 托卿하노니 卿其以此詔로 宣布中外하야 使吾最愛最敬之吾民으로 曉然知倂合之非予所爲면 前所謂認準과 讓國詔勅은 自歸破棄니라 咨爾有衆이 努力光復하라 予魂魄이 尚叛依汝하리라
詔付趙鼎九

한 목숨을 겨우 보존해온 짐朕은 병합인준倂合認準의 일을 파기破棄하기 위하여 조칙詔勅을 내리노니 접때(경술년)의 병합 인준은 강대强大한 이웃 나라가 역신逆臣의 무리와 더불어 스스로 한 것이며 그들 스스로 선포宣布한 것이니 짐이 한 것이 아니라 오로지

나를 유폐幽閉하며 짐의 좌우左右를 옥죄어 (짐으로)하여금 명백한 말 한마디도 하지 못하게 하여 내가 나 아님이 되게 함이러니 고금古今에 어찌 이런 이치가 있으리오 짐이 구차히 살면서도 죽지 못함이 어언 17년이라 종사宗社의 죄인이 되고 2천만 백성의 죄인이 되니 한숨을 민멸泯滅치 않으면(죽지 않으면) 잠시라도 잊지 못할지라 갇힌 수인囚人처럼 곤고困苦하여 말 한마디도 입 밖에 낼 자유가 없이 오늘에 이르렀는데 지금 병이 침중沈重하니 일찍이 한마디 말도 하지 못한 채 짐이 죽으면 짐은 죽어서도 눈을 감지 못할지라 경卿에게 짐이 부탁하노니 경은 이 조칙詔勅으로써 중외中外에 선포하여 짐이 가장 은애恩愛하며 가장 경모敬慕하는 짐의 백성으로 하여금 짐이 한 바가 아님을 효연曉然(밝게)히 알게 하면 전에 이른바 인준認準과 양국讓國 조칙詔勅은 저절로 파기되어 돌아갈 것이라 아아 짐의 백성들이여! 광복光復을 위해 노력하라 짐의 혼백이라도 귀의皈依(歸依와 仝)하여 너희와 함께 하리라

조정구趙鼎九에게 조칙詔勅을 맡기노라

행초行草로 쓴 유조遺詔의 글씨는 순종이 53세 되던 해의 글씨다. 조정구가 순종의 구술口述을 받아 적었을 가능성도 있지만 필자는 순종의 진필眞筆로 본다. 상당한 달필達筆로 써서 조정구에게 맡겨진 이 조칙詔勅은 극비리에 사람을 통해 미주美洲에 있는 관계자에게 전달했을 것이다.

순종이 1904년에 해서楷書로 쓴 "명성황후탄강구리明成皇后誕降舊里 비碑"나 1901년 외조부 민치록 묘표墓表에 해서楷書로 쓴 "증영의정여성부원군시순간민공치록지묘贈領議政驪城府院君諡純簡閔公致祿之墓 / 증해녕부부인오씨부좌贈海寧府夫人吳氏祔左 / 한창부부인이씨부우韓昌府夫人李氏祔右"의 글씨와 전서篆書로 쓴 "장충단奬忠壇" 비碑 등은 모두 황태자 신분으로 쓴 예필睿筆인데 단아端雅하고 수려秀麗하여 전문 서예가 수준이다. 훗날의 글씨 중에는 어눌해 보이는 것이 있지만 이는 앞 페이지에 예시例示한 "병합조약전권위원임명칙유"의 수결처럼 일제日帝 관리들의 대

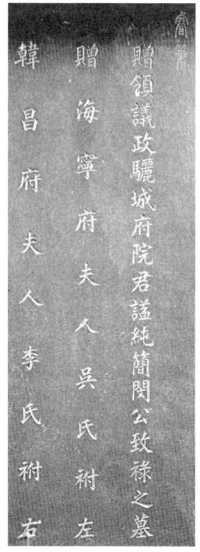

순종이 황태자 때 쓴 민치록 묘표(1901년)

필代筆 수결手決에서 보이는 것들이다. 순종이 조정구에게 유조를 맡기신 지 3개월 이상이 지나 두 분이 모두 돌아가신 후 보도가 되었지만 일제의 눈을 피해 배편으로 미국까지 전달된 점을 고려하면 서너달이 긴 시간은 아니다. 당시 〈신한민보新韓民報〉에서도 여러 경로로 이 유조遺詔의 진위 여부를 확인한 후에 게재했을 것이다. 〈신한민보〉에서도 이미 붕어하신 황제의 가짜 유조遺詔까지 만들고 신문에 게재하여 얻을 수 있는 이익이 없다.

 고종과 순종 당시 조정의 기강紀綱은 나라라고 할 수도 없을만큼 엉클어져 있었다. 갑신정변 실패 후 일본으로 달아났던 박영효朴泳孝는 임금께서 너그러이 서용恕容했음에도 또 다시 역모를 꾸미다가 달아났고, 고종의 매제인 이윤용李允用은 역적 박영효를 체포하라는 임금의 명령을 받고도 역적을 찾아가 도망가라고 일러준 후 거짓으로 체포하는 척했으며, 임금의 인사 명령조차 집단으로 거부하는 신하들의 방일放逸과 열악한 국가 재정, 국제 정세 등 모든 형세가 그리할 수밖에 없도록 고종과 순종을 몰아간 것이니, 임금마저 속이며 그런 상황을 만든 것은 외세의 주구走狗가 된 영신佞臣들이었다. 일본인들은 제2차 세계대전 패전敗戰으로 항복하면서도 패전의 책임을 천황에게 미루지 않고 천황을 최우선 보호해 지금까지 천황제를 이어오고 있다. 고종과 순종, 명성황후에게 망국亡國의 모든 책임을 전가轉嫁하며 입에 담지 못할 욕을 퍼붓는 우리와 대비對比되는 '주욕신사主辱臣死'의 모습이다.

 임진왜란 직전 일본 국사國使 타치바나 야스히로橘康廣가 서울에 왔는데 예조판서禮曹判書가 잔치를 베풀고 접대하였다. 술에 취한 야스히로가 후추胡椒를 뿌리니 기생과 악공들이 그것을 다투어 줍느라고 외국 사신을 접대하던 연회장은 엉망이 되었다. 야스히로는 객관으로 돌아와 탄식하며 통역에게 말하기를, "너희 나라는 망하겠구나. 기강紀綱이 이미 허물어졌으니 어찌 망하지 않기를 기대하겠는가?"라고 하였는데(『懲毖錄』), 경술국치 직후, "수천 명이 가자加資를 받고 관직에 임명되기 위해 다투는 모습이 저자거리와 같았다"는 김윤식金允植의 기록은 야스히로 앞에서 후추를 줍느라 연회장을 엉망으로 만든 기생들의 모습과 조금도 다르지 않다.

 경술국치 후 벼슬을 올려 주고 관직을 임명한 것은 고종이나 순종이 아니라 총독부 관리와 고위직 친일파들인데, 가자加資를 받거나 관직에 임명되기 위해 일본인 고관이나 이완용李完用, 윤덕영尹德榮의 집 대문이 닳도록 들락거린 사람들 중에 내 조상은 섞여 있지 않았다고 단언斷言할 수 있는가. 가자 받고 관직에 임명되기 위해 다투는 모리배도 많았지만 자결하여 순국殉國하거나 분노와 슬픔을 속으로 삭이며 때를 기다린 백성이 다수였거늘 나라가 망했는데도 슬퍼한 사람이 없다고 자폄自貶(스스로 깎아내림)하는 것이야말로 망국의 한을 품고 순국한 분들을 모욕하는, 자학적自虐的 깎아내리기일 뿐이다.

명성황후께서 시해弑害 당하신 후, 왕비 시해에 앞장서서 일본을 도운 자칭 현사賢士라는 영신佞臣들은 마지막 어전회의에서 김윤식 외에는 아무런 반대 의견도 말하지 못했다. 이것이 일본의 국모國母 시해에 앞장서거나 방조한 무능한 조선 사내들의 비겁한 모습이다. 그들은 허상虛像의 권력을 차지하기 위해 우왕좌왕 했을 뿐, 국가 장래를 위한 원려遠慮나 비젼조차 없이 외세의 주구走狗 역할을 자처하며 자신의 영달榮達에만 몰두했고, 명성황후가 꿈꿨던 "미국처럼 행복하며 자유롭고 힘 있는 나라"가 되었어야 할 조선은 명성황후께서 시해당하신 지 불과 15년 만에 전쟁이나 항복도 없이 세계사에 유례가 없는 통분痛憤의 "양여讓與" 형식으로 끝내 망하고 말았다.

오호嗚呼 통재慟哉!

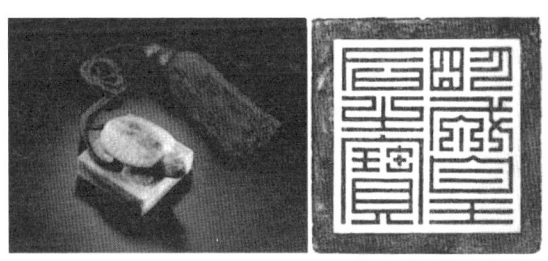

명성황후 책봉 후 올린 시호옥보諡號玉寶 "明成皇后之寶"-고궁박물관

● 인정人定의 종소리
Epilogue

대조선大朝鮮의 명성황후께서는 아무런 무장도 하지 않으셨고, 밤에 침전에 드셨다가 떼로 몰려든 일본이라는 국가 무력에 의해 참변을 당하셨다. 검을 빼어들고 방에 뛰어든 데라사키 다이키치의 칼에 맞아 죽어가면서도, "명성황후의 의연毅然한 모습은 조금도 흔들리지 않았다"고 데라사키가 직접 증언하였다. 여기서 필자는 『오월춘추吳越春秋』에 나오는 고사故事 하나를 예시例示함으로써 미우라 고로三浦梧樓와 집단으로 비무장 여인을 참혹하게 시해한 일본이라는 국가 무력 집단(그들은 낭인이 아니다)의 행동대인 망나니들이 얼마나 비겁하고 못난 자들인지 적시摘示하고자 한다.

초구흔椒丘訢은 동해가에 살던 사람이다. 제왕齊王의 사신使臣이 되어 오吳나라 회수淮水의 나루터를 지날 때 말에게 물을 먹이고자 했다. 그런데 나루터의 관리가 말했다. "이 회수淮水의 물속에는 수신水神이 있는데 말을 보면 물 밖으로 나와서 잡아 먹습니다. 군君께서는 말에게 물을 먹이지 마십시오." 초구흔이 말하기를, "장사壯士가 가진 것을 수신水神 따위가 감히 어쩌겠는가?"하고는 종자를 보내 말에게 물을 먹이게 했다. 그러자 과연 회수淮水의 신神이 나타나서 말을 끌고 들어가는지라 말은 그만 물속으로 빠져들어가고 말았다. 초구흔은 크게 노하여 웃통을 벗어부치고 검劒을 잡고 물속으로 좇아 들어가 수신과 싸움을 청해 이틀을 연이어 싸운 끝에 물 밖으로 나왔는데 한 쪽 눈을 잃어 애꾸눈이 되었다.

초구흔은 오吳나라에 와서 친구의 집에 문상問喪을 갔는데 수신水神과 싸운 용장勇將의 기개氣槪를 믿고 친구를 문상問喪하는 자리임에도 불구하고 거기 모인 사대부士大夫들을 우습게 여기고 오만傲慢하게 떠들어대며 그 언사言辭 또한 불손하여 여러 사람을 능멸 하고자 했다. 마침 요리要離가 그 자리에 함께 있었는데 초구흔이 힘을 과시하는 것을 참지 못하고 마침내 창피를 주어 말했다. "내가 들은 바, 용사勇士의 싸움이란 기우는 해마저 붙들어 놓고 용감히 싸우며168), 신귀神鬼와 싸우는 이는 발꿈치를 돌려 물러서지 않으며, 사람과 싸우는 이는 큰소리를 치지 않는다고 한다. 살아서 나가 죽어서 돌아올지언정 용사는 욕辱을 참지 않는데 지금 그대는 수신水神과 싸워 물속에 그대의 말과 마부를 잃었고, 또 한 쪽 눈을 잃어 애꾸의 병을 얻었다. 처참한 몰골에 껍데기뿐인 허명虛名은 용사勇士가 부끄러이 여기는 바이거늘, 그대는 적 앞에서는 죽지도 못하고 그 생生을 연연戀戀해 살아돌아온 주제에 내 앞에서 그 오만한 기색氣色을 들어내는가?'

초구흔은 창졸간에 이렇게 힐책詰責을 당하자 마침내 원한과 분노가 폭발하여 날이 어두워지면 요리의 집으로 가서 공격하고자 했다. 요리要離는 자리에 앉아 있다가 날이 저물어 집에 돌아와 그 처妻에게 말하기를, "대가大家의 문상問喪 자리에서 나에게 욕辱을 당한 장사壯士 초구흔椒丘訢은 아직도 분忿이 남아 있으면서 몹시 화를 내고 갔소. 어두워지면 반드시 다시 올 것이니 우리집 문을 닫지 마시오.'라고 했는데 밤이 되자 과연 초구흔은 요리의 집으로 갔다. 그런데 요리의 집에 이르러 보니 그 문은 닫지도 않았고, 마루에 오르려니 빗장도 걸어 잠그지 않았으며, 방에 들어가려 하니 그 방은 지키지도 않은 채 요리는 머리카락을 풀어헤쳐 뻣뻣이 누워서는 도무지 두려워하는 기색이 없었다.

초구흔은 마침내 손에 검을 빼들어 요리를 겨누고 말하기를, '너는 지금 죽어야 할 세 가지 잘못이 있는데 그것을 아는가?' 요리가 대답했다. "아지 못하노라." 초구흔이 말했다. '너는 대가大家의 여러 사람이 모인 자리에서 나에게 모욕을 주었으니 그것이 첫 번째 죽어야 하는 이유요, 집에 돌아와서는 문의 빗장을 걸어 잠그지 않았으니 그것이 죽어야 하는 두 번째 이유이며, 드러누워 지키지 않았으니 그것이 네가 죽어야 하는 세 번째 잘못이다. 너에게 세 번 죽어야할 잘못이 있으니 죽더라도 나를 원망치 말아라.' 그러자 요리要離가 말했다. '나에게는 죽어야 할 잘못이 없노라. 너야말로 세 가지 못난 부끄러움이 있으니 그것을 아는가?' 초구흔椒丘訢이 말했다. "아지 못하노라." 요리가 말했다. "나는 너에게 천명千名이나 되는 여러 사람 앞에서 모욕을 주었는데 너는 감히 그 자리에서 보복을 하지 못했으니 그것이 첫 번째 못난 것이요, 문門에 들어오면서 헛기침을 하지 않고 마루에 오르면서도 사람 기척을 내지

---

168) 여일전자불이與日戰者不移表 : 목숨을 아끼지 않는 용사는 지는 해마저 붙들어 놓고 끝까지 싸운다는 말. 송宋 왕한王翰의 〈고장성음古長城吟〉에 "임금을 위해 한 번 가서 만인萬人을 꺾도다. 장사가 창을 한 번 휘둘러 해를 돌리니, 선우의 피 철철 흘러 주륜朱輪을 물들이네(爲君一行摧萬人 壯士揮戈回白日 單于濺血汗朱輪)"라고 했는데 주註에 "옛날 노魯 양공陽公이 한韓나라와 싸울 때 날이 저물자 창을 끌어당겨 한 번 휘두르니 지던 해가 삼사三舍나 되돌아 왔다(昔, 魯陽公與韓戰 日暮援戈而揮之 日爲反三舍)"고 하였다. * 一舍는 三十里

않았으니 그것이 두 번째 못난 짓이며, 먼저 너의 검을 뽑아 손에 잡고 나의 머리를 겨누고 나서야 감히 큰 소리로 말했으니 이것이 너의 세 번째 못난 것이다. 너는 세 가지 못난 것으로 나를 위협하려하니 어찌 비루鄙陋하지 않은가?" 초구흔은 검을 던져버리고 탄식하기를, "나의 용력勇力은 사람들 중에 감히 엿보는 자가 없었는데 요리는 나보다 더한 용장勇壯의 기개를 갖추었으니 이 사람이야말로 천하의 용사다"라고 하였다.169)

요리要離는 춘추시대 오吳 나라 사람으로 바람을 앞으로 받으면 자빠지고 바람을 등에 받으면 엎어질 만큼 몸이 작고 가냘픈 사람이었다. 오자서伍子胥는 요리를 오왕吳王 합려闔閭에게 자객으로 천거하였다. 자객이 된 요리는 오왕 합려에게 자기 처자妻子를 저자에서 죽여 불태우게 하고 자기는 오른쪽 팔을 잘리운 후 달아난 모양새로 오왕을 원망하며 떠돌아다니다가 전왕前王 왕료王僚의 아들 경기慶忌를 찾아가, "오왕 합려를 정벌하여 부왕父王의 원수도 갚고 내 원수도 갚을 수 있게 해 달라"고 천하 용사인 경기慶忌를 부추겼다. 훈련을 마친 경기의 배가 출발하여 강 한 가운데 이르자 요리는 바람이 센 곳으로 경기慶忌를 옮겨 앉게 하여 맞바람을 받게 하고는 바람을 이용해 모구矛鉤(갈고리)로 경기의 관冠을 걸어 끌어당기며 거센 바람을 등지고 창끝으로 힘껏 경기를 찔렀다. 경기는 요리를 돌아보고 그 머리를 잡아 세 번이나 물속에 쳐박았다가 무릎 위에 올려놓고 호탕하게 웃으며 말했다.

"허허허! 천하의 용사로다. 감히 여러 군사가 둘러선 가운데서 나를 찌르다니!"
좌우의 병사들이 요리를 죽이고자 하니 경기는 이를 말리며 말했다.
"이 사람은 천하의 용사다. 어찌 하루 동안에 천하 용사가 두 사람 모두 죽겠는가?"
경기는 좌우의 군사들에게 명령하여 말했다.
"그로 하여금 오吳나라에 돌아가 그 장한 충의忠義를 밝히게 하라."
요리를 죽이지 말라는 유언遺言을 남기고 경기는 죽었다.
그러나 배에서 내린 요리는 처량하게 서서 말했다.

---

169) 『오월춘추吳越春秋』(조엽趙曄 찬撰, 박광민朴光敏 역주譯註, 2004. 03. 25. 경인문화사)

"나는 처자妻子를 죽임으로써 군주를 섬겼으니 이것은 인仁이 아니다. 새 군주를 위해 전왕前王의 아들을 죽였으니 이는 의義가 아니다. 거듭 죽어야 할 사람이, 귀貴하지도 않고 의義로움도 없으면서 살기를 탐貪해 죽음을 행하지 못한다면 이것은 의로움이 아니다. 대저 사람으로서 이 세 가지 악행惡行으로 세상에 알려진다면, 무슨 낯짝으로 천하의 지사志士들을 대할 수 있겠는가?"라고 자책自責하며 자결하였다.

일본인들은 자랑스럽게 사무라이 정신을 말하곤 한다. 과연 그런가. 남의 나라에 들어와 몰래 일을 도모하면서 저항할 힘조차 없는 늙은 대원군을 강제로 끌어내고 앞세워 구부舅婦(시아버지와 며느리)간 대립 구도라는 거짓말 역사를 날조捏造해 비겁하게 책임을 면하고자 했으니 당당하지 못했으며, 지략智略으로는 명성황후의 발끝에도 미치지 못해 야밤에 국가의 무력을 한 여인에게 휘두르고도 절명絶命하신 주검을 또다시 난자亂刺 했으니 그들은 죽은 호랑이를 보고 똥오줌을 지린 구체狗彘(개돼지)의 무리가 되었다. 초구흔椒丘訢은 비무장非武裝의 요리要離에게 칼을 겨누고 큰소리를 치다가 요리의 당당한 모습을 보고 부끄러움에 자결했으나 일본의 소위 사무라이 정신을 내세우던 자들은 떼로 몰려가 주무시던 비무장의 타국 왕비에게 칼을 휘두르고도 자랑하듯 떠들어 댔으니 부끄러움조차 모르는 구체狗彘의 무리와 무엇이 다른가.

필자는 반일反日을 주장하는 사람이 아니다. 오히려 일본이 잘하는 점을 배우자는 사람 중의 한 사람이다. 저들이 명성황후에게 저지른 패악悖惡스럽고 비겁한 악행은 용서할 수가 없지만 성찰省察해 보면 이 모든 것은 우리 국력이 약하고, 자국 이익이 우선인 국제정치의 속성을 간과한 채 외세에 기대 허상虛像의 권력을 차지하는데 눈이 멀었던 우리 스스로 불러들인 통분痛憤의 역사다.

우리는 임진왜란(1592년)을 당한지 5년 만에 정유재란(1597년)을 당하고, 20년 만에 정묘호란(1627년)을 당했으며, 9년 후에는 병자호란(1636년)을 당했다. 그런데도 274년 후에는 아예 국권을 빼앗기는 경술국치(1910년)를 당했으며, 40년 후에는 또 육이오 전쟁을 겪었는데도 자성自省할 줄 모르고 남탓만 한다. 한번 침략 당한 것은 침략한 쪽이 나쁘지만 같은 일이 반복되는 것은 우리 자신을 냉철히 돌아볼 일이다. 뼈저리게 지난날의 잘못을 자성自省하고 절치명골切齒銘骨하여 오늘의 교훈으로 삼아야 한다.

모두가 일본을 미워하지만 중국의 동북공정東北工程을 통한 영토 패권과 탐욕도 시시탐탐時時眈眈 끝이 없고, 우리 고대사마저 중국사로 편입하고 있다. 복잡한 국제 관계에서 가까이 있는 나라를 멀리할 수만은 없고, 대화도 필요하니 슬기롭게 외교적 역량을 발휘하여 국익을 취할 일이다. 그렇다고 스스로, "중국은 큰 산이고 우리는 작은 산이다"라고 하면서, 중국 지도자가 미국 대통령에게 "한국은 옛날 중국의 속국이었다"고 해도 논리적 반박 한 마디 하지 못하는 것은 자존自尊 의식이 없고 역사에 무지無知하기 때문이니, 대륙을 치고 달리던 기상氣像과 자아自我를 잃고, 소중화小中華를 자처하며 주자학朱子學만을 세상의 전부로 알던 과거의 정저지사井底之士들과 판박이로 닮았다.

개인은 스스로를 지칭할 때 '저'라고 하지만 국가에 대해서는 "저희나라"가 아니라 "우리나라"라고 한다. 개인은 겸손하게 낮추는 것이 예의지만 국가는 개인이 제멋대로 낮출 수 있는 대상이 아니다. 임금께 상소를 올릴 때 스스로를 낮추기 위해 자기 이름은 작게 쓰지만 성姓은 임금 앞에서도 작게 쓰지 않는다. 내 이름은 나 한 사람 뿐이니 낮추는 것이 임금에 대한 예의禮儀지만 성姓은 나뿐 아니라 선대先代 조상님들까지 포함되어 있기 때문에 내가 마음대로 낮출 수 있는 대상이 아니다. 그것을 국가도 인정하여 임금 앞이라도 성姓만은 낮추지 않도록 배려한 것이다. 거듭 말하지만 국가는 개인이 함부로 낮출 수 있는 대상이 아니다.

예나 지금이나 패권국가의 속성은 어느 나라를 막론하고 다르지 않으며, 국제정치의 역학力學은 힘의 논리만이 최선最善이다. 모두가 제국주의를 비난하지만 우리가 패권국이 되어도 패권국가의 속성은 달라지지 않는다. 일본에게 나라 빼앗긴 것이 억울하면 우리가 강해지는 길을 찾을 일이지 남탓만 하고 국권 상실의 원인을 밖에서만 찾을 일이 아니다.

국토가 작고 이렇다 할 자원도 없는 우리나라의 재산은 부지런히 일하고 절약하는 근검勤儉 밖에 없다. 지난 수십 년간의 근검과 절약으로 한강漢江의 기적을 일으키며 여기까지 왔지만 지금의 우리 정신은 과연 근검의 마음을 지켜가고 있는지를 스스로에게 물어야 할 때다.

명성황후가 처했던 시대적 격랑激浪은 누구도 감당하기 버거운 것이었는데, 고종을 도와 어떻게든 나라의 중심을 잡아보고자 애쓰다 참혹하게 스러져간 그 어른의 모습이 안쓰럽다. 집필 시작 후 명성황후의 피란길을 같이 따라 걸으며 몇 년 전 번역해 놓았던 〈임오유월일기〉를 다시 정리할 즈음 그 어른이 학질로 죽음의 문턱을 넘나드는 모습을 보며 필자 또한 지독한 독감으로 한달 넘게 고생을 하였고, 원고를 마무리 하며 또 두 달을 앓아 누웠다. 순종 한분 외에는 낳으신 자식 넷이 모두 1년을 넘기지 못한 참척慘慽 앞에서 필자 또한 단장斷腸의 아픔을 함께 했다. 친정 어머니와 오라버니, 친정 조카가 한꺼번에 폭사爆死 당하는 기막힌 운명 앞에서 어느 누가 온전한 정신으로 견뎌낼 수 있으랴. 일본인들의 비겁하고 잔인한 행태行態에 분노하면서, 그 어른의 참혹한 주검 앞에서는 끝내는 통곡하고 말았다.

졸고拙稿에서 명성황후의 삶과 그 어른의 모습을 얼마나 핍진逼眞하게 기록해 냈는지 두려운 마음도 있다. 의도치 않게 역사적 진실을 놓친 오류나 필자의 편견偏見이 드러난 부분도 있을 것이니 모든 잘못은 필자의 과문寡聞에서 비롯된 것이다.

이제 졸고拙稿를 마치면서 그 어른을 놓아드리려 한다.

"미국처럼 행복하며 자유롭고 힘 있는 나라"를 만들고 싶어 하신 검소한 애국심을 그 어른의 아름다운 모습과 함께 더 많은 분이 기억해 주신다면, 참혹한 일생을 사셨던 명성황후께도 조금은 위안이 되실 것이다.

◆ 참고문헌

- 『감고당 이전에 따른 학술연구 및 실측조사보고서』 2003년 여주군, 사단법인 한국건축역사학회
- 『甲午軍政實記』 1895년 제9권. 국립고궁박물관. 류호석 譯註
- 『경복궁 중건 천일의 기록』 서울역사편찬원 2019. 12. 26. 서울역사편찬원
- 『고종, 어사진을 통해 세계를 꿈꾸다』 崔仁辰. 2010. 11. 29. 도서출판 문현
- 『구한국외교문서』 김영수 외. 2023. 12. 27. 동북아역사재단
- 『國史 이대로 가르칠 것인가!』 金柄憲 2018. 03. 12. 블루노트
- 『내 기억 속의 조선, 조선 사람들』 PERCIVAL LOWELL, 趙慶哲 譯. 2001. 11. 27. 예담
- 『大韓季年史』 鄭喬, 1971. 03. 20. 國史編纂委員會-探求堂
- 『독립정신』 李承晩. 檀紀四二八七년七월一五일(1954. 07. 15.) 태평양출판사
- 『梅泉野錄』 黃玹. 1985. 12. 30. 大韓民國文教部 國史編纂委員會, 探求堂 再版
- 『명성황후기념관 특별전시도록』 2022. 07. 05. 여주세종문화재단
- 『명성황후와 대한제국』 韓永愚. 2001. 10. 20. 효형출판
- 『명성황후 시해사건 러시아 비밀문서』 李英淑 2005. 10. 27. 서림재
- 『명성황후실기』 金東縉. 1931. 03. 15. 德興書林
- 『명성황후 유적답사기』 김민주. 2024. 10. 30. 주식회사 부크크
- 『明成皇后傳』 閔明基 2019. 04. 19. 도서출판 뿌리정보미디어
- 『명성황후 편지글』 이기대. 2007. 10. 20. 도서출판 다운샘
- 『명성황후 평전』 李翊柱. 2020. 11. 30. ㈜신서원
- 『명성황후 한글편지와 조선왕실의 시전지』 2010년 국립고궁박물관
- 『MORNING CALM』 제44호(1894. 02.), 제67호(1896. 02.), 제68호(1896. 05.) 대한성공회 모닝캄 아카이브
- 『閔妃弑害記』 小早川秀雄 述, 趙徳松 譯. 1965. 09. 06. 株式會社 汎文社
- 『閔妃暗殺』 角田房子. 1988. 03. 25. 新潮社 第7刷
- 『閔妃暗殺』 角田房子, 金恩淑 1988. 06. 10. 朝鮮日報社 出版局
- 『閔妃』 鄭飛石. 1980. 03. 15. 汎友社
- 박맹수朴孟洙(2018) 「테라우치 마사타케(寺内正毅)에게 보낸 미야모토 다케타로(宮本竹太郎)의 서한」 『한국독립운동사연구』 제61집

참고문헌 433

- 『汾陽日稿』 田墥. 1913년. 필사본.
- 『사진으로 보는 서울백년』 1984. 02. 20. 서울특별시
- 『사진으로 보는 서울 1-개항 이후 서울의 근대화와 그 시련』 서울특별시사편찬위원회. 2002. 02. 28. 서울특별시
- 『徐載弼博士自敍傳』 徐載弼, 金道泰. 1948. 07. 25. 首善社
- 『세계사와 포개 읽는 한국 100년 동안의 역사 7-조선왕비 시해되다』 金容三. 2023. 01. 12. 백년 동안
- 『陰晴史』 金允植. 檀紀 四二九一年九月十日 國史編纂委員會-探求堂
- 『續陰晴史』 金允植. 檀紀 四二九三년十二月三十一日 國史編纂委員會-探求堂
- 『雲養集』(影印本) 金允植. 2004. 12. 30. 民族文化推進會
- 『詩傳』 金赫濟 校閱. 2010. 09. 15. 明文堂
- 新城 道彦(Michihiko SHINJO) 「高永根による禹範善暗殺の裏面」 2021. 03. 『国際交流研究』 23
- 『언더우드 부인의 조선 견문록』 LILLIAS HORTON UNDERWOOD, 김철 譯. 2024. 08. 15. 이숲, 개정판 第1刷
- 『역사의 현장, 서울』 朴慶龍. 2010. 10. 05. 북코리아
- 『譯註 漢京識略한경지략-조선시대 서울의 역사지리지』 柳本藝, 박현욱 驛 2020. 05. 30. 민속원
- 『梧下記聞-오동나무 아래에서 역사를 기록하다』 黃玹, 김종익 譯. 2017. 05. 02. 주식회사 역사비평사 第3刷
- 『OLD KOREA』 ELIZABETH KEITH & ELSPET KEITH ROBERTSON SCOTT. 1946. HUTCHISON & CO. (Publishers) LTD.
- 『영국화가 엘리자베스 키스의 코리아 1920~1940』 엘리자베스 키스・엘스펫 K. 로버트슨 스콧, 宋永達 譯. 2015. 02. 25. 도서출판 책과함께 第9刷
- 『映像が語る日韓併合史』 辛基秀. 1987. 08. 01. 日本 勞動經濟社
- 『옛것에 혹하다』 金榮福. 2025. 03. 25. 돌베개
- 『吳越春秋』 趙曄, 朴光敏 譯註. 2004. 03. 25. 景仁文化社
- 『外案考』 申義澈. 2002. 08. 15. 保景文化社
- 「육종학자 우장춘, 아픈 역사의 무게를 견디다」 (류현희, 2019. 09. 25. 『수원의 르네상스를 이끈 사람들』 경기르네상스포럼, 도서출판 상아기획)
- 『尹致昊日記』 제1권~제7권 尹致昊. 1971. 03. 20. 大韓民國 國史編纂委員會, 探求堂

- 『국역 윤치호일기 1』 尹致昊, 宋炳基 譯. 2011. 05. 12. 연세대출판부 第3刷
- 「을미사변을 둘러싼 기억과 의문」(김영수 『사림』 제41호, 首善史學會 2012. 02.)
- 『李夫人行錄-驪興閔氏家乘紀略 卷之四』 延安李氏夫人(閔鎭厚 妻, 貞敬夫人). 1733년~1742년 사이에 아드님 閔翼洙 公이 記錄. 韓國學中央研究院 藏書閣藏.
- 『인현왕후전·계축일기』 SR&B(새로본닷컴)
- 『日知錄集釋上下』 中華民國(臺灣) 七十三年(1984) 十一月. 世界書局
- 『日淸戰爭實記』 明治二十八年十月廿七日(1895. 10. 27.). 東京博文館
- 『壬午六月日記』 閔應植 1882. 06. 13.~1882. 08. 01. 書寫日記, 朴光敏 譯註. 大田市立博物館
- 『잘못배운 한국사』(4판 2쇄) 신복룡 2022. 05. 20. ㈜집문당
- 『朝鮮國眞景』 故 林武一(林龜子 編) 1892. 11. 18. 東京築地活版製造所
- 『朝鮮王國』 菊池謙讓 明治廿九年十月廿六日(1896. 10. 26.) 東京 民友社
- 『기쿠치 겐조 한국사를 유린하다』 하지연. 2015. 12. 10. 서해문집 第2刷
- 『조선의 왕비가문』 양웅열. 2015. 10. 25. 도서출판 역사문화
- 『朝鮮王世譜』 李永來 編著. 1997. 10. 韓裝本 非賣品
- 『風雲韓末祕錄』 尹孝定. 昭和十二年九月十五日(1937. 09. 15.) 野談社
- 『FLAGS OF MARITIME NATIONS-해양국가의 깃발』 국립해양박물관 2019. 08. 15. 바다위의정원
- 『한국과 그 이웃나라들』 Isabella Bird Bishop, 이인화 옮김. 2012. 12. 18. 주식회사 살림출판사 第20刷
- 『한일조약자료집 1876~1910』 동북아역사재단 2020. 08. 29. 동북아역사재단
- 『繪入朝鮮變報錄』 1882년 8월 14일 東京 渡邊文京 輯, 發兌 廣告舍.

‖ 부록 ‖

대일본장서對日本長書(1919. 03. 28.)

　도道가 귀하여 시대를 따를 때 정치는 백성을 편안히 하는 데 있으나, 지금은 도가 시대를 따르지 않으니 도가 아니며, 정치가 백성을 편안하게 하지 못하니 훌륭한 정치도 아닙니다. 일한日韓이 합병合倂된 지 십년 동안 이로움을 일으키고 폐습을 버려서 비록 다소 개량된 점은 있으나 아직 백성을 편안히 했다고 할 수는 없습니다.
　요즈음 독립을 요구하는 목소리가 날로 거리에 커지면서 만백성이 한목소리를 내고 있으니 열흘 이내에 전국에 파동이 일어날 것입니다. 이는 여인네와 어린아이들에게까지 이르게 되어 서로 팔짱을 끼고 싸워 일어날 것이니, 앞에서 엎어져도 끊임없이 뒤를 이을 것이며, 죽고 사는 것을 돌아보지 않을 것이니 이는 무슨 까닭이겠습니까. 마음속에 참을 수 없는 아픔과 원망이 있는 것이니, 마음속에 쌓아두고서도 감히 겉으로 드러내지 않고 있는 백성들도 하루아침에 그 기운을 토해낼 것이며, 그렇게 되면 마치 황하黃河의 물처럼 도도滔滔하고 탕탕蕩蕩하게 흘러넘쳐서 한 번 가더라도 다시 닥쳐올 기세이며, 인심이 화동和同하는 정세를 어찌 천심天心이 아니라 하겠습니까? 오늘 일을 진정시키는 길은, 민심을 너그럽게 대하지 않으면 더 사나워질 것이요, 너그럽게 한다면 말로써 가르쳐 다독일 수 있을 것입니다. 장차 두렵고 꺼려하는 바가 없어지게 되면서 분노는 그칠 날이 없게 되어, 당신들이 사나우면 백성들을 잡아들여 죽이려 할 것이고, 장차 독립운동은 더 격렬해 지면서 죽이는 것으로는 당해낼 수 없게 될 것입니다. 만약 근본적인 해결 방안이 아니면, 마침내 좋은 계책은 없어지게 될 것입니다.
　이제 독립운동에 나선 백성이 바라는 바는 조선 본래에 있던 것을 되찾고자 하는 것이니, 남의 노예가 된 부끄러움을 벗어나고자 하는 것입니다. 조선 백성이 가진 것이라고는 빈주먹과 독립을 외치는 혓바닥 하나뿐이나 패악悖惡한 뜻이 아님은 알 수 있습니다. 어진 군자는 마땅한 바를 긍휼矜恤히 용서하면서 받아들임이 있는 것입니다. 들리는 바에 따르면 체포되는 사람이 서로 뒤를 잇고 옥에 갇힌 사람이 넘친다고 하니 채찍을 휘두르고 매를 쳐서 족쇄足鎖를 채운다 해도 모두가 죽지는 않을 것입니다. 또 무기를 쓴다고 하면 주검이 서로를 베개 삼아 쌓일 것이니 그 광경은 참혹하고 슬퍼서 사람으로서는 차마 듣지 못할 일입니다. 그러면서 여러 군郡과 현縣의 소요는 더 심하게 될 것이니, 어찌 근본이 아닌 것으로 아직 풀지 못한 사태를 좇아 해결할 수 있겠으며, 변고變故를 없앨 수 있겠습니까? 설령 군중을 선동하는 자를 보이는 대로 죽인다 해도 다만 얼굴을 바꿀지언정 마음까지 바꾸게 할 수는 없습니다. 사람마다 마음속에는 백이면 백 모두가 독립이라는 두 글자가 새겨 있으니 방안에서 홀로 외치는 사람은 몇백만 명인지 알 수 없으며 또 그 백성들을 모두 찾아내서 죽일 수 있겠습니까?

　대저 인명은 풀잎처럼 여겨서는 안 되는 것입니다. 옛날 맹자孟子가 제齊 나라 선왕宣王에게 이르되, "연燕나라 백성이 기뻐하면 연나라를 취하되, 취하면서 연나라 백성이 기뻐하지 않으면 취하지 마십시오."170)라고 하였으나 제왕은 맹자의 말을 듣지 않았다가 마침내 심히 부끄러운 말을 들었으니 이와 같이 앞에 가던 수레가 엎어지면 이를 귀감龜鑑으로 삼아야 하는 것입니다. 대저 시운時運이라는 것은 성인聖人이라도 멀리 해서는 안되는 것이니 천심의 향배向背는 백성에게서 경험經驗하는 것이며, 백성을 불안하게 하면서 그 강토疆土를 가진 자는 예로부터 아직 있던 적이 없습니다.

　저희들은 어렵고 혹독한 때를 만났으며, 늙고 아둔하며 부끄러움도 모른 채 이미 병합초기에 작위爵位와 관직官職을 받아 얼굴을 바꾼지 오래입니다만, 지금 같은 때에 무고한 백성과 함께 물과 불속에 들어갈지라도 차마 거짓됨으로 보고만 있을 수 없습니다. 저희들 또한 어두운 방안에서 홀로 독립을 부르짖는 사람 중의 한 사

---

170) 『맹자孟子-양혜왕梁惠王』: 제나라가 연나라를 쳐서 이겼다. 제나라 선왕이 맹자에게 물었다. "혹 과인이 연나라를 취하지 말아야 할까요, 취해야 할까요? 만승萬乘의 나라로써 만승의 나라를 50일 만에 이겼으니 사람의 힘으로 이에 이를 수 없습니다. 취하지 않는다면 반드시 하늘의 재앙이 있을 것입니다. 취하는 것이 어떨까요?" 맹자가 대답했다. "연나라를 취하면서 그 백성이 기뻐하면 취하십시오. 옛사람도 이렇게 한 것이 있으니 바로 무왕입니다. 취하되 연나라 백성이 기뻐하지 않으면 취하지 마십시오. 옛 사람도 이와 같이 한 적이 있으니 바로 문왕입니다." 그러나 선왕이 연나라를 쳐서 병탄하려 하자 천하의 제후들이 제나라를 치려 했다. 선왕은 할 수 없이 연왕을 세우고 돌아올 수밖에 없었다.

람이니 외월猥越(猥監)과 소疎됨을 피하지 않고 속마음을 말씀드리는 것입니다.

각하께 바라건대 이 서장書狀을 천황 폐하와 의회, 내각의 여러 대신께도 전달되게 해 주십시오. 지금 눈앞에 벌어지고 있는 일의 해결책은 말로 가르쳐 되돌리거나 위력으로 복종시킬 수 있는 것이 아닙니다. 오로지 위로 천시天時를 따르고 아래로는 백성의 정황情況을 살펴서 일본 스스로 먼저 조선의 독립을 인정하며, 이로써 공정公正한 의義를 천하에 확연히 보이는 것입니다. 지난날 일본이 각국에 약조約條한 것을 두루 알리며, 또한 법에 어긋남이 없음을 각국이 양해諒解하게 하십시오. 이와 같이 한다면, 달이 해를 삼켰던 것을 다시 회복함과 같아서 광명光明의 덕스러움이 팔방에 비치는 것이니 누가 감히 우러르고 찬송讚頌하지 않겠습니까.

저희들은 문을 닫고 살면서 병들어 세상 물정을 알지 못하나 감히 추요芻蕘(자기 문장에 대한 겸칭)의 말씀을 드립니다. 저희 말씀을 살펴주시면 참으로 억만 백성의 행복일 것이며, 저희 말씀이 받아들여지지 않는다면 죄는 저희들 한 몸에 있습니다. 늙어서 죽을 날이 머지않은 저희는 백성을 위해 명을 청하는 것이니 죽은들 또한 무슨 한이 있겠습니까? 병석에 누워 혼미昏迷하여 말도 조리條理 있게 할 줄 모르오니 오로지 각하께서 깊이 살펴 서량恕諒해 주시기 바라며, 초초草草히 예禮를 다 갖추지 못합니다.(박광민朴光敏 역주譯註)

김윤식金允植
이용직李容稙

내각총리대신內閣總理大臣 원경原敬 각하閣下

"對日本長書己未三・一運動時

道貴隨時, 政在安民. 道不隨時, 非達道也. 政不安民, 非善政也. 日韓合倂, 于茲十年, 興利祛弊, 雖有多少改良, 未可謂之安民也. 近者獨立之聲, 日唱于街, 而萬衆同聲和之, 旬日之內, 全國波動. 至於婦人孺子, 亦皆掖腕爭奮, 前仆後繼, 不顧死生, 此曷故焉. 意必有忍痛含冤, 積中而不敢發者, 一朝吐氣, 如決黃河之水, 滔滔湯湯, 有一往返之勢, 雖云大同之輿情, 豈非天耶? 今日鎭定之道, 非寬則猛, 寬則說諭懸撫, 將無所畏憚而息鬧無日, 猛則芟夷撲滅, 將愈增激烈而不可勝誅. 若不解決根本, 終無善策矣. 今羣動之民, 其所願者, 欲復舊有之物, 而得免奴隷之恥也. 其所持者, 空拳單說, 表白其冤鬱之情也. 其無悖惡之志, 斷可知也. 仁人君子, 所宜矜怨而涵宥者也. 比聞逮捕相屬, 囹圄充溢, 鞭笞之下, 鐐鎖之中, 往往不得其死. 又或使用武器, 積屍相枕, 情狀慘怛, 有不忍聞, 然而列郡騷擾, 愈往愈甚, 豈非根本未解從事, 無勣之故歟? 假使群動者, 隨現撲戮, 只能革面而不能革心. 人人心中, 皆百獨立二字, 暗室獨唱者, 不知幾百萬人, 又可盡搜而殺之乎? 夫人命非可以草菅視也. 昔孟子謂齊宣王曰, 取之而燕民悅則取之, 取之而燕民不悅則勿取, 齊王不能用, 終有甚慙之語, 此足爲前車之鑒也. 夫時者, 聖人之所不能違也. 天心之向背, 驗之於民. 民不安而能保有其疆土者, 自古未之有也. 僕等, 遭時艱劇, 老頑無恥, 旣受爵拜官倂合之初, 而革面久矣. 今當此會無辜赤子, 入於水火之中, 不忍噎視. 僕等, 亦暗室獨唱者中一人也. 不避僭越, 披瀝肝膽. 幸望閣下, 將此事狀, 轉達天陛, 議及于內閣諸公, 目今解決之策, 非說諭之所可回, 威力之所可服. 惟在上順天時, 下察民情, 自日本先認朝鮮獨立, 以示廓然大公之義於天下. 遍告于前日有約各國, 各國諒亦無不充準, 夫如是則與日月之食而復更, 光明之德, 照映八表, 孰敢不瞻仰而讚頌哉. 僕等, 閉戶調疴, 不識世情, 敢陳芻蕘. 言之瞀也, 實爲億萬民之幸福也. 言不見瞀, 罪在僕等一身. 僕等, 景迫桑楡, 爲民請命, 死亦何恨. 病枕昏憒, 言不知裁. 惟閣下, 深察而怨諒之, 草草不備.

金允植
李容稷

內閣總理大臣 原敬 閣下

박광민(朴光敏)

紀元 四二八五年 陰曆 3月 7日 京畿道 廣州 出生
私塾에서 漢文 修學
東國大學校 行政大學院 修了
月刊 印刷文化 企劃室長 歷任
韓國語文敎育硏究會 理事・常任硏究委員(1996. 08. 01.~2012. 04. 01.)
韓國語文敎育硏究會 理事・硏究委員(2012. 04. 02.~현재)
韓國語文會 語文生活 편집위원(2006. 04. 01.~현재)

第26回 韓國雜誌言論賞 受賞(1992年)
MBC라디오 고전의 향기 고정출연(1997. 03. 01.~1997. 09.30.)
조선일보 일사일언 집필(1998. 02. 01~1998. 02. 28.)

■ 著 書
침묵의 書(1985년 靑談文學社)
천자문에서 삶의 길을 찾다(1995년 초판, 2006년 개정판 넥서스)
字源故事成語三百選(1999년 臥牛)
吳越春秋 譯註(국내 최초 2004年 03月 25日 景仁文化社)
제1창작시집 思惟의 뜨락에서(2013년 5월 6일 亦樂)
제2창작시집 白頭山 紀行(2021년 4月 15日 亦樂)
* 國學 및 漢字敎育 관련 論文 및 論說 多數

명성황후가 꿈꾼 나라
\----------------------------------
2025년 11월 01일 1판 1쇄 인쇄
2025년 11월 05일 1판 1쇄 발행

저　　 자　박광민
발 행 인　심혁창
디 자 인　박성덕
인　　 쇄　김영배
마 케 팅　정기영
펴 낸 곳　도서출판 한글
우편 04116
서울특별시 마포구 신촌로 270(아현동)
☎ 02-363-0301 / FAX 362-8635
E-mail : simsazang@daum.net
창　　 업　1980. 2. 20.
이전신고 제2018-000182
* 파본은 교환해 드립니다.
* 정가 25,000원

ISBN 978-89-7073-648-8(93910)